니체 극장

니체 극장

지은이 고명섭
1판 1쇄 발행 2012. 6. 15
1판 7쇄 발행 2024. 3. 15

발행처_ 김영사 • 발행인_ 박강휘 • 등록번호_ 제406-2003-036호 • 등록일자_ 1979. 5. 17 • 주소_ 경기도 파주시 문발로 197(문발동) 우편번호 10881 • 전화_ 마케팅부 031)955-3100, 편집부 031)955-3200 • 팩스_ 031)955-3111 • 저작권자 ⓒ 고명섭, 2012 이 책의 저작권은 저자에게 있습니다. 저자와 출판사의 허락 없이 내용의 일부를 인용하거나 발췌하는 것을 금합니다.

값은 뒤표지에 있습니다. ISBN 978-89-349-5804-8 03990 • 홈페이지_ www.gimmyoung.com • 인스타그램_ instagram.com/gimmyoung • 블로그_ blog.naver.com/gybook • 이메일_ bestbook@gimmyoung.com • 좋은 독자가 좋은 책을 만듭니다. • 김영사는 독자 여러분의 의견에 항상 귀 기울이고 있습니다.

니체 극장

영원회귀와 권력의지의 드라마

고명섭

> "내 활동을 키워주지도 않고
> 내게 직접 활기를 불어넣지도 않으면서
> 단지 나를 가르치려고만 하는 모든 것을
> 나는 증오한다."
>
> 요한 볼프강 폰 괴테

차례

서문_ 마음의 극장, 정신의 미궁 | 9
들어가는 말 | 31

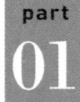
젊은 철학자
1 쇼펜하우어 숭배자 | 035
2 바그너의 사도 | 091
3 비극의 탄생 | 119
4 반시대적 고찰 | 151

방랑하는 자유정신
5 인간적인 너무나 인간적인 | 197
6 아침놀 | 235
7 즐거운 학문 | 273
8 간주곡―루 살로메 | 311

part 03 차라투스트라의 탄생

9 초인의 도래 | 355
10 권력의지 | 417
    보충 1 권력의지에 대하여 | 448
11 영원회귀 | 461
    보충 2 영원회귀에 대하여 | 508

part 04 창조하는 파괴자

12 선악의 저편 | 523
    보충 3 니체의 민주주의 비판과 급진적 귀족주의 | 582
13 도덕의 계보 | 595
    보충 4 니체의 관점주의에 대한 이해들 | 638
14 우상의 황혼 | 659
15 이 사람을 보라 | 709
16 정신 붕괴 | 755
    보충 5 니체와 심층심리학 | 796
    보충 6 니체와 나치 혹은 부드러운 니체와 거친 니체 | 805

니체 연보 | 810
참고 문헌 | 820
주 | 828
항목 찾아보기 | 849
인명 찾아보기 | 858

일러두기

1. 본문에 인용한 니체 저작은 책세상판 《니체 전집》(전 21권)을 기준으로 삼아, 청하판 《니체 전집》(전 10권), 그리고 단행본으로 나온 니체 번역서들을 적극 참고하였으며, 월터 카우프만(Walter Arnold Kaufmann, 1921~1980)과 레지날드 홀링데일(Reginald John Hollingdale, 1930~2001)이 번역한 영어판 니체 저작들과 대조하였고, 콜리(Giorgio Colli, 1917~1979)와 몬티나리(Mazzio Montinari, 1928~1986)가 편집한 독일어판 《Fridrich Nietzsche: Sämtliche Werke, Kritische Studienausgabe (KSA) in 15 Bänden》을 참조하였다. 또 니체의 편지글들은 국내에 번역된 니체 관련 저작들에서 주로 인용하되, 크리스토퍼 미들턴(Christopher Middleton, 1926~)이 영역한 《SELECTED LETTERS OF FRIEDRICH NIETZSCHE》와 커트 라이데커(Kurt F. Leidecker, 1902~1991)가 영역한 《Friedrich Nietzsche UNPUBLISHED LETTERS》를 집중적으로 참고하고, 독일어판 《Friedrich Nietzsche: Sämtliche Briefe, Kritische Studienausgabe in 8 Bänden》을 참조했다. 자세한 내용은 참고 문헌을 볼 것.

2. 니체의 저작 제목 및 본문의 장 제목은 책세상판 《니체 전집》을 준용하되 필자의 판단에 따라 수정한 곳도 있다. 또 책세상판 《니체 전집》에서 통일한 니체 용어 가운데 '힘에의 의지', '위버멘슈'는 필자의 뜻을 반영해 '권력의지', '초인'으로 표기했다. 자세한 이유는 본문을 볼 것.

3. 본문에서 니체의 유고를 인용할 때 인용주로 밝힌 '니체 전집'은 모두 책세상판 《니체 전집》을 가리킨다.

4. 본문의 주는 모두 저자주이며, 서지주와 해설주로 나누어 서지주는 후주로, 해설주는 각주로 처리했다. 단, 서지주에서 니체의 저작물은 인용문 옆에 병기했다.

> 서문

마음의 극장, 정신의 미궁

1

"나는 내 우산을 잊어버렸다."《니체 전집 12 유고(1881 봄~1882 여름)》, 604쪽

《즐거운 학문》을 쓰던 시기에 프리드리히 니체는 짧고도 단순한 문장 하나를 메모로 남겼다. 메모하기는 니체의 글쓰기 습관이었다. 머리에 떠오르는 생각들을 우선 종이에 서둘러 써놓은 뒤, 나중에 책을 쓸 때 그 메모를 옮겨적거나 거기서 얻은 아이디어를 발전시켰다. 타당하다는 판단이 들지 않으면 결국 버려지는 것들도 있었다. 니체는 사유 실험실의 실험 내용와도 같은 방대한 양의 메모와 노트를 남겼다. "나는 내 우산을 잊어버렸다." 이 메모는 니체의 수많은 수고 글 가운데 유일하게 '겹따옴표'로 묶인 한 줄짜리 문장이다. 도대체 이 문장이 뜻하는 바는 무엇일까. 이 문장은 왜 수고더미 안에 들어간 것일까. 프랑스 철학자 자크 데리다Jacques Derrida, 1930-2004는 '니체의 문체'를 다룬 저작《에프롱》1978에서 이런 질문들을 던진다. 니체가 남긴

수고의 편집자들은 니체의 '공들인' 작품으로 판단되는 것만을 선별해 편집했다고 밝혔지만, 데리다가 보기에는 인용 부호 안의 이 문장이야말로 "해석학적 몽유병의 기념비"다. 몽유병자의 행동이 그렇듯이 명료한 해석에 완강하게 저항하는 불가해한 문장이라는 이야기다. 니체 원고 편집자들이 주장하는 대로 정말 이 문장이 니체가 '공들여' 쓴 문장이 맞을까? 도무지 알 수 없는 노릇이다. 이 문장은 다른 책에서 인용한 것일 수도 있고, 어디선가 들은 말일 수도 있으며, 니체 자신이 쓰다가 그만둔 글의 첫 문장일 수도 있다. 데리다는 이 문장의 이해할 수 없는 사태에 대해 계속 이야기한다. "우리는 인용이 어디서 발췌되었는지, 무엇에 대한 인용인지 확실하게 알 수 있는 어떤 방법도 없다."[1]

이 문장이 니체의 필체로 쓰인 것임을 의심할 수 없지만, 이런저런 맥락과 사정을 다 따져보아도 우리는 니체가 이 문장으로 무엇을 말하고자 했던 것인지 확실하게 알 길이 없다. 혹시 정신분석학적 의미가 있는 것은 아닐까? 우산은 남근을 상징하고 잊어버렸다는 것은 거세를 뜻하는 것이 아닐까? 그렇게 해석해보는 것이 어처구니없는 일은 아니겠지만 이 따옴표 붙은 문장만으로 그 의미를 확정하는 것은 어떤 식으로도 가능하지 않다. 이렇게 이 문장에 나오는 말들은 하나도 어려울 것이 없지만 그 문장의 의미는 희뿌연 공기 속을 떠돌기만 한다. 데리다의 용어로 이 문장의 의미는 '결정 불가능한' 상태로 남아 있다. 그렇다면 혹시 니체의 저작 전체가 이런 결정 불가능한 상태에 속하는 것은 아닐까. 데리다는 그렇다고 말한다. "니체 텍스트의 전부는 아마 "나는 내 우산을 잊어버렸다"와 같은 유형일 것이다."[2]

무슨 의미인지 명확하게 규정할 수 없는 '결정 불가능성'의 상황은 해석자에게 불안을 불러일으킨다. "나는 내 우산을 잊어버렸다"와 같은 단순한 문장의 의미를 확정할 수 없기 때문에 그 문장을 읽는 사람의 마음이 불안해지는 것이다. 데리다는 니체의 텍스트 전체가 그와 같은 종류의 것이라고 말한다. 니체의 글은 문장 하나하나만 따져보면 대체로 명료하지만, 그 문장들이 모여 이룬 사유의 숲은 어두워서 한번 들어서면 길을 잃기 십상이다.

데리다보다 먼저, 니체의 텍스트 안에서 길을 잃을지 모른다는 그 불안에 대해 이야기한 사람이 카를 야스퍼스Karl Jaspers, 1883~1969다. 야스퍼스가 보기에 니체 사상을 탐구하는 사람은 어떠한 경우에도 전체를 통일하여 수미일관한 체계로 제시할 수 없다. 그래서 니체 연구는 한 발씩 전진할 때마다 "끝없이 밀어닥치는 불안"에 맞닥뜨리는 일이 된다.³ 불안과의 조우는 끝이 나지 않는다. 야스퍼스는 그 불안의 원인이 니체 텍스트의 근본적인 자기모순에 있다고 말한다. "자기모순은 니체 사상의 특징이다. 우리는 니체의 어떤 판단이든 거의 언제나 정반대의 판단을 발견할 수 있다."⁴ 니체 안에는 무신론자와 신앙인, 보수주의자와 급진주의자, 정치적인 자와 비정치적인 자, 자유사상가와 광신자가 함께 있어서 우리가 원하는 것을 니체로부터 얼마든지 찾아낼 수 있지만, 그의 삶과 글 전체를 통일적 체계로 이해하려 하자마자 즉시 모순에 빠진다. 그 모순이 우리 안에 해소할 길 없는 불안을 불러일으키는 것이다.

데리다의 '해석학적 몽유병'이 야기하는 결정 불가능성과 야스퍼스가 지적하는 니체 텍스트의 자기모순으로 인한 통일 불가능성 때문에 니체의 글은 독자들에게 언제나 불안의 그림자를 남긴다. 특히 니체의 글을 총체적으로 해독하고 그 의미를 일관성 있게 설명하려고 할 때면 그 불안은 더욱 커진다. 니체의 정신을 탐사하는 한 권의 책을 쓴다는 것은 그러므로 이 불안에 맞서 이 불안을 뚫고 나아가는 일과 다르지 않다. 야스퍼스의 말대로 난점은 끊임없이 발생하고 난관은 쉬지 않고 다가온다. 그 곤경은 니체를 이해하고자 하는 사람에게 좌절감, 때로는 절망감을 안긴다. 거기서 멈춰서면 우리는 니체에게 잡아먹히고 만다. 우리는 불안을 가슴에 품은 채로 니체 안으로, 니체가 자신의 내면에 파놓은 어두운 동굴 안으로 들어가는 수밖에 없다.

니체는 모순의 철학자다. 니체라는 인간을 구성하는 것은 무수히 많은 모순된 명제들이다. 그 명제들 가운데 어디에 주목하느냐에 따라 니체의 모습은 확연히 달라진다. 한없이 부드럽고 여성적인 니체가 있는가 하면, 비할 바 없이 거칠고 남성적인 니체도 있다. 실존의 문제를 붙들고 씨름하는 니체가 있는가 하면 위험하고도 섬뜩한 정치적 비전을 제시하는 니체도 있다. 또 진리란 무엇인가와 같은 질문에 대한 답을 찾으려고 애쓰는 학자 니체가 있는가 하면 전쟁을 찬양하고 파괴를 선동하는 전사 니체도 있다.

그런 여러 얼굴의 니체 가운데 그동안 우리가 만난 니체는 대체로 온건한 표정의 니체였다. 진리 문제에 몰두하는 학자 같은 니체였다. 신의 죽음이라는 문제를 안고 대낮에 램프를 들고 배회하는 광인 같은 니체라고 해도 두려움을 불러일으키기보다는 약간 이상하게 보이지만 알고 보면 생각이 깊은 니체였다. 제2차 세계대전 종결 뒤 영어권에 니체를 알렸던 월터 카우프만이 그런 니체상을 유포한 사람 가운데 대표자였다. 당시 영국이나 미국 독자들은 히틀러Adolf Hitler, 1889~1945의 독일이 니체를 나치즘의 철학자로 활용하고 선전한 데 영향을 받아 니체에 대해 아주 부정적인 인상을 품고 있었다. 카우프만은 나치가 사랑한 호전적인 니체와는 다른 니체를 제시하려고 했다. 예를 들어, 나치는 니체가 말한 '금발의 야수'를 지배와 정복을 향해 질주하는 게르만 민족 혹은 아리아 종족으로 이해했지만, 카우프만은 금발의 야수에 투영된 위험한 정치적 상상력을 잘라낸 채 단순히 '사자'를 지칭하는 것이라고 설명했다. 나치의 해석이 인종주의적 편향이라면, 카우프만의 해석은 정반대 방향의 편향이라고 할 수 있다.

그런가 하면, 미국의 신실용주의 철학자 리처드 로티Richard Mckay Rorty, 1931-2007는 니체를 한층 가볍고 겸손한 모습으로 그려냈다. 그는 무서운 정치사상가 니체의 모습을 지워버리고 실존적인 자기 창조 혹은 정신적인 자기완성의 기술을 가르치는 삶의 예술가 니체만을 받아들였다. 비유하자면, 집 바깥의 천둥과 폭풍은 잊어버리고, 집안에서 연주되는 실내악만 듣는 꼴이다. 분명한 것은 니체 철학 안에 아름답고 부드러운 실내악도 있지만 뇌우를 동반하는 폭풍우도 있다는 사실이다.

20세기 중반 이후 프랑스에서 전개된 니체 해석은 또 다른 해석적 편향을 보여주었다. 미셸 푸코Michel Paul Foucault, 1926~1984, 질 들뢰즈Gilles Deleuze, 1925~1995, 자크 데리다 같은 일급 철학자들이 주조한 니체상은 과거에는 보기 어려웠던 새로운 니체였다. 프랑스 철학자들이 발견한 니체는 '의심의 대가'다. 이 철학자들의 묘사 안에서 니체는 서양 형이상학을 해체하고 도덕의 토대를 무너뜨리고 진리의 폭정을 허물어뜨린 위대한 반형이상학자로 나타난다. 특히 들뢰즈의 해석 속에서 니체는 '다름'을 창출하고 '다름'을 향유하는 차이의 철학자, 긍정과 기쁨만을 아는 밝고 환한 철학자로 자신을 드러낸다. 이들이 주목한 니체는 싸우는 사람이기는 하지만, 그 싸움은 철학자가 철학의 역사를 대상으로 벌이는 지적인 싸움을 넘어서지 않는다.

니체는 분명 스스로 철학자라고 생각했다. 그러나 다른 한편으로 그는 자기 자신을 거대한 전쟁을 진두지휘하는 야전 사령관이라고 생각하기도 했다. 이런 사실들을 고려하면, 영미권의 니체 해석도 프랑스의 니체 해석도 니체의 일부를 전부로 확대한 것이라는 지적을 피하기 어렵다. 야스퍼스가 말한 대로 니체는 정반대의 얼굴을 동시에 지닌 사람이다. 니체의 얼굴은 무수히 많아 일일이 열거하기도 어렵다. 그는 이념의 스펙트럼에서 우익에서 좌익까지 어디에도 놓일 수 있으며, 또 그 어느 곳도 니체에게 꼭 맞는 자리라고 할 수 없다. 니체는 일상에서는 지나치다 싶은 정도로 온화하고 조심스러운 사람이었지만, 사유에서는 전례를 찾기 어려울 정도로 급진적이고 극단적인 사람이었다.

그동안 우리가 보아온 니체상은 극단을 향해 치닫는 위험한 니체를 의도적으로 혹은 무의식적으로 배제하거나 희석시킨 니체였다. 니체를 제대로 보려면 밝은 니체뿐만 아니라 어두운 니체도 보아야 한다. 니체의 앞면뿐만 아니라 뒷면도 보아야 한다. 니체 정신의 표면뿐만 아니라 심층도 보아야 한다. 웃는 니체뿐만 아니라 우는 니체, 통곡하는 니체도 보아야 한다. 속삭이는 니체뿐만 아니라 분노하는 니체, 포효하는 니체도 보아야 한다. 고양이 발걸음으로 춤추듯 걷는 니체뿐만 아니라 번개처럼 구름을 뚫고 내리꽂히는 니체, 눈사태처럼 덮치고 폭풍우처럼 휘몰아치는 니체, 망치를 휘둘러 우상을 때려 부수는 니체, 전쟁터를 질주하고 약탈하는 니체도 보아야 한다. 그 모든 니체를 보아야 우리는 니체를 보았다고 할 수 있다. 그렇게 여러 얼굴을 지닌 니체를 통째로 겪고 났을 때 우리는 니체 인식의 본관에 들어설 수 있다.

2

 니체는 자신을 제2의 콜럼버스Christoper Columbus, 1451~1506라고 생각했다. 겨울이면 이탈리아 항구 도시 제노바에 하숙방을 얻어 살았다. 제노바는 르네상스 시대의 탐험가 콜럼버스의 고향이었다. 니체는 콜럼버스가 신대륙을 발견했듯이 앎의 신대륙을 발견하고자 했다. 그러려면 인식의 배를 띄우고 대양을 건너야 했다.

 니체의 상상력은 앞 시대 철학자 이마누엘 칸트Immanuel Kant, 1724~1804의 상상력을 이어받은 것이었다. 칸트는 《순수 이성 비판》에서 우리 인식의 한계 너머의 세계를 폭풍우 치는 망망대해로 묘사했다. "우리는 지금까지 순수 지성의 나라를 단지 두루 살펴보기만 한 것이 아니라, 그 땅을 측량도 했으며 또한 그 안에 있는 모든 것들에게 알맞은 자리를 정해주었다. 그러나 이 나라는 폭풍우 치는 망망대해로 둘러싸인 섬이다."5 이 바다에는 짙은 안개가 깔려 있으며, 빙하가 새로운 땅처럼 나타나기도 한다. 이 바다는 모험심으로 가득 찬 항해자들을 유혹한다. 그리하여 그들은 중간에 그만둘 수도 없고 그렇다고 끝까지 해낼 수도 없는 수많은 모험에 얽혀 들어간다. 칸트는 폭풍우 치는 그 망망대해에 '사물 자체Ding an Sich'라는 이름을 주었다. 칸트가 보기에 우리는 이 인식의 섬을 떠날 수 없다. 사물 자체의 대양은 폭풍우 치는 무시무시한 곳이어서 아무리 애를 써도 우리 인식의 배가 뚫고 나아갈 수 없다. 그러나 철학자들은 이 사물 자체의 세계를 내버려두지 않았다. 어떻게든 폭풍우를 헤치고 망망대해를 넘어 미지의 대륙을 정복하려 했다.

 그 인식의 모험을 가장 생생하게 묘사한 사람이 니체였다. 니체는 칸트가 '알 수 없는 것'이라고 규정해 망망대해 너머에 남겨두었던 사물 자체의 본모습을, 다시 말해 이 세계가 숨겨둔 '비밀'을 어떻게든 알아내고야 말겠다는 투지로 불탄다. 니체는 인식의 영웅주의로 무장하고서 칸트의 그 망망대해로 나아간다. "우리는 대지를 떠나 출항했다! 우리는 건너온 다리를 태워버렸다. 게다가 우리는 뒤에 남아 있는 대지까지 불살라버렸다! 자, 작은 배여, 조심하라. 대양이 너를 도처에서 둘러싸고 있다."《즐거운 학문》, 124절 니체는 칸트가 안전하게 머물던 순수 지성의 섬을 불살라버리고 무서운 대양으로 배를 띄운다. 칸트의 섬에 남아 있어서는 삶의 비밀을 발견할 수도 없고 삶의 진수를 향유할 수도 없다. 편안하게 늙어 죽어가기를 원한다면 남아 있어라. 그러나 삶이 감추어둔 것을 찾아내고 정복의 기쁨을 느끼려거든 모험에 뛰어들어라. 그리하여 니체는 다음과 같이 선언한다. "그러므로 나를 믿어라! 존재를 최대한 풍요롭게 실천하고 최대한 만끽하기 위한 비결은 바로 이것이다. '위험하게 살아라!' 베수비오 화산의 비탈에 너의 도시를 세워라! 지도에 표시되어 있지 않는 대양으로 너의 배를 띄워라!"《즐거운 학문》, 283절 인식의 모험가 니체는 '위험한 삶'을 살라고 부추기는 인식의 선동가가 된다. 니체는 거듭 목소리를 높인다. "너 앎을 찾는 자여! 지배자나 소유자가 될 수 없다면, 약탈자, 정복자가 되어라."《즐거운 학문》, 283절 인식의 모험가는 이제 인식의 약탈자가 되고 인식의 정복자가 된다.

그러나 니체의 정복 대상은 인식에만 머물지 않는다. 칸트의 상상력 안에서 시작한 모험은 그 인식의 바다를 벗어나 삶 그 자체의 전장으로 나아간다. 니체의 분신 차라투스트라는 그의 제자들에게 삶의 전쟁터에 선 전사가 되라고 명령한다. 그것은 니체가 니체 자신에게 내리는 명령이다. "너희들은 너희들에게 걸맞은 적을 찾아내어 일전을 벌여야 한다. …… 내가 너희들에게 권하는 것은 노동이 아니라 전투다. 내가 너희들에게 권하는 것은 평화가 아니라 승리다."《차라투스트라는 이렇게 말했다》, 제1부 '전쟁과 전사에 대하여' 니체는 전쟁을 찬양하는 문장으로 나아간다. "훌륭한 명분은 전쟁까지도 신성한 것으로 만든다고 너희들은 말하려는가? 그러나 나는 말한다. 훌륭한 전쟁은 모든 명분을 신성한 것으로 만든다. …… 전쟁을 일으키는 삶을 살도록 하라! 오랜 삶에 무슨 가치가 있는가!"《차라투스트라는 이렇게 말했다》, 제1부 '전쟁과 전사에 대하여' 이렇게 니체의 초인(위버멘슈Übermensch)은 무기와 갑옷으로 무장하고서 전쟁을 찬양하는 전사가 된다. 니체가 그려내는 초인은 악마와 같은 두려운 존재다. "초인이 선의를 가지고 있을 때조차도 너희들에게는 그가 두려운 존재가 되리라. …… 너희들은 나의 초인을 악마라고 부르리라!"《차라투스트라는 이렇게 말했다》, 제2부 '세상살이를 위한 책략에 대하여'

이렇게 소름 돋는 글을 쓰면서 니체가 즐거움만 느꼈던 것 같지는 않다. 철학 전사 니체는 도덕과 관습을 거부하는 그 반역 행위 속에서 두려움도 느꼈음이 분명하다. 불안은 니체의 글을 읽어가는 우리 쪽에서만 느끼는 것이 아니다. 우리의 삶을 규제하는 도덕률을 깨부수는 과격하고 극단적인 주장을 하는 니체도 그런 주장을 펴면서 불안에 떨었다. 광기의 도움이 없다면 우리 삶의 도덕 법칙을 파괴하는 '미친 짓'을 계속할 수는 없을 것이다. "새로운 사상에 길을 열어주면서, 존중되던 습관과 미신의 속박을 부수는 것은 광기다."《아침놀》, 14절 니체는 마음속에서 솟아오르는 불안을 억누를 수 없어 하늘을 향해 광기를 달라고 외친다. "아아, 그대 하늘에 있는 자들이여, 광기를 주소서! 마침내 내가 나를 믿을 수 있도록 광기를 주소서! …… 의심이 나를 파먹어갑니다. 나는 법을 파괴했습니다. 시체가 사람들을 불안하게 하는 것처럼 법이 나를 불안하게 합니다."《아침놀》, 14절

새로운 사유는 언제나 기존의 사유를 부정하고 그래서 질서와 관습

을 위협한다. 새로운 사유를 향해 나아가는 사람은 그러므로 기존 질서의 반격과 응징이 두려울 수밖에 없다. 만약 자신이 새로 찾아낸 사유가 진리가 아니라면 어떡할 것인가. 새로운, 낯선 사유에는 언제나 그런 의심이 따라다닌다. 밖에서는 도덕과 관습이 정신을 압박해 들어오고 안에서는 불안과 의심이 심장을 갉아먹는다. 그래서 니체는 다음과 같이 털어놓는다. "모든 시대의 가장 생산적인 인간들이 겪었을 가장 쓰라리면서도 황량하기 짝이 없는 엄청난 정신적인 고통을 누가 감히 들여다볼 수 있을 것인가?"《아침놀》, 14절 신의 죽음을 선포하고 도덕과 가치의 붕괴를 선언하고 전쟁을 찬양하고 율법을 살해한 니체는 그렇게 불안에 떨었다. 그렇게 떨면서도 그는 인식의 전사로서 사유의 마지막 국면까지 진격했다. 그는 자기 사유의 극단성을 스스로 자랑스러워하기조차 했다. "우리 비도덕주의자들은 가장 극단적인 자들이다."《니체 전집 20 유고(1887년 가을)》, 208쪽

3

니체 사상의 위험성을 알아보는 사람은 일찍부터 나타났다. 《선악의 저편》이 출간된 해1886에 스위스 신문 《분트Der Bund》의 편집인 요제프 빅토르 비트만은 《선악의 저편》을 소개하는 글에서 니체의 책을 '위험한 책'이라고 규정하고 니체의 사상을 '다이너마이트'라고 불렀다. "고트하르트 터널을 건설하는 데 사용되는 다이너마이트 더미는 검은 깃발로 표시가 돼 치명적인 위험을 알리고 있다. 정확히 바로 그런 의미에서 우리는 철학자 니체의 새 책을 위험한 책이라고 부를 수

있을 것이다." 이 글에서 비트만은 니체 사상의 새로움과 그 사상에 담긴 위험성을 다음과 같이 직설적으로 이야기했다. "니체는 하나의 길을 찾아낸 최초의 사람이다. 그러나 그 길은 너무나 무시무시해서, 지금까지 아무도 밟아본 적이 없는 인적 없는 길을 그가 걸어가는 것을 보는 것은 정말로 겁나는 일이다." 비트만의 이 글 이후 '위험한 책'은 니체의 모든 저작을 가리키는 말이 되었고, 다이너마이트는 니체의 사상을 요약하는 은유가 되었다.

비트만이 두려운 목소리로 말한 대로 니체의 사상은 위험한 주장을 다이너마이트처럼 품은 극단적으로 과격한 사상이다. 니체는 감추지 않고 강자의 승리, 강자의 지배를 옹호한다. 그는 연민과 같은, 약자를 이롭게 하는 감정을 허용해서는 안 된다고 단언한다. 민주주의·사회주의 같은 이념도 부정한다. 약자를 이롭게 하고 약자의 삶을 연장하는 데 도움이 되는 어떤 신념도 가치도 모두 니힐리즘(허무주의)에 봉사하는 것이라고 규정해 단호하게 거부한다. 이런 위험하고 잔인한 측면을 외면하고서는 니체 사상은 제대로 이해될 수 없다. 위험한 주장을 지워버린 니체, 독성을 뽑아내고 가시를 발라낸 니체, 그 부드러운 니체도 니체라고 할 수는 있지만, 그것은 어디까지나 니체의 일부일 뿐이다. 니체의 사상이 폭발물이라고 한다면, 거기서 뇌관을 제거한 니체를 니체의 본모습이라고 할 수는 없다. 니체의 사상에 물을 타 희석한 니체, 마시기 좋은 니체는 니체의 본모습이 아니다.

니체의 사상은 약이자 독이다. 니체는 원액 그대로 맛을 봐야 하며 할 수 있다면 원액 그대로 마셔야 한다. 그 니체를 소화하면 약이 되고 소화하지 못하면 독이 된다. 니체는 말한다. 독이냐 약이냐는 그것을 먹는 사람의 소화력에 달렸다. "높은 수준의 인간에게는 즐거움이 되고 자양분이 되는 것도 저열한 인간에게는 독이 된다."《선악의 저편》, 2장 30절 "나약한 인간을 사멸시키는 독은 강한 자들에게는 강장제다. 강한 자는 그것을 또한 독이라고 부르지 않는다."《즐거운 학문》, 19절 니체라는 문제는 결국 체험의 문제임을 여기서 알 수 있다. 체험Erlebnis은 경험Erfahrung과 다른 것이어서, 경험을 통해서 우리는 타인의 삶과 내적 관계를 맺지 못한 채 표면만 만지작거리다 끝난다. 다시 말해 타인의 삶이 풍경으로 다가와 감각의 즐거움으로 소비되고 말 뿐이다. 그러나 체험을 통해서 우리는 존재의 내적 변모를 겪는다. 한 인간의 삶 속으로 들어가 그 삶을 살아봄으로써 우리는 다른 존재가 된다. 한 인간이 우리 안으로 들어와 우리의 일부가 되며 우리를 우리 이상의 존재로 끌어올리는 것이다. 그 인간이 비범한 사유의 깊이에 도달한, 예외적인 삶을 산 인간이라면 우리의 체험은 그만큼 풍부한 것이 된다.

    니체가 이렇게 우리의 삶의 일부가 되려면 니체의 혈관을 타고 흐르는 독을 소화해야 한다. 그렇다면 독을 소화한다는 것은 무슨 뜻일까. 니체는 그것을 '열정의 지배'라는 말로 설명한다. "열정의 약화나 근절이 아닌 열정에 대한 지배! 우리 의지의 지배력이 클수록, 그만큼 열정에 더 많은 자유가 주어져도 무방하다."《니체 전집 21 유고(1888년 초~1889년 1월 초)》, 345쪽 열정을 최대치로 허용하고 난 뒤에 다시 그 열정을 지배하는 것, 이것이 우리의 삶의 모습이 되어야 한다는 것이다. 극단적인 것, 위험한 것은 그것을 지배하고 소화할 수 있는 사람에게는 극단도 아니고 위험도 아니다. 니체는 이런 말도 한다. "자기 자신 안에 스스로 척도(절도)를 세우기에는 너무나 의지가 약하고 너무나 퇴락한 자들이 욕구와 싸울 때, 그들은 거세와 멸절이라는 수단을 본능적으로 선택한다."《우상의 황혼》, '반자연으로서의 도덕', 2절

강한 정신은 열정을 근절하려 하지 않는다. 그것을 최대한 끌어올려 극단에 이르게 하면서 동시에 거기에 무서운 의지로 절도를 부여하는 것이다. 니체는 극단과 절도의 일치를 '활'의 비유로 설명하기도 한다. 양극단을 최대한 잡아당겨 팽팽하게 만들어놓은 활이야말로 정신의 위대함을 보여준다. 열정을 극단까지 밀어붙인 뒤 그 극단을 절도로써 잡아당김으로써 우리는 팽팽한 시위의 힘으로 삶의 화살을 쏠 수 있다. 니체는 그 점을 간명하게 말한다. "사람들은 이렇게 팽팽한 활을 가지고 가장 먼 표적을 맞힐 수 있을 것이다."《선악의 저편》, '서문' 자기 내부의 디오니소스적 힘과 충동과 야수성을 모두 그대로 최대치로 밀어붙이되 바로 그 상태에서 절도를 요청하는 것, 자기 내부의 아폴론을 불러내 그 폭발하는 힘에 규율을 부여하는 것, 그 힘을 자기 창조와 세계 창조로 분출시키는 것, 이것이 니체가 말하는 아폴론을 내장한 디오니소스로서 강자의 모습이다.

4

니체의 사유는 우리 안에 잠자고 있는 어떤 영웅주의를 흔들어 깨운다. 니체가 일깨우는 영웅주의는 평온하지 않다. 그것은 우리의 불안 속에, 고통 속에 억눌려 있던 폭발하는 힘이다. 니체의 철학에서 악은 악으로 그치지 않는다. 마찬가지로 고통은 고통으로 그치지 않는다. 니체는 고통이야말로 창조의 원천이고 성장의 동력이라고 말한다. 고통은 우리를 끌어올리고 우리를 해방시킨다. "큰 고통이야말로 정신의 궁극적 해방자다. 이 고통만이 우리를 최후의 깊이에 도달하

게 한다."《즐거운 학문》, 181절

　니체가 고통을 긍정한 것은 니체 삶이 고통의 연속이었기 때문이다. 끝없는 질병의 침탈과 회복의 반복이 니체의 일생이었다. 견딜 수 없는 고통 속에서 니체는 차라리 죽음을 달라고 외치기조차 했다. 그러나 그 고통이 지나고 나면 그는 다시 새로운 삶을 의욕했고, 창조의 의지로 불탔다. 니체에게 삶은 끝도 없는 고통의 연속이었지만 삶은 또 그 고통을 넘어 그 자체로 성스러운 것이었다. 고통 속에서 성스러움을 발견하는 사람은 아무리 큰 고통도 긍정할 수 있을 정도로 충분히 강한 사람이다. 그 고통 속에서 영웅주의가 자란다. 영웅주의는 우리를 통계학의 숫자로 환원해버리는 이 평균성의 세계를 뚫고 솟구치려는 의지의 다른 이름이다. 우리의 삶은 어떤 경우에도 일반적인 것으로 묻혀버릴 수 없고 통상적인 것으로 주저앉을 수 없다. 우리를 묶고 있는 집단이 우리의 실존 전부를 대신할 수도 없다. 우리는 모두 독특한 존재다. 그 개별적 삶의 독특성의 고양과 발화를 위한 투쟁을 니체의 '위험한' 철학은 옹호한다. 그러므로 우리를 성장시키는 것을 얻으려면 위험을 감수해야 한다.

　니체의 언어는 우리의 의식 심층에 호소한다. 무의식 저 안쪽의 어떤 것을 건드리기 때문에 그의 언어는 논리적 반박이나 도덕적 압박에도 아랑곳하지 않고 생명력으로 꿈틀거린다. 니체의 언어는 우리의 무의식 안에 있는 창조적 힘을 자극한다. 이 창조적 힘으로 우리는 안으로는 자기를 창조하고 밖으로는 세계를 창조한다. 세계 창조와 자기 창조는 니체에게는 둘이 아니라 하나다.

　니체의 영웅주의는 한편으로는 자기 정복과 자기 창조로 나타나고 다른 한편으로는 세계 정복과 세계 창조로 나타난다. 니체에게 창조란 무엇일까. 차라투스트라의 말에서 하나의 답변을 찾을 수 있다.

"나는 창조하는 자가 아닌 한 그 누구도 무엇이 선이고 무엇이 악인지 모른다고 가르침으로써 그 졸음을 물리쳤다. 창조하는 자란 인류가 추구해야 할 목표를 창조해내는 자, 이 대지에 의미를 부여하고 미래를 약속하는 자다. 바로 그가 사물 안에서 선과 악이라는 성질을 창조해낸다."《차라투스트라는 이렇게 말했다》, 제3부 '낡은 서판과 새로운 서판에 대하여', 2절 니체의 영웅주의에는 순응을 거부하는 비타협성이 있다. "이 세상 모든 것을 준다고 허도 한 걸음도 순응하지 말라!" 1876년 4월 15일 카를 게르스도르프에게 보낸 편지 이 비타협성이야말로 니체의 매력이다. 니체는 그 어떤 것에도 매여서는 안 된다고 말한다. 이 자유정신에게는 조국도 연민도 학문도 심지어 자신의 미덕조차도 집착할 것이 못 된다. "조국에 매여서는 안 된다. …… 연민에 매여서는 안 된다. …… 학문에 매여서는 안 된다. …… 자신의 미덕에 매여서는 안 된다."《선악의 저편》, 2장, 41절 니체는 우리가 홀로 설 수 있는 능력을 타고났는지, 우리 자신을 지배할 능력을 타고났는지 스스로 시험해봐야 한다고 말한다. 그 시험이 위험할 뿐만 아니라 내밀하기도 해서 그 자신 말고는 증인도 판관도 없는 시험이라고 하더라도 말이다.

5

니체의 철학 작품들은 하나의 독특한 공간을 구성한다. 그 공간은 극장이라고 이름 붙일 만한 공간이다. 니체의 예외적인 삶이 떠받치고 그의 특별한 문체가 만들어내는 한없이 낯선 분위기의 공간, 그 극장의 무대에서 니체는 모놀로그를 한다. 슬로베니아 철학자 알렌카

주판치치Alenka Zupančič, 1966~는 니체의 작품들이 구축한 그 공간을 해석할 수 있는 하나의 관점을 제공한다.⁶ 주판치치는 정신분석학자 자크 라캉의 '승화' 개념을 빌려 니체의 공간을 설명한다. 정신분석학에 관한 우리의 상식적 이해에 기대어 이야기해보면, 승화란 용인될 수 없는 것들을 사회가 용인할 만한 것들로 변형하는 것을 말한다. 다시 말해, 승화란 우리 내부의 쾌락 원칙이 추구하기는 하지만 그 비도덕적인 성격 혹은 반사회적인 성격 때문에 억눌러야 하는 충동들을 온건하거나 우아한 모습으로 변형함으로서 우리의 현실 원칙이 수용할 만한 것으로 만드는 것을 가리킨다. 사회가 수용하지 않는 파괴적 열정과 어두운 충동을 예술의 형식으로 바꾸어 표현할 때 이 변형을 두고 승화라고 할 수 있다.

그러나 주판치치가 말하는 승화는 이런 일반적인 승화와는 성격이 조금 다르다. 주판치치의 승화는 어둡고 무시무시한 열정이나 충동을 사회가 수용할 수 있는 '더 밝은' 것으로 바꾸는 것을 뜻하지 않는다. 주판치치의 설명을 따르면, 승화는 어둡고 사악한 열정과 충동을 부정하거나 거부하는 것이 아니다. 승화는 열정과 충동에 반대하여 작동하지 않는다. 승화의 진정한 기능은 어두운 열정과 충동이 그 자체로 가치 있는 것이 될 수 있는 무대를 창조하는 것이다. 승화의 무대는 그동안 가치 있다고 인정받지 못했던 것들, 우리의 현실 원칙이 그 가치를 평가하지 않았던 것들에 가치를 부여한다. 도덕과 비도덕의 새로운 기준을 정립하고, 그리하여 기존의 가치들과는 다른 새로운 가치를 세워 보여주는 것이 승화의 무대인 것이다. 우리는 용납하기 어려운 욕망과 관습을 어지럽히는 열정이 하나의 가치로 바뀌는 것을 그 무대 공간에서 확인할 수 있다. 사회가 '위험하다'고 규정하는 욕망들 자체를 다른 눈으로 관찰하고 평가할 수 있는 무대 공간을 창조하는 것, 그리고 그 무대 공간에서 새로운 가치를 정립하는 것, 그것이 바로 승화다.

주판치치는 이 승화를 설명하는 사례로 소포클레스Sophocles, ?B.C. 496~B.C.406의 비극 〈안티고네〉를 든다. 안티고네는 테베의 새로운 왕이 된 외삼촌 크레온의 명령, "반역자의 시신을 묻지 말고 들판에 버려 새와 짐승의 밥이 되게 하라"는 명령을 거역하고, 반역자로 낙인찍힌 오빠 폴리네이케스의 시신을 끝내 매장한다. 국왕의 명령, 곧 국법에 맞서 끈질기게 '무분별한' 열정을 고집하고 관철하는 것이다. 안티고네의 열정은 국법을 거스르고 질서를 위태롭게 하기 때문에 국왕이 대표하는 국가의 처지에서 보면 분별없는 짓이다. 소포클레스의 〈안티고네〉는 안티고네의 이 '무분별한 열정'을 있는 그대로 보여줌으로써 그 열정을 관찰하고 평가해볼 수 있는 무대를 창조한다. 그리하여 그 공간에서 도덕의 새 기준이 정립된다. 크레온의 국법이라는 기존 가치에 맞서 안티고네의 무분별한 열정이 새로운 가치를 창출하는 것이다. '반역자의 시신을 묻지 말라는 것은 국가의 명령이지만, 가족의 시신을 정중히 장례 지내는 것은 인륜의 도리다'라는 명제가 이 무대에서 새로 정립되는 가치다. 새로운 가치가 드러나는 그러한 공간의 창조 자체가 바로 승화다. 그 공간 안에서 안티고네의 완강한 열정은 기존의 가치 질서를 뒤흔드는 전혀 다른 가치를 만들어낸다. 이 공간의 창조가 없었더라면, 안티고네의 열정은 아무것도 환기시키지 못하고 아무런 새로운 것도 창출하지 못한 채 그저 무분별한 것으로 끝나고 말았을 것이다. 열정이 새로운 공간 속에 놓여 새로운 관점에서 평가될 때 새로운 가치를 창조하는 것이다. 이것이 바로 주판치치가 라캉에게서 찾아낸 승화의 개념이다.

이 승화 개념은 니체의 작품이 구축한 공간을 설명할 수 있게 해준다. 니체의 작품이 만들어낸 공간은 현실에서 용납하기 어려운 파괴적이고 비도덕적인 열정들이 날뛰는 공간이다. 비도덕적인 것들이 비도덕적인 것 그대로 이 공간에서 자신의 존재를 드러내고 자신의 가치를 주장한다. 그리하여 우리는 그 공간에 함께 입회하여 비도덕적인 것들과 대면하고 그것들의 가치를 재평가할 기회를 얻게 된다. 니체가 작품을 통해 창조한 공간은 그런 의미에서 일종의 극장이다. 이 극장에서 니체는 여러 가면을 쓰고 등장해 관습과 전통을 조롱하고 도덕과 윤리를 해체하며 통상의 수준에서 볼 때 허용되기 어려운 극단적이고 반사회적인, 그리고 정치적으로 몹시 위험한 주장들을 쏟아놓는다. 보통의 경우라면 이런 주장들은 비윤리적인 것으로 지탄받고 추방되거나 사람들의 외면 속에 사라지고 말 것들이다. 그러나 니체의 저작이 보여주는 과격한 명제들은 니체의 고독하고 엄격한 삶이 구축한 무대 위에서 제시되기 때문에 가볍게 무시하거나 간단히 비난할 수 없는 것이 된다. 더군다나 이 명제들을 전달하는 파토스의 예외적인 색조와 높이, 그리고 이 명제들을 품은 텍스트의 전례 없이 강렬한 문체와 힘은 니체의 명제들을 따라 흐르는 전류의 전압을 아찔한 높이로 올려놓는다.

 니체 극장의 조명과 장치와 연출은 관객이 무대에서 눈을 뗄 수 없도록 만든다. 그 무대에서 연출자 니체는 동시에 배우가 되어 여러 얼굴의 가면을 바꿔 쓰고 나타나 여러 사람의 목소리로 자기 시대를 진단하고 그 시대의 내부에서 니힐리즘이라는 치명적 질병을 끄집어내 보여준다. 고대 그리스의 비극 상연장이 시민-관객의 동참과 몰입 속에서 삶과 운명을 뼈저리게 느끼게 했듯이, 니체 극장은 독자-관객에게 위험한 사상들을 강렬하게 느끼고 겪고 평가할 기회를 준다. 니체 극장은 니체의 예외적인 삶이 떠받치는 텍스트의 공간이자 니체의 내면세계를 포괄하는 정신의 공간이다.

　이 책은 니체라는 한 독특한 인간의 일생을 따라가지만, 니체의 삶 자체보다는 니체의 삶이 형성한 정신을 추적하는 데 관심의 초점을 맞춘다. 그런 점에서 이 책을 정신의 전기라고 부를 수 있을지 모르겠다. 니체의 삶이 축조한 극장의 무대 위에서 펼쳐진 어둡고도 아득한 니체의 내면세계를 탐사하는 것이 이 평전의 내용인 셈이다. 니체 극장의 무대는 한 사람이 독백과 방백과 대화를 모두 다 하는 외로운 모놀로그의 공간이지만 그 공간이 펼쳐놓은 정신의 세계는 결코 단순하지 않다. 거기엔 사유의 오지가 있고 정열의 밀림이 있고 충동의 심연이 있다.

6

　한 사람의 삶에 대해서, 그의 정신에 대해서 긴 글을 쓴다는 것은 그 사람이 대한 사랑을 고백하는 것과 다를 바 없는 일이다. 그 사랑에는 사랑만 있는 것이 아니다. 비판하는 마음도 섞여 있고, 부정하고 외면하는 마음도 들어 있다. 기괴한 사유에 대한 혐오감, 오만한 인격에 대한 거부감, 잔인한 주장에 대한 반발심이 사랑의 감정을 뚫고 드러날 지경이다. 그러나 그렇다고 해도 뜨거운 사랑 없이 한 인간의 삶을 글로 옮긴다는 것은 어불성설이다. 아무리 흉측한 인간이라 해도 그 사람의 인격과 사상에 대한 애착과 공감을 바탕에 깔지 않고는 전기적 서술의 대상으로 삼을 수 없다. 니체는 사랑을 고백할 만한 사람이다. 그 사랑 안에 그 사랑에 육박하는 반감과 불편과 괴로움이 스며

들어 있다 하더라도, 그 사랑의 밑바탕에 무언가를 공모한다는 비밀스런 느낌이 깔려 있는 한 사랑은 여전히 사랑이다. 공모한다는 그 느낌의 지원이 없다면 이 괴로운 탐사 작업을 계속하기는 쉽지 않을 것이다.

니체는 자기 삶의 모델이었던 요한 볼프강 폰 괴테Johann Wolfgang Von Goethe, 1749~1832의 말을 인용하면서 《반시대적 고찰》의 제2부 '삶에 대한 역사의 공과' 서론을 시작한다. "내 활동을 키워주지도 않고 내게 직접 활기를 불어넣지도 않으면서 단지 나를 가르치려고만 하는 모든 것을 나는 증오한다." 괴테의 이 고백은 니체가 글을 써갈 때 언제나 준칙으로 삼았던 금언이라고 할 수 있다. 나중에 니체는 이 금언을 한층 순도 높게 정련해 다음과 같은 문장으로 벼려낸다. "나는 피로 쓴 글만을 사랑한다." 《차라투스트라는 이렇게 말했다》, 제1부 '읽기와 쓰기에 대하여' 차라투스트라의 입을 통해 나오는 이 말은 니체가 그의 모든 글들을 피로 썼음을, 다시 말해 그의 혼을 걸고 전심전력을 다해 썼음을 알려준다. 잉크 대신 피를 찍어 글을 씀으로써 니체는 자신의 삶을 밀도 높은 철학 작품으로 변형시켰다.

그렇게 삶을 바쳐 만든 작품이기에 니체는 다음과 같이 말할 수 있었을 것이다. "가장 나쁜 독자는 약탈하는 군인들처럼 행동하는 사람들이다. 그들은 자기들이 사용할 수 있는 것 몇 가지만 취하고, 나머지는 더럽히고 엉클어뜨리며 전체를 모독한다." 《인간적인 너무나 인간적인 2》, '여러 가지 의견과 잠언', 137절 이 책을 쓰는 동안 언제나 기억하려고 한 것이 니체의 이 경고다. 그러나 니체의 모순과 역설에 찬 정신세계를 해독하는 일은 이 경고를 거스르는 폭력적이고 약탈적인 작업을 동반할 수밖에 없다. 어떤 문장은 보석처럼 특별한 대접을 받고 어떤 문장은 깨진 사금파리 취급을 받는다. 그런 선별 작업이 어쩔 수 없는 것이라

하더라도, 니체 내면의 공간을 비추는 탐조등이 정신의 중요한 지점들을 무시하거나 건성으로 지나가지 않았기를 바랄 뿐이다.

2012. 5. 고명섭

"이 세상 모든 것을 준다고 해도 한 걸음도 순응하지 말라!"
1876년 4월 15일 카를 게르스도르프에게 보낸 편지

"큰 고통이야말로 정신의 궁극적 해방자다.
이 고통만이 우리를 최후의 깊이에 도달하게 한다."
《즐거운 학문》, 181절

들어가는 말

"아리아드네, 당신을 사랑하오. 디오니소스." 니체는 정신이 붕괴된 직후 코지마 바그너Cosima Wagner, 1938~1930를 아리아드네라고 부르는 짧은 편지를 썼다. 크레타 섬의 공주 아리아드네는 테세우스가 괴물 미노타우로스를 죽이고 미궁 라비린토스를 무사히 빠져나올 수 있도록 도왔다. 테세우스가 미궁에서 길을 잃지 않게 해준 것이 바로 아리아드네가 준 실이다. '디오니소스' 니체는 어디선가 자기 자신을 '미궁'이라고 암시한 적 있다. 아리아드네의 실이 있어야만 찾아들어갈 수 있는 미궁 니체. 니체의 내면세계는 확실히 미궁을 닮았다. 그 입구는 좁고, 안으로 들어갈수록 어두워진다. 니체는 자신의 내면 깊숙한 곳을 한 번도 밝은 빛 아래 있는 그대로 드러내 보이지 않았다. 아니, 그러고 싶어도 그럴 수 없었을지 모른다.

너무 깊어서 스스로도 어찌할 수 없었던 내면, 니체의 내면 속으로 들어가는 데 도움을 줄 아리아드네의 실은 무엇일까. 니체 자신의 삶이 아리아드네의 실 노릇을 할 수 있지 않을까. 그가 겪은 것, 느낀 것, 말한 것, 생각한 것을 실마리로 삼아 니체라는 미궁 속으로 들어갈 수 있지 않을까. 테세우스의 용기를 가지고 그 라비린토스로 들어가 니체 정신 속의 괴물과 대결해보자. 니체의 언어로 말하면, 테세우스는 권력의지이고, 아리아드네의 실은 진리 의지다. 권력의지가 진리 의지의 힘을 빌려 괴물의 실체와 만날 수 있을지, 한번 용기를 내 따라가 보자.

part 1

젊은 철학자

"지금까지 너는 무엇을 진정으로 사랑했는가?
무엇이 너의 영혼을 높이 끌어올렸는가?
그리고 그것들을 …… 네 앞에 세워놓아라.
그러면 그것들은 너에게 ……
너의 진정한 자아의 근본 법칙을 보여줄 것이다."
《반시대적 고찰》, 제3부 '교육자로서의 쇼펜하우어', 1절

01

Friedrich Nietzsche

쇼펜하우어 숭배자

"때때로 말의 배 밑에 숨어 중얼거려 보네.
쇼펜하우어여, 도와주오."

Nietzsche,
Friedrich Wilhelm

"너의 양심은 뭐라고 말하느냐? '너는 반드시 너 자신이 되어야 한다.'"
《즐거운 학문》, 제3부, 270절

"만약 네가 영혼의 평화와 행복을 원한다면, 믿어라.
하지만 네가 진리의 사도가 되고 싶다면, 질문하라."
1865년 6월 11일 여동생에게 보낸 편지

> 그런데 여기서 나는 혈통 문제를 언급하려 한다. 나는 나쁜 피는 한 방울도 섞이지 않았고 독일 피는 거의 섞여 있지 않은 폴란드 정통 귀족이다. …… 지상에 존재했던 것 중에서 가장 고귀한 이 혈통을, …… 그 순수한 본능을 대중 속에서 발견하려면 몇 세기를 거슬러 올라가야 할 것이다.
>
> 《이 사람을 보라》, '나는 왜 이렇게 현명한가', 3절

정신이 온전함을 잃지 않았던 마지막 해에 니체는 자서전에 자신이 폴란드 귀족의 후예라고 자신 있게 썼다. 그 마지막 해에 니체 철학을 처음으로 알아봐준 덴마크의 문예 비평가 게오르그 브라네스Georg Brandes, 1842~1927에게 쓴 편지에서도 니체는 자신의 혈통을 이야기했다. "나의 조상들은 성姓이 니츠키였던 폴란드 귀족입니다." 1888년 4월 10일 그러나 니체에게는 안된 일이지만, 니체의 혈관에 폴란드 귀족의 피는 한 방울도 흐르지 않았다. 그는 독일의 소박한 평민 세계에서 자라나온 집안의 후예였다. 폴란드 귀족 후손이라는 소문은 니체가 《이 사람을 보라》에서 자기 혈통에 관해 그렇게 쓰고, 또 브라네스가 니체 사망 직후 쓴 부고에서 그 주장을 반복함으로써 널리 퍼졌다.

니체가 유명해진 뒤 그의 가계를 샅샅이 조사한 바 있는데, 그의 조상 200명 가운데 독일인이 아닌 사람은 한 명도 없었다. 니체라는 성

은 중부 독일에 퍼져 있는 흔한 성 가운데 하나였다.* 그러나 한 개인이 자기 내면을 만들어가는 데는 사실보다 상상 혹은 믿음이 더 중요한 구실을 할 수도 있다. 때로는 결정적인 영향을 주기도 한다. 니체는 스스로 폴란드 귀족의 혈통을 이어받았다고 믿었을 것이다. 니체의 혈관에 흐르는 피는 귀족의 피가 아니라 목사의 피였다. 선조 대대로 루터Martin Luther, 1483~1546파 신도였던 니체 집안은 할아버지 대에 처음 목사를 배출했다. 니체의 할아버지 프리드리히 아우구스트 루트비히 니체는 목사가 된 뒤 감목(주교)까지 승진했다. 니체의 외할아버지 다비트 윌러도 목사였다. 1813년에 태어난 니체의 아버지 카를 루트비히 니체는 1842년에 독일 중부 작센안할트 지방의 뢰켄이라는 시골 마을의 목사가 됐다. 이듬해 이웃 마을 욀러 목사의 열일곱 살 난 딸 프란치스카와 결혼했다.

꼬마 목사

1844년 10월 15일 부부의 첫째 아이가 태어났다. 이날은 니체 목사가 가장 존경하던 프로이센 왕 프리드리히 빌헬름 4세Friedrich Wilhelm Ⅳ, 1795~1861, 재위 1840~1861의 생일과 같은 날이어서, 이 남자는 아들의 이름에 왕의 이름을 붙여주었다. 왕의 생일날 첫아들을 얻은 데 감격했던 것인지 아버지는 아들에게 세례식을 베풀며 다소 걱정적인 감상을 드러냈다.

---

* 바이마르의 니체 문서 보관소 관리인이었던 막스 욀러가 '폴란드 귀족 후손 니체'가 사실이 아님을 확인했다.[1]

니체의 아버지 카를 루트비히 니체

축복으로 가득 찬 10월이여! 이 달에 내 생애의 중요한 사건들이 일어났다. 그러나 내가 오늘 체험하는 가장 위대하고 화려한 일은 내 아이에게 세례를 주는 일이다. 오 행복한 순간이여, 오 귀중한 축제여, 오 말할 수 없이 성스러운 작품이여, 주님의 이름으로 축복받을지어다. 깊은 감동으로 나는 말한다. …… 나의 아들이여, 세상에서 너는 프리드리히 빌헬름이라는 이름을 갖게 된다. 나의 은인인 국왕 전하의 탄생일에 네가 태어난 것을 기념해서.[2]

프리츠(니체의 애칭)의 뒤를 이어 2년 뒤 여동생 엘리자베트가 태어났고, 다시 1년 반 뒤 남동생 요제프가 태어났다. 과수원이 펼쳐져 있고 꽃밭이 둘러쳐진 목사관에서 보낸 어린 니체의 목가적인 생활은 짧았다. 1848년 8월 아버지가 계단에서 넘어져 머리를 다쳤다. 니체 목사는 사고의 후유증으로 앓다가 열한 달 뒤, 만 다섯 살이 안 된 프리츠와 더 어린 두 아이, 그리고 젊은 아내를 두고 세상을 떠났다. 니체는 열네 살 때 쓴 첫 자전적 기록 〈나의 삶〉1858에서 아버지에 대한 기억을 이상적으로 묘사했다.

> 영혼과 따뜻한 마음을 타고 났으며, 기독교인의 모든 미덕을 갖춘 그는 평화롭고 단순하며 행복한 삶을 살았고, 그를 알았던 모든 사람으로부터 사랑과 존경을 받았다. 그의 훌륭한 예의범절과 명랑한 기질은 그가 초대를 받은 많은 사교 모임을 더욱 빛나게 만들었다. 그는 독서와 음악으로 여가 시간을 보냈으며, 피아니스트로서 특히 자유변주곡을 연주할 때는 뛰어난 솜씨를 발휘했다.[3]

병들어 죽어가는 남자에 대한 기억을 니체는 말년까지 그대로 간직했다. 1888년에 쓴 자서전에서 니체는 아버지에 대해 이렇게 썼다. "내 아버지는 서른여섯 살로 타계했다. 그는 섬세하고 상냥했지만 병약했다. 마치 삶을 단지 스치고 지나가도록 규정된 존재와도 같았다. 아니, 삶 자체를 살고자 한다기보다는 삶에 대한 좋은 기억만을 갖도록 운명지어진 존재와도 같았다."《이 사람을 보라》, '나는 왜 이렇게 현명한가', 1절 열네 살의 기록 〈나의 삶〉은 아버지의 마지막 삶에 대해 조숙한 소년의 감수성으로 좀 더 생생하고 또렷하고 또 가슴 아프게 쓰고 있다.

> 그때까지 우리는 오직 기쁨과 행복만을 경험했고, 우리의 삶은 밝은 여름날처럼 부드럽게 흘러갔다. 하지만 지금, 검은 구름이 우리의 머리 위를 뒤덮었고, 번개가 번쩍이면서 하늘에서 벼락이 내리꽂혔다. 1848년 9월, 사랑하는 아버지는 갑자기 정신적으로 아프게 되었다. 우리는 모

두 빠른 회복을 바랐다. 아버지는 병세가 좀 나은 듯할 때마다, 다시 설교와 견진 성사 수업을 하게 해달라고 했다. 왜냐하면 그의 활동적인 영혼은 게으름을 참을 수 없었기 때문이었다. 몇몇 의사들이 무슨 병인지 밝히려고 애썼으나 헛수고였다. 그래서 우리는 그 당시 라이프치히에 있는 유명한 의사 오폴처를 뢰켄으로 데려왔다. …… 끔찍하게도, 그는 뇌연화증(뇌경색)이라고 진단했다. …… 아버지는 1849년 7월까지 병상에 누워 있었다. 마침내 그가 고통에서 풀려나는 날이 다가왔다. 7월 26일, 그는 깊은 혼수상태에 빠져들었고, 이따금씩 다시 깨어나곤 했다. …… 1849년 7월 27일, 아버지는 죽었다. 그날 아침 내가 잠에서 깨자, 주위에서 온통 눈물을 흘리며 흐느껴 우는 소리가 들렸다. 어머니는 눈물을 흘리며 울부짖기 시작했다. "오, 신이시여, 나의 사랑하는 루트비히가 죽다니!" 그때 나는 매우 어리고 철이 없었지만, 죽음이 무엇인지 알고 있었다. 사랑하는 아버지와 영원히 이별한다는 생각이 나를 사로잡았고, 나는 비통해하며 눈물을 흘렸다. 그 이후의 날들은 눈물과 장례식 준비로 채워졌다. 오! 신이시여, 나는 아버지 없는 고아가 되었고, 나의 어머니는 과부가 되었습니다! 8월 2일, 사랑하는 아버지의 시신이 대지의 품에 안겼다. …… 장례식은 한 시에 종이 울리면서 시작됐다. 오! 나는 귓가에 울려 퍼졌던 그 공허한 종소리를 언제나 듣게 될 것이며, 찬송가 〈예수는 나의 희망〉의 그 우울한 선율을 결코 잊지 못할 것이다.[4]

아버지를 잃은 니체의 상실감은 어린 시절 내내 지속될 터였다. 이듬해 초에 집안에 한 번 더 슬픈 일이 벌어졌다. 젖니가 막 나던 니체의 어린 동생 요제프가 갑자기 세상을 떠났다. 동생이 죽기 전날 다섯 살 니체는 '예지몽'을 꾸었는데, 그 일을 그는 열네 살 때 쓴 그 기록에 남겨두었다.

그 당시 나는 장례식 때처럼 교회로부터 들려오는 오르간 소리를 듣는 꿈을 꾸었다. 무슨 일이 일어나는지를 보려고 하는데, 갑자기 묘석이 들썩이더니, 수의를 입은 아버지가 무덤에서 나왔다. 그는 교회 안으로 뛰어가더니 곧이어 한 아이를 안고 나왔다. 무덤이 열리고, 그가 안으로 들어가자 묘석이 다시 입구를 덮었다. 그 순간 울려 퍼지던 오르간 소리는 멈추고 나는 깨어났다. 이 밤이 지나가고 난 다음 날, 어린 요제프는 갑자기 괴로워하더니 경련을 일으켰고, 몇 시간이 지난 후에 죽었다. 우리의 비통함은 너무나 컸다. 내 꿈은 완전하게 현실이 되었다. 게다가, 어린 시신은 아버지의 팔에 안겨 있었다.[5]

니체는 집안의 유일한 남자가 되었다. 할머니와 두 고모, 어머니, 여동생 사이에서 자라면서 니체는 '아버지의 부재'를 중요한 결핍으로 생각하게 된다. 나중에 니체는 이런 말을 했다. "나에게는 남성적 감각의 확고하고 사려 깊은 방향성이 결여돼 있다."[6] 집안에 자신을 이끌어줄 남자가 없으므로 니체는 자신을 스스로 이끌어야 한다고 믿었다. 그는 훗날 '부성의 결여'를 다른 것을 통해 보상받으려 한다.

동생이 죽고 몇 달 뒤 니체는 아버지의 목사관을 떠났다. 그해 5월 후임 목사가 도착하자 가족은 뢰켄을 떠나 니체 할머니와 연고가 있는 잘레 강변의 나움부르크로 이사했다. 니체는 어린 시절의 유토피아와 영원히 이별했다. 열네 살 니체는 그 이별의 순간을 이렇게 회상했다. "나는 다른 곳에서 고향처럼 친숙해진다는 것을 불가능하게 여겼다. 기쁨과 고통을 향유한 마을, 아버지와 어린 동생의 소중한 무덤이 있는 마을, 사람들이 항상 사랑과 친절로 대해주었던 마을을 떠난다는 것은 얼마나 고통스러운 일인가."[7]

여섯 살 니체는 학교에 들어갔다. 2년 뒤에는 사립 예비 학교로 옮겼고, 1854년 가을 상급 학교인 '돔 김나지움'에 들어갔다. 그 시절 니체에게는 빌헬름 핀더Wilhelm Pinder, 구스타프 크루크Gustav Krug 같은 친구가 있었다. 니체는 조숙했고, 행동 방식이 남달랐다. 최초의 친구 핀더는 어린 니체를 이렇게 회상했다.

> 아직 어린 시절에 여러 가지 놀이를 했는데 그 놀이를 그는 스스로 생각해내었다. 이것으로도 알 수 있는 것처럼 그의 정신은 활발하고 창의적이고 자립적이었다. 그래서 그는 모든 놀이를 이끌어갔으며 놀이의 새로운 방법을 만들어냈다.
>
> 매우 어린 시절부터 그는 고독을 사랑했고, 자기 생각에만 매달렸다. 그는 다소 사람과의 교제를 피했으며, 자연의 숭고한 아름다움으로 장식된 지역을 찾아다녔다.[8]

소년 니체는 나움부르크의 두 친구에 대해서도 기록을 남겼다.

> 구스타프 크루크. 그는 나움부르크의 항소 위원이자 대단한 음악 애호가이며 음악의 명수이기도 한 크루크 씨의 아들이다. 이 크루크 씨는 훌륭한 작곡 작품을 여럿 남겼는데 그 가운데는 몇 개의 소나타와 사중주곡이 있었다. 그의 높은, 위풍당당한 모습, 그의 근엄한 그리고 재기 발랄한 표정, 다른 사람들로부터 인정받고 있는 그의 유능함, 이 모든 것이 내게 깊은 인상을 남겼다. 그는 또 대단히 훌륭한 그랜드 피아노 한 대를 갖고 있었다. …… 이와 같은 가정에서 구스타프는 양육

되었다.⁹

　나의 또 다른 친구는 에트바르트 빌헬름 핀더이다. …… 핀더의 아버지는 나움부르크의 왕립 항소 법원 위원이었으며 풍부한 정신의 기질을 지니고 있었다. 그리고 그의 경건한 기독교적 감각 또한 높이 평가되었다. …… 그 또한 선교협회와 빈민구제협회 회장이었는데 그가 베푼 사랑은 많은 설교가들이 거두어들인 성과 이상을 가져왔다. 그는 거기에다 나움부르크 시의 미화를 위하여 쉬지 않고 노력하기도 했으며 그 때문에 널리 알려지고 존경받았다.¹⁰

　이 글들에서 우리의 관심을 끌고 있는 것은 친구를 소개하겠다고 하면서 니체가 정작 친구들이 아니라 그들의 아버지들의 모습과 성품을 묘사하고 있다는 사실이다. 특히 이 아버지들에 대한 니체의 표현들, "높은" "위풍당당한" "근엄한" "유능함" "존경" 같은 말은 니체의 마음속에 들어 있던 가부장적 권위에 대한 소망이 얼마나 컸는지 보여준다.

　소년 니체의 별명은 '꼬마 목사'였다. 소나기가 갑자기 쏟아지는데도 교칙을 어기지 않으려고 시내 광장을 천천히 걷는 것을 본 친구들이 붙인 별명이었다. 니체는 행동뿐만 아니라 생각도 꼬마 목사다웠다. 그 시절 니체는 성서를 잘 알았을 뿐만 아니라 사람들을 감동시킬 정도로 신앙심이 깊었다. 여자들로만 이루어진 경건한 루터파 가정에서 그는 믿음 깊은 신앙인으로 자랐다. 그는 어느 방향에서 보든 목사의 아들이었다.

　1858년 가을 니체는 당시 최고 명문으로 꼽히던 고전어 학교 슐포르타에 들어갔다. 슐포르타로 떠나기 전 나움부르크 집에서 마지막 날을 보내며 니체는 첫 자전 기록 〈나의 삶〉을 쓴다. 14년 동안의 삶을 기록한 이 짧은 자서전은 당시 니체의 신앙심이 얼마나 깊었는지 보여준다. "나는 이미 너무나 많은 것을 경험했다. 기쁨과 슬픔, 즐거운 일과 슬픈 일들을. 하지만 이 모든 것 속에서 신은 아버지가 자신의 약하고 어린 아들을 인도하듯이 안전하게 나를 이끌어주셨다. 나는 내 마음속에서 영원히 그분의 종이 되겠다고 확고하게 결심했다. 주님께서 나의 이런 뜻을 실행할 수 있는 강인함과 힘을 주시고 인생의 길 위에서 나를 보호해 주시기를!"[11] 그러나 이 경건한 약속을 니체는 청소년기가 끝나기 전에 깨뜨리게 될 것이다.

이 기록에서 니체는 이런 고백도 했다. "어쨌든 작은 책을 쓰고 그것을 스스로 읽어보는 것이 언제나 나의 소망이었다."[12] 소년 니체는 자신의 삶이 한 권의 책으로 변하는 것을 보면서 기쁨에 떤다. 그는 이 기록을 다음과 같은 구절로 끝맺었다. "이런 책을 여러 권 쓸 수 있다면 얼마나 좋을까?"[13] 이 짧은 문장들은 아주 많은 것을 암시한다. 그가 일찍이 책을 쓰고 싶어 했고 그 일에 열정적이었음을 여기서 알 수 있다. 그가 쓴 첫 책이 '자서전'이었다는 사실은 그의 제1 관심사가 자기 자신이었다는 것을 보여준다. 그가 그 책을 스스로 읽어보고 싶어 했다는 것은 자기 관계 안에서 만족을 느끼는 강한 나르시시즘이 있었음을 알려준다. 이 기록으로 시작한 니체의 자서전 쓰기는 학창 시절 동안1858~1868에만 아홉 편에 이르렀다. 철학적 저서에서 니체만큼 자주 '나'를 이야기한 사람은 없었다. 니체에게 '나'는 철학의 주제였고 과제였고 목표였다. 뒷날 니체의 삶과 글에서 끝없이 반복될 특징을 열네 살 니체는 선명하게 미리 보여주었다.

그리스·로마 안에서 살다

슐포르타는 모든 학생이 학교에서 먹고 자고 공부하는 기숙 학교였다. 1858년 10월 니체는 처음으로 가족과 떨어졌다. 기숙사와 교실을 왔다 갔다 하던 그에게 금세 향수병이 찾아왔다. 이 학교는 거의 병영과도 같은 스파르타식 엄격함이 지배하는 곳이었다. 니체는 감옥 같은 학교에 적응하는 데 오랜 시간이 걸렸다. 적응 장애는 앞으로 삶의 고비마다 니체를 괴롭히게 된다.

슐포르타는 고전어 전문 교육 기관이었다. 고전 그리스어와 라틴어를 집중적으로 가르쳤고, 그다음으로 독일 고전 문학 교육에 중점을 두었다. 나움부르크의 사립 예비 학교에서 그리스어와 라틴어를 배우기 시작했던 니체는 이 분야에서 독보적인 두각을 나타냈다. 그러나 다른 과목에서는 그다지 재능을 발휘하지 못했다. 수학과 과학은 형편없었고, 특히 수학은 낙제 수준을 면치 못했다.

슐포르타 시절에 니체의 삶과 정신을 규정할 본질적 특성들이 나타나기 시작했다. 슐포르타의 학생들은 현대 유럽의 공기를 마시면서 생활한 것이 아니라 고대 그리스와 로마, 그리고 괴테와 실러Johann Christoph Friedrich von Schiller, 1759~1805 시대의 독일 공기 속에 살았다.[14] 소년 니체야말로 그 공기를 가장 깊숙이 들이마신 사람이었다. 니체는 이 시기에 벌써 당대 독일, 당대 유럽의 분위기보다는 고전 문헌의 세계, 즉 고대의 세계에 더 친숙했고, 그 시대의 공기를 더 자연스럽게 느꼈다. 니체는 열네 살 이후 인생의 가장 중요한 시기를 고전 세계 속에 파묻혀 살았다. 그는 고대 세계에서 막 걸어나온 사람 같았다. 철학자 니체는 그 고대의 눈으로 당대 유럽을 보았고, 그 자신 앞에 펼쳐져 있는 친숙하면서도 낯선 세계의 낯섦을 예리하게 묘사했다.

고전 연구에 파묻힌 삶이 없었더라면 니체의 사상도 관점도 성립할 수 없었을 것이다. 15년 뒤에 쓰게 되는 《반시대적 고찰》에서 니체는 이렇게 고백했다. "내가 이 시대의 아들로서 나 자신을 넘어서 그토록 반시대적인 경험에 도달하게 된 것은 오로지 내가 고대, 특히 고대 그리스의 제자이기 때문이다." 《반시대적 고찰》, 2권 '서문' 니체에게 고전 문헌은 사유의 원천이었고 사유의 무기였다. 뒷날 그는 2,000년 전에 죽은 고대 그리스·로마 사람들을 불러내 그들을 이끌고 당대 유럽 세계와 일대 전쟁을 벌이게 된다.

슐포르타에서 니체가 고전어 공부 다음으로 많이 한 것이 글쓰기였다. 나움부르크에서 시작된 글쓰기는 슐포르타 시절 내내 속도를 높였고 문체와 관심과 분위기에서 벌써 성인기의 고유한 특성을 드러냈다. 니체는 나움부르크 시절의 친구 핀더, 크루크와 함께 '게르마니아'라는 작은 모임을 만들었다. 문학과 음악에 관해 글을 쓰고 토론하는 이 모임은 니체의 창작 갈등을 풀어주었고 교양 욕구를 채워주었다. 훗날 니체의 삶에 폭풍 같은 영향을 줄 바그너Wilhelm Richard Wagner, 1813~1883 음악을 처음 들은 곳도 이 모임이었다. 열광적인 바그너 숭배자 크루크가 1861년 바그너 음악을 소개했는데, 이 첫 만남에서 니체는 불쾌하고 낯선 느낌을 받았다. 그도 그럴 것이 바그너는 19세기 당대의 전위 음악이었기 때문에 슈만Robert Alexander Schumann, 1810~1856이나 쇼팽Frédéric François Chopin, 1810~1849 같은 전통 음악에 편안함을 느꼈던 니체에게 바그너는 바로 받아들여 즐기기에는 너무 이질적인 음악이었을 것이다. 바그너가 니체 안으로 들어오려면 아직 많은 시간을 기다려야 했다. 슐포르타에서 니체는 카를 게르스도르프Cral von Gersdoff, 파울 도이센Paul Deussen, 1845~1919 같은, 평생 지속될 친구를 만났다.

지식에 대한 니체의 욕망이 폭발한 곳도 슐포르타였다. 니체는 읽

1861년 부활절에 견진 성사를 받은 니체

고 쓰고 읽고 쓰기를 반복했다. 지나친 독서 때문에 눈이 나빠져 근시 교정용 안경을 써야 했다. 1859년 8월에 그는 다음과 같이 썼다. "현재 나는 지식, 그리고 일반적인 교양을 더욱 많이 알고자 하는 조급한 심정에 사로잡혀 있다."[15] 기독교에 대한 태도가 바뀐 것도 슐포르타 시절이었다. 1861년 부활절에 니체는 친구 파울 도이센과 함께 견진성사를 받았다. 그러나 여기가 마지막이었다. 완만하고 지속적으로 이루어진 변화 끝에 독실한 신앙인은 기독교에 대한 믿음을 상실했다. 니체는 다시는 기독교 신앙으로 돌아가지 않았다. 1년 뒤 게르마니아에서 발표한 단편 〈사람들의 유아기에 대하여〉에서 니체는 종교란 "유아기적 산물"이라고 선언했다.

> 신이 인간이 된 것은 인간이 자신의 천국을 영원한 내세에서 구하는 것이 아니라 지상에 건설하려 함을 보여준다. 그러나 천상의 세계에 대한 환상 때문에 인간의 영혼은 현세의 삶과 잘못된 관계를 맺게 되었다. 이러한 환상은 사람들의 유아기적 산물이다.[16]

이 글에서 니체는 천상을 환상으로 보아 거부하고, 천상과 지상을 대립시킨다. 그의 관심은 지상, 현세, 현실로 집중되는데, 이런 태도는 이후 니체 사유의 근본적 특징을 이룬다. 이 글에 이어 좀 더 정교하게 쓴 에세이 〈운명과 역사〉에서 니체는 기독교에 대한 의심을 진척시킨다.

> 우리가 기독교의 가르침과 교회의 역사를 자유롭고 편견 없는 시선으로 볼 수 있었다면, 일반적으로 받아들이고 있는 생각과 대립하는 무수한 결론에 도달했을 것이다. 그러나 우리는 아주 어린 시절부터 관습

과 편견의 굴레에 매여 있어서, 그때의 인상으로 지성의 발전이 가로막히고 …… 종교와 기독교에 대해서 당파심을 벗어나 시대의 요구에 부합하는 판단을 내릴 수 있는 자유로운 시각을 취하려 할 때는 마치 죄를 범한 것 같은 기분을 느끼게 된다. 이런 시도는 하나의 과제다. 단지 몇 주 만에 끝날 수 있는 일이 아니라, 일생이 걸릴지도 모르는 과제다. 나침반도, 조타수도 없이 의심의 바다로 배를 띄우는 것은 미숙한 인간들에게는 죽음과 파멸로 나아가는 길이다.[17]

여기서 발견할 수 있는 니체의 심리 가운데 하나가 죄의식이다. 기독교에 반대하고 반항하는 것은 니체 안에서 죄의식을 자극했다. 독실한 목사 집안에서 자란 니체는 기독교를 부정할 때마다 사랑하는 아버지를 부정하는 것 같은 느낌을 받았을 것이다. 기독교 신앙은 버렸어도 죄의식으로 나타나는 기독교 신앙의 잔영은 평생토록 니체를 따라다녔다. 그의 의식은 기독교에 반대했지만, 그의 몸과 무의식은 여전히 기독교의 영향 아래 있었다. 기독교에 대한 싸움은 니체 필생의 싸움이 된다.

〈운명과 역사〉는 니체 사유의 또 다른 본질적 특징을 엿보게 한다. '관습과 편견'에서 벗어나 '자유로운 시각'으로 사태를 판단하는 일이 '죽음과 파멸'의 위험을 동반하는 거대한 모험, 일생이 걸릴지도 모를 모험이 될 것이라는 인식이다. 그만큼 절박하고 위태로운 인식이다. 니체는 이 글에서 기독교를 단지 부정하는 것으로 그치지 않았다. 니체에게 더 큰 문제는 다음과 같은 물음이었다. 만일 신이 없다면, 만일 모든 것이 유한하다면, 만일 성령과 계시가 없다면 이 세상은 어떻게 될까? 종교적 환상을 빼고 나면 어떤 실제적인 것이 남을 것인가? 신을 통해서 모든 것이 의미와 목적을 얻게 되는데, 만일 신이 사라진다면 자연과 역사에서도 마찬가지로 모든 의미와 목적이 사라지고 만다.[18] 신이 사라지고 난 다음에 '삶의 의미와 목적'을 어디서, 어떻게 찾을 것인가 하는 물음이야말로 니체의 가장 절실한, 근원적인 물음이었다.

이 물음과 관련된 주목할 만한 인식이 대학에 들어간 뒤 니체가 도이센과 한 대화에서 드러난다. 니체와 도이센은 1865년 다비트 슈트라우스David Friedrich Strauss, 1808~1874의 《예수의 생애》를 사서 함께 읽었다. 슈트라우스의 이 저작은 예수Jesus, ?B.C.4~?A.D.30의 신성을 부인하고 예수를 사람의 아들로 해석함으로써 기독교의 탈신화화에 커다란 기여를 한 책이었다. 도이센이 이 책을 읽고 난 뒤 슈트라우스의 생각에 동의해야 할 것 같은 기분이라고 말하자 니체는 이렇게 대답했다. "그것은 심각한 결과를 가져올 수도 있어. 네가 예수를 포기한다면 신 자체도 마찬가지로 포기해야만 할 거야."[19] 이 말은 기독교가 부정되고 기독교 신이 퇴출된다면 그동안 유럽의 정신과 문화를 지탱했던 토대가 무너진다는 뜻을 품고 있다. 니체는 기독교 붕괴와 신의 죽음이 결정적인 문제가 된다는 것을 시간이 지날수록 절감하게 된다. 니힐리즘이 도래한다는 절박한 진단이었는데, 니체의 후기 철학은 바로 이 문제와 벌인 집요한 대결이었다.

〈운명과 역사〉로 돌아가면, 니체는 그 에세이에서 삶의 의미와 목적은 그저 주어지는 것이 아니라 우리가 열정적으로 만들어내는 것이라고 답한다. 삶을 창조적으로 구성하는 것이 중요하다. 삶을 상승시키려는 의지가 중요하다. 〈운명과 역사〉에서 열여덟 살의 니체는 이 의지를 일종의 '내적인 초월'이라고 최초로 선언한다.[20] 그러나 이 선언은 모호하고 잠정적인 대답이었다. 니체의 일생은 이 모호한 선언을 투명한 선언으로 바꾸고 잠정적인 선언을 확정적인 선언으로 바꾸는 과정이 된다.

 니체의 기독교 신앙 포기는 고전 문헌 공부의 의도하지 않은 결과이기도 했다. 고대의 문헌을 비판적이고 회의적인 눈으로 읽어내는 훈련을 하면서 니체는 기독교 성서도 같은 태도로 읽게 됐는데, 그 결과가 기독교에 대한 의심과 부정이었던 것이다. 뒷날 니체는 기독교의 중요한 미덕, 곧 성실과 정직이라는 미덕이 기독교를 의심하고 부정하는 역설적 결과를 낳았다고 말한다.

횔덜린·바이런·나폴레옹

슐포르타 시절 니체를 사로잡았던 인물 가운데 특히 주목할 만한 세 사람이 횔덜린Johann Christian Friedrich Hölderlin, 1770~1843·바이런George Gordon Byron, 1788~1824·나폴레옹Napoléon Bonaparte, 1769~1821이다. 니체는 횔덜린에 관한 글을 1861년 10월에 썼다. 오늘날 횔덜린은 독일을 대표하는 위대한 시인 가운데 한 사람으로 인정받고 있지만 당시만 해도 그는 거의 알려져 있지 않았고, 그를 기억한다고 해도 별로 호의적이지 않았다. 니체는 오랫동안 정신병을 앓다가 죽은 이 시인의 사상을 옹호했다. 죽은 자의 무덤에서 부르는 노래처럼 섬뜩하면서도 동시에 신적인 위엄으로 당당하게 승리를 노래하는 듯한 횔덜린의 문장, 부드럽게 녹는 듯한 울림이 있는 횔덜린 시의 음악성을 높이 평가했다. 니체에게 횔덜린은 아직 발견되지 않은 나라의 왕이었다. 니체는 자신을 횔덜린의 사도라고, 어둠에 싸인 그 왕에게 빛을 가져다 줄 사도라고 생각했다.[21] 최근의 연구는 횔덜린을 찬양하는 니체의 글이 1853년에 출간된 '현대의 고전 작가들'이라는 시리즈의 한 권에서 원문의 많은 부분을 베껴 쓴 것이라는 사실을 밝혀냈다.[22] 그러나 이 글을 쓴 당사자가 열일곱 살 학생이라는 점을 감안하면, 중요한 것은 베껴 쓰기가 아니라 그의 글 속에 들어 있는 관심의 방향일 것이다.

니체의 또 다른 영웅은 영국 낭만주의 시인 바이런이었다. 니체는 바이런을 "정신을 지배하는 초인"이라고 불렀다.[23] 니체에게 바이런은 낭만적인 반역자의 모범이었다. 실러의 〈도둑떼〉 주인공인 '무법자 영웅' 카를 모어가 현실로 나타난 것이 바이런이었다.[24] 바이런은 전설적인 삶을 살았다. 바이런이야말로 진실로 삶의 시인이었다. 그는 자신의 마력의 영향권에 속한 사람들을 마치 소설 속 인물들처럼 변화시켰다. 니체는 자기 삶을 창조하고 자기 삶을 예술 작품으로 변화시키는 바이런의 삶의 연출에 열광했다. 니체는 바이런에게서 삶이 곧 역사가 된 기념비적인 인물, 천재를 발견했다.[25]

횔덜린이나 바이런 같은 시인과는 전혀 종류가 다른 인물이 니체를 사로잡았다. 나폴레옹*이었다. 1862년에 쓴 글에서 니체는 나폴레옹이 국민들이 원하고 꿈꾸는 것을 잘 파악하고 그들의 욕구에 알맞은 조처를 취함으로써 "무력을 이용한 과감한 정부 전복이 전체 국민의 의지를 따른 것처럼 보이게 하는 일"을 훌륭하고도 확실하게 해냈다고 주장했다. 니체가 보기에 나폴레옹은 자신이 마치 국민이 직접 선출한 역사적 운명인 것처럼 행동했다.[27] 이 시기에 시작된 나폴레옹에 대한 니체의 관심과 열광은 그 뒤로도 끊이지 않고 지속됐다. 정신이 붕괴하기 전 쓴 유고에서도 니체는 나폴레옹을 10대 시절과 유사한 강도로, 그러나 훨씬 더 의미심장한 뜻을 담아 묘사했다.

---

* 니체는 나폴레옹 3세라고 썼으나 전후 맥락을 볼 때 나폴레옹 1세. 곧 나폴레옹 보나파르트를 지칭하는 것으로 추정된다.[26]

갑작스럽게 탁월한 재능이 드러난다. 정치가 속에 갇혀 있던 예술가가, 그 껍질을 깨뜨리고 나타나는 것이다. 그는 이상적인 것과 불가능한 것 속에서 창조한다. 사람들은 그의 참모습을 한 번 더 인식하게 된다. 즉, 그는 단테Dante Alighieri, 1265~1321와 미켈란젤로Michelangelo di Lodovico Buonarroti Simoni, 1475~1564의 뒤늦게 태어난 형제인 것이다. 그리고 진실로, 그가 보여준 비전의 확고한 모습에서, 그가 지녔던 꿈의 강렬함, 굳건함, 내적 논리에서, 그의 사유의 심오함에서, 그가 품었던 구상의 초인간적 위대함에서 보자면 그는 그들과 같은 자, 그들과 동등한 자이다. 그의 천재성은 그들과 동일한 높이와 동일한 구조를 가지고 있다. 그는 이탈리아 르네상스의 세 지배적 정신 가운데 하나다.

《권력의지》, 1018절

이 말년의 단편에서 나폴레옹은 가장 위대한 예술가와 같은 등급의 천재성을 지닌 정치가로 이해된다. 민중 폭동을 혐오했던 니체는 다른 말년의 유고에서 나폴레옹을 낳았다는 이유 하나만으로도 프랑스 대혁명은 긍정될 수 있다고 주장했다.

혁명이 나폴레옹의 출현을 가능하게 하였다. 이 사실이 프랑스혁명을 정당화한다. 나폴레옹과 같은 존재를 상으로 얻기를 바란다면, 현대 문명 전체를 붕괴시켜 대혼란에 빠뜨리는 것을 욕망해야만 할 것이다. 나폴레옹은 국가주의nationalism의 출현을 가능하게 하였다. 이 사실이 국가주의를 용서할 구실을 준다.

《권력의지》, 877절

슐포르타의 니체가 열광했던 인물들을 살펴보면, 횔덜린의 경우에는 극한 상황에서 나타나는 숨겨진 힘이 있고, 바이런의 경우에는 예술가적인 삶을 밀고 나가는 힘이 있으며, 나폴레옹의 경우에는 마력과도 같은 정치적 힘이 있다. 이 모든 경우에 공통으로 '힘'이 등장한다. 운명의 소용돌이 속에서 자신을 끝까지 주장하는 것이 이 힘이 뜻하는 바다.[28] 성숙기의 니체는 이 세 사람에게서 공히 나타나는 힘을 삶 속에서, 특히 사상 속에서 관철하려 분투한다. 그는 자신을 광기 어린 극한 상황으로 몰아간다. 그 극한의 국면에서 예술과 정치를 포괄하는 격정적인 상상력이 펼쳐지고, 그 상상력 안에서 전례 없이 과격한 비전이 드러나게 된다.

10대 후반 니체는 평생을 괴롭히게 될 질병의 습격을 받기 시작한다. 안구 통증, 편두통, 소화 장애, 구토증으로 자주 수업을 중단해야 했다. 특히 1862~1864년 사이에 처음으로 울증과 조증이 교대로 나타나는 만성 정신 장애를 겪기 시작했다. 니체는 자신의 기분이 급격히 변화하는 것에 적잖이 놀랐다. 그는 슬프고 비관적이고 침울하고 불안했다가, 갑자기 반대의 기분으로 상승하는 경험을 했다. 1862년 8월 심한 두통으로 의무실에서 일주일을 보낸 뒤 감정의 파고가 이상하게 높아지는 것을 느꼈다. "나는 자꾸 흥분 상태가 된다."[29] 이렇게 흥분된 상태에서 그 시절 사춘기적 충동의 압박을 받으며 니체는 기이한 글을 쓴다. 1862년 여름에 쓴 단편 〈에우포리온〉은 그로테스크한 상상력을 사뭇 섬뜩하게 드러내고 있다.

왜 이토록 슬픈지 모르겠다. 울고 싶고, 그리고 죽고 싶다. …… 내 눈동자가 더욱더 밝게 타올라 하늘에 구멍을 내지나 않을까 두렵다. 이제 막 껍질을 깨고 나온 느낌이다. 나는 나 자신을 속속들이 알고 있으며, 원하는 것이라곤 나 자신의 유령의 머리를 찾아 그 뇌를 해부하는 것이다. …… 길 건너편에 한 수녀가 살고 있는데, 나는 그녀의 도덕적 행동을 감상하기 위해 종종 방문한다. 나는 나 자신보다 더 그녀의 존재를 머리끝에서부터 발끝까지 속속들이 안다. 그녀는 가늘고 약한 수녀이며, 나는 그녀의 의사였다. …… 그녀는 오빠와 살고 있는데, 그들은 결혼한 사이다. …… 나는 그를 마르고 여위게 만들었다. 시체처럼 여위게. 그는 곧 죽을 것이다. 나는 아주 기쁘다. 그를 해부하고 싶기 때문이다. 하지만 우선 내 인생 이야기를 쓰려고 한다. 이 이야기는 재미있을 뿐만 아니라, 어떻게 하면 젊은 사람을 빨리 늙게 할 수 있는지도 알려준다. …… 나는 그 방면에선 권위자다.[30]

이 단편은 훗날 만개하는 니체의 마성적이고 잔인한 상상력과 표현력의 싹을 보여준다는 점에서 눈길을 끈다. 자신의 눈, 곧 정신이 하늘을, 다시 말해 세상을 태워버릴지도 모른다는 뒷날의 니체 고유의 환상이 나타나 있다는 점은 더욱 의미심장하다. 사상의 힘으로 세상을 태워버린다는 환상과 욕망이 니체 안에서 벌써 꿈틀거리기 시작하는 것이다. 그런가 하면, 해부에 대한 욕망, 곧 한 인간의 머리와 육체를 철저하게 파헤쳐 알고자 하는 욕망도 드러나 있다. 독한 '앎의 의지'다. 이 앎의 의지는 가공할 폭력성으로 니체 삶 전체를 관통하게 될 것이다. 이 시기에 쓴 또 다른 단편 〈분위기들에 대하여〉도 니체의 사유에 법칙처럼 등장하게 될 독특한 분위기와 이미지를 품고 있다.

투쟁은 영혼의 영속적인 양식이다. 영혼은 투쟁에서 달콤함을 추출하는 법을 잘 알고 있다. 영혼은 파괴하는 동시에 새로운 것을 산출한다. 영혼은 성난 싸움꾼이다. 그러나 상대편을 내밀한 동맹자로서 부드럽게 자신의 편으로 끌어들인다. 가장 놀라운 것은 영혼이 외적인 형태에 구애받지 않는다는 점이다. 이름, 인물, 장소, 세련된 말들, 화려한

꾸밈, 이 모든 것들은 부차적이다. 영혼이 가치를 두는 것은 내면에 놓여 있는 것이다. …… 나는 지금 내가 사랑하는 것들을 생각해보고 있다. 이름과 인물들은 바뀌었고, 그 바뀐 모습이 그 본성에서 항상 더 깊고 아름답게 변한 것은 아니다. 그러나 분명 이들의 분위기는 내게 일보 전진을 의미하며, 정신은 이미 자신이 지나온 계단을 다시 밟는 것을 견디지 못한다. 정신은 더욱 높이 올라가기를 원하며 더욱 깊어지기를 원한다.[31]

여기에 니체 정신의 본질적 성분이 드러나 있다. 니체 삶을 요약하는 한 단어가 있다면, 그것은 투쟁일 것이다. 아니, 투쟁보다는 전쟁일 것이다. 병약한 지식인 니체는 평생 홀로 전쟁을 벌였다. 그는 사유의 전사였다. 니체 자신의 창작 세계를 무대로 삼아 글과 펜으로 벌인 것이었으므로 연기도, 포성도, 화약 냄새도 없었지만, 전쟁은 길고도 혹독했다. 니체는 세계를 파괴하고 그 폐허 위에 새로운 세계를 건설하려고 했다. 그의 무기는 사상이었다. 니체는 삶을 끝없는 상승 혹은 도약으로 보았다. 그는 자신이 만난 모든 사람들, 모든 사상들을 단지 계단으로 이용하려고 했다. 그런 점에서 보면 그는 가혹하다 싶을 만큼 자기중심적이었다. 글을 쓸 때 그는 그런 자신을 조금도 거리낌 없이 드러냈다. 니체는 한없이 높이 올라가고자 했고, 그러자면 깊어져야 한다는 것을 알고 있었다. 이 단편은 훗날 니체의 특징을 정확하게 묘사한 아주 간결한 초상이다. 말년에 쓴 책에서도 니체는 계단과 상승의 이미지를 그대로 되풀이했다.

나에게 그들은 계단이었다. 나는 그들을 딛고 올라갔다. 나는 그들을 지나쳐가야 했다. 그러나 그들은 내가 그들과 함께 머물고 싶어 한다고

생각했다. 《우상의 황혼》, 1장 '잠언과 화살', 42절

니체의 거의 모든 저작에서 일관되게 발견되는 것이 이 상승 의지다. 이 점을 눈여겨보면, 니체는 상승하지 못하는 데 대한 두려움을 지니고 있었음이 분명하다. 상승은 초월이고 자유다. 그는 중력이 자신을 끌어내린다고 상상했으며, 중년에 쓴 《차라투스트라는 이렇게 말했다》에서 이 상승을 막는 중력을 '악마'라고 불렀다. 니체는 그 중력으로부터 자유로워지고 싶어 했다. 그 자유로워진 존재의 상징이 아마도 독수리일 터인데, 슐포르타 초기에 니체는 자신의 시 〈고향 없이〉에서 독수리를 자유의 이미지로 묘사한다. "나는 공간과 스쳐 가는 시간에 / 한 번도 속박된 적 없이 / 독수리처럼 자유롭다."[32]

1864년 9월 5일 니체는 수학에서 낙제점을 받았지만, 그리스어와 라틴어의 탁월한 실력을 인정받아 졸업장을 받는다. 그의 졸업 논문은 라틴어로 쓴 〈메가라의 테오그니스에 대하여〉였다. 기원전 6세기 그리스 메가라의 시인 테오그니스Theognis를 연구한 이 논문은 문헌학 분야에서 그가 이루어낸 최초의 독창적인 연구였다. 그는 이 논문을 대학에 들어간 뒤 더 발전시켜 문헌학자로서 자신을 각인시킨다. 니체는 바젤 대학 교수가 된 뒤 고대 그리스 철학자들을 연구하면서 다음과 같이 썼다.

> 위대한 모든 천재는 대부분 20~30살에 벌써 그들의 가장 고유한 위대성의 싹이 어설프고 불완전하지만 한없이 풍요롭게 배태돼 있음을 경험으로 보여준다. 《니체 전집 1 언어의 기원에 관하여 외》, '플라톤 대화 연구 입문', 43쪽

이 말의 주인공은 우선은 고대 그리스 철학자이지만, 동시에 니체

자신에게도 해당되는 말이다. 니체는 슐포르타에서 청소년기를 보내며 미래의 사상으로 피어날 씨앗들을 뿌렸고, 대학에서 그 씨앗들이 싹이 터 자라는 것을 보게 된다.

매음굴에서 피아노를 치다

슐포르타를 졸업함과 동시에 10대 시절을 영원히 뒤로 한 스무살 청년 니체는 1864년 10월 슐포르타 시절의 친구 파울 도이센과 함께 본 대학에 등록했다. 니체가 선택한 본 대학은 당시 고전문헌학으로 최고의 명성을 떨치고 있었다. 프리드리히 빌헬름 리츨Friedrich Wilhelm Ritschl, 1806~1876과 오토 얀Otto Jahn, 1813~1869이라는 걸출한 두 문헌학자가 그 명성을 떠받치고 있었다. 니체는 고전문헌학과 신학을 전공 분야로 택했다. 고전문헌학을 전공으로 삼은 것은 슐포르타에서 확인된 재능의 자연스러운 귀결이라고 할 수 있지만, 신학은 의외였다. 당시 니체는 기독교 신앙으로부터 멀어진 상태였다. 아마도 아들이 목사가 되어 아버지 뒤를 잇기를 바라는 어머니의 소망을 저버릴 수 없었기 때문이었던 것 같다.

그러나 니체는 결국 한 학기 만에 신학을 포기했다. 이듬해 부활절 휴가 때 나움부르크 집으로 간 니체는 어머니와 한바탕 말다툼을 했다. 그는 교회와 교회에 속한 사람들을 비난하는 발언을 했고, 자신은 기독교라는 원시적인 미신을 넘어섰다고 주장했다. 그는 프로테스탄트 교도들이라면 부활절만큼은 성찬식에 참석하는 것이 당연하다는 것을 알면서도 교회에 가지 않겠다고 고집했다. 마침내 어머니에게 신학을 그만두었음을 알렸을 때 눈물과 한숨과 비난이 어머니와 아들 사이를 채웠다. 갈등은 일시적인 것으로 끝났다. 니체의 어머니는 아들의 뜻을 마지못해 수용했다. 그러나 독실한 신자였고 오빠만큼이나 자기주장이 강했던 여동생 엘리자베트는 오빠의 행동에 화가 났다. 어머니·여동생과 니체 사이의 갈등은 앞으로 중요한 국면마다 불거지게 될 것이다. 마침내 말년의 니체는 자서전에다 어머니와 여동생을 거칠게 부정하는 말을 써넣게 된다.

> 나와 가장 철저하게 대립하는, 생각할 수 없을 정도로 상스러운 본능을 찾아보게 되면, 언제나 나는 내 어머니와 여동생을 발견한다. 이런 천민들과 내가 친족이라고 믿는 것은 나의 신성함에 대한 불경이리라. 내 어머니와 여동생이 나를 대했던 것에 관한 내 경험은 지금 이 순간까지도 말할 수 없을 만큼의 공포를 내게 불러일으킨다.
>
> 《이 사람을 보라》, '나는 왜 이렇게 현명한가', 3절

니체가 뒷날 이렇게 격렬하게 어머니와 여동생을 비난한 건 기독교 신앙이나 반유대주의와 관련한 생각의 차이 때문이었지만, 대학 초년생 니체와 그들 사이의 갈등은 아직 회복하기 어려운 상태는 아니었다. 더구나 니체는 그들의 반목이 최악으로 치달았을 때조차도 어머니·여동생과 관계를 끊고 돌아설 만큼 마음이 모질지도 못했다. 니체가 본으로 돌아간 뒤 엘리자베트는 오빠에게 기독교 신앙을 옹호하는 간절한 내용의 편지를 썼다. 동생의 편지를 받은 니체는 자신의 생각을 차분하게, 그리고 확고하게 밝히는 답장을 보냈다.

> 우리가 배워온 모든 것들, 우리 안에 점차 단단하게 뿌리를 내려 주위 사람들이나 많은 훌륭한 사람들이 진리라고 말하는 것들, 게다가 실

니체와 그의 어머니 프란치스카

제로 사람의 마음을 편안하게 해주고 북돋아 주는 것들, 이러한 것들을 진리라고 간단하게 받아들이는 일이 정말로 그렇게 어려운 일일까? 그것이 정말로 정신의 독립에 따르는 위험 속에서 용기가 꺾이고 양심마저 흔들리는 위기를 수없이 경험하면서도 항상 진리와 미와 선을 목표로 삼아 관습과 투쟁하면서 새로운 길을 개척해나가는 것보다 더 어려운 일일까? 우리 마음을 편안하게 해주는, 신과 세계와 화해에 대한 특정한 견해에 도달하는 것만이 정말로 가장 중요한 일일까? 혹, 진정한 탐구자는 자신의 물음이 가져올 결과에 상관없이 질문을 하는 사람이 아닐까? 왜냐하면, 우리가 물음을 던질 때 그것이 휴식과 평화와 행복을 구하기 위해서가 아니라 오직 진실, 그것이 극도로 추악하고 불쾌할지라도 진실을 원하기 때문이다. …… 은총을 주는 것은 믿음이지, 믿음 뒤에 있는 객관적인 실체가 아니다. …… 모든 진실한 믿음은 결코 속이지 않는다. 그것은 믿음을 지닌 자가 믿음 안에서 발견하고자 하는 것을 얻게 해주지. 그러나 진실한 믿음은 객관적 진리를 입증하는 데는 전혀 도움이 되지 않는다. 여기에서 길이 나뉜다. 만약 네가 영혼의 평화와 행복을 원한다면, 믿어라. 하지만 네가 진리의 사도가 되고 싶다면, 질문하라.

1865년 6월 11일

신앙은 전제에 대한 믿음이고 철학은 전제에 대한 질문이라는 정의를 상기한다면, 니체의 이 편지가 이 고전적인 정의를 정확하게 설명하고 있음을 알 수 있다. 이 편지에서 니체는 진리가 선이나 미와 함께하지 못할 수도 있음을 강력하게 주장한다. 진리는 아름답기는커녕 추악하고 불쾌한 것일지도 모른다. 진과 선과 미의 일치라는 종래의 철학적 가정을 니체는 여지없이 부정한다. 실제로 니체는 진리를 향해 나아갈수록 진리는 아름다운 것이 아니라 추악하고 불쾌한 것임을

니체의 여동생 엘리자베트 니체

절감하게 된다. 그는 뒤로 물러서지 않고 그 추악한 것들과 함께 끝까지 간다. 이 편지는 니체가 일생을 통해 키워낼 사유의 주제를 씨앗의 형태로 응축하고 있다.

부활절의 그 사건이 있기 전 니체와 관련해 기억할 만한, 작은 일이 벌어졌다. 1865년 2월 혼자서 쾰른을 여행하던 중 겪은 일이다. 쾰른에서 니체는 마차를 타고 마부의 안내를 받으면서 관광을 했고, 관광이 끝난 뒤 좋은 식당으로 데려가 달라고 부탁했다. 그가 도착한 곳은 매음굴이었다. "나는 갑자기 번쩍거리고 속이 비치는 옷을 입은 채 기대에 찬 시선으로 나를 쳐다보는, 대여섯 명쯤 되는 환영들한테 둘러싸이게 됐네. 잠시 동안 아무 말도 할 수 없었지. 그때 나는 본능적으로 그곳에 있는 유일하게 정신적인 존재인 피아노를 향해 걸어가서 몇 화음을 쳐보았다네. 그 소리가 마법을 풀어주었고, 나는 서둘러 그곳을 빠져나왔네!"[33] 니체는 이 일을 친구 도이센에게 이야기했고, 도이센은 그 일을 기록으로 남겼다.

이 작은 일화는 니체의 질병과 관련해 뒷날 커다란 논란을 불러일으켰다. 많은 사람들이 니체가 이 일이 있고 난 뒤 다시 매음굴을 찾아갔고 거기서 매독을 얻었다는 주장을 폈다. 매독은 19세기 당시에는 불치병이었다. 매독균이 뇌로 퍼져 결국 이로 인해 니체가 말년에 발광했다는 것이 이 사람들의 주장이다. 니체에 관한 글을 쓴 토마스 만Thomas Mann, 1875~1955도 이런 견해를 지지하는 사람 중 한 사람이었다. 만은 자신의 책에서 "그는 쾰른의 환락가에서 도망치듯 뛰쳐나온 지 꼭 1년 만에 이번에는 악마의 안내 없이 자발적으로 같은 장소로 되돌아갔던 것이다"라고 충분한 근거도 없이 주장했다.[34] 니체 전기 작가 홀링데일도 니체가 매음굴에서 매독에 걸렸다는 견해에 동의한다. "도이센은 이 사건이 니체만의 독특한 성격을 보여주는 것이며, '여자에게 결코 손을 대지 않았다'라는 말이 그에게 적용될 수 있을 거라고 생각했다. 하지만 우리는 이러한 의견에 더는 동의하기 어렵다. 왜냐하면 지금은 도이센이 이 글을 썼을 당시 몰랐던 여러 가지 증거를 확보했기 때문이다. 니체를 쓰러뜨린 병이 정신 착란에 수반되는 일반적인 마비증이었다는 것은 분명한 사실이다. 이는 그가 매독에 걸렸음이 거의 틀림없다는 것을 의미한다."[35]

그러나 프랑스 정신의학자 자크 로제Jacques Roge, 1965- 는 이런 일반적 주장을 부정한다. 니체가 뇌매독에 걸려 발광했다는 주장은 전후 맥락, 특히 니체의 병의 진행을 살펴볼 때 타당하지 않다. 로제는 니체의 발병이 매독이나 뇌매독과는 아무런 관련이 없고, 니체가 매독에 걸렸다고 인정할 만한 증거도 없다고 단언한다.[36] 그는 니체가 조증과 울증이 번갈아 일어나는 양극성 장애 2형, 곧 조울증을 앓았고, 그 증상이 점차 심해져 말년에 조광증으로 발전한 뒤 회복할 수 없는 정신 퇴행과 함께 진행성 전신 마비가 병행됐다고 진단한다.[37] 여러 증거와 견해를 종합해보면 로제의 정신 진단이 진실에 가장 가까워 보인다.*

이 작은 사건 말고 니체는 본 대학에서 몇 가지 사건을 더 겪었다. 니체는 다른 대학생들과 어울려보려고 프랑코니아라는 대학생 연합 조합에 가입해 의례적인 결투도 해보고, 다른 학생들과 술판을 벌이기도 했다. 그러나 이 모든 것이 니체에게는 부질없는 일이라는 것이 드러났다. 니체는 평범한 대학생들과 허물없이 지내지 못했다. 니체에게 일상적인 삶은 무의미했으며, 일상적 관계는 아무런 자극도 관심도 불러일으키지 못했다. 니체는 일상에 무관심했다기보다 차라리

---

* 이 책에서는 니체가 매독이 아니라 조울증을 앓았다는 로제의 견해에 입각해 니체의 삶을 설명할 것이다.

일상을 혐오했다. 지적인 자극, 창조적 충동, 삶을 흔들어놓는 정신적 도취가 아니면 그를 오래 붙잡아둘 수 없었다.

그러므로 처음에는 남들과 달라 보이지 않으려고 여러 번 자신의 생각을 평균적 리듬에 맞추려 했지만, 그것이 불가능하다는 것을 알게 된 뒤에는 포기하고 본래의 자기로 돌아갔다. 1학기가 끝날 무렵 그는 어머니에게 편지했다. "나는 여기 학생들 사이에서 음악적인 권위를 인정받는 것 말고는 유별난 괴짜로 통하고 있습니다. …… 나는 남에게 미움을 받지는 않지만 다소 조롱을 받기도 하고 웃기는 사람으로 통하고 있습니다."[38] 니체는 프랑코니아를 탈퇴했고, 술 마시기도 그만두었다. 그는 본 대학에서 보낸 열 달을 낭비의 시간이었다고 생각했다. 1865년 가을 고전문헌학의 두 거물 얀과 리츨이 불화 끝에 둘 다 본 대학을 떠났다. 리츨이 라이프치히 대학으로 자리를 옮기자 니체는 이 스승을 따라 라이프치히로 갔다.

쇼펜하우어를 발견하다

라이프치히에는 니체 일생에 가장 중대한 만남 가운데 하나가 기다리고 있었다. 라이프치히에 도착한 지 얼마 안 된 1865년 10월 말에서 11월 초 니체는 본에서부터 계속된 우울한 기분에 사로잡힌 상태에서 갈팡질팡하다 고서점에서 우연히 쇼펜하우어Arthur Schopenhauer, 1788~1860의 《의지와 표상으로서의 세계》를 발견한 것이다. 이 만남의 순간을 니체는 〈라이프치히에서 보낸 2년에 대한 회고〉에 자세히 기록했다.

그 무렵 나는 쓰라린 경험과 실망을 가슴에 안고서 의지할 데 없이 외롭게 방황하고 있었다. 아무런 신조도, 희망도, 즐거운 추억도 없었다. …… 이런 상태에서 쇼펜하우어의 주저를 읽은 일이 어떤 작용을 했을 것인가 한번 상상해보라.

어느 날 나는 늙은 론 씨의 고서점에서 이 책을 발견했고, 낯선 책이라 생각하며 손에 들고 책장을 넘겨보았다. 어떤 악마가 내 귀에다 대고 "이 책을 사가지고 돌아가라"고 속삭였는지도 모른다. 어쨌든 나는 책을 서둘러 사지 않는 평소의 습관과 달리 그 자리에서 사서 집에 돌아왔다. 집에 오자 나는 이 귀중한 획득물을 손에 들고 소파 구석에 처박혀, 정력적이고 음울한 이 천재의 마력에 몸을 맡겨버렸다. 모든 구절이 체념과 부정과 절망을 외치고 있었으며, 그것은 나에게 세계와 인생과 나 자신의 기분을 무서울 정도로 엄청나게 비춰주는 하나의 거울이었다. 여기서 모든 이해관계를 벗어나 바라보는 태양과 같은 예술의 눈이 나를 바라보았고 여기서 나는 질병과 쾌유, 추방과 피난처, 지옥과 천국을 보았다. 자기 인식, 정말이지 자신을 하나하나 곱씹어보고 싶은 욕구가 강렬하게 엄습해왔다.

그때 달아오른 내 감정을 입증해주는 일기가 있다. 침착하지 못하고 우울한 내용이 담겨 있는 이 일기에는 부질없는 자기 비방과 전 인간의 핵심을 치료하고 변화시키려는 절망적인 응시가 담겨 있다. 나의 모든 특징과 노력을 음울한 자기 경멸의 법정에 내놓았기 때문에, 나는 자신에 대한 혐오 속에서 비통하고 부당하게 자제력을 잃어버렸다. 육체적인 고통까지 겹쳤다. 그래서 나는 2주일 동안이나 무리하게 매일 밤 두 시에 잠자리에 들어 아침 여섯 시에 일어났다. 안절부절못하는 흥분 상태가 나를 사로잡아서, 일상생활의 자질구레한 유혹과 명예심과 규칙적인 공부에 대한 강박감이 제동을 걸어주지 않았더라면 아주 심한 어리석음을 저질렀을지도 모른다.[39]

니체의 쇼펜하우어 만남은 뒷날 실스마리아에서 겪었던 '영원회귀' 체험과 유사했다. 니체는 쇼펜하우어의 책을 읽고 충격을 받았고, 흥분이 고조됨과 동시에 불안과 자기혐오에 빠졌다. 쇼펜하우어의 세계 인식, 곧 염세주의가 니체를 사로잡았다.

당시 쇼펜하우어는 나중에 니체가 만나게 될 바그너와 함께 일종의 문화적 유행이었고, 두 사람은 후기낭만주의의 쌍벽이었다. 니체의 쇼펜하우어 체험은 누가 권해서 한 것이 아니었지만, 결과만 놓고 보면 그 시대의 유행을 탄 것이었다. 다만 니체의 체험 강도가 유별났고 충격이 깊었다는 점이 달랐다. 니체는 곧 쇼펜하우어 전도사가 돼 친구들을 차례로 감염시켰다.

쇼펜하우어의 철학은 앞시대 철학자 이마누엘 칸트를 출발점으로 삼았으며, 쇼펜하우어는 자신이야말로 칸트의 진정한 계승자라고 생각했다. 칸트의 본체계와 현상계, 즉 '사물 자체'와 '현상'은 쇼펜하우어에게 와서 '의지의 세계'와 '표상의 세계'가 됐다. 우리가 지각할 수 있고 인식할 수 있는 현상 세계가 '표상의 세계'이며, 인식할 수도 지각할 수도 없는 '사물 자체'의 세계가 바로 '의지의 세계'다. 쇼펜하우어에게 의지의 세계가 본질적인 세계이며, 표상의 세계는 표면적인 세계이다. 이 표상의 세계를 인식하는 것이 지성 활동이다. 지성은 이차적이며, 본체계에 속하는 의지가 일차적이다. 지성과 의지는 절대적으로 대립한다.

쇼펜하우어가 바라본 세계는 이렇게 이원적인 세계다. 외적으로는 사건, 대상, 시간, 공간, 원인과 결과, 현상, 곧 '표상'의 세계가 있고, 내적으로는 시간과 공간, 원인과 결과가 없는 침묵의 세계, 본체의 세계, 하나이면서 모든 곳에 존재하는 '의지'의 세계가 있다. 의지는 생명의 일차적인 힘이고 우주를 운행시키며, 문자 그대로 '세계를 돌아가게 한다.'[40] 쇼펜하우어는 의지를 중력과 같은 물리적 힘, 동물의 본능들, 식물계의 맹목적 충동들과 동일한 것으로 본다. 지성은 '의지'의 도구로 진화해왔으며, 따라서 의지에 비해 이차적이다. 그러나 개체들은 지성을 발전시켜 의지에서 벗어날 수 있다. 의지로부터 완전히 해방된 지성을 쇼펜하우어는 '천재'라고 부른다.

개별적 의지는 악이며 부정되어야 한다는 윤리적 판단에 쇼펜하우어 철학의 핵심이 있다. 그 이유는 다음과 같다. 단일한 본체적 세계인 의지는 '개별화 원리'에 따라 조각조각 나뉘어 다수의 '의지들'이 된다. 이 개별 의지로서 개체들은 가능한 한 오래 존속하려고 한다. 왜냐하면 의지란 바꿔 말하면, 삶에 대한 욕망, 곧 살고자 하는 의지이기 때문이다. "그 결과 개체는 모든 사물들과 모든 사람들을 자신과의 관계 속에서 바라볼 수밖에 없으며, 결국에는 마치 자신의 이익을 위해 존재하는 것처럼 사물들과 사람들을 이용한다. 그렇지만 다른 모든 사물들과 사람들도 그와 똑같은 방식으로 느끼기 때문에 결과는 보편적인 갈등이다. 갈등은 불행을 양산하며, 의지가 있는 곳에는 어디에나 고통이 있다. 의지의 본성은 노력하는 것이며, 이러한 노력은 언제나 투쟁을 양산하고, 불행은 언제나 행복을 능가할 것이다. …… 삶이란 치유할 수 없을 정도로 비참하며, 이런 사태를 깨닫는 자가 할 수 있는 일은 '부정'이다. 곧 그는 '의지를 부정하며', 모든 노력을 포기하고, 욕망의 굴레에서 벗어나, 오직 삶에서 해방되기만을 기다리는 수행자나 성자가 된다. 죽음만이 유일하게 실제적인 선이다. 따라서 죽음 이전에 가능한 좋은 삶이란 천재의 한 유형인 성자의 삶이다. 그에게는 '오직 인식만이 남고 의지는 사라진다.'" 이것이 쇼펜하우어의 '염세주의'이며, 이 지점에서 그의 철학은 다른 철학들과 구별된다.[41]

니체는 라이프치히 시절 내내 그리고 바젤에서 교수 생활을 하던 시절에도 쇼펜하우어 철학을 자신의 사상적 지주로 삼았다. 쇼펜하우어의 염세주의 사상은 니체의 근본 기분과 잘 어울렸다. 쇼펜하우어는 보통 사람을 속물이라고 부르고, 천재들은 특별하기 때문에 이 속물들의 세계와 접촉을 끊는다는 것을 '논증'했는데, 쇼펜하우어의 그런 가르침이 젊은 니체에게는 자기 자신에 관한 확인처럼 들렸다.[42]

쇼펜하우어 체험 후 10년이 지나서야 니체는 이 철학의 어두운 그림자로부터 벗어났다. 그는 쇼펜하우어식 염세주의를 버렸으며, 형이상학적인 쇼펜하우어적 '의지'를 폐기했다. 그러나 쇼펜하우어의 흔적은 그 뒤로도 여전히 남아 있었는데, 니체의 핵심 사상인 '권력의지'는 쇼펜하우어의 '의지'에서 자라나온 탯줄을 간직하고 있었다. '금욕을 실천함으로써 욕망의 굴레에서 벗어나는 천재'라는 생각은 포기했지만, '속물 혹은 대중과 구별되는 천재'라는 관념 자체는 마지막까지 포기하지 않았다. 성숙한 니체의 핵심 사상 가운데 하나인 '초인' 사상에서 천재 관념의 흔적을 발견하기는 어렵지 않다. 천재 관념은 니체 사상의 뿌리 깊은 곳에 박힌 본질적으로 니체적인 사상이었다. 쇼펜하우어가 아니었더라도 니체는 천재라는 관념을 자기 안에서 끄집어냈을 것이다. 그러나 쇼펜하우어가 니체 안에 있는 창조성을 자극했으며 천재성이 폭발하는 데 도화선 노릇을 했음은 분명하다.

이 시기에 니체는 젊은 날을 함께할 또 한 사람의 친구를 사귀었다. 에르빈 로데Erwin Rohde, 1845~1898였다. 본 대학을 같이 다니다 리츨을 따라 온 로데를 니체는 라이프치히에서 본격적으로 만나기 시작했다. 니체의 친구 관계는 대체로 일방적이었다. 니체가 지배하고 상대방이 추종하는 관계였다. 그러나 로데와의 관계에서는 예외적으로 대등함이 두드러졌다. 그들은 서로서로 영향을 주고받았다. 두 사람의 우정은 금세 깊어져 애정이 묻어날 정도로 강렬해졌다. 니체는 평범한 것에서는 흥미를 느끼지 못했으므로 두 사람이 절친한 친구가 됐다는 것은 그들이 뭔가 특별한 것을 비밀스럽게 공유했다는 것을 뜻한다. 두 사람은 곧 고대 그리스에 대한 사랑, 쇼펜하우어에 대한 열정, 바그너 숭배에서 일심동체가 된다.

1868년 크리스마스 때 보낸 편지에서 로데는 이렇게 우정을 고백했다. "내가 인생에서 최고의 시간을 보낼 수 있었던 건 오직 자네 덕분일세. 자네가 내 마음속을 들여다볼 수 있다면 좋을 텐데. 그럼 자네가 해준 모든 것들에 내가 얼마나 고마워하고 있는지 알 수 있을 걸세. 나는 그동안 가난한 어린아이가 부유한 집의 정원을 바라보듯이 사랑에 목마른 마음으로 순수한 우정을 상상해왔네. 자네가 그 순수한 우정의 복된 땅을 나에게 열어 보여준 걸세. 항상 외롭게 지내왔던 나는 이제 가장 훌륭한 사람과 친구가 된 느낌이 든다네. 그리고 그것이 얼마나 나의 내적 세계를 바꿔 놓았는지 자네는 알기 힘들 걸세."[43] 그들의 우정은 10년 동안 변함없이 계속됐다. 그러나 1880년 이후부터 가속화한 니체의 정신적 발전을 로데가 이해할 수 없게 되면서 두 사람의 관계는 무너졌고, 1886년의 만남을 끝으로 그들은 사실상 남남이 됐다.

고전문헌학의 젊은 스타

라이프치히 시절 니체가 거둔 가장 큰 승리는 고전문헌학 연구 분야에서 얻은 빛나는 성취와 영광이었다. 니체의 스승 리츨은 1865년 10월 25일 라이프치히 대학에서 취임 강연을 했다. 니체는 첫해 가을 학기부터 리츨의 문헌학 강의를 들었으며, 12월에는 리츨이 결성하고 직접 지도한 라이프히치 문헌학회에 다른 세 사람과 함께 창단 회원으로 참여했다. 1866년 1월 18일 니체는 이 학회에서 '테오그니스의 마지막 교정본'을 주제로 삼아 첫 강의를 했다. 슐포르타 졸업 논문을 수정해 발전시킨 것이었다. 다음 달에 그는 강의 원고를 교정해 리츨에게 제출했다. 리츨은 2월 24일 니체를 연구실로 불렀다. 그때의 면담 상황을 니체는 1867년 8월에 쓴 〈라이프치히에서 보낸 2년에 대한 회고〉에서 이렇게 밝혔다.

> 그는 내 나이와 내가 얼마나 오랫동안 공부를 해왔는지 등을 물었다. 내가 대답하자, 그는 방법의 엄격함이나 조사의 확실성에서 세 학기 만에 이것에 필적할 만한 논문을 쓴 학생은 아직 없다고 공언했다. 그는 나에게 이 강의 원고를 소책자로 만들 것을 적극적으로 권했다. …… 면담이 끝난 후 나의 자부심은 하늘로 솟구쳤다.[44]

> 점심 때 우리 친구들은 함께 골리스까지 산책을 갔는데 날씨는 좋고 화창했으며 내 입술 위에는 행복을 발설하고 싶은 욕망이 맴돌았다. 마침내 어떤 식당에서 커피와 팬케이크를 먹게 되었을 때 나는 자제하지 못하고 나에게 일어난 일을 친구들에게 이야기했다. 모두 부러워하는 기색도 없이 놀라워했다. 그 후 얼마 동안 나는 취한 것처럼 돌아다녔다. 그것은 내가 문헌학자로 태어나는 시점이었으며 이러한 인생길에서 나를 위해 모이게 될 칭찬의 면류관을 나는 느꼈다.[45]

니체가 슐포르타 졸업 논문으로 쓰고 라이프치히 문헌학회 첫 강의에서 발표한 '테오그니스'는 앞으로 니체의 사상이 어느 방향으로 나아갈지 알려주는 풍향계와도 같은 주제다. 니체는 테오그니스를 귀족

시인으로 이해했다. 실제로 테오그니스는 그리스 메가라의 귀족이었던 것으로 알려져 있다. 그는 기원전 6세기 후반에 귀족과 민중 사이의 투쟁에 연루돼 메가라에서 추방당했다고 전해졌다. 테오그니스의 시는 귀족의 긍지와 민중에 대한 증오로 가득 차 있는데, 그의 작품에 이런 구절이 나온다. "귀족적인 사람들에게서 그대는 귀족적인 것을 배우게 되지만, 비천한 무리들과 어울리면 그대는 그대가 지니고 있는 심성마저도 잃어버리고 말 것이다."⁴⁶

니체가 테오그니스를 연구하면서 그의 사상에 영향을 받지 않았을 리 없다. 아니, 그 이전에 이 인물이 니체를 유혹하지 않았다면, 그렇게 반복해서 그의 시를 연구했을 리가 없다. 테오그니스 연구를 통해 니체의 귀족주의가 서서히 그 모습을 드러내기 시작했다. 그 귀족주의는 천민 혐오와 동전의 양면을 이루고 있었다. 니체는 하루하루 욕구를 채우는 데서 만족하는 천민을 나중에 '무리 짐승'이라 부르고, 천민을 연상시키는 모든 범속한 존재를 이 무리 짐승의 범주로 몰아넣었다. 그 대척점에 귀족이 있었다. 니체는 귀족을 노동은 노예에게 맡겨두고 여가를 활용해 창조적 활동을 하는 사람으로 규정했다. 그런 귀족의 삶의 전형이 니체가 문헌학을 공부하면서 천착하게 되는 고대 그리스에 있었다. 고대 그리스의 역사와 사상에서 니체가 찾아낸 것은 민주주의가 아니라 귀족주의였다. 니체는 그리스 민주주의에 거의 관심을 기울이지 않았고, 그 민주주의가 그리스 문화를 발전시켰다고 보지도 않았다. 니체가 그리스 시대에 매혹된 것은 거기서 귀족의 문화, 귀족의 창조 활동이 꽃피었다고 믿었기 때문이었다. 말년에 니체는 그리스 문화에서 로마 문화 쪽으로 관심을 옮긴다. 그러나 귀족주의는 여전히 관심의 한가운데에 그대로 머물러 있게 된다.

그가 쇼펜하우어에 그토록 열광한 것도 쇼펜하우어 철학 안에 귀족주의가 짙게 배어 있었기 때문이었다고 할 수 있다. 쇼펜하우어가 말한 성인, 천재야말로 정신의 귀족이다. 쇼펜하우어 자신이 귀족주의자였으며, 민중을 혐오했다. 1848년 독일 혁명이 일어났을 때 쇼펜하우어는 민중 폭동 진압을 지지했다. 그는 뒷날 "1848년과 1849년의 반란과 폭동의 투쟁에서 독일의 합법적 질서의 수호와 회복을 위해 싸우다 불구가 된 프로이센의 병사와 이 전투에서 쓰러진 병사들의 유가족을 후원하는 일에" 자신의 재산을 쓰라는 내용의 유언장을 남기기도 했다.[47] 니체의 귀족주의는 단순히 정치적 보수주의로 그치지 않고, 쇼펜하우어보다 훨씬 더 과격하고 급진적인 성격을 띠면서 파괴적인 방향으로 나아간다는 점이 특징이다. 그 파괴성 안에 창조성이 잠복해 있었다.

리츨 면담은 '고전문헌학자' 니체에게 결정적인 사건이었다. 리츨은 니체의 능력에 감탄했고, 그가 이 분야에 예외적 소질을 타고났다고 확신했다. 리츨은 니체를 자신의 수제자로 삼았고, 그의 후원자가 되었다. 애초에 니체에게는 고전문헌학에 대한 직업적 소명이라 할 만한 것이 없었던 것 같다. 그가 고전문헌학을 전공한 것은 우연히도 슐포르타에서 그 분야를 공부했고 그 공부에서 뛰어난 성과를 냈기 때문이었다. 자연스런 흐름에 몸을 맡기듯 고전문헌학을 전공 분야로 삼은 것이지, 특별한 결심이나 계기가 있었던 것은 아니었다. 대학교수가 되겠다는 각오를 한 것도 아니었다. 대학 3학년에 니체는 자기도 모르는 사이에 출중한 소장 문헌학자가 되었던 것이다. 그러나 우연으로 점철된 문헌학 공부가 젊은 시절을 지배하지 않았더라면 니체 철학은 그토록 독특한 시야를 확보할 수 없었을 것이다.

1866년 11월 라이프치히 대학은 문헌학 논문 현상 공모 주제로 디오게네스 라에르티오스Diogenes Laertios(기원전 3세기에 활동한 그리스의 저술가)를 내걸었다. 니체가 상을 받은 것은 거의 예정된 일이나 마찬가지였다. 니체는 먼저 쓴 테오그니스에 대한 논문을 〈테오그니스 단편집의 역사〉라는 제목으로 1867년 《라인문헌학지》에 발표했다. 이것이 니체의 첫 출판물이었다. 이어 현상 공모에서 수상한 디오게네스 라에르티오스에 대한 논문이 1868년과 1869년에 네 번에 걸쳐 실렸다.

니체는 디오게네스 라에르티오스 논문 제1부를 처음 학회지에 발표할 때 논문 앞머리에 다음과 같은 표어를 제시했다. "너 자신이 되어라!" 친구 핀더에게서 빌려온 이 표어를 니체는 자신의 표어로 삼았고, 그것은 니체의 필생의 표어가 됐다. 훗날 《즐거운 학문》 제3부를 마무리할 때 니체는 이 표어를 제시했다. "너의 양심은 뭐라고 말하느냐? '너는 반드시 너 자신이 되어야 한다.'" 《즐거운 학문》, 제3부, 270절 1888년 정신이 붕괴하기 전 완성한 자서전 《이 사람을 보라》의 부제로 사용한 것도 '사람은 어떻게 자기 자신이 되는가'였다. 니체는 끊임없이 자기 자신을 극복하고자 했고, 자기 자신을 초월하고자 했으며, 자기 자신을 창조하고자 했다. 그런 충동 혹은 노력 끝에 그가 도달하고자 한 것이 '자기 자신'이었다. 자기 자신을 극복해 자기 자신이 되는 것, 이 기이한 동어 반복이 니체의 일생이었다. 니체에게 도달해야 할 자기 자신은 자기보다 더 높은 곳에 있었다. 니체의 권력의지도, 영원회귀도, 초인도 모두 이 동어 반복의 사이클 안에서 숙고된다.

대학 시절 니체에게 이성 관계라고 할 만한 것은 거의 없었다. 이성 관계는 아니지만 연애에 대한 니체의 태도를 보여주는 일이 딱 한 건 있었다. 1866년 여름 라이프치히에 헤트비히 라베라는 여배우가 머물렀는데, 니체는 이 여배우의 연기에 감탄했고, 곧 여배우를 연모하게 되었다. 사교성이 없었던 젊은이는 그 여자를 다만 멀리서 혼자 좋아했다. 니체는 자신의 정열을 스스로 작곡한 몇 곡의 노래로 표현했고 이 노래에다 열광적이고 화려한 헌사를 첨부해서 라베에게 보냈다. 아무런 사건도 일어나지 않았던 것 같다. 이런 태도는 이성에 대해 서먹서먹해하고 거리를 두며, 거의 언제나 소극적이었던 니체에게 전형적인 것이었다.[48] 니체는 이성 앞에 서면 언제나 지나치게 조심스러웠고, 자기 마음을 스스럼없이 표현하지 못했다. 그래서 그가 무언가 마음을 굳히고 나서면 상황은 딱딱해지거나 성급해지거나 우스꽝스러워졌다. 간단히 말하면 니체는 자연스럽지 못했다. 그는 연애를 하거나 결혼을 하는 데 무능했으며, 결국엔 이 분야에서 실패자로 끝났다. 그것은 그가 일상의 삶에서 실패자였다는 것을 뜻하기도 한다. 니체는 사유에서만, 사상에서만, 그러니까 철학자로서만 성공한 삶을 살 것이다. 그러나 그 성공도 그의 삶이 기울고 난 뒤에야 확인된다.

1867년 가을 니체는 군 복무 때문에 학업을 잠시 중단한다. 1년의 의무 복무였는데, 그는 베를린의 근위부대에 들어가려 했지만 실패했고, 대신에 가족이 있는 나움부르크의 기마 야전 포병 부대에 들어갔다. 니체는 집에서 출퇴근할 수 있는 혜택을 얻었다. 군대의 엄격한 규칙과 육체적 훈련이 기질과 맞지는 않았지만 니체는 고된 군대 생활을 묵묵히 견뎠다. 입대한 지 얼마 안 돼 로데에게 보낸 편지는 니체가 이 시기를 어떻게 보냈는지 잘 드러내고 있다.

내 철학이 이제 실천적으로 응용될 수 있는 기회를 얻었네. 이제까지 나는 한순간도 비굴함을 느낀 적이 없었지만 가끔 동화와 같은 어떤 것을 생각하고 미소를 짓는다네. 때때로 말의 배 밑에 숨어 중얼거려 보네. "쇼펜하우어여, 도와주오." 기진맥진하고 땀투성이가 되어 집에 돌아오면 책상 위에 놓인 쇼펜하우어 초상을 한번 보고 마음을 가라앉히네. 아니면 《파레르가》(원제 《파레르가 운트 파랄리포메나 Parerga und Paralipomena》(부

나움부르크의 기마 야전 보병 부대 시절의 니체

수적 저작물과 보충)》)이라는 제목으로 1851년 나온 쇼펜하우어의 말년 저서)를 펼쳐서 읽는데, 이제 이 책은 바이런과 함께 이전보다 훨씬 친근하게 느껴지네.

1867년 11월 3일

군 복무 시기에 찍은 니체의 사진 중에 군복을 입고 군도를 빼 든 유명한 사진이 있다. 이 자세는 이런 종류의 기념사진을 찍는 당시의 습관에 따른 것이었다. 이 사진은 주로 얼굴을 클로즈업한 니체의 다른 사진에 비해 자연스럽지도 당당하지도 않다. 그것은 옷을 바꿔 입은 학자의 모습이다.[49] 칼을 든 손과 얼굴의 표정, 몸의 자세는 어딘지 균형이 맞지 않는다. 군대 생활 전체가 니체와 그다지 어울리지 않는 어색한 시절이었음이 분명하다. 그러나 3년 뒤 프로이센·프랑스 전쟁이 터지자 니체는 군인으로서 그리 훌륭한 이력을 남기지 못했는데도, 자원하여 프로이센 군대에 들어간다. 니체와 군인, 니체와 전쟁의 관계는 단순하지 않다. 1868년 3월 니체는 말에서 떨어져 심하게 다쳤다. 그 일로 니체의 군대 생활은 사실상 끝났다. 상처가 아물 때까지 니체는 병가를 얻었고, 결국 병역 의무를 병가 중에 마쳤다. 니체는 부상에서 회복되는 동안 문헌학 연구를 열심히 했고, 1868년 가을 라이프치히 대학에 돌아와 마지막 학기를 시작했다.

바그너와 만나다

이 가을에 3년 전 가을의 쇼펜하우어 체험에 버금갈 또 하나의 결정적인 만남이 니체를 기다리고 있었다. 이번 만남의 주인공은 다름 아닌 리하르트 바그너였다. 니체는 바그너 음악에 친숙해지는 데 긴 시간이 걸렸다. 슐포르타에서 바그너를 처음 들었을 때 받았던 반감이 바뀌는 데 영향을 준 사람이 친구 로데였다. 니체는 그 바그너 숭배자를 통해 바그너의 음악 세계 안으로 깊숙이 들어갈 수 있었다. 그러나 1867년 여름까지도 바그너는 니체에게 특별한 감흥을 불러일으키지 못했다. 니체는 바그너를 느끼려고 노력했지만 성과가 없었다. 그러다 그해 말 바그너의 4부작 〈니벨룽의 반지〉의 제2부 〈발퀴레〉를 피아노로 연주하며 매우 복합적인 느낌을 받았다. 1년 뒤 1868년 10월 8일 로데에게 보낸 편지에서는 니체는 바그너를 '현대 딜레탕트주의의 대표자'라고 비판적으로 평가하면서도 자신이 쇼펜하우어에게서 긍정적으로 느꼈던 것들을 바그너에게서도 느낀다고 말했다. 3주 뒤에 그의 생각은 완전히 바뀌었다. 10월 28일 니체는 연주회장에서 바그너의 〈트리스탄과 이졸데〉, 〈뉘른베르크의 마이스터징거〉의 전주곡을 들은 후에 바그너 음악에 처음으로 격렬하게 감응했다. 그날 로데에게 보낸 편지에서 니체는 이렇게 털어놓았다.

> 나는 감히 이 음악에 대해 비판적이고 냉정한 정신을 유지한다는 것이 불가능하다는 것을 알았네. 내 몸의 모든 신경과 근육이 떨렸다네. 나는 〈뉘른베르크의 마이스터징거〉의 전주곡을 들을 때 느꼈던 것과 같은 지속적인 황홀경을 지금껏 경험해본 적이 없네. **1868년 10월 28일**

이렇게 하여 바그너를 향한 니체의 마음이 활짝 열렸다. 그리고 딱 열하루 뒤에 운명의 작용처럼 바그너를 대면할 기회가 찾아왔다. 당시 바그너는 라이프치히에 살고 있는 여동생 오틸리에와 여동생의 남편 헤르만 브로크하우스를 방문해 그들의 집에 머물고 있었다. 여기서 바그너는 소수의 친구들을 초대해 만났는데, 그중에 리츨 교수의 부인도 있었다. 리츨 부인은 어느 날 저녁 바그너가 피아노로 〈뉘른베르크의 마이스터징거〉를 연주하는 자리에 함께했다. 리츨 부인은 남편 제자 중에 열렬한 바그너 숭배자가 있는데, 그 학생을 통해 벌써 이 곡을 들어서 알고 있다고 말했다. 바그너는 기뻐하면서, 그 젊은이를 만나보고 싶다고 말했다. 니체는 바그너가 머물던 브로크하우스 집으로 초대를 받았다.

11월 8일 일요일 저녁에 바그너를 만난 니체는 다음 날 로데에게 장문의 편지를 보냈다. 이 편지 덕에 바그너와 만나는 순간의 전후 상황을 자세히 알 수 있다. 거장의 초대를 받은 니체는 자랑스러움에 들떴다. 당대 음악 영웅과의 첫 대면이기도 하니 잘 보이고 싶기도 했다. 많은 사람들이 모일 것으로 예상한 니체는 양복점을 찾아가 그날 입을 야회복을 맞췄다. 그러나 정작 일요일에 옷을 찾으러 가자 양복점 주인은 옷이 완성되지 않았다며 45분쯤 뒤에야 다 될 것이라는 말을 했다. 잠시 후 다시 왔을 때도 마찬가지여서 그는 6시 30분이 되어서야 이번에는 자신의 하숙집에서 완성된 야회복을 받을 수 있었다. 양복점 직원은 옷과 함께 청구서를 내밀었다. 그러나 니체에게는 옷값을 지불할 돈이 없었다. 니체는 먼저 옷을 입어보자고 했다. 그러자 직원은 돈을 주기 전에는 옷을 내줄 수 없다고 버텼다. 두 사람이 서로 옷을 붙들고 밀고 당기기를 벌인 끝에 직원이 이겼다. 그는 옷을 가지고 돌아가버렸다. 니체는 셔츠 바람으로 소파에 앉아 낡은 양복을 입고 가면 바그너가 어떻게 생각할까 곰곰이 생각했다. 다른 수가 없었다. 니체는 약속 시간에 늦을까 봐 걱정하면서, 또 자신의 낡은 옷이 그 자리에 어울리기를 바라면서 쏟아지는 빗속으로 뛰었다. 도착하고 보니 모임은 소박했다. 브로크하우스 가족과 바그너, 그리고 한두 사람뿐이었다.

바그너와 니체의 공통 관심사였던 아르투어 쇼펜하우어

저녁 식사 전후에 바그너는 〈마이스터징거〉의 중요한 부분을 연주했는데 온갖 목소리를 흉내 내었고, 엄청나게 활력이 넘쳤다네. 그는 매우 쾌활하고 불같은 사람이었네, 말이 빠르고 재기가 넘쳐서 이런 사적인 모임도 아주 유쾌하게 만들었지. 중간에 나는 쇼펜하우어에 관해서 그와 상당히 긴 대화를 나눌 수 있었네. 바그너는 이루 말할 수 없는 따뜻함으로 쇼펜하우어에 관해서 말했는데, 그가 쇼펜하우어에게서 받은 영향이 얼마나 큰지 이야기해주었네. 또 오직 쇼펜하우어만이 음악의 본질을 이해하는 철학자라고 했는데, 그 말을 들었을 때, 내가 얼마나 기쁨을 느꼈을지 그대도 상상할 수 있을 것이네. 그리고 그는 요즘 교수들이 쇼펜하우어에 대해 어떻게 생각하는지 묻고선, 프라하에서 열린 철학자 대회를 비웃으면서 '철학적 하인배들'이라고 했다네. 그 후 그는 지금 집필 중인 자서전 가운데 일부를 읽어주었는데, 라이프치히 학생 시절에 겪은 재미있는 일화였네. 지금 생각해도 웃음이 터질 것만 같네. 그는 특별하게 뛰어난 재능과 지성으로 글을 쓰는 사람이었네. 저녁 모임이 끝나고 우리가 돌아가려고 할 때, 바그너는 내 손을 따뜻하게 잡으면서 다시 방문해 함께 음악을 연주하고 철학에 대한 이야기도 나누자고 정중하게 초대했다네. **1868년 11월 9일**

이렇게 하여 니체와 바그너의 만남이 시작됐다. 두 사람의 관계는 처음에는 구름 한 점 없는 맑은 하늘 아래서 지속되다가 이윽고 어두운 먹구름이 깔리고 나중에는 천둥과 번개가 쳤다. 한없는 찬탄과 숭배로 시작된 관계는 니체의 일방적인 저주와 악담으로 끝났다. 그러고도 바그너의 자취는 니체의 삶에서 사라지지 않아 고통스런 추억과 감미로운 회상이 뒤섞이는 복잡한 상념으로 남았다.

바그너는 압도적인 인간이었다. 당대 가장 위대한 음악가로 꼽혔을 뿐만 아니라 수많은 추종자와 숭배자를 끌고 다닌 사람이었다. 예술을 통해서 권력의지를 실현한 사람이 있다면 바그너가 그런 사람이었다. 청년 시절에 바그너는 혁명 운동가였다. 그는 아나키즘의 선구자 미하일 알렉산드로비치 바쿠닌Mikhail Aleksandrovich Bakunin, 1814~1876과 함께 1849년 5월 독일 드레스덴 혁명 폭동에 참가했다가 경찰의 추적을 피해 국외로 탈주했다. 열렬한 게르만 민족주의자, 악명 높은 반유대주의자이기도 했던 바그너는 예술을 통해서 독일 민족 구원이라는 이상을 실현하려고 했다. 그는 복합적인 사상으로 무장한 사람이었다. 이 거장에게서 니체는 아버지의 모습을 발견했던 것 같다. 바그너는 1813년에 태어났는데, 니체의 요절한 아버지가 태어난 해와 같았다. 바그너는 니체보다 서른한 살 위였다. '아버지의 부재'를 '남성성의 결핍'으로 이해했던 니체는 바그너에게서 자신의 내적 갈망을 채워줄 상대를 찾아냈다. 니체가 바그너에게 실망한 뒤에도 그와 연결된 끈을 바로 끊지 못한 데는 깊은 심리적 이유가 있었음이 분명하다. 아버지를 일찍 잃어버린 아들은 다시 찾은 아버지를 쉽게 포기할 수 없었던 것이다.

쇼펜하우어 철학은 니체와 바그너를 순식간에 친밀한 사이로 만든 공통 관심사였다. 쇼펜하우어가 개입되지 않았더라면 두 사람이 만나자마자 서로 깊이 통한다고 느끼지 못했을지도 모른다. 바그너와 니체를 묶어준 것은 쇼펜하우어 철학 중에서도 특히 음악 사상이었다. 쇼펜하우어는 모든 예술 장르 중에서 음악이 가장 위대하다고 말했다. 음악만이 세계의 본질인 '의지' 자체와 직접 교감하며 의지 자체를 직접 드러내고 구현한다고 강조했다. 쇼펜하우어는 《의지와 표상으로서의 세계》에서 다음과 같이 주장했다.

> 음악은 결코 다른 예술들처럼 이념의 모상인 것이 아니라 '의지' 전체의 '직접적인' 객관화와 모사이며, 그런 점에서 세계 그 자체와 같고, 곧 다양하게 현상하여 개체의 세계가 되는 이념들과 같은 것이다. …… 그러므로 음악의 효과는 다른 예술들의 효과보다 훨씬 강하고 감명 깊은 것이다. 다른 예술은 그림자에 대하여 이야기하는 것에 불과하지만 음악은 본질에 대하여 이야기하기 때문이다.[50]

> 음악은 결코 현상을 표현하는 것이 아니라, 오직 모든 현상의 내면적인 본질, …… 즉 의지 그 자체를 표현한다. 그러므로 음악은 이것저것의 개별적인 일정한 기쁨이나, 이것저것의 비애, 고통, 공포, 환희, 흥겨움, 평온을 표현하는 것이 아니라, 기쁨 '그 자체', 비애 '그 자체', 고

통 '그 자체', 공포 '그 자체', 환희 '그 자체', 흥겨움 '그 자체'를 어느 정도 추상적으로, 추호의 추가물도 없이, 따라서 또한 동기도 없이 표현하는 것이다. 그럼에도 불구하고 우리들은 이렇게 정제된 진수로 이들의 감정을 완전히 이해한다. 우리들의 공상이 아주 쉽게 음악에 의해 자극되어, 눈에는 보이지 않지만 활발하게 움직여 직접 우리들에게 말을 해오는 영혼의 세계를 만들어, 그 세계에 살과 뼈를 붙이는 것, 그리하여 유사한 실례를 구체화하는 것은 여기에서 유래한다. 이것이 언어를 동반하는 노래의 기원, 결국에는 오페라의 기원이다.[51]

니체는 쇼펜하우어를 통해 새로운 사상을 만났고, 바그너는 쇼펜하우어를 통해 자기 예술의 보증을 만났다. 그리고 두 사람은 쇼펜하우어라는 공통 관심사를 통해 깊은 일체감을 느꼈다. 니체에게 쇼펜하우어와 바그너는 새로운 신앙이었다고도 할 수 있다. 어린 시절 경건함에 더해 독실했던 '꼬마 목사' 니체는 1862년 무렵 슐포르타에서 기독교에 대한 믿음을 잃어버렸다. 열정이 없으면 니체는 우울해지고 갈피를 못 잡았다. 대학에서 쇼펜하우어를 만나고서야 새로운 열정이 솟아올랐다. 쇼펜하우어 철학은 말하자면, 기독교 신앙의 대체물이었다. 쇼펜하우어는 매우 짜임새 있고 유력하면서도 니체 자신의 기질에 걸맞은 세계관을 제공해주었다. 니체는 쇼펜하우어의 '의지' 안에서 '천재'의 자의식을 키웠다. 그는 열광적으로 도취했다. 도취하게 하지 않는 것은 그를 유혹하지 못했다. 그리고 다시 3년 뒤 그는 바그너라는 독한 향기에 취했다. 황홀경과도 같은 흥분 속에서 그는 바그너 속으로 빠져들었다. 쇼펜하우어에 젖어서 바그너를 숭배하면서 그는 대학 생활의 마지막 학기를 통과했다.

고전문헌학은 쇼펜하우어나 바그너처럼 니체를 자극하지 못했다.

그렇게 일찍이 이 분야에서 재능을 인정받고 명성을 얻었는데도, 니체는 이 학문을 마음으로 사랑하지 못했다. 문헌학은 애초에 특별한 애착으로 선택한 학문이 아니었다. 니체는 1868년 대학 생활을 자기비판적 방식으로 회고하면서 자신이 고전문헌학을 선택한 것은 일종의 '균형 잡기'였다고 사후 설명을 내놓았다.

> 다시 말하면 나는 변화로 가득하고 불안정했던 그때까지의 나의 경향과는 반대로 평형을 이룰 수 있는 어떤 것을 추구하였다. 그것은 냉정한 숙고와 논리적 냉철함과 안정된 작업으로 촉진될 수 있는 학문, 그 성과를 금방 붙들지 않아도 되는 학문이었고 바로 그러한 모든 것을 문헌학에서 얻을 수 있다고 나는 생각했다. 문헌학 연구에 필요한 준비 교육은 슐포르타의 학생에게 안성맞춤으로 주어져 있었다.[52]

그러니까 니체도 자신이 열정에 들뜨기 쉬운 성격이며, 열정 때문에 극단으로 치닫기 쉬운 성격임을 알고 있었다. 문헌학이라는, 인내와 집중과 근면을 요하는 냉정하고 객관적인 학문이 열정을 식혀주어 삶의 균형을 잡아줄 수 있을 것이라고 기대했던 것이다. 열정과 흥분의 파도가 넘치는 것을 막아주는 방파제로 문헌학을 세웠던 것이다. 그러나 결과만 놓고 보면 니체의 기질에 맞지 않은 문헌학은 그의 격정을 가두고 억누르는 부정적인 힘으로 작용했다. 문헌학 연구 덕에 고대의 세계로 들어갈 수 있었고, 고대의 눈으로 현대를 낯설게 볼 수 있는 예외적인 시야를 확보할 수 있었지만, 그 가외의 소득이 니체의 마음을 달래준 것은 아니었다. 문헌학 연구자로서 리츨 교수의 총애를 받고 있던 때에도 문헌학에 대한 니체의 회의와 의심은 커졌다.

니체를 특히 괴롭힌 것은 문헌학이라는 따분한 실증적 학문이 창조적 활동과는 아무런 관련이 없다는 인식이었다. 1868년 2월 1일 편지에서 그는 이 점을 털어놓았다. 그가 보기에 우리를 계몽시키는 사상은 소수의 천재적인 사상가들이 제시해주는데, 이런 창조적 사상가는 문헌학적이고 역사학적인 작업과는 관계가 없는 사람들이다. 그들은 이 세계에서 무엇인가를 이룬 사람들로서 결코 다른 작가들의 책에 주석을 달거나, 요약하거나, 설명하거나, 정리하거나, 조합하지 않는다. 위대한 이들은 자신의 이론을 주장하기만 한다. 하지만 그렇지 못한 이들, 즉 문헌학자나 역사학자들은 오히려 위대한 사상을 보잘것없는 것으로 만드는데, 왜냐하면 그들은 창조적인 정신의 불꽃을 이해하지 못하기 때문이다.[53]

앞서 1867년 가을, 니체는 더는 다른 사람들의 작품에 주석을 달거나 요약하지 않겠다고 결심하고, 비록 문헌학 분야에 한정된 것이기는 하지만 창조적인 작가가 되겠다고 생각한다. 반복적인 문헌학적 작업에 대해 그는 글 속에서 불만을 토로한다. 전해 내려오는 '잡동사니'를 이리저리 연구하는 것을 이제는 그만두어야 한다. 문헌학에 종사하는 이들이 알아야 할 것은 그들이 진정으로 흥미로운 대상을 연구해야 한다는 것이며, 그래야만 고전적인 사상으로부터 새로운 미래 지향적인 것을 창조하는 것이 가능해진다는 사실이다. 니체는 이렇게 덧붙인다. "전래의 사상이나 사건, 그리고 인물들에 대해 의식적으로 시적인 작업을 하고 그것을 통해서 새로운 것을 창조하는 것이 최선의 길이다."[54]

문헌학자로서 막 성공의 궤도에 오른 시점에서 결심한 대로 니체는 바젤 대학 교수가 된 뒤 문헌학자의 자의식이 아니라 철학자 혹은 창조자의 자의식으로 첫 저서 《비극의 탄생》을 쓴다. 이 저서에서 니체는 문헌학의 엄격성과 객관성을 사정없이 허물어뜨리고 저자 자신의 주관적 사상을 유보 없이 드러낸다. 이렇게 문헌학의 울타리를 무너뜨린 데 대해 문헌학자들의 거센 비난이 뒤따르게 된다. 그리고 7년 뒤 니체는 문헌학 교수라는 자리도 내던진다. 니체에게 문헌학은 뜻하지 않게 입어야 했던 몸에 맞지 않는 옷이었다.

그러나 대학 생활을 끝마치는 지금 니체는 그 운명 속으로 걸어 들어가고 있었다. 1869년 초에 바젤 대학 고전문헌학 교수 자리에 공석이 생겼다. 리츨 교수는 적합한 사람을 추천해달라는 요청을 받았다. 당연히 리츨은 유능한 제자 니체를 추천했다. 1월 10일 리츨은 니체에게 바젤 대학 교수직에 그를 추천하는 문제를 논의하고 있다고 알렸다. 2월 13일 니체는 그 자리에 임명됐다. 니체는 박사 학위도 없었고, 교수 자격도 없었다. 겨우 학부를 수료한 학생이 대학 교수에 임명된 것은 당시 독일 어느 대학에서도 없었던 이례적인 사건이었다. 니체는 학회지에 발표한 연구 논문을 인정받아 3월 23일 시험 없이 박사 학위를 받았고 교수 자격 시험과 같은 일반적인 절차도 면제받았다. 니체를 대학 교수로 앉히기 위해 모든 일이 일사천리로 이루어졌다.

바젤은 독일에 접경한 스위스에 있었다. 바젤 대학은 니체에게 스위스 국민이 되는 것을 고려해보라고 요청했다. 프로이센 국적을 가지고 있으면 언제 군대에 소집될지 모르기 때문이었다. 니체는 국적 포기에 필요한 신청서를 냈다. 그는 독일 국적을 포기했지만 이후 스위스 국민이 되기 위한 자격 요건을 충족시키지 못했기 때문에, 형식상으로는 무국적자로 살았다. 정주지 없는 방랑하는 삶, 거의 유목민이라고 불러도 좋을 영원한 철도 여행의 삶을 암시하는 사건이었다. 그러나 방랑하는 중에도 그는 마지막까지 독일어로 글을 쓰고 독일어로 생각했으며, 독일 사람들로부터 인정받고자 했다.

스물네 살의 대학 교수는 학자로서 극히 보기 어려운 성공이었고 두말할 것도 없이 영예로운 일이었다. 니체의 어머니는 아들의 이른 출세에 놀랐고 아들을 한없이 자랑스러워했다. 그러나 그렇게 일이 진행되는 동안에도 니체는 마음이 썩 편하지 못했다. 운명의 여신에게 이끌려가는 기분이었다. 남들이 선망하는 자리를 일찍 얻었다는 만족감이 없었던 것은 아니지만 어쨌든 그의 마음은 잿빛 그림자로 덮여 있었다. 그는 3월 말부터 바젤로 떠나는 4월 12일까지 나움부르크의 고향집에 머물렀다. 스위스를 향해 출발하기 전날 니체는 가장 절친한 친구 로데에게 편지를 썼다. 그의 복잡한 심사가 그대로 드러난 편지다.

> 시간이 됐네. 집에서 보내는 마지막 밤이 찾아왔고, 내일 아침이면 나는 멀리 있는 더 넓은 세상으로, 새롭고 낯선 일자리로, 의무와 일이 있는 까다롭고 답답한 환경으로 출발해야만 하네. 다시 한 번 나는 안녕을 고하네. 자유롭고 구속 없는 황금 같은 시간들은 …… 이제 돌이킬 수 없는 과거가 됐고, 엄격한 여신과 같은 매일매일의 의무가 지배하기 시작하네. …… 이제 나는 속물이 되어야 하네! …… 직위와 영예는 값을 치르지 않고는 얻을 수가 없네. 유일한 문제는 그 속박이 강철로 되어 있느냐, 실오라기 하나 정도냐 하는 것이지. 그리고 나에겐 필요하다면 그 결합을 끊을 수 있는 용기가 여전히 남아 있네.
>
> **1869년 4월 11일**

이 편지에서 니체는 '지적인 직업에 종사하는 전문가'가 되기에는 쇼펜하우어가 끼친 영향이 너무 컸다고 말한다. 그리고 고전문헌학에 쇼펜하우어 철학이라는 새로운 피가 흐르도록 하는 것, 그의 학생들에게 고결한 사람의 이마에 새겨지는 쇼펜하우어적 진지함을 전파하는 것, 이것이 그가 하고 싶은 일이며, 그가 감히 희망하는 일이라고 털어놓는다. 문헌학 교수가 되기는 하지만, 거기에서 그치지 않고 자신의 존재를 뜨겁게 달군 쇼펜하우어 철학을 문헌학이라는 형식 안에서 실현해보겠다는 의지였다. 니체는 머리를 쇼펜하우어 철학으로 채우고, 가슴엔 바그너 음악의 박동을 담고, 그리고 고전문헌학이라는 갑옷을 입고 바젤로 향했다. 그 갑옷이 답답하기는 했지만, 그 갑옷이 아니었더라면 바젤이라는 성에 들어갈 수도 없었을 것이다. 1869년 4월 17일 바젤이 그의 눈앞에 들어왔다.

02

바그너의 사도

"그에게 다가갔을 때 나는 마치 신적인 것을
영접하는 것 같았네."

"학문과 예술과 철학이 지금 내 안에서 함께 자라고 있으니
언젠가 나는 켄타우로스(반인반마의 괴물)를 탄생시키게 될 걸세."
1870년 2월 15일 에르빈 로데에게 보낸 편지

"자기를 지배하는 이런 힘을 지니고 있는 예술가는 일부러 그렇게 하려 하지도 않는데
모든 다른 예술가를 자기에게 복종시킨다. 복종자들, 즉 그의 친구와 신봉자는 그에게 위험이나
제약이 되지 않는다. 이와 달리 하찮은 인물은 친구에게 의지하려 하기 때문에 친구에 의해
자유를 상실한다."
《반시대적 고찰》, 제4부 '바이로이트의 리하르트 바그너', 10절

내가 내 삶의 휴양에 관해 말하는 지금, 나를 가장 심도 있고도 가장 마음속 깊이 휴양하게 했던 것에 한마디 감사 표현을 하고 싶다. 그것은 의심의 여지 없이 리하르트 바그너와의 아주 친밀했던 교제였다. 나는 다른 모든 인간관계를 헐값에 처분해버린다. 하지만 어떤 대가를 치르더라도 트립셴에서 보냈던 날들, 서로 신뢰하고 환희에 넘쳤으며 숭고한 사건들로 가득 찼던 그 심오한 나날들을 내 인생에서 빼버리고 싶지 않다. 나는 다른 사람들이 바그너와 더불어 무엇을 체험했는지 아는 바 없다. 우리의 하늘에는 구름 한 점 지나가지 않았다.

《이 사람을 보라》, '나는 왜 이렇게 영리한가', 5절

마지막에 쓴 자서전에서 니체는 트립셴에서 바그너와 보냈던 날들을 구름 한 점 없는 하늘에 비유했다. 맑고 환하고 햇살이 가득한 날들이었다. 니체 일생에 이때보다 더 행복했던 시절은 그 전에도 그 후에도 없었다. 그 짧은 행복의 문으로 들어갈 수 있게 해주었던 것이 바젤 대학 고전문헌학 교수라는 자리였다. 이 직위를 여권으로 삼아 니체는 바젤로 입장할 수 있었고 또 트립셴을 오갈 수 있었다.

젊은 고전문헌학 교수

스물네 살의 젊은 고전문헌학 교수 니체는 부임하자마자 즉각 자신이 학생을 가르치는 데 소질이 있음을 알아냈다. 훗날 니체의 이름이 널리 퍼지고 난 뒤, 바젤의 제자였던 사람들이 그 시절 니체의 강의에 대해 남긴 증언을 보면 강단의 니체가 뛰어나고도 원숙한 교수였음을 짐작할 수 있다. 학생들은 하나같이 고대 그리스 스파르타의 최고 행정관이 시간을 뛰어넘어 강단에 등장해 그들에게 호메로스Homeros, 소포클레스, 플라톤Platon,?B.C.428~B.C.347 그리고 그들의 신들에 대해 이야기하고 있다는 느낌을 받았다. "니체는 그 모든 것에 대해 너무나 명백하고 완전히 타당한 지식을 가지고 말하는 듯이 보였다."[1]

니체가 1869년 5월 28일 교수 취임 강연을 했을 때도 아마 그런 자세였을 것이다. 강연 주제는 '호메로스와 고전문헌학'이었다. 취임 강연에 앞서 스승 리츨 교수에게 보낸 편지에서 니체는 일과와 임무를 비교적 자세히 적어 보냈다. 니체는 바젤 대학 부속 김나지움(인문계 중·고등학교)에서 그리스어도 함께 가르쳤다. "주중에는 날마다 아침 7시에 강의를 합니다. 월요일에는 세미나를 지도하고, …… 김나지움에서는 화요일과 금요일에 두 번, 수요일과 목요일에는 한 번씩 가르칩니다. 지금까지는 일이 즐겁습니다. 학생 일곱 명이 강의를 듣는데, 그들은 내가 이곳 생활에 만족해하는 것 같아 보인다고 말합니다."1869년 5월 10일

젊은 교수는 바젤 사교계의 환영도 받았다. 니체는 멋진 옷차림으로 사람들의 입에 오르내리기도 했다. 나움부르크의 집에 새 연미복을 보내달라고 주문하기도 했다. 그러나 니체가 사교계에 오래 머문 것 같지는 않다. 이전에 겪었던 일이 금세 다시 나타났다. 니체는 바젤의 시민 사회에 적응하기 어려워했으며 다른 사람들과 어울리는 삶

에서 즐거움을 느끼지 못했다.

니체는 키가 큰 편은 아니었지만, 체격은 균형이 잡혀 있었다. 그의 외모를 특징지어주는 것은 우아한 콧수염이었다. 대학 시절 자라기 시작한 콧수염은 바젤 대학 교수 시절 내내 더욱 무성해져 그의 젊음을 감추어주는 구실을 했다. 니체의 태도는 품위 있었고 목소리는 거의 여성적일 정도로 부드러웠다. "그의 우아한 품격은 검소하게 옷을 입을 때도 매우 고상하게 보이도록 만들었다. 그는 천천히, 그리고 아주 낮은 독소리로 말했으며, 과장된 말투를 쓰지 않았다. 심사숙고하기 위해 의도적으로 말을 중간중간 멈추는 경우는 있었다."[2] 니체의 제자 가운데 한 사람인 루트비히 폰 셰플러는 1875년 니체 교수를 처음 만났을 때의 모습에 대해 훗날 이렇게 증언했다.

> 나는 교수님이 …… 부르크하르트Jacob Burckhardt, 1818~1897처럼 교실 안으로 돌진해 올 거라고는 기대하지 않았다. 나는 또한 작가에게서 나타나는 매력적인 기질이, 한 개인으로서 그의 행실을 그대로 반영하고 있는 것은 아니라는 점을 잘 알고 있었다. 그럼에도 불구하고 니체 교수님이 들어왔을 때 보여준 거동의 정중함, 심지어 겸손하기까지 한 모습에 매우 놀랐다. 게다가 그는 중키보다 작았다. …… 그러나 반짝거리는 안경과 풍성한 콧수염 때문에 그의 얼굴은 왜소한 사람까지도 아주 당당하게 보이도록 만드는 지적인 인상을 띠었다. 하지만 그는 자신이 만들어내는 인상에 대해서는 전혀 무관심했다.[3]

바그너의 카리스마에 매혹되다

바젤의 교수 니체의 진정한 관심사는 고전문헌학도, 도시의 사교계도 아니었다. 바젤에서 겨우 80킬로미터 떨어진 독일·스위스 접경 지역 루체른 호숫가의 트립셴에 있는 바그너 집이 니체의 첫째 관심사였다. 이 관심사에 비하면 나머지 일은 하찮은 것이었다. 대학 마지막 학기에 바그너를 만나고 그의 초청을 받았던 니체는 바젤 생활에 어느 정도 익숙해진 1869년 5월 15일 트립셴의 바그너 집을 처음 방문했다. 그리고 이때부터 바그너가 1872년 봄 바이로이트로 이사할 때까지 3년 동안 무려 스물세 번이나 트립셴을 찾았다.

니체가 처음 방문했을 당시 바그너는 아직 정식으로 결혼하기 전의 코지마 폰 뷜로Cosima Von Bülow와 함께 살고 있었다. 트립셴의 바그너 집은 바그너 음악 열광자였던 바이에른의 젊은 국왕 루트비히 2세Ludwig II, 1845~1886가 지어준 것이었다. 바그너는 지휘자 한스 폰 뷜로Hans von Bülow, 1830~1894의 아내이자 작곡가 프란츠 리스트Franz List, 1811~1886의 딸이었던 스물네 살 연하의 코지마와 1864년 만나 열렬한 사랑에 빠졌다. 1년 뒤 코지마는 바그너의 딸 이졸데를 낳았다. 1866년 뮌헨에서 트립셴으로 이사한 바그너의 뒤를 이어 코지마가 트립셴으로 왔다. 코지마는 1년 뒤 딸 에바를, 다시 2년 뒤에는 아들 지크프리트를 낳았다. 바그너와 코지마는 1870년 10월 결혼식을 올렸다. 니체가 바그너를 방문했던 1869년의 봄은 바그너 삶의 절정기였다. 루트비히 2세의 후원을 얻은 데다 코지마를 만나 생애 처음으로 생활의 안정을 찾은 바그너는 절정의 창조성을 뿜어내고 있었다.

니체는 트립셴을 제2의 집으로 여겼다. 트립셴의 집에는 니체의 방이 따로 있었으며, 바그너는 니체를 아들처럼 대했고, 아이들도 니체

바그너의 부인 코지마 바그너

를 한 식구처럼 따랐다. 바그너를 만나기 전에 벌써 바그너주의자가 되었던 니체는 바그너라는 인간과 대면하면서 이 희대의 카리스마가 발산하는 가공할 매력에 사정없이 빨려들었다. 트립센의 바그너를 만나고 온 직후 니체가 바그너에게 보낸 편지는 두 사람의 만남이 앞으로 어떤 형식을 띠게 될지 여실히 보여주었다. 니체는 바그너의 인격과 힘에 압도당했다.

존경하는 선생님, 제가 선생님께 얼마나 감사하고 있는지를 아무런 부끄러움 없이 이야기할 수 있는 기회를 얼마나 오랫동안 기다렸는지 모릅니다. 왜냐하면 제 삶의 가장 귀하고 값진 순간이 당신의 이름과 연결되어 있기 때문입니다. 제가 당신을 존경하는 것만큼 존경하는 다른 이가 있는데 그 사람은 바로 당신도 정신적 유대감을 느끼는 쇼펜하우어입니다. 그에게 저는 거의 종교적이라고 할 만큼의 믿음을 갖고 있습니다.
1869년 5월 22일

석 달 뒤 니체는 친구 게르스도르프에게 보낸 편지에서 흥분에 차서 이렇게 썼다.

> 나는 쇼펜하우어가 말한 '천재'의 상을 그대로 체현하는 사람을 발견했네. 더욱이 이 사람은 저 불가사의하고 심원한 철학(쇼펜하우어 철학)에 완전히 젖어 있네. 그 사람이 바로 리하르트 바그너일세. 자네는 신문이나 음악학자들의 저술에 나타나는 그에 대한 어떤 판단도 신뢰해선 안 되네. 누구도 그를 알지 못하며 그를 판단할 수조차 없네. 왜냐하면 세상 사람들은 모두 그와는 다른 곳에 발을 딛고 서 있으며, 누구도 그의 분위기에서 편안함을 느끼지 못하기 때문이야. 그에게는 비타협적인 이상주의, 심오하면서도 감동적인 인간성, 삶에 대한 고귀한 진지함이 함께하는데, 그래서 그에게 가까이 다가갔을 때 나는 마치 신적인 것을 영접하는 것 같은 느낌이 들었네.
> 1869년 8월 4일

같은 날 친구 구스타프 크루크에게 보낸 편지에선 젊은 숭배자의 압도당한 마음을 있는 그대로, 그리고 조금은 빼기는 듯한 자세로 드러냈다.

> 나는 또 내 친구인 리하르트 바그너와 지난 며칠을 보냈다네. 그는 정말 친절하게 자기를 언제라도 방문해도 좋다고 허락해주었고, 내가 적어도 4주마다 한 번씩 이 권리를 활용하지 않으면 화를 낸다네. …… 이제까지 그를 완전하게 규정할 그 어떤 평가도 내려진 적이 없는 이

사람은 모든 면에서 참으로 흠잡을 데 없는 절대적인 위대함을 보여준다네. 또 사상이나 의지 면에서 이상적인 인물이고, 감히 접근할 수도 없을 정도로 고결하고 따뜻한 인품의 소유자이며 지극히 진지하기 때문에, 나는 그 앞에 서면 항상 100년 만에 한 번 나올까 말까 한 인물을 대면하고 있다는 느낌이 든다네. 최근에 그는 〈지크프리트〉(4부작 〈니벨룽의 반지〉의 제3부) 3막을 마치고 〈신들의 황혼〉의 작곡으로 넘어갈 수 있게 되어 무척 행복해하고 있네. …… 바젤의 교수직으로 얻은 가장 귀중한 선물은 바로 트립셴에서 보낸 이 여름의 나날이야. **1869년 8월 4일**

이어 가장 친한 친구 에르빈 로데에게 바그너의 위대함을 다시 거리낌 없이 찬양하는 편지를 보냈다. "가장 사랑하는 벗이여, 내가 트립셴에서 배우고 보고 듣고 이해하고 있는 것은 말로 표현할 수 없네. 쇼펜하우어와 괴테, 아이스킬로스Aeschylos, ?B.C.525~?B.C.456와 피타고라스Pythagoras, B.C.580~B.C.500가 아직 살아 있네. 믿어주게." 1869년 9월 3일

홀링데일은 "니체의 삶에서 바그너와의 관계가 차지하는 중요성은 헤아릴 수 없이 크다"라고 말하는데, 조금도 과장이 아니다. "그 경험은 하나의 깨침이었다. 니체는 인간의 본성 안에 여전히 존재하고 있는 위대함의 가능성에 대해 눈을 뜨게 됐다. 그는 천재와 의지의 강인함이 의미하는 바를 배웠고, 자신이 생생한 느낌 없이 줄곧 사용했던 표현들의 참된 의미를 배웠다. …… 지상에 출현한 가장 변덕스럽고 규정하기 힘든 사람 가운데 하나인 바그너를 가까이에서 관찰함으로써 니체는 심리학자가 되었다. 그리고 바그너의 거대한 예술 작품들이, 본질적으로 그가 가지고 있는 거대한 욕구, 곧 타인에 대한 지배 욕구의 산물이라는 것을 알아차렸을 때, '권력의지' 이론의 맹아가 된 결정적인 통찰을 얻었다."[4] 뒷날 니체는 쇼펜하우어를 자신의 교육자

라고 밝히는 글에서 이렇게 말한다.

> 나는 그 쇼펜하우어에게서 내가 그토록 오랫동안 찾아다녔던 저 교육자와 철학자를 발견했음을 예감했다. 그렇지만 단지 책으로 발견했을 뿐이었다. 바로 그 점이 커다란 단점이었다. 그래서 더욱 나는 책을 샅샅이 통독하고 생생한 인간을 상상해보려 애썼다.
>
> 《반시대적 고찰》, '교육자로서의 쇼펜하우어', 2절

니체는 쇼펜하우어의 책이 말하는 것을 상상으로만 그려볼 수 있었을 뿐, 실체로서 확인할 수 없었다. 바그너를 만나고서야 니체는 그렇게 관념으로만 존재했던 쇼펜하우어적 천재가 눈앞에 생생하게 나타나 말 걸어오는 것을 느꼈다. 니체는 쇼펜하우어 철학에 탐닉하듯 바그너라는 인간에게 탐닉했다.

바쿠닌과 바그너

바그너는 어떤 사람인가. 니체의 사상에 그토록 결정적인 영향을 끼치고 니체의 삶에 그토록 강력한 모델을 제공한 바그너라는 인간에 대해 좀 더 알아보자. 바그너의 인격, 기질, 욕망, 활동을 살펴보면 니체가 왜 바그너에게 그렇게 완벽하게 매혹됐는지 짐작할 수 있게 된다.

니체와 바그너의 관계와 매우 비슷한 모습을 20년 앞서서 보여준 것이 바그너와 미하일 바쿠닌의 관계였다. 바쿠닌은 러시아 출신의 아나키즘 혁명가였는데, 1849년 5월 독일 드레스덴에서 일어난 혁명

아나키즘 혁명가 미하일 알렉산드로비치 바쿠닌

봉기를 앞에서 이끌었고, 당시 드레스덴 왕립 극장 악장이었던 바그너를 끌어들였다. 바그너는 바쿠닌의 광적인 열정에 이끌려 이 봉기의 선두에 섰고, 이 일로 수배를 받아 12년 가까이 스위스 취리히에서 망명 생활을 해야 했다.

젊은 바그너의 정신은 당대 여러 급진적 사상의 집합처였다. 이미 10대 때 바그너는 청년 독일파 운동을 열정적으로 받아들였다. 1830년대 초에 결성된 청년 독일파는 하인리히 하이네Heinrich Heinne, 1797~1856와 같은 혁명적인 젊은 독일 시인들이 중심이었다. 이들은 혁명과 자유를 위한 문학의 정치 참여를 주장했다. 청년 독일파 운동을 받아들인 데 이어 바그너는 프랑스의 혁명 운동가 피에르 조제프 프루동Pierre Joseph Proudhon, 1809~1865의 책《소유란 무엇인가》1840를 읽고 깊은 감명을 받았다. 자신을 아나키스트라고 부른 사람은 프루동이 처음이었다.

프루동 사상에 이어 다시 바그너는 1840년대 청년 헤겔Georg Wilhelm Friedrich Hegel, 1770~1831파의 지도적 이론가 가운데 한 사람이었던 루트비히 포이어바흐Ludwig Andres Feuerbach, 1804~1872의 《기독교의 본질》1841을 읽고 포이어바흐의 유물론적 종교 이해와 '사랑을 통한 인류 해방' 이념에 깊이 공감했다. 청년 독일파의 급진적 문학 운동, 프루동의 아나키즘, 그리고 포이어바흐의 유물론적 종교관이 마흔이 되기 전 젊은 바그너의 정신을 이끌고 간 지도 이념이었다. 드레스덴에서 젊은 바그너는 그런 이념에 따라 과격한 정치 칼럼들을 급진파 신문에 기고했다.

1849년 그런 급진적 관념을 현실 속에서 운동으로 실천하는 사람을 만나게 됐는데, 그가 바로 바쿠닌이었다. 바그너보다 한 살 어린 바쿠닌은 이미 혁명가로서는 산전수전 다 겪은 베테랑이었고, 격렬함과 과격함에서 바그너를 한참 능가하는 사람이었다. "우정은 깊어갔고 바쿠닌은 바그너의 집을 자주 방문하게 되었다. 바그너의 부인 미나 바그너 (코지마 바그너와 결혼하기 전 바그너의 첫 번째 부인)는 그들의 손님이 고기와 소시지를 한입 가득 집어삼키는 모양과 포도주는 아무 맛도 없는 음료수라 하여 거절하고 브랜디를 잔째로 꿀꺽꿀꺽 마시는 것을 보고 무척 놀랐다. 심지어는 다른 사람에 대해서는 좀처럼 감동을 느끼지 못하는 바그너조차 이 장대하고 위압적인 야만인 곁에 서면 그 자신 보잘것없는 존재가 된 듯한 생각에 그만 압도당했다."[5] 바그너는 뒷날 쓴 자서전 《나의 생애》에서 이때 만난 바쿠닌을 이렇게 묘사했다.

그는 30대에서 40대쯤 되어 보이는 완전히 피어난 대장부였다. 그의 주위에 있는 것은 모두 다 거대하고 그는 원시적인 무성함과 정력으로 가득 찼다. 추측건대 그는 나를 알고 나서 많은 것을 얻은 것 같지는 않다. 실상 그는 단순히 지적인 인간은 좋아하지 않는 것 같았다. 그가 요구하는 것은 무모한 정력가였다. …… 그의 토론의 일반적인 양식은 소크라테스식이었다. 그를 초대한 주인의 딱딱한 소파에 두 다리를 쭉 펴고 누워 온갖 종류의 많은 사람들과 혁명의 문제에 관해 산만하게 이야기하는 것이 그에게는 아주 마음 편해 보였다. 그는 항상 토론을 이끌었다. 그의 견해를 꺾는다는 것은 불가능했다. 그의 견해는 누구도 넘볼 수 없는 확신으로 당당했고 모든 방향에서 가장 극단적인 과격파의 한계마저 뛰어넘는 것이었다.[6]

바로 이 과격성이 바그너의 마음을 흔들었을 것이다. 바쿠닌의 과격성은 전류처럼 바그너 내부의 과격성을 자극했다. 바그너는 과격한 기질에서 자신을 능가하는 사람에 대해 흥분을 감추지 못했다. 바그너가 묘사하는 바쿠닌의 모습은 이상주의자와 야만인의 절묘한 결합이다. "이 훌륭한 사람에게는 가장 순수한 형태의 박애주의적 이상주의와 모든 종류의 문화를 철저하게 적대시하는 야만성이 혼재되어 있다. 그러므로 그와 나의 관계는 본능적인 두려움과 뿌리칠 길 없는 매혹 사이에서 동요했다."[7]

두 사람 사이 대화에서 바쿠닌이 얼마나 과격한 발언을 했는지 바그너는 그 내용도 전해주고 있다. "모든 문명을 박멸하는 것이 그가 마음속에 설정한 목표다. 모든 사용 가능한 정치적 지렛대를 이 목표를 달성하기 위한 도구로 활용하는 것이 그의 당면 업무이며, 이는 때때로 그가 아이러니한 유흥을 즐기는 구실로 사용되기도 했다. …… 우리들 중에서 그러한 박멸의 목표가 달성된 뒤에도 자기가 살아남아 있으리라고 믿을 만큼 정신 나간 사람이 있었던가? 그는 페테르부르크, 파리, 런던을 포함한 전 유럽 세계가 폐허 무더기로 바뀐 광경을 상상할 필요가 있다고 말했다. 방화범 자신이 온전한 이성을 가진 채 이 폐허를 돌아볼 수 있으리라고 우리가 어찌 기대하겠는가?"[8]

바그너 전기를 쓴 브라이언 매기Bryan Magee, 1930-는 바그너가 감탄 섞인 목소리로 회상하는 이 과격 혁명가들의 만남에 관한 기록을 전하면서 "바그너가 자신이 바쿠닌에게 도저히 뿌리칠 수 없을 정도로 매혹되었다고 쓴 것은 특히 의미심장하다"고 말한다. "나는 이것이 모든 것과 모든 사람을 없애겠다고 하는 바쿠닌의 미치광이 같고 어린아이 같은 소원이 바그너의 마음속 깊은 곳에 있는 무언가를 건드렸기 때문이라고 생각한다."[9] 말하자면 바쿠닌은 바그너의 무의식을, 무의식 내부의 파괴 욕망을 자극했던 것이다. 계속해서 매기는 바그너가 이 무렵 쓴 정치 칼럼들이 되풀이하여 모든 것을 없애버리자는 호소를 담고 있었으며 바그너는 그 뒤로도 무차별로 불을 질러버리자는 생각으로 자꾸 돌아갔다고 말한다. 1850년에 쓴 편지에서 바그너는 이렇게 썼다. "나는 이제 파리를 불태우는 것으로 시작하는 혁명 이외에 다른 어떤 것도 믿지 않는다."[10] 나이를 먹어서도 바그너의 이 기질은 완전히 사라지지 않았다. "평생 그는 걸핏하면 폭발하듯이 성질을 터뜨렸는데, 그럴 때면 대규모로 파괴하고 싶다고 말하곤 했다."[11] 이쯤 되면 어디가 바쿠닌이고 어디가 바그너인지 구분하기 어려워진다. 30대의 혈기왕성한 혁명가들은 서로 경쟁하듯 파괴의 환상을 주고받았던 것이다. 아무래도 그 방면에서 경험이 많았던 바쿠닌이 그 분야에서는 아마추어라 할 바그너를 이끄는 꼴이긴 했다.

이 삽화들이 확인해주는 것은 두 사람의 기질의 근원적인 동일성이다. 그리고 그런 기질적 동일성의 만남이 니체와 바그너에게서 반복된다. 모든 것을 태워 없애고 완전히 새로운 것을 창조하고 싶다는 광포한 열망, 거의 무의식적인 파괴와 창조의 의지, 바로 이런 의지를,

격렬하기 이를 데 없는 의지를 니체도 그대로 지니고 있었다. 그러니까 바쿠닌-바그너-니체는 같은 계열의 존재라고 할 수 있다. 사람은 자신과 가장 닮은 자에게 끌리는 법이다. 자신의 표면이 아니라, 내면의 무의식적 욕망을 닮은 자, 그 욕망을 건드리는 자에게 매혹된다. 이들 사이에 다른 점이 있었다면, 바쿠닌과 바그너는 생각뿐만 아니라 행동에서도 과격했지만, 니체의 경우엔 오직 사상 속에서만, 글 속에서만, 자신이 쓴 책 속에서만 과격했다는 점이다. 더구나 사상만 놓고 보면 니체의 과격성은 두 선배들보다 더 극단적이었다고 해도 지나치지 않다.

쇼펜하우어 숭배자들

니체가 바그너에게 그토록 급속도로 빠져들었던 것은 앞에서 설명한 대로 쇼펜하우어라는 공통의 숭배자가 그들의 마음을 빨리, 그리고 깊이 이어준 덕도 있었다. 바그너의 쇼펜하우어 탐닉은 그의 기질 그대로 격렬하고 광포하고 전면적이었다. 그러나 처음부터 그랬던 것은 아니다. 1854년 가을 같은 처지의 망명자였던 게오르크 헤르베크 Georg Friedrich Rudolph Theodor Herwegh, 1817~1875의 추천으로 처음 쇼펜하우어를 접했을 때 바그너는 이 낯선 철학자의 주장을 흔쾌히 수용할 수 없었다. 바그너는 드레스덴 봉기에 실패한 뒤 스위스에 망명해 있던 시절 깊은 고뇌와 회의 속에서 세계관이 극심하게 흔들리는 경험을 했다. 이 세계를 혁명적으로 전복하고 새로운 세계를 세워야 한다는 정치적 이념에 근원적인 회의가 찾아들었던 것이다. 그리고 그런 회의를 당시 쓰고 있던 오페라 대본 〈니벨룽의 반지〉에 무의식중에 새겨넣기도 했다. 그런 처지였다고는 해도 바그너는 쇼펜하우어가 《의지와 표상으로서의 세계》에서 가르치는 염세주의 세계관을 곧바로 받아들이기는 어려웠다. "이 철학의 흡인력에 대해 마음속으로 느낀 무의식적 저항감 때문에 바그너는 처음에는 마지못해, 일종의 항복이나 체념처럼 그것을 받아들였다. 하지만 저항의 노력을 한 끝에 일단 변화를 수용하고 나자 그는 전심전력으로 쇼펜하우어를 받아들였다."[12]

토마스 만은 〈30년간의 에세이〉에서 바그너와 쇼펜하우어의 만남의 의미를 이렇게 평가했다. "아르투어 쇼펜하우어의 철학을 알게 된 것은 바그너 생애에서 가장 큰 사건이었다. 포이어바흐와의 만남 같은 그 이전의 지적 접촉도 이에 비하면 개인적이고 역사적인 중요성이라는 면에서 훨씬 못 미친다."[13] 니체가 자신의 글에서 쇼펜하우어를 만나는 순간을 생생하게 묘사했듯이, 바그너도 자서전에서 쇼펜하우어 철학을 어떻게 알게 되었으며 어떤 방식으로 흡수했는지를 상세히 밝혔다.

> 그동안 나는 일에 깊이 몰입하고 있었고 9월 26일에 〈라인의 황금〉의 정서된 초고를 완성했다. 평정하고 고요한 내 집에서 이제 나는 책 한 권을 알게 되었고, 이 책의 연구는 엄청나게 중요한 것이 되었다. 이 책은 아르투어 쇼펜하우어의 《의지와 표상으로서의 세계》였다. …… 살아오면서 위대한 열정이 일깨워진 사람이라면 누구나 나처럼 행동할 것이고, 무엇보다도 먼저 쇼펜하우어 체계의 최종 결론을 읽으려고 할 것이다. 그가 미학을 다룬 방식, 특히 음악에 대한 놀랍고도 중요한 개념은 내게 아주 흡족했지만, 나와 같은 생각을 지닌 사람이라면 누구나 그렇듯이, 그가 저작의 정점에 두는 도덕 원리에서는 불안감이 들었다. 왜냐하면 여기에는 세계와 상대할 때 개인을 제약하는 데서 구원받을

진정한 수단은 의지의 파괴와 완전한 자기 부정뿐이라고 제시되어 있기 때문이다. 여기에는 철학 속에서 이른바 '자유로운 개인'을 대표하는 정치적·사회적 선동을 위한 정당성을 찾으려는 이들이 섭취할 자양분 같은 것이 전혀 없다. 여기서 요구하는 바는 인간적 인격성의 요구를 충족시키는 모든 방법을 철저하게 포기하라는 것이기 때문이다. 처음에 나는 이 주장을 흔쾌히 받아들이기 힘들었고, …… '즐거운' 그리스식 세계관을 포기하고 싶지 않았다. 사실 나를 …… 더 깊이 숙고하게 만든 것은 헤르베크였다. 그는 외형적 세계의 본질적인 무無를 꿰뚫어보는 이 직관이 모든 비극의 뿌리에 놓여 있으며, 모든 위대한 시인과 위인까지도 그것을 직관적으로 감지해야 한다고 주장했다. 나는 내 니벨룽 시(오페라 〈니벨룽의 반지〉 대본)를 보고, 놀랍게도 지금 내가 이론적으로 도저히 소화할 수 없다고 생각하는 쇼펜하우어의 바로 그 내용이 내가 갖고 있던 시적 개념 속에서는 이미 오래 전부터 내게 익숙한 것이었음을 깨달았다. 지금에야 나는 나의 보탄(〈니벨룽의 반지〉의 신들의 왕)을 이해하게 되었고, 큰 충격 속에서 쇼펜하우어 책을 더 면밀하게 연구하기 시작했다. …… 그 이후 그 책은 내 곁을 한 번도 떠난 적이 없었고, 그다음 해 여름에는 벌써 그것을 네 번째 읽고 있었다. 그것이 점진적으로 내게 끼친 영향은 엄청나게 컸으며, 어느 모로 보든 나머지 생애에 결정적인 영향을 끼쳤다.[14]

이렇게 일단 쇼펜하우어를 이해하고 그 철학을 진리로 수용하게 되자 그의 기질 그대로 과격하고도 절제 없는 쇼펜하우어 전도가 뒤따랐다. 세계를 구하겠다는 사명감에 불타던 혁명가는 세계를 거부하는 자가 되었다.[15] 이제 그는 자신의 모든 작품에서 쇼펜하우어의 철학 원리를 활용했고, 쇼펜하우어가 추천하는 글들을 읽고 또 읽었으며,

몸이 아플 때도 약 대신 쇼펜하우어 책을 집어 들었다. 그리고 이 광신적 믿음을 다른 사람들에게 강요했는데, 이것이야말로 바그너의 본질적 특성이었다. "평생 그가 보인 두드러진 특징 가운데 하나는 자신이 열광하는 문제를 친구와 지인들에게, 사실은 전 세계에 강요하는 끝없는 에너지였다. 그는 친구들 앞에서 쇼펜하우어에 대해 강의하고 열변을 토하며 괴롭혔고, 그의 저작의 사본을 보내고 편지에서도 그에 대해 이야기했다. 쇼펜하우어의 이념은 그가 발표하기 위해 쓴 모든 글에 들어가 있었다. …… 그 이념을 전파하기 위해 그가 생각할 수 있는 모든 방법이 시도되었다. 철학자 자신은 아무것도 몰랐겠지만 그가 죽을 때까지 그의 철학을 위해 바그너만큼 적극적인 전도사는 아마 없었을 것이다. 그의 노력은 쇼펜하우어가 죽은 뒤에도 계속되었다. …… 그는 지치는 법이 없었고 세계가 개종되리라는 확신을 잃은 적도 없었다."[16]

권력의지의 화신, 초인의 원형

이런 상황이었으니 니체가 바그너를 만났을 때 두 사람 사이에 어떤 일이 벌어졌겠는가. 쇼펜하우어 열광자와 쇼펜하우어 숭배자가 서로 만나 자신들이 동일한 종교의 교주를 모신 신도, 일란성 쌍둥이와도 같은 신도임을 확인했을 때 얼마나 감격했을지 짐작하기 어렵지 않다. 표면상 더 격렬하고 더 광적인 바그너가 그칠 줄 모르고 떠들면, 조용히 인내하듯 안에서 이글거리며 타오르던 니체의 열정의 불꽃은 마치 세찬 풀무 바람을 만난 듯 솟구쳐올랐다. 쇼펜하우어로 인해 바그너에 대한 니체의 존경심은 더욱 커졌다. 바그너는 니체의 철학적

니체에게 큰 영향을 끼친 리하르트 바그너

동지가 됨과 동시에 니체 자신의 '자아 이상'과도 같은 존재, 모든 걸 희생해서라도 따라 배우고 싶은 존재가 되었다. 바그너를 알게 된 지 얼마 지나지 않아 니체는 바그너를 위하는 일이라면 무엇이든 나서서 할 준비가 되었다. 마치 독실한 수도승이 홀로 금욕하며 신에게 자신을 바치듯 니체는 바그너를 그런 헌신과 경배의 대상으로 보았다.

바그너가 니체에게 거의 신과 같은 존재가 되었다는 것, 그리하여 한동안 니체의 삶을 거의 삼켜버렸다는 사실은 바그너 안에 특별한, 보통 사람으로서는 상상하기 어려운 권력의지가 있었음을 알려준다. 앞에서 잠깐 인용한 대로 홀링데일도 니체가 권력의지라는 자신의 고유한 철학적 개념을 바그너의 삶에서 얻었을 것이라고 추정한다(홀링데일의 추정은 니체 연구자 월터 카우프만의 니체 해설을 이어받은 것이다).* 니체는 바그너를 만나고 6년 뒤에 쓴 〈바이로이트의 리하르트 바그너〉(반시대적 고찰》, 제4부에서 바그너의 심리적·인격적 특징을 설명하면서 그 권력의지에 주목한다. 바그너가 바라는 것은 권력이었고, 그 권력을 향한 의지는 상식적 감각을 넘어설 정도로 집요한 것이었다. 니체는 젊은 바그너의 내적 의지를 이렇게 묘사한다. "저 밑바닥에는 강렬한 의지가 급류를 이루며 바닥을 파 엎고 있었는데, 그것은 모든 길, 동굴, 협곡을 통과해 밝은 빛으로 나아가 권력을 갈망하는 의지였다."《반시대적 고찰》, 제4부 '바이로이트의 리하르트 바그너', 2절 이어 같은 글에서 니체는 바그너의 그 의지가 예술 영역에서 나타나는 방식으로 눈을 돌린다.

> 그의 삶을 지배하는 생각, 즉 비교할 수 없는 영향, 모든 예술의 최대 영향이 바로 극장에서 이루어질 수 있다는 생각이 그의 내부에서 싹텄을 때, 그런 생각으로 그의 존재는 대단히 격렬하게 격앙되었다. 이것으로 그의 계속된 욕망과 행위에 관한 분명하고도 명백한 결단이 주어졌던 것은 아니다. 그의 생각은 처음에는 단지 유혹적인 형태로서, 즉 지칠 줄 모르고 권력과 명예를 갈망하는 저 어두운 개인적 의지의 표현으로서 나타났다. 영향, 비할 데 없는 영향. 무엇을 통해서? 누구에게? 이것이 그때부터 그의 머리와 심장을 떠나지 않는 질문이었고 탐구였다. 그는 지금까지 어떤 예술가도 해내지 못했던 만큼 승리하고 정복하고자 했고, 또한 자신을 그토록 어둡게 내몰았던 저 강압적인 전지전능함에 단숨에 도달하고자 했다. …… 극적인 합창이 고양될 때마다 거대한 대중에 의해 생산되는 저 영혼의 광포한 폭풍우, 숭고하고 완전하고 자신을 잊은 듯 갑작스럽게 퍼져가는 저 마음의 도취, 이것이 바로 바그너의 고유한 경험과 느낌의 반향이었고 거기서 그는 최고의 권력과

---

* 자세한 내용은 뒤의 보충 1 '권력의지에 대하여' 참조.

영향에 대한 불타는 희망에 사로잡혔다! 그래서 그는 대형 오페라를 자신의 지배적인 사상을 표현해낼 수 있는 수단으로 간주했다. 그의 욕망은 대형 오페라를 갈망하게 했고, 그의 시선은 오페라의 고향을 향해 있었다.

《반시대적 고찰》, 제4부 '바이로이트의 리하르트 바그너', 8절

니체는 바그너라는 인간을 통해 권력의지의 실체, 살아 움직이는 권력의지를 보았다. 바그너의 권력의지가 구체적으로 드러나는 양상을 니체는 이 바그너론에서 이렇게 묘사했다.

자기를 지배하는 이런 힘을 지니고 있는 예술가는 일부러 그렇게 하려 하지도 않는데 모든 다른 예술가를 자기에게 복종시킨다. 복종자들, 즉 그의 친구와 신봉자는 그에게 위험이나 제약이 되지 않는다. 이와 달리 하찮은 인물은 친구에게 의지하려 하기 때문에 친구에 의해 자유를 상실한다. 다음과 같은 점이 아주 놀랍게 여겨진다. 즉 바그너는 그 어떤 당파도 만들지 않으려 했지만, 그의 예술의 단계마다, 언뜻 보기에 그를 그 단계에 붙잡아두기 위해서였던 듯, 일군의 추종자들이 형성되었다는 점이다. 그는 항상 그들의 한가운데를 뚫고 지나갔으며 결코 구속받지 않았다. 더욱이 그의 길은 너무도 길었기 때문에 한 개인이 처음부터 그와 동행하기란 쉽지 않았다. 또 그 길은 이상하고도 험난했기 때문에, 가장 충실한 자도 한 번은 숨을 헐떡거렸을 정도다. …… 바그너는 지배자가 되었다. 그는 반감을 가장 많이 품고 있던 자마저도 예속시켜버렸다.

《반시대적 고찰》, 제4부 '바이로이트의 리하르트 바그너', 10절

나중에 니체 자신도 바그너의 이 힘, 이 권력의지에 빨려들고 짓눌리다가 마침내 견디지 못하고 자폭하듯 떨어져나오게 된다. 니체에게

'권력의지'의 개념적 이미지를 제공했던 바그너의 그 예외적이고도 가공할 의지를 브라이언 매기도 바그너 전기에서 여러 번 강조한다. "통상적인 의미에서 의지의 구현체라고 불릴 수 있는 사람을 한 사람 꼽으라면 바로 바그너일 것이다. 그는 말하자면 의지의 화신이다."[17]

이런 사실을 염두에 두면 니체가 훗날 '차라투스트라'를 내세워 설파했던 초인의 원형이 다른 어떤 공상적 존재가 아니라 바로 현실의 바그너를 질료로 삼아 빚어낸 형상이었을 거라는 생각을 마냥 부정하기는 어렵다. 매기는 다시 이렇게 말한다.

> 그는 성격적으로 지배 성향이 강했고 주위의 모든 사람들과 사물들을 지배하고자 하는 통제 불가능한 충동을 지니고 있었다. …… 많은 사람들이 그의 예술 또한 청중과 관객을 지배하려 하고 그들 위에서 짓누르고 복종시키려 한다고 느낀다. 특히 그의 음악은 쉴 새 없이 격렬하고 가차 없다. 여러분은 그것을 음향으로 표현된 의지라고 말하고 싶을 것이다. 예술과 인격의 이런 점을 볼 때 그가 특별한 사람이며, 아마 그와 비슷한 사람은 없으리라는 데에는 지지자나 적 모두가 똑같이 동의한다. 확실히, 나도 그와 맞먹을 만큼 비교 가능한 다른 예술가를 생각해낼 수가 없다.[18]

그토록 의지가 강한 사람이 헤어나기 어려운 험난한 역경을 만난다면 삶은 고난과 고통의 연속일 수밖에 없게 된다. 바그너의 경우가 그랬다. 성인이 된 후로 한 해도 자살을 생각하지 않고 지나간 적이 없을 정도로 그 괴로움은 극심했다. "그는 세상을 끔찍한 곳이라고 여겼고, 이 세상에서 사는 삶을 본질적으로 고통스럽다고 보았다. 그는 자기를 방해하고 좌절시키고 앞길을 막으며, 자기가 원하는 것을 주지 않는 수많은 사람들에게, 즉 그가 보기에는 거의 모든 사람들에게 격렬하고도 의식적인 적대감을 느꼈다."[19] 바로 그런 마음 안으로 쇼펜하우어 철학이 파고들어왔던 것이다. "바그너가 쇼펜하우어 철학이 이 모든 것을 정당화해주는 이론으로서 자신의 삶과 얼마나 잘 들어맞는다고 여겼을지 보지 않아도 알 수 있다. 아마 그 철학이 자신의 경험과 아주 광범위한 분야에서 지극히 세세하게 일치했으며, 자신의 요구와 빈틈없이 들어맞았기 때문에 황홀할 정도로 진실이라고 여겼을 것이다."[20] 젊은 바그너가 바쿠닌에게 매료됐을 때도 그 기질적 동일성이 드러났듯이, 바그너가 쇼펜하우어에게 빠져들었을 때도 거기에는 기질의 일치점이 있었다. 오만할 정도로 자기 길을 고집하는 가혹한 의지력이라는 특성에서 바그너와 쇼펜하우어는 하나였다. 그리고 바그너와 쇼펜하우어가 만나는 그 지점에서 젊은 니체도 자기 자신의 고유한 기질을 발견했다.

전쟁에 열광하다

바젤의 니체에게 가장 중요했던 것은, 최소한 3년 동안은, 바그너와 만나고 바그너를 따르는 일이었다. 니체의 바그너 탐닉과 바그너 추종은 시간이 갈수록 격해졌다. 바그너는 니체가 자신의 음악 사업을 철학적으로 지원하고 보증해줄 수 있을 것이라고 기대했다. 1870년 2월 12일 바그너는 니체에게 다음과 같이 편지를 썼다. "문헌학이 도대체 무엇을 위해 존재하는지 나에게 보여주기 바랍니다. 또한 플라톤이 호메로스를 얼싸안거나 호메로스 자신이 플라톤의 이데아로 충만해서 진정으로 위대한 호메로스가 되는 저 위대한 르네상스가 실현될

바젤 대학에서 만난 프란츠 오버베크(왼쪽)와 야코프 부르크하르트(오른쪽)

수 있도록 도와줘야만 합니다."[21] 여기서 호메로스는 시인-음악가를 뜻하고, 플라톤은 철학자를 뜻한다. 바그너가 호메로스라면 니체는 플라톤이다. 니체는 한편으로는 바그너의 격려에 용기를 얻었으며, 다른 한편으로 바그너의 뜻을 따라야 한다는 의무감을 느꼈다. 문헌학에 대한 회의는 커가고 있었지만, 바그너 말대로 문헌학을 이용해 음악의 새로운 르네상스를 이야기할 수는 있을 것이라고 믿었던 듯하다. 니체는 친구 로데에게 편지를 써 자기 안에서 부글거리며 끓어오르는 어떤 열망을 이야기했다. "리하르트 바그너도 나에게 어떤 사명이 주어져 있는가를 감격적인 어투로 나에게 털어놓았네. …… 학문과 예술과 철학이 지금 내 안에서 함께 자라고 있으니 언젠가 나는 켄타우로스(반인반마의 괴물)를 탄생시키게 될 걸세."1870년 2월 15일 이렇게 바그너의 격려를 받고 자기 안의 창조욕의 자극을 받으면서 니체는 작품을 구상해가는데 그것이 그의 첫 번째 저작인 《비극의 탄생》이다. 그러나 이 저작의 틀을 세우고 집필해 완성하기까지는 2년 가까운 시간이 남아 있었다.

바젤에서 니체가 만난 사람 가운데 바그너 다음으로 중요한 사람이 프란츠 오버베크Franz Camille Overbeck, 1837~1905와 야코프 부르크하르트였다. 오버베크는 1870년 초 바젤 대학 신학 교수로 임용돼 바젤에 도착한 직후 곧바로 니체와 절친한 친구가 됐다. 니체는 오버베크와 집을 구해 함께 살았다. 니체보다 일곱 살 위였던 오버베크는 최후의 순간까지 변함없는 니체의 친구로 남았다. 1889년 1월 니체가 쓰러져 정신을 놓았을 때 그 소식을 가장 먼저 듣고 이탈리아 토리노의 하숙집으로 달려간 사람도 오버베크였다. 니체의 제자이자 추종자였던 페터 가스트Peter Gast, 1854~1918를 제외하면 마지막까지 니체 곁에 남아 니체의 마음을 알아주었던 친구는 오버베크뿐이다.

바젤 대학에서 니체가 알게 된 또 한 명의 학자는 부르크하르트였다. 부르크하르트는 1860년 불후의 명작 《이탈리아 르네상스의 문화》를 써 문화사가로서 명성을 얻은 사람이었다. 니체는 자신보다 스물여섯 살이나 나이가 위였던 이 보수적인 역사학자를 존경했고, 그의 헤겔 역사철학 강의를 열심히 청강하기도 했다. 그러나 내면의 평정을 깨고 싶지 않았던 부르크하르트는 과격하고 격렬한 니체의 사고방식을 경계했다. 부르크하르트는 니체와 언제나 일정한 거리를 둔 채 다소 공식적인 관계를 유지했다. 기질이 다르긴 했지만 둘 사이에는 서로 통하는 부분도 많았다. 부르크하르트에게는 염세주의 성향이 뿌리 깊게 박혀 있었고, 그래서 쇼펜하우어 철학을 좋아했다. 또 헤겔의 역사철학을 강의는 하면서도 그 철학에 공감하지 않았는데, 헤겔을 의심했다는 점도 니체와 통하는 일이었을 것이다.[22]

니체가 이렇게 어떤 저항감을 품은 채로 바젤의 아카데믹한 분위기에 적응하려 노력하던 중 일시적이지만 아카데미즘의 공기 바깥으로 바로 뛰쳐나갈 기회가 왔다. 1870년 여름 프로이센의 '철혈 재상' 오토 폰 비스마르크Otto Eduard Leopold von Bismarck, 1815~1898와 프랑스 황제 나폴레옹 3세Charles Louis Napoléon Bonaparte, 1808~1873 사이에 전쟁이 터졌다. 프로이센·프랑스 전쟁(보불전쟁)이었다. 스위스 시민권을 얻기 위해 프로이센 국적을 포기했던 니체는 이 전쟁이 터지자마자 즉시 전쟁에 열광적으로 달려들었다. 8월 8일 니체는 전투병이나 위생병으로 근무하고 싶다며 대학을 잠시 떠나게 해달라고 대학 당국에 요청했다. 11일 니체는 프로이센 군대에서 의료 봉사를 하는 것이라면 떠나도 좋다는 허락을 받았다. 니체는 8월 중순부터 전쟁터에서 위생병으로 복무했다. 그렇다면 니체는 왜 그토록 전쟁에 참여하고 싶어 했을까?

루카치György Lukács, 1885~1971는 "니체가 청년기에 열렬한 프로이센 애국자였다는 사실"을 강조하면서 이렇게 말한다. "애국심은 그의 청년기 철학의 가장 중요한 동기들 중 하나였다. 그가 1870년~1871년 전쟁(프로이센·프랑스 전쟁)에 한사코 참여하려 했던 사실과, 바젤 대학 교수로서 그 당시 군인이 될 수 없었을 때 자원하여 의무병으로 전쟁에 참여했던 사실은 우연이나 단순한 청년의 감정으로 보아 넘길 수는 없다."[23] 이와 달리 자프란스키Rüdiger Safranski, 1945~는 니체의 철학적 관심사에서 참전의 깊은 이유를 찾으려 한다. 니체가 이 전쟁에 참여하기 직전에 〈디오니소스적 세계관〉이라는 글을 썼는데, 전쟁을 디오니소스적인 것의 분출로 보았고, 비극적이고 영웅적인 느낌을 체험하려 했다는 것이다. 끔찍한 존재의 밑바닥이 드러나는, 진실의 순간을 접해보고자 열망했다는 것이다.[24] 실제로 니체는 9월 2주 동안 서부 전선에서 위생병으로 종군하면서 시체가 즐비한 전쟁터의 모습, 사지가 잘린 채 죽어가는 사람들의 모습을 목격한다. 니체는 전사한 군인의 시체를 모으고 부상당한 군인을 옮기는 일을 하다가 이질과 디프테리아에 감염됐다. 그는 후방으로 옮겨졌고, 10월에 다시 대학으로 돌아왔다.

전후의 맥락을 살펴볼 때 니체가 전쟁에 대한 철학적 관심만 품고 참전했다고는 보기 어렵다. 그 당시 니체는 강력한 독일 민족주의자 바그너의 영향을 받고 있었다. 독일이 전쟁에 승리하기를 바라지 않았다면 니체는 굳이 대학 당국의 뜻을 꺾어가며 입대하지 않았을 것이다. 그 점을 잘 보여주는 것이 그 전쟁을 거치며 쓴 《비극의 탄생》에서 라틴적인 것, 즉 프랑스에 대항한 독일 정신의 투쟁으로 프로이센·프랑스 전쟁을 그리는 대목이다. "많은 사람들은 아마도 독일 정신이 라틴적인 것을 일소함으로써 그 투쟁을 개시해야 한다고 생각할 것이다. 독일 정신은 그러한 투쟁을 위한 외적인 준비와 격려를 이번 전쟁(프로이센·프랑스 전쟁)에서 보여준 무적의 용기와 피에 젖은 영광에서 인식할 수 있을 것이다."《비극의 탄생》, 23절 최소한 이 시기의 니체는 독일 정신 찬양자였다.

더 주독할 것은 자프란스키가 지적한 대로 전쟁이라는 참혹한 삶의 현장에 대한 니체의 열광이다. 니체는 평화의 세계가 아니라 전쟁의 세계가 존재의 본질, 삶의 진실을 더 정확히 보여준다고 생각했다. 말하자면 니체는 평화주의자라기보다는 차라리 전쟁주의자였다. 니체의 이런 태도는 평생 동안 지속됐다. 전쟁이야말로 삶의 투쟁과 삶의 고양을 직접적으로 구현하는 현장 중의 현장이었다. 니체가 당시 프로이센의 군국주의에 얼마나 깊이 호응했는지는 분명하지 않지만, 전쟁 자체에 대한 열광은 니체 고유의 것이었다. 전쟁을 찬양하고 평화를 거부하는 것이야말로 니체 철학의 본질적 특성이고, 이런 특성은 이 시기 이후 쓴 거의 모든 저술에서 관철된다. 니체의 전쟁 참여는 전쟁에 대한 기질적·철학적 열광이 당시 불던 독일 민족주의의 바람을 탄 결과인 것으로 보아야 할 것이다. 니체는 머지않아 이 독일 민족주의와 거리를 두게 되지만, 독일에 대한 애증은 상호 모순적 긴장 속에서 생애 마지막까지 지속된다.

03

비극의 탄생

"우리의 현재 세계 속에서
디오니소스적 정신이 깨어나고 있다."

Nietzsche, Friedrich Wilhelm

"예술의 발전은 아폴론적인 것과 디오니소스적인 것의 이중성과 결부돼 있다."
《비극의 탄생》, 1절

"고대의 가장 인간적인 인간들인 그리스인들은 잔인함의 특성과 호랑이 같은 파괴 충동의 특성을 지니고 있다. …… 그리스 조각가는 왜 전쟁과 투쟁들을 그토록 수없이 반복해서 형상화할 수밖에 없었으며, 또 증오나 승리의 자만심으로 긴장한 힘줄의 사지를 내뻗고 있는 인간의 육체, 몸을 굽힌 부상자, 마지막 숨을 그르렁거리며 죽어가는 자들을 조형할 수밖에 없었는가?"
'호메로스의 경쟁'

대학으로 돌아온 니체는 자신의 첫 작품을 쓰는 일에 힘을 쏟는다. 《비극의 탄생》은 "1870~1871년에 걸친 프로이센·프랑스 전쟁의 격동기 속에서"《비극의 탄생》, 1886년판 서문 '자기 비판의 시도', 1절 집필돼 1872년 1월에 출간됐다. 그리스 비극의 탄생과 몰락과 부활에 대한 탐구가 이 책의 표면상 목표다. "그러나《비극의 탄생》은 그리스 비극의 기원과 몰락에 대한 고전문헌학적 탐구를 넘어서, 음악과 비극이란 무엇이고, 진정한 아름다움이란 무엇인지에 대한 예술철학적 탐구이고, 세계의 궁극적 근거는 무엇인지에 대한 형이상학적 탐구이며, 인간이란 어떤 존재이고 인간은 어떻게 살아야 할 것인지에 대한 탐구이고, 논리적인 지성에 입각한 학문을 진리에 도달하는 유일한 길로 내세우면서 비극적인 음악과 신화를 비하하는 소크라테스와 플라톤 이래의 서양 형이상학과 이러한 형이상학에 입각한 서양 역사와의 대결이기도 하다."[1]

　《비극의 탄생》은 쇼펜하우어 철학의 세계관에 입각해 그리스 비극의 본질을 해명하고, 이어 바그너 예술을 그리스 비극의 부활로 해석하고 찬양하는 것이 핵심 내용이다. 그리하여 이 책은 그리스 문화에 대한 문헌학적 연구에서 시작해 바그너의 음악극(오페라)에 대한 지지로 끝난다. 당시 니체의 두 영웅 바그너·쇼펜하우어의 견해가 지배하고 있는 것이《비극의 탄생》이다. 그런 만큼 이 책은 니체 고유의 신선한 통찰이 논리의 비약, 해석의 과잉과 뒤섞여 있다. 그런 이유로 이 책은 뒤에 격렬한 비판과 뜨거운 찬사를 동시에 받게 된다. 특히 문헌학적 엄격성에서 이 책은 결함을 품고 있었으며, 이 때문에 니체는 이 책의 발간 이후 문헌학자로서 심각한 명성의 손상을 입는다.

아폴론적인 것과 디오니소스적인 것

니체의 첫 책의 가장 핵심적인 개념이 '아폴론적인 것'과 '디오니소스적인 것'이라는 쌍개념인데, 이 쌍개념은 《비극의 탄생》을 통해 유명해져서, 인류의 문화를 해석하는 개념적 도구로 널리 사용되게 된다. 《비극의 탄생》은 이 쌍개념을 소개하는 것으로 시작한다.

> 예술의 발전은 아폴론적인 것과 디오니소스적인 것의 이중성과 결부돼 있다. 《비극의 탄생》, 1절

니체는 이 쌍개념에 관한 자신의 최초 구상을 1870년 여름 프로이센·프랑스 전쟁에 참가하기 직전에 쓴 글 〈디오니소스적 세계관〉에서 내보였다. 그러나 아폴론적인 것과 디오니소스적인 것의 아이디어를 먼저 제시한 사람은 니체가 아니라 바그너였다.* 바그너는 1849년에

---

* 엄밀히 말하면 바그너가 '디오니소스적인 것과 아폴론적인 것'의 최초 주창자인 것은 아니다. 그 아이디어를 처음 낸 사람을 찾으려면 철학자 프리드리히 셸링(Friedrich Wilhelm Joseph von Schelling, 1775~1854)에게까지 거슬러 올라가야 한다. "그(셸링)에 의하면 아폴론은 형식과 질서를, 그리고 디오니소스는 모든 형식을 폭발시키는, 명정(酩酊)의 창조를 위한 충동을 본성으로 하는 신이다." 셸링의 이 개념이 헤겔에게 이어지고 다시 바그너에게까지 전달되었다.[2]

창조적 힘의 지배를 상징하는 아폴론

파리에서 집필한《예술과 혁명》의 도입부에서 그리스 비극이 아폴론적인 것과 디오니소스적인 것의 융합을 통해 출현했다고 썼다. 다만 바그너는 그렇게 주장하는 데서 그쳤고 그 주장을 더 발전시키지 않았다.[3] 니체는 바그너와의 대화에서 이 아이디어를 얻었음이 분명하다. '리하르트 바그너에게 바치는'《비극의 탄생》초판 서문에서 그는 이렇게 밝힌다.

> 당신은 아마도 겨울철 눈 속의 저녁 산책에서 돌아온 후, 책 표지에 그려진 쇠사슬에서 풀려난 프로메테우스를 보고, 내 이름을 읽고, 이 책에 무엇이 쓰여 있든 간에 저자는 무엇인가 진지하고 절실한 것을 말하고자 했다는 사실을 즉각 확신하게 될 것이며, 동시에 저자가 생각해 낸 모든 것은 마치 당신과 서로 면전에 있는 것처럼 대화하면서 오로지 이 대화에서 비롯되는 것만을 적었다고 확신하게 될 것입니다.
>
> 《비극의 탄생》, '리하르트 바그너에게 바치는 서문'

《비극의 탄생》에서 디오니소스적인 것이 '통제되지 않은 폭발적인 창조적 힘'을 가리킨다면, '아폴론적인 것'은 그것을 지배하는 힘을 가리킨다. "니체는 아폴론적인 것이라는 용어를 태양과 같은 밝음, 이러한 밝음 아래서 모든 사람들이 드러내는 균형, 절도, 질서, 명료한 형태, 그리고 국가의 도덕이나 법률, 아름다운 가상 및 이러한 아름다운 가상을 형성하는 예술적 능력을 상징하는 용어로 쓰고 있다. …… (반면에) 니체는 디오니소스적인 것이라는 용어를 아폴론적인 밝음과 절도에 대비되는 밤의 어둠과 심연, 혼돈 그리고 아폴론적인 평정에 대비되는 끊임없이 유동하고 변화하는 생명력, 포도주가 상징하는 것처럼 모든 사물들이 아폴론적인 개성과 차별과 구별을 극복하고 혼연일체가 되는 도취와 황홀경의 상태, 사지가 갈기갈기 찢기는 죽음을 극복하고 부활하는 강인한 생명력을 상징하는 용어로 쓰고 있다."[4] 니체는 이 두 가지 원리가 결합해 그리스 비극 작품을 만들어냈다고 말한다.

> 서로 성격을 완전히 달리하는 이 두 종류의 충동들은 대체로 공공연히 대립하면서 서로가 항상 새롭고 한층 힘 있는 탄생물들을 낳도록 자극하면서 평행선을 이루며 나아간다. 이러한 탄생물들 속에서 저 대립의 투쟁은 영원히 계속되며, '예술'이라는 공통의 단어가 이러한 대립을 단지 외견상으로만 연결시켜줄 뿐이다. 그 두 충동들은 그리스적인 '의지'의 어떤 형이상학적인 기적을 통해서 결국에는 서로 짝을 맺게 되며, 이러한 결혼을 통해서 최종적으로 아폴론적이면서도 디오니소스적이기도 한 아티카 비극 작품이 산출되는 것이다. 《비극의 탄생》, 1절

니체가 디오니소스의 이미지를 빌려온 디오니소스 신화에는 두 종류의 판본이 있다. 첫 번째 판본에서 디오니소스는 신들의 왕 제우스와 테베의 창설자 카드모스의 딸 세멜레 사이에서 태어난 신이다. 세멜레가 디오니소스를 임신하고 있을 때 제우스의 아내인 여신 헤라는 늙은 유모의 모습으로 변장해 세멜레를 찾아갔다. 헤라는 세멜레를 꾀어 아이 아버지가 진짜 제우스인지 의심하게 만들었다. 세멜레는 제우스가 찾아오면 헤라와의 결혼식 때의 모습을 그대로 보여달라고 하라는 여신의 부추김에 넘어간다. 세멜레는 제우스가 찾아오자 소원이 있으니 꼭 들어달라고 부탁을 하고 제우스는 어떤 소원이라도 들어주겠다고 약속한다. 세멜레의 소원을 들은 제우스는 약속을 취소할 수 없어 번개의 모습으로 나타나고 세멜레는 그 자리에서 타버리고 말았다. 그러자 제우스는 세멜레의 뱃속에서 아이를 꺼내 자신의 넓적

통제되지 않은 폭발적인 창조적 힘을 상징하는 디오니소스

다리에 넣어 키운다. 달이 차자 아이는 아버지의 넓적다리를 뚫고 세상에 나왔다. 이 아이가 바로 디오니소스다. 제우스는 헤라가 눈치 채지 못하도록 디오니소스를 니사의 님프들에게 맡겼다. 디오니소스는 니사에서 자라면서 포도 재배법과 포도주 제조법을 알아냈다. 디오니소스라는 이름은 '니사의 제우스'를 뜻한다고 한다. 그러나 헤라는 디오니소스를 찾아내 미치광이로 만들고, 미친 디오니소스는 여러 나라를 방랑한다. 제우스의 어머니 레아가 디오니소스의 광기를 치료해주었다.

다른 판본에서 디오니소스는 세멜레의 아들이 아니라 페르세포네(혹은 데메테르)의 아들이다. 페르세포네와 뱀의 모습으로 둔갑한 제우스 사이에서 태어난 아들이 자그레우스인데, 제우스는 자그레우스에게 세계의 지배를 맡기려고 했다. 그러나 헤라의 사주를 받은 티탄들이 자그레우스를 잡아 여덟 조각으로 갈기갈기 찢어 삼켜버린다. 다행히 심장이 남았는데, 제우스가 그 심장을 가져가서 삼킨 다음 세멜레를 만나 세멜레를 통해 자그레우스를 다시 태어나게 했다. 자그레우스는 '영혼의 사냥꾼'을 뜻하며, 디오니소스의 별명 가운데 하나다. 이렇게 죽었다가 소생하는 디오니소스는 대지가 겨울에는 활동을 멈추었다가 봄에 살아난다는 믿음을 반영한다. 디오니소스는 풍요와 수확을 관장하는 신이며, 생명력, 피, 포도주, 물, 정액 따위를 상징한다. 따라서 디오니소스는 특히 농부들의 사랑을 받았다. 디오니소스 축제는 사람들을 도취와 환각 상태로 이끌었으며 극도의 환희와 고통의 극단적인 긴장 상태로 끌어들였다. 이 제사에는 여성과 노예도 참가했다. 아리스토텔레스Aristoteles, B.C.384~B.C.322는 《시학》에서 그리스 비극이 디오니소스 축제에서 비롯했다고 말한다. 배우들은 산양의 뿔, 긴 귀, 꼬리를 지닌 사티로스와 실레노스로 분장하여, 도취한 디오니소스를 동행하는 배역을 맡았다. 비극을 뜻하는 그리스어 트라고디아

tragodia는 산양을 찬양하는 노래를 뜻하며, 디오니소스 축제에서 디오니소스에게 바치는 합창 찬가(디티람보스)가 비극의 기원이라고 한다.[5]

니체는 이 두 번째 판본의 신화에 특히 마음이 끌렸다. 《비극의 탄생》에서 묘사하는 디오니소스는 이 '영혼의 사냥꾼' 자그레우스다. "디오니소스는 소년 시절, 거인들에 의해서 갈기갈기 찢기었고 이렇게 찢긴 상태로 자그레우스로 숭배받게 된다."《비극의 탄생》, 10절 디오니소스의 이 이미지, 찢김과 다시 태어남, 파괴와 재생의 이미지는 후기로 갈수록 니체 사상에서 비중이 커지고 의미심장해지며, 또 성격이 변한다. 즉 단순히 비극의 기원이 되는 도취와 황홀경의 신에서, 영원히 돌아오는 생의 긍정을 상징하는 신이 된다. 말년의 메모에서 니체는 이렇게 쓴다. "갈기갈기 찢긴 디오니소스는 삶에 대한 약속이다. 그것은 영원히 다시 태어날 것이고 영원히 파괴로부터 되돌아올 것이다."
《권력의지》, 1052절

디오니소스와 소크라테스의 대결

여기서 디오니소스적인 것과 아폴론적인 것은 명백히 쇼펜하우어의 '의지'와 '표상'에 대응한다. 세계의 본질인 맹목적 의지가 디오니소스적인 것이라면, 그 의지가 드러난 현상인 '표상'은 아폴론적인 것이다. 니체는 《비극의 탄생》에서 《의지와 표상으로서의 세계》의 한 구절을 인용한다. "태산과 같은 파도를 올렸다 내리면서 사방으로 끝없이 펼쳐진 채 포효하는 광란의 바다 위에 뱃사람 하나가 자신이 탄 보잘 것없는 조각배를 믿고 의지하면서 그것 안에 앉아 있는 것처럼, 고통의 세계 한가운데에 인간 개개인은 개별화의 원리를 믿고 의지하면서

고요히 앉아 있다."《비극의 탄생》, 1절[6]

이때 이 '개별화의 원리'가 세계의 본질인 의지를 개별적인 현상으로, 곧 '표상'으로 나타나게 하는 원리이다. 니체는 이러한 원리에 대응하는 것을 아폴론적인 것이라 부르고, 그것의 본체에 해당하는 맹목적인 의지를 디오니소스적인 것이라고 명명한다. 디오니소스적인 것과 아폴론적인 것은 각각 의지와 표상, 본질과 현상, 진리와 가상에 상응한다.[7]

그리고 그리스 비극 자체로 보면 디오니소스적인 것은 합창대의 노래, 즉 음악에 해당하고 아폴론적인 것은 등장인물들의 대화, 즉 연극에 해당한다. 니체는 여기서 음악, 곧 디오니소스적인 것이 본질적인 것이고, 그 본질을 예술로 성립시켜주는 아폴론적 형식이 연극이라고 말한다. "음악은 세계의 본래적인 이념이며, 연극은 이 이념의 반영, 즉 그것의 개별화된 그림자에 지나지 않는다."《비극의 탄생》, 21절 이 둘 사이의 균형에서 그리스 비극이 꽃피었다고 니체는 말한다.* 아이스킬로스와 소포클레스의 비극이 니체가 생각한 최고의 비극이었다.

《비극의 탄생》의 첫 번째 주제가 아폴론적인 것과 디오니소스적인 것의 만남이라면, 두 번째 주제는 디오니소스적인 것과 소크라테스적인 것의 대결이다. 니체의 설명을 따르면, 이 둘의 대결은 다른 한쪽

---

* 이런 식으로 디오니소스적인 것과 아폴론적인 것의 균형 속에서 그리스 비극이 꽃피었다는 《비극의 탄생》의 인식을 뒷날 니체는 격렬하게 부정하고 비판하게 된다. 그는 《이 사람을 보라》에서 이렇게 자기비판을 감행한다. "불쾌한 헤겔적 냄새가 풍기고 몇 가지 정식들은 쇼펜하우어의 시체 썩는 냄새와 숙명적으로 연관되어 있다. 거기서는 하나의 이념이 – 디오니소스적인 것과 아폴론적인 것이라는 대립이 – 형이상학적인 것으로 옮겨졌다. 역사 자체가 이 이념의 전개 과정이며 비극에서 그 대립이 통일로 지양된다."《이 사람을 보라》, '비극의 탄생', 1절

의 파멸로 끝났다. 다시 말해 디오니소스적인 것이 죽고 소크라테스적인 것이 승리했다. 니체는 디오니소스적인 것의 죽음과 함께 비극이 몰락했다고 말한다. "그것은 풀 수 없는 갈등 끝에 자살로 생을 마감했다. 그것은 비극적으로 죽은 것이다." 《비극의 탄생》, 11절

그 자살을 이끈 사람으로 니체가 지목하는 대상이 그리스 3대 비극작가 가운데 막내인 에우리피데스Euripides, ?B.C.484~?B.C.406다. 니체는 "저 근원적이고 전능한 디오니소스적 요소를 비극으로부터 제거하고 비극을 순수하면서도 새롭게 비디오니소스적인 예술, 관습과 세계관 위에 건립하는 것"《비극의 탄생》, 12절이 에우리피데스의 목표였다고 말한다. 그리고 이 에우리피데스의 정신을 지배하고 있는 것이 소크라테스다.

> 디오니소스는 이미 비극 무대로부터 쫓겨났고, 그것도 에우리피데스를 통해 말하는 악마적인 어떤 힘에 의해 쫓겨났다. 에우리피데스조차도 어떤 의미에서는 하나의 가면에 지나지 않았다. 그를 통해서 말하고 있는 신은 디오니소스가 아니었으며 아폴론도 아니었다. 그것은 새로 태어난 마신, 소크라테스였다. 이것은 디오니소스와 소크라테스의 대립이라는 새로운 대립이다. 그리스 비극 작품은 이러한 대립으로 인해 몰락했다.
> 《비극의 탄생》, 12절

니체는 비극의 본질을 디오니소스적인 것, 곧 본능적이고 도취적이고 무의식적인 에너지로 본다.* 이 본능적 에너지를 제압하고 그 열기를 식히고 그리하여 힘을 빼앗아 버린 소크라테스적인 것이란 무엇인가? 한마디로 말해 그것은 이론이고 논리이고 지식이다. 소크라테스는 세계의 어떤 비밀도 논리를 통해 파악 가능하다고 보는 사람이다. 그 앞에는 비의도 없고 기밀도 없다.

소크라테스라는 인물을 통해서 처음으로 세상에 나타나게 된 의미심장한 '망상'이 존재한다. 이러한 망상은 사유가 인과율의 실마리를 따라서 존재의 가장 깊은 심연에까지 도달하고 존재를 인식할 수 있을 뿐 아니라 수정할 수도 있다는 저 확고한 믿음이다. …… 그는 학문이라는 저 본능의 손에 이끌려 살 수 있었을 뿐만 아니라 죽을 수도 있었던 최초의 사람으로 우리에게 나타난다. 따라서 '죽음에 임한 소크라테스'의 모습은 지식과 논거에 의해서 죽음의 공포에서 벗어난 인간의 모습으로서 학문의 입구에 걸려 누구에게나 학문의 사명을 상기하게 만드는 표장인 것이다. 《비극의 탄생》, 15절

이 이론적 인간이 심연을 파헤치는 논리의 힘으로 디오니소스적인 힘을 죽였다는 것이다. 니체의 이런 진단은 비판의 뉘앙스를 강하게 풍기고 있는데, 니체가 보기에 그 소크라테스적 인식주의가 니체 당대 세계의 보편적인 이념이 되었으며, 그리하여 '삶에 대한 본능적 힘'을 약화시키고 있기 때문이다. 창백하고 힘없는 이론적 인간, 곧 학

---

* 비극의 본질이 디오니소스적인 것에 있다는 니체는 설명은 합창을 비극의 중심으로 설정하는 발상이다. 그러나 김상봉은 니체의 이런 비극관을 정면으로 반박한다. 그는 그리스 비극의 본령은 합창이 아니라 격렬한 견해의 대립을 표출하는 대화에 있다고 본다. "니체는 디오니소스 찬가로부터 비극이 유래했다 해서 마치 합창이 비극에서 본질적인 구성 요소이고 대화는 이물질과도 같은 것처럼 취급했습니다만, 아무리 비극 경연 대회가 디오니소스 제전에서 유래한 것이라고 하더라도 만약 합창이 대화에 의해 보완되지 않았더라면 아테네에서 비극 같은 것은 결코 생겨날 수 없었을 것입니다."[8] "합창은 이런 깨어 있는 대화와 토론의 과정 위에서 마지막으로 찍히는 화룡점정입니다. 그것은 니체가 말했듯이 도취 상태에서 개별자의 한계를 초월한 상태를 표현하는 것이지만, 그것은 결코 전체 속에서의 단순한 자기 상실이 아닙니다. 그것은 우리가 술 취한 상태에서 이성의 마비에 힘입어 막연하게 젖어드는 일체감이 아니라, 날카로운 로고스의 가시덤불을 통과해서만 도달할 수 있는 친밀하고 아름다운 공감의 동산입니다."[9]

자가 근대 세계 인간 유형의 대표자가 되고 말았다는 것이 니체의 진단이다. 이런 인간 유형의 출발점에 있는 존재가 소크라테스다. 니체는 소크라테스를 "세계사적 전환점"이라고 부르면서, 소크라테스주의가 끼친 영향을 다음과 같이 묘사한다.

> 학문의 사제, 소크라테스가 죽은 후 철학의 여러 학파들이 밀려왔다 밀려가는 물결처럼 차례로 교체되어 갔다. 지식욕은 전혀 예상할 수 없었을 정도로 보편적인 것이 되어서 학문은 교양 세계의 광대한 영역에서 높은 능력을 갖춘 모든 사람들에게 본연의 과제로 간주되어 드높은 대양으로 이끌려갔으며 그 후 이 대양에서 다시는 완전히 추방되는 일이 없었다. 그리고 지식욕이 이렇게 보편적인 것이 됨으로써, 사상이라는 공동의 그물망이 온 지구 위에 펼쳐지게 되었고 더 나아가 태양계 전체의 작용 법칙까지도 통찰할 수 있게 되었다. 《비극의 탄생》, 15절

> 우리의 근대 세계 전체는 알렉산드리아적 문화의 그물 속에 사로잡혀 있어서 최고의 인식 능력을 갖추고 학문을 위해서 일하는 이론적 인간을 이상으로 여긴다. 이 이론적 인간의 원형과 시초가 소크라테스다. 우리의 모든 교육 수단은 근본적으로 모두 이 이상을 목표로 하고 있다. 《비극의 탄생》, 18절

> 근대인은 말하자면 영원히 굶주린 자이고 환희도 힘도 없는 '비평가'이며, 결국은 도서관 사서이고 교정자이며, 책 먼지와 활자의 오식으로 눈이 멀게 된 알렉산드리아적 인간인 것이다. 《비극의 탄생》, 18절

바그너, 디오니소스적인 것의 부활

음악 정신을 이해하지 못하는 논리 정신, 음악 정신의 그 도취적 흥에 찬물을 끼얹어버리는 차가운 앎의 의지, 바로 이런 소크라테스주의가 에우리피데스를 통해 디오니소스적인 것의 목을 졸랐고 결국엔 그리스 비극을 죽여버렸다고 니체는 보는 것이다. "비극이 음악 정신으로부터만 탄생될 수 있었던 것처럼 음악 정신이 소멸할 때 비극도 몰락한다."《비극의 탄생》, 16절 그렇다면 이렇게 자살로 마감한 그리스 비극은 이제 지상에서 영원히 소생 가능성을 잃어버린 것인가.《비극의 탄생》의 세 번째 주제는 바로 이 물음에 대한 니체의 응답이다. 요컨대, 니체는 여기서 바로 바그너의 음악극이 그리스 비극 정신을 부활시켰다는 주장을 편다. 그리고 바로 이것이 이 책을 쓴 가장 근본적인 이유였다. 그리스 비극의 삶과 죽음을 설명하는 논리를 통해 바그너 예술을 정당화하고 선전하는 것이 니체의 의도 가운데 하나였던 것이다. 니체가 그렇게 바그너 음악을 옹호할 수 있었던 것은 그 음악이 근대의 소크라테스적 문화의 대척점에서 그 문화를 극복하고 새로운 비전을 제시할 수 있으리라 믿었기 때문이다. 그리하여 《비극의 탄생》에서 니체는 당당하게 다음과 같이 선언한다.

> 우리의 현재 세계 속에서 …… 디오니소스적 정신이 점차 깨어나고 있다는 사실을 보증하는 가장 확실한 조짐이 보일 때 우리 마음속에 얼마나 희망이 샘솟겠는가! …… 독일 정신의 디오니소스적 기반으로부터 하나의 힘이 솟아올랐다. 이 힘은 소크라테스적 문화의 근본 조건과는 아무런 공통점을 갖고 있지 않으며 소크라테스 문화에 의해서 설명할 수도 변호할 수도 없다. 오히려 그것은 소크라테스 문화에 의해서

두렵고 설명할 수 없는 것으로, 압도적이고 적대적인 것으로 받아들여진다. 그 힘이란 독일 음악이다. 그리고 그것은 특히 바흐로부터 베토벤, 베토벤으로부터 바그너에게로 태양처럼 강력하게 운행하는 독일 음악이다. 인식을 갈망하는 우리 시대의 소크라테스주의가 아무리 유리한 입장에 있더라도 이 한없이 깊은 곳으로부터 솟아오르는 다이몬(마신)에 어떻게 대처할 수 있을 것인가? 《비극의 탄생》, 19절

니체는 《비극의 탄생》에서 이렇게 명백하고도 직접적으로 바그너 음악에 그리스 비극의 광휘를 씌운다. 니체는 바그너의 음악극을 통해서 독일 정신이 깨어 일어나고 또 디오니소스적인 힘이 승리하기를 바랐다. "어느 날 독일 정신은 거대한 수면을 취한 후의 상쾌한 아침에 자신이 깨어나 있음을 발견하게 될 것이다. 그때 그는 용을 퇴치하고 간악한 난쟁이들을 섬멸한 후 브룬힐트(바그너의 〈니벨룽의 반지〉 여자 주인공)를 잠에서 깨울 것이다. 그러면 보탄의 창도 그의 길을 막을 수 없을 것이다." 《비극의 탄생》, 24절

삶의 비극성을 견디는 의지의 힘

니체는 《비극의 탄생》 전편에 걸쳐 "삶과 세계는 미학적 현상으로서만 영원히 정당화된다"라는 문장을 두 번 반복한다. 이 문장이야말로 니체가 이 첫 저작에서 진정으로, 진심으로 하고 싶었던 말이었음을 이 반복에서 짐작할 수 있다. 그 문장은 무엇을 의미하는가. 삶은 근원적으로 비극적이며 그 비극성을 견딜 수단은 예술밖에 없다는 인식이다. 왜 삶은 본래적으로 비극적인가. 니체는 아이스킬로스의 비극

〈결박당한 프로메테우스〉에 대해 이야기함으로써 그런 질문에 대한 하나의 답변을 간접적으로 제시한다. 아이스킬로스의 프로메테우스는 영웅이긴 하지만 단순히 거대한 고난을 극복하고 위대한 업적을 이뤄냈다는 식의 전형적인 영웅은 아니다. 프로메테우스는 신의 세계에서 불을 훔쳐내 인류에게 전해줌으로써 신의 세계를 모독한다. 그 때문에 인류는 온갖 괴로움과 비참함을 감수해야 하지만, 아이스킬로스는 이 행위를 인간 욕망의 본성에서 유래하는 필연적인 재앙으로서 또 필연적인 벌로서 받아들이고 거기서 생긴 인간의 커다란 고뇌를 인정한다. 거기에 아이스킬로스 비극의 독자성이 있다.[10]

신들의 세계에서 불을 훔침으로써 인간에게 막대한 이익을 가져다준 동시에 끔찍한 갈등과 재해를 야기한 프로메테우스야말로 인간 삶의 비극성에 관한 니체적 인식의 가장 뚜렷한 모델이다. 삶이란 고통과 죽음과 온갖 종류의 잔인함의 지배를 받는다. 그런데도 니체는 삶의 이런 끔찍한 운명을 부정하지도 거부하지도 않는다. 운명을 긍정할 수밖에 없다. 왜냐하면 삶을 끔찍함, 잔인함으로 인식하게 만드는 그 가혹한 조건들 속에서 삶의 온갖 긍정적인 것들이 자라고 꽃피기 때문이다. 그런 모순의 결합태가 바로 우리의 삶이며, 삶에 대한 그런 인식이 비극적 인식이다.

그렇다면 비극으로서의 삶을 어떻게 견딜 수 있을까? 이 질문에 대해 니체는 바로 "삶과 세계는 미학적 현상으로서만 정당화된다"라고 답하는 것이다. 괴로움과 잔인함 속에서 그 괴로움과 잔인함을 통해 인간이 예술을 창조하고 향유한다는 것, 그리고 그런 미적 창조와 향유가 있기 때문에 삶은 살 만한 것이 된다는 인식인 것이다. 이 시기 니체는 이렇게 예술만이 삶을 구원한다는 생각에 깊이 빠져 있었다. 그러나 바그너와 결별한 뒤로 니체는 이런 예술 구원론적인 생각에서

서서히 벗어나게 된다. 니체는 예술의 자리에 삶 자체를 놓게 된다. 삶은 삶 자체로 정당하다. 굳이 예술이라는 베일을 빌릴 필요가 없다. 나중에 니체는 그렇게 생각을 바꾸게 된다.

니체는 《비극의 탄생》이라는 건물을 쇼펜하우어의 사상을 주춧돌로 삼아 세웠다. 그러나 그렇게 쇼펜하우어 사상에 젖어 있을 때조차 결론은 쇼펜하우어와 달랐다. 쇼펜하우어는 의지야말로 온갖 고통과 갈등의 원흉이므로 이 의지를 부정하고 극복하는 성자의 삶을 살아야 한다고 말한다. 그러면 삶도 세계도 무無로 드러날 것인데, 그것이 인간이 도달할 수 있는 최상의 경지라는 것이 쇼펜하우어의 생각이다. 쇼펜하우어는 《의지와 표상으로서의 세계》의 결론에서 다음과 같이 말한다.

우리들 앞에 남는 것은 말할 것도 없이 무無뿐이다. 그러나 이러한 무로 융해되는 것에 저항하는 우리의 본성이야말로 바로 생에 대한 의지이고, 이 의지가 우리 자신이며 우리의 세계다. 우리가 이렇게 심하게 무를 두려워하는 것은, 우리가 그만큼 생을 의욕하고, 또 우리가 이 의지에 불과하며, 이 의지 외에는 아무것도 모른다는 것을 다르게 표현한 것에 지나지 않는다. 그러나 우리 자신의 궁핍과 속박으로부터 눈을 돌려 세계를 초극한 사람들을 바라보자. …… 이러한 사람들이 우리들에게 나타내는 것은 …… 모든 이성보다 높은 평화, 대양과 같은 완전히 고요한 마음, 깊은 평정, 부동의 확신과 명랑함인데, 이것이 라파엘로Raffaello Sanzio, 1483~1520나 코레조Correggio, 1494~1534가 그린 얼굴에 반영된 것만으로도 완전하고 확실한 복음인 것이다. 거기에는 인식만 남아 있고 의지는 사라지고 없다.[11]

이렇게 끊임없이 의지의 부정과 의지의 소멸을 주장하는 쇼펜하우어를 니체는 정반대로 뒤집는다. 니체는 의지를 부정하지 않을 뿐만 아니라 의지를 적극적으로 시인하고 긍정한다. 니체는 쇼펜하우어의 가장 충직한 제자일 때조차도 쇼펜하우어 철학의 결론을 받아들이지는 않았다. 니체는 《비극의 탄생》을 쇼펜하우어의 개념과 노선을 따라 기술했지만, 쇼펜하우어의 의지 부정만큼은 단호하게 거부했다. 온갖 고통과 시련 속에서도 의지하기를 포기하지 않고 오히려 그런 가혹한 삶의 조건 속에서 삶의 욕망을 찬양하는 것, 니체는 그런 삶의 태도를 그리스 비극 정신이라고 보는 것이다. 그리고 이 비극은 초판본의 제목(《음악 정신으로부터 비극의 탄생》)대로 '음악 정신으로부터' 태어났다. 음악 정신이란 디오니소스적 정신이다. 아무리 혹독한 고통도 디오니소스를 죽이지 못한다. 죽음을 견디고 디오니소스가 부활하듯이, 그리스 비극 속에 담긴 그리스의 정신은 그렇게 삶을 의욕하고 삶을 찬양한다고 니체는 보는 것이다.

그리고 이런 인식은 니체 당대까지 지배력을 행사했던 그리스 문화 연구자 요한 빙켈만 Johann Joachim Winckelmann, 1717~1768의 그리스관, 다시 말해 '명랑한 그리스' 이미지를 뒤엎는 것이었다. 고귀한 단순함과 온화한 위대함의 시대, 평온한 휴머니즘의 시대, 명랑성이 지배하는 밝은 시대라는 빙켈만적 그리스관*이 그 시대에 대한 아주 커다란 오해의 결과임을 니체는 《비극의 탄생》에서 지적한다. 니체는 그리스인들이 삶의 고통을 예민하게 느끼고 있었으며, 그런 만큼 낙천주의적이기보다는 염세주의적이었다고 본다. 니체는 자신의 생각을 뒷받침하는 사례로 그리스 신화의 '실레노스의 가르침'을 끌어들인다. 미다스 왕이 디오니소스의 시종인 현자 실레노스에게 인간에게 가장 좋은 것이 무엇인지 집요하게 물어보자 실레노스는 마지못해 이렇게 대답한다.

> 하루살이 같은 가련한 족속이여, 우연과 고난의 자식들이여, 그대는 왜 듣지 않는 것이 그대에게 가장 이로운 것을 나에게 말하도록 강요하는가? 가장 좋은 것은 그대에게는 불가능한 것이다. 그것은 태어나지 않는 것이며 존재하지 않는 것이고 무로 존재하는 것이다. 그러나 그대에게 차선의 것이 있다면 그것은 일찍 죽는 것이다. 《비극의 탄생》, 3절

니체는 그리스 비극이 그 시대에 널리 퍼져 있던 이런 염세주의와 싸워 이겨낸 데서 생겨난 것으로 보고 있다. 다시 말해 그리스 비극은 그리스인들이 뼈저리게 절감하던 삶의 잔혹함, 무상함, 어두움과의

---

* 요한 요아힘 빙켈만은 베를린 서쪽 도시인 슈텐달에서 가난한 구두 수선공의 아들로 태어났다. 젊은 시절 큰 고난을 여러 차례 겪었지만 무한한 열정과 정열로 극복하였고, 그리스 문화를 부활시켜 18세기를 '인문주의 혁명의 시대'로 이끈 사람이었다.[12] 빙켈만의 첫 작품은 〈모방-화가와 건축가의 기술에서 그리스 작품들의 모방에 대한 생각〉이었는데, 여기서 모방(미메시스)이라는 주요 문제를 다루었다. "1755년에 발표된 이 작은 팸플릿에서 우리는 탐구자·선각자, 그리고 특히 언어의 대가로서 빙켈만의 면모를 살필 수 있다. …… 그는 산문을 마치 시인처럼 썼다."[13] 모방에 대한 그의 설명에는 그의 특징을 잘 보여주는 다음과 같은 아름다운 구절들이 담겨 있다. "우리가 위대해지는, 진실로 가능하다면, 불멸의 존재가 되는 유일한 길은 고대를 모방하는 것이다."[14] 빙켈만은 그리스인에 대해서 기념비가 될 간단명료한 문장을 만들어냈다. "그리스 조각상들의 고귀한 순박함과 온화한 위대함은 그리스의 문학이 최고의 시대에 도달했다는 것을 입증하는 진정한 표지이다."[15] 그가 불러낸 '고귀한 순박함과 온화한 위대함'의 그리스는 오랜 기간 그리스 세계를 규정하는 가장 권위 있는 문장이 되었다. 요한 고트프리트 폰 헤르더(Johann Gottfried von Herder, 1744~1803)는 베를린 학술원의 현상 당선 논문 〈언어의 기원에 대하여〉(1769)에서 빙켈만의 〈모방〉을 "아마도 영혼을 매우 풍요롭게 하는 책, …… 그리고 향기로 가득 찬 청춘이 넘쳐나는 책"이라고 극찬하였다.[16] 그러나 괴테보다 더 빙켈만을 격찬한 사람은 없었다. 그는 1805년에 쓴 기념 논설들의 제목을 '빙켈만과 그의 세기'라고 지었다. 18세기는 여러 측면에서 위대한 세기였는데 괴테에게는 빙켈만의 세기였다.[17] 니체는 이렇게 18세기 이래 독일인의 관념을 지배했던 빙켈만의 '밝은' 그리스관을 《비극의 탄생》에서 비판하고 '잔인하고 어두운' 그리스관을 제시한다.

대결이었던 것이다. 니체가 그리스 비극에서 염세주의와의 싸움에 얼마나 큰 의미를 두고 있는지는 1886년 펴낸 《비극의 탄생》 새 판에 붙인 새로운 제목에서 드러난다. 1886년 판에서 니체는 《비극의 탄생 또는 그리스 문명과 염세주의》라고 제목을 바꾼 것이다. 그리스인들은 단순히 명랑한 낙천주의자들이어서 비극을 만든 것이 아니었고, 반대로 이 세계를 사납고 무서운 것으로 인식했으며 그런 세계에 맞서 싸우는 과정에서 비극 예술을 창조했다는 것이다.

잔인성과 야수성의 옹호자

《비극의 탄생》을 구상하고 집필하던 시절에 니체는 많은 분량의 강연 원고와 강의 노트, 또 발표하지 않은 원고와 메모를 남겼다. 그리하여 공식적으로 출간된 《비극의 탄생》에서는 자제하며 억눌렀던 생각들을 출간하지 않은 이 원고들에서는 훨씬 더 직접적이고 솔직하게 드러냈다. 이 글들에서 니체는 잔인함과 야수성을 긍정하고, 전쟁을 찬양하고, 노예 제도를 옹호하고, 대중을 경멸하고, 민주주의를 불신하는 자신의 주장을 되풀이했다. 그가 보기에 민주주의는 천재성과 창조성의 적이었다. 인류가 위대한 천재를 탄생시키고 위대한 문화를 창조하려면, 민주주의를 거부하고 노예 제도를 유지해야 한다고 니체는 생각했다. 후기에 공식 출판물에서 큰 목소리로 외치게 될 명제들의 원형을 니체는 이 시기의 글들에서 대담하게 써내고 있었다.

《비극의 탄생》에서 드러난 대로 니체는 이 시기의 다른 글에서도 빙켈만의 '명랑한 그리스'를 부정하고 '잔인하고 야수적인 그리스'를 내세웠다. 그리스 문화의 그 모든 성취는 그들의 잔인성과 야수성에 뿌리를 내리고 있다는 것이 니체의 가장 기본적인 인식이었다. 잔혹성과 파괴성이 승화될 때 거기서 진정한 문화가 꽃핀다고 니체는 주장했다. 이 시기에 니체가 인류의 최상의 목표로 생각한 것은 문화의 융성, 문화의 창조였다. 니체는 〈쓰지 않은 다섯 권의 책에 대한 다섯 개의 머리말〉이란 글을 써 1872년 겨울 크리스마스 때 코지마 바그너에게 보냈는데, 그 글 가운데 〈호메로스의 경쟁〉은 그리스인의 잔인함에 대한 니체의 관심을 그대로 보여준다.

> 고대의 가장 인간적인 인간들인 그리스인들은 잔인함의 특성과 호랑이 같은 파괴 충동의 특성을 지니고 있다. …… 그러나 이 특성은 …… 현대적 인간성이라는 유약한 개념을 가지고 그들과 맞서는 우리를 공포 속으로 몰아넣을 수밖에 없다. …… 그리스 조각가는 왜 전쟁과 투쟁들을 그토록 수없이 반복해서 형상화할 수밖에 없었으며, 또 증오나 승리의 자만심으로 긴장한 힘줄의 사지를 내뻗고 있는 인간의 육체, 몸을 굽힌 부상자, 마지막 숨을 그르렁거리며 죽어가는 자들을 조형할 수밖에 없었는가? 〈니체 전집 3 유고(1870~1873)〉, '호메로스의 경쟁', 331쪽

이어 니체는 그리스 최고의 서사시 〈일리아스〉에서 호메로스가 묘사한 잔인하기 이를 데 없는 살육 현장에 그리스 세계가 왜 환호성을 지르는지 묻는다. 아킬레우스가 트로이아의 왕자 헥토르를 죽인 뒤 주검을 전차로 끌고 다니며 모욕하는 〈일리아스〉의 저 유명한 장면을 떠오려보라.

> 그(아킬레우스)는 두 발의 뒤쪽 힘줄을 뒤꿈치에서 복사뼈까지 뚫고 / 그 사이로 소가죽 끈을 꿰어서 헥토르를 전차에 매달아 / 머리가 뒤에

서 끌려오도록 해놓았다. 그런 다음 그는 / 이름난 무구들을 전차 위에 올려놓고 자신도 올라 채찍을 / 휘두르며 말들을 모니 말들도 마다지 않고 나는 듯이 달렸다. / 헥토르가 끌려가자 그 주위에서는 먼지가 일고, 그의 검푸른 / 머리털은 양쪽으로 흘러내려 전에는 그토록 곱던 그의 머리가 / 온통 먼지투성이가 되었으니, 제우스가 이제 그를 적군에게 / 내주어 그 자신의 고향 땅에서 그를 모욕하게 했기 때문이다. / 이처럼 헥토르의 머리는 온통 먼지투성이가 되었다. / 그의 어머니는 그러한 아들을 보자 머리털을 쥐어뜯고 / 번쩍이는 면사포를 멀리 벗어던지며 큰 소리로 통곡했다.[18]

니체는 그리스 문화의 그런 잔인함 속에서, 그 잔인함에 대한 속죄로서 고귀한 문화가 발생했다고 말한다. "이 짓누르는 분위기 속에서 투쟁은 행복이며 구원이다. 승리의 잔혹함은 삶의 환호의 정점이다. 그리스적 권리의 개념이 사실은 살인과 살인에 대한 속죄에서 발생했던 것처럼 고귀한 문화는 첫 번째 승리의 월계관을 살인에 대한 속죄의 제물을 바치는 제단으로부터 받는다."《니체 전집 3 유고 (1870~1873)》, '호메로스의 경쟁', 332쪽

그리스인들은 잔혹하고 야만적이며 약탈을 일삼았다. 그런데도 그들은 고대 민족 중에서 가장 인간적인 민족이 되었으며, 철학과 과학과 비극을 발명한 민족이 되었고, 최초의 가장 세련된 유럽 민족이 되었다. 어떻게 그럴 수 있었을까?[19] 니체의 의문은 이와 같은 것이다. 니체는 헤시오도스Hesiodos의 〈노동과 나날〉의 이야기에 주목한다. 기원전 8세기 말의 고대 그리스 서사시인 헤시오도스는 〈노동과 나날〉 첫머리에서 두 명의 '불화의 여신(에리스)'을 소개한다.

불화는 한 종류만 있는 것이 아니라 지상에는 / 두 종류가 있소. 그중 하나는 알고 보면 칭찬받겠지만 다른 하나는 비난받아 마땅하니, 둘은 기질이 다르오. / 그중 하나는 잔인하게도 사악한 전쟁과 다툼을 늘리니 / 어느 누구도 그녀를 좋아하지 않소. 그러나 사람들은 / 어쩔 수 없이 불사신들의 뜻에 따라 격렬한 불화에 경의를 표하지요. / 그러나 다른 하나는 …… 인간들에게 큰 이익이 되게 하셨소. / 그런 불화는 게으른 사람도 일하도록 부추긴다오. / …… 저도 부자가 되려고 이웃끼리 서로 경쟁하기 때문이오. / 그래서 이런 불화는 인간들에게 유익하다오. / 그리하여 도공은 도공에게, 목수는 목수에게 화내고, / 거지는 거지를, 가인은 가인을 시샘하는 것이라오.[20]

니체는 이 두 번째 불화의 여신이 그리스 사회의 작동 원리를 가리킨다고 말한다. 시기심과 이기심을 그리스는 상승과 발전의 동력으로 삼았다. "모든 재능은 싸우면서 만개해야 한다. 이렇게 그리스의 국민교육은 지시한다. 반면 현대의 교육자들은 그 어떤 것보다 이른바 명예욕이 폭발하는 것에 대한 두려움에 가득 차 있다. 여기서 사람들은 이기심을 '악 자체'로 두려워한다."《니체 전집 3 유고(1870~1873)》, '호메로스의 경쟁', 337쪽

니체는 이렇게 말하면서 두 번째 불화의 여신뿐만 아니라, 첫 번째 잔인한 전쟁의 여신까지도 용인하는 듯한 태도를 보인다. 시기심이나 경쟁심뿐만 아니라 증오심과 파괴욕도 그리스 문화의 깊숙한 곳에서 꿈틀거렸다. 〈쓰지 않은 다섯 권의 책에 대한 다섯 개의 머리말〉 속의 다른 글 〈그리스 국가〉에서 니체는 그리스 국가들의 전쟁 충동을 결코 부정적으로 보지 않는다.

그리스인들에게는 이 (정치적) 충동이 과다하게 충만해 있어, 그것은 거듭해서 자기 자신에 대해 격분하기 시작하고 이빨로 자신의 살을 물어뜯는다. 도시 국가들 간의, 또 정당들 간의 피비린내 나는 질투, 작은 전쟁들의 살인적인 탐욕, 패배한 적의 시체 위에서 구가한 표범 같은 승리, 즉 끊임없이 재현되는 트로이아의 투쟁과 공포스러운 장면들, 이러한 광경을 넋을 놓고 흐뭇하게 바라보면서 그리스인 호메로스가 우리 앞에 서 있다. …… 그리스 국가의 이처럼 천진한 야만성은 무엇을 의미하는가? 영원한 정의의 법정에서 어떻게 자신의 용서를 구할 수 있는가? 국가는 당당하고 조용하게 이 법정으로 나선다. 그리고 그는 찬란하게 피어나는 여인, 즉 그리스 사회를 손에 이끌고 나온다. 바로 이 헬레나를 위해 국가는 저 전쟁들을 치렀다.

《니체 전집 3 유고(1870~1873)》, '그리스 국가', 318쪽

여기서 니체가 '헬레나'라는 비유로 뜻하는 것이 '문화를 창조한 그리스'다. 문화를 창조할 수 있다면, 국가들 사이의 질투도 전쟁도 살육도 용인된다고 니체는 말하는 것이다. 니체는 그런 자신을 두고 "사람들은 내가 종종 부르는 전쟁 찬가를 좋게 봐주어야 할 것이다"《니체 전집 3 유고(1870~1873)》, '그리스 국가', 321쪽라고까지 서슴없이 말한다. 주기적인 화산 폭발로 대지가 새로운 영양분을 얻는 그런 파괴적인 변화가 문화 유지에 반드시 필요하다고 니체는 믿는다. 이러한 이유에서 새로운 문화를 창조하는 '전쟁 수호신'의 힘을 니체는 긍정적으로 받아들인다.[21]

"문화를 창조하려면 노예제가 필요하다"

니체는 위험한 주장을 계속한다. 〈그리스 국가〉에서 그는 명백하게 노예제가 필요하다고 단언한다. 착취할 수 있고 일을 시킬 수 있는 인간 계층, 곧 노예 계급이 없다면, 높은 수준의 문화를 만들어낼 수 없다. 왜냐하면 문화는 노동의 산물이 아니라 여가의 산물, 여유의 산물이기 때문이다. 따라서 누군가가 문화를 창조하려면, 다른 누군가는 대신 일을 전담해주어야 한다. 니체는 이것이 잔인하지만 어쩔 수 없는 진실이라고 말한다.

> 예술이 발전할 수 있는 넓고 깊고 비옥한 땅이 있으려면, 엄청난 다수는 소수를 위해 종사해야만 하고, 자신들의 개인적인 욕구의 정도를 넘어서, 삶의 노고에 노예처럼 예속되어 있어야 한다. 저 특권 계급은 이 다수의 희생과 잉여 노동을 딛고 실존 투쟁에서 벗어나서 이제 새로운 욕구의 세계를 생산하고 만족시켜야 하는 것이다. …… 이에 따라 우리는 문화의 본질에는 노예 제도가 속해 있다는 사실을 잔인하게 들리는 진리로 평가하는 것을 이해해야 한다. …… 이 진리는 프로메테우스적 문화 후원자의 간을 갉아먹는 독수리다.
>
> 《니체 전집 3 유고(1870~1873)》, '그리스 국가', 313쪽

문화를 창조하려면 노예 계급이 필수 불가결하다는 인식을 니체는 주저하지 않고 현대 세계에 그대로 적용한다. 바로 이런 과감함 혹은 과격함에 니체 고유의 특징이 있다. 니체는 노동의 존엄이니 인간의 존엄이니 하는 말은 모두 헛소리일 뿐이라고 단호하게 부정한다. 니체는 사태를 냉정하게 인식할 것을 요구한다. 노예가 쓸데없는 지식

으로 자신의 불행한 처지를 인식하게 되어 봐야 좋을 것 없는데, 그런 처지를 알게 된 노예는 '노동의 존엄' 같은 감언이설을 꾸며내 스스로 위로한다는 것이다. 또 니체는 노동 운동가나 사회주의자들을 노예들의 불행한 자기 인식으로 이끈 사람들로 지목해 비난한다.

> 노예의 무구한 상태를 인식의 나무의 과실을 통해 파괴해버린 불길한 유혹자들! 이제 이 노예는 속이 훤히 들여다보이는 거짓말로, 이른바 '만인의 동등한 권한' 또는 '인간의 기본권' '인간으로서 인간의 권리' 또는 '노동의 존엄'처럼, 예리한 시선을 가진 사람이라면 누구나 알아차릴 수 있는 거짓말로 하루하루를 이어가야 한다.
>
> 《니체 전집 3 유고(1870~1873)》, '그리스 국가', 311쪽

> 모든 순간은 바로 앞서 지나간 순간을 삼켜버리며, 모든 탄생은 헤아릴 수 없는 존재들의 죽음이다. 생식, 생명과 살인은 하나다. 그러므로 우리는 찬란한 문화를, 피에 흠뻑 젖은 승자, 즉 패자들을 노예로 (잡아) 자신의 마차에 묶어 끌고 오면서 개선 행진을 하는 승자와 비교해도 좋을 것이다. 자비를 베푸는 권력에 눈먼 노예들은 마차 바퀴에 밟혀 거의 으스러지면서도 '노동의 존엄!', '인간의 존엄!'이라고 외쳐댄다.
>
> 《니체 전집 3 유고(1870~1873)》, '그리스 국가', 314쪽

이렇게 말하는 니체의 목소리에는 어떤 잔인한 분위기가 짙게 깔려 있다. 일상의 생활에서 세련된 신사, 상냥한 남자, 온화한 교수였던 니체는 이렇게 글 속에서 야수성을 드러내기 시작한다. 이제 막 얼굴을 내민 야수는 "만약 그리스인들이 노예 제도로 말미암아 멸망했다는 사실이 참이라면, 우리가 노예 제도의 결여 때문에 멸망하게 되리

라는 또 다른 사실은 훨씬 더 확실하다"《니체 전집 3 유고(1870~1873)》, '그리스 국가', 315쪽고 나직이 으르렁거린다. 그런 으르렁거림이《비극의 탄생》안에서도 아주 우아하지만 명확한 문장으로 나타나 있음을 확인할 수 있다.

> 사람들은 알렉산드리아적 문화가 지속적으로 존재하기 위해서는 노예 계급이 필요하다는 사실을 알아야 한다. 그러나 이 문화는 낙천주의적 인생관 때문에 노예 계급의 필요성을 부정한다. 이 때문에 '인간의 존엄'이라든가 '노동의 신성함'과 같은 아름다운 유혹적인 문구와 위로의 문구의 효과가 소진되었을 때 이 문화는 점차 무서운 파멸을 향해 치닫게 된다. 자신의 처지를 부당한 것으로 보는 것을 배우게 되고 자신을 위해서뿐만 아니라 자손만대를 위해서 복수하려고 하는 야만적인 노예 계급보다 더 무서운 것은 없다. 《비극의 탄생》, 18절

이 구절을 쓸 무렵 니체는 1871년 3월부터 두 달 동안 계속된 파리 노동자 봉기, 즉 '파리 코뮌' 소식을 들었다. 그해 5월 신문은 파리의 노동자들이 폭동을 일으켜 루브르 박물관을 강탈하고 파괴했다는 소식을 전했다. 니체는 경악했다. 그러나 이 소식은 오보였고, 실제로는 튈르리 궁전에 단지 한 건의 방화 사건이 있었을 뿐이었다. 그러나 노동자에 대한 편견에 사로잡혀 있던 니체는 이 오보를 그대로 사실로 믿고 이 사건이 다가올 야만적 봉기의 선봉이라고 보았다. 니체는 바젤의 시의원인 빌헬름 비셔빌핑거에게 보낸 편지에 이렇게 썼다.

> 며칠 전의 소식이 끔찍해서 정신을 차릴 수 없었습니다. 이러한 반문화적인 사건을 대하면서 든 생각인데, 우리 지식인은 과연 어떤 존재일

까요? 얼마나 그들은 단세포적인지요! …… 어느 불행한 날 하루 동안에 한 시기의 중요한 문화적 기록물들이 모두 재로 변하는 이때에 이러한 직업에 과연 어떤 의미가 있을까요? 내 생애 최악의 날들이었습니다.

1871년 5월 27일

니체는 노동자 계급을 현대의 노예 계급으로 보았다. 그는 노동자 계급에 대한 관용이나 동정에 반대했다. "당시에 바젤에서 하루 노동 시간이 12시간에서 11~10시간으로 줄었는데, 니체는 이러한 노동 시간 단축에 반대했다. 그리고 역시 바젤에서 열두 살 이상이면 매일 10~11시간의 노동이 공식적으로 허용되었는데 니체는 이러한 어린이 노동에 찬성했다. 그는 또한 노동자들을 교육시키는 단체에 반대했다."[22]

이런 말을 들으면 니체가 동정심 없는 매우 몰인정한 사람인 것처럼 느껴진다. 그러나 실제의 니체는 동정심에서 헤어나지 못하는 사람이었다. "그는 자신이 원했던 것과는 반대로 가슴이 따뜻한 천재였으며, 동정하지 않고는 견딜 수 없는 사람이었으며, 이런 그의 동정심은 그의 천성과 본능에 속하는 것이었다."[23] 그는 자신의 예민한 동정심 때문에 고통받았다. 그는 날씨에 예민한 만큼 사람에게도 예민했다.[24] 지나치게 동정심이 많았기 때문에 자신의 철학 안에서 동정심을 극단적으로 거부하고 부정했던 것이지도 모른다. 그러나 그렇다 하더라도 그의 철학을 문자 그대로 읽으면 그 잔인함 때문에 얼굴을 돌리고 싶어진다. 그리고 한 사람의 철학은 우선은 주장하는 바 그대로 이해해야 한다. 니체가 동정심을 부정한 것은 그런 나약한 감정이 인간의 문화 창조를 방해한다고 보았기 때문이다. 니체는 자신의 성격을 거슬러서, 자신의 성격과 정반대되는 명제를 제출했던 것이다.

민주주의에 반대한 사람

동정심을 부정했던 것만큼이나 니체는 민주주의에 대해서도 부정적이었다. 니체는 민주주의를 증오하고 혐오했다. 니체가 그렇게 민주주의를 부정한 이유는 무엇일까. 민주주의란 만인 평등의 정신이다. 당연히 노예 제도를 거부해야 하고 인간의 위계 서열에 반대해야 한다. 니체는 그런 민주주의 정신이 문화 창조의 토대를 허물어뜨린다고 보았다.

1886년 《비극의 탄생》 재판 서문 '자기비판의 시도'에서 니체는 이 책의 초판을 쓸 무렵의 독일을 회상하면서 "바로 얼마 전까지만 해도, 유럽을 지배하려는 의지, 유럽을 지도할 수 있는 힘을 지녔던 독일 정신이 궁극적이고 최종적으로 그 지위에서 물러나 제국 건설이라는 화려한 구실 아래 범용화와 민주주의 그리고 '근대적 이념들'로 이행해 가버린 그 시기"《비극의 탄생》, '자기비판의 시도', 6절라고 쓰는데, 여기서 명백히 드러나는 것이 '범용화'와 '민주주의'를 다른 '근대적 이념들'과 묶어 비판하고 있다는 사실이다. 니체는 철학자로서 출발선에 섰던 시절부터 생애 최후의 시기까지 변함없이 민주주의에 반대했으며, 뒤로 갈수록 더욱 확신에 차서 민주주의를 비판했다. 니체가 민주주의에 반대했던 것은 민주주의가 인간을 범용화하고 질을 떨어뜨린다고 보았기 때문이다. 니체의 귀족주의는 민주주의 원리를 받아들일 수 없었다. 마찬가지로 니체는 이 귀족주의적 태도로 대중을 경멸했다. 대중이란 민주주의를 구성하는 범용한 다수를 가리키는바, 그런 다수는 창조적 소수를 위해 봉사하는 것만을 자신의 사명으로 알아야 한다. 니체는 《비극의 탄생》에 이어 쓰게 되는 《반시대적 고찰》에서 대중에 대해 이렇게 독설을 뿜었다.

대중은 세 가지 관점에서만 주목할 가치가 있다고 나는 생각한다. 첫째, 나쁜 종이 위에 낡은 건판으로 제작된, 위인들의 희미한 복사본으로서, 둘째, 위대한 인물에 대한 저항으로서, 마지막으로 위대한 인물의 도구로서 가치가 있다. 그 외에 대중 따위는 악마와 통계학에 주어 버려라! 뭐라고, 통계학이 역사에 법칙이 있다는 것을 증명한다고? 법칙을? 그렇다, 통계학은 대중이 얼마나 비속하며 얼마나 구역질 날 정도로 획일적인가를 증명하고 있다. 도대체 여러 가지 중력, 우둔, 흉내, 애착, 공복 따위의 작용을 법칙이라고 불러야 하는 걸까?

《반시대적 고찰》, 제2부 '삶에 대한 역사의 공과', 9절

이렇게 니체의 반민주주의는 당대의 흐름을 거스르는 반시대적 성격을 띠고 있었다. 그렇다면 니체의 민주주의 비판을 어떻게 이해해야 할까. 니체는 대중의 대척점에 천재를 놓았다. 그에게 중요한 것은 천재의 탄생이었고, 문화의 창조였다. 대중을 옹호하고 대중을 떠받들고 대중이 주인이 되는 민주주의라는 제도는 이 천재의 탄생을 방해하고 문화 창조를 훼방 놓을 뿐이라고 니체는 생각했다. 니체는 천재 숭배적인 생각을 《비극의 탄생》 출간 직후 행한 공개 강연 〈우리 교육기관의 미래에 관하여〉에서 가공의 늙은 철학자의 입을 빌려 이렇게 밝혔다.

다시 말하건대 대중을 교육하는 것이 우리 목표가 아니라네. 선발된 개인, 위대하고 영원한 일에 적합한 사람들을 위한 교육이 우리의 목표지. 우리는 이제 후세가 공평하다면 한 민족의 전체 교육 수준을 오로지 저 위대한, 고독하게 글을 쓰는, 시대의 영웅들을 보고 평가할 것이며, 이런 사람들이 인식되고 장려되고 존중받는가, 아니면 숨겨지고 부

당하게 취급받고 파괴되는가에 따라 자신들의 찬반 표를 던질 것이라는 것을 알고 있네. …… 천재가 나타난다는 것, 그가 한 국민 가운데서 갑자기 등장한다는 것, 그가 마치 이 국민이 지닌 모든 고유한 힘이 반사한 영상이며 짙은 색채의 유희라는 것, 그리고 그가 한 민족에게 주어진 최고의 사명을 한 개인의 비유적 본질을 통해, 그리고 영원한 업적을 통해 알려준다는 것, 천재는 이 모든 일을, 그가 한 민족의 교육이라는 모태 안에서 양분을 섭취하며 성장할 경우, 해낼 수 있는 것이지.

《니체 전집 3 유고 (1870~1873)》, '우리 교육기관의 미래에 대하여 III', 230~232쪽

이렇게 니체는 철학자로서 첫발을 내디디면서 명확한 목소리로 민주주의에 반대했고, 그것을 시대 비판의 중요한 거점으로 삼았다. 그런 태도는 분명히 시대의 흐름을 거스르는 것이었다. 니체 자신이 그런 사실을 알고 있었다. 민주주의 정신에 충실한 눈으로 보면 니체는 외면하고 싶을 정도로 노골적인 귀족주의자이고 천재 숭배자이며 대중 혐오자이다. 그러나 민주주의에 대한 믿음을 전제하지 않고, 민주주의 자체를 비판적으로 검토해볼 용기를 품고서 이 이념을 조사해보면, 니체의 비판에 아주 근거가 없는 것은 아님을 느낄 수 있다. 확실히 민주주의는 범용성의 지배, 평범성의 범람을 막지 못한다. 이 사회는 차라리 그런 현상을 당연한 것으로 안다. 따라서 니체의 민주주의 비판, 귀족주의 옹호를 처음부터 부정하기만 할 일은 아니다. 니체가 민주주의에 왜 그토록 집요하게 반대했는지 찬찬히 짚어보고 꼼꼼히 따져봐야 한다. 민주주의 반대자 니체의 사상은 민주주의자에게는 하나의 도전이다. 그것도 아주 강력한 도전이다. 이 도전을 견뎌내고 이겨낼 때만 민주주의는 한층 견고하고도 풍부한 것이 될 것이다.

04

Friedrich Nietzsche

반시대적 고찰

"너의 진정한 본질은 네 위로 측량할 수 없이 높은 곳에 있다."

Nietzsche, Friedrich Wilhelm

"진리는 환상이다. 진리는 마멸되어 감각적 힘을 잃어버린 비유라는 사실을 우리가 망각해버린 그런 환상들이며, 그림이 사라질 정도로 표면이 닳아버려 더는 동전이기보다는 그저 쇠붙이로만 여겨지는 그런 동전이다."
'비도덕적 의미에서의 진리와 거짓에 관하여'

"인습의 윤리로 인해 자기 자신을 상실하는 것보다는 약한 일에서조차 정직한 것이 훨씬 낫다. 자유로운 인간은 선하게도 악하게도 될 수 있지만 자유롭지 못한 인간은 자연의 수치이며 천상의 위로도 지상의 위로도 얻지 못한다."
《반시대적 고찰》, 제4부 '바이로이트의 리하르트 바그너', 11절

1870년 9월 7일 디프테리아와 이질로 쓰러진 니체는 프로이센·프랑스 전선에서 물러나 나움부르크의 집에서 한 달 남짓 요양을 한 뒤 10월 말 바젤로 복귀했다. 위생병에서 학자로 돌아온 니체는 전쟁터에서 구상했던 《비극의 탄생》의 원고를 쓰는 데 정신을 쏟았다. 그러나 니체의 마음은 자꾸 대학 강단 밖으로 향했다. 니체는 친구 에르빈 로데에게 보낸 편지에서 대학 강의가 '멍에'라는 이야기를 자주했으며, 이 굴레를 벗어던지자고 제안했다. 니체는 따분하고 협애한 문헌학 연구가 아니라 강렬하고 생생한 삶을 원했다. 문자를 통한 사유가 아니라 행동을 통한 체험을 원했다. 그는 로데에게 보낸 편지에서 이렇게 말했다.

> 언젠가 우리는 이 멍에를 벗어던지게 될걸세. 나 자신은 이 문제에 대해 매우 확고하네. …… 강력한 행동을 취함으로써 지금과 같은 열렬한 동경에서 벗어나지 않는다면 그것이야말로 수치일 것이네. …… 쇼펜하우어의 철저하게 근본적인 통찰대로 대학에서는 진리가 가능하지 않아.
> 1870년 12월 15일

전쟁의 체험이 준 자극, 그리고 다른 모든 것에 앞서 특히 바그너의 거대한 예술적 성취가 불러일으킨 야심으로 니체는 개미집처럼 답답한 문헌학 연구에서 벗어나 삶 자체와 맞붙어 진정한 창조적 작업을 해보고 싶다는 열망에 들떴다. 그러나 처음 바젤로 오던 때의 그 망설임, 새로운 모험에 뛰어들고 싶다는 마음과 교수직이 주는 이익을 누리고 싶다는 마음 사이의 망설임이 니체를 붙잡고 있었다. 니체는《비극의 탄생》을 쓰는 것으로 창조 열망을 달랬다.

《비극의 탄생》 출간, 영광과 패배

1870년 철학 교수 구스타프 타이크뮐러가 바젤 대학을 떠나게 되면서 철학과에 빈 자리가 생겼다. 니체는 그 자리에 지원했다. 대신 친구 로데를 자기 뒤를 잇는 문헌학 교수로 추천했다. 니체는 1871년 1월 뷔셔 교수에게 낸 지원서에서 지원 이유를 소상하게 밝혔다. 니체의 당시 마음을 엿볼 수 있는 기록이다.

나를 초·중등학교 시절과 대학의 학창 시절 이래로 알고 있는 사람들은 내게 철학적인 취향이 어느 것보다도 뚜렷했다는 것을 결코 의심하지 않습니다. 더욱이 문헌학 수학 시절에도 나의 마음을 유독 사로잡았던 것은 철학사에 관한 것이거나 윤리·미학적 문제에서 중요한 것들이었습니다. …… 내가 문헌학을 공부하고 있던 동안 나는 철학과 깊은 접촉을 유지하는 데서 결코 지칠 줄을 몰랐습니다. 즉 나의 중요 관심사는 항상 철학적인 물음의 편에 놓여 있었는데, 많은 사람들이 이것을 보증하여 줄 수 있을 것입니다. …… 내가 대학에 진학하여 처음부터 철학을 전공하지 않은 것은 다만 하나의 우연에 불과했습니다. 즉

니체가 교수 생활을 한 바젤 대학교

내게는 뛰어난 그리고 참된 자극을 줄 만한 철학 담당 은사가 없었던 것입니다.[1]

인용한 글에 나온 대로, 니체는 철학과 관련된 정규 교육 과정을 밟은 적이 없었다. 게다가 니체는 대학의 보수적 강단에서는 환영받지 못한 쇼펜하우어 철학에 빠져 있었다. 니체는 전과에 성공하지 못했고, 로데를 데려오지도 못했다.

이렇게 니체는 고전문헌학 교수로서 그리 만족스럽지 못한 생활을 했지만, 바깥에서 보기에는 아무도 따라오지 못할 정도로 눈부신 성공을 거두고 있었다. 바젤 대학에 정외 교수로 부임한 니체는 1년 뒤에 정교수가 됐다. 니체의 명성은 널리 알려져 독일 북부의 유서 깊은 그라이프스발트 대학의 초빙을 받기도 했다. 니체가 이 초빙을 거절하자 바젤 대학은 감사의 뜻으로 봉급을 3,000프랑에서 4,000프랑으로 올려주었다. "대학교수가 재직 중에 바랄 수 있는 모든 것을 니체는 20대 중반에 거의 다 성취했다. 그는 존경받는 젊은 학자였으며, 그의 말과 판단을 사람들은 진지하게 받아들였다."[2] 1872년에 학자로서 니체의 영광은 절정에 이르렀다.《비극의 탄생》을 출간해 '철학자 니체'의 소신을 공식적으로 세상에 알렸으며, 그해 1월부터 5월 사이에 다섯 번에 걸쳐 바젤 시민들에게 '우리 교육기관의 미래에 대하여'라는 제목으로 강연을 했다. 이 강연에서 니체는 "오늘날 대학의 자유라는 이름으로 찬양받는 것과 상반되는 것, 곧 순종, 종속, 훈육, 예속과 더불어 모든 교육이 시작된다"고 강조하고 "위대한 지도자에게 추종자가 필요한 것처럼, 지도받아야 할 사람들 또한 지도자가 필요하다"고 목소리를 높였다.《니체 전집 3 유고(1870~1873)》, '우리 교육기관의 미래에 대하여 V', 289쪽 사뭇 권위주의적이고 반자유주의적인 주장이었다. 어쨌든 강연은 대성공이었다. 바젤 시민들은 이 강연에 깊은 만족감을 나타냈다.

그러나 여기가 정점이었다. 성공에 뒤이어 곧바로 시련의 시간이 닥쳐왔다.《비극의 탄생》에 대한 고전문헌학계의 비판이 터져 나왔다. 고대 그리스 비극이 소크라테스의 지성주의로 인해 사멸했다가 바그너 음악으로 부활했다는《비극의 탄생》의 기본 주장은 고전문헌학의 학문적 엄밀성에 비추어보면 엉뚱하다 싶을 정도로 파격적인 주장이었다. 게다가 니체는《비극의 탄생》에서 당시 프리드리히 리츨의 경쟁자이자 리츨과 쌍벽을 이루던 고전문헌학자 오토 얀을 매우 신랄한 어조로 비판했는데, 그 발언의 강도가 지나치다 싶을 정도로 셌다. 얀을 직접 거명하는 문제 대목을 인용하면 다음과 같다.

독일 정신의 디오니소스적 기반으로부터 하나의 힘이 솟아올랐다. 이 힘은 소크라테스적 문화의 근본 조건과는 아무런 공통점이 없으며, 소크라테스 문화로는 설명할 수도 변호할 수도 없다. …… 요즘 우리의 미학자들이 자신들한테만 통하는 아름다움이라는 잠자리채로, 그들 앞에서 이해할 수 없는 생명을 갖고 움직이고 있는 음악의 정령을 때려잡으려고 뛰어다니는 꼴은 얼마나 가관인가! 그들의 그러한 모습은 영원한 아름다움, 숭고함과는 거리가 멀다. 음악 애호가들이 지치지 않고, '아름다움이여! 아름다움이여!' 외치고 있을 때 한번 그들에게 가까이 다가가서 자세히 살펴보라. 그 경우 그들이 아름다움의 품 안에서 곱게 자라난 자연의 총아처럼 보이는지, 아니면 그들이 오히려 자신의 조잡함을 숨기기 위해 기만적인 형식을 찾고 자신의 빈곤하고 냉랭한 감수성을 감추기 위해 미학적 변명을 찾고 있는 것은 아닌지를. 이런 사람의 예로서 나는 오토 얀이 떠오른다. 그러나 독일 음악 앞에서는 그러한 사기꾼, 위선자도 조심할지 모른다. 왜냐하면 우리의 문화 전체에서 음악이야말로 유일하게 순수하고 맑으며 정화시키는 불의 정신이기 때문이다.

《비극의 탄생》, 19절

이렇게 당대에 존경받던 고전문헌학자를 "사기꾼, 위선자"라고 몰아붙였던 것인데, 니체는 자신의 스승 리츨이 얀과 불화를 겪었던 터라 이런 비방을 오히려 수긍할 것이라고 예상했던 것인지,《비극의 탄생》이 나오자 곧바로 스승에게 책을 한 부 보냈다. 그러나 리츨은 니체를 옹호하기는커녕 책을 읽고 일기장에 "니체의 저서《비극의 탄생》=기지 넘치는 술주정"이라고 냉정하게 쓰고는, 답장도 보내지 않았다.[3] 니체는 스승이 아무런 반응이 없자 1872년 1월 30일 편지를 보내, 그의 소견을 듣지 못한 데 대해 섭섭함을 나타냈다. 리츨은 2월

14일에 답장을 보냈다. 편지는 정중했지만, 견해는 확고했다. 그는 이 책이 학술적이지 않고 아마추어적이라고 반박했다.⁴

더 결정적인 반박은 몇 달 뒤 다른 곳에서 나왔다. 1872년 6월 젊은 고전문헌학자 울리히 폰 빌라모비츠묄렌도르프Emmo Friedrich Richard Ulrich von Wilamowitz-Moellendorff, 1848~1931가 〈미래의 문헌학! 프리드리히 니체의 '비극의 탄생'에 대한 반박〉이란 제목의 긴 평문을 발표했다. 뒷날 고전문헌학계의 중심인물이 될, 당시 스물네 살의 빌라모비츠묄렌도르프는 니체의 모교인 슐포르타를 나와 베를린 대학에서 학위를 받은 직후였다. 빌라모비츠묄렌도르프의 스승은 얀이었다. 그러므로 그의 니체 비판은 모욕당한 스승을 대신해 니체의 불경과 교만을 규탄하는 것이기도 했다. 이 반박문에서 그는 활기차고 단호하게 고전문헌학을 변호하고, 니체의 문헌학 지식이 부정확하다고 비판했다. 니체가 고전문헌학 분야의 최근 연구를 모르고 있다는 주장까지 했다.⁵ 빌라모비츠묄렌도르프의 비판은 니체의 지나치게 오만하고 주관적인 저서의 허점을 찔렀다. 니체를 대신해 친구 로데가 이 글에 대해 반박문을 쓰고, 빌라모비츠묄렌도프르가 재반박을 하면서 논쟁이 좀 더 지속됐지만, 고전문헌학계의 분위기로만 보면 니체의 패배가 분명했다. 1873년에 쓴 재반박문에서 빌라모비츠묄렌도프르는 이렇게 니체를 조롱했다. "N(니체) 씨는 입을 열기만 하면 늘 티르소스(디오니소스 신의 지팡이)를 잡는다. 그는 인도에서 그리스까지 모든 분야를 섭렵한다. 하지만 그는 강단에서 내려와야만 할 것이다. 왜냐하면 그가 불러 모은 것은 문헌학을 전공하는 독일의 젊은이들이 아니라 호랑이와 표범들이기 때문이다."⁶

바그너와 바그너 추종자들은 니체의 저서를 높이 평가했지만, 니체는 하루아침에 고전문헌학자로서 명성을 잃는다. 니체는 1872년 11월 바그너에게 편지를 보내 이 사태가 그에게 어떤 결과를 가져왔는지 보고했다.

> 저는 정말이지 최근에 일어난 수많은 일에 대해 낙담할 이유가 없습니다. 왜냐하면 저는 진실로 용기와 희망을 북돋아주는 우정이라는 태양계 안에서 살고 있기 때문입니다. 그렇지만 지금 저를 매우 당혹스럽게 만드는 한 가지 문제가 있습니다. 겨울 학기가 시작되었지만, 저의 강의를 듣는 학생이 단 한 명도 없습니다! 우리의 문헌학 전공자들은 출석하지 않았습니다! …… 이 사실은 아주 쉽게 설명할 수 있습니다. 저는 갑자기 저의 동료들 사이에서 좋지 않은 평가를 얻게 되었고, 그 때문에 우리의 작은 대학은 고통을 받고 있습니다! …… 지난 학기까지는 문헌학 전공자들의 수가 꾸준히 증가하는 추세였습니다. 그런데 지금은 그들 모두가 갑자기 사라져버린 것 같습니다! **1872년 11월 중순**

1872년 겨울 학기 동안 단 하나의 문헌학 강좌만 열렸으며, 그것도 두 명의 문헌학 비전공자를 대상으로 한 것이었다. 사태가 진정 국면에 접어들자 1873년 여름 학기부터 학생들이 돌아오기 시작했지만, 문헌학자로서 한 번 꺾인 명성은 복원되지 못했다. 디오니소스의 발견자로서 자신을 의기양양하게 알리려 했던 니체는 독일 학계의 차가운 반응에 깊이 마음이 상했다.

"그는 자신의 주장이 야기한 사회적인 부담을 져야 했을 때 갑자기 심각해진다. 특히 학자 세계로부터의 소외는 그가 '죽을 것 같다'고 느낄 정도로 힘든 부담이었다. 바젤 대학 강단에 서는 것이 부담스럽게 느껴지기 시작하고 그는 병이 든다."[7] 그러잖아도 병약했던 니체는 이 사태를 계기로 하여 급속히 건강을 잃었다. 이때 이후로 그의 발병은 점점 더 빈번해지고 점점 더 심각해진다.

동시에 이때 이후로 독일 학계는 니체의 모든 저작을 침묵과 외면으로 대하게 된다. 그런 냉담한 태도의 지속에 니체는 자존심에 커다란 상처를 입는다. 이런 상심과 고통은 그대로 독일의 학계와 문화에 대한 반감으로 이어졌다. 독일 지식 사회의 인정을 받지 못한 니체는 그 상실감과 박탈감을 독일 학계, 독일 문화계, 나아가 독일 자체에 대한 반대와 거부와 공격으로 달래게 된다. 니체의 반발은 갈수록 심해지고 제어할 수 없을 정도로 격렬해진다. 니체 내부의 과격한 기질에서 터져 나오는 독일 문화의 본질에 대한 잔인하고도 집요한 규탄이 결국 니체 철학의 심원한 통찰로 이어지게 된다. 독일 지식 세계를 향한 인정 투쟁이 마침내 독일 자체를 꿰뚫고 저 깊은 인식의 심층에 도달할 수 있도록 해준 것이다.

시대 비판가의 탄생

지식계의 거부에 부딪힌 니체는 자신의 뜻을 굽히지 않고, 오히려 더욱 강경한 태도로 자신의 생각을 밀고 나아간다. 소크라테스적 지성주의를 부정하고 디오니소스적 삶의 에너지를 긍정하는 니체는 이제 '인식'이나 '진리' 같은 근대 학문의 가장 기초적인 범주 자체를 의심의 대상으로 삼기 시작한다. 1872년에 쓴 에세이 〈비도덕적 의미에서의 진리와 거짓에 관하여〉에서 니체는 '인간의 인식'이 얼마나 소박하고 불완전하고 근거 없는 것인지 비유를 들어 설명했다.

수많은 태양계에서 쏟아부은 별들로 반짝거리는 우주의 외딴 곳에

별이 하나 있었습니다. 그 별에서 어떤 영리한 동물들이 '인식'이라는 것을 발명했습니다. 그것은 '세계사'에서 가장 의기충천하고도 가장 기만적인 순간이었습니다. 그렇지만 그것도 한순간일 뿐이었습니다. 자연이 몇 번 숨 쉬고 난 뒤 그 별은 꺼져갔고 영리한 동물들도 멸망할 수밖에 없었습니다. ─ 우리는 이렇게 하나의 우화를 지어낼 수 있을 것이다. 그러나 그것만으로는 인간의 지식이라는 것이 얼마나 불완전하고 어둡고 단순하고 허망하고 자의적인지 충분히 나타나지 않는다. 인간이 존재하지 않았던 영겁의 시간이 있었다. 또 인간의 존재가 다시 끝난다고 하더라도 아무런 일도 일어나지 않을 것이다. 왜냐하면 인간의 지성은 인간의 생명을 넘어서는 어떤 사명도 가지고 있지 않기 때문이다.

《니체 전집 3 유고(1870~1873)》, '비도덕적 의미에서의 진리와 거짓에 관하여', 1절, 443쪽

인식이란 인간을 초월한 가치를 지니지 않는다. 인식은 결코 영원한 것이 아니다. 인식은 삶을 위해 발명된 것일 뿐이다. 니체는 인식에 대한 맹목적인 집착 혹은 신앙이 어리석은 것임을 이렇게 보여주면서, 인식보다 중요한 것은 삶이라고 암시한다. 인식을 위해 삶이 훼손된다면 무슨 의미가 있겠는가. 삶을 보호하고 확장하고 충일하게 할 수 있다면 '올바른 인식' 따위는 던져버릴 수도 있다는 발상이 여기에 깔려 있다.

니체는 이 글에서 '진리'를 부정하는 발언도 한다. 영원한 진리, 절대적 진리라는 것은 없다는 니체의 주장은 뒷날 20세기 철학, 특히 탈근대철학에 커다란 영향을 준다. 이 에세이에서 니체는 '진리'에 관해 이렇게 말한다.

그렇다면 진리란 무엇인가? 유동적인 한 무리의 비유, 환유, 의인관

들이다. …… 진리는 환상이다. 진리는 마멸되어 감각적 힘을 잃어버린 비유라는 사실을 우리가 망각해버린 그런 환상들이며, 그림이 사라질 정도로 표면이 닳아버려 더는 동전이기보다는 그저 쇠붙이로만 여겨지는 그런 동전이다.

《니체 전집 3 유고(1870~1873)》, '비도덕적 의미에서의 진리와 거짓에 관하여', 1절, 450쪽

뒷날 니체는 진리를 발견하고 참된 인식을 얻으려는 진리 충동, 인식 충동을 인간의 원초적인 권력의지의 발현 양태로 이해함으로써 그 충동들을 권력의지의 하위 범주로 삼게 된다. 그러나 니체가 인식과 진리에 관해 시종일관 그런 견해만 고집하는 것은 아니다. 동시에 그는 어떤 거짓도 기만도 없는 투명한 인식, 참다운 진리에 도달하기 위해 분투한다. 니체가 권력의지를 삶과 세계의 본질로 인식해가는 과정 자체가 진리를 향한 불굴의 의지를 보여준다. 니체는 한편으로는 진리의 보편성, 진리의 진리성을 부정하지만, 다른 한편으로는 부정할 수 없고 의심할 수 없는 진리다운 진리를 찾기 위해 삶 자체를 거는 모험을 감행한다. 이런 모순적인 이중 운동은 니체 삶의 후기로 갈수록 격렬해진다. 이 무렵 니체는 아직 그 전주곡만을 연주했을 뿐이다. 니체의 진리 비판은 대개의 경우 진리 자체에 대한 비판이라기보다는 어떤 특정한 진리만 진리로 아는 자기 시대의 '진리관'에 대한 비판이라는 사실을 기억할 필요가 있다. 이런 철학적 작업을 거치며 니체는 이 몇 년 사이에 고전문헌학자에서 시대 비판가로 변했다.

니체가 스물세 번이나 찾아간 트립셴의 바그너 집

바그너에게서 멀어지기

1872년 4월 25일 니체는 마지막으로 트립셴을 방문했다. 거기서 니체는 사흘간 머무르며 코지마 바그너가 이삿짐을 싸는 것을 도왔다. 바그너 부부는 6년 동안 살았던 트립셴을 떠나 바이로이트로 갔다. 그곳에 바그너는 자신의 오페라만을 위한 전용 극장 '바이로이트 축제 극장'을 세울 참이었다. 바그너가 바이로이트로 멀어진 것은 니체가 바그너로부터 멀어지는 긴 과정의 시작이었다. 생애 가장 행복했던 시간과 결별하는 순간이기도 했다.

니체는 친구 로데에게 쓴 편지에서 이렇게 말했다. "트립셴은 오늘로 끝났네! 나는 완전히 폐허 속에 있는 것처럼, 그 3일 그곳에서 우울에 가득 찬 날들을 보냈네." 1872년 4월 30일 또 다음 날 친구 게르스도르프에게 보낸 편지에서는 이렇게 토로했다. "우리들은 원고, 편지, 책을 정리하여 짐으로 꾸렸네. 아, 그것은 정말 견딜 수 없는 일이었네! 이 3년 동안 나는 트립셴 근처에서 지냈고, 스물세 번이나 그곳을 방문했네. 이 방문이 나에게 무엇을 의미하는가! 그 방문이 없었다면 나는 어떻게 되었을까! 나는 다행히도 나의 책(《비극의 탄생》) 속에다 나 자신을 위해서 저 트립셴의 세계를 담아놓았네." 1872년 5월 1일

바그너와 멀어지는 만큼 니체의 삶과 사유는 독립성을 얻었다. 그러나 니체는 독립을 얻는 대가로 행복과 건강과 사교의 즐거움을 잃었다. 이날 이후로 니체의 삶은 조금씩 고독, 고립, 우울, 질병, 광기의 어둠 속에 잠기게 된다.

그러나 아직은 그런 것들을 걱정할 상황이 아니었다. 바그너와의 관계가 멀어지리라는 생각도 전혀 의식에 떠오르지 않았다. 그들의 관계에는 조금의 빈틈도 없어 보였다. 그해 6월 25일에 바그너는 니

바그너와 니체의 친구 말비다 폰 마이젠부크

체에게 편지를 써 자신에게 니체가 얼마나 소중한 존재인지 밝혔다. "정확하게 말해서 당신은 내 아내를 제외하고는 내 삶이 내게 허락한 유일한 소득입니다."[8]

그해 5월 22일 니체는 바그너 생일에 맞춰 열린 축제 극장 기공식에 참가했다. 니체는 거기서 말비다 폰 마이젠부크Malwida von Meysenbug, 1816~1903를 만났는데, 바그너의 친구였던 말비다는 니체에게도 좋은 친구가 된다. 그해 11월 바그너와 코지마 부부는 4부작 오페라 〈니벨룽의 반지〉에 출연한 가수들을 구하려고 독일의 오페라 하우스들을 순회하다가 슈트라스부르크에 머물렀다. 니체는 그곳에서 이틀 동안 바그너 부부와 함께 지냈다.

바그너는 니체에게 12월 크리스마스 휴가를 함께 보내자고 제안했다. 이때 두 사람 위의 하늘에 처음으로 구름이 끼기 시작했다. 니체는 바그너의 초대에 응하지 않고, 크리스마스 휴가를 나움부르크 집에서 보냈다. 바그너는 매우 실망했고 불쾌해했다. 바그너의 반응을 알고 걱정이 된 니체는 이듬해 4월 부활절 휴가 때 로데와 함께 바그너를 방문했다. 그러나 트립셴 시절의 그 친숙했던 분위기가 아니었다. 니체는 실망하고 당황했다. 휴가에서 돌아온 뒤 니체는 바그너에게 아주 정중하고도 조심스럽게 편지를 썼다.

> 제가 방문했을 때 선생님께서는 저에게 만족하시지 못한 것처럼 보였고 그것을 눈치 챘으면서도 저는 어쩔 수 없었습니다. 저는 천천히 배우고 터득하며 선생님 곁에서 매 순간 제가 생각해보지 못한 것을 체험하고 그것을 기억에 남겨두는 것이 제 바람이기 때문입니다. 존경하는 선생님, 그런 방문이 선생님에게 기분 전환이 되기는커녕 오히려 부담이 되리라는 것을 저는 잘 알고 있습니다. 저는 가끔 최소한 외양만이라도 더 자유롭고 자립적으로 보이려고 했습니다만 소용없었습니다. 그러니 부디 저를 단순한 제자로만 대해주신다면 만족하겠습니다. 아마도 손에 펜을 들고 노트를 끼고 있는 제자로서……. 사실 저는 날로 우울해지고 있습니다. 어떻게든 선생님께 도움이 되고 소용이 된다면 얼마나 기쁠까 하고 생각해보지만, 선생님의 즐거움이나 기분 전환을 위해서 저는 아무것도 할 수 없다는 것을 깊이 느끼고 있기 때문입니다.
>
> 1873년 4월 18일

이 편지에서 니체는 숭배하는 자의 괴로운 마음을 자기도 모르게 고백한다. 바그너에게 기쁨이 되는 존재가 되고 싶다는 마음과 바그너로부터 조금 떨어져 어떤 거리를 유지하고 싶다는 마음이 뒤엉켜 있다. 니체는 이 편지를 쓰기 몇 주 전에 게르스도르프에게 쓴 편지에서 바그너에 대한 자신의 마음을 좀 더 솔직하게 표현했다.

> 나는 중요한 문제에서 바그너에게 나보다 더 충실할 수 있는 사람이 있다고는 생각할 수 없네. …… 하지만 사소한 문제에서는, 그리고 '치료를 위해서'라고 말할 수 있을 정도로 필수적인 이유로, 나는 그를 너무 자주 개인적으로 만나는 것을 피하는데, 그건 나의 자유를 지켜야 하기 때문이네. 그러지 않으면 중요한 순간에 내가 그를 도울 수 없을 것이네.
> 1873년 3월 2일

'바그너를 제때 잘 돕기 위해서'라는 이유를 대지만, 여기서 분명히 드러나는 것이 바그너로부터 어느 정도 거리를 유지하려는 니체의 의지다. 거리를 유지하지 않으면 자유를 지킬 수 없고, 그런 자유를 확보하지 못하면 몸이 아프게 된다는 것이 니체의 자가 진단이다. 어쨌든 이 시기에 바그너와 니체 사이에 유대의 끈이 풀리기 시작했지만, 아직 그들은 자신들을 시대의 문화에 대항해 새로운 문화를 건설하는 커다란 투쟁의 동맹자라고 생각했다. 그해 가을 니체는 축제 극장 위원회로부터 축제 극장 설립을 위해 대중의 기부를 호소하는 글을 써 달라는 부탁을 받았다. 니체는 즉시 호소문을 썼는데, 결과만 보면 아무런 도움이 되지 못했다. 〈독일인에게 드리는 경고〉라는 제목의 이 팸플릿은 바그너 예술에 무관심한 독일인들을 향해 격렬한 비난을 퍼부었다. 호소라기보다는 질타나 협박에 더 가까웠다. 결국 니체의 글은 받아들여지지 않았고, 대신 좀 더 부드러운 말투의 다른 호소문이 채택되었다.

앞서 1873년 여름 학기에 니체의 강의에 학생들이 돌아오기 시작했다. 그의 고전문헌학 강의실 학생 중에는 새로운 청강생이 한 명 있었

니체의 친구 파울 레

다. 파울 레Paul Ludwig Carl Heinrich Rée, 1849~1901라는 젊은 철학자였다. 레는 당시 스물네 살이었는데, 스물아홉 살의 니체보다 훨씬 더 어른스러웠다. 두 사람은 이후 몇 년 동안 막역한 친구로 지냈다. 레는 니체의 사상과 삶에 작지 않은 영향을 끼쳤다. 레는 철학적 문제들에 대한 심리학적 접근의 개척자였다. 니체가 특히 중요하게 생각한 것은 도덕성에 대한 레의 연구였다. 도덕은 관습일 뿐 본성이 아니며, 선과 악은 단지 규약에 불과하다는 레의 관점에 니체는 매료되었다. 니체가 레에게서 받은 강한 인상은 레의 '차가움'이었다. 니체가 '차가움'이라는 표현을 통해 말하려고 했던 것은 사상가로서 레의 독립성과 명석함이었다. 이 무렵 니체에게는 그 '차가움'이 부족했다.⁹

글 속에서 니체는 냉정한 사람이었지만, 현실의 니체는 차갑지 못했고, 특히 당시에 그는 여전히 바그너에게 심리적으로 매인 상태였다. 니체는 그런 자기 자신이 불만이었을 것이다. 자기에 대한 이 불만과 자기를 둘러싼 세계에 대한 반항심이 이 시기에 그의 내부에서 들끓었는데, 그 거친 파토스가《반시대적 고찰》이라는 화염을 타오르게 한 밑불이 되었다. 바그너로부터 독립하고자 하는 마음,《비극의 탄생》을 탄핵한 독일 문헌학계에 대한 반감, 그런 학문이 주류를 이루고 있는 당대의 문화 풍토에 대한 거부감이 뒤섞여 '시대를 거스르는 고찰'이 튀어나왔다.

시대를 향해 칼을 휘두르다

《반시대적 고찰》은 모두 네 편의 독립된 글로 이루어진 책이다. 그 가운데 첫 번째 글〈다비트 슈트라우스, 고백자와 저술가〉는 1873년 4월 말부터 6월 사이에 집필돼 그해 8월에 출간되었다. 이어《반시대적 고찰》의 제2부〈삶에 대한 역사의 공과〉가 1873년 가을에 쓰여 이듬해 2월 출간됐다. 제3부〈교육자로서의 쇼펜하우어〉는 1874년 3월부터 7월 사이에 주로 쓰여 그해 10월 출간됐으며 그 뒤 제4부〈바이로이트의 리하르트 바그너〉가 집필되었다.

《반시대적 고찰》로 묶인 네 편의 글은 성격이 둘로 나뉜다. 앞의 두 글은 비판서인 데 반해 뒤의 두 글은 찬양서다. 니체는 비판과 찬사라는 두 가지 글쓰기 방법을 통해 자신이 생각하는 올바른 삶의 모습을 제시했다고 할 수 있다. 그런데 비판서를 먼저 쓰기 시작한 것에 주목할 필요가 있다. 그 글을 쓸 무렵 니체는 자신의 숭배자인 바그너의 축제 극장 설립 계획이 뜻대로 되어가지 않은 것에 울분을 느끼고 있던 터였다. 바그너에 대한 존경심은 여전했지만, 두 사람 사이의 관계에는 서먹서먹함이 끼어들었다. 울분과 우울이 뒤섞여 그는 무언가를 격렬하게 성토하지 않고는 견딜 수 없는 상태에 있었다. 안으로 틀어막힌 공격성을 표출하고자 하는 욕구가 니체의 내부를 휘젓고 다녔다. 1873년 가을에는 13편이나 되는 '반시대적 고찰'을 쓸 계획을 세우기도 했다. 결국 네 편으로 끝나지만, 그렇게 쏟아놓아야 할 것이 많았다는 사실이 중요하다. 그가 《반시대적 고찰》 제2부를 쓰고 난 뒤 로데에게 보낸 편지는 니체의 그때 마음을 알려준다.

> 나에게 어디까지나 중요한 것은 나의 내면에 있는 논쟁적·부정적 소재 전체를 우선 토해내는 일이네. 나는 끈기 있게 우선 나의 적대 행위의 전 음계를 위로 아래로, 정말 몸의 털이 곤두설 정도로 …… 노래 부르고 싶은 것이네. 얼마 뒤, 5년 후에 나는 일체의 논쟁을 등 뒤에다 던지고 '좋은 작품'을 계획하겠네. 그러나 지금은 내 가슴이 마치 혐오와 핍박으로 채워진 것 같네. 그래서 이 가래를 토해내지 않으면 안 되네.
>
> 1874년 3월 19일

다시 2주 뒤에 니체는 게르스도르프에게 보낸 편지에서 자신의 억눌린 마음을 이렇게 표현했다.

> 나는 내게 달라붙어 있는 엄청난, 이루 다 말할 수 없을 정도의 부자유에 맞서 저항하면서 나 자신을 지킨다네. 그런 부자유에 여전히 묶여 있는 한, 제약받고 있다는 고통스럽고 부담스러운 느낌 속에서는 진정한 생산성을 거론할 여지가 없네. 나는 언제나 제대로 생산적인 사람이 될까?
>
> 1874년 4월 1일

이어 그해 가을 《반시대적 고찰》 제3부 〈교육자로서의 쇼펜하우어〉가 출간됐을 때 니체는 말비다 폰 마이젠부크에게 편지를 보내 또 한 번 심정을 털어놓았다.

> 나의 과제가 한 걸음씩 전진한다는 것은 확실히 대단한 행복입니다. 그리고 지금 나는 13편의 고찰 가운데 세 편을 완성했고, 네 번째 고찰은 머리에서 구상하고 있습니다. 나의 내면에 잠재해 있는 모든 부정적인 격앙된 것을 나 자신으로부터 제거해버리기만 하면, 나는 어떤 기분이 될 것인지요. 더구나 나는 5년 안에는 대략 이 근사한 목표에 접근하기를 희망해도 될 것입니다!
> 1874년 10월 25일

니체는 '반시대적 고찰'을 쓰지 않을 수 없는 자신의 심정을 〈교육자로서의 쇼펜하우어〉에서 드러내기도 했다. 쇼펜하우어의 삶을 빌려 니체는 자신을 이야기한다.

> 그들, 이 정신적으로 고독한 자유인들은 알고 있다. 자신들은 끊임없이 어딘가에서, 자신들이 생각하고 있는 것과는 다른 것으로 여겨지고 있다는 것을. 그들은 진리와 정직 이외에는 아무것도 의지하고 있지 않은데, 오해의 그물이 그들을 빙 둘러싸고 있다. 그들이 아무리 강력하게 원해도, 그들의 행동 위에 서려 있는 잘못된 견해, 순응, 어정쩡한 용납, 관대한 침묵, 잘못된 해석의 안개를 막을 길이 없다. 그로 인해 그의 이마에는 멜랑콜리의 구름이 모여든다. 왜냐하면 그런 천성을 지닌 사람들은 가식이 불가피하다는 사실을 죽음보다 더 증오하기 때문이다. 가식에 대해 끊임없이 분노하기 때문에 그들은 화산처럼 폭발적이고 위협적인 존재가 된다. 그들은 때때로 강압적인 자기 은폐, 강요

된 자제에 대해 복수한다. 그들은 무서운 표정으로 동굴에서 나온다. 그리고 그들의 말과 행동은 폭발하고, 그로 인해 그들 자신이 파멸할 수도 있다. 쇼펜하우어는 이렇게 위험하게 살았다.

《반시대적 고찰》, 제3부 '교육자로서의 쇼펜하우어', 3절

여기서 쇼펜하우어라고 쓴 부분을 니체로 바꿔놓으면 그대로 니체 자신의 이야기가 된다. 뒷날 니체는 자서전《이 사람을 보라》에서《반시대적 고찰》의 그 공격성에 대해 이렇게 묘사한다.

네 편으로 된《반시대적 고찰》은 철두철미하게 전투적이다. 이 고찰들은 내가 몽상가가 아니었다는 것, 칼을 빼는 것이 나를 만족시킨다는 것, 나의 손목이 위험할 정도로 자유롭게 움직인다는 것을 증명한다.

《이 사람을 보라》, '반시대적 고찰', 1절

비판의 표적이 된 '교양 속물'

그렇게 빼어든 칼이 먼저 향한 것이《반시대적 고찰》제1부의 주인공 다비트 슈트라우스였다. 신학자이자 철학자였던 슈트라우스는 19세기 전반기에 독일 지성계를 휩쓸었던 청년 헤겔파의 우두머리 가운데 한 사람이었는데, 그가 젊었을 때 쓴《예수의 생애》1835*를 니체는 대학 시절 탐독하기도 했다. 슈트라우스는 그 책에서 예수의 삶과 기독교의 탄생을 신화학에 입각해 비전통적으로 해석했다.** 그런 슈트라우스가 죽기 2년 전《옛 신앙과 새 신앙》1872이라는 책을 펴냈는데, 이 책은 독일 지성계의 열광적인 찬사를 받았다. 이 책에서 슈트라우스는

낡은 기독교를 폐기하고 그 자리에 과학적 합리주의에 입각한 세계관을 앉혔다. 니체는 슈트라우스가 내놓은 새 신앙이 과학의 겉옷을 입고 있을 뿐, 기독교 신앙의 전통 속에 머물러 있다고 보았다. 기독교 비판에 전혀 철저하지 못한 채 기독교 논리를 과학적 세계관에 그대로 이식했던 것이다. 더 중요한 것은 슈트라우스가 바그너 예술의 반대자였다는 사실이다. 바그너 숭배자 니체는 슈트라우스의 바그너 비판을 용납할 수 없었다. 니체에게 슈트라우스는 당시 막 승리로 끝난

---

* 슈트라우스의 《예수의 생애》는 헤겔 좌파와 헤겔 우파라는 말을 만들어낸 책이었다. 1835년 이 책이 출간됐을 때 독일 지성계는 격렬한 논쟁에 빠졌고 특히 헤겔학파 내부에서 논쟁이 거세게 일었다. 복음서 안의 예수의 삶을 신화의 관점에서 해석한 이 책은 헤겔학파를 찬성파와 반대파로 나누었다. "그의 저서를 둘러싼 논쟁은 슈트라우스 자신이 헤겔학파를 프랑스 의회에 비유하여 그 자신은 좌파로, 괴셸(Carl Friedrich Göschel, 1784~1861), 가블러(Georg Andreas Gabler, 1786~1853), 바우어(Bruno Bauer, 1809~1882)를 우파로, 그리고 로젠크란츠(Johann Karl Friedrich Rosen Kranz, 1805~1879)를 중도파로 분류했던 것이다."[10] 헤겔 좌파란 말은 슈트라우스 자신이 만든 말이었던 것이다. 그 좌파의 지도자였던 슈트라우스는 이 책을 낸 뒤로 점차 보수주의로 기울어 1841년 이후에는 진보적인 청년 헤겔파와 완전히 결별하고 남은 생애를 철저한 보수주의자로 살았다.[11]

** "그는 성경에 기록된 사건이 역사적인 사건이 아니라 고대의 공동체에서 생겨난 신화임을 주장했다. 다시 말하면 그는 '예수에 관한 모든 사건을 신화라고 부정하는 것이 아니라 그에 관한 모든 사건을 비판적으로 검토함으로써 신화가 아닌 것이 존재하는가를 밝히려고 한다'는 비신화화의 입장을 표명했다. …… 즉 그는 복음서에 기록된 모든 사건을 신성한 것으로 보고 역사와 성경 간의 일치를 밝히려는 초자연주의적인 신학을 비판할 뿐만 아니라 복음서에 나타난 초자연적 기적을 자연 현상의 결과로 설명하려는 합리주의적 신학에 대해서도 맹렬히 공격했으니 이는 …… 복음서를 신화적으로 보려는 그의 입장에서 나온 것이라 하겠다. …… 따라서 자연법칙에 위배되는 성경의 기록은 신화이며, 복음서에 기록된 예수의 생애는 기독교 공동체에서 발전된 메시아에 대한 기대가 동시대인에게 남긴 예수의 강한 인상과 결합되어 형성된 신화라고 주장했다."[12]

프로이센·프랑스 전쟁의 그 영광을 카펫으로 깔고 제국이 된 독일의 한 천박한 문화적 전형으로 비쳤다. 니체는 이 늙은, 지난날의 헤겔 좌파에게 달려들어 제일성을 내뱉었다.

독일의 여론은 전쟁, 특히 승리로 끝난 전쟁의 나쁘고 위험한 결과에 대해 말하는 것을 거의 금지하고 있는 것처럼 보인다. 그런데 사람들이 더 즐겨 경청하는 저술가들이 있는데, 이들은 이 여론보다 더 중요한 의견은 없다고 생각하며 그런 까닭에 전쟁을 찬양하고 또 이 전쟁이 윤리, 문화, 예술에 끼치는 영향의 강력한 현상들을 환호하면서 앞다투어 조사하는 데 열심이다. 그럼에도 불구하고 큰 승리는 크나큰 위험이라고 말해야 할 것이다. 인간의 본성은 패배보다 승리를 더 견디기 어려워한다. 아니 그뿐만 아니라 승리의 결과로부터 더 심각한 패배가 발생하지 않도록 승리를 견뎌내는 일에 비하면, 그러한 승리를 쟁취하는 것 자체가 훨씬 더 쉬운 것처럼 보인다. 최근 프랑스와 치른 전쟁이 남긴 모든 나쁜 결과들 중에서 아마 가장 나쁜 것은 널리 확산된 일반적 오류일 것이다. 그것은 독일 문화도 이 전쟁에서 승리를 거두었으므로 이제 우리는 이처럼 특별한 사건과 성과에 어울리는 화환으로 독일 문화를 장식해야 한다는 여론과 그러한 여론에 맞춰 생각하는 모든 사람들의 오류다. 이 망상은 매우 해로운 것이다. 그것이 하나의 망상이기 때문이 아니라 …… 이 오류가 우리의 승리를 완전한 패배로 변화시킬 수 있기 때문이다. 즉 이 승리가 '독일 제국'을 위한 독일 정신의 패배, 아니 근절로 바뀔 수도 있기 때문이다.

《반시대적 고찰》, 제1부 '다비트 슈트라우스, 고백자와 저술가', 1절

여기서 니체는 전쟁 자체를 부정하거나 비판하는 것이 아니다. 전

쟁에서 승리하여 독일이 제국이 된 것에 니체는 아무런 이의가 없다. 그가 안타까워하는 것은 이렇게 전쟁에서 승리한 것이 곧바로 문화에서 프랑스에 승리한 것이라고 착각하는 것, 독일 문화가 우수하고 위대하다는 것을 전쟁 승리가 입증했다고 믿는 것, 그런 여론이 퍼져가고 그 여론에 반대하는 것이 위험시되는 것, 그런 들뜬 시대 분위기다. 문화의 그런 경박함을 이끄는 사람들을 니체는 이 책에서 '교양 속물Bildungsphilister'이라고 명명하고, 그 대표자로 바로 다비트 슈트라우스를 지목한다. 《반시대적 고찰》 제1부는 슈트라우스를 표적으로 삼아 독일의 교양 속물들을 공격하고 해부하는 작업이다.

니체가 이렇게 교양 속물이라는 말로 비판하는 것은 '예술을 알지 못하고, 예술을 훼손하는 시민'이었다. 바그너 예술이 삶을 구원하고 삶을 끌어올린다고 믿었던 니체는 그런 예술에 대한 믿음이 없는 슈트라우스를 받아들일 수 없었다. 그러나 뒷날 니체 자신도 바그너와 결별하고 나서는 예술이 삶을 구원하고 삶을 끌어올린다는 젊은 시절의 믿음과 거리를 두게 된다. 이 글을 쓸 때까지만 해도 니체는 삶이란 그 자체로 살 만한 것이 아니며, 삶의 비참을 견디게 해주는 것은 오직 예술이라는 생각에 깊이 빠져 있었다. 그런 생각을 니체는 뒤에 쓴 〈바이로이트의 리하르트 바그너〉에서 명백히 제시하기도 했다.

> 주위의 모든 것이 괴로워하고 서로 괴로움을 끼치는 한 인간은 결코 행복해질 수 없다. 인간사의 진행이 폭력, 기만, 부정으로 규정되는 한, 사람들은 결코 윤리적으로 될 수 없다. 모든 인류가 지혜에 대한 경쟁심으로 오랫동안 서로 싸우지 않는 한, 그리고 개인을 매우 현명한 방식으로 생활과 지식으로 인도하지 않는 한, 사람들은 결코 현명해질 수 없다. 만약 자신의 투쟁, 노력, 몰락 가운데에서 그 어떤 숭고하고 의미

심장한 것을 인식할 수 없다면, 그리고 만약 위대한 정열의 리듬과 이 정열의 희생에 대한 쾌락을 누리는 것을 비극에서 배우지 않는다면 도대체 어떻게 사람들이 그런 엄청난 불만의 감정을 견디며 살아갈 수 있겠는가. …… 마치 그 누구도 잠 없이 지낼 수 없는 것과 마찬가지로 삶에서 괴로워하는 자는 그러한 가상(예술이라는 가상) 없이는 지낼 수 없는 것이다. 《반시대적 고찰》, 제4부 '바이로이트의 리하르트 바그너', 4절

이 시기에 니체는 마치 어린아이가 담요를 붙들 듯 예술이라는 위안거리를 붙들고 있었다. 예술은 잠과 같은 것이고 꿈과 같은 것이어서 그것이 없다면 삶의 괴로움을 조금도 씻어낼 수 없다고 생각했다. 니체는 '삶의 위안으로서의 예술'이라는 예술관에 대한 집착을 바그너 세계에서 탈출하면서 함께 버렸다. 니체는 예술이 없는 삶, 예술이라는 가상의 도움을 받지 않는 삶 그 자체에 주목하게 된다. 삶을 다른 것의 도움 없이 삶 자체로 극복하는 것이 바그너와 이별한 뒤 니체의 진정한 과제가 된다. 그렇게 예술의 위안을 포기했음을, 예술이 삶을 구원할 뿐만 아니라 예술이야말로 삶의 본질이요 삶을 삶답게 하는 것이라는 형이상학적 예술관을 버렸음을 니체는 1877년 여름의 한 메모에서 단호하게 밝힌다. "나의 초기 저작을 읽은 독자에게 분명히 말하는데, 나는 내가 초기 저작에서 피력했던 형이상학적이고 예술가적인 생각을 버렸다. 그러한 생각들은 기분 좋은 것이기는 하지만 계속 잡아둘 수는 없는 것이다."《니체 전집 9 유고(1876년~1877/78년 겨울)》, 250쪽

'유일자와 그의 소유' 막스 슈티르너의 영향

슈트라우스 비판에 이어 쓴 《반시대적 고찰》 제2부 〈삶에 대한 역사의 공과〉에서 니체는 당대에 유행하던 또 다른 지적 흐름인 '역사주의'를 비판의 과녁으로 삼았다. 헤겔 철학의 유행으로 당시 사람들은 역사에 대한 낙관주의를 마음에 품고 있었다. 역사는 끝없는 우여곡절을 겪지만 결국에는 진보하고 인류는 전진할 것이라는 믿음, 그러므로 이 역사의 전진과 진보에 자신을 바치는 것은 고귀한 희생이라는 생각이 퍼져 있었다. 이 시기에 역사는 거의 인격적 특성을 획득해 기독교의 하느님과 같은 지위를 얻었다. 니체는 이런 역사주의적 세계관을 문제 삼았다. 그의 주장은 삶이 역사에 봉사해서는 안 되며, 역사가 삶에 봉사해야 한다는 것으로 집약된다. 니체는 헤겔의 역사주의가 삶을 병들게 한다고 진단하면서, 이 역사주의의 무게로부터 인간을 구해내야 한다고 생각한다. 중요한 것은 이때 구해내야 할 인간이 인류라는 추상적 차원의 집합 명사가 아니라 철저하게 단독자로서 존재하는 개인이라는 사실이다.

《반시대적 고찰》 제2부를 쓸 때 니체가 인류가 아니라 개인에 주목하게 된 것은 막스 슈티르너Max Stirner, 1806~1856라는 특이한 사상가의 영향이었다고 여러 니체 연구자들이 지적한다. 카를 뢰비트Karl Löwith, 1897~1973는 니체가 슈티르너를 알고 있었다고 말한다. "슈티르너의 이름이 과연 니체의 저작들의 어느 곳에서도 언급되어 있지 않지만, 그가 니체에게 알려져 있었음이 틀림없으며, …… 슈티르너는 니체가 자기의 무기를 반출할 때의 '사상의 무기고'라고까지 극단적으로 주장하는 사람도 있었다."[13] 니체가 역사주의에 담긴 인류의 공동 목표 따위를 부정하고 사태를 오로지 개인의 관점에서 본 것은 슈티르너

사상과 확실히 닮은 데가 있다. 본명이 요한 카스파르 슈미트Johann Kaspar Schmidt였던 슈티르너는 헤겔 좌파 중에서도 가장 급진적인 개인주의적 아나키즘을 주장했는데, 그의 사상이 집약된 것이 1844년에 펴낸《유일자와 그의 소유》였다. 이 책은 그 내용의 과격성과 불온성 때문에 학계에서 터무니없는 책이라는 혹평을 받고 사실상 금서가 됐다. 이 책은 언급하는 것 자체로 학자의 자격이 의심받는 처지였다. 그런 이유로 니체는 슈티르너의 책을 읽고 깊은 동질감을 느꼈지만, 자신의 책 어디에서도 슈티르너의 주장을 공개적으로 밝히지 못했다고 니체 연구자들은 말한다. 오버베크의 부인 이다 오버베크의 증언을 빌리면, 니체는 1874년 제자 바움가르트너에게 슈티르너의 책을 "홉스Thomas Hobbes, 1588-1679 이후에 가장 용감하고 철두철미한" 책이라고 묘사했다.[14]

그렇다면 철학자들이 슈티르너를 그토록 철저하게 외면하고, 니체는 니체대로 마치 자기 자신의 사상을 대하는 것 같은 착각을 일으킨 이유는 무엇일까? 슈티르너 철학에 대한 자프란스키의 간명한 해설은 '유명론에 입각한 개인주의'를 훑어보게 해준다. 여기서 유명론이란 모든 보편 개념은 실제로 존재하는 것이 아니고 단지 이름에 불과하다는 주장이다.

슈티르너는 19세기 철학에서 니체가 나타날 때까지 가장 과격한 유명론자였다. 그가 유명론을 통해서 기존의 철학을 해체하려고 했을 때 보여준 논리적 철저함은 관료적인, 즉 타성에 젖은 철학자들에게는 터무니없는 것처럼 보였을지 모르지만, 실제로는 천재적이었다. 슈티르너는 중세의 유명론자들이 보편 개념을, 특히 신과 관계되는 보편 개념을 아무런 실체 없는 공허한 '입김'이라고 여긴 것에 동의했다. 그에 의

하면, 인간의 본질에는 창조적인 힘이 있는데, 인간은 그것을 가지고 환영을 만들고, 그 환영은 인간을 다시 구속한다. …… 이렇게 보면 슈티르너는 헤겔 좌파의 전통에 서 있다. 즉 인간의 해방이란 스스로 생산한 환영과, 사회적 관계에서 유래하는 속박에서 풀려나는 것이다. 하지만 슈티르너의 비판은 훨씬 더 날카롭다. 인간이 "우리 밖에 있는 저 피안의 세계," 즉 신이나 신에 의해서 정당화되는 도덕을 파괴하는 것은 당연히 옳은 일이라고 슈티르너는 말한다. 바로 이것이 '계몽의 완성'이다. 하지만 "우리 밖에 있는 저 피안의 세계"가 없어지더라도 "우리 내부의 피안의 세계"는 여전히 남아 있다. 신은 죽었다. 우리는 신이 환영이라는 것을 알게 되었다. 하지만 신의 죽음 이후에 우리를 괴롭히는 더 지독한 환영이 생긴다. 슈티르너는 신의 살인자인 헤겔 좌파가 저 옛날 피안의 세계의 자리에 다른 피안의 세계, 즉 내적인 피안의 세계를 앉혔다고 비판한다. …… 내적 피안의 세계는 또한 우리 내부에서 일어나는 보편 개념의 지배, 예를 들면 인류, 휴머니즘, 자유 등과 같은 보편 개념의 지배를 뜻한다. 우리 자아는 자신이 의식하는 한 이런 개념들의 그물에 갇혀 있다. …… 슈티르너가 목표로 삼는 것은 개인을 …… 그의 본질적 감옥에서 해방시키는 것이다. 이러한 감옥은 우선 종교적이다. 이 종교적인 감옥은 이미 충분히 비판되고 해체되었다. 아직도 해체되지 않은 것은 다른 본질적 환상들의 지배다. 예를 들면 역사적 논리, 사회의 법칙, 휴머니즘과 발전, 그리고 자유주의에 관한 생각들이 바로 본질적 환상들이다. 이 모든 것들이 유명론자인 슈티르너에게는 보편 이념인데, 이 보편 이념은 아무런 실체도 갖고 있지 않지만 만일 우리가 그것들에 사로잡히면 심각한 실제적 어려움이 생길 수 있다.[15]

루트비히 포이어바흐를 포함해 헤겔 좌파의 거의 모든 논자들이 주장했던 휴머니즘이나 인류의 해방을 슈티르너는 공공연히 부정했다. 그의 관심사는 오직 '나'였다. 그는 타인에 대한 것이든, 신에 대한 것이든, 인류에 대한 것이든 모든 의무에 대한 거부를 선언한다. 슈티르너는 만인이 비난하는 자기중심주의(에고이즘)를 채택해 이를 최상의 가치로 만들고자 했다. 그가 보기에 세상에는 의식적이건 무의식적이건 자기중심적인 사람들밖에 없다. 슈티르너는《유일자와 그의 소유》에서 이렇게 말한다.

> 나는 나 자신과 나라는 개인 이외에 다른 목적이 없기 때문에, 나의 의도와 행위는 자기중심적이다. …… 나는 사람들의 자유도, 사람들의 평등도 원하지 않으며, 오직 사람들에게 행사할 수 있는 나의 지배력을 원할 뿐이다. 나는 사람들이 나의 소유물이기를, 다시 말해서 그들이 나의 쾌락을 위해 봉사하기를 원한다.[16]

슈티르너는 '나=유일자'의 의미를 다음과 같이 밝힌다.

> 내가 그 어떤 관념이나 그 어떤 '더 높은 본질'에도 더는 봉사하지 않는다면 나는 이제 더는 그 어떤 인간에게도 봉사하지 않고 오히려, 어떠한 경우에나 나 자신에게만 봉사한다는 것이 명백하다. 그리하여 나는 이제 행위나 존재에서만이 아니라 나의 의식에서도 유일자가 된다.[17]

슈티르너는 그 책에서 힘이야말로 권리의 척도라고 말하는데, 이 점 또한 미래의 니체 철학을 미리 보는 듯한 착각을 불러일으킨다. 슈티르너는 단호하게 말한다.

네가 존재할 '힘'을 지녔다는 것은 곧 네가 존재할 '권리'를 지녔다는 것이다. 오직 나로부터 모든 권리와 정의가 파생된다. 내가 힘을 갖자마자 곧바로 나는 모든 것을 할 수 있는 권리를 갖게 된다. 내가 할 수만 있다면, 나는 제우스, 야훼, 신 등을 쓰러뜨릴 수 있는 권리를 갖게 된다. 내가 이들을 쓰러뜨릴 수 없다면, 이 신들은 그들의 권리와 힘에 의존해서 내 앞에 서게 될 것이다. 이 경우 '신에 대한 두려움'이 나의 무력함을 내리누를 것이다.[18]

슈티르너의 철학은 이렇게 '자아'를 유일자이자 절대자로 세우는 극단적 유아론으로 끝나는데, 니체는 슈티르너의 생각을 자기 식으로 소화해, 개인들 속에서 위대한 자, 인류의 최고의 전형을 창출하는 일이야말로 역사의 목표라고 선언한다.

우리가 세계 과정이나 인류-역사의 모든 구조를 현명하게도 포기하는 시대가 앞으로 올 것이며, 우리가 더는 대중을 관찰하지 않고 다시 개인들, 즉 생성의 거친 강물 위에서 일종의 다리가 되는 개인들을 관찰하는 시대가 올 것이다. 이 개인들은 하나의 과정을 계승하는 것이 아니라, 그런 공동의 영향을 허용하는 역사 덕분에 무시간적·동시적으로 산다. 그들은 쇼펜하우어가 일찍이 말한 바 있는 천재 공화국을 이루고 산다. 거인이 시간의 틈을 통해 다른 거인을 부르고, 그들의 발밑에서 기어 다니는 소란스럽고 방자한 난쟁이들의 방해를 받지 않고 고차원적인 정신의 대화를 지속한다. 역사의 과제는 그들 사이에 중계자가 되어 언제나 위대한 자를 산출할 수 있는 동기와 힘을 부여하는 것이다. 아니, 인류의 목표는 그 종말에 있는 것이 아니라 그 최고의 전형 속에 있다.

《반시대적 고찰》, 제2부 '삶에 대한 역사의 공과', 9절

'너 자신이 되어라!'

《반시대적 고찰》의 앞 두 편이 '혐오스런 시대'에 대한 비판이었다면, 뒤의 두 편은 '위대한 전형'에 대한 옹호를 담고 있다. 한편으로는 이 시대의 주류에 속하는 것을 비판하고, 다른 한편으로 이 시대와 맞서는 것을 옹호함으로써 니체는 자기 시대와 대결하려 했다. 〈교육자로서의 쇼펜하우어〉와 〈바이로이트의 리하르트 바그너〉 속의 쇼펜하우어와 바그너는 니체 자신과 다르지 않다고 뒷날 니체는 밝힌다.

> 세 번째와 네 번째 반시대적 고찰(〈교육자로서의 쇼펜하우어〉, 〈바이로이트의 리하르트 바그너〉)은 고급한 문화 개념을 향한, '문화' 개념의 재건을 향한 힌트로서 가장 엄격한 자기 사랑과 자기 도야라는 두 가지 상을 제시한다. 이것들은 전형적인 반시대적 유형들인바, 이것들을 둘러싸고 있던 '독일 제국', '교양', '그리스도교', '비스마르크', '성공' 따위로 불리던 모든 것에 대한 절대적 경멸로 가득 차 있다. 쇼펜하우어와 바그너 혹은, 한마디로 말하자면 니체다.
>
> 《이 사람을 보라》, '반시대적 고찰', 1절

다시 말해, 〈교육자로서의 쇼펜하우어〉 안에는 니체가 바라보는 니체의 모습이, 니체의 소망이 담겨 있다. 니체는 이 점에 대해 《이 사람을 보라》에서 다시 이렇게 말한다. "〈바이로이트의 리하르트 바그너〉라는 에세이는 나의 미래상이다. 반면에 〈교육자로서의 쇼펜하우어〉에는 나의 가장 내적인 역사이자 나의 변화하는 모습이 기술되어 있다."《이 사람을 보라》, '반시대적 고찰', 3절

니체 자신이 그렇게 인정한 이 책에서 쇼펜하우어는 가장 먼저 교

육자로서 나타난다. 쇼펜하우어는 철학자이기 이전에 교육자다. 다시 말해 니체가 진정으로 관심을 품고 있는 것은 쇼펜하우어의 철학이 아니라 쇼펜하우어라는 인간이다. 그때 니체에게 포착된 쇼펜하우어라는 인간은 '천재'의 전형이다. 천재는 어떤 존재인가. 현존재의 가치를 새롭게 정의하는 사람, 이 세계의 척도를 다시 세우는 사람이다.[19] 니체는 이 천재의 상 반대편에 대중의 상을 맞세운다. 천재의 대척점에 있는 것이 대중이다. 그리하여 니체는 이 글의 첫머리에서 이렇게 선언한다.

> 대중에게 속하기를 원치 않는 사람은 오로지 자기 자신의 나태함을 없애기만 하면 된다. 그리고 "너 자신이 되어라! 지금 네가 하고 있는 것, 생각하는 것, 원하는 것은 모두 너 자신이 아니다!"라고 외치는 자신의 양심을 따르기만 하면 된다.
>
> 《반시대적 고찰》, 제3부 '교육자로서의 쇼펜하우어', 1절

여기에 등장하는 '너 자신이 되어라!'라는 명령은 니체의 삶을 관통하여 처음부터 끝까지 울려 퍼지는 명령이다. 니체의 명령의 본질적 특징은 '자기 자신'이 자기 안에 있는 것이 아니라 자기 바깥에, 자기 위에 있다는 사실이다. 그래서 니체는 다시 묻고 답한다.

> 그렇지만 어떻게 우리는 우리 자신을 다시 발견할 수 있는가? 어떻게 인간이 자기 자신을 알 수 있는가? …… 젊은 영혼은 다음과 같은 물음을 던지면서 삶을 되돌아보아야 한다. 지금까지 너는 무엇을 진정으로 사랑했는가? 무엇이 너의 영혼을 높이 끌어올렸는가? 그리고 그것들을 …… 네 앞에 세워놓아라. 그러면 그것들은 너에게 …… 너의

진정한 자아의 근본 법칙을 보여줄 것이다. 이 대상들을 서로 비교해보라. 하나가 다른 것을 어떻게 보완하고 확장하고 능가하고 미화하는지를, 그리고 어떻게 그 대상들이 네가 이제까지 너 자신에게로 기어 올라갔던 사다리가 되었는지를 보라. 왜냐하면 너의 진정한 본질은 네 안에 깊이 감추어져 있는 것이 아니라, 네 위로 측량할 수 없이 높은 곳에 있기 때문이다. 《반시대적 고찰》, 제3부 '교육자로서의 쇼펜하우어', 1절

이 구절은 두 가지 중요한 니체적 관념을 드러내 보여준다. 한 사람을 알려면 그가 진정으로 사랑했던 것들을 세워놓으면 된다. 이 명제를 니체 자신에게 적용해보면 어떻게 될까. 니체를 사로잡았던 존재들, 횔덜린, 바이런, 나폴레옹, 그리고 쇼펜하우어와 바그너……, 이들이 니체의 영혼을 구성하는 존재들이다. 여기에 배후의 그림자처럼 깔려 있는 디오니소스를 더하면, 니체가 자신의 신화적 이미지로 후에 내세우게 될 차라투스트라의 모습이 그려질지도 모른다.

또 하나, 인간이 자기 자신을 자기 위에서, "측량할 수 없이 높은 곳"에서 발견해야 한다는 구절이다. 사람이 자기를 극복해 자기가 된다는 이 자기 극복과 자기 회귀의 고양과 순환을 니체는 생의 마지막 순간까지 끝없이 반복해서 이야기하게 된다. 그렇다면 자신의 본질을 자기 위에서 찾는다는 것은 무슨 뜻일까? 그다음 문장이 그 비밀을 알려준다. "자신을 발견하는 …… 다른 수단들도 있겠지만, …… 자신의 교육자에 대해 생각하는 것보다 더 좋은 수단을 나는 알지 못한다."《반시대적 고찰》, 제3부, 1절 이때 니체의 교육자는 쇼펜하우어다. 쇼펜하우어가 니체 위에 존재하는 '니체 자신'인 것이다. 이것은, 바꿔 말하면, 뒷날 정신분석학자 지크문트 프로이트 Sigmund Freud, 1856-1939가 말한 '자아 이상 Ich ideal'에 해당한다. 자기 자신을 한없이 자극하고 격려하

고 끌어올려주는, 자기가 되고 싶은 이상적인 삶의 모델이 자아 이상이다. "자아가 그것에 자신을 재어보고, 그것을 향해 나아가고, 계속 증가되어 가고 있는 완전화에 대한 그의 요구를 성취하려고 노력하는" 것, 바로 그 이상적 대상이 자아 이상이다. "이러한 자아 이상이 옛날의 부모 표상의 침전물이며, 아이가 그 당시에 자기 부모의 모습이라고 생각했던 완전성에 대한 경탄의 표현이라는 데에는 의심의 여지가 없다."[20] 이렇게 어린 시절 부모의 모습을 통해 무의식중에 형성된 완전한 존재의 모습이 자아 이상인바, 그 자아 이상은 자아를 충동질하고 끝없이 자극해 그 자신을 향해 나아가도록 만든다. 니체에게 이런 자아 이상적 존재가 쇼펜하우어였으며, 현실에서는 바그너였음은 물론이다.

자아의 목표는 이 자아 이상을 실현하는 것이다. 그렇다면 인류의 목표는 무엇일까. 〈교육자로서의 쇼펜하우어〉에서 니체는 인류의 자아 이상에 해당하는 '천재'를 낳는 것이 인류의 목표라고 답한다.

> 우리를 끌어올리는 자, 그들은 누구인가? 그들은 진실한 인간들, 더는 동굴이 아닌 인간들, 철학자들, 예술가들, 성자들이다. 자연은 결코 비약을 하지 않지만, 그들을 창조할 때…… 단 한 번 비약을 한다.
>
> 《반시대적 고찰》, 제3부 '교육자로서의 쇼펜하우어', 5절

이어 니체는 결론을 선포하듯이 단호한 어조로 다음과 같이 말한다.

> 어떤 일을 파악하는 것보다 그것을 인정하는 것이 때로는 더 어렵다. 다음 명제를 생각할 경우, 대부분의 사람도 그런 생각이 들 것이다. "인류는 끊임없이 노력해 위대한 인간을 낳아야 한다. 어떤 다른 것도 아

닌 바로 이것이 그의 임무다." 《반시대적 고찰》, 제3부 '교육자로서의 쇼펜하우어', 6절

여기서 확실하게 드러나는 대로 니체는 현대 민주주의의 시선으로 보면 좀 기괴하다 싶을 정도로 인류적 차원에서 천재의 출현, 인간 종 자체의 상승과 비약을 꿈꾼다. 니체 당대에 다윈주의는 엄청난 사상적 위력을 발휘하기 시작했다. 니체는 찰스 다윈Charles Robert Dawin, 1809~1882이 《종의 기원》1859에서 밝혔던 진화론적 세계관을 적극적으로 수용했다. 당대의 많은 사람들이 다윈의 사상을 인류에게 지적 해방을 안겨준 사상이라고 반겼다. 그러나 니체의 생각은 좀 더 복잡했다. 다윈의 사상이 승리했다는 것은 기독교적 세계관이 무력해졌다는 것을 뜻한다. 그것은 기독교 신이라는 이제까지 인류 삶의 근거, 가치의 토대가 사라졌음을 의미한다. 다시 말해 다윈의 세계관이 도입됨과 동시에 인류의 삶에는 아무런 의미도 목적도 없게 된다. 의미가 증발해버린 자연의 과정만이 인간의 삶에 남게 되는 것이다. 니체는 진화론을 수용하면서도, 다윈이 무너뜨린 그 의미, 인류의 존재의 의미를 다시 세워보려고 시도한다.

인류의 진화, 천재의 출현?

다윈이 주장한 '적자생존' '자연 선택'을 소극적인 적응설로 간주해 부정하기는 했지만, 니체는 다윈의 세계관이 강력히 암시하는 끝없는 종의 진화와 질적 비약이 인류 자신에게도 해당된다고 생각했다.

《종의 기원》에서 다소 조심스럽게 진화의 원리를 이야기하던 다윈은 12년 뒤에, 다시 말해 니체가 이 글을 쓰기 3년 전에 펴낸 《인간의

니체가 쓴 〈바이로이트의 리하르트 바그너〉 가운데 일부

유래》1871에서 머지않아 현재의 '미개한' 인류가 멸종하고 새로운 더 높은 종이 등장할 것이라고 자신 있게 예견했다.

> 몇 세기가 지나지 않은 미래에 문명화된 인종이 전 세계에 걸쳐 미개 인종을 절멸시키고 그들을 대체할 것이 거의 틀림없다. 샤프하우젠이 말했듯이 그와 동시에 의심할 여지 없이 유인원들도 절멸할 것이다. 그렇게 되면 인류와 그에 아주 가깝다는 부류의 동물들 사이의 단절은 더 커질 것이다. 미래의 단절은 오늘날 흑인 또는 오스트레일리아 원주민과 고릴라 사이의 단절 정도가 아니라, 현재의 백인보다, 우리의 희망이겠지만, 더 문명화한 인종과 개코원숭이만큼 하등한 유인원 사이의 단절만큼 될 것이기 때문이다.[21]

이런 예언이 현대 진화론의 창시자이자 당대 최고의 진화론자인 다윈의 입에서 나온 말이다. 진화론의 세계관이 해일처럼 밀어닥치던 그 시절에 이런 진화론적 비약이 인류에게도 가능할 것이라는 가정은 터무니없는 것이 아니었다. 니체는 이 시절에 다윈의 주장을 (한편으로 비판하면서도 다른 한편으로) 적극적으로 수용했고, 인류가 현재의 난쟁이 수준에서 질적으로 비약해 새로운 종으로 재탄생할 수 있으리라고 기대했다. 그렇다면 지금 우리에게 주어진 의무는 그런 새로운 종의 모범적 사례가 탄생할 수 있도록, 다시 말해 새로운 인류의 예고편인 천재가 탄생할 수 있도록 노력하는 것이 된다. 그런 논리 위에서 니체는 천재의 탄생을 방해하는 범용한 것들의 사상, 이념, 체제인 근대적 질서를 모두 단칼에 부정하게 된다. 민주주의, 평등주의, 사회주의, 자유주의, 자본주의가 모두 천재의 탄생을 가로막는 천민적 가치, 천민의 체제인 것이다.

그렇다면 천재의 탄생은 이 무의미한 삶에 의미를 주는가. 니체는 단정적이지는 않지만 '그렇다'라고 답한다. "삶은 도대체 무슨 가치가 있는가?" 하는 질문을 스스로 던지고 난 뒤 "삶의 최고의 열매인 천재가 삶 자체를 정당화할 수 있는지" 다시 묻는다. 그리하여 그는 이 천재를 불러내 "이 멋진 창조적 인간은 다음 물음에 답해야 한다"고 말한다. 《반시대적 고찰》, 제3부 '교육자로서의 쇼펜하우어', 3절

> 너는 마음속 깊이 이 현존재를 긍정하는가? 그것으로 충분한가? 너는 현존재의 대변자, 현존재의 구원자가 되려고 하는가? 단 한마디의 진실한 '그렇다'가 네 입에서 나온다면. 그러면 그토록 무겁게 고발당할 삶도 해방될 것이다. 《반시대적 고찰》, 제3부 '교육자로서의 쇼펜하우어', 3절

이 물음, 삶이 살 만한 가치가 있는가 하는 이 물음에 대해 '천재의 탄생'이 긍정적인 답변이 될 수 있지 않겠느냐는 조심스런 답변이다. 그러나 니체는 '천재의 출현을 통한 삶의 의미 획득'이라는 다소 도식적인 진화론적 사고를 더 깊숙이 진전시키지는 않는다. 대신 그는 바그너의 예술에서 멀어지고 쇼펜하우어 철학과 결별한 뒤로 '천재 사상'이 아닌, '초인 사상'을 이야기하기 시작한다. 인간의 자기 극복이라는 테제는 바뀌지 않지만, 그 테제의 의미를 니체는 자신의 독특한 개념과 언어로 풀어내기 시작한다. 그러나 그렇게 되려면 먼저 바그너를 극복해야 한다.

니체-바그너 결별의 길

1874년은 그동안 니체와 바그너 사이에 암묵적으로 흐르던 긴장이 처음으로 명확한 모습을 드러내며 폭발한 해였다. 〈교육자로서의 쇼펜하우어〉를 막 끝내고 난 8월 니체는 바이로이트에 있는 바그너의 새 집 '반프리트(환상의 집)'를 방문했다. 바그너는 그 무렵 4부작 〈니벨룽의 반지〉 막바지 작업을 하느라 신경이 곤두서 있었다. 바그너에게 오기 전 니체는 바젤에서 브람스 Johannes Brahms, 1833~1897 연주회에 참석한 적이 있었다. 그는 브람스 음악에 특별한 매력을 느끼지 못했다. 그런데도 니체는 브람스의 〈승리의 찬가〉 피아노 악보를 반프리트로 가지고 갔다. 결정적인 것은 바그너가 브람스를 인간으로서나 작곡가로서나 싫어했다는 사실이다. 바그너주의자라면 브람스를 경멸해야 마땅했다. 그런데 니체가 브람스 악보를 사가지고 와 바그너의 피아노 위에 올려놓은 것이다. "결국 바그너는 이 모든 상황을 니체가 계획적으로 도발한 것이라고 생각하면서 얼굴을 붉히며 노발대발했고, 니체는 …… 얼음장처럼 싸늘하고 고요한 얼굴로 이에 맞섰다."[22] 바그너는 이때의 상황에 대해 이렇게 썼다. "나는 니체가 우리들에게 '보세요. 이 사람도 역시 무엇인가 좋은 것을 만들 수 있는 사람입니다'라고 말하고 싶어 한다는 것을 느꼈다. 그래서 어느 날 저녁 나는 화를 냈다. 정말로 화를 냈다!"[23]

브람스의 악보와 관련한 니체의 행동은 작은 반란이었다. 바그너는 쉽게 흥분하는 성격이었던 만큼 쉽게 잊어버리는 성격이기도 했지만, 니체는 쉽게 흥분하지도 않고 쉽게 가라앉지도 않았다. 니체는 8월 15일 반프리트를 떠난 후 1876년 7월까지 거의 2년 동안 바그너를 만나지 않았다. 그 사이에 바그너 부부는 니체의 마음을 돌리려고 이런저런 노력을 다했다. 니체의 〈교육자로서의 쇼펜하우어〉가 출간되자 그 책을 극찬했고, 그의 건강을 걱정하는 편지를 보내기도 했다. 1875년 부활절에 니체는 그때 막 출간된 〈니벨룽의 반지〉 제4부 〈신들의 황혼〉의 피아노 발췌곡을 샀다. 그 음악을 연주해보고 니체는 "이것은 지상의 천국이다"라고 감탄했다.[24]

니체는 다시 용기를 내 바그너를 위해 뭔가 해야겠다는 생각에 〈반시대적 고찰〉 4편을 쓰기 시작했다. 〈바이로이트의 리하르트 바그너〉였다. 그러나 8월에 시작한 작업을 두 달 만에 그만두었다. 이 시기에 니체는 육체의 고통에 시달렸다. 바그너가 바이로이트로 오라고 초대했지만, 그는 슈바르츠발트의 슈타인바트에서 요양하면서 바이로이트를 단지 마음으로만 생각했다. 바그너에게서 멀어져 독립하려는 원심력과 바그너에게 집착하는 숭배자의 구심력이 맞부딪쳐 니체를 내적 분열로 몰아갔다.

1876년 봄 바이로이트 축제 극장이 완공을 앞두고 있다는 소식을 듣고 니체는 〈바이로이트의 리하르트 바그너〉를 서둘러 완성해, 7월에 바그너에게 막 출간된 책을 두 권 보냈다. 이 책은 겉으로 보면 바그너에 대한 찬사 일색이다. 바그너도 이 책을 받고 즉시 니체에게 답장을 보냈다. "친구여, 당신의 책은 훌륭합니다! 도대체 당신은 어디에서 나에 관한 그런 경험을 했던가요? 곧바로 이곳으로 와 당신이 서술한 그 인상들을 가까이서 하나하나 시험해봅시다."[25] 그러나 바그너는 축제일에 쫓겨 니체의 책을 제대로 읽지 못했다. 당연히 그 책 안에 비판의 가시가 들어 있다는 것도 알아챌 수 없었다. 니체는 바그너의 초대를 받아들여 바이로이트로 갔다. 그러나 그 방문은 니체와 바그너의 영원한 결렬의 마지막 문이 되고 말았다.

니체는 훗날의 자서전에서 〈바이로이트의 리하르트 바그너〉에 대해 이렇게 말했다.

> 이 에세이(《바이로이트의 리하르트 바그너》)에서 온갖 결정적인 심리학적 구절들은 모두 나에 대해서만 말하고 있다. 바그너라는 이름이 적혀 있는 곳에 내 이름이나 '차라투스트라'를 집어넣어도 될 것이다.
>
> 《이 사람을 보라》, '비극의 탄생', 4절

이 주장이 너무 일방적인 것은 사실이다. 바그너 비판자가 된 니체가 말년에 절제를 잃고 쓴 글이다. 그렇다고는 해도 이 구절에 진실이 없는 것은 아니다. 니체에게 바그너는 현실에 존재하는 '자아 이상'이었으므로, 그 이상과 같은 존재를 그려내는 것은 자기 자신의 내적 욕망을 그려내는 일이기도 했다. 다만 그 자아 이상에 대한 니체의 시선이 분열되면서 텍스트 내부에도 균열이 생기기는 했다. 그리하여 〈바이로이트의 리하르트 바그너〉의 마지막 절은 그런 분열적 뉘앙스를 뚜렷하게 드러낸다. 니체는 마지막 문장에서 바그너를 "미래의 예언자"가 아니라 "과거를 해석하고 변용하는 자"라고 진단한다. 그 진단은 니체가 바그너에게 기대했던바 '미래의 예술을 만드는 자'가 아니라는 실망의 표현이다.

그 실망의 표현 조금 앞에서 니체는 바이로이트에서 초연될 〈니벨룽의 반지〉의 내용에 대한 자신의 감상을 펼쳐놓는데, 그 감상은 그 뒤의 바그너에 대한 실망과 다르게 미래에 대한 희망을 노래한다. 현재의 난쟁이 같은 인간을 초월해 참으로 탁월한 인간이 출현하리라는 기대를 품고 니체는 선과 악에 얽매이지 않는 자유로운 지크프리트의 모습을 미래 인간의 모습으로 그려 보이는 것이다.

아마 저 종족은 전체로서는 오늘날의 인간보다 악한 것처럼 보일 것이다. 왜냐하면 그들은 악에서나 선에서나 우리보다는 개방적일 것이기 때문이다. …… 또 다음과 같은 명제는 우리 귀에 어떻게 울리는가. 정열은 스토아주의(금욕주의)나 위선보다 낫다. 인습의 윤리로 인해 자기 자신을 상실하는 것보다는 악한 일에서조차 정직한 것이 훨씬 낫다는 것, 자유로운 인간은 선하게도 악하게도 될 수 있지만 자유롭지 못한 인간은 자연의 수치이며 천상의 위로도 지상의 위로도 얻지 못한다는 것, 마지막으로, 자유로워지고 싶은 사람은 모두 자기 자신에 의해 자유로워질 수밖에 없기 때문에 그 누구에게도 자유는 기적의 선물로 안겨지는 것이 아니라는 것, 이런 명제들 말이다. 이런 명제들이 아무리 날카롭게 아무리 기분 나쁘게 울린다 할지라도, 그 울림은 …… 저 미래의 세계로부터 오는 울림이다.

《반시대적 고찰》, 제4부 '바이로이트의 리하르트 바그너', 11절

이 문장은 니체의 후기 사상에서 만개하게 될 구절들을 포함하고 있다. 니처 사상의 핵심 중의 핵심을 요약하는 한 문장을 뽑으라면 "자유로운 인간은 선하게도 악하게도 될 수 있다"라는 문장이 아닐까. 훗날 무섭게 울려 퍼질 초인의 외침이 이 문장에 아주 작은 목소리로 응축돼 있다. 이 목소리를 내는 데 니체는 점점 자신감을 얻게 되고 마침내 시나이 산을 내려온 모세처럼 당당하게 자신의 목소리를 뿜어내게 될 것이다.

part 2

방랑하는 자유정신

"자유로운 인간은 모든 점에서 관습에 의존하지 않고
자기 자신에게 의존하고자 하기 때문에 비윤리적이다."
〈아침놀〉, 9절

"영혼의 야전 진료소.
가장 강력한 치료제는 무엇일까? 승리다."
〈아침놀〉, 571절

05

Friedrich Nietzsche

**인간적인
너무나
인간적인**

"그대들이 이상적인 것을 보는 곳에서
나는 인간적인, 너무나 인간적인 것을 본다."

Nietzsche, Friedrich Wilhelm

"너는 너의 주인이며 동시에 네 자신의 미덕의 주인이 되어야만 한다. 과거에는 미덕이 너의 주인이었다. 그러나 그 미덕은 다른 도구들과 마찬가지로, 오로지 너의 도구여야 한다."
《인간적인 너무나 인간적인 1》, '서문', 6절

"하나의 작은 정원, 무화과나무, 약간의 치즈, 서너 명의 친구들. 이것이 에피쿠로스의 사치였다."
《인간적인 너무나 인간적인 2》, '방랑자와 그의 그림자', 192절 내가 알아볼 수 있는 것은 아무것도 없었다. 나는 바그너도 알아보지 못했다. 아무리 기억을 뒤져 보아도 그것은 헛수고에 지나지 않았다. 트립셴, 저 멀리 축복 받은 이들이 살고 있는 집. 트립셴과 비슷한 그림자조차 바이로이트에서는 찾을 수 없었다. 바이로이트 극장의 주춧돌을 놓았던 비길 데 없이 위대했던 나날들, 섬세한 일을 다룰 수 있는 손을 가졌던 소수의 선구자들. 나는 결코 이와 비슷한 그림자조차 찾을 수 없었다. 도대체 무슨 일이 일어났던 것일까? 바그너가 독일어로 번역되고 말았다. 바그너주의자들이 바그너의 주인이 되고 말았다! …… 가엾은 바그너! 그는 도대체 어디로 들어갔는가? 돼지 무리에 들어가는 것이 그에게는 더 나았을 것을! 독일인들 사이에 떨어지다니!

《이 사람을 보라》, '인간적인 너무나 인간적인', 2절

바이로이트의 파국

〈바이로이트의 리하르트 바그너〉를 서둘러 완성한 니체는 첫 번째 바이로이트 축제가 열리는 바이로이트로 향했다. 1876년 7월 23일 니체가 바그너의 도시에 도착했을 때, 초연을 기다리고 있던 바그너 생

애 최대의 오페라 〈니벨룽의 반지〉 두 번째 총연습이 끝나가고 있었다. 바이로이트 축제는 8월 13일에 개막해 4부작 〈니벨룽의 반지〉를 세 차례 공연할 예정이었다. 니체가 도착한 날 저녁에는 〈니벨룽의 반지〉의 제4부 〈신들의 황혼〉 제1막 총연습이 진행됐다. 니체는 그 자리에 참석했지만 머리가 아파 중간에 자리에서 일어났다. 이튿날에는 제2막 총연습을, 26일에는 제3막 총연습을 참관했다. 세 번째 전체 총연습은 29일 시작됐다. 그날 니체는 〈니벨룽의 반지〉의 제1부 〈라인의 황금〉 총연습을 보았다. 이어 31일에는 제2부 〈발퀴레〉를 보았는데, 눈 상태가 너무 안 좋아져서 공연을 제대로 볼 수 없었다.

　결정적인 것은 바이로이트의 잔치판 분위기였다. 니체가 목격한 바이로이트는 한마디로 말하면, 오페라를 배경으로 한 거창한 사교 모임이었다. 음악 정신은 사라져 보이지 않고 왕족, 귀족, 은행가, 외교관, 귀부인들만이 관심의 대상이었다. 이런 사람들은 대부분 공연은 지루해하고 사교 모임에만 관심이 있었다. 주요 인사들이 위풍당당하게 기차역에 도착했고, 바그너 집에서는 화려한 파티가 열렸다. 니체는 이 시끌벅적한 잔치판에서 주인공이 아니었다. 바그너의 사도를 자처하며 축제 극장 건립 모금 운동에 앞장서고 바이로이트 축제 극장 기공식을 함께 축하하고, 바그너 음악을 알리려고 분투했던 니체는 정작 극장이 완공돼 열린 첫 번째 축제에서 주변부에 머물렀다. 2년 만에 니체를 만난 바그너는 손님을 맞이하고 공연을 총괄하느라 이 '예술 운동의 동지'에게 마땅히 보여야 할 관심을 보이지 않았다. 12년 뒤에 쓴 자서전에서 니체는 그런 상황을 두고 "바그너가 독일어로 번역되고 말았다"라고 썼다. 반항적이고 도전적이었던 바그너가 독일의 '교양 속물' 세계 한가운데로 떨어지고 말았다는 뜻이다. 흥미로운 것은 니체 자신이 바로 전에 완성해 바그너에게 바친 〈바이로이트의 리하

바이로이트 축제 극장 외관

바이로이트 축제 극장 내부

르트 바그너〉《반시대적 고찰》, 제4부에서 바로 이와 같은 '천박한 극장 모습'을 마치 얼마 뒤에 만날 바이로이트를 예견하듯 생생히 그려놓았다는 사실이다.

> 판단의 기이한 혼탁, 모든 대가를 지불하면서 재미있고 즐거운 것을 얻으려는 천박한 숨어 있는 욕망, 학자인 체하는 관심사, 예술의 진지성에 대해 잘난 체하고 과시하려는 모습, 돈벌이에 대해 동물적 탐욕을 품고 있는 주최자들의 모습, 자신들의 득실에 따라서 민중을 생각하고 의무에 대한 생각 없이 극장과 음악회를 다니는 상류층의 공허하고 정신 나간 행위 – 이런 모든 모습이 우리의 현재 예술 상태의 답답하고 타락한 공기를 형성하고 있다. 《반시대적 고찰》, 제4부 '바이로이트의 리하르트 바그너', 4절

8월 초 니체는 '돼지들'이 우글거리며 주인 노릇하는 바이로이트를 빠져나왔다. "나는 바그너에게 숙명적인 전보 한 장을 보내 양해를 구했다. (보헤미아 지방) 뵈머발트의 숲 속 깊이 숨겨져 있는 클링엔브룬 마을에서 나는 나의 멜랑콜리와 독일인에 대한 경멸을 마치 하나의 병증처럼 달고 다녔다. 그리고 때때로 내 노트에 '쟁기날'이라는 제목 아래 한 문장씩 써넣었다."《이 사람을 보라》, '인간적인 너무나 인간적인', 2절 이때 쓰기 시작한 단편들이 뒤에 《인간적인 너무나 인간적인》 1권을 장식하게 된다. '쟁기날'이라는 제목은 쟁기로 밭을 갈듯 정신을 갈아 사유를 일깨운다는 뜻이리라. 두통을 가중시키는 소란스러움을 피해 숲 속에서 열흘쯤 머문 니체는 8월 12일 바이로이트로 되돌아와 〈니벨룽의 반지〉 4부작 전체를 관람한 뒤 27일 바젤로 돌아갔다. 그것이 마지막이었다. 니체는 첫 번째 바이로이트 축제를 끝으로 하여 사실상 바그너와 헤어졌다. 니체의 자서전은 바이로이트 축제에서 받은 충격과

실망이 헤어짐의 원인인 것처럼 기술하고 있지만, 바이로이트 축제 자체가 근본 원인을 제공했다고 할 수는 없다. 니체와 바그너의 내적 균열은 벌써 몇 년째 진행되고 있었고, 〈바이로이트의 리하르트 바그너〉 저술로 일시적인 봉합이 이루어졌지만 결국 바이로이트 축제에서 실밥이 터져버린 것이었다. 바이로이트는 결별의 계기와 명분을 제공해준 셈이었다.

주목할 것은 바그너와 갈등이 심해지고 심리적 거리가 커질수록 니체의 건강이 악화됐다는 사실이다. 그리하여 바그너한테서 독립하겠다는 의지는 역으로 육체적 고통과 병증을 키우는 결과를 낳았다. 첫 번째 바이로이트 축제를 전후로 하여 몇 년 동안 니체는 바그너에 대한 해방감이 커질수록 건강을 잃고 통증이 심해졌다. 이 시기 니체의 질병은 '심인성 질환'의 성격의 강했음이 분명하다. 위장 장애, 안구 통증, 구토, 주기적인 두통 같은 증상들은 그의 심리적인 갈등이 심해짐으로써 악화된 것이었다. 바그너에게서 독립하지 않으면 자기 자신이 될 수 없다는 것을 뚜렷하게 느끼면서도 바그너라는 세계를 잃어버리는 데서 오는 상실감을 다스리지 못하는 내적 갈등 상황이 니체의 정신을 타격했던 것이다.

요양지의 공부 공동체

바이로이트에서 돌아온 직후 건강이 급속히 나빠진 니체는 더 견디지 못하고 휴직을 신청했다. 1876년 10월 15일 대학은 니체에게 1년 동안 요양할 수 있도록 휴직을 허락했다. 강단에서 학생을 가르쳐야 한다는 의무에서 면제된 니체는 1873년 이래 둘도 없는 친구이자 사유의 동지가 된 파울 레와 함께 이탈리아로 여행을 떠났다. 바젤 대학 법학과 학생 알베르트 브레너가 두 사람의 이탈리아 여행에 동참했다.

이때부터 '영원한 기차 여행자' 니체의 삶이 본격화한다. 사부아에서 며칠 머문 뒤 제네바를 거쳐 제노바로, 다시 나폴리로 향했다. 10월 27일 세 사람은 소렌토에 있는 말비다 폰 마이젠부크의 별장 루비나치에 도착했다. 바그너의 친구였던 말비다 폰 마이젠부크는 1872년 바이로이트에서 니체와 만나 친구가 됐다. 귀족 출신 독신 여성이었던 말비다는 당시 독일어권 젊은 작가들과 예술가들의 후원자 노릇을 하고 있었다. 그 자신이 작가였던 말비다는 니체보다 스물여덟 살이나 나이가 많았다. 올리브 숲과 푸른 바다와 베수비오 화산이 내다보이는 별장에서 니체는 친구들과 함께 산책하고 공부하고 토론하는 여유로운 시간을 보냈다.

이즈음 바그너 부부가 자녀들과 함께 별장 근처의 빅토리아 호텔에 와 있었다. 니체 일행은 자주 바그너를 방문했다. 바그너는 당시 새로 구상하고 있던, 자신의 마지막 작품이 될 오페라 〈파르지팔〉에 대해 열정적으로 이야기했다. 니체는 조용히 들었다. 겉으로는 아무것도 달라진 것이 없는 듯 보였다. 11월 말 바그너가 소렌토를 떠났다. 그것이 니체와 바그너의 마지막 만남이었다. 그 뒤로 두 사람 사이에 편지 왕래가 더 있었지만, 그마저도 니체가 《인간적인 너무나 인간적인》에서 바그너를 공격하면서 끝나게 된다.

바그너가 떠난 뒤 니체와 레와 브레너와 말비다 폰 마이젠부크는 '수도원 공동체' 같은 분위기 속에서 토론과 공부를 계속했다. 이 시기에 니체는 건강을 많이 회복했다. 이듬해 3월 말 레와 브레너가 소렌토를 떠났다. 봄이 찾아오자 니체의 건강이 다시 나빠져 침대에 누워지내는 날이 많아졌다. 니체는 결혼 문제를 심각하게 생각했다. 그해에 대학 시절부터 둘도 없는 친구였던 에르빈 로데가 결혼해 니체와의 우정에서 한 발 물러섰다. 또 바젤에서 니체와 5년 동안이나 한집을 썼던 친구 프란츠 오버베크도 한 해 전에 결혼한 터였다. 니체의 정서적 공간은 그만큼 협소해져 있었다. 니체는 친구들이 결혼해 '독립'하는 걸 보면서, 자신도 건강을 돌보고 사회생활을 계속하려면 결혼을 해야 한다고 생각했다. 주위에서 니체가 결혼할 수 있도록 도와주려 했는데, 특히 말비다 폰 마이젠부크가 니체의 결혼 문제에 적극적이었다. 이 시기에 니체가 여동생 엘리자베트에게 보낸 편지는 이런 사정을 보여준다.

> 그러니까 나에게 어울리면서도 돈이 많은 여성, 마이젠부크 양의 말대로라면 "착한, '그러나' 부유한" 여성과 결혼하기만 한다면, 1878년 부활절에는 이 생활에 종지부를 찍을 거야. …… 이번 여름에 스위스에서 이 계획을 밀어붙여 바젤에는 결혼한 상태로 돌아갈 작정이야.
>
> **1877년 4월 25일**

아내를 구하는 문제가 꼭 집이나 가구 같은 사물을 구하는 문제처럼, 혹은 하녀를 구하는 문제처럼 느껴진다. 질병에 시달리고 있던 니체가 다급한 마음에 그렇게 표현한 것일 수도 있겠지만 그가 여성을 대하는 태도에서 인간적 교류의 현실감이 느껴지지 않는 것은 사실이다. 바로 이런 마음으로 니체는 실제로 한 해 전에 청혼을 한 적이 있었다. 1876년 4월 6일 스물한 살의 예쁘고 씩씩한 마틸데 트람페다흐 Mathilde Trampedach라는 네덜란드 여성을 만나 네 시간 동안 함께 산보한 뒤 즉각 청혼하는 편지를 썼다.

나의 아내가 되지 않겠습니까? 나는 당신을 사랑하며 마치 당신이 나의 사람인 것처럼 생각됩니다. 갑작스러운 나의 사랑에 대해 아무 말도 하지 않겠습니다! 적어도 거기에는 죄가 없으며 사죄할 필요도 없을 것 같습니다. 내가 알고 싶어 하는 것은 다만 당신이 나와 똑같이 생각하고 있는가 하는 것입니다. 우리 두 사람은 한순간도 서로 낯설어했던 적이 없었습니다! 그래서 각자 따로 사는 것보다 하나로 결합하는 편이 우리 두 사람을 더 자유롭게 …… 그리하여 더 높게 만들어주리라 생각하지 않습니까? 진정으로 자유와 개선을 추구하는 사람인 나와 함께 갈 용기가 없습니까? 삶과 사색의 모든 길을 함께 갈 용기가 없습니까? 부디 솔직하게, 아무 거리낌 없이 대답해주세요. 1876년 4월 11일

이것은 갑작스럽고 어처구니없는 구혼이다. 니체가 말로는 '사랑'이라고 하고 있지만 누구라도 거기서 진정한 사랑을 느끼기는 어려울 것 같다. 당연히 젊은 네덜란드 여성은 청혼을 거절했다. 이런 급작스러운 청혼 방식은 나중에 루 살로메Lou Anderas-Salomé, 1861~1937를 만나서도 다시 나타나지만, 역시 아무런 성과를 내지 못한다.

니체 자신이 결혼에 자신이 없었음이 틀림없다. 1877년 6월 니체는 이렇게 썼다. "결혼, 그것은 매우 바람직한 일이지만, 그러나 전혀 가능하지 않다는 것을 나는 너무나도 잘 알고 있다."[1] 니체는 아내가 될 사람으로 매우 지적인 여성을 원했다. 자신과 대화 상대가 될 만한 지성과 교양을 갖춘 사람이어야 했다. 동시에 니체는 자신의 병약한 신체, 섬약한 신경을 헌신적으로 돌봐줄 여성을 원했다. 이런 두 가지 요구를 충족시켜주는 여성을 만나기는 쉬운 일이 아니었다. 게다가 니체는 결혼에 따르는 속박에 대한 두려움이 있었던 것 같다. 위대한 창조를 하려면 고독이 필요한데, 결혼이라는 삶의 형식은 고독과는 어

울리지 않는 것이었다. 니체가 서둘러 청혼을 하고 거절당하면 오히려 안도하는 듯한 모습을 보이는 것, 또 처음부터 결혼을 불가능한 일이라고 포기하는 듯한 태도를 취하는 것에서 결혼에 대한 니체의 무의식을 짐작할 수 있다.

《인간적인 너무나 인간적인》, 자유정신을 위한 책

1877년 5월 건강이 점점 더 나빠지자 니체는 마침내 말비다 폰 마이젠부크의 별장을 떠나 여름을 알프스에서 보내고 9월 1일 바젤로 돌아왔다. 강단에 복귀한 니체는 가르치는 일의 일부를 면제받았으나, 그마저도 힘겨워했다. 육체의 고통은 니체를 시도 때도 없이 괴롭혔다. 이렇게 질병에 시달리면서도 니체는 여행 중에 썼던 단편들을 정리해 한 권의 저작으로 완성하는 작업을 계속했다. 이때 1875년 이래 니체의 충직한 제자가 된 페터 가스트가 니체 원고를 완성하는 일에 뛰어들었다. 악필의 니체와 달리 글씨를 아주 잘 썼던 가스트는 니체가 불러주는 문장을 받아쓰고 원고를 정리했다. "당시 바젤 대학에서 수학하고 있던, 나를 아주 좋아하는 페터 가스트가 이 책의 책임을 맡았다. 내가 머리를 동여맨 채 고통스러워하면서 구술하면, 그는 받아 적었고 교정도 보았다. 근본적으로는 가스트야말로 진정한 필자였고, 나는 단지 저자였을 뿐이다."《이 사람을 보라》, '인간적인 너무나 인간적인', 5절

이렇게 하여 1월 말에 원고가 완성됐고, 5월에 《인간적인 너무나 인간적인》이라는 제목으로 출간됐다. 앞서 1월 초에 바이로이트에서 바그너의 마지막 작품 〈파르지팔〉 대본이 니체에게 우송돼 왔다. "내 충실한 친구 프리드리히 니체에게, 리하르트 바그너"라는 헌사가 적혀

있었다. 니체는 《인간적인 너무나 인간적인》이 출간되자 역시 두 부를 바이로이트로 보낸다. 우연의 일치처럼 두 권의 책이 서로 교차하는 상황이 빚어졌는데, 니체는 이 상황에 대해 나중에 이렇게 회고했다. "이 두 책의 교차(로 인해) 불길한 소리가 들리는 것 같았다. 두 개의 검이 맞부딪치는 듯한 소리가 울리지 않았던가?"《이 사람을 보라》, '인간적인 너무나 인간적인', 5절

니체는 《인간적인 너무나 인간적인》을 완성한 뒤, 비슷한 형식으로 쓴 글들을 모아 《여러 가지 의견과 잠언》이라는 이름으로 1879년 3월에 출간했다. 또 그 뒤에 쓴 글들을 묶어 《방랑자와 그 그림자》라는 제목으로 1879년 12월 크리스마스 때 출간했다. 뒷날(1886년) 니체는 이 두 권을 하나로 묶어 《인간적인 너무나 인간적인 2》로 재출간했다. 형식이 《인간적인 너무나 인간적인》 첫 번째 권과 유사할 뿐만 아니라 내용이 첫 번째 책의 연장이었기 때문이다.

《인간적인 너무나 인간적인》은 니체 사상의 중기 혹은 제2기를 알리는 저작이다. 이 저작에서 《비극의 탄생》, 《반시대적 고찰》과 확연히 다른 니체의 새로운 관점과 시야가 드러나기 시작한다. 니체 사상의 중기는 《아침놀》과 《즐거운 학문》까지 이어지며, 그 뒤를 잇는 《차라투스트라는 이렇게 말했다》에서 후기 혹은 제3기가 시작된다.

중기 니체는 먼저 글쓰기의 형식에서 앞 시기와 다른 모습을 보인다. 《인간적인 너무나 인간적인》은 모두 짤막한 잠언 형식의 조각 글 수백 편으로 이루어져 있다. 이런 형식은 《아침놀》과 《즐거운 학문》에서도 반복된다. 니체가 새로운 글쓰기를 시도한 것은 질병과 통증이라는 이 시기 육체적 조건과 긴밀한 관련이 있다. 고통 때문에 니체는 차분하게 책상에 앉아 작업을 할 수 없었고, 주로 맑은 공기를 찾아 산책을 하면서 떠오르는 생각을 서둘러 메모지에 적었다. 마치 생각나

는 악상을 악보에 옮기는 것과 같았다. 니체는 미셸 드 몽테뉴Michel Eyquem de Mortaigne, 1533~1592, 블레즈 파스칼Blaise Pascal, 1623~1662, 프랑수아 드 라로슈푸코Prançois de La Rochfoucauld, 1613~1680, 장 드 라브뤼예르Jean de La Bruyère, 1645~1696 같은 16~18세기 프랑스 '모랄리스트'들의 잠언적 글쓰기에서 아이디어를 얻었다.

짤막한 잠언투 글쓰기는 이 시기 니체의 '실험주의적 사유 방식'과도 깊은 관련이 있다. 니체는 앞 시기에 자신의 정신을 사로잡았던 바그너와 쇼펜하우어의 세계관에서 벗어나 다른 눈으로 세상을 보려고 했다. 그러려면 이전의 생각의 틀을 깨부수는 새로운 발상을 해야 하는데, 그것이 우선은 실험적 방식으로 다가왔다. 체계적이고 수미일관하게 새로운 사상을 세우는 것이 쉽지 않다면, 먼저 기존의 사상과 다른 사유들을 떠올려 대립시켜 보는 것이다. 마치 잔잔한 호수에 돌을 던져 파문을 일으키는 것과도 같다고 할 수 있다. 이런 '사유 실험'들이 니체의 메모장을 빽빽이 채우고 그중에서 니체 자신의 검증을 거친 것들이 뽑혀 나와 한 권의 책으로 배열되는 것이다. 그런 만큼, 이 시기 니체의 저작은 단편들을 엮은 연속체의 성격을 띠고 있다. 니체는 사유 실험을 통해 자신의 정신을 가두고 있던 바그너와 쇼펜하우어의 사상으로부터 탈출할 수 있었다. 또 이 시기 사유에는 나중에 꽃피게 될 성숙기 니체 사상의 씨앗들도 풍부하게 들어 있다. 그런가 하면 이 시기 저작에는 전기와 후기를 막론하고 니체 철학의 전 시기를 관통하는 사상도 저류처럼 흐르고 있다.

"네 미덕의 주인이 되어라"

1878년에 출간된 《인간적인 너무나 인간적인》은 '자유정신을 위한 책'이라는 부제 외에 '1778년 5월 30일 볼테르 서거 기념제에 즈음하여 볼테르를 기념하여 바침'이라는 긴 표제를 달고 있었다. 이 책이 5월 30일 출간된 것은 바로 볼테르(본명 프랑수아 마리 아루에François Marie Arouet, 1694~1778 볼테르Voltaire는 필명) 100주기를 기념하는 것이었다. 18세기 계몽주의 운동을 대표하는 사상가 볼테르를 니체는 '자유정신'의 전형이자 모범으로 받아들였다. 그렇다면 이 시기에 니체가 옹호한 자유정신이란 무엇인가. 니체는 《이 사람을 보라》에서 이렇게 말한다. "자유정신이란 스스로 자기 자신을 다시 소유하는 자유롭게 된 정신이다." 그렇다면 무엇으로부터 자유롭게 됐다는 것인가? 같은 곳에서 니체는 《인간적인 너무나 인간적인》을 설명하면서 그 질문에 답한다.

> 그 책의 거의 모든 문장은 승리의 표현이다. 나는 이 책에서 나의 본성에 속하지 않는 것에서 나 자신을 해방시켰던 것이다. 이상주의는 나의 본성에 맞지 않는다. 이 책의 제목은 '그대들이 이상적인 것을 보는 곳에서 나는 인간적인, 너무나 인간적인 것을 본다'는 것을 말하고 있다.
> 《이 사람을 보라》, '인간적인 너무나 인간적인', 1절

니체는 《인간적인 너무나 인간적인》을 쓰면서 이상주의로부터 자유로워졌고, 이상주의와의 싸움에서 승리했다고 말한다. 이때의 이상주의는 바꿔 말하면, 쇼펜하우어의 '의지 철학'이고 바그너의 예술철학이며, 더 넓히면 플라톤 이래 서양의 이상주의 철학이다. 이 시기의 단편들을 써나가면서 바그너의 음악 세계로부터 결정적으로 벗어났

고 쇼펜하우어의 형이상학적 세계에서 탈출했으며, 서양의 이상주의적 도덕철학을 털어냈다.

그런데 뒷날 니체는 《인간적인 너무나 인간적인》 재판을 펴내면서 쓴 1886년 서문에서 이 자유정신이란 게 존재하지 않는다고 선언한다. 자유정신은 자신이 만들어낸 '상상의 창조물'일 뿐이라는 것이다. "그래서 나는 일찍이 내게 필요했던 '자유정신들'을 창안해냈다. 《인간적인 너무나 인간적인》이라는 이 우울하고 용감한 책은 바로 그 자유정신들에게 바친 것이다. 하지만 이 자유정신은 존재하지도 않으며 존재했던 적도 없다."《인간적인 너무나 인간적인》, '서문', 2절 그러면서 니체는 질병이나 고독 같은 나쁜 상황 속에서도 좋은 기분을 유지하기 위해 자유정신들을 만들어냈으며 "친구가 없는 데 대한 보상으로 자유정신들이 동반자로 필요했다"고 고백한다.

그러나 이 환영 같은 자유정신들도 이 시기에 니체가 자신의 생각을 바꾸고 정신을 일신하는 데는 꼭 필요한 '동반자'였고, 니체 자신이 그런 자유정신들 가운데 한 사람이고자 했던 것도 분명한 사실이다. 그리하여 니체는 이 서문에서 자신이 창안했고 스스로 그 일원이었던 자유정신을 되돌아보며 다시금 찬양한다.

> 위대한 해방은 이처럼 속박된 자에게 마치 지진처럼 돌연히 다가온다. …… 미지의 세계를 향한 불굴의 모험적인 호기심이 그의 모든 감각에서 불타오르고 불꽃이 흔들거린다. "여기서 사느니 차라리 죽어버리겠다." 이런 단호한 목소리와 유혹이 울려 퍼진다.
> 《인간적인 너무나 인간적인 1》, '서문', 3절

그렇게 넘쳐흐르는 힘은 자유정신으로 하여금 시험에 삶을 걸고 모

> 험에 몸을 내맡겨도 된다는 위험스런 특권을 부여한다. 그것은 자유정신의 거장다운 특권이다! …… 그 사이에는 긴 회복기가 놓여 있다. …… 거기에는 창백하고 섬세한 빛과 대양의 행복이 속해 있다. 즉 새의 자유, 새의 조망, 새의 오만에서 나온 감정과, 호기심과 가냘픈 멸시의 감정이 얽힌 제3의 감정이 있다. '자유정신', 이 차가운 단어는 이러한 상태에 있을 때에는 편안하며 따뜻하기까지 하다.
> 《인간적인 너무나 인간적인 1》, '서문', 4절

이어 니체는 이 서문에서 이 자유정신이 마침내 얻게 된 하나의 '진리'를 제시한다. 니체가 '위대한 해방의 수수께끼'라고 말하는 그 진리는 다음과 같다.

> 너는 너의 주인이며 동시에 네 자신의 미덕의 주인이 되어야만 한다. 과거에는 미덕이 너의 주인이었다. 그러나 그 미덕은 다른 도구들과 마찬가지로, 오로지 너의 도구여야 한다. 너는 너의 찬성과 반대에 대한 지배력을 획득하여 너의 더 높은 목적에 필요할 때마다 그 미덕을 붙이거나 떼내버리는 것을 배워야만 한다. 너는 모든 가치에서 관점주의적 감각을 터득해야만 한다.
> 《인간적인 너무나 인간적인 1》, '서문', 6절

이 진술은 니체의 삶을 관통하는 명령 "너는 너 자신이 되어야 한다" 즉 "너는 네 삶의 주인, 너 자신의 주인이 되어야 한다"라는 명령에 더해 "너는 네 미덕의 주인이 되어야 한다"라는 명령을 강조한다. 과거에는 미덕이 주인이었다. 이제 그 주인이 나 자신으로 바뀌어야 한다. 다시 말해 나의 미덕, 그러니까 친절함, 동정심, 정직함, 관대함 같은 미덕들이 내가 어찌해보지 못하는 사이에 나를 좌지우지하는 것을 허용하지 말고, 내가 그 미덕들을 지배해 미덕의 주인 노릇을 해야 한다는 이야기다. 니체는 동정심이나 친절함이 몸에 배어 이 '미덕'의 관습을 떨쳐버리지 못했다. 그런 식의 주인답지 못한 삶을 바꿔야 한다는 것이다. 필요하다면 나는 동정심을 베풀 수도 있고 친절하고 관대하게 대할 수도 있지만, 또 필요하다면 그런 미덕을 거두어들일 수도 있다. 미덕은 본디부터 옳은 것도, 그른 것도 아니고 '내 관점에서 볼 때' 옳을 수도 있고 그를 수도 있는 것이다. 그것이 말하자면 관점주의적 태도다. 니체는 이 책을 쓰던 시기에, 다시 말해 자유정신을 익히던 그 시기에 이런 관점주의를 터득했으며, 그런 태도에 의지해 미덕에 휘둘려 끌려다니는 미덕의 노예가 아니라 미덕을 자기 뜻대로 부리고 거두는 미덕의 주인이 되어야 함을 깨달았다고 고백하는 것이다.

바그너 비판, 쇼펜하우어 극복

니체는 《인간적인 너무나 인간적인》의 첫 번째 책을 이름을 밝히지 않고 출간하고자 했다. 그러나 출판사 쪽에서 니체의 이름이 책 판매에 조금이라도 도움이 될 것으로 보고 실명을 고집했기 때문에 결국 자신의 이름을 밝혔다. 니체가 이름을 감추고 책을 내려 했던 것은 바그너 때문이었다. 책 안에서 니체는 바그너를 직접 거명해 가며 비판했던 것이다. 자기 이름으로 책을 내기로 한 뒤 니체는 서둘러 바그너 이름을 지우고 그 자리에 '천재'나 '예술가'라는 단어를 집어넣었다. 하지만 전후 맥락을 볼 때 알 만한 사람은 바그너를 가리킨다는 걸 알 수 있었다. 이를테면, 다음과 같은 구절이 바그너를 직접 겨냥하는 것이었다.

천재 예찬의 위험과 이익. 위대하고 탁월하며 창작력이 풍부한 정신에 대한 믿음은, 반드시 그렇지는 않지만 극히 자주, 그 정신이 초인적인 근원을 가졌다거나 특정한 신비로운 능력을 갖추고 있어서, 그 능력을 이용하여 다른 사람들과 전혀 다른 방법으로 인식에 관여할 수 있다고 여기는 종교적인 미신과 …… 여전히 결부돼 있다. 사람들은 흔히 그들에게는 현상이라는 외투의 구멍을 통해서, 세계의 본질을 직접 볼 수 있는 안목이 있어서 그들이 학문의 노력과 엄밀성 없이도 이 신비로운 투시력으로 인간과 세계에 대한 궁극적이고 결정적인 것을 전할 수 있다고 믿는다. …… 다른 한편, 천재, 천재의 특권, 그리고 특수한 능력에 대한 미신이 천재 자신 속에 뿌리를 내리고 있을 경우, 그것이 그에게 이익을 가져올지 그렇지 않을지는 의문이다. …… 당연히 신에게만 바치는 제물의 냄새가 천재의 두뇌에까지 스며들어, 그로 인해 그의 두뇌가 허우적거리기 시작하다가 마침내 자신을 초인적인 존재라고 간주하기에 이른다면 그것은 위험한 징후다. 그 징후의 결과는 무책임, 예외적 특권의 감정, 자신과 교제하는 것만으로도 이미 은혜를 베풀고 있다는 믿음, 그를 다른 사람과 비교하거나 하물며 더 낮게 평가하거나 또는 그의 작품의 잘못된 점을 공개하려는 시도에 대한 미친 듯한 분노 따위가 서서히 나타나게 된다. 그는 자기 자신에 대한 비판을 하지 않게 됨으로써 마침내 그의 날개에서 깃털이 하나씩 뽑혀 나간다. 그 미신은 그의 능력이 완전히 사라지고 난 후에는 아마 그를 위선자로까지 만들게 될 것이다.

《인간적인 너무나 인간적인 1》, 164절

이 구절은 바그너의 행태에 대한 단호한 비판이라고 할 수 있다. 니체가 이 책을 바그너에게 보냈을 때 바그너는 어떤 마음이었을까. 바그너는 이 책에 분노하기보다는 슬퍼했다. 그는 1878년 5월 24일 니체의 친구 오버베크에게 보낸 편지에서 "나는 그의 책을 읽지 않는 친절을 베풀었다"고 말했다.² 코지마 바그너는 일기장에 단호하게 한 줄로 썼다. "이 글에서 악마가 승리했다는 것을 나는 알고 있다."³

이렇게 쓴 걸 보면 니체가 바그너와 내적으로 완전히 인연을 끊었다고 느끼기 쉽지만, 니체의 바그너에 대한 애착은 그 뒤로도 쉽게 가라앉지 않았다. 1880년 페터 가스트에게 보낸 편지에서 니체는 아직도 자신에게 바그너와의 결별이 얼마나 큰 영향을 끼치고 있는지 이야기한다. '만약 내가 누구와도 공감하지 못하고 살아가야 한다면, 그리고 내가 최근에 잃어버린 바그너와의 공감대를 상쇄할 수 있는 것이 전혀 존재하지 않는다면 나는 끔찍하게 고통스러울 걸세. 바그너에 대한 꿈을 얼마나 자주 꾸는지……. 꿈에서는 항상 예전의 친밀한 상태로 돌아가 있네. 그 무렵 우리 사이에는 어떤 독설도 없었고, 오직 생기 있고 용기를 북돋우는 이야기들만 있었지. 아마도 나는 다른 누구보다 그와 함께 있을 때 가장 많이 웃었을 걸세. 하지만 이제는 그 모든 것이 다 끝났네. 그리고 많은 일들 가운데 그를 반대하면서까지 정의의 편에 서 있다는 사실이 무슨 소용이 있겠는가!"1880년 8월 20일 1883년 2월 바그너가 죽고 9일이 지난 뒤 오버베크에게 쓴 편지에서 니체는 다시 바그너 없는 삶의 고통을 털어놓았다. "바그너는 내가 알았던 그 누구보다도 가장 완전한 인간이었고, 이 점에서 볼 때 나는 그와 헤어진 이후 6년 동안 커다란 시련을 겪어야 했네."1883년 2월 22일

니체는 정신을 놓기 얼마 전에《바그너의 경우》를 쓰고, 또 마지막 순간에 바그너에 대해 자신이 그동안 쓴 글들을 모아《니체 대 바그너》라는 이름으로 묶는다. 니체에 대한 바그너의 영향은 그토록 압도적이었다. 그런 만큼 니체는 자신의 독립성을 확보하고 지키기 위해 바그너와 연결된 끈을 매몰차게 끊어야 했다. 그 단절의 작업이《인간

적인 너무나 인간적인》이었고, 그 작업의 고통스러운 흔적은 책의 이곳저곳에 남았다.

　니체는 바그너에게서 멀어짐과 동시에 바그너 음악을 떠받치고 있던 쇼펜하우어 철학으로부터도 멀어졌다.

> 세계의 본질을 폭로하는 자는 우리 모두에게 가장 불쾌한 실망을 안겨줄 것이다. '사물 자체'로서의 세계가 아니라 표상으로서의 세계가 그만큼 의미심장하고 깊이 있으며 경이롭고 행복과 불행을 안고 있는 세계인 것이다.
> 《인간적인 너무나 인간적인 1》, 29절

　이 문장에서 쇼펜하우어의 '의지'를 부정하려는 니체의 의지를 느끼기는 조금도 어렵지 않다. 쇼펜하우어는 칸트의 철학을 출발점으로 삼았다. 현상과 현상 배후의 본질 세계인 '사물 자체'로 세상을 나눈 뒤, 그 현상을 표상이라고 부르고, '사물 자체' 곧 사물의 본질을 '의지'라고 보는 것이 쇼펜하우어 철학의 가장 근본적인 틀이다. 니체는 본질 세계인 '사물 자체'는 무의미하다고, 다시 말해 세계의 영원한 본질인 '의지' 같은 것은 없다고 선언하는 것이다. 이 주장에서 한발 더 나아가면, 다음 명제가 도출된다. 사물의 배후, 현상의 배후에는 아무런 형이상학적인 세계도 없고 본래적인 실체도 없다. '사물 자체'에 거주하던 칸트의 '도덕'도 없다. 존재하는 것이라고는 우리가 눈으로 확인할 수 있는 이 현상, 표상, 사물의 세계뿐이다. 이 세계를 도덕적으로 지탱해주는 배후의 형이상학적 원리가 없는 것이다. 우리의 삶을 구원하는 이상주의적인 원리가 사라지는 것이다. 이런 점을 두고 니체는 뒷날 《이 사람을 보라》에서 《인간적인 너무나 인간적인》이 '연기 없는 전쟁', 곧 인식을 둘러싼 전쟁이었다고 설명했다.

> 그것은 전쟁이다. 하지만 화약도 연기도 없고, 전투태세도 없으며, 파토스도 사지의 탈골도 없는 전쟁이다. …… 이 전쟁에서는 오류가 차례차례 얼음 위에 놓인다. 이상은 반박되지 않는다. 이상은 얼어 죽는다. 여기서는 이를테면 '천재'가 얼어 죽고, 다음 구석에서는 '성인'이 얼어 죽는다. 두꺼운 고드름 밑에서는 '영웅'이 얼어 죽고, 마지막에는 '신앙'이 얼어 죽는다. 이른바 '확신'도 '동정'도 꽁꽁 얼어붙는다. 거의 모든 곳에서 '사물 자체'가 얼어 죽는다.
>
> 《이 사람을 보라》, '인간적인 너무나 인간적인', 1절

이렇게 쇼펜하우어 철학을 부정함으로써 니체는 쇼펜하우어의 음악관도 동시에 부정한다. 쇼펜하우어에게 음악은 '사물 자체'의 세계에서 직접 솟아나는 것이자 '의지'의 직접적 구현이었다. 그러나 니체는 이제 그런 주장을 부정한다.

> 음악 그 자체는 우리의 내면을 위해 중요한 것도 아니고 감정의 직접적인 언어로 간주해도 좋을 만큼 깊은 감동을 주는 것도 아니다. …… 우리는 오늘날 음악이 직접 내면을 향하여 말하며 내면에서 나온다고 잘못 생각하고 있다. …… 어떠한 음악도 그 자체로는 심오하지도 중요하지도 않다. 그런 음악은 '의지'와 '사물 자체'에 대해서 말하지 않는다. …… 지성이 스스로 이 의미를 처음으로 음향 속에 집어넣었던 것이다.
>
> 《인간적인 너무나 인간적인 1》, 215절

소크라테스와 에피쿠로스 재발견

니체가 이렇게 쇼펜하우어 철학 그리고 바그너 사상과 결별하면서, 그때까지 그가 지성주의·논리주의의 대표자로 간주해 부정했던 소크라테스가 정반대의 방향에서 주목받는다. 《비극의 탄생》에서 그리스 비극의 디오니소스 정신을 죽인 장본인으로 규탄받았던 소크라테스는 니체의 새 책에서 사물을 편견 없이 투명하게 인식하려고 분투했던 자유정신의 위대한 원형으로 부활한다. 소크라테스는 '악처' 크산티페Xanthippe 덕에 자유정신의 영웅주의를 떨친 인물로 다소 유머러스한 톤으로 그려지는가 하면, 예수보다 더 우월한 지성으로 평가받기도 한다.

> 소크라테스는 자신에게 필요했던 한 여성을 발견했다. 그러나 그가 만약 그녀에 대해 잘 알고 있었다면 그녀를 구하지는 않았을 것이다. 이 자유정신의 영웅주의도 그렇게 멀리까지 가지 않았을 것이다. 사실 크산티페는 집과 가정을 불편하고 끔찍하게 만듦으로써, 소크라테스를 고유의 직무 속으로 더 깊숙이 몰아넣었다. 크산티페는 길거리가 됐든 다른 곳이 됐든 사람들이 잡담을 하고 일 없이 노는 곳이라면 어디서든 살아갈 수 있도록 소크라테스를 가르쳤으며 그렇게 함으로써 그를 아테네 최대의 길거리 - 변증가로 키웠다. 《인간적인 너무나 인간적인 1》, 433절

> 모든 일이 잘 진행되면, 사람들이 도덕과 이성의 안내서로서 《성서》보다 《소크라테스 회상록》(소크라테스 제자 크세노폰의 저서 - 인용자)을 손에 드는 시대가 …… 올 것이다. 소크라테스에게는 아주 다양한 철학적 삶의 양식의 길들이 거슬러 올라가 통하고 있다. 그것은 …… 이성과

습관을 통해 확립돼 있으며 삶에 대한 기쁨, 그리고 자기 자신에 대한 기쁨을 가리키고 있다. …… 그리스도교의 창시자에 비하면 소크라테스는 진지하되 즐거운 방식으로 진지하며 인간 영혼을 가장 훌륭한 상태로 만들어주는 장난기 가득한 지혜를 지니고 있다. 게다가 그에게는 더 훌륭한 지성이 있었다. 《인간적인 너무나 인간적인 2》, '방랑자와 그 그림자', 86절

전체를 아울러서 보면, 이 시기에 니체는 이전에 그토록 찬양했던 디오니소스적인 비합리적 충동 대신에 투명한 합리적 인식을 향한 의지를 앞세워 바그너와 쇼펜하우어라는 낭만주의적 정신세계의 탈출로를 확보하려 했다. 바로 그런 점에서 니체의 관심을 받은 또 다른 철학자가 고대 그리스 시대의 현자 에피쿠로스 Epicouros, B.C.341~B.C.270다. 친구들과 함께 작은 정원에 은거해 분수에 넘치지 않는 절제된 생활을 했던 '소박한 쾌락주의자' 에피쿠로스는 니체의 책에서 행복한 삶의 한 모범으로 제시된다. 이때 에피쿠로스에게 행복을 보장해주는 것이 '인식'이다. 인식하는 자 에피쿠로스, 사물의 본질을 투명하게 꿰뚫어보는 자 에피쿠로스가 니체의 관심 대상이 되는 것이다. 그런 에피쿠로스를 니체는 이렇게 상찬한다.

사람들의 영혼을 달래주던 고대 말기의 에피쿠로스는 오늘날에도 보기 드문 놀라운 통찰력을 지닌 사람이었다.

《인간적인 너무나 인간적인 2》, '방랑자와 그의 그림자', 7절

하나의 작은 정원, 무화과나무, 약간의 치즈, 서너 명의 친구들. 이것이 에피쿠로스의 사치였다. 《인간적인 너무나 인간적인 2》, '방랑자와 그 그림자', 192절

가장 위대한 인간들 중 한 사람, 즉 영웅적이고 목가적인 종류의 철학함의 창시자인 에피쿠로스. 《인간적인 너무나 인간적인 2》, '방랑자와 그의 그림자', 295절

이때 이후 니체는 에피쿠로스처럼 가장 간소하고 소박한 삶의 사치 속에 자신을 가두고 새로운 철학 산출을 향한 퇴로 없는 영웅적 투쟁을 벌이게 된다. 에피쿠로스의 인식주의적 삶을 '퇴락한 삶'으로 비판하게 되는 후기에도 니체는 에피쿠로스적인 소박한 생활 자체는 청산하지 않는다. 침대가 딸린 작은 방 하나와 간소한 식사로 만족하는 삶을 사는 것이다.

투명한 인식을 향한 의지

이 시기 니체의 이런 인식주의는 사람과 사물을 냉정한 이성의 눈으로 논리적이고 합리적으로 파악하겠다는 의지의 소산이었다. 예술이 주는 위로의 베일을 걷어내고, 음악이 주는 도취의 황홀을 씻어내고 세상을 있는 그대로 보자는 인식주의는 회의주의, 곧 만사를 의심의 대상으로 보는 태도로도 나타났다. 관습과 제도를 의심하는 회의주의는 사물의 진실을 꿰뚫어보는 인식주의와 나란히 갔다. 지구를 우주의 중심으로 보고 인간을 세계의 유일한 의미로 보는 인간 중심적인 관습적 사고를 거부하면서 인류의 삶을 우주 속의 티끌 같은 것으로 인식하는 다음과 같은 아포리즘에서 니체의 의심하는 눈은 매우 뛰어난 통찰을 얻어낸다.

이 우주에서 우리가 유일한 존재라고? 아, 그것은 가당치도 않은 일

이다. 종종 지구를 떠난 시야를 실제로 얻게 되는 천문학자들은 다음과 같은 사실을 우리에게 알려준다. 우주 속에 있는 생명의 물방울은 생성과 소멸이라는 거대한 대양의 총체적 성격에 견주면 아무런 의미도 갖지 못한다는 사실, 수많은 별들도 지구와 마찬가지로 생명을 생산해낼 수 있는 조건을 갖추고 있다는 사실, 이러한 별들은 아주 많이 있지만, 생명을 한 번도 발현해본 적이 없거나 오래전에 잃어버린 수많은 별들에 비한다면 한 줌도 되지 않는다는 사실, 이런 모든 별들의 생명은 존재 기간으로 측정해보면 단지 한순간 한 번 반짝거렸던 것뿐이며 그 뒤에는 길고 긴 시간이 있었다는 사실, 따라서 생명이 결코 그 별들이 존재하는 목적과 궁극적인 의도가 아니었다는 사실을 알게 해줄 것이다. 우리가 공상 속에서 인류의 몰락을 거의 무의식적으로 지구의 몰락과 결부해서 생각하는 것과 마찬가지로 아마 숲 속의 개미들은 자신들이 숲이 존재하는 목적과 의도라고 상상하고 있을지도 모른다.

《인간적인 너무나 인간적인 2》, '방랑자와 그의 그림자', 14절

니체는 모든 것을 의심에 부치는 투명한 인식주의의 눈으로 '도덕의 세계'를 들여다본다. 도덕이야말로 자신의 삶을 얽어매는 사슬이라고 보았기 때문에 니체는 자유정신을 획득하려면 이 사슬에서 풀려나야 한다고 절박하게 생각했다. 도덕을 비판적이고 회의적으로 인식하도록 자극한 사람은 그 시기에 니체의 든든한 사상적 동지였던 파울 레였다. 레는 니체를 처음 만나고 2년이 지난 뒤인 1875년 《심리학적 고찰》을 출간하고 이어 니체와 이탈리아 소렌토에서 함께 보낸 뒤 1877년 《드덕적 감각의 기원에 대하여》를 펴냈다. 이 책들은 니체에게 직접적인 영향을 주어 《인간적인 너무나 인간적인》에 뚜렷한 흔적을 남겼다. 여기서 니체는 레의 두 책에 대해 이렇게 논평한다.

인간적인, 너무나 인간적인 것에 대한 성찰, 또는 좀 더 학술적으로 표현하면 심리학적 관찰은 삶의 짐을 덜 수 있는 수단에 속한다. 즉 심리학적 관찰의 기술을 훈련하는 것은 어려운 상황에서는 정신에 침착성을 주고 권태로운 환경 속에서는 위로를 준다. 나아가 (심리학적 관찰을 통해) 자신의 삶에서 가장 험난하고 불쾌한 시기에 그 안에서 유용한 금언을 찾아낼 수 있어 그 금언 덕에 조금은 더 편해질 수 있다.

《인간적인 너무나 인간적인 1》, 35절

가장 대담하고 냉철한 사상가 중 한 사람인 《도덕적 감각의 기원에 대하여》의 저자가, 인간 행위에 대해 그처럼 절실하고 철저하게 분석하여 얻게 되는 주요 명제는 도대체 어떤 것인가. 그는 "도덕적 인간이 육체적 인간보다 예지적(형이상학적) 세계에 더 접근해 있는 것이 아니다"라고 말한다. 역사적 인식을 단련하는 망치질로 단단해지고 예리해진 이 명제는 아마 언젠가 미래에 인간의 '형이상학적 욕망'의 뿌리를 내리치는 도끼로 쓰이게 될 것이다.

《인간적인 너무나 인간적인 1》, 37절

이렇게 니체는 레의 저서에 대해 찬사를 아끼지 않는다. 그러나 이 책에서 벌써 니체는 도덕에 관한 레의 근본 주장을 넘어서고 더 깊숙한 곳까지 인식의 등불을 밝힌다. 레는 도덕의 기원을 해부해 도덕이 이타적 성향과 관련 있다고 주장했는데, 니체는 레의 주장을 피상적인 인식의 결과로 보는 것이다. 니체는 도덕의 기원을 더 파고들어가 결국 도덕이 비도덕적 뿌리에서 자라난 것임을 밝혀낸다. 이 작업은 특히 《아침놀》에서 본격적으로 이루어지고, 뒷날 《도덕의 계보》에서 가공할 폭로 작업으로 완결된다.

도덕 비판과 인격 분할의 발견

《인간적인 너무나 인간적인》에서 도덕에 관한 니체의 가장 주목할 만한 진단은 '인격 분할과 도덕'을 다룬 아포리즘《인간적인 너무나 인간적인 1》, 57절에서 발견된다. 니체는 이 아포리즘에서 먼저 어떤 특정한 상황을 제시한다. "사랑하고 있는 소녀는 연인이 저지른 부정에서 자신의 사랑이 헌신적이며 충실하다는 것을 입증할 수 있기를 바란다. 군인은 조국의 승리를 위해 전쟁터에서 쓰러지기를 원한다. 왜냐하면 자신의 최고 소원도 조국의 승리를 통해 승리하기 때문이다. 어머니는 자신에게 필요한 것, 즉 수면과 가장 좋은 음식을, 사정에 따라서는 자신의 건강과 기운까지 자식에게 내준다."

이렇게 내적 모순이 있는 행위의 사례를 제시한 뒤 니체는 묻는다. "그러나 이 모든 것은 비이기적인 상황들일까?" 니체의 답은 부정적이다. 이런 행위는 결코 비이기적인 것이 아니다. 인간은 자기 내부에 있는 하나의 욕망을 다른 욕망보다 한층 더 사랑하고 있다는 것, 그래서 자신의 인격을 분할해서 한쪽을 다른 한쪽의 희생으로 몰아간다는 것, 이것이 니체의 대답이다. 그러므로 그런 상황들, 즉 소녀의 용서, 군인의 희생, 어머니의 헌신은 결코 비이기적인 것이 아니다. 이런 설명에 이어 니체는 결론을 내놓는다.

> 도덕에서 인간은 자신을 '분할할 수 없는 것', 즉 개체(인디비둠 individuum)로서가 아니라 '분할할 수 있는 것'(디비둠 dividuum)으로서 다룬다.
> 《인간적인 너무나 인간적인 1》, 57절

여기서 라틴어 인디비둠이라는 말은 영어로 인디비듀얼individual에 해당한다. 말의 원뜻 그대로 '더 나눌 수 없는 존재', 그래서 '개체', '개인'을 뜻한다. 그런데 니체는 그 '개인'이라는 나눌 수 없는 존재가 실제로는 나눌 수 있는 존재, 분할할 수 있는 존재라고 이야기하는 것이다. 개인의 인격은 앞의 사례에서 볼 수 있듯이 내부에 두 가지 이상의 욕망을 가지고 있는 '분할된 인격'이고 그 인격 가운데 어느 한쪽이 더 우세한 힘으로 다른 한쪽을 제압할 수 있는 것이다. 한쪽은 명령하고 다른 한쪽은 복종하는 그런 내부의 여러 힘들이 있는 것이다.

여기서 뒷날 정신분석학의 창시자 지크문트 프로이트가 밝혀낸 인간 정신의 역동적 구조를 떠올리는 것은 어렵지 않다. 이 구조를 구성하는 것이 이를테면, 자아·이드·초자아다. 이드가 쾌락 원칙만 아는 본능적 충동이라면, 초자아는 도덕 원칙에 입각해 명령하고 검열하고 규탄하는 무의식적 힘이며 자아는 현실 원칙으로서 이 두 힘을 적절하게 제어하고 조절하고 중재하는 일을 한다.[4] 그리하여 개인의 인격은 이렇게 통일된 하나가 아니기 때문에 '내적 세계사'의 현장이 될 수 있으며, 자기 자신을 알아가는 개인은 "내면세계의 탐험가이자 항해자"가 되는 것이다.[5] 그렇게 내면세계의 탐험가이자 항해자가 된 니체가 자기 자신을 탐험하고 항해한 결과로 얻어낸 통찰이 《인간적인 너무나 인간적인 1》서문의 그 '덕의 주인'이다. 이 구절을 다시 읽어볼 필요가 있다.

　　너는 너의 주인이며 동시에 네 자신의 미덕의 주인이 되어야만 한다. 과거에는 미덕이 너의 주인이었다. 그러나 그 미덕은 다른 도구들과 마찬가지로, 오로지 너의 도구여야 한다.

앞에서 이야기한 대로 미덕은 동정심 따위를 가리킨다. 이런 미덕에 따라 살도록 요구하는 것이 말하자면 초자아다. 초자아는 양심의 명령을 관장한다. 그런데 이 초자아가 마땅히 주인이어야 할 자아의 말을 듣지 않고 주인 노릇을 해왔다고 니체의 이 문장은 지적하는 것이다. 양심이 초자아의 명령에 쫓기고, 그 명령을 제대로 이행하지 않으면 죄책감에 시달렸다. 이제 그 관계를 역전시켜야 한다. 자아를 강화해 명실상부한 인격의 주인으로 만들어 초자아를 제압해야 한다. 이것이 니체의 새로운 명령이다. 이렇게 역전된, 새로운 도덕적 인식 위에서 니체는 아포리즘들을 계속 써나간다. 그는 선과 악의 엄격한 구분을 파기한다.

> 선한 행위와 나쁜 행위 사이에는 종류의 차이가 아니라, 기껏해야 정도의 차이가 있을 뿐이다. 선한 행위란 승화된 나쁜 행위이며 나쁜 행위란 거칠어진, 야만스런 선한 행위다. 《인간적인 너무나 인간적인 1》, 107절

더 나아가 니체는 훗날 《선악의 저편》과 《도덕의 계보》에서 심도 있게 다룰 문제를 거론한다. 선과 악을 구별하는 또 다른 방식은 선을 '고귀함'에, 악을 '비천함'에 대응시키는 방식이다.

> 선과 악의 개념에 이르기까지는 이중적인 경위가 있다. 그 하나는 지배하는 종족과 계급의 영혼에서 진행되는 것이다. 선에는 선으로, 악에는 악으로 보복할 수 있는 힘을 가지고 있고 실제로 보복한다. 즉 감사할 줄 알고 복수심이 강한 사람을 선하다(좋다)고 한다. 반면에 무력하고 보복할 수 없는 사람은 선하지(좋지) 않은 것으로 간주된다. …… 선함(좋음)과 나쁨은 한동안 고귀함과 비천함, 주인과 노예 같은 관계다. 《인간적인 너무나 인간적인 1》, 45절

고귀함과 비천함이라는 이 '위험한' 분류법을 니체는 뒤로 갈수록 확고한 신념으로 밀어붙이게 된다. 고귀한 사람은 선하고(좋고), 비천한 사람은 악하다(나쁘다). 이 이분법은 니체 철학에 대한 도덕적 비난의 빌미가 되기도 한다. 그러나 니체는 이렇게 도덕이라는 것, 선악의 구분이라는 것이 그 뿌리까지 파고 들어가보면 도덕과는 무관한 것에서 기원하는 것임을 알 수 있다는 주장을 굽히지 않는다. 니체는 '동정심' 문제에서도 이런 논쟁적인 명제를 내놓는다. 니체는 쇼펜하우어가 주장한 '동정의 도덕'을 분석하고 비판하기 시작한다. 니체는 타인에게 동정심을 유발하는 것이 바로 약자들이 쓰는 무기라고 여긴다. 그들은 강자들의 약점을 찾아내는데, 그것이 바로 동정심을 느낄 수 있는 능력이다. 약자들은 이런 강자들의 약점을 이용한다. 강자들의 동정심을 끌어내 그들에게 고통을 주는 것이다.[6] 그러므로 강자는 동정심에 휘둘려서는 안 된다. 이 문장은 그대로 니체 자신에게 던지는 말이다. 동정심에 떠밀려 허우적거리는 자기 자신에게 그런 삶과 작별하라고 요구하는 강한 명령인 셈이다. 덕의 주인이 되어야 한다!

사회주의는 문화의 무덤이다

앞 시기에 민주주의 반대자로서 자신을 드러냈던 니체는 이 시기에 들어와 '유럽의 민주화'를 불가피한 흐름으로 인식하는 듯한 태도를 보인다. 니체는 이렇게 쓴다. "유럽의 민주화 경향은 저지할 수 없다. 그것(민주화)에 저항하는 사람도 민주주의 사상이 처음으로 모든 사람에게 제공했던 그 수단을 사용하고 있으며 그 수단을 스스로 더 다루기 쉽고 효과적인 것으로 만들고 있기 때문이다."《인간적인 너무나 인간적인 2》,

'방랑자와 그의 그림자', 275절

　이 아포리즘에서 니체는 유럽의 민주화를 수용하기도 하는데, 민주화를 그 자체로 긍정해서 그러는 것이 아니라, 민주주의를 도입함으로써 사회주의 혁명을 저지할 수 있다고 보기 때문이다. 민주화는 혁명의 예방책인 셈이다. "모든 미래를 아무런 위험 없이 세울 수 있기 위한 궁극적으로 안정된 기반! 문화의 옥토가 다시 하룻밤 사이에 난폭하고 이유 없는 급류로 파괴될 가능성이 전혀 없는 것! 야만인, 전염병, 그리고 육체적·정신적 노예화를 막는 돌 제방과 보호벽!"《인간적인 너무나 인간적인 2》, '방랑자와 그의 그림자', 275절

　이 아포리즘에서 니체는 노동자 착취를 비판하는 발언도 한다. 노동자의 복지와 노동자의 육체적·정신적 만족에도 주의를 기울여야 한다고 주장하는데, 그 이유에 대해 이렇게 말한다. "그렇게 함으로써 노동자와 그의 후손이 우리의 후손을 위해서도 일을 잘할 수 있게 된다."《인간적인 너무나 인간적인》, '방랑자와 그의 그림자', 286절 이것은 철저히 착취자의 관점에 선 주장이다. 노동자 복지는 그 후손들을 더욱 잘 부려먹고 착취하기 위해서 필요하다는 것이다. 같은 곳에서 니체는 말한다. "오늘날 사람들이 이해하고 있는 것처럼 노동자의 착취는 어리석은 행위이며 미래를 대가로 하는 약탈이자 사회를 위태롭게 하는 것이다." 역시 미래에도 노동자를 효과적으로 착취하려면 현재와 같은 약탈적인 착취 행위를 금해야 한다는 주장이다.

　니체가《인간적인 너무나 인간적인》을 쓰던 시점은 독일 제국의 오토 폰 비스마르크 총리가 사회주의자 금지법1878을 만들어 사회주의 정당 활동을 탄압함과 동시에 노동자들의 불만을 달래기 위해 사회복지 정책을 세우던 때였다. 니체는 민주주의를 도입한다는 이유로 비스마르크 체제를 비판했다가, 이 시기에 비스마르크가 사회주의라

는 더 큰 악을 막으려고 민주 제도나 사회 복지 따위에서 일부 양보를 한 것으로 이해하고 이 정책을 지지하기로 마음을 바꾸었다는 해석이 있다. 이런 견해를 주장하는 사람이 루카치인데, 타당성이 없지 않다. 니체를 반동사상의 원조 가운데 한 사람으로 보는 루카치는 이 시기에 니체가 볼테르를 찬양하고 나선 것도 볼테르가 혁명주의자 루소 Jean Jacques Rousseau, 1712~1778와 대립했던 인물이고, 따라서 루소식 혁명을 방지하려면 볼테르식 진화적 발전이라는 안전한 길을 제시해야 한다고 생각했기 때문이라고 말한다. "니체는 이런 식으로 하여 1870년대 후반에 민주주의자, 자유주의자, 진화적 발전주의자가 되었다. 바로 여기서 효과적인 반사회주의적 대응력을 보았기 때문이다."[7]

그러나 이렇게 단정적으로 말하는 것도 무리가 따른다. 니체가 이 시기에 민주주의를 불가피한 흐름으로 이해하기는 했지만 그렇다고 해서 민주주의자가 된 것은 아니며, 전체를 놓고 볼 때 민주화 흐름을 어떻게든 막아보려고 분투했기 때문이다. 어쨌든 이 시기에 니체는 민주주의에 대한 공격보다는 사회주의에 대한 비판에 훨씬 더 많은 공을 들였다. 《인간적인 너무나 인간적인》에서 니체는 앞 시대와 마찬가지로, 그리고 후기의 니체와 마찬가지로 명백한 반사회주의자로 나타난다. 니체가 왜 그토록 사회주의에 반대했는지는 다음 아포리즘이 선명하게 보여준다.

> 사회주의자는 가능한 한 많은 사람들이 풍족한 삶을 살 수 있기를 욕망한다. 만약 풍족한 삶의 영원한 고향인 완전한 국가가 실제로 실현되면, 풍족한 삶이 위대한 지성과 강력한 개인이 성장하던 토양을 파괴할 것이다. 나는 위대한 지성과 강력한 개인을 커다란 활력이라고 생각한다. 만약 이러한 완전한 국가가 이루어지면, 인류는 너무나 힘이 빠져

천재를 더는 산출할 수가 없을 것이다. 그러므로 우리들은 삶이 그 폭력적인 특성을 유지하고 야만적인 힘과 활력이 몇 번이고 거듭 새로이 솟아나기를 원해야 하지 않겠는가?

하지만 따뜻하고 동정적인 마음은 삶의 야만적이고 폭력적인 성격을 제거하려고 한다. 그리고 인간이 생각할 수 있는 한 가장 따뜻한 마음은 가장 정열적으로 그것을 바랄 것이다. 그런데 그런 정열은 삶의 야만적이고 폭력적인 특성으로부터 불같은 열정, 따뜻함, 나아가 자신의 존재까지 얻어냈던 것이다. 가장 따뜻한 마음은 자기 자신의 기초가 제거되기를, 자기 자신이 파멸하기를 바라고 있다. 그런 마음은 비논리적인 것을 바라고 있는 것이며 따라서 현명하지 못하다. 가장 높은 지성과 따뜻한 마음이 똑같은 인격 안에 공존할 수 없다. 그리고 삶에 관해서 판단을 내리는 현명한 사람은 동정을 넘어서서, 삶을 전체적으로 결산할 때 단지 함께 평가될 수 있는 것으로서만 동정을 고려할 뿐이다.

현명한 사람은 현명하지 않은 동정의 그 극단적인 소망을 거역해야만 한다. 왜냐하면 그에게는 자신의 유형을 존속해나가고 최고의 지성을 궁극적으로 형성하는 것이 중요하기 때문이다. 적어도 현명한 사람은 단지 피로에 지친 개인만이 자리를 차지하고 있는 저 '완전한 국가'의 건설을 촉구하려 하지는 않을 것이다. 그와 반대로 우리가 결국 가장 따뜻한 마음으로 생각하고 싶어 하는 그리스도는 인간이 어리석게 되는 것을 촉구하고 마음이 가난한 자의 편에 서서, 최고의 지성이 생산되는 것을 저지했다.

《인간적인 너무나 인간적인 1》, 235절

니체는 사회주의를 천재 사상과 대립시키고 있다. 니체가 사회주의를 반대하는 것은 사회주의 사상이 주장하는 유토피아가 실현될 경우 인류의 독표라 할 '천재', 다시 말해 '최고의 지성'을 산출하는 것이 불가능해지기 때문이다. 천재 혹은 최고의 지성은 강한 활력에서만 태어날 수 있는데, 사회주의가 주장하는 따뜻한 마음, 동정심의 도덕은 삶의 강한 활력, 야만적이고 폭력적인 성격을 제거해버린다. 사회주의가 꿈꾸는 보편적 평등의 유토피아는 인류의 목표가 될 수 없다. 니체에게 이 생각은 타협의 여지가 없는 확고한 원칙이다. 인류는 오직 천재, 위대한 지성, 강력한 개인을 형성하는 것을 목표로 삼아야 한다. 니체의 이 천재 사상은 뒷날 초인 사상으로 이어진다. 천재의 산출이 인류의 복지보다 훨씬 더 중요하다는 니체의 사상은 두말할 것도 없이 반시대적이고 반근대적이다.

'악의 교사' 니체

니체는 바로 천재 사상의 연장선에서 전쟁을 찬양하는 사람이 된다. 《인간적인 너무나 인간적인》은 전기 사상과 일정한 차이를 보이지만 전쟁을 찬양하는 전쟁주의자 니체의 모습이 뚜렷이 드러난다는 점에서는 다르지 않으며, 후기의 니체 모습과도 그대로 겹친다. 니체는 생애 내내 한 번도 평화를 찬양하거나 평화에 호소한 적이 없다. 그는 말한다.

전쟁은 필수적인 것이다. 인류가 전쟁하는 것을 잊어버렸을 때 인류에게 여전히 많은 것을(아니면 그때서야 정말 많은 것을) 기대하는 것은 공허한 열망이며 '아름다운 영혼'의 상태다. 당분간 우리는 지쳐가는 모든 민족에게 야영지의 그 거친 활력, 비개인적인 깊은 증오, 양심에 거리낌 없는 살인자의 냉혹함, 적의 전멸 속에서 느끼는 공통된 조직적인 격정, 커다란 상실에 대한, 즉 자신의 현존이나 친구의 현존에 대한 자랑스러운 무관심, 숨이 막힐 듯한 지진 같은 영혼의 감동이 전달될 수 있는 수단으로 큰 전쟁보다 더 강하고 확실한 것은 없다. …… 문화는 정열과 악덕 그리고 악의 없이는 전혀 살아남을 수가 없다. 제국이 된 로마 사람들이 전쟁에 약간 싫증이 났을 때, 그들은 동물 사냥, 검투사들의 싸움, 그리스도교 박해에서 새로운 힘을 얻으려는 시도를 했다. …… 그러나 그러한 대용품들은 다음과 같은 사실을 드러내 보여줄 뿐이다. 즉 오늘날 유럽인들처럼 교양 수준이 높고 그 때문에 필연적으로 쇠약해진 인류는, 문화의 수단을 내버림으로써 그들의 문화와 그들의 현존 그 자체를 상실하지 않으려면, 단순한 전쟁이 아니라, 가장 크고 무시무시한 전쟁, 그리하여 야만 상태로 일시적으로 후퇴하는 그런 전쟁이 필요하다.

《인간적인 너무나 인간적인 1》, 477절

니체는 이렇게 문화가 살아남고 발전하고 고양되려면 전쟁이 반드시 필요하다고 강조한다. "문화는 정열과 악덕 그리고 악의 없이는 전혀 살아남을 수가 없다"라고 유보 없이 말하는 니체는 정치철학자 레오 스트라우스Leo Strauss, 1899~1973가 '악의 교사'라고 칭한 르네상스 시대 피렌체의 정치사상가 니콜로 마키아벨리Niccoló Machiavelli, 1469~1527를 떠오르게 한다. "군주는 빼앗은 땅을 안전하게 지키고 싶다면 이전 지배자의 친족을 남김없이 학살해야 한다." "군주는 적의 재물을 빼앗기보다 적을 죽여야 한다. 재물을 빼앗긴 자는 복수를 꿈꾸지만, 죽은 자는 그렇지 않기 때문이다." "인간은 아버지의 원수보다 재산상의 손실을 더 오래 기억한다." "진정한 후함은 자기 재산에는 인색하고 남의 재산에는 관대한 것이다." "덕 자체가 아니라 덕과 악덕의 사려 깊은 사용이 행복을 가져온다."[8] 스트라우스는 그런 가르침을 남긴 사람에게 '악의 교사'라는 타이틀이 아니라면 다른 어떤 타이틀을 붙일 수 있겠느냐고 말한다. 스트라우스는 말을 잇는다. "물론 이런 표현을 마키아벨리가 처음으로 쓴 것은 아니다. 이런 식의 의견은 정치 사회만큼이나 오래된 정치사상, 정치 행위에 속한다. 그러나 오직 마키아벨리만이 그런 오래된 정치사상과 정치 행위를 자신의 이름을 걸고 논한 철학자였으며, 그로 인해 사악한 정치사상과 정치 행위의 전형으로 악명을 떨치게 됐다."[9]

바로 그런 사악한 주장을 자신의 이름을 걸고 밝혔다는 점에서 마키아벨리에게 '악의 교사'라는 타이틀이 얹힌다면, 니체야말로 '악의 교사'라고 불려 마땅한 사람이다. 니체는 초기 저작에서부터 말기 저작까지 쉬지 않고 마키아벨리를 능가하는 악덕의 설교자로 자신을 드러냈다. 니체나 마키아벨리의 목표가 악 그 자체를 숭배하는 데 있지 않았음은 분명하다. 마키아벨리가 '이탈리아 통일 국가 창설'이라는 위대한 정치적 과업을 이루려면 악을 감행할 용기를 지녀야 한다고 생각했던 것처럼, 니체도 악 자체를 찬양한 것이 아니라 악을 감당할 만큼 강인한 정신만이 비참한 현실을 뛰어넘어 새로운 삶의 모델을 창출할 수 있다고 주장했다. 그러나 마키아벨리가 수많은 사악한 마키아벨리스트를 양산했던 것처럼 니체도 수많은 사악한 니체주의자들이 태어나는 데 태반을 제공한 것도 사실이다. 다만 여기서는 먼저 니체가 왜 그런 주장을 했는지, 그것도 한두 번이 아니라 수없이 반복해서 했는지 찬찬히 따져보는 것이 필요하다. 니체의 마음을, 심중을 깊숙이 헤아려보는 것이 순서다. 시간이 갈수록 니체의 마음은 어두워지고 깊어진다. 그 미궁의 한가운데까지 이르려면 한참 더 들어가야 한다. 니체는《인간적인 너무나 인간적인》첫 번째 권의 마지막을 '방랑자'란 제목의 다음과 같은 아포리즘으로 채운다.

어느 정도 이성의 자유에 이른 사람은 지상에서는 스스로를 방랑자로 느낄 수밖에 없다. …… 끝없는 변화와 순간에서 기쁨을 얻는, 방랑하는 그 어떤 것이 그 자신 속에 존재함이 틀림없다. 물론 그런 사람에게는 지친 밤들, 그에게 휴식을 제공할 도시의 문이 닫힌 나쁜 밤들이 오게 될 것이다. …… 그러나 그 후 기쁨에 가득 찬 아침이 온다. 그는 그때 이미 어두운 빛 속에서 뮤즈의 무리들이 그의 곁에서 춤추며 산의 안개 속을 지나가는 것을 보게 될 것이다. 그 후에 그가 조용히 오전의 영혼의 균형 속에서 나무들 사이를 거닐면, 그 나무 꼭대기와 우거진 잎에서 좋고 밝은 것들, 즉 산과 숲 그리고 고독 속에 살고 있는 자유정신들의 선물이 그에게 떨어진다. 자유정신들은 그처럼 어떤 때는 쾌활하고 또 금방 생각에 잠기는 현자, 방랑자 그리고 철학자들이다. 그들은 동트는 새벽의 비밀에서 태어나, 왜 열 번째와 열두 번째를 치는 종소리 사이의 낮이 이렇게 순수하고 투명하며 빛나도록 화사한 얼굴을 가질 수 있는 것인지에 대하여 생각한다. 그들은 오전의 철학을 찾고 있다.

《인간적인 너무나 인간적인 1》, 638절

니체가 이제껏 걸어왔던 길을 짐작하게 해주는 아포리즘이다. 니체는 어둡고 음침하고 암담한 밤을 지나 오전의 철학, 밝음의 사유를 찾는다. 《인간적인 너무나 인간적인》의 아포리즘들이 그 철학과 사유의 실험이었던 셈이다. 니체는 《인간적인 너무나 인간적인》의 두 번째 권으로 묶인 〈여러 가지 의견과 잠언〉에서 앞의 아포리즘을 바로 잇는 듯한 아포리즘('산속의 방랑자가 자기 자신에게')을 쓴다.

네가 앞으로 그리고 더 높이 나아갔다는 확실한 증거가 있다. 이제 너의 주위는 전보다 더 자유로워지고 전망은 더 풍부해졌다. 너에게 공기는 더 차갑지만 더 온화한 기분이 들 것이다. …… 너의 걸음걸이는 더 발랄하고 확실해졌으며, 용기와 사려 깊음은 함께 성장해왔다. 이러한 모든 이유로 너의 길은 이제 네 과거의 길보다 훨씬 더 고독해져도 될 것이다. 그리고 어떠한 경우든 더 위험해질 것이다.

《인간적인 너무나 인간적인 2》, '여러 가지 의견과 잠언', 237절

여기서 니체는 자신이 더 높이 올라갔으며 더 자유로워졌다고 말한다. 바그너와 쇼펜하우어의 세계에서 벗어나 어둠의 숲을 뚫고 한없이 나아갔던 니체는 극심한 육체적 고통을 겪으면서도 삶이 밝아지고 맑아짐을 느꼈다. 그의 걸음걸이가 더 발랄해졌다. 바로 이 높이까지 올라와 니체는 약간 낯선 어조로 말한다. 이제 훨씬 더 고독해질 것이고 더 위험해질 것이다. 이 문장은 니체의 미래를 예고하는 말이다. 실제로 니체는 점점 더 고독해질 것이고 점점 더 위험해질 것이다.

06

Friedrich Nietzsche

아침놀

"병은 나의 모든 습관을 완전히
바꿀 수 있는 권리를 나에게 주었다."

Nietzsche, Friedrich Wilhelm

"무서운 병고에 시달리는 사람은 섬뜩할 정도로 냉정하게
세계를 내다본다. 그에게서는 건강한 사람의 눈이 보는,
사물을 둘러싸고 있는 저 보잘것없고 기만적인 매력들이 사라진다."
《아침놀》, 114절

"천재성이 우리 안에서 살고 있는 한 우리는 용감하며,
아니 미친 것 같으며, 목숨과 건강과 평판에 신경 쓰지 않는다.
우리는 낮에는 독수리보다 더 자유롭게 날아다니고
어둠 속에서는 부엉이보다 더 안전하게 느낀다."
《아침놀》, 538절

1879년 내내 니체는 고통 속에서 《인간적인 너무나 인간적인》 두 번째 권을 채울 단편들을 써나갔다. 그러나 1879년은 건강에 관한 한 니체 생애 최악의 해였다. 그해 4월 병이 니체의 육체를 거의 완전히 정복했다. 머리와 눈의 통증, 위경련, 구토, 탈진이 이어졌다. 니체는 5월 2일 바젤 대학에 교수 직무에서 영원히 벗어나게 해달라고 요청했다. 사직서였다.

　이 무렵, 그러니까 1879년 봄날 니체의 육체와 정신이 얼마나 절망스러운 상황에 있었는지 그의 제자였던 루트비히 폰 셰플러의 회상에서 짐작할 수 있다. 니체는 "더는 열정으로 가득한 젊은 연설자·예언자·시인이 아니었고" 단지 등이 굽고 수척하고 거의 텅 비다시피 한 강의실에 종종걸음으로 들어가는 사람일 뿐이었다. "항상 밝은 색의 옷을 우아하게 입고, 멋진 구두를 신고, 일부러 멋스럽게 대충 맨 듯한 커다란 실크 넥타이를 한 니체. 해진 옷을 입은 네댓 명의 어린 신학생들이 그리스의 서정시 강의를 듣기 위해 강의실을 차지하고 있었다. 교수는 극도로 흥분해서 자기가 헤매고 있던 텍스트를 뒤적거렸다. 그는 희미한 목소리로, 머뭇거리는 어조로 말했고, 결국에는 몇 안 되는 그의 학생들을 낙담시켰다."[1]

질병이 니체를 구제하다

6월 14일 대학은 공식적으로 니체의 사직서를 수리했다. 니체는 어울리지 않는 유니폼 같은 대학 교수직에서 해방됐다. 스물네 살 새파란 나이에 바젤 대학 교수가 된 지 꼭 10년 만이었다. 대학 당국은 탁월한 문헌학자가 바젤 대학에 남긴 업적을 기려 그에게 3,000프랑의 연금을 주기로 결정했다. 니체는 자유의 몸이 됐지만 그 몸은 중병을 앓는 환자의 몸이었다. 그는 1879년 한 해 동안 무려 118일이나 심한 발작을 일으켰다. 한 해의 3분의 1에 가까웠다. 니체의 병증이 어떤 식으로 나타났는지는 몇 년 뒤 제노바에서 비슷한 상황에 처해 니체가 여동생 엘리자베트에게 보낸 편지에 잘 묘사돼 있다.

> 첫날에는 몸이 매우 좋았단다. 하지만 이튿날은 가지고 있던 강장제를 모두 들이키고 나서야 겨우 버텼지. 사흘째가 되어서는 완전히 탈진하여 오후에는 한 번 기절을 했고, 그날 밤에는 발작이 일어났단다. 나흘째에는 온종일 침대에서 보냈고, 닷새째가 되어서는 간신히 일어났지만 오후엔 다시 드러누웠고, 엿새 이후로는 계속 두통이 가시지 않고 기운이 전혀 없었어.
>
> 1882년 2월 10일

대학을 그만두기 전에도 틈만 나면 요양지를 찾았던 니체는 대학을 떠날 무렵부터 몸에 맞는 기후를 찾아 끝없이 떠도는 영원한 방랑자가 됐다. 1879년 3월 21일부터 9월 20일 사이 여섯 달 동안에만 무려 열여섯 번이나 체류지를 옮겼다. 이해 여름 니체는 처음으로 스위스 알프스 고지대인 오버엥가딘의 마을에 머물렀는데, 2년 뒤에는 거기서 조금 더 들어간 실스마리아를 발견하게 된다. 실스마리아야말로

니체의 제자이자 추종자 페터 가스트

니체 사상의 산실이 될 것이다.

이 시기 이후 니체는 스위스 알프스의 고지대에서 여름을 보내고 겨울은 제노바, 니스, 토리노 같은 따뜻한 남쪽 도시들에서 보내는 '유목 생활'을 반복한다. 그가 '영원회귀' 계시를 체험한 곳은 8월의 실스마리아였고, 최후의 발작을 일으킨 곳은 1월의 토리노였다. 유목민 니체는 가축이 아니라 사상을 데리고 다녔다. 니체가 이렇게 끝없이 장소를 옮긴 것은 정신적·육체적 고통의 압력에 떠밀린 결과였다. 니체의 우울증과 신체적 병증은 계절의 영향을 받았다. 그래서 겨울에는 남쪽의 지중해 지역으로, 또 여름에는 알프스의 고산 지대로 피신하듯 몸을 옮겼다. 더 심각한 것은 우울증의 증상인 '불안'이었다. 불안에 빠져들면 세상 어느 곳에서도 안식처를 찾을 수 없었다. 그는 사람들 사이에 오래 머무르지 못하고 고독 속으로 뛰어들었다. "불안

이라는 요소는 니체가 끊임없이 장소 이동을 하는 근본적인 이유였다."²

질병의 고통 속에서 알프스 이쪽저쪽을 떠돌던 니체는 이해 가을에 서른다섯 번째 생일을 앞두고 〈방랑자와 그의 그림자〉(《인간적인 너무나 인간적인 2》의 두 번째 원고)를 탈고했다. 살기 위해 발버둥 치듯 글을 썼다고밖에 말할 수 없는 상황이었다. 건강의 최저점에서 니체는 페터 가스트에게 편지를 썼다.

> 내 인생의 서른다섯 번째 해의 끝머리에 와 있네. 이 시기는 1,500년 동안 '인생의 중간 지점'으로 불려 왔네. 단테는 바로 이 시기에 환영을 보았고, 자신의 시(《신곡》) 첫머리에서 이에 대해 이야기했네. 하지만 인생의 중간 지점에 있는 나는 언제라도 나를 데려갈 수 있는 '죽음에 둘러싸여' 있네. …… 그 정도로 나는 내가 노인처럼 느껴지네. …… 견디기 힘든 고통이 계속되고 있지만, 그것이 아직 내 정신까지 정복하지는 못했다네. 때때로 나는 인생의 그 어느 때보다도 쾌활하고 호의적인 기분을 느끼는 것 같네. …… 최근에 쓴 원고를 쭉 읽어보게, 친구여. 그리고 그 어떤 고통이나 우울의 흔적이 발견되는지 한번 자문해보게. 아무것도 발견할 수 없을 거라고 생각하네! 그리고 이것이야말로 나의 이런 견해들의 배후에 강함이 놓여 있음을 보여주는 징표라고 생각하네. 나를 싫어하는 사람들은 그 배후에서 약함이나 피로를 찾아내겠지만.
>
> **1879년 9월 11일**

니체는 최악의 시기를 보내고 있었지만, 이 편지에 드러나는 결기와 각오를 터무니없는 과장이라고만 보기는 어렵다. 니체는 아버지가 발병해 병석에 누운 나이(서른다섯 살)에 아버지처럼 될까 봐, 다시 말해 일찍 죽을까 봐 무척 두려워했지만, 동시에 삶의 최저점에서 희망을, 미래를 보고 있었다. 그런 마음 상태를 니체는 뒷날 쓴 자서전에서 다음과 같이 묘사했다.

> 바로 이때에 내가 감탄을 금하지 못했던 사태가 발생한 것이다. 바로 적시에 나의 아버지의 '사악한' 유전이 나를 도와주었다. 근본적으로 빨리 죽을 수밖에 없는 운명 말이다. 병이 나를 서서히 '분리시켜' 주었다. 병이 나를 어떤 폭력적 충돌이나 어떤 난폭하고 공격적인 행보를 하지 못하도록 막아준 것이다. …… 또한 나의 병은 모든 나의 습관을 완전히 바꿀 수 있는 권리를 나에게 주었다. 즉 병은 나에게 망각을 허락하였다. 아니, 망각하라고 명령하였다. 병은 나에게 조용히 누워서 느긋하게 기다릴 줄 아는 인내의 필요성을 선사했다. 그런데 이것이야말로 생각한다는 것이 아니겠는가! …… 문헌학에 안녕을 고했다. 나는 '책'이라는 것에서 해방되었고 몇 년 동안 아무것도 읽지 않았다. 그것은 내가 나 자신에게 베푼 최고의 은혜였다.
>
> 《이 사람을 보라》, '인간적인 너무나 인간적인', 4절

강한 니체, 거친 니체는 글 속에서만 발견할 수 있다. 현실의 니체는 막다른 골목에 몰릴 경우에야 마침내 결행을 할 수 있을 정도로 독하지 못한 사람이었다. 병이 아니었더라면 니체는 바그너와의 결별을 더 늦추었을지 모른다. 끊임없이 정신을 파먹고 기운을 갉아먹는 문헌학 교수직에서도 벗어나지 못한 채 바젤 대학을 계속 맴돌았을지 모른다. 병이 몸에 타격을 가해 더는 어떻게 해볼 수 없는 상황에 처해서 니체는 결단을 했다. 병이 니체를 삶의 딜레마에서 벗어날 용기를 내게 해주었던 것이다.

질병, 명료한 인식의 수단

병의 효용은 여기에서 그치지 않았다. 니체는 질병이 삶에 대한 명료한 인식을 가져다준다는 것을 깨닫고 고마움을 느꼈다. 그래서 니체는 단호하게 다음과 같은 아포리즘을 쓸 수 있었다.

질병은 인식의 수단이며 인식을 낚는 낚싯바늘로서 반드시 필요하다.
《인간적인 너무나 인간적인 1》, '서문', 4절

1880년 1월에는 프랑크푸르트의 주치의 오토 아이저에게 다음과 같은 편지를 썼다. "나의 실존은 나에게 하나의 끔찍한 짐입니다. 만일 내가 바로 이런 고통의 순간에, 그리고 거의 절대적인 체념의 순간에 정신적이고 도덕적인 분야에 대해서 교훈적인 시도와 실험을 하지 않았다면 나는 나의 실존을 던져버렸을지도 모릅니다. 인식을 갈구하는 기쁨은 나를 고양시켜서 나는 모든 고통과 절망을 잊을 수가 있습니다. 전체적으로 보아 나는 그 어느 때보다 행복합니다." 1880년 1월 1일

앎의 의지가 얻어낸 인식이라는 결실의 기쁨에 떨면서 니체는 더 많은 삶을 갈구했다. 그런 점에서 니체는 삶의 철학자인 것만큼이나, 아니 그보다 더 앎의 철학자이다. 그의 철학은 앎(인식)을 삶의 수단일 뿐이라고 말했지만, 그 자신은 그 철학을 거슬러 인식의 기쁨을 위해서라면 삶을 수단으로 삼을 수도 있다고 생각할 정도였다. 그러나 질병이 베푸는 '은혜'가 아무리 크다 할지라도 고통 그 자체는 견디기 어려운 것이다. 니체는 인내의 한계를 시험하는, 무한히 반복될 것만 같은 끔찍한 질병의 고통 속에 한동안 더 머물러 있어야 했다.

1880년은 그 고통의 크기와 지속성에서 1879년에 맞먹는 한 해였

다. 그 겨울 석 달 동안 나움부르크 집에서 요양하던 니체는 건강이 나아지지 않자 남쪽 지방으로 갈 생각을 했다. 그러나 누군가 옆에서 니체를 간병해줘야 한다는 문제가 있었다. 1월에 나움부르크를 방문한 파울 레가 페터 가스트를 떠올렸다. 가장 충직한 니체 추종자인 가스트가 적임이라고 보았던 것이다. 가스트는 1월 26일 200마르크가 든 우편물을 받았다. 니체와 동행해줄 것을 요청하는 레의 편지가 함께 들어 있었다. 가스트는 이 난데없는 제안에 적잖이 당혹해했다. 당시 그는 작곡가로서 인정받기 위해 고군분투하고 있었고, 여러 편의 작품을 쓸 계획에 몰두해 있었던 터였다. 그러나 니체에 대한 사랑 때문에 그는 이 제안을 받아들였고, 병자의 동행자가 되었다.

가스트(본명 하인리히 쾨젤리츠Heinrich Köselitz)는 니체 사후에 수없이 불어나게 된 숭배자들의 맨 앞에 선 사람이었다. 그는 1875년 니체의 책을 읽고 감명 받아 무작정 바젤로 왔다. 니체보다 일곱 살 어렸던 그는 바젤 대학 학생이 돼 니체의 강의를 들었고, 그의 사도가 되었다. 다시 말해 니체를 믿고 따르며 니체의 사상에 헌신하는 사람이 됐다. 1879년 쯤에 가스트는 니체를 말 그대로 사랑하는 사람이 됐다. 1879년 9월 12일 니체가 죽도록 아프다는 소식을 듣고 가스트가 오스트리아의 여자 친구에게 보낸 편지에는 니체를 향한 그의 마음이 절절하게 드러나 있다. "저는 어느 누구도, 심지어 아버지조차도 그를 사랑하는 것만큼 사랑하지 않았습니다. …… 저의 가장 큰 의무는 그와 함께 죽는 것이라고 생각합니다. 이런 느낌을 어떻게 말로 표현해야 할지 모르겠습니다."[3]

가스트는 2월부터 6월까지 간병인으로서 니체를 헌신적으로 돌보았다. 그러나 절망적 고통을 겪는, 예민하기 이를 데 없는 사람을 돌본다는 것은 쉬운 일이 아니었다. 3월 15일 가스트는 친구에게 편지를 써 니체를 간병하는 일의 괴로움을 털어놓는다. "저는 지금 카페에서 이 편지 몇 줄을 쓰고 있습니다. 니체에게서 잠깐 도망쳐나온 것입니다. 어제는 편지를 전혀 쓸 수 없었습니다. 집에 도착하자마자 곯아떨어졌다가 오늘 아침에 곧장 달려나왔으니까요. 당신은 헌신이라는 것이 어떤 것인지 이해하지 못할 겁니다. …… 니체의 존재 자체가 저에게 그것을 요구합니다."[4]

니체와 헤어지고 석 달쯤 지난 뒤인 9월 24일에 쓴 편지는 여전히 악몽처럼 진저리 치게 하는 그 간병의 기억을 쏟아놓는다. "그 당시 제가 무엇을 견뎌냈는지 당신은 모를 겁니다. …… 밤마다 자리에 누워 잠을 청하려고 애쓰면서 낮 동안에 무슨 일이 있었는지 생각하다가, 제 자신을 위해서는 아무 일도 못하면서 남을 위해서만 모든 것을 바치고 있다는 생각이 들 때면 격분에 사로잡혀 온몸을 비틀었고, 니체에게 죽음과 천벌이 내리기를 빌었습니다. 그 무렵처럼 최악의 기분을 느꼈던 시기는 없었습니다. …… 그러다가 아침 네다섯 시에 가까스로 잠이 들면, 니체는 아홉 시나 열 시쯤에 제게 와서 자기를 위해 쇼팽을 연주해줄 수 있겠냐고 말했답니다."[5]

결국 가스트에게 의지해 다섯 달쯤 보낸 뒤인 6월 29일, 건강을 조금 회복한 니체는 보헤미아의 휴양도시 마리엔바트행 기차에 혼자 올라탔다. 마리엔바트에서 니체는 자신이 가스트를 얼마나 힘들게 했는지 깨닫고는 그에게 사과하는 내용의 편지를 보냈다. 9월 초에 니체는 나움부르크의 집으로 돌아가 한동안 머물다가 10월에 다시 이탈리아의 햇빛을 찾아 떠났다. 이 시기에 병마와 싸우면서 《아침놀》의 내용을 채우게 될 단편들을 써나갔다. 1880년 11월 친구 오버베크에게 제노바의 다락방에서 홀로 지내는 삶을 다소 이상화하는 편지를 보낸다.

지금 나는 다락방-고독이라는 이상을 실현하는 데 모든 노력을 기울이고 있네. 나는 다락방-고독 속에서만 내 본성이 원하는 필수적이면서도 단순한 모든 요구들을 합당하게 대접할 수 있네(나는 이 요구들을 너무도 많은 고통을 겪으면서 깨달았지). 그리고 나는 아마도 성공할 수 있을 걸세! …… 나는 심한 발작을 겪은 뒤에 회복됐지만, 이틀 동안 아무것도 하지 못하던 상태에서 벗어나자마자 어리석게도 곧장 엄청난 문제들을 다시 뒤쫓고 있네. …… 부디 내가 지금과 같은 고립 상태를 지속할 수 있도록 도와주게. …… 나는 오랫동안, 알아듣지도 못하는 말을 사용하는 도시에서, 아는 사람들 없이 살아야 하네. 나는 그래야만 하네. 다시 말하지만 나를 걱정하지 말게! 나는 마치 수백 년 세월이 아무것도 아닌 것처럼 느끼면서 살아가고, 날짜도 신문도 생각하지 않고 나의 사상만을 뒤쫓고 있네.

1880년 11월 하순

그러나 제노바에서 보낸 '다락방-고독'의 시기는 비참했다. 그해 겨울은 매우 추웠지만 니체는 난방을 할 돈이 없었다. 그는 사지가 오그라드는 때가 많았다. 그러나 그런 어려움 속에서 《아침놀》 원고를 완성해 6월에 출간했다.

대학을 떠날 무렵부터 《아침놀》을 완성하기까지 2년의 시간 동안 겪은 육체적·정신적 고통을 니체는 자신만의 연금술을 통해 인식의 보물로 변화시켰다고 생각했다. 그런 생각을 기술한 글을 그는 《아침놀》의 한 절('고통을 통해 획득된 인식에 대해')로 포함시켰다.

오랫동안 끔찍할 정도의 고통에 시달렸는데도 지성이 흐려지지 않는 병자의 상태가 (명철한) 인식의 획득을 위해 가치가 없지는 않다. …… 무서운 병고에 시달리는 사람은 자신의 상태에서 섬뜩할 정도로 냉정하게 세계를 내다본다. 그에게서는 건강한 사람의 눈이 보는, 사물을 둘러싸고 있는 저 보잘것없고 기만적인 매력들이 사라진다. 아니, 그 전에 (병자) 그 자신이 솜털도 색깔도 없이 자신 앞에 놓여 있다. 그가 이제까지 어떤 종류의 위험한 환상 속에서 살아왔다면, 고통을 통해 이렇게 최고의 냉정함을 회복하는 것은 그를 그 환상에서 벗어나게 하는 수단이며 더 나아가 아마 유일한 수단일 것이다. 《아침놀》, 114절

삶의 최저점에서 시작된 정신의 고양

알프스의 남쪽과 북쪽을 가로질러 방랑하면서 《아침놀》을 쓰던 이 시기의 니체는 육체의 고통은 고통대로 느끼면서 다른 한편으로 정신적인 고양과 침체의 반복을 겪었다. 모든 것을 다 이루어낼 것만 같은 의기양양의 시기와 아무것도 해낼 수 없을 것 같은 의기소침의 시기가 번갈아 온 것이다. 《아침놀》의 한 구절에서 그는 이런 기분의 교체를 생생하게 묘사했다.

천재성이 우리 안에서 살고 있는 한 우리는 용감하며, 아니 미친 것 같으며, 목숨과 건강과 평판에 신경 쓰지 않는다. 우리는 낮에는 독수리보다 더 자유롭게 날아다니고 어둠 속에서는 부엉이보다 더 안전하게 느낀다. 그러나 갑자기 천재성이 우리한테서 떠나가버리면 깊은 공포가 우리를 덮친다. 우리는 우리 자신을 더는 이해하지 못하게 되며 우리가 체험했던 모든 것 때문에 괴로워하고, 또한 체험하지 못했던 모든 것 때문에 괴로워한다. 우리는 적나라하게 드러난 바위 밑에서 폭풍을 맞는 것처럼 느끼는 동시에 덜컹대는 소리와 그림자를 두려워하는

불쌍한 아이의 혼처럼 느낀다. 세계에서 행해지는 악의 4분의 3은 공포감에서 일어난다. 그리고 이것은 무엇보다도 하나의 생리적 현상이다.

《아침놀》, 538절

　말하자면 이 글은 니체가 겪은 조울증의 한 국면을 보여주고 있다. 주목할 것은 니체의 육체적 고통이 최악의 상태이던 1880년을 전후로 하여 의기소침이 점점 줄어든다는 사실이다. 흥분과 침체가 완만하게 반복되던 전기의 니체 정신이 이 시기에 들어와 울증이 줄어들고 대신 조증이 커지는 추세로 변화한 것이다.[6] 경조증 발작이 자주 일어나게 된 것인데, 이것이 니체의 사고와 문체에 심대한 영향을 주게 되었다. 경조증 발작이 일어나면 니체는 넘치는 기쁨과 충만한 도취감에 휩싸였고 강렬한 흥분이 일어났다. 창조적 상상력의 파도가 밀려들었으며 공격 욕구나 반항 욕구가 통제하기 어려울 정도로 커졌다. 니체 자신이 그 도취 현상을 이렇게 묘사했다. "능력에 대한 자신감, 자기 자신에게서 해방되고 싶은 욕구, 극도의 외향성, 폭발적 상태."[7] 요컨대, 창조성과 통찰력이 최고조에 이르는 디오니소스적 도취 상태가 경조증을 겪을 때의 니체의 모습이다. 물론 모든 경조증 환자가 재능을 갖고 있는 것은 아니다. 창조하는 것은 니체의 지성과 교양과 재능의 영역이다.[8]

　니체의 삶과 철학을 꼼꼼히 연구한 철학자 카를 야스퍼스도 니체의 기분과 인격과 태도의 급격한 변화를 감지하고 이렇게 쓴다. "과거와 현재의 관련, 표현의 상호 연관성을 의식적으로 주시하면서 니체의 서신과 작품을 연대순으로 읽는 사람은 1880년 이래 니체에게서 그의 생애를 통하여 일찍이 보지 못했던 심각한 변화가 일어나고 있다는 인상을 받지 않을 수 없다. 이 변화는 단지 사상의 내용과 새로운 작품에만 나타나는 것이 아니라 체험의 형식에서도 나타난다. 니체는 말하자면 어떤 새로운 분위기로 들어간 것이다. 그의 말은 하나의 새로운 음조를 얻는다. 그 모든 것에 침투하는 분위기는 1880년 이전에는 아무런 전조와 징후를 보이지 않았던 어떤 것이다."[9]

확실한 것은 1880년이 지나면서 발작이 현저하게 줄어들었다는 것, 그리고 돌연 이제까지 알려지지 않았던 황홀감이 나타났다는 것, 황홀의 절정에 있는 창작기와 그 후의 공허한 불쾌기가 되풀이되었다는 것이다.[10] 이 시기에 니체의 문체 변화가 두드러졌다. 야스퍼스는 니체의 문체 변화를 지목해 이렇게 표현한다. "상상력의 힘, 신화적 비유의 증가, 비전의 조형성, 언어의 리듬, 어법의 박진감, 언어의 간결함에 의해 새로운 문체가 나타난다. 자연과 경치는 한층 더 생생하고 한층 더 운명에 가득 찬 것이 된다."[11] 문체가 격렬해지고 화려해진 만큼 사고에서도 그런 변화가 뚜렷하게 나타났다. 1880년 8월 마리엔바트에서 페터 가스트에게 보낸 편지가 이런 변화를 보여준다. "괴테 이래 이렇게 생각한 사람은 아마 아무도 없을 거야. 그리고 괴테의 머릿속에 들어 있던 것도 이것만큼 근본적인 것은 아니었을 테고. 나는 나 자신을 초월했다네." 1880년 8월 20일

1880년을 전후로 하여 시작된 경조증 우세는 점점 더 심해져 마지막에는 조광증 단계로 넘어가게 된다. 이 단계에 이르면 자아의 통합과 통제가 불가능한 지경이 되는데, 1889년 1월에 쓰러진 뒤의 니체가 이런 단계였다고 할 수 있다. 어쨌든 이 시기에 니체는 끔찍한 육체적 고통에서 서서히 벗어났으며, 특히 영혼을 짓누르던 극심한 우울증의 먹구름에서도 조금씩 해방되었다. 그 먹구름이 그의 정신이 온전하던 시기의 마지막 순간까지 다 사라진 것은 아니었지만, 어쨌든 1880년 이후 니체는 먹구름보다는 영혼이 연소하는 듯한 한없는

도취감과 무엇이든 다 해낼 것 같은 무한한 자신감이 폭발하는 맑은 날을 점점 더 많이 맞는다. 그리고 그런 만큼 창작열도 폭발하여 무서운 속도로 작품들을 써내게 된다.

니체의 이런 정신의 고조와 흥분을 보여주는 것이 《아침놀》 원고를 출판업자 에른스트 슈마이츠너Ernst Schmeitzner에게 보내면서 함께 쓴 편지다. "이 책은 사람들이 '회심의 일작'이라고 부르는 바로 그런 것입니다. 책이라고 하기보다 거의 운명입니다."1881년 2월 23일 바젤의 친구 오버베크에게도 편지했다. "이 책은 아마도 내 이름에 늘 걸려 있을 바로 그런 작품이네."1881년 3월 18일 어머니에게는 막 출간된 책과 함께 보낸 편지에서 이렇게 말했다. "그다지 아름답지 않은 우리의 이름을 영원히 기억하게 만들, 그러한 성격의 책입니다."1881년 6월 11일 어머니는 답장을 했지만 아들이 무슨 뜻으로 그런 말을 하는지 제대로 이해하지 못했다. 어머니 프란치스카에게 아들 니체는 실패한 교수이며, 병들어서 늘 이곳저곳을 돌아다니고, 아직 결혼도 하지 못한, 양말과 소시지를 계속 보내주어야 하는 그런 아들이었다.[12] 이런 상황을 깨닫고 니체는 다시 어머니와 여동생에게 아주 진지하게 편지를 썼다. "지금까지 인간이 쓴 것 중에서 가장 용감하고, 가장 고상하고, 가장 깊이 있는 책을 한 권 썼습니다."1881년 7월 9일

《아침놀》, 도덕에 대한 전쟁 개시

《아침놀》은 최악의 건강 상태에서 요양지를 전전하며, 그리고 고통의 어둠 손에서 솟아오르는 밝은 조명탄 같은 정신의 고양 상태를 거치며 쓴 575편의 단편 모음이다. 《아침놀》에 대해 니체는 자서전에서

"이 책으로 도덕에 대한 나의 전투가 시작된다"《이 사람을 보라》, '아침놀', 1절라고 선언한다. 도덕에 대한 전투는《인간적인 너무나 인간적인》에서부터 시작됐지만,《아침놀》에 와서 그 전투가 이전보다 훨씬 더 격렬하고 집요하고 치열한 것이 된다는 점에서 확실히 이 책은 후기 니체의 도덕 비판서들의 진정한 예고편이 된다. 1886년 재판 때 쓴 '서문'에서 니체는 도덕 비판이 어떤 의미를 지니는지 분명하게 이야기한다. 그는 자신의 작업을, 철학자들이 수천 년 동안 가장 확실한 지반이라고 믿어온 도덕에 대한 낡은 신념을 조사하고 파고들어 붕괴시키는 작업으로 본다.

> 이 책에서 사람들은 '지하에서 작업하고 있는 한 사람'을 보게 될 것이다. 그는 뚫고 들어가고, 파내고, 밑을 파고들어 뒤집어엎는 사람이다. 깊은 곳에서 행해지는 일을 보는 안목이 있는 사람들이라면 그가 얼마나 서서히, 신중하게, 부드럽지만 가차 없이 전진하는지 보게 될 것이다.
>
> 《아침놀》, '서문', 1절

> 당시에 나는 아무도 할 수 없고 오직 나만이 할 수 있는 일을 시도했다. 나는 깊은 곳으로 내려갔고 바닥에 구멍을 뚫었으며 우리 철학자들이 수천 년 동안 신봉해온 낡은 신념을 조사하고 파고들기 시작했다. 철학자들은 이 신념이 가장 확실한 지반인 것처럼 그 위에 (철학을) 세우곤 했다. 그러나 지금까지 (그 위에 세워진) 모든 건축물은 거듭 붕괴되었다. 나는 도덕에 대한 우리의 신뢰를 파괴하기 시작했다.
>
> 《아침놀》, '서문', 2절

철학자들이 세운 건축물들이 모두 붕괴한 것은 그 건축물들이 도덕이라는 토대 위에 서 있었기 때문이라고 니체는 말한다. 따라서 무너지지 않을 철학적 건축물을 세우려면 애초에 부실한 토대를 무너뜨려 버리고, 다시 말해 도덕 자체를 해체하고 새로운 토대를 찾아야 한다는 것이 니체의 주장이다. 니체는 플라톤 이래 서양 철학이 모두 이런 잘못된 도덕적 토대 위에 서 있었으며, 서양 전통 철학을 철저하게 비판한다는 칸트의 비판철학조차 도덕에 관한 한 조금도 철저하지 못했다고 진단한다. 칸트도 자신의 사유의 건축물을 낡은 도덕의 토대 위에 세웠다는 것이다.

왜 플라톤 이후 유럽의 모든 철학적 건축가들의 작업이 헛수고에 불과했는가? …… 이에 대한 올바른 답변은 아마도 다음과 같을 것이다. 모든 철학자들이 도덕에 유혹되어 (그들의 철학적) 건축물을 지었기 때문이다. …… 그들은 겉으로는 확실성과 '진리'를 추구했지만 실제로는 '존엄한 도덕적 건축물'을 지향했다. 칸트는 "저 존엄한 도덕적 건축물을 위한 지반을 정비하고 튼튼하게 하는 것"을, 자신의 "그렇게 빛나지는 않지만 공적이 없는 것은 아닌" 과제와 일이라고 보았다. 아아, 그렇지만 우리는 오늘날 그가 성공하지 못했다고 말할 수밖에 없다. 그렇게 광신적인 의도를 지녔던 칸트는 다른 어떤 시대보다도 광신의 시대라고 부를 만한 시대의 진정한 아들이었다. …… 칸트 역시 도덕의 독거미인 루소에게 물렸다. 칸트 영혼의 밑바닥에는 도덕적 광신이 숨어 있었다. …… 칸트는 자신의 '도덕적 왕국'을 위한 공간을 마련하기 위해, 자신이 증명할 수 없는 세계, 즉 논리적인 '피안'을 상정할 수밖에 없다는 사실을 깨달았다. 바로 이 때문에 그는 자신의 《순수 이성 비판》이 필요했던 것이다! 달리 말해, 칸트에게는 '도덕의 왕국'을 이성이 공격할 수 없도록 만드는 것, 아니 오히려 파악할 수 없는 것으로 만드는 것이 다른 모든 것보다 중요했다. 그렇지 않았다면 그는 《순수 이성 비판》을 필요로 하지 않았을 것이다. 그는 사물들의 도덕적 질서가 이성에게 공격받을 수 있다는 사실을 너무나 강하게 감지하고 있었던 것이다.

《아침놀》, '서문', 3절

칸트가 《순수 이성 비판》에서 했던 작업은 도덕이 거주할 '사물 자체'의 자리를 마련해주는 것이었다. 이성이 따질 수도 없고 들여다볼 수도 없고 해명할 수도 없고, 그러나 존재하지 않는다고는 도저히 말할 수 없는 '사물 자체'라는 '현상 너머의 본질'을 상정해놓고, 이 '사물 자체'를 도덕의 거처, 도덕의 왕국으로 삼았다는 것이 니체의 칸트 비판 요지다. 그러니 누가 이 왕국을 공격하거나 비판할 수 있겠는가? 비판할 수 없고 공격할 수 없는 존재의 저 피안에 도덕의 나라를 세운 것은 칸트가 루소라는 도덕의 독거미에게 물렸기 때문이고 그 자신이 도덕적 광신자였기 때문이라는 것이다. 그러므로 "모든 것을 비판에 부쳐야 한다"[13]라는 칸트의 명제는 실제로는 플라톤 이래 철학의 토대였던 도덕 자체를 문제 삼지 않는 자기 배반을 행하고 있다는 것이 니체의 비판이다. 칸트가 비판에 부치지 않고 그대로 사유의 토대로 삼았던 도덕이라는 것을 철저하게 파고들어 그것의 근거가 얼마나 허약한지를 드러냄으로써 존재 바탕을 무너뜨리는 것, 다시 말해 칸트의 비판 작업을 더욱 철저하게 밀어붙이는 제2의 비판 작업을 도덕에 대해 벌이는 것, 이것이 니체가 《아침놀》에서 한 일이었다고 이 서문은 고백하는 것이다.

니체는 《아침놀》의 본문에서 도덕이라는 것이 그 뿌리에서부터 살펴보면 전혀 도덕적이지 않음을 증명해나간다. 그렇다고 해서 니체가 모든 도덕을 부정하고 인간에게는 도덕이 필요 없으며 도대체 도덕이라는 것이 무익하다고 주장하는 것은 아님을 이 책은 분명히 밝히고 있다. 《아침놀》 서문에서 니체는 도덕의 토대를 붕괴시키는 일이야말로 도덕을 지키는 일이라고 역설적으로 말하기도 한다. "이 책은 도덕에 대한 신뢰를 철회한다. 왜냐고? 도덕에 충실하기 위해." 《아침놀》, '서문', 4절 니체는 수천 년 인류를 지배해 온 기존의 도덕관념을 무너뜨리지 않고는 새로운, 참된 도덕을 세울 수 없다고 생각하는 것이다.* 요컨대 니체가 극복하려는 것은 도덕 그 자체가 아니라 도덕에 대한 그릇된 편견인 것이다.

> 내가 바보가 아니라면 내가 다음과 같은 사실을 부정하지 않는다는 것은 자명하다. 비윤리적이라고 불리는 많은 행위들은 피해야 하고 극복해야 하며 윤리적이라고 불리는 많은 행위들은 행해야 하며 장려해야 한다. 그러나 나는 전자도 후자도 이제까지와는 다른 근거들에 의해 행해져야 한다고 생각한다. 우리는 다르게 배워야만 한다. 아마 상당히 오랜 시간이 지난 후가 될지도 모르지만, 마침내 더 많은 것에 도달하기 위해, 즉 다르게 느끼기 위해. 《아침놀》, 103절

---

* 게오르크 지멜(Georg Simmel, 1858~1918)도 이 점에 주목해 니체가 칸트와 마찬가지로 도덕주의자라고 말한다. "칸트와 니체 모두 도덕주의자들이다. 즉 그들은 의지에 의해 결정될 수 있는 인간의 행위와 존재에서 최종적인 심급의 가치를 통찰하는 사상가들이다."[14] 그러면서 지멜은 다만 두 사람이 다음과 같은 점에서 차이가 있다고 설명한다. "칸트는 전적으로 도덕을 공식화하려 한 반면에, 니체는 의심할 여지 없이 '도덕'으로 멈추어 서 있는 기존의 도덕에 새로운 내용을 부여하려 한다. 칸트는 주어진 것을 인식하기를 원하는 이론가이며 니체는 주어진 것을 실천적으로 개혁하기를 원하는 도덕의 사제다."[15] 그러나 지멜의 주장대로 니체가 도덕주의자라고 하더라도 거기에는 분명한 한계가 그려져야 한다. 니체는 어떤 측면에서 볼 때 도덕주의자의 모습을 보이는 것이며, 다른 측면에서 보면 여전히 그 도덕주의의 한계를 돌파하려는 비도덕적 면모를 드러내기 때문이다.

이렇게 별도의 아포리즘으로 자신이 도덕 자체를 부정하지 않는다고 밝히는 것은 이 책에서 니체가 그만큼 위험한 높이에서 가혹하게 도덕 비판 작업을 하기 때문이다. 니체는 여기서 도덕 자체를 부정하지 않고 도덕의 잘못된 근거를 비판한다고 말하지만, 니체의 글이 때때로 도덕 자체의 한계를 넘어서는 지점에까지 이르는 것도 사실이다(그리고 어쩌면 도덕의 한계를 넘어서는 그곳에 니체의 본질이 있는지도 모른다). 어쨌든 니체는 도덕 비판을 끝까지 밀고 감으로써 "모든 가치들의 재평가"라는 자신의 필생의 주제로 뛰어들고, 또 모든 도덕 가치들의 구속에서 벗어나 "이제까지 금지되고 경멸받았으며 저주받았던 것"을 긍정하게 된다.《이 사람을 보라》, '아침놀', 1절

니체의 사유 실험

그렇다면 이 책에서 니체는 '도덕의 기원'에 무엇이 있다고 보는가. 니체는 다음과 같은 추론을 한다.

> 모든 도덕의 기원이 다음과 같은 혐오스럽고 비소한 추론에 있는 것은 아닐까? "나에게 해로운 것은 악한 것(그 자체로 해로운 것)이다. 나에게 이로운 것은 선한 것(그 자체로 기분을 좋게 하고 유익한 것)이다. 나에게 한 번 또는 몇 번 해를 입히는 것은 그 자체로 적대적인 것이다. 나에게 한 번 또는 몇 번 이익을 주는 것은 그 자체로 우호적인 것이다." 아 수치스러운 기원이여!
> 《아침놀》, 102절

이 문장을 보면 니체가 100퍼센트 확신을 가지고 이런 주장을 한다

기보다는 신빙성이 큰 명제를 제시하고 그것을 이모저모 따져보며 그 진리치를 가늠하는 것처럼 보인다. 니체는 《아침놀》을 포함해 《인간적인 너무나 인간적인》에서부터 《즐거운 학문》에 이르는 시기의 작업들에서 사유 실험을 다양한 방향으로 구사하고 있다. 그러나 뒤로 갈수록, 그러니까 니체의 조증이 강화되고 사유에 자신감이 붙을수록 실험주의적인 태도는 배후로 물러서고 단호하고도 확고한 명제들이 진리를 선포하는 듯한 목소리로 울려 퍼지게 된다. 그러나 아직 여기서는 실험 정신이 앞선다. 니체는 우리가 실험으로 존재한다는 명제까지 제출한다.

> 이러한 (도덕의) 공위空位 시대에 우리가 할 수 있는 최선의 것은 우리 자신이 주인이 되어 작은 '실험 국가들'을 건설하는 것이다. 우리는 다양한 실험으로 존재한다. 그렇게 존재하도록 하자! 《아침놀》, 453절

그런 실험 정신 위에서 니체는 자신이 '비윤리적' 존재임을 사뭇 자랑스럽게 이야기한다. 비윤리적인 존재란 부도덕한 존재라기보다는 기존의 관습이나 전통에 얽매이지 않는 자유로운 정신이기 때문이다.

> 자유로운 인간은 모든 점에서 관습에 의존하지 않고 자기 자신에게 의존하고자 하기 때문에 비윤리적이다. 인류의 모든 근원적인 상태에서 '악하다'는 것은 '개인주의적이다', '자유롭다', '자의적이다', '길들여지지 않았다' …… '예측이 불가능하다'는 것을 의미한다. …… 관습이란 무엇인가? 그것은 우리에게 유익한 것을 명령하기 때문이 아니라 단순히 그것이 명령한다는 이유로 우리가 복종해야 하는 좀 더 높은 권위다. …… 처음에는 모든 것이 관습이었다. 그래서 관습을 뛰어넘고자

하는 사람은 입법자, 주술사, 반신半神이 되어야 했다. 즉 그는 관습을 만들어야 했다.
《아침놀》, 9절

비윤리적인 자유로운 인간은 니체의 후기 사상 안에서 만나게 될 초인의 이미지를 연상시킨다. 니체는 다른 아포리즘에서 좀 더 강도를 높여 "비윤리적인 인간을 보호해야 한다"고 주장한다.

> 오늘날 기존의 풍습과 법에 얽매이지 않은 사람들이 조직을 이루어 자신들의 권리를 되찾으려 하는 최초의 시도가 이루어지고 있는 것처럼 보인다. …… 지금까지 그 사람들은 범죄자, 자유사상가, 비도덕적인 인간, 악한으로 비난받은 채 추방당하고 양심의 가책의 지배 속에서 …… 살아왔다. (이런 시도가) 비록 다가올 세기를 위험하게 만들고 그 때문에 사람들이 저마다 총기를 들고 다니는 한이 있더라도, 전체적으로 우리는 그것을 정당하고 좋은 것으로 인정해야 할 것이다. …… (인습적인 도덕에) 반하는 사람들은 흔히 독창적이고 생산적인 사람들인 경우가 많은데, 이들이 더는 희생되어서는 안 된다. 이제는 행동과 사상과 관련해 도덕에서 벗어나는 것이 더는 해로운 것으로 간주되어서는 안 된다. 삶과 사회에 대해 무수한 새로운 시도가 이루어져야 한다. 양심의 가책이라는 거대한 짐은 이 세계에서 사라져야 한다. 정직하고 진리를 구하는 모든 사람들이 이러한 가장 보편적인 목표들을 인정하고 추구해야 한다!
> 《아침놀》, 164절

"동정은 나약함이다"

니체는 이 책에서 전작 《인간적인 너무나 인간적인》에서 했던 동정심 비판 작업도 계속한다. 니체는 왜 우리가 타인의 불행과 고통에 동정심을 느끼게 되는지, 그리고 왜 우리는 동정심에 빠져서는 안 되는지 인간 심리를 분석해 설명한다. 동정심 때문에 언제나 고통을 받았던 니체는 여기서 자기 자신의 본성을 거역해 심리의 근본에까지 파고들어 동정심을 부정한다.

> 우리가 어떤 사람에게 악의와 적의마저 느끼는데도 그가 피를 토할 경우 왜 우리는 고통과 불안을 느끼는 것일까? "동정 때문이다. 이 경우 사람들은 오직 다른 사람만을 생각한다"라고 사려 없는 사람들은 말한다. 진실은 오히려 다음과 같은 것이다. …… 다른 사람들의 불행은 우리에게 모욕감을 준다. 우리가 그를 이러한 불행에서 벗어나도록 도와줄 수 없다면, 그것으로 인해 우리는 아마도 자신의 무력함과 비겁함을 깨닫게 될 것이다. 또 타인의 불행은 이미 그 자체로 타인에 대한, 혹은 우리 자신에 대한 우리의 명예를 감소시키는 동기가 된다. 또는 타인의 불행과 고통은 우리도 겪을 수 있는 위험을 가리킨다. 그리고 인간의 위험한 처지와 연약함을 가리키는 징표만으로도 그것은 우리에게 고통을 느끼게 한다. 우리는 동정적인 행위를 통해 이런 종류의 고통과 모욕을 거부하고 그것들에 복수한다. 동정적인 행위 속에는 심지어 세련된 자기방어 혹은 복수심마저 존재할 수 있다. 《아침놀》, 133절

(다른 사람과 함께 괴로움을 겪는다는 의미의) 동정Mitleiden은 그것이 정말로 고통을 낳는 한 — 그리고 이것이 여기서 우리의 유일한 관점인

데 ─ . 유해한 감정에 사로잡혀 자신을 상실하는 것과 마찬가지로 하나의 나약함이다. 동정은 이 세상의 고통을 증대시킨다. 동정의 결과 간접적이기는 하지만 때때로 고통이 경감되고 제거된다 하더라도, 전체적으로 볼 때 우리는 무의미하고 우연한 이러한 결과들을 이용해 앞에서 언급한 바와 같이 본질적으로 유해한 동정을 정당화해서는 안 된다. 비록 하루를 동정이 지배하더라도 인류는 그 때문에 곧 멸망하게 될 것이다. 동정 그 자체에는 다른 어떤 충동과 마찬가지로 좋은 성질이 없다. …… 시험 삼아 한번 실제의 생활 속에서 동정심을 일으키는 계기들을 한동안 의도적으로 뒤쫓아보고 자신의 환경에서 마주칠 수 있는 모든 비참을 항상 마음에 그려보는 사람은 반드시 병들고 우울해질 것이다.

《아침놀》, 134절

이렇게 동정심을 영혼의 질병으로 보고 있는데, 이런 인식은 책 속에서만 한 것이 아니다. 니체는 특히 쇼펜하우어의 '동정심 철학'이 젊은 날 자신의 삶에 부정적인 영향을 끼쳤다고 말한다. 1883년 말비다 폰 마이젠부크에게 보낸 편지에서 니체는 이렇게 털어놓는다.

쇼펜하우어의 '동정'은 나의 삶에서 지금까지 커다란 어려움을 야기했습니다. …… 이것은 위대한 그리스인이라면 모두 비웃을 허약함을 의미할 뿐만 아니라 심각한 실천적 위험을 뜻하기도 합니다. 사람은 자신이 생각하는 인간의 이상을 실천해야 합니다. 사람은 자신의 이상에 따라 자신의 주변 인물에게 자기와 같이 가도록 강요하거나 그들을 제압해야 합니다. 즉 창조적으로 영향력을 행사해야 합니다. 그렇게 하기 위해서는 자신의 동정을 억제하고 우리의 이상과는 다르게 행동하는 사람을 적으로 생각해야 합니다. 당신은 내가 너무 당연한 것을 말한다고 생각할지 모르겠군요. 하지만 내가 이런 '지혜'에 이르기까지는 나는 내 생애 거의 전부를 희생해야 했습니다.　　　　1883년 7월 중순

힘의 철학자 니체의 등장

이 고백대로 니체는 동정에 대해 냉정한 판단력을 얻으려고 《아침놀》을 쓰던 시기에도 집요하게 사유했고, 그 결과로 이 편지에서처럼 동정을 죽여 '힘'을 획득해야 한다는 생각에 이르렀다. 《이 사람을 보라》에서 니체는 《아침놀》과 더불어 도덕 비판이 시작된다고 공언하고, 《아침놀》 서문도 도덕 비판에 관심을 집중하고 있지만, 정작 이 책에서 가장 많은 아포리즘을 활용해 실험하고 고찰하는 것이 바로 이 '힘'이다. 힘의 철학자 니체, 권력의지의 철학자 니체가 이 책에서 비로소 위용을 드러내기 시작하는 것이다. 니체의 힘에 관한 실험적 성찰에서 먼저 주목할 것이 '힘과 진리'의 관계다. 니체는 진리도 힘이 있을 때만 진리 노릇을 한다고 생각한다.

> 진리 그 자체는 힘이 아니다. (진리에) 아첨하는 계몽주의자가 아무리 반대로 말하는 데 익숙해져 있을지라도! 진리는 오히려 힘을 자기편으로 끌어들이거나 힘의 편이 되지 않으면 안 된다. 그러지 않으면 그것은 항상 다시 몰락하게 될 것이다!　　　　《아침놀》, 535절

니체는 이 아포리즘에서 지식인들의 일반적 믿음을 뒤집어놓는다. 진리는 강력하고 무적이고 불패라는 것이 지식인들의 믿음이다. 진리

만 손에 쥐면 무서울 게 없다고 생각한다. 계몽주의자들이야말로 이런 믿음을 신봉한 사람들이다. 이 시기에 니체에게 삶의 모델이 되어주었던 볼테르가 바로 그런 믿음을 공유한 사람들의 우두머리였다. 그러나 니체 자신이 고통과 고립과 낙담으로 삶의 최저점에 놓여 있던 순간에 느낀 것은 진리의 무력함이었다. 진리를 발견하고 진리를 획득하고 진리를 주장해봐야 그에게 현실적인 힘이 없다면 진리는 무기력한 하나의 의견으로 남을 뿐이다. 그러므로 진리만큼 중요한 것이 힘, 권력이다. 아니 어쩌면 힘이 진리보다 더 중요할지도 모른다. 힘이 있으면 진리도 만들어낼 수 있다. 니체는 나중에 힘을 향한 의지, 곧 권력의지야말로 존재의 비밀, 존재의 진리라고 믿게 된다.

《아침놀》에 앞의 말비다 폰 마이젠부크에게 보낸 편지에서 인용된 '그리스인의 경우'를 이야기하는 아포리즘이 있다. 니체가 그리스인들에 대해 어떤 이미지를 품고 있었는지 느끼게 해주는 구절이기도 하다.

> 그리스인들은 '(많은 사람들에게) 지탄을 받고 많은 악한 일을 한 것으로 기억되는 힘이 단지 선하기만 한 것으로 평가되는 무력함보다 더 가치가 있다'고 느꼈다. 즉 그들에게서 힘의 감정(느낌)은 그 어떤 유용성이나 좋은 평판보다 더 높이 평가되었다. 《아침놀》, 360절

니체는 행복과 힘의 관계에 대해서도 숙고한다. 힘의 느낌, 나에게 힘이 있다는 느낌이야말로 행복이 가져오는 첫 번째 효과라고 그는 단언한다. 이것은 예리한 눈으로 심리를 분석한 사람이 아니면 할 수 없는 말이다.

> 행복이 가져오는 첫 번째 효과는 힘의 감정이다. 우리 자신에 대해서든 다른 인간에 대해서든 표상에 대해서든 상상의 존재에 대해서든 이러한 힘의 감정은 자신을 표현하고 싶어 한다. 자신을 표현하는 가장 흔한 방식은 선물을 주는 것, 조롱하는 것, 파괴하는 것이다. 이 세 가지는 모두 하나의 공통된 근본 충동에 근거한다.
> 〈아침놀〉, 356절

니체는 이렇게 힘, 힘의 느낌, 권력 감정이야말로 인간 실존의 가장 중요한 요소이며, 인간이 필사적으로 추구하는 것이라고 주장하는데, 이런 주장은 유럽 근대 초기의 정치사상가 토머스 홉스가 했던 주장이기도 하다. 홉스를 보기 전에 먼저 니체의 주장이 담긴 아포리즘을 하나 더 읽어보자.

> 필요도 욕망도 아니고 힘에 대한 사랑이야말로 인류의 수호신(데몬, 악령)이다. 인간에게 모든 것, 즉 건강, 음식, 주택, 오락을 줘보라. 그들은 여전히 불행하고 불만스러울 것이다. 마력적인 존재가 기다리면서 채워지기를 원하고 있기 때문이다. 그들한테서 모든 것을 빼앗고 이 마력적인 존재를 만족시켜보라. 그러면 그들은 대부분 행복하게 된다.
> 〈아침놀〉, 262절

홉스는 그의 주저 《리바이어던》에서 힘에 대해 이렇게 말한다.

> 그러므로 나는 모든 인간에게 발견되는 일반적 성향으로서 죽을 때까지 계속되는, 힘에 대한 끊임없는 욕망을 제일 먼저 들고자 한다. 이것은 인간이 이미 획득한 것보다 더 강렬한 환희를 구하기 때문에 그런 것이 아니요, 보통 수준의 힘에 만족할 수 없기 때문에 그런 것도 아니

다. 잘살기 위한 더 많은 힘과 수단을 획득하지 않으면, 현재 소유하고 있는 힘이나 수단조차 확보할 수 없기 때문이다.[16]

니체가 말하는 '힘Macht에 대한 사랑'이나 홉스가 말하는 '힘power에 대한 욕망'은 그 의미가 다르지 않다. 아니, 후배인 니체가 선배인 홉스의 힘 사상에서 강력한 영감을 받았음이 틀림없다. 그러나 니체의 힘과 홉스의 힘은 여기까지만 동일하다. 니체는 힘 사상을 발전시켜 결국 권력의지Wille zur Macht라는 개념에 이르게 되는데, 이 권력의지가 만들어내는 풍경은 홉스와는 비교할 수 없을 정도로 무시무시하다. 니체의 권력의지는 결코 충족되지 않고 해소되지 않는 모든 인간의 영원한 충동이다. 이와 달리 홉스는 힘을 다투는 권력 충동의 그 세계가 무서워 국가라는 '리바이어던'을 얼른 불러들인 뒤 모든 힘들을 봉쇄해버린다. 니체의 힘은 이 봉인된 악령을 다시 불러내 풀어놓은 것이라고도 할 수 있다.

니체는 《아침놀》에서 힘과 돈의 관계도 살피는데, 자본주의 세계에서 힘에 대한 추구는 돈에 대한 추구로 나타난다는 지적은 정곡을 찔렀다는 느낌을 불러일으킨다.

> 우리에게는 이제 신분이 없다! 우리는 '개인'이다. 그러나 돈은 힘이고 명성이며 존엄이고 우위며 영향력이다. 현재 돈은 한 인간이 얼마나 소유하고 있는지에 따라 그 사람에 대한 크고 작은 도덕적인 편견을 만들어낸다!
>
> 《아침놀》, 203절

> 오늘날 사람들을 범죄자로 만드는 이 과도한 초조함은 어디서 비롯되는 것일까? …… 어떤 사람은 불공정한 저울을 사용하고, 어떤 사람

은 고액의 보험을 든 후에 자신의 집에 불을 놓고, 어떤 사람은 위조 화폐 제조에 참여한다. …… 이는 그들이 실제로 궁핍하기 때문이 아니다. …… 돈이 쌓이는 속도가 너무 느리다는 초조감과 축적된 돈에 대한 끔찍한 욕망과 애정이 밤이든 낮이든 그들을 몰아대는 것이다. 그러나 이러한 초조감과 애정 속에서 힘에 대한 저 열광적인 욕망이 다시 나타난다. 힘에 대한 이러한 열광적인 욕망은 옛날에는 진리를 소유하고 있다는 신념에 의해 불붙었기 때문에 …… 사람들은 떳떳한 양심으로 비인간적인 일(유대인들과 이단자들과 양서 따위를 불태우고 페루와 멕시코 같은 고등 문화 전체를 근절하는 것)을 감행할 수 있었다. 힘에 대한 욕망이 고용하는 수단은 변화했지만, 동일한 화산이 여전히 불타오른다. …… 이전 사람들이 '신을 위해' 행한 일을, 지금 사람들은 돈을 위해, 오늘날 힘의 느낌과 떳떳한 양심을 제공하기 위해 행한다. 《아침놀》, 204절

힘의 느낌은 언제 가장 뚜렷하고 강력하게 느껴지겠는가. 싸움에서 승리했을 때일 것이다. 그래서 니체는 다음과 같은 간명한 아포리즘을 제시한다.

> 영혼의 야전 진료소. 가장 강력한 치료제는 무엇일까? 승리다.
> 《아침놀》, 571절

그렇다면 전쟁에서 승리하지 못했을 경우 힘의 느낌은 어떻게 되는가? 니체는 이 경우에 힘의 느낌을 회복하려는 의지가 '책임 묻기'로 나타난다고 말한다.

전쟁에서 패배할 경우, 사람들은 전쟁에 '책임이 있는' 사람을 찾아

내려 한다. 전쟁에서 승리할 경우, 사람들은 전쟁을 일으킨 사람을 찬양한다. 실패가 있는 곳 어디에서나 책임이 추궁된다. 왜냐하면 실패에는 의기소침이 수반되고 이러한 의기소침에 대해 부지불식간에 적용되는 유일한 치료법은 힘의 감정을 새로 자극하는 것이기 때문이다. 그리고 이러한 자극은 '책임자'에 대한 단죄에서 발견된다. 〈아침놀〉, 140절

전쟁은 정치 행위의 한 변형이다. 다시 말해 전쟁은 정치의 일부이다. 그렇다면 정치에서 '힘의 문제'는 어떻게 나타날까. 간단히 말해, 정치가 추구하는 것은 힘이다.

아무리 많은 이익과 허영심이 …… 위대한 정치에 개입되어 있을지라도, 정치를 전진시키는 가장 강력한 물결은 힘의 느낌에 대한 욕구다. …… 인간은 힘의 느낌을 느낄 때 자신을 선하다고 느끼고 자신을 선한 사람이라고 부른다. 그리고 바로 그때, 그가 자신의 힘을 방출하지 않으면 안 되는 타인들은 그를 악한 사람이라고 부른다. 〈아침놀〉, 189절

도덕 원리가 아니라 권력 원리

여기서 니체가 명백하게 삶의 원리로서 도덕 원리 대신 권력 원리를 도입하고 있음을 확인하게 된다. 도덕이 어떤 고상한 주장을 떠들든 삶을 지탱하고 전진시키는 근본 원리는 힘, 힘의 느낌, 힘의 느낌에 대한 욕망이라는 것을 니체는 의심하지 않는 것이다. 그렇다면 고상해지고, 고귀해지고, 우월해지려는 인간의 의지도 역시 힘의 원리의 지배 아래 있는 것일까. 니체는 그렇다고 생각한다.

우월함의 추구는 끊임없이 이웃을 주목하면서 이웃이 어떤 기분인지 알려고 한다. 그러나 이 충동(우월함을 추구하는 충동)을 만족시키기 위해 필요한 (타인의 기분에 대한) 공감과 인식은 …… 선량한 것과는 거리가 아주 멀다. 오히려 우리는 이웃이 우리 때문에 외면적으로나 내면적으로나 얼마나 괴로워하는지 …… 감지하거나 추측하려 한다. 우월을 추구하는 사람은 …… 자신을 타인의 영혼에 각인하고 그 영혼을 바꾸고 자신이 의지에 따라 그것을 지배했기 때문에 (그러한 시도의) 성공을 즐기는 것이다. 우월의 추구는 이웃을 압도하려는 노력이다. 그것이 극히 간접적이거나 그저 느낀 것, 또한 몽상한 것에 불과할지라도 말이다.

〈아침놀〉, 113절

우월성 추구가 이웃을 압도하려는 것이라면, 철학을 연구하고 철학자로 사는 것, 다시 말해 니체 자신이 추구한 삶의 방식은 어떨까. 여기서도 니체는 에두르지 않고 말한다.

"해결되어야 할 하나의 수수께끼가 있다." 이렇게 인생의 목표가 철학자의 눈앞에 출현했다. 처음으로 수수께끼가 발견되었고 세계의 문제가 가장 단순한 수수께끼의 형태로 응집되어야 했다. 세계의 수수께끼의 해결자라는 무한한 명예욕과 기쁨이 사상가의 꿈이 되었다. …… 이와 같이 철학은 정신을 전제적으로 지배하기 위한 일종의 기고만장한 투쟁이다.

〈아침놀〉, 547절

삶의 비밀을 파헤쳐 들어가고 도덕의 지반을 굴착해 들어가고 그리하여 저 깊은 존재의 밑바닥에서 힘을 향한 욕구를 찾아낸 니체는 그 자신이 그렇게 분투하는 이유조차 힘의 추구라는 사실을 실토한다.

이렇게 모든 것이 힘, 힘의 느낌, 힘의 느낌의 추구라면 이 삶의 비밀을 풀 열쇠는 힘이라고 보아도 잘못된 것이 아닐 것이다. 니체는 삶의 비밀의 문 앞까지 간 것이다.

《아침놀》에서 니체의 통찰이 빛나는 의미심장한 아포리즘은 이것들만이 아니다. 니체 철학의 열쇳말 가운데 하나인 '초인'의 출현을 요청하는 아포리즘도 있다.

> 옛날 사람들은 자신들이 신적인 '기원'을 지녔다고 생각함으로써 인간의 위대함을 느끼고자 했다. 이것은 현재는 금지된 길이 되었다. 왜냐하면 그 길의 입구에는 소름끼치는 다른 동물과 나란히 원숭이가 서 있고 "이 방향으로는 더 갈 수 없다"고 말하기라도 하는 것처럼 이빨을 드러내고 있기 때문이다. 따라서 사람들은 이제 반대 방향에서 인간의 위대함을 느끼려 한다. 인류가 향하는 그 길은 인류의 위대함과 신과의 친족 관계를 증명하는 데 도움이 되어야 한다. 그러나 아, 이 길도 헛되다! 이 길의 끝에는 최후의 인간이자 무덤 파는 사람의 납골 항아리가 있다. …… 인류가 아무리 많이 발전했다 하더라도 인류에게 더욱 고차원적인 질서로 이르는 통로는 없다. 이는 개미나 집게벌레가 '생의 역정'의 최후에 신과의 친족 관계나 영원으로 격상되지 않는 것과 같다.
>
> 《아침놀》, 49절

니체는 다윈주의가 가져온 나쁜 영향을 먼저 거론한다. 과거에는 인간이 신의 자손으로 자처했다. 그러나 과거에 신이 있던 자리에 이제는 원숭이가 이빨을 드러내고 서 있다. 기원을 따져봐야 아무것도 없다. 그렇다면 미래에 출구가 있는가. 니체는 역사적 비관주의의 관점으로 미래를 본다. 인류의 현재가 그대로 연장될 뿐이라면 미래에 인류의 종말 이외에 더 있을 것이 없다. 미래도 막혔다. 이렇게 앞으로도 뒤로도 막혔다면, 다른 출구는 없는가. 여기서 니체는 대안을 직접 제시하지는 않는다. 그러나 인류의 목표가 '위대함' 특히 '신과의 친족 관계를 확보하는 일'임을 이 아포리즘은 암시한다. 다시 말해 신적인 존재가 되는 것이 인류의 목표인데 앞뒤로 꽉 막혀 있다면 위로 솟구치는 수밖에 없다. 위로 올라가 인간의 현존을 초월하는 것, 다시 말해 초인이 되는 수밖에 없는 것이다. 니체는 머잖아 인간을 초월한 반신으로서 '초인'을 직접 불러내게 된다.

차라투스트라의 예언

니체의 가장 알려진 이미지 혹은 가면은 차라투스트라다. 다시 말해 예언자다. 니체는 《차라투스트라는 이렇게 말했다》에서 예언자적 말투를 가장 많이 사용했다. 《아침놀》에서도 니체의 예언자적 말투가 간간히 드러나는데 그것이 말투로 그치지 않고 계시처럼 발설되기도 한다. '이스라엘 민족의 미래'에 대해 예고하는 다음 글이 그런 경우다.

> 다가오는 세기(20세기)가 우리를 초대한 연극들에는, 유럽의 유대인들의 운명과 관련된 결정이 들어 있다. 이제 유대인들이 그들의 주사위를 던졌고 그들의 루비콘 강을 건넜다는 사실은 분명하다. 그들은 유럽의 주인이 되든가, 아니면 바로 그들이 옛날에 이것이나 저것이나 식의 유사한 결단에 직면해 이집트를 잃었던 것처럼 유럽을 잃게 될 것이다. 그러나 그들은 유럽에서 1,800년 동안에 걸친 훈련을 통과했다. 이는 유럽의 어떤 다른 민족도 할 수 없는 것이다. …… 그 결과 현대 유대인

들의 영혼과 정신의 자원들은 특별한 것이다. 곤경에 처했을 때 깊은 번민에서 벗어나기 위해 술을 마시거나 자살하는 일은 유럽에 사는 모든 사람 중에서 유대인들에게서 가장 드물다. 유대인이라면 누구나 그들의 아버지와 할아버지들의 역사 속에서, 가공할 상황에 처해서도 가장 냉정한 사려와 끈기를 보인 실례들과, 불행과 우연을 가장 세련되게 이용할 수 있었던 영리함의 보고를 발견할 수 있다. …… 그들은 단 한 순간도 자신들이 최고의 사명을 갖고 있다는 것에 대해 의심하지 않았다. …… 자신들의 선조와 아이들을 존중하는 방식과 결혼 및 결혼 풍습의 합리성으로 인해 그들은 모든 유럽인 중에서 가장 우수하다. …… 따라서 그들은 100년 안에 이미 주인으로서, 그들에게 복종하는 사람들에게 치욕을 느끼게 하지 않기에 충분할 정도로 고귀한 눈길을 던질 것이다.

《아침놀》, 205절

니체가 이런 글을 쓴 것은 당시에 횡행하던 반유대주의에 대해 그가 혐오감을 느꼈기 때문이다. 바그너가 반유대주의의 문화적 대표자 가운데 하나였으며, 나중에 여동생 엘리자베트도 완고한 반유대주의자가 된다. 유대인 파울 레와 한동안 둘도 없는 절친한 사이였던 데서 확인되듯이 니체는 유대인에 대해 당시 유행하던 식의 반유대주의적 편견이 없었다(그러나 기독교를 낳은 민족으로서 유대인에 대한 종교적 반감이 없지는 않았다). 시대의 흐름에 역행해 의도적으로 이런 글을 쓴 것이 분명하다. 어쨌든 니체의 이런 '예언'대로 유대인은 20세기에 유럽과 미국의 정치·경제·사회·문화의 주요 영역에서 탁월한 역량을 발휘했다. 그들은 거의 주인 종족이 되었다. 다만 니체는 한 가지 결정적인 것을 예견하지 못했는데, 다름 아닌 2차 세계대전 중 독일의 유대인 대학살이다. 그러나 그런 무시무시한 일이 일어날지도 모른다는 어떤 암시를 이 책에서 발견하는 것이 불가능하지는 않다. 니체는 당대 독일인의 집단적 심리를 분석한다.

> 독일인은 위대한 일을 할 수 있는 능력이 있다. 그러나 독일인이 실제로 위대한 일을 할지는 의문스럽다. 독일인은 복종을 통해서만 (어떤 일을) 할 수 있기 때문이다. …… 그런데 이런 종류의 민족이 도덕에 관심을 가질 경우 어떤 도덕이 그들을 만족시킬 수 있을까? 분명히 이 민족은 무엇보다 자신들의 강력한 복종 성향이 이상화되어 나타나기를 바랄 것이다. '인간은 무조건적으로 복종할 수 있는 어떤 것을 가져야 한다.' 이것이 독일적 감각이고 독일적 일관성이다. …… 그러나 나는 다음과 같은 사실을 알고 있다. 위대한 일들을 할 수 있는 상태에 처할 경우 독일인은 항상 도덕을 넘어서는 곳으로 자신을 고양한다는 사실을! 지금 독일인은 무엇인가 새로운 어떤 일을 해야 한다. 즉 독일인은 그들 또는 다른 사람들에게 명령해야 한다! 독일적인 도덕은 명령하는 법을 그들에게 가르친 적이 없다! 독일적인 도덕에서는 명령한다는 것이 잊혀졌다.
> 《아침놀》, 207절

이 글은 독일인에 대한 니체의 양가적 감정이 혼합돼 있다. 독일인이 위대한 일을 할 수 있는 저력이 있다는 것을 인정하면서도 그것을 실제로 해낼 수 있을지는 의심스럽다는 것이 니체의 진단이다. 이들이 정말로 위대한 일을 하려면 '명령하는 법'을 배워야 하는데, 니체가 보기에 독일인은 '복종하는 법'만 알고 있다. 그래서 미래를 밝게 보기 어렵다. 여기서 니체의 숨은 주장은 독일인이 위대한 일을 하려면 '명령하는 법'을 배워야 한다는 데 있다. 이후 독일 역사를 보면, 독일인들은 결국 '명령하는 자'를 만들어내기는 했지만 방향이 틀린,

잘못된 명령자인 것으로 드러난다. 독일인들은 이 명령자에게 열심히 복종했다. 이 글에서 독일 나치즘을 곧바로 연상하는 것은 지나친 일이겠지만, 명령하는 법을 배워야 한다는 니체의 요구에는 어딘가 불길한 데가 있다. '시기심'이라는 인간의 심리를 분석하는 다음의 아포리즘은 촌철살인처럼 명확한 데다, 20세기 독일 역사와 겹쳐 읽으면 의미심장함이 더해진다.

> 세계의 파괴자. 이 사람에게 어떤 일이 잘 되지 않는다. 마침내 그는 격분해 소리친다. "모두 멸망해버려라!" 이 혐오스러운 감정은 최대의 시기심에서 비롯되는 것인바, 이렇게 추론한다. "나는 어떤 것을 소유할 수 없다. 따라서 전 세계는 아무것도 가져서는 안 된다! 전 세계는 무無여야 한다!"
>
> 〈아침놀〉, 304절

이 문장은 좌절과 절망 속에서 분노하고 있던 젊은 날의 바그너를 염두에 둔 것일 수도 있지만, 사람들은 이 문장에서 훗날 독일을 세계 전쟁의 불길로 밀어 넣은 아돌프 히틀러를 더 쉽게 떠올릴 것이다. 히틀러는 자기가 일으킨 세계대전 말기에 독일이 도저히 이길 가망이 없다는 것을 확인하고 전 독일의 모든 것을, 모든 도시와 모든 문화를 불태워 없애버리라는 초토화 명령(일명 '네로 명령')을 내린다.[17]《시기심》의 저자 롤프 하우블Rolf Haubl, 1951~도 이 문장의 주인공으로 "세상을 불태워버릴 준비가 돼 있는 한 남자"[18] 히틀러를 지목한다.

앎의 탐험가, 인식의 항해자

니체는 1880년에서 1881년으로 넘어가는 겨울 동안 이탈리아 항구 도시 제노바에 있었다. 지도도 없이 대서양을 건너 아메리카를 발견한 용맹한 탐험가 크리스토퍼 콜럼버스의 고향에서 니체는 이 책의 원고를 끝냈다. 《아침놀》의 마지막을 장식하는 아포리즘(우리 정신의 비행자들!)은 인식의 바다 저편을 향해 한없이 나아가고자 하는 탐험 욕구와 그 바다 먼 곳에서 좌초하고 표류하지 않을까 하는 불안을 함께 품고 있다.

> 멀리. 가장 먼 곳까지 날아가는 이 모든 대담한 새들, 분명히 그 새들은 더 날아갈 수 없게 되어 돛이나 황량한 절벽에 내려앉을 것이다! …… 그러나 이러한 사실에서 …… 그들이 날 수 있는 최대한을 다 날았다고 추론해서는 안 된다. 우리의 모든 위대한 스승과 선구자들은 결국 멈춰 섰다. …… 그러나 그것이 나와 그대에게 무슨 상관이 있는가! 다른 새들은 더 멀리 날 것이다! …… 이 새들은 우리가 추구했던 곳, 온통 바다, 바다, 바다뿐인 곳을 향해 날고 있다! 바다를 넘어서 날아가려 하는가? 어떠한 욕망보다도 우리에게 더 중요한 이 강력한 욕망은 우리를 어디로 데려가는가? 그것도 하필이면 왜 바로 이 방향으로, 즉 이제까지 인류의 모든 태양이 침몰했던 곳을 향해서? 아마도 언젠가 사람들은 이렇게 말하지 않을까? 우리마저 서쪽으로 향하면서 인도에 도달하고자 했다고, 그러나 무한에 좌초한 채 난파하는 것이 우리의 운명이었다고. 그렇지 않은가? 나의 형제들이여? 그렇지 않은가!
>
> 《아침놀》, 575절

니체가 이 아포리즘으로 《아침놀》을 끝냈다는 것은 예사롭지 않은 일이다. 《아침놀》은 긴 밤과 어둠을 뚫고 태양이 떠오르는 아침의 희망을 가리킨다. 니체 생애의 어두운 최저점을 지나 육체와 영혼이 '회복기'에 진입한 듯한 이 시기에 쓴 책의 마지막에서 니체는 "태양이 침몰했던 곳"에서 "무한에 좌초한 채 난파하는 것이 우리의 운명이었다"는 불길한 목소리를 떠올리는 것이다. 니체는 대담한 인식의 항해자였다. 그의 항해 욕구는 그 어떤 장애도, 폭풍도, 해일도 막을 수 없었다. 그러나 니체는 그 항해 끝에 자신의 정신이 좌초하고 난파해 침몰하리라는 것을 알았던 것일까? 니체가 정신의 배를 띄운 앎의 항로는 위험하기 짝이 없는, 카리브디스의 소용돌이와 스킬라의 암초 사이로 난 오디세우스의 뱃길이었다.

07

Friedrich Nietzsche

즐거운 학문

"일찍이 경험한 적이 없는
사상이 내 마음의 지평선에서 떠올랐네."

Nietzsche, Friedrich Wilhelm

"네 운명을 사랑하라Amor fati. 이것이 지금부터 나의 사랑이 될 것이다!
나는 언젠가는 긍정하는 자가 될 것이다!"
《즐거운 학문》, 276절

"존재를 최대한 풍요롭게 실현하고 최대한 만끽하기 위한 비결은 바로 이것이다.
'위험하게 살아라!' 베수비오 화산의 비탈에 너의 도시를 세워라!
지도에 표시되어 있지 않은 대양으로 너의 배를 띄워라!
너 자신에게 필적할 만한 자들과의 대립 속에서,
그리고 특히 너 자신과의 대립 속에서 살아라!"
《즐거운 학문》, 283절

1881년 7월 니체는 스위스 알프스 고원 지대 오버엥가딘에서 새 휴양지 실스마리아를 발견했다. 그 지역 사람의 주선으로 7월 초 이곳에 하룻밤 묵었는데, "나의 본성에 이 고원 지대보다 더 알맞은 곳은 달리 없다"고 이야기할 정도로 마음에 들었다. 니체는 이해에, 그리고 1883년부터 1888년까지 해마다 여름 한 철을 실스마리아에서 보냈다. 그리고 이곳은 '차라투스트라'의 고향이 되었다. 니체의 위대한 작품 가운데 상당수가 여기서 싹이 텄고 여기서 꽃을 피웠다. 어머니에게 쓴 편지에서 "지금까지 인간이 쓴 것 중에서 가장 용감하고 가장 고상하고 가장 깊이 있는 책을 한 권 썼다"1881년 7월 9일고 《아침놀》에 대한 한없는 자부심을 알린 곳이 바로 이 실스마리아였다.

　하지만 바로 두 달이 채 안 돼 최근작에 대한 니체 자신의 평가가 급변했다. 그는 친구 파울 레에게 편지를 써 이렇게 털어놓았다. "그 작품이 출간된 해인 올해에 나는 다른 책을 한 권 또 써야 될 것 같네. 이 새 책의 내용과 구성을 생각해야만 나는 저 형편없이 조각난 철학을 잊을 수 있을 것 같네."1881년 8월 말 '가장 깊이 있는 책'이 '형편없이 조각난 책'이 되고 말았다. 그만큼 《아침놀》의 내용이 허술하다고 느꼈던 것인데, 그렇다면 그 두 달 사이에 무슨 일이 일어났던 것일까.

실스마리아의 '영원회귀' 체험

어머니에게 편지를 보낸 날과 레에게 편지를 보낸 날의 딱 중간에 해당하는 1881년 8월 6일을 기점으로 하여 니체 사상의 삶이 그 전과 그 후로 나뉜다. "그날 나는 실바플라나 호수의 숲을 걷고 있었다. 수를레이에서 멀지 않은 곳에 피라미드 모양으로 우뚝 솟아오른 거대한 바위 옆에 나는 멈추어 섰다. 그때 이 생각이 떠올랐다."《이 사람을 보라》, '차라투스트라는 이렇게 말했다', 1절 이때 떠오른 생각이 니체가 《이 사람을 보라》에서 '전 유럽적 사건'이라고 지칭한 '동일한 것(동일자)의 영원회귀' 사상이다. 니체의 나머지 삶은 이 사상을 해명하는 데 바쳐진다고 해도 과언이 아닐 정도로 영원회귀 사상이 니체의 삶과 사유에 끼친 영향은 심대했다. 이 사상을 체험하고 난 뒤 그는 메모지 한 장에 '새로운 주요 관심사–동일한 것의 영원회귀'에 대해 휘갈겨 쓴 뒤 "1881년 8월 초 실스마리아. 해발 6,000피트(2,000미터), 그리고 모든 인간사로부터 아주 높이 떨어진 곳에서!"라고 서둘러 서명했다.《니체 전집 12 유고 (1881년 봄~1882년 여름)》, 487-488쪽 '동일한 것의 영원회귀'라는 사상이 번개처럼 그의 머리를 내리친 그 순간을 니체는 훗날 이렇게 공들여 묘사했다.

19세기 말의 이 시점에서 생동하던 시대의 시인들이 '영감'이라고 부른 것에 대해서 뚜렷한 관념을 가지고 있는 자가 있을까? 없다면 내가 그것을 말하리라. 조금이라도 미신을 믿는 사람이라면 실제로 자기가 압도적으로 강력한 힘의 단순한 화신, 단순한 입, 단순한 매체에 지나지 않는다는 상념을 거의 물리치지 못할 것이다. 돌연 입으로 말할 수 없을 정도의 확실함과 정묘함으로, 깊은 내면에서부터 뒤흔들리고 뒤

동일한 것의 영원회귀 사상을 떠올린 수를레이의 바위

니체가 머물렀던 실스마리아의 하숙집

엎는 어떤 것이 눈에 보이게 되고 귀에 들리게 된다고 하는 의미에서 계시라는 개념은 겉으로 드러난 사실을 서술하고 있을 따름이다. 사상은 듣는 것이지 탐구하는 것이 아니다. 받는 것이어서 누가 주는지 묻지 않는다. 번개처럼 필연성을 지닌 하나의 사상이 갑자기 번득인다. 나는 한 번도 선택하지 않았다. 그 엄청난 긴장이 눈물의 강으로 터져버리며, 발걸음이 자기도 모르게 격렬해졌다가 늦추어졌다가도 하는 황홀경, 대단하고도 미묘한 한기를 가장 명료하게 의식하면서도 그 한기에 의해 발가락마저 오싹해지는 무아지경. …… 모든 것이 정말로 내 의지와는 상관없이 일어나지만, 마치 자유로운 느낌, 무조건성, 힘, 그리고 신성함의 도도한 흐름 속에서 일어나는 것 같다. …… 형상과 비유가 마음대로 되지 않는다는 것은 가장 주목할 만한 일이다. 형상이 무엇이고 비유가 무엇인가 하는 개념은 이제 없어진다. 일체는 가장 친근한, 가장 올바른, 가장 단순한 표현으로서 나온다. …… 마치 사물이 자기 발로 다가와 비유로써 몸을 의탁하는 것처럼 생각되는 것이다. …… 이것이 나의 영감의 체험이다.

《이 사람을 보라》, '나는 왜 이렇게 좋은 책을 쓰는가', '차라투스트라는 이렇게 말했다', 3절

마치 계시와도 같은 이 '영원회귀' 체험과 유사한 체험을 보고한 사람이 있다. 니체보다 한 세기 앞서 살았던 장자크 루소가 그 사람인데, 루소는 1749년 여름 파리 인근 뱅센 감옥에 있는 친구 디드로Denis Diderot, 1713-1784를 면회하러 가던 중 니체와 거의 동일한, 엄청난 강도의 계시 체험을 했다. 들고 가던 문예 잡지에서 '학문과 예술의 진보는 인간 품성의 순화에 기여했는가'라는 주제로 디종 아카데미가 현상 논문을 모집한다는 공고를 읽고 난 직후였다. 루소는 여러 해가 지난 뒤 한 편지에서 이 체험을 묘사했다.

그것을 읽는 순간 나는 갑작스런 영감 같은 것이 떠오르는 것을 느꼈습니다. 수천 개의 불빛이 내 영혼을 비추는 것만 같았습니다. 생생한 사상이 내게 떼 지어 밀려들었습니다. 힘차고도 당혹스럽게 그것은 나를 설명할 수 없는 혼란 속으로 밀어 넣었습니다. 술에 취한 것 같은 현기증이 느껴졌습니다. 맥박이 고동쳤고 가슴이 부풀어 올랐습니다. 나는 더는 걸으면서 숨을 쉴 수가 없었으므로 길가에 있는 나무 아래 쓰러졌습니다. 나는 그곳에서 반 시간 동안이나 흥분에 휩싸인 채 그대로 있었습니다. 다시 일어났을 때 나는 나도 모르게 흘린 눈물로 윗도리 앞자락이 흠뻑 젖어 있는 것을 발견했습니다. 오, 선생님, 만일 그 나무 아래서 내가 보고 느낀 것을 4분의 1만이라도 쓸 수 있었다면, 사회 제도의 모든 모순을 얼마나 명료하게 드러낼 수 있었겠습니까! 우리 제도가 안고 있는 모든 폐해를 얼마나 힘 있게 낱낱이 폭로할 수 있었겠습니까! 인간이 자연 상태에서 선하며, 인간이 악하게 된 것은 오직 이러한 사회 제도에 의한 것임을 얼마나 평이하게 보여줄 수 있었겠습니까! 그 나무 아래서 15분 동안 나를 계몽시키며 충만하게 제시되었던 위대한 진리들 중, 내가 기억해낼 수 있었던 일부만이 세 가지 주요 저작들 속에 지극히 미약한 상태로 흩어져 있을 뿐입니다.[1]

우연의 일치이겠지만 두 사람은 똑같이 서른일곱 살 때 이와 같은 체험을 했다. 루소는 니체와 마찬가지로 영감의 번개를 맞은 뒤 무아지경의 상태에서 감격의 눈물을 쏟았다. 니체를 두고 19세기에 태어난 루소라고 하는 사람도 있거니와, 루소도 니체처럼 격렬한 시대 비판가였고, 극도로 신경이 예민한 사람이었고, 말년을 피해망상 속에서 보낸 광기의 천재였다. 생각이 래디컬하고 과격했다는 점에서도 두 사람은 닮은꼴이었다. 다만 루소가 민중 지향적인 혁명적 사상가였다면, 니체는 귀족 지향적인 반민주적 사상가였다는 점에서 서로 가는 길이 달랐다. 니체는 루소에 대한 반감을 감추지 않았다.

이 사상 체험을 어찌할 것인가

어쨌든 니체는 이 압도적인 사상 체험으로 말로 표현하기 어려운 충만감과 고양감을 느꼈다. 동시에 이 사상을 어떻게 이해해야 할지, 어떻게 설명해야 할지 적잖이 당혹스러워했고, 이런 영감이 자신을 습격했다는 사실 자체에 두려움을 느꼈다. 특히 계시를 믿지 않는 니체에게 계시와 같은 현상이 일어났다는 것은 혼란스러운 일이었다. 니체는 종교에서 계시라고 이야기하는 것에 대해 《아침놀》에서 이렇게 정리한 터였다.

> 어떤 사람이 사물에 관한 자신의 의견을 어떻게 계시로 느낄 수 있는가? 종교의 기원이라는 문제와 관련해 자신의 생각을 계시로 느낄 수 있는 인간이 항상 있었다. 그 전제는 그가 이전에 이미 계시를 믿고 있었다는 것이다. 그런데 어느 날 갑자기 그는 자신의 새로운 사상을 획득한다. 그의 의식 속에 세계와 존재를 포괄하는 독자적인 위대한 가설을 갖게 되면서 느끼는 환희가 벅찰 정도로 크기 때문에 그는 감히 자신을 그러한 환희의 창조자라고 느끼지 못하며, 그것의 원인과, 나아가 저 새로운 사상의 원인을 신의 계시로 여겨 신에게 돌리는 것이다. 인간이 어떻게 그렇게 위대한 행복의 창시자가 될 수 있겠는가! 이것이 그의 비관주의적인 회의의 내용이다.
>
> 《아침놀》, 62절

환상을 볼 수 있는 능력. 중세 내내 최고의 인간들의 본래적이고 결정적인 특징으로 여겨졌던 것은 환상을 볼 수 있다는 것, 즉 심한 정신적 장애를 가질 수 있다는 것이었다. 그리고 중세의 모든 고상한 인물들(종교인들)을 규제했던 삶의 규정들은 근본적으로 인간으로 하여금 환상을 볼 수 있게 하는 것을 목표로 삼았다! 우리 시대에 접어들어서도 아직, 반쯤 정신 착란 상태인 공상적이고 광신적인 인물들, 이른바 천재적인 인물들에 대한 과대평가가 범람하고 있는 것은 이상한 일이 아니다. "그들은 다른 사람들이 보지 못하는 것을 보았다." 이 말은 맞는 말이다! 하지만 그 말은 우리가 그들을 조심해야 한다는 것이지, 그들을 믿으라는 것이 아니다!

《아침놀》, 66절

자신의 영감 체험을 묘사하는 문장의 분위기와 계시나 환상에 대해 객관적으로 기술하는 문장의 분위기가 이렇게 다르다. 종교적 계시를 그렇게 냉정하고도 회의적으로 보았던 니체가 스스로 그런 계시적 체험을 했다는 것이 얼마나 당혹스러운 일이었겠는가. 니체는 8월 6일의 그 영감을 아무에게도 이야기하지 못하고 혼자서 이 체험 내용을 해석하느라 고심하다가 8일이 지난 뒤인 8월 14일에야 가장 마음 편하게 이야기할 수 있는 제자 페터 가스트에게 편지로 겨우 이 사태를 어렴풋이 알렸다.

일찍이 경험한 적이 없는 사상이 내 마음의 지평선에서 떠올랐네. 이 광경에 대해 말하지 않으려고 하는데, 왜냐하면 흔들림 없는 평화를 유지하고 싶기 때문이네. 나는 확실히 몇 년은 더 살아야 할 것 같네. 아, 친구여, 극도로 위험한 삶을 살고 있다는 예감이 이따금 머리를 스치네. 왜냐하면 나는 폭발해 산산조각이 나게 될 기계이기 때문이네. 강도 높은 나의 감정들이 나를 떨게도 만들고 웃음을 터뜨리게도 만드네. 눈에 염증이 생겨서 방 밖으로 나가려고 해도 벌써 몇 번이나 나가지 못했네. 어찌된 일이냐고? 눈병이 나기 전날, 산책하는 동안 너무 많이 울었다네. 슬퍼서 운 것이 아니라 기뻐서 운 것이었다네. 다른 사람들은 알지 못하는 새로운 전망으로 가득 차 노래를 부르고 헛소리를 지껄였지.

1881년 8월 14일

우주적 영원회귀, 실존적 영원회귀

이 편지의 내용은 니체가 마음의 평정을 유지하려고 얼마나 노력했는지 느끼게 해준다. 세상의 비밀을 알았다는 기쁨에 그는 주체할 수 없는 환희의 눈물을 흘렸다. 동시에 그는 자신을 엄습한 사상에 정신을 집중하고 모든 지식과 경험을 동원해 이 사상을 따져보고, 시험하고, 그리고 답을 찾아내려고 했다.

그러나 결론을 이끌어내는 것은 쉬운 일이 아니었다. 그해 여름에 실스마리아의 하숙방에 박혀서 또 호수와 숲을 걸으면서 니체는 생각을 정리해보려고 고심했다. 메모장에 이 영감이 가리키는 것을 해석하는 글들을 남겼다. '동일한 것의 영원회귀'라는 영감을 어떻게 이해해야 할 것인가. 니체의 메모는 그가 이 영감을 두 가지 방향에서 설명해보려 했음을 알려준다. 그는 공들여 메모장을 채웠다.

힘들의 세계는 감소하는 법이 없다. 그렇지 않으면 무한한 시간 속에서 무력해졌을 것이고 사라졌을 것이다. 힘들의 세계는 정지하는 법도 없다. 그렇지 않으면 다 성취되었을 것이며, 존재자의 시계는 멈추어서 있을 것이다. 따라서 힘들의 세계는 결코 균형에 이르는 법이 없고, 한시도 휴식하는 법이 없으며, 그 힘과 운동은 매시마다 똑같이 크다. 이 세계가 어떤 상태에 도달할 수 있든지 간에, 거기에 이미 도달했음에 틀림없고, 그것도 한 번이 아니라 무수히 그랬을 것이다. 이 순간도 마찬가지다. 이미 한 번 있었고, 여러 번 있었으며, 그렇게 다시 돌아올 것이다. 모든 힘들은 지금과 똑같이 분배돼 있다. 이 순간을 낳은 순간도, 그리고 현재 이 순간의 아이로 태어난 그 순간도. 오, 사람아! 너의 삶 전체는 마치 모래시계처럼 되풀이하여 다시 거꾸로 세워지고 몇 번이고 되풀이하여 끝날 것이다. 네가 생겨난 모든 조건들이 세계의 순환 속에서 서로 다시 만날 때까지, 그 사이의 위대한 순간의 시간, 그다음에 너는 모든 고통과 모든 쾌감과 모든 기쁨과 모든 적과 모든 희망과 모든 오류와 모든 풀줄기와 모든 태양빛을 다시 되찾을 것이다. 모든 사물이 연관 전체를 되찾을 것이다. 네가 하나의 낟알로 들어 있는 이 고리(원환)는 항상 다시 빛난다. 그리고 인간 존재 전체의 모든 고리 속에는 항상 어떤 순간이 있는데, 이것은 처음에는 단 한 사람에게, 그다음에는 많은 사람들에게, 그리고 결국 모든 사람들에게 가장 강력한 생각, 즉 모든 것의 영원회귀라는 사상이 떠오르는 순간이다. 인류에게 이때는 매번 정오의 순간이 된다.

《니체 전집 12 유고(1881년 봄~1882년 여름)》, 492~493쪽

이 메모에서 가장 핵심이 되는 문장을 뽑아내면, "오, 사람아! 너의 삶 전체는 마치 모래시계처럼 되풀이하여 다시 거꾸로 세워지고 몇 번이고 되풀이하여 끝날 것이다"가 될 것이다. 내 삶이 모래시계가 끝없이 거꾸로 뒤집히듯 한 치의 오차도 없이 한없이 되풀이되고, 나아가 이 세계가, 이 우주 전체가 모래알 한 알도 빠짐없이 똑같이 되돌아

와 영원히 반복된다는 이 명제를 '우주적 영원회귀'라고 부를 수 있을 것이다. 그런데 니체는 이 메모 전과 후에 또 다른 종류의 메모를 남긴다.

> "그러나 모든 것이 필연적이라면, 나의 행동에 대해 내가 마음대로 할 수 있는 것은 무엇인가?" …… "내가 정말로 그 일을 몇 번이고 수없이 계속하고 싶은 것인가?"라는 물음이 '가장 중요한' 문제다.
>
> 《니체 전집 12 유고(1881년 봄~1882년 여름)》, 490쪽

> 아득하고 낯선 천상의 행복과 은총과 은혜를 꿈꾸며 학수고대하지 말고, 다시 한 번 더 살고 싶어 하며, 영원히 그렇게 살고 싶은 것처럼 그렇게 살 것! 우리의 사명은 매순간 우리 가까이 다가온다.
>
> 《니체 전집 12 유고(1881년 봄~1882년 여름)》, 499쪽

이 두 인용문은 앞의 인용문과 다른 종류의 진술을 담고 있다. "'내가 정말로 그 일을 몇 번이고 수없이 계속하고 싶은 것인가?'라는 물음이 '가장 중요한' 문제다"라고 단언하고, "다시 한 번 더 살고 싶어 하며, 영원히 그렇게 살고 싶은 것처럼 그렇게 살 것!"이라고 요구하는 이 문장은 "모든 것이 똑같이 영원회귀한다"라는 우주론적 진술이 아니라, "그렇게 영원히 똑같이 되풀이되더라도 절대로, 조금도 후회하지 않고 흔쾌히 받아들일 수 있도록 그렇게 살아야 한다"라는 의욕과 의지의 명령문이다. 이걸 '실존적 영원회귀'라고 부를 수 있을 것인데, 말하자면 이것은 일종의 윤리적 명령이다.

'우주적 영원회귀'와 '실존적 영원회귀'는 분명히 의미의 편차가 있으며, 동일한 것을 가리키는 두 개의 명제라고 이야기할 수 없다. 니

체는 '동일한 것의 영원회귀' 체험을 해석하는 데서 처음부터 이 두 가지 명제를 거의 동시에 떠올렸으며, 그 둘을 하나로 통일해 이해해 보려 했지만, 그런 결론에 좀처럼 도달할 수 없었다. 뿐만 아니라 니체는 '동일한 것의 영원회귀'라는 이 체험 내용이 다른 사람들에게 온전히 전달될 수 없고 자칫 잘못하면 웃음거리가 될 수 있다는 점을 걱정했다.

영원회귀 체험은 그 자신을 삶의 질곡에서 구제해주고 몇 년 더 살아도 될 삶의 이유를 제시해주었다. 영원회귀는 환희와 희열의 체험이었다. 동시에 니체는 이 압도적인 체험을 어떻게든 사람들에게 알리고 이해시켜야 한다는 강박적 의무감을 느꼈다. 그런데 사람들이 이 체험을 이해하지도 납득하지도 못한다면? 니체는 이제 새 책을 써야 한다는 생각에 이르렀다. 영원회귀 체험 이전에 출간된 《아침놀》이 불완전한 책으로 느껴진 것은 당연한 일이다. 새 책을 써서 영원회귀 사상을 제대로 알려보자. 그런데 이 과업을 떠맡게 되는 것이 1883년부터 쓰게 되는 《차라투스트라는 이렇게 말했다》이고, 니체는 그보다 먼저 다른 책을 써 《즐거운 학문》이라는 이름으로 출간한다. 영원회귀 사상을 이해시키기 어려우니 그 사상이 마음속에서 완전히 무르익어 해명될 때까지 기다리며 준비하고, 대신 이 사상 체험 위에서 얻게 된 생각들을 정리해 먼저 펴내자는 것이 니체의 생각이었던 것이다.

'회복기'의 저작 《즐거운 학문》

니체는 1881년 10월 1일까지 실스마리아에 머물렀다. 그는 이 시기를 '회복기'라고 생각했다. 몸과 마음에서 조금씩 먹구름이 가시는 듯했다. 그러나 그는 이 높은 산정의 맑은 공기 속에서도 주기적으로 두통과 위경련과 구토에 시달렸다. 그는 9월 어느 날 친구 프란츠 오버베크에게 편지를 써서 자신의 고통을 호소했다. "고통이 삶과 의지를 제압했네. 지난 몇 달 지나간 여름은 얼마나 끔찍했는지 모르네! 하늘이 노래질 정도로 육체적 고통에 시달렸네. 구름 속에는 늘 번개가 숨어 있는데, 이것이 갑자기 엄청난 힘으로 나를 내리쳐서 불행한 나를 죽일 수도 있겠지. 벌써 다섯 번이나 나는 내가 의사인 양 나에게 사망 선고를 했으며, 오늘이 마지막이기를 바랐지."1881년 9월 18일

 니체가 말하는 회복이나 건강은 언제나 상대적인 것이고, 그는 마지막까지 환자의 신세에서 멀리 벗어나지 못했다. 다만 점차 육체의 직접적 고통은 줄고 활기와 흥분이 커지는 추세를 밟았다. 10월에 니체는 알프스를 내려와 이탈리아 제노바로 갔다. 거기서 이듬해 3월까지 머무르며 겨울을 났다. 니체는 1882년 1월 말에 그동안 쓴 단편들을 정리해 세 묶음으로 완성했다. 여기에 담긴 생각은 《아침놀》의 연장선상에서 《아침놀》의 불완전한 부분을 보충하고 그 사유를 좀더 진전시키는 것들이었으므로, 니체는 처음에는 이 원고들을 《아침놀》의 속편으로 생각했다. 그러나 곧 이 '회복기의 마음 상태' 그리고 1월의 제노바의 쾌적한 날씨의 도움 속에서 《즐거운 학문》이라는 별도의 책을 만들기로 마음을 굳혔다. 그리하여 이 세 묶음의 글들이 《즐거운 학문》 제1, 2, 3부를 이루었다. 니체는 실스마리아에서 머물던 동안 '영원회귀' 사상을 해명하는 단편들도 함께 써 두 묶음으로 정리했다. 그러나 그걸 바로 발표하지 않고 나중에 논문 형식으로 완성할 생각을 했다. 니체의 이 약속은 지켜지지 않는다. 니체는 논문을 발표하지 않고 시적인 형식의 《차라투스트라는 이렇게 말했다》에서 자신의 사상을 설명하는 것으로 대신한다.

제노바에 머무르던 중 니체는 이 항구 도시의 맑은 공기를 마시며 단편들을 계속 썼다. 이것들이 묶여 《즐거운 학문》 제4부를 이루었다. 《즐거운 학문》은 편집을 거쳐 1882년 6월에 출간됐다. 출간 직후 니체는 그 책을 당시 새로 알게 된 여자 친구 루 살로메에게 편지와 함께 보냈다. 편지에서 그는 고통의 밑바닥에서 맑은 하늘로 솟아오른 자신의 마음을 표현했다. "모든 종류의 고통, 외로움, 그리고 삶에 대한 혐오! 이러한 모든 것에 대한, 또한 삶과 죽음에 대한 치료제를 처방했는데, 그것은 바로 구름 없는 하늘 위를 떠도는 나의 사상입니다." 1882년 7월 3일 니체는 1886년 《즐거운 학문》 재판을 내면서, 그 시기에 새로 쓴 글들을 묶어 제5부로 덧붙였다. 그러나 제5부는 앞의 글들과 내용에서 차이가 많고, 오히려 그 직전에 완성한 《선악의 저편》의 속편으로 읽는 것이 더 타당하다. 《즐거운 학문》은 4부로 사실상 완결된 작품이다.

악마의 '영원회귀' 속삭임

《즐거운 학문》은 아포리즘을 배열하는 형식에서나 자유정신의 모험과 해방을 이야기하는 내용에서나 《아침놀》의 연장선상에 있는 저작이자 니체 사상의 중기를 마무리하는 저작이다. 동시에 《즐거운 학문》은 후기 니체 사상의 핵심 주제인 '영원회귀', '신의 죽음', '차라투스트라'에 대한 언급들을 포함하고 있다. 중기에서 후기로 이어지는 다리 구실을 하고 있는 것이다. 그리고 바로 이 점 때문에 《즐거운 학문》의 주목도가 높아진다.

니체는 '영원회귀'에 관한 서술을 다른 기회로 돌렸지만, 아쉬움 때문이었는지 이 사상을 설명하는 아포리즘을 《즐거운 학문》 제4부 마지막 부분에 포함시켰다. 아마도 니체가 쓴 아포리즘 가운데 가장 유명한 부류에 속할 그 아포리즘('최대의 무게')은 다음과 같다.

> 어느 날 혹은 어느 밤, 한 악마가 가장 깊은 고독 속에 잠겨 있는 당신의 뒤로 슬그머니 다가와 이렇게 말한다면 당신은 어떻게 말할 것인가? "너는 현재 살고 있고 지금까지 살아왔던 생을 다시 한 번, 나아가 수없이 몇 번이고 되살아야 한다. 거기에는 무엇 하나 새로운 것이 없을 것이다. 일체의 고통과 기쁨, 일체의 사념과 탄식, 네 생애의 크고 작은 모든 일이 다시 되풀이되어야 한다. 모든 것이 동일한 순서로 말이다. 이 거미도 나무들 사이로 비치는 달빛도, 지금의 이 순간까지도 그리고 나 자신도. 존재의 영원한 모래시계는 언제까지나 다시 회전하며 그것과 함께 미세한 모래알에 불과한 너 자신 또한 같이 회전할 것이다." 당신은 땅에 엎드려 이를 악물고서 그렇게 말한 그 악마를 저주하지 않을 것인가? 아니면 그 악마에게 "너는 신이다. 나는 이보다 더 신적인 말을 들은 적이 없다!"라고 대답하게 되는 그런 엄청난 순간을 체험한 적이 있었던가? 이러한 사상이 당신을 지배하게 된다면 그것은 현재의 당신을 변화시킬 것이고 아마 분쇄해버릴 것이다. 그리고 모든 일 하나하나에 대해서 가해지는 "너는 이것이 다시 한 번, 또는 수없이 계속 반복되기를 원하느냐?"라는 질문은 가장 무거운 무게로 너의 행위 위에 놓이게 될 것이다. 아니면 이 최종적이고 영원한 확인과 봉인 그 이상의 어느 것도 원하지 않기 위해서 너는 너 자신과 인생을 어떻게 만들어가야만 하는가?
> 《즐거운 학문》, 341절

이 아포리즘은 먼저 그 형식에 주목할 필요가 있다. 이 이야기의 주인공은 니체가 아니라 '악마'다. "악마가 어느 날 찾아와 이렇게 말한다면 어떻게 하겠는가?"라는 가정적 의문문 형식이다. 다시 말해, '악마가 말한다면'이라는 가정법 아래서, 그럴 경우에 "당신이라면 어떻게 대답하겠는가?"라는 질문을 던지는 것이다. 이런 식의 이야기 구성은 니체가 확신이 없거나 독자를 설득할 자신이 없을 때 사용하는 가면 쓰기 방식이다. 니체 자신이 그렇게 말하고 있는데도, 아포리즘 안에서는 악마가 등장해 이야기하는 것이다. 니체가 세운 극장에는 이렇게 여러 인물들이 등장해 니체 대신 이야기한다. 그런데 그 표현법이 모호해 그것이 니체 자신의 명제인지 아니면 다른 사람의 생각을 그저 전달하는 것뿐인지 얼른 분간하기 어렵다. 니체는 이 모호성 자체를 노렸다고 봐야 할 것이다. 확신이 부족하거나 자신이 없을 때 니체 자신을 대신하는 페르소나, 곧 대역을 세워 그 대역더러 말하게 하는 것이다. 가장 대표적인 경우가 뒤에 등장할 '차라투스트라'다. 니체는 이 아포리즘에서는 '악마'라는 페르소나를 등장시키고 있는 것이다. 니체가 실스마리아에서 쓴 메모들을 나란히 놓고 비교해 보면 이 악마의 속삭임은 니체 자신의 속삭임이라는 것이 분명해진다. 다만 니체는 이 속삭임의 내용을 논증하거나 납득시킬 자신이 없었다. 그래서 악마를 대신 등장시켜 제3자의 주장을 전하는 듯이 이야기한 것이다. 니체는 이 자신감 부족을 완전히 극복하고 '영원회귀'에 관한 완전한 정식을 제시할 수 있을까? 이 질문에 대한 확실한 대답은 나중에 《차라투스트라는 이렇게 말했다》를 살필 때 나오게 될 것이다.

이 아포리즘은 또 실스마리아에서 쓴 두 종류의 메모, 즉 '우주적 영원회귀' 주장과 '실존적 영원회귀' 주장을 아주 세심하게 이어 붙였다. 다시 말해, "존재의 영원한 모래시계는 언제까지나 다시 회전하며 그것과 함께 미세한 모래알에 불과한 너 자신 또한 같이 회전할 것이다"라는 문장은 이 세계, 이 우주가 영원히 똑같이 되풀이될 것이라는 이야기이며, "너는 이것이 다시 한 번, 또는 수없이 계속 반복되기를 원하느냐?"라는 질문은 그렇게 되풀이되더라도 그 반복을 흔쾌히 긍정할 삶을 살아야 한다는 명령이다. 그러나 이 두 명제는 매끄럽게 연결되지 않는다. 모든 것이 영원히 회귀한다면, 다시 말해 우리의 삶을 포함해 세계의 존재가 그렇게 되어 먹었다면, 그런 반복을 의욕할 필요가 없다. 그냥 살면 될 뿐이다. 반대로 그렇게 영원한 반복을 의욕한다면, 그것은 세계가 그렇게 존재하지 않기 때문이다. 의욕은 없는 것을 구하는 마음이다. 존재와 의지의 이 모순, 이 어긋남, 이 상호 충돌을 이 아포리즘은 해결하지 못하고 있다. 그리고 이렇게 해결되지 않은 채, 사실상 두 종류의 영원회귀가 나열되고 있기 때문에, 니체는 악마의 가면을 빌려 실험적으로, 가설적으로 이야기하는 것이다.《즐거운 학문》제1, 2, 3부를 탈고한 1882년 1월 말 페터 가스트에게 보낸 편지에서 니체는 '영원회귀' 사상과 관련한 자신의 마음을 솔직하게 털어놓았다. "나의 사상에 관해서 새롭게 얻은 것은 없네. 하지만 이 사상을 버리려고 하면 왜 그렇게 힘든지!"1882년 1월 29일 니체는 어떻게든 자신에게 닥쳐온 이 '계시'를 해석하고 설명해보려 악전고투를 거듭한다. 그러다가 아무리 애를 써도 '합리적으로' 해명되지 않자 그 체험 내용을 차라리 포기해버릴까 하는 생각까지 한다. 하지만 그 체험의 강도가 너무나 강해서 도저히 그냥 포기할 수 없다고 느낀다.

'신의 죽음'을 알리는 등불 든 광인

　악마가 등장하는 이 영원회귀 아포리즘과 비슷한 방식으로 '광인'이 등장하는 아포리즘도 있다. 니체의 후기 사상에서 핵심적 지위를 차지하는 '신의 죽음'이라는 주제를 다루는 아포리즘이다. 이 아포리즘은 아포리즘이라기보다는 한 편의 짧은 소설을 연상시킬 정도로 극적으로 구성돼 있다.

　　밝은 오전에 등불을 켜 들고 광장에 달려 나와 "나는 신을 찾는다! 나는 신을 찾는다!"라고 끊임없이 외치는 저 광인에 대해서 그대들은 들은 적이 없는가? 마침 광장에는 신을 믿지 않는 많은 사람들이 한데 모여 있어 그는 큰 웃음거리가 되었다. "신이 없어졌나 보지?"라고 어떤 사람은 말했고, "신이 어린아이처럼 길을 잃었나 보지?"라고 다른 사람이 말했다. "아니면 신이 숨어 있나 보지?" "신이 우리를 두려워하나 보지?" "신이 항해를 떠났나?" "아니면 신이 이민을 갔나?"라고 그들은 떠들썩하게 소리치며 비웃었다. 광인은 그들 한가운데로 뛰어들어 그들을 꿰뚫는 듯한 시선으로 노려보았다. "신이 어디로 갔냐고?" 그는 소리쳤다. "내가 그대들에게 말해주마! 우리가 신을 죽였다! 너희들과 내가 말이다. 우리 모두가 신의 살해자다! 하지만 우리가 어떻게 그렇게 엄청난 일을 했을까? …… 이 지구를 태양의 사슬로부터 풀어놓았을 때 우리는 무슨 일을 저질렀는가? 지구는 이제 어디로 움직이고 있는가? 우리는 어디로 가고 있는가? …… 무한한 무를 통과하는 것처럼 방황하고 있는 것이 아닐까? 한파가 몰아닥치고 있는 것이 아닐까? 밤과 밤이 연이어서 다가오고 있는 것이 아닐까? 대낮에 등불을 켜야 하는 것이 아닐까? 신을 파묻은 자들의 시끄러운 소리가 들리지 않는가? 신의 시체가 부패하는 냄새가 나지 않는가? 신들도 부패한다! 신은 죽었다! 신은 죽어버렸다! 우리가 신을 죽인 것이다! 살해자 중의 살해자인 우리는 이제 어디에서 위로를 얻을 것인가? 지금까지 세계에 존재한 가장 성스럽고 강력한 자가 지금 우리의 칼을 맞고 피를 흘리고 있다. 누가 우리에게서 이 피를 씻어줄 것인가?" …… 여기서 광인은 입을 다물고 청중들을 둘러보았다. …… 마침내 그는 자신의 등불을 땅에 내동댕이쳤다. 등불은 산산조각이 나고 불은 꺼져버렸다. "나는 너무 일찍 왔다." 그는 계속 말한다. "나의 때가 아직 오지 않았다. 이 엄청난 사건은 아직 도상에 있고 방황 중에 있다. 그것은 아직 인간의 귀에까지 도달하지 못했다. 번개와 천둥도 시간이 필요하다. 별빛도 시간이 있어야 한다. 이미 행해진 행위라도 보이고 들리게 되기 위해서는 시간이 있어야 한다. 이 행위가 인간들에게는 아직도 가장 멀리 있는 별보다도 더욱 멀리 있다. 하지만 바로 그들이 이 짓을 저지른 것이다!"

〈즐거운 학문〉, 125절

이 아포리즘에서 광인이 니체를 가리킨다는 것을 눈치 채는 것도 어렵지 않다. 철학자 니체의 가장 중요한 선언 가운데 하나가 "신은 죽었다"이다. 이 신의 죽음이 무엇을 의미하는지 이 이야기 속의 사람들은 이해하지 못한다. 뒤에 《차라투스트라는 이렇게 말했다》에서 상세하게 표현될 시장의 시끌벅적함과 비웃음이 이 광인을 따라붙는다. 니체는 '신의 죽음'을 선언하고, 신의 죽음이 무엇을 의미하는지 명백하게 밝히는 데 어려움을 겪는데, 그것은 거부당할 것에 대한 두려움 때문이라고 추측할 수 있다.

사실 19세기 말 유럽에서 '신의 죽음'은 그리 새로운 소식이 아니었다. 지식인들 가운데 상당수가 신을 믿지 않았고, 신의 죽음을 두려운 일로 받아들이기보다는 오히려 해방으로 받아들이는 사람이 많았다. 따라서 니체가 신의 죽음을 새삼스럽게 선포하고 그 죽음의 공포를 공개적으로 이야기하는 것은 자칫하면 비웃음을 살 일이었다. 니체는 실제 생활에서 이런 비웃음을 받는 일을 겪었을지도 모른다. 그래서 니체는 환상적인 이야기 속에서 자신을 광인으로 바꿔놓고 그 광인이 이해받지 못하고 비웃음을 받는 상황을 연출함으로써 거부당하는 것에 대한 두려움을 경감시키는 작업을 하는 것이다.

니체가 신의 죽음으로 이야기하고자 하는 바는 명백하다. 그것은 니힐리즘(허무주의)의 도래다. 신이 사라지면 신을 근거로 삼아 성립됐던 가치들이 그 근거를 상실하게 되고, 그렇게 되면 삶의 의미를 지탱하는 토대 자체가 사라지게 된다는 것이 니체의 진단이다. 신의 죽음이라는 사태는 이렇게 인간의 삶에 방향을 제시하고 살아갈 힘을 부여했던 것의 사멸을 의미한다. 신의 죽음은 플라톤 이래의 형이상학적 세계의 붕괴를 뜻하는 것으로 이해되어야 한다. 여기서 신은 야훼만을 의미하는 것이 아니라 이원론과 목적론에 근거하고 있는 모든 형이상학적 세계 또는 가치 체계를 의미하는 것이다.[2] 인간의 세상, 곧 감각적인 세계와 신의 세상, 곧 초감각적인 세계가 나뉘어 있고 신의 세상이 인간의 세상을 이끌고 있다는 것이 이원론이라면, 인간 삶의 궁극적인 목적은 신의 나라의 도래에 있으며 역사의 끝에는 신의 인간 구원이 있다는 것이 목적론이다.

이와 관련해 마르틴 하이데거 Martin Heidegger, 1889~1976는 "신은 이념이나 이상들의 영역을 지칭하기 위한 이름"이라고 말하면서 이 신이 죽었다는 것은 "초감성적인 세계가 영향력을 잃어버렸다는 것을 뜻한다"라고 설명한다. "따라서 초감성적 세계는 삶에 아무런 도움도 주지 못한다. 형이상학은, 다시 말해 니체가 플라톤주의라고 이해하였던 서양 철학은 그 종말에 이른 것이다."³ 인간의 삶에 의미를 주고 방향을 잡아주던 신의 세계, 초감각적 세계, 본질적 세계, 목적의 왕국이 신의 죽음으로 사라져버린 것이다. 그렇다면 이제 남은 건 인간 자신이 스스로 목적을 찾고 왕국을 세우는 일뿐이다.

흥미로운 것은 여기서 니체가 신의 죽음을 '태양에게서 떨어져 나온 지구'에 비유한다는 사실이다. 이 비유는 명백하게 '아버지 콤플렉스'를 떠올리게 한다. 태양을 잃고 떠도는 지구는 '우주의 미아', 곧 '우주에서 길 잃은 아이'이고, 이것은 아버지를 잃어버린 아이의 공포다. 니체가 신을 잃어버리는 일에서 한없이 공포스러운 사건을 보는 것은 이런 심리적 드라마가 배경으로 깔려 있기 때문이기도 하다. 아니면 블레즈 파스칼이 《팡세》에서 했던 말을 여기서 떠올릴 수도 있다. 니체는 파스칼을 자주 읽고 배움 또는 대화의 상대로 삼았다. 파스칼은 말한다. "이 무한한 공간(우주)의 영원한 침묵이 나를 두렵게 한다."⁴ 이 두려움, 무한하게 펼쳐진 우주에서 아무런 푯대도 목적도 없이 헤매는 자가 느낄 두려움을 니체는 뼈저리게 느꼈던 것이다. 신이 없다면 이 우주의 고아에게는 그런 두려움만이 남는다.

차라투스트라의 등장

주목할 것은 이 아포리즘에서 니체가 이렇게 신의 죽음의 두려운 결과에 대해서만 말하지 않는다는 사실이다. 니체, 곧 광인은 신이 죽었다고만 선언하지 않고, "너희들과 내가 신을 죽였다. 우리 모두가 신의 살해자다!"라고 고백하는 것이다. 신이 죽으면 허무주의가 밀려들 것이 뻔한데도, 그 신을 죽이지 않으면 안 된다고 말하는 광인은 그렇다면 무엇을 노리고 있는 것일까? 니체는 니힐리즘 너머를 보고 있는 것이다. 신을 죽이고 그래서 닥쳐올 니힐리즘을 넘어서려면 인간이 이제 신의 위치에 서야 한다. "인간 자신이 신이 되지 않으면 안 된다. 인간 자신이 모든 의미와 척도를 부여하는 자가 되지 않으면 안 된다."[5] 여기에서 인간을 넘어선 존재, 곧 후기 니체의 철학적 대표자인 '초인'의 등장이 예비된다. 그 초인을 예고하고 준비하는 자가 '차라투스트라'인데, 《즐거운 학문》의 제4부 마지막 아포리즘에서 니체는 이 차라투스트라를 처음으로 불러들인다.

> 차라투스트라는 그의 나이 서른이 되던 해에 고향과 고향의 호수를 떠나 산속으로 들어갔다. 그곳에서 자신의 정신과 고독을 즐기면서 보내기를 10년. 그런데도 그는 조금도 지치지 않았다. 그러나 마침내 그의 마음에 변화가 찾아왔다. 그리하여 어느 날 아침 동이 트자 그는 잠자리에서 일어났다. 그러고는 떠오르는 태양을 향해 이렇게 말했다. "…… 보라! 나는 너무 많은 꿀을 모은 꿀벌이 그러하듯 나의 지혜에 싫증이 났다. 이제 그 지혜를 갈구하여 내밀 손들이 있어야겠다. 나는 베풀어주고 싶고 나누어주고 싶다. …… 그러기 위해 나는 저 아래 깊은 곳으로 내려가야 한다. 네가 저녁마다 바다 저편으로 떨어져 하계에 빛을 가져다줄 때 그렇게 하듯, 너 차고 넘치는 천체여! 나 이제 사람들을 만나기 위해 저 아래로 내려가려 하거니와, 나 또한 그들이 하는 말대로 너처럼 몰락하지 않을 수 없는 것이다. …… 보라! 잔은 다시 비워지기를 갈망하고, 차라투스트라는 다시 사람이 되기를 갈망하노라." 이렇기 하여 차라투스트라의 몰락은 시작되었다. 〈즐거운 학문〉, 342절

여기에 묘사된 차라투스트라는 니체의 모습을 곧장 연상시킨다. 시

민 사회를 떠나 알프스의 고산 지대를 떠도는 니체의 모습이 그대로 이 고대 페르시아의 종교 창시자 이름 속에 투영돼 있다. 차라투스트라는 니체의 분신이다. 그런데 이 아포리즘의 제목이 '비극이 시작되다'이다. 차라투스트라가 자신의 지혜를 나누어주려고 사람들 사이로 내려가겠다고 결심하는 것이 비극의 시작이라는 것이다. 이것은 그리스 비극의 주인공 '프로메테우스'를 염두에 둔 설정이 아닐까. 프로메테우스는 인간을 사랑하여 인간들에게 불을 나눠주고는 신들의 노여움을 사 독수리에게 간을 쪼아 먹히는 영원한 형벌을 받지 않던가. 스스로 원해서 유익한 일을 하고도 몰이해와 고통에 처하는 것이 비극 아닌가. 그러나 동시에 니체가 생각하는 '비극적 정신'은 그런 고통을 예견하면서도 자기 길을 포기하지 않는 의지다. 차라투스트라-니체는 자신이 사람들 사이로 내려가면 대낮에 등불을 든 광인처럼 오해받고 비웃음을 받을 것이 뻔하다고 보고 있는 듯하다.

니체의 시선은 분명히 비관주의적이다. 차라투스트라는 사람들에게 지혜를 전하는 일에 성공할 수 있을까. 여기서 독일어 '내려가다untergehen'는 '몰락하다'라는 뜻을 동시에 품고 있다. '내려감Untergang'은 마찬가지로 '몰락'을 뜻한다. 니체는 이 의미의 이중성을 살려 내려감이 곧 몰락이 되도록 문장을 구사한다. 니체는 차라투스트라의 행보를 1년 뒤 쓰기 시작하는 《차라투스트라는 이렇게 말했다》에서 뒤쫓게 되는데, 그때 이 아포리즘을 그대로 이야기의 서두로 삼는다. 그리하여 《즐거운 학문》의 철학적 물음은 그대로 《차라투스트라는 이렇게 말했다》로 이어진다.

'네 운명을 사랑하라'

《즐거운 학문》에서 니체가 처음으로 공표하는 또 하나의 사상이 '운명애Amor fati'다. 이 사상은 영원회귀 사상을 배경으로 삼아 이해해야 한다. 니체가 운명애를 이야기한 아포리즘은 다음과 같다.

> 나는 아직 살아 있다. 나는 아직 생각한다. 나는 아직 살아야만 한다. 아직 생각해야만 하니까. "나는 존재한다. 그러므로 나는 생각한다. 나는 생각한다. 그러므로 나는 존재한다." 오늘날에는 누구나 자신의 소망과 가장 소중한 생각을 감히 말한다. 그래서 나도 지금 내가 나 자신에게 이야기하고 싶은 것, 올해 처음으로 내 마음을 스쳐가는 생각, 앞으로의 삶에서 내게 근거와 보증과 달콤함이 될 생각에 대해 말하고자 한다. 나는 사물 안에 있는 필연적인 것을 아름답게 보는 법을 더 배우고자 한다. 그리하여 사물을 아름답게 만드는 사람 중 한 사람이 될 것이다. 네 운명을 사랑하라Amor fati. 이것이 지금부터 나의 사랑이 될 것이다! 나는 추한 것과 전쟁을 벌이지 않으련다. 나는 비난하지 않으련다. 나를 비난하는 자도 비난하지 않으련다. 눈길을 돌리는 것이 나의 유일한 부정이 될 것이다! 나는 언젠가는 긍정하는 자가 될 것이다!
> 《즐거운 학문》, 276절

이 아포리즘의 제목은 '새해에'다. 니체는 새해 소망 겸 새해 결심을 밝히고 있다. 먼저 니체는 자신이 살아 있음을 스스로 확인한다. 그런데 그의 존재 의미는 '생각하는 것'에 있다. 사유하고 인식하는 것이야말로 니체에게는 삶의 의미요 가치다. 자신이 살아 있는 것이 고마운 것도 세상의 비밀을 파헤치는 인식 작업을 계속할 수 있기 때문이다. '앎의 전사' 니체에게 삶과 인식은 둘이 아니다.

그런 니체가 새해 결심으로 운명애를 이야기한다. 운명애란 니체에게 "네 운명을 사랑하라"라는 명령문이다. 그렇다면 운명을 사랑한다는 건 무슨 뜻인가. 니체는 "필연적인 것을 아름답게 보는 것, 그리하여 사물을 아름답게 만드는 것"이라고 이야기한다. 피해갈 수 없이 닥쳐오는 것, 겪어야 하는 것이라면 부정하고 거부하지 말고 흔쾌하게 받아들여 아름다운 것으로 느끼자는 것이다. 그리하여 니체는 "비난하지 않겠다"고 이야기한다. 무엇을 비난하지 않겠다는 것인가. 여기서 니체가 '오류'에 대해서 하는 말을 들어보자. 니체는 이 책의 다른 아포리즘에서 이렇게 말한다.

> 과거에 진리로서 …… 그대가 사랑했던 것이 이제 오류로 나타나면 그대는 그것을 배척하고는 그대의 이성이 승리를 거두었다는 망상에 사로잡힌다. 하지만 그대가 다른 사람이었을 그 당시에 저 오류는 아마도 그대가 지금 생각하는 모든 '진리들'과 마찬가지로 그대에게 반드시 필요했을 것이다. 그것은 그대가 당시까지 보아서는 안 되었던 많은 것들을 덮어주고 가려주는 피부와 같은 것이었다. 그대의 이성이 아니라, 그대의 새로운 삶이 과거의 견해를 죽여버린 것이다.
>
> 《즐거운 학문》, 307절

이 구절은 오류에 대한 대단한 긍정이다. 틀린 것, 잘못된 것도 한때는 진리의 가치가 있었고, 그렇게 진리로서 삶에 도움이 되었다는 것, 따라서 오류 자체를 부정하거나 거부할 일은 아니라는 것이다. 이런 주장을 좀 더 생생하게 느끼려면 니체의 삶에서 바그너나 쇼펜하우어가 차지하는 몫을 생각해보면 된다. 젊은 시절 내내 바그너와 쇼펜하우어는 니체에게 진리 그 자체였다. 그러나 그들은 오류로 판명되었다. 그래서 그들을 사랑했고 진리로 받아들였던 그 시절의 기억을 모두 부정하고 버려야 하는가. 그 오류가 한 시기의 필연적 경험이었다면 그 필연을 아름답게 받아들이는 것, 이것이 운명을 사랑하는 법, 곧 운명애다. 그리하여 니체는 바그너와 헤어진 지 5년이 지나 이 책에서 매우 긍정적으로 그를 기억하는 아포리즘을 한 편 쓴다.

> 바그너의 제자인 우리는 바그너에게 있는 '진실하고' 근원적인 것에 충실히 머물러 있기로 하자. …… 그가 사상가로서 너무나도 자주 잘못을 저지른다는 것은 그리 중요한 일이 아니다. …… 그의 삶은 우리 모두에게 이렇게 외치고 있다. "사나이가 되어라! 그리하여 나를 따르지 말고 너 자신을 따르라! 너 자신을!" 우리의 삶도 우리 스스로에 대해 권리를 지녀야 마땅하다! 우리도 또한 자유롭고 두려움 없이, 순진무구한 자기애 안에서 자기 자신으로부터 성장하고 꽃을 피워야 한다.
>
> 《즐거운 학문》, 99절

니체의 운명애는 필연적인 것을 아름다움과 결합하는 것이다. 니체는 실스마리아에서 '영원회귀' 영감을 얻기 전 스피노자Baruch Spinoza, 1632~1677 철학을 처음으로 진지하게 탐독했다. 니체는 친구 프란츠 오버베크에게 자신의 선구자를 발견했다는 흥분 섞인 편지를 보낸다. "나는 진정 놀랐고 진정 매료되었다네. 나에게 선구자가 있었다니. 그것도 어떤 선배란 말인가! …… 나는 나 자신을 다시 발견했네. 가장 상례적이지 않고, 가장 고독한 이 사유가는 바로 다음과 같은 점에서 내게 가장 근접해 있네. 그는 자유 의지를 부정하고, 목적을 부정하

고, 도덕적 세계를 부정하고, 비이기적인 것을 부정하고, 악을 부정한다네."*1881년 7월 30일

  그는 고독하고 엄격한 사상가 스피노자를 통해서 필연에 대해 새롭게 생각하는 법을 배운 것 같다. 스피노자는 그의 주저 《에티카》에서 자유는 필연의 인식임을 논증한다.[7] 필연적인 것들을 수용하고 그 필연성을 따름으로써 자유를 누린다는 발상은 변경할 수 없는 운명을 아름다움이라는 적극적 느낌으로 끌어안고 사랑하는 것과 다르지 않다. 니체는 스피노자의 철학을 통해 운명애를 더 절실하게 느낀 것인지도 모른다.** 더구나 스피노자의 철학은 영원회귀의 영감을 얻는

---

* 이때 니체는 스피노자의 저작 자체를 읽은 것이 아니라 쿠노 피셔(Kuno Fischer, 1824~1907)가 쓴 스피노자 철학 해설서를 읽었다.[6]

** 그러나 니체는 몇 년 뒤 스피노자에게도 한계가 있음을 발견하고 실망한다. 경탄의 눈길이 비판으로 눈길로 바뀐다. 1886년에 쓴 《즐거운 학문》 제5부에서 니체는 자신의 실망을 밝힌다. "힘의 확장을 지향하고 이 의지 안에서 자기 보존조차도 문제 삼고 희생시키는 삶의 근본적 충동이 위기에 처하거나 위축되었을 때 나타나는 것이 자기 보존의 의지다. 예를 들어 폐결핵을 앓던 스피노자의 경우처럼 철학자가 자기 보존 충동(conatus)을 가장 결정적인 것으로 여길 때, 우리는 이것을 하나의 증상으로 보아야 한다. 즉 그는 위기에 처한 인간인 것이다."《즐거운 학문》, 제5부, 349절 또 조금 뒤의 다른 절에서는 '이성에 의한 정서의 제어'라는 스피노자의 철학을 감각적인 것에 대한 금욕적 처방으로 축소해서 이해한다. 니체에게 스피노자는 철학이라는 흡혈귀에 피를 빨려 창백하게 말라버린 철학자다. 그래서 그는 다음과 같이 말한다. "그대들은 스피노자 같은 인물들의 모습에서도 무언가 불가해하고 섬뜩한 것을 느끼지 않는가? 여기에서 펼쳐지는 연극에서 그대들이 보는 것은 끊임없이 더 창백해지는 모습, 점점 더 관념론적으로 해석되는 탈감각화가 아닌가? 그대들은 그 배후에서 오랫동안 모습을 숨겨온 흡혈귀가 감각부터 먹어치우기 시작하여 마지막에는 해골과 그 달가닥거리는 소리만 남기는 것을 눈치 채지 못했는가? …… 스피노자가 남긴 것, 즉 신에 대한 지적인 사랑(amor intellectualis dei)은 달가닥거리는 소리에 불과하기 때문이다. 마지막 한 방울의 피가 남아 있지 않다면 사랑이 무엇이며, 신이 무엇이란 말인가?"《즐거운 학문》, 제5부, 372절

데 어떤 계기로 작용했을 가능성도 있다. 스피노자에 관한 편지를 쓰고 일주일 뒤 니체는 그 '영원회귀 체험'을 했다. 생각해보자. 끝없이 반복되는 병고와 회복의 원환이 그때까지 니체의 삶이었다. 질병과 고통의 끊임없는 되풀이 속에서도 다시 새 날이 밝아오면 니체는 삶의 의욕과 희열을 느꼈다. 이 고통의 영원회귀 속에서 그 순환을 필연으로 인식함으로써 자유를 느끼고 삶의 의욕을 다시 일으키는 것, 니체에게는 그것이야말로 운명을 사랑하는 방식이었을 것이다.

영웅주의적인 '앎의 전사'

《인간적인 너무나 인간적인》에서 《즐거운 학문》까지 관통하는 주어는 자유정신이다. 자유정신은 모든 관습적·도덕적 편견에서 해방된 정신이고, 그 편견을 벗겨내 사물 자체를 인식하는 정신이며, 인식의 기쁨을 삶의 에너지로 삼은 정신이다. 《즐거운 학문》에서 그 자유정신은 '영웅주의적인 앎의 전사' 이미지에 가까워진다. 인식의 기쁨을 얻으려고 전쟁도 약탈도 피하지 않는 거친 남성적 이미지의 이 전사는 니체 안에서 점점 커지는 어떤 생리적 흥분의 영향을 느끼게 해준다.

2년 전인 1879년 9월 니체는 서른다섯 살 생일을 앞두고 페터 가스트에게 쓴 편지에서 "인생의 중간 지점에 있는 나는 '죽음에 둘러 싸여' 있다"고 절망적으로 털어놓은 바 있다. 그런데 2년이 지나 니체는 《즐거운 학문》에서 '인생의 중간 지점'을 과거와는 완전히 다르게 인식하는 아포리즘을 쓴다.

아니다! 삶은 나를 실망시키지 않았다. 해가 갈수록 나는 삶이 더 참되고, 더 열망할 가치가 있고, 더 비밀로 가득하다는 것을 발견하고 있다. 위대한 해방자가 내게 찾아온 그날 이후로! 삶이 의무나 저주받은 숙명이나 기만이 아니라, 인식하는 자의 실험이 될 수 있다는 저 사상이 나를 찾아온 그날 이후로! 인식이 다른 사람에게는 다른 것일지 몰라도, …… 내게 그것은 영웅적 감정이 춤추고 뛰어노는 위험과 승리의 세계다. '삶은 인식의 수단'이다. 이 원칙을 마음속에 품고 있으면 인간은 용감해질 뿐만 아니라, 심지어 즐겁게 살고 즐겁게 웃게 된다. 전쟁과 승리를 제대로 알고 있지 못한 자가 어찌 멋지게 웃고 멋지게 사는 것을 알겠는가?

《즐거운 학문》, 324절

여기서 니체가 말하는 '위대한 해방자'가 무엇인지 명확하지는 않지만(아마도 영원회귀 사상을 가리키는 것일 가능성이 크다), 어쨌든 이 시기에 들어 니체는 삶이 '인식의 수단'이라는 확고한 깨달음을 얻었고, 그 깨달음으로부터 위험을 가리지 않는 인식의 전쟁으로 뛰어들려는 전사의 에너지를 끌어냈다. 이런 들뜬 인식 충동 속에서 니체는 이제 새로운 인식의 대륙을 찾아 떠나는 원정대의 이미지를 생기 넘치게 그려낸다. 니체의 문체에서는 피가 끓어오른다.

우리는 대지를 떠나 출항했다! 우리는 건너온 다리를 태워버렸다. 게다가 우리는 뒤에 남아 있는 대지까지 불살라버렸다! 자, 작은 배여, 조심하라. 대양이 너를 도처에서 둘러싸고 있다. 사실, 대양은 언제나 사납게 울부짖지만은 않는다. 때로 그것은 마치 비단과 황금처럼, 그리고 부드럽고 기분 좋은 꿈처럼 펼쳐져 있기도 하다. 그러나 너도 언젠가는 깨닫게 될 것이다. 대양이 무한하다는 것을, 그리고 무한하다는 것보다 더 끔찍한 것은 없다는 것을. …… 오, 마치 대지에 더 많은 자유가 있기라도 하는 양 대지를 향한 향수병이 너를 사로잡는다면! 그러나 더는 어떤 '대지'도 존재하지 않는다. 〈즐거운 학문〉, 124절

인식의 모험을 떠난 자는 돌아갈 고향이 없다. 자기가 불태워 없애 버린 것이다. 그렇게 굳센 결의 속에 탐험에 나섰지만, 너무나 광대한 대양 앞에서 향수병이 도지는 것이다. 그러나 니체 자신은 그 무서운 대양을 가로질러 건너는 수밖에 없다고 생각한다. 이 아포리즘은 인식을 향한 거대한 충동과 중도에서 느끼는 두려움을 함께 묘사하고 있다. 그러나 인식 욕구는 결국 두려움도 이겨낼 것이다. 이것이 인식하는 전사의 영웅적인 모습이다. 다음의 아포리즘은 인식의 영웅주의를 작열하는 문체로 묘사한다.

나는 더욱 남자답고 전투적인 시대, 용맹이 다시 존경받는 시대가 다가오고 있음을 알려주는 모든 징조를 환영한다. 왜냐하면 그 시대는 더 고귀한 시대를 위한 길을 준비하고, 고귀한 시대가 언젠가는 필요로 하게 될 힘을 모을 것이기 때문이다. 고귀한 시대는 영웅주의를 인식하고, 사상과 그 결과물들을 위해 '전쟁을 벌일' 것이다. 그 목적을 이루기 위해서 지금 수많은 용맹스러운 개척자들이 필요하다. …… 다시 말하면 침묵할 줄 아는 자, 고독해질 줄 아는 자, 결단을 내릴 줄 아는 자, …… 어떤 것을 보더라도 그 안에서 극복되어야 할 것을 찾아내는 성향을 타고난 자, 승리에 임해서 관용을 베풀고 패배한 자의 작은 허영심에 너그러울 뿐 아니라 쾌활하며, 인내심이 있고, 소박하며, 거대한 허영심을 경멸하는 자 …… 명령할 때는 능숙하고 확신에 차 있지만 필요하다면 기꺼이 복종할 준비가 되어 있는 자, 명령할 때나 명령받을 때나 그 자신의 명분을 위해 종사하며 그래서 긍지를 지닌 자, 더 많은 위

험에 부딪히고, 더 많이 생산적이며 더 많이 행복한 자! 《즐거운 학문》, 283절

그리고 이어 결정적인 문장들이 온다.

> 그러므로 나를 믿어라! 존재를 최대한 풍요롭게 실현하고 최대한 만끽하기 위한 비결은 바로 이것이다. "위험하게 살아라!" 베수비오 화산의 비탈에 너의 도시를 세워라! 지도에 표시되어 있지 않은 대양으로 너의 배를 띄워라! 너 자신에게 필적할 만한 자들과의 대립 속에서, 그리고 특히 너 자신과의 대립 속에서 살아라! 너 앎(인식)을 찾는 자여! 지배자나 소유자가 될 수 없다면, 약탈자, 정복자가 되어라. 겁 많은 사슴들처럼 숲 속에 숨어서 살아가야 하는 지겨운 시대는 곧 지나갈 것이다! …… 인식은 지배하고 소유하기를 원한다. 인식과 더불어 너도 그것을 원한다. 《즐거운 학문》, 283절

아마도 니체의 모든 아포리즘을 통틀어 가장 맹렬하고 전투적인 문체를 자랑하는 문장일 것이다. 이 문장들의 주인공은 '앎을 찾는 자'이다. 이 글들은 분명히 새로운 사상과 지식을 획득하라고 촉구하는 글이다. 그러나 여기서 사상과 지식이라는 글자만 빼놓고 보면, 전투를 독려하고 약탈을 권장하는 글로 읽히게 돼 있다. 홀링데일은 이 전투적 문체와 관련해 이렇게 말한다. "이처럼 전쟁 용어를 사용한 몇몇 구절들은 그의 명성에 크나큰 손상을 입혔고, 그의 다른 모든 저작들을 합쳤을 때 생길 오해보다 더 큰 오해를 불러일으켰다."[8] 그러나 이런 전쟁과 정복과 약탈의 용어가 없다면, 이 글의 힘은 확 떨어졌을 것이다. 더 결정적인 것은 이 글을 단순히 '더 많은 앎과 인식'을 독려하는 문장으로만 읽을 이유가 없다는 데 있다. 니체는 전쟁 용어를 몇몇

구절에서만 사용한 것이 아니라 그의 텍스트 전체에 걸쳐서 반복적으로 사용한다. 그러므로 이 용어가 불러일으킨 오해를 단순한 오해로 보고 넘어가기는 쉽지 않다. 글 속의 비유는 그것이 아주 강도가 높고 여러 번 반복된다면 글 쓰는 사람 내면의 정열과 관심에서 솟아나온 것으로 이해해야 한다. 그 용어가 글 쓰는 사람의 기분을 고양시키고 만족감을 증가시키기 때문에 반복적으로 사용하는 것이다.

니체가 전쟁의 언어, 정복의 언어를 되풀이해서 사용한 것은 그만큼 전쟁과 정복이 그의 흥미를 끌었고 마음 깊은 곳에서 그의 욕구에 응답했기 때문이다. 더구나 니체는 자신이 구사하는 비유가 직설로 읽힐 가능성이 크다는 것을 충분히 알 수 있는데도, 굳이 비유를 비유로 한정하는 장치를 명확하게 만들지 않는다. 오해해도 상관없고, 아니 오히려 오해를 즐기는 듯한 태도다. 마지막 구절들은 니체가 최대의 힘으로 요구하는 말이다. 지배자가 되고 소유자가 되어라. 그게 될 수 없다면 도덕 따위에 매이지 말고 정복자나 약탈자가 되어라. 이 대목을 윤리적으로 순화시켜 읽기에는 니체의 문장의 강도가 너무 세고 강렬하다. 이 문장들에서 니체가 나중에 강조하게 될 '권력의지'를 읽어내는 것이 자연스럽다.

니체는 책 안에서 이렇게 전쟁을 찬양했다. 그러나 니체가 책 안에 머물렀다면 그가 우선은 글 쓰는 사람이었고 글 쓰는 것 말고는 달리 할 것이 없었기 때문이다. 바그너가 예술 창조를 통해 권력의지를 실현했듯이, 니체는 사상 창조를 통해 권력의지를 실현하려 했다. 바그너에게 주어진 것이 음악이라는 수단뿐이었듯이 니체에게도 주어진 것이 사상이라는 수단뿐이었다. 니체에게는 다른 재능이 없었다. 결투를 할 줄도 몰랐고 말을 잘 탈 줄도 몰랐고 전투를 지휘할 줄도 몰랐고 연설로 선동을 할 줄도 몰랐다. 니체가 할 줄 알았던 것은 사상을 키워내 글로 산출하는 것뿐이었다. 그래서 그는 자신의 글과 단어와 문장을, 자신의 생각을, 사유를 병사처럼 사용했다. 전쟁터의 사령관이 군대를 지휘하듯 그는 관념을 부려 전투를, 전쟁을 벌였다. 실제의 전쟁과 관념의 전쟁은 극한의 강도에 이르면 서로 다를 바가 없게 된다.

니체의 전쟁주의적 사유를 안전한 관념 안으로만 가두는 것은 니체를 또 다른 오해 속으로 밀어 넣는 일이 될 수 있다. 명백한 것은 니체가 전쟁을 부정하지 않았고, 악을 부정하지 않았다는 사실이다. 니체는 전쟁을 회피해서는 안 되며 악해지는 것을 두려워해서는 안 된다고 이야기했다. 그런 충격적인 발언이 없었다면 니체 철학은 그토록 위험한 철학이 되지 않았을 것이며, 마찬가지로 그토록 강렬한 영감과 자극과 창조의 원천이 되지 않았을 것이다.

"평화보다 전쟁을 사랑하라!"

《즐거운 학문》의 다음 아포리즘들은 앎의 의지가 도달한 악의 모습을 생생하게 보여준다.

> 일반적으로 사람들은 근시안적 안목에서 그들의 이웃 사람들을 유익한 사람과 해로운 사람, 선한 사람과 악한 사람으로 간단하게 구분하곤 한다. 그러나 넓은 안목에서 인간 전체에 대해 오랫동안 숙고하면 이처럼 간단한 구분에 대해 불신을 갖게 되고 결국 그것을 포기하게 된다. 심지어 가장 해로운 사람이라고 할지라도 종족의 보존이라는 관점에서 보면 아마도 가장 유용한 사람일지도 모른다. 왜냐하면 그는 그것이 없었다면 인류가 이미 오래 전에 쇠약해지거나 타락했을 충동들이 자기

자신에게 혹은 그의 영향을 통해 다른 사람들에게 보존되도록 하기 때문이다. 증오, 악의적인 기쁨, 약탈욕과 지배욕, 그리고 악이라고 불리는 그 밖의 모든 것들은 종족 보존의 경이로운 경제학의 일부이다.

〈즐거운 학문〉, 1절

강력하고 극악한 정신의 소유자들이 지금까지 인류를 가장 많이 앞으로 나아가게 했다. 이들이 잠들어 있는 정열에 거듭 불을 붙이고 비교와 모순에 대한 감각, 새로운 것, 모험적인 것, 시도되지 않은 것을 향한 욕구를 거듭 일깨움으로써, 인간들로 하여금 의견에 의견을 대립시키고 모범에 모범을 대립시키지 않을 수 없도록 만들어 왔다. …… 정복하고, 낡은 경계석을 무너뜨리고, 낡은 신성함을 전복한다는 점에서 새로운 것은 어떤 경우이건 악한 것이다. …… 진실은 악한 충동도 선한 충동만큼이나 합목적적이고 종족을 보존하는 데 유익하며 필수 불가결하다는 것이다.

〈즐거운 학문〉, 4절

악. 최고의 생산적인 인간과 민족들의 삶을 조사하면서 이렇게 자문해보라. 나무가 악천후나 폭풍을 겪지 않고 자랑스럽게 하늘 높이 자라날 수 있겠는가? 외부에서 가해지는 불운이나 역경, 증오, 질투, 고집, 불신, 냉혹, 탐욕, 폭력 등은 이것들이 아니라면 덕의 위대한 성장이 불가능한, 그러므로 유익한 환경에 속하는 것이 아닐까? 나약한 천성을 지닌 자를 멸망케 하는 독은 강한 자를 강화시킨다. 이때 강한 자는 이것을 독이라고 부르지 않는다.

〈즐거운 학문〉, 19절

커다란 고통을 가할 수 있는 힘과 의지를 자신 안에서 느끼지 못한다면 어찌 위대한 것에 도달할 수 있겠는가? 고통을 견디는 것은 최소한의 것이다. 연약한 아녀자나 노예들도 그런 일에 숙달될 수 있다. 하지만 커다란 고통을 가하고, 고통의 비명을 들으면서도 내심의 곤혹과 불안에 빠져들지 않는 것, 이것이야말로 위대한 것이며, 위대함에 속하는 것이다.

《즐거운 학문》, 325절

니체는 이렇게 악을 회피하지 않는다. 악의 유용성을 서슴없이 이야기한다. 더 나아가 타인에게 고통을 가할 줄 아는 것이야말로 위대함에 속한다고까지 주장한다. 니체는 1886년에 쓴 《즐거운 학문》의 재판에 부친 서문에서 자기 자신을 '심리학자'라고 지칭하면서 어떤 사람은 자신의 결핍에서 철학을 하고, 또 어떤 사람은 자신의 풍요로움과 활력에서 철학을 한다면서 "병의 압박에서 생겨난 사상이 어떤 모습일까?" 하고 묻는다. 그가 내놓은 첫 번째 답변이 "전쟁보다 평화를 사랑하는 모든 철학"이다《즐거운 학문》, 제2판 '서문', 2절. 건강한 철학은 이 심리학자가 볼 때 당연히 평화보다 전쟁을 사랑해야 한다. 니체는 그렇게 진지하게 열정적으로 전쟁을 주장한다. 전쟁이야말로 위대한 악인 것이다.

이런 사유가 그의 실험주의의 한 양상이다. 그는 이렇게 자신의 삶과 타인의 삶을 인식 실험의 대상으로 삼는다. 그러나 그것이 실험으로만 끝나는 것은 아니다. 인식과 실천의 거리는 그렇게 멀지 않다. 그리고 실천으로 나타나지 않는 인식이라면, 그렇게 고통스런 노력을 다해 획득할 이유도 없다. 니체는 자신의 사유를 스스로 명료하게 들여다보고 다른 사람들도 자신의 사유를 투명하게 인식하기를 바랐기 때문에 '깊이 있는 것과 깊이 있게 보이는 것'이라는 제목의 아포리즘을 썼을 것이다.

> 자신을 깊이 있게 아는 사람은 명료함을 얻으려고 노력한다. 대중에게 자신을 깊이 있게 보이려고 하는 사람은 모호함을 얻으려고 노력한다. 대중은 바닥을 볼 수 없는 모든 것을 깊은 것이라고 생각하기 때문이다. 그들은 겁이 많아서 물속으로 들어가는 것을 꺼린다.
>
> 《즐거운 학문》, 225절

니체가 글에서든 삶에서든 명료성을 얻으려고 분투했다는 것을 확인하기는 어렵지 않다. 그가 영원회귀 사상을 체험하고 나서 이 체험 내용을 명료하게 묘사해 전달하려고 온갖 노력을 다한 데서도 명료성 투쟁의 한 양상을 볼 수 있다. 명료하지 않으면, 명료하게 인식되지 않으면 그 사상은 다른 사람을 설득하기 전에 자기 자신을 설득할 수 없고, 다른 사람을 감동시키기는커녕 자기 자신도 감동시킬 수 없다. 비 온 다음 날, 흙탕물이 넘실거리는 길 웅덩이에 하늘이 통째로 들어와 있다. 어린아이 눈에 그 웅덩이는 깊이를 알 수 없는 심연처럼 보인다. 그러나 신발을 갖다 대자마자 그게 발목을 적시기에도 부족할 정도로 얕은 물이란 게 드러나고 만다. '괜히 무서워했구나!' 아이는 그렇게 생각할 것이다.

그렇다면 니체가 최종적으로 이런 인식의 모험을 통해, 그리고 사유의 실험을 통해 얻고자 한 것은 무엇이었을까? 니체는 다음 아포리즘에서 "너의 양심은 무엇이라 말하는가?"라고 스스로 묻고 이렇게 답한다. "너는 너 자신이 되어야 한다."《즐거운 학문》, 270절 다른 아포리즘에서 니체는 이 문장을 좀 더 부연한다. "우리는 본래의 우리 자신이 되기를 원한다. 새로운 자, 고유한 자, 비교할 수 없는 자, 자신만의 법칙을 만드는 자, 자기 자신을 창조하는 자!"《즐거운 학문》, 335절 자기를 극복하고 자기를 창조하여 본래의 자기 자신 되기. 니체는 이제 이렇게 자기를 초월해 자기 자신이 되는 자를 가리켜 '초인(위버멘슈)'이라고 부르게 될 것이다.

08

간주곡
루 살로메

"고독,
이것이 니체가 사람의 마음을 사로잡는
최초의 강한 인상이었다."

Nietzsche, Friedrich Wilhelm

"소유에 대한 갈망을 가장 분명하게 드러내는 것은 이성 간의 사랑이다. 그는 사랑하는 사람의 영혼과 육체에 대한 무조건적 권력을 원한다. 그는 홀로 사랑받기를 원하고, 다른 사람의 영혼 안에서 최고의 대상, 가장 갈망할 만한 대상으로 머물러 상대방을 지배하려 한다."
《즐거운 학문》, 제1부, 14절

"호메로스가 아킬레우스였다면 아킬레우스를 창조해내지 않았을 것이며, 괴테가 파우스트였다면 파우스트를 만들어내지 못했을 것이다."
《도덕의 계보》, 제3 논문, 4절

"어느 별에서 떨어졌기에 우리는 이곳에서 만난 걸까요?"

1882년 4월 말 니체는 로마 성 베드로 대성당에서 만난 젊은 여성에게 손을 내밀고 몸을 숙이며 우아한 말투로 '운명적인 만남'을 강조하는 첫인사를 건넸다. "어쨌든 나는 취리히에서 왔노라."[1] 이렇게 맞장구를 친 상대편은 스물한 살의 러시아 여성 루 살로메였다. 연극 대사 같은 말을 주고받으면서 두 사람은 웃었다. 그러나 웃음으로 시작한 이 만남은 웃음으로 끝나지 않았다. 얼마 지나지 않아 이 운명의 여성은 니체의 실존을 뒤흔들어 위기의 벼랑으로 몰고 갔다. 또 자신이 처음부터 의도한 것은 아니었지만, 실존을 뒤흔든 꼭 그만큼의 강도로 니체 내면의 창조성을 들쑤셨다. 이 만남이 남긴 삶의 폐허 속에서 니체는 뒷날 자신의 이름과 거의 하나가 될 작품을 쓴다.

레-살로메-니체, 운명의 삼각형

니체를 루 살로메라는 운명한테로 이끈 사람은 친구 파울 레였다. 레의 마음속에 니체와 루를 맺어줄 뜻은 조금도 없었겠지만, 레가 아니었다면 두 사람이 만날 일도 없었을 것이다. 레는 1882년 3월 이탈리아 항구 도시 제노바로 가 거기서 겨울을 나던 니체를 만났다. 니체는 전해 여름 스위스 고산 마을 실스마리아에서 얻은 '영원회귀의 계시 체험'을 간직한 채 《즐거운 학문》 제4부에 들어갈 아포리즘들을 써 나가고 있었다. 자신을 찾아온 친구에게 니체는 인생의 가장 깊은 비밀을 품은 새 책을 끝내가고 있다고 이야기했다. 니체가 낮은 음성으로 비의를 전하듯 '영원회귀'의 내막을 들려줄 때 레는 니체의 어조에서 섬뜩한 느낌을 받았다. 이야기 내용도, 이야기하는 방식도 너무 낯설었다. 친구의 설교를 차분히 들어주기 힘들었던 레는 3월 13일 제노바를 떠나 몬테카를로로 갔다. 도박장으로 직행한 레는 가지고 있던 돈을 모두 잃고 빈털터리가 되었다. 레는 로마의 말비다 폰 마이젠부크에게 급히 가 도움을 청했다. 레가 콜로세움 옆 말비다 집 살롱에 나타났을 때, 그의 갑작스런 등장을 지켜본 사람이 바로 루 살로메였다.

살로메는 매우 창백하고 예민하고 지적인 서른두 살의 낯선 남자에게 흥미를 느꼈다. 레는 상냥하고 관대한 사람이었다. 외모는 통통한 편이었고 눈빛은 약간 슬픈 분위기를 풍겼다. 프로이센의 부유한 지주 집안 아들이었던 레는 자신이 유대인이라는 사실 때문에 거의 병적인 자기혐오에 시달리고 있었다. 쇼펜하우어주의자였던 레는 쇼펜하우어보다 더 격렬한 염세주의로 자기 생각을 밀고 나가, 삶이란 아무런 의미도 없는 것이고 살인이 출생보다 가벼운 범죄라는 결론에까지 이르렀다. 그의 철학적 결론을 그대로 받아들인다면 삶과 삶을 억지로 엮어 또 다른 삶을 만들어내는 결혼 같은 행위는 부조리하고도 불필요한 일이었다. 그러나 삶이 철학을 배반하는 경우가 적지 않은데, 살로메를 만난 레가 그런 경우를 보여주었다.

말비다의 살롱에서 벌써 관심이 발동한 레는 헤어질 때 살로메를 숙소까지 데려다 주겠다고 나섰다. 두 사람은 성 베드로 광장을 건너

콜로세움을 지나는 동안 끊임없이 이야기를 주고받았다. 비슷한 관심사가 많다는 것이 이야기의 흥미를 돋웠고 서로 우위에 서려고 애를 썼다. 이를테면 신이라는 문제가 두 사람이 밀고 당기며 지지 않으려고 다툰 주제였다. 살로메에게 신이라는 문제는 한시도 머리에서 떠나지 않는, 언젠가는 풀어야 할 삶의 숙제였다면, 레는 신이라는 존재를 인간의 정신이 만들어낸 환상이라고 여겼다. 레에게 감동을 준 것은 살로메 이야기의 내용이 아니라 그녀의 표현력이었다. 자기 생각을 말로 표현할 때 그녀의 얼굴뿐만 아니라 그녀의 몸 전체가 생각을 뿜어내는 것 같았고 제스처는 진지하고도 매혹적이었다. 레는 이 이지적인 젊은 여성과 함께 있는 것이 즐거웠다. 두 사람은 다음 날 저녁 다시 만나기로 약속했다. 그들의 산책은 꼬리에 꼬리를 물고 이어졌다. 지적인 것에서 시작된 루 살로메에 대한 관심은 어느 순간 레의 마음에 연정의 불꽃을 피워올렸다. 대화가 계속될수록 불꽃은 점점 더 세차게 타올랐다. 그러나 살로메는 레에게 자신은 레를 친구로만 생각하고 있으며, 사랑이든 결혼이든 아무 관심이 없다고 분명히 밝혔다. 실망한 레에게 살로메는 자신이 자주 꾸는 꿈을 이야기해주었다.

 꿈속에서 살로메는 두 명의 남자 친구와 함께 커다란 집에 살고 있다. 중앙에는 책과 꽃으로 가득 찬 서재가 있고 그 양편에 침실이 있다. 그들은 셋이서 조화를 이루며 함께 생활하고 일한다. 둘은 남자이고 하나는 여자라는 사실이 아무런 불편도 주지 않는다.[2] 무의식중에 살로메는 남자가 돼 남성 공동체의 일원으로 살고 싶었던 것일까. 그 심리를 단정할 수는 없다. 어쨌든 이 꿈 이야기는 레에게 한 가닥 희망의 끈을 건네주었다. 살로메와 이대로 헤어질 것이 아니라 세 사람이 함께 살면서 공부하는 3인 공동생활체를 실제로 꾸려보는 것은 어떨까. 그 생활을 하다 보면 살로메의 마음을 잡을 기회가 올지 모른다.

그렇다면 누구를 파트너로 삼으면 좋을까. 그때 레는 오랜 친구인 니체를 머리에 떠올렸다. 레는 벌써 살로메와 여러 차례 니체에 관해 이야기했던 터였다. 레가 니체를 3인 공동체의 파트너로 제안하자 살로메는 그 제안에 즉각 찬성했다. 레는 신중하게 니체에게 편지를 썼다. 모르는 여성과 세 사람이 함께 살자는 이야기를 불쑥 할 수는 없는 일이었다. 우선 레는 자신이 로마의 말비다 집에 있다는 것과 매력적인 젊은 러시아 여성을 알게 됐다는 사실을 알렸다.

니체는 이 무렵 실제로 결혼할 수 있으리라는 기대는 오래 전에 접은 상태였지만, 마음 한쪽에서는 결혼에 대한 갈망이 사라지지 않은 상태였다. 니체는 친구 프란츠 오버베크에게 보낸 편지에서 시력이 나빠진 데 대해 불만을 털어놓으면서 책을 읽어주는 기계가 있으면 좋겠다고 말했다. 이어 "내 곁에 나와 함께 일할 수 있을 정도로 똑똑하고 교육받은 젊은 사람이 있었으면 하네. 이런 목적에 부합한다면 2년 정도의 결혼도 고려해볼 만하네." 1882년 3월 17일 일종의 계약 결혼 같은 것을 이야기하고 있는 셈인데, 그 직후 레의 편지를 받은 니체는 답장에서 비슷한 희망을 피력했다. "이 러시아 여자가 (계약 결혼에 대해) 흥미를 느끼고 있다면 그녀에게 인사를 전하게. 나는 이런 결합을 열망하고 있네." 1882년 3월 21일

니체는 동성애자였을까?

이렇게 로마로 와달라는 친구의 편지를 받은 데다 그 편지의 자극으로 미지의 러시아 여성에게 호기심이 일었는데도, 니체는 곧바로 로마로 가지 않았다. 니체는 3월 말까지 제노바에 머물다 그 뒤 어떤

충동에 이끌려 시칠리아 섬의 메시나로 가는 돛단배를 탔다. 배를 타고 가는 중에 끊임없이 뱃멀미를 했다. 배가 4월 1일 드디어 메시나에 도착했을 때 그는 거의 죽을 지경이었고 들것에 실려 육지에 내렸다. 사람들이 원형 광장이 보이는 밝은 방에 데려다 놓은 뒤에야 그는 생기를 되찾았다. 니체는 왜 메시나로 갔던 것일까? 니체 연구자들 사이에 여러 추측이 난무하는데, 니체가 동성애자 소굴을 찾아갔다는 것이 그런 추측 가운데 하나다. 자프란스키는 니체 전기에서 "메시나 근처에 있는 동성애자들의 모임이 그를 이끌었을까?" 하고 물은 뒤 "정확한 사실은 알 수 없다"고 말한다.[3] 이렇게, 정확한 사실을 알 수는 없다고 말하고 난 뒤에도 자프란스키는 이어지는 서술에서 니체가 동성애자였음이 거의 확실한 듯 이야기한다. 그는 니체가 섬에 도착하고 며칠이 지난 후 제자 페터 가스트에게 쓴 편지의 구절을 인용해 자신의 생각을 강하게 드러낸다. 니체의 편지는 다음과 같다. "나는 지구의 끝에 도달했는데, 이곳은 호메로스의 말에 의하면 행복이 있는 곳이라네. 사실 지난주처럼 좋은 일을 많이 겪은 적은 없다네. 나의 새로운 동료들이 사랑스러운 방법으로 나를 호강시키고 타락시키네." 1882년 4월 8일

그러나 니체의 질병과 정신을 분석한 자크 로제는 니체의 이런 묘사를 다르게 해석했다. 니체는 페터 가스트에게 편지를 보낸 날 친구 프란츠 오버베크에게도 편지를 보내 자신이 누리는 호강 상태를 이렇게 전했다. "메시나는 나를 위해 만들어진 곳 같네. 메시나 사람들이 얼마나 나를 따뜻하게 맞아주고 세심하게 배려해주었던지, 이런 엉뚱한 추측까지 하게 만들 정도였다네. 예를 들어 누구가가 나를 가까이 따라다니면서 사람들로 하여금 나에게 호의를 베풀도록 매수를 하는 것은 아닌가 하고 말일세." 1882년 4월 8일 니체의 이런 황홀경이 동성애

체험에 대한 반응이 아니라 그의 몸 안에서 점점 심해지고 있던 경조증 증세가 일시적으로 폭발한 결과일 것이라는 게 로제의 결론이다.[4] 또 다른 니체 전기를 쓴 로널드 헤이먼Ronald Hayman, 1932~도 프로이트와 융Carl Gustav Jung, 1875~1961이 니체의 동성애 소문을 유포하는 데 일조했다고 전하면서 "그(니체)가 제노바의 남성 유곽을 찾아갔다는 소문에 대한 증거를 하나도 찾을 수 없다"고 말한다.[5] 니체가 동성애자였다는 추측은 물증이 없는 심증일 뿐인 셈이다.

어쨌든 니체는 로마에서 친구가 기다리고 있는데도 메시나에서 3주일 동안이나 머물렀다. 레는 니체에게 편지를 보내 메시나로 가버린 행위가 젊은 러시아 여성을 실망시켰다며 서둘러 로마로 오라고 재촉했다. 마침내 4월 말 로마에 도착한 니체는 레와 루 살로메가 성 베드로 대성당에 있다는 이야기를 듣고 곧바로 그곳으로 가 루에게 자신의 도착을 알리는 인사를 했다. 루는 뒷날 니체가 발병해 쓰러진 뒤 그의 이름이 유럽으로 퍼져 나가자 1894년 니체를 회고하는 책을 썼다. 루는 그 책에서 자신이 기억하는 1882년 당시의 니체 모습을 다음과 같이 정밀하게 묘사했다. 니체의 내면을 깊숙이 들여다본 사람이 아니고서는 쓸 수 없는, 그의 인상에 관한 가장 종합적이고 생생한 묘사다.

고독, 이것이 니체가 사람의 마음을 사로잡는 최초의 강한 인상이었다. 그의 모습은 언뜻 보기에 결코 특별한 것이 아니었다. 키는 중간이었고 복장은 단순하면서도 잘 손질되어 있었다. 조용한 표정과 순하게 뒤로 빗어 넘긴 갈색 머리는 눈에 잘 띄지 않았다. 섬세하고 지극히 인상적인 입의 선은 앞으로 기른 콧수염으로 거의 가려져 있었다. 그의 웃음소리는 나직하였고 이야기하는 말소리는 잡음이 없었으며, 걸음걸이는 조심스럽고 생각에 잠긴 듯했고 어깨가 약간 앞으로 굽은 듯하였다. 보통 사람 중에서 이런 모습을 상상하기는 어렵다. 이런 모습은 예외자, 단독자라는 인상을 풍기고 있었다. 견줄 데 없이 아름답고 고귀한 모습을 하고 있었던 것은 니체의 두 손이었다. 그래서 그의 손은 무의식적으로 사람의 시선을 끌었고 니체 자신도 이 손이 자신의 정신을 드러내고 있다고 생각하였다. …… 그는 작고 아름다운 자신의 귀에도 비슷한 의미를 부여했다. 자신의 귀를 니체는 "전대미문의 것을 들을 수 있는 귀"라고 말했다.

그의 눈도 무엇인가 비밀스러운 것을 말하고 있었다. 시력이 매우 나빴으나, 대부분의 근시들이 자기도 모르게 습관화된 것처럼 주위를 두리번거리거나 눈을 깜빡이는 일은 거의 없었다. 오히려 그의 눈은 자기 자신의 보물과 조용한 비밀을 달갑지 않은 시선이 훔쳐보지 못하도록 지키고 있는 것 같았다. …… 그가 일단 흥분해서 두 사람만의 대화에 열중하게 되면—그런 일이 종종 있었는데—그의 눈에는 강렬한 빛이 왔다 갔다 했다. 그러나 그가 우울한 기분에 잠겨 있을 때면 그의 눈에서는 고독이, 마치 섬뜩한 심연으로부터 나오는 것처럼, 음울하게 그리고 거의 위협적으로 말하고 있었다.

니체의 거동 역시 은둔자나 묵언 수행자와 같은 인상을 주었다. 일상생활에서 그는 매우 예의 바르고 거의 여성적일 정도로 부드러웠으며 변함없이 호의적인 마음을 지니고 있었다. 그는 교제에서 고상한 형식을 즐겼고 또한 중요시하였다. 그러나 거기에는 언제나 분장의 즐거움이 있었다. 거의 한 번도 드러낸 일이 없는 내적인 삶을 은폐하는 외투와 가면으로서. 내가 처음 니체와 이야기를 나누었을 때—그것은 어느 봄날 로마의 성 베드로 대성당에서였다—처음 얼마 동안은 그가 억지로 꾸민 형식을 취하였기에 놀라고 실망했던 것을 기억하고 있다. 그러나 이 실망은 오래 가지는 않았다. 이 고독한 자는 가면을 좀 서툴게 쓰

고 있었을 뿐이었다. 마치 사막과 산중에서 온 사람이 세속적인 사람의 옷을 걸치고 있는 것처럼.[6]

루 살로메는 뛰어난 직관력으로 니체의 내면을 금방 간파했다. 그러나 그 점에서 니체는 루와 달랐다. 그는 자기 책에서 보여준 무서운 통찰력을 일상생활의 영역에서까지 보여주지 못했다. 특히 사람의 마음을 읽고 거기에 적절하게 대응하는 데 서툴렀다. 루를 처음 만났을 때 니체는 루와 레 사이에 어떤 일이 벌어졌는지, 두 사람의 심중에 무슨 생각이 있는지 전혀 눈치 채지 못했다. 이제 니체가 레와 똑같은 길을 밟을 참이었다. 니체는 6년 전 마틸데 트람페다흐에게 했던 것처럼, 또 얼마 전 레가 했던 것처럼, 며칠 후 루에게 청혼했다. 전후 사정을 모르는 니체는 레를 중매쟁이로 이용했다. 레는 루에게 니체가 자기 대신 청혼해줄 것을 부탁했다고 말했다. 자기가 사랑하고 결혼하려는 여성에게 중매인 노릇을 하라는 걸 거절하지 못한 것이다. 루는 레에게 했던 것처럼 니체의 청혼을 즉각 거부했다. 니체는 사태가 이렇게 전개되자 몹시 실망했다. 루는 다시 니체에게 세 사람이 하나의 연구 공동체 혹은 작업 공동체를 이루어 함께 생활하고 공부하자고 제안했다. 니체는 이 계획에 흥미를 느꼈다. 니체는 루를 단념할 수 없었다. 공동생활을 핑계로 삼아 레를 떼어내 버리고 다시 청혼할 기회를 얻을 수 있으리라고 생각했다. 니체가 그런 생각을 하고 있을 때 레도 니체와 똑같은 생각을 하고 있었다.

미성년의 육체, 조숙한 지성

그렇다면 루 살로메는 왜 레의 청혼도, 니체의 청혼도 다 거부했던 것일까. 루는 레에게 털어놓은 대로 애초에 결혼에 대한 생각이 없었던 걸까. 도대체 루는 어떤 여자이기에 그렇게 두 남자의 마음을 흔들어놓았던 것일까. 니체의 삶에 가장 깊은 화상 가운데 하나를 남긴 루 살로메는 1861년 2월 12일 러시아 상트페테르부르크 귀족 집안의 막내로 태어났다. 루의 아버지 구스타프 폰 살로메 장군은 러시아 로마노프 황가의 총애를 받고 귀족의 칭호를 얻은 사람이었다. 서구화에 힘쓰던 러시아는 독일인이나 프랑스인들을 관직에 중용했는데, 살로메 장군의 아버지가 바로 그런 이유로 독일에서 러시아로 옮겨간 사람이었다. 1810년 살로메 집안이 러시아로 이주할 때 구스타프는 여섯 살이었다. 2년 뒤 나폴레옹이 러시아를 침공하자 여덟 살 소년 구스타프는 러시아의 승리를 간절히 바랐다. 구스타프는 나폴레옹이 패퇴당한 뒤의 감격과 흥분 속에서 어린 나이에 러시아 군대에 들어갔고, 빠른 속도로 승진해 스물다섯 살 때 연대장이 됐다.

그는 마흔 살이던 1844년에 열아홉 살 연하의 독일계 여성 루이제 빌름과 결혼했다. 살로메 장군은 아들 다섯을 얻은 뒤, 쉰일곱 살에 막내딸 루의 탄생을 보았다. 루는 신사답고 군인답고 건장하고 열정적이고 의지가 강한 아버지에게 깊은 친밀감을 느꼈다. 또 남자들 사이에서 자라면서 남성적 성격이 발달했다. 사랑이 가득 찬 풍요로운 집의 막내딸은 일찍부터 반항아 기질을 드러냈다. 1878년 러시아 정부 고위 관리 암살에 나서기도 했던 유명한 여성 혁명가 베라 자술리치Vera Ivanovna Zasulich, 1849~1919의 사진을 책상 서랍에 간직해두기도 했다. 또 사뭇 반항적인 내용의 시구를 암송했다. "세상은 그대에게 해주는 것이 없으니 / 내 말을 믿게나! / 살고 싶다면 / 쟁취를 하라고."[7]

　루는 사춘기를 통과하던 열일곱 살 때 삶의 결정적인 전환점을 맞았다. 견진 성사를 앞둔 루에게 신앙의 위기가 찾아왔다. 담당 목사는 루를 신앙의 길로 이끌어보려 했지만 이 반항적인 소녀를 다루지 못했다. 그때 루 앞에 나타난 사람이 헨드리크 길로트 목사였다. 40대 초반의 길로트 목사는 고루한 목사 이미지와는 거리가 먼 사람이었다. 그는 매력적인 태도와 용모와 목소리로 사람들의 시선을 끌어 모으는 뛰어난 설교자였다. 신앙에 위협이 될 만한 지식은 일절 배제하던 보통의 목사들과 달리 길로트 목사는 당대의 과학과 철학 지식을 풍부하게 섭렵해 신앙과 화해시켰다. 바로 그 점이 상트페테르부르크 지식층에 호소력을 발휘했고, 루도 길로트 목사의 바로 그 지성에 매료됐다. 루의 집은 길로트 목사의 교회에서 가까웠다. 루는 길로트 목사를 만나 목사가 아니라 인간과 이야기를 하고 싶다고 밝혔다. 길로트는 열일곱 살 소녀로서는 감당하기 어려울 정도로 풍부한 지적 자극을 주어 루의 지성을 계발하기 시작했다. 길로트의 집중적인 정신훈련은 루가 대지에 박고 있던 뿌리를 뽑아버렸으며 그녀의 고향을 앗아갔다. 루는 소녀 시절로부터 벗어나 시야를 세계로 넓혔다. 1878년 겨울부터 1879년 봄 사이 몇 달 동안 루는 길로트와 정신적으로 깊숙이 밀착했다.

　이 시기에 루는 세 가지 중대한 사건을 겪었다.[8] 먼저, 그 무렵 오래 병을 앓던 아버지 살로메 장군이 세상을 떠났다. 아버지를 잃은 루는 길로트라는 또 다른 부성적 존재에게 더욱 의지했다. 또 길로트 목사의 지성적인 가르침 속에서 루는 어린 시절의 소박한 신앙을 잃었다. 이때부터 루는 잃어버린 신을 되찾는 문제를 삶의 과제로 삼게 되었다. 결정적인 것은 길로트 목사와 제자 사이의 깊은 정신적 교감이 이성 간의 사랑으로 바뀌었다는 것이다. 어느 날 길로트 목사가 루를 포옹하면서 사랑을 고백하고 아내가 되어달라고 속삭였다. 루는 언제나 생동감 넘치는 생의 긍정으로 스승의 생각에 매우 순수하게 반응하는 제자였기 때문에 길로트는 루가 자신의 사랑도 그대로 받아들이리라고 믿었다. 그러나 결과는 두 사람의 완전한 결별이었다. 루는 길로트를 무한히 존경하고 흠모했지만, 아내가 되어달라는 요구를 받아들이지는 못했다. 거절의 근본 원인은 그녀 스스로 결혼을 할 만큼 성숙하지 못했다고 느꼈다는 데 있었다. 루의 정열적인 조숙한 지성은 미성년의 육체 속에 깃들어 있었다. 어쩌면 더 근원적인 것은 그녀의 본능적인 독립심이었을 것이다. 누군가의 아내가 된다는 것은, 그가 아무리 사랑할 만한 사람이라 하더라도, 자신의 자유와 독립을 제약하는 족쇄가 된다는 것을 무의식중에 느꼈기 때문이었을지도 모른다.

루는 길로트를 떠나기로 결심했다. 러시아 바깥에서 학업을 계속할 생각이었다. 루가 선택한 곳은 스위스 취리히 대학이었다. 그 시절 취리히 대학은 예외적으로 여성들도 학업을 할 수 있도록 허락한 국제적인 학문의 전당이었다. 그리하여 이제 과부가 된 걱정 많은 어머니 살로메 부인과 함께 열아홉 살 루는 러시아를 떠나 1880년 9월 취리히에 도착했다.

"의지의 독립성을 갖춘 금강석"

대학에 등록한 첫해에 루는 몸을 돌보지 않고 공부에 열중했다. 비교종교학·문학·철학·예술사 같은 여러 강의를 들었고 매우 뛰어난 지적 소화력을 보여주었다. 교수들은 이 젊은 여학생의 날카로운 지성

니체가 사랑한 여인 루 살로메

과 공부에 대한 열정에 깊은 인상을 받았다. 대학생 시절에 루가 찍은 사진이 이런 인상을 그대로 보여준다. 그 사진 속에서 키가 크고 날씬한 여성이 엄격히 격식에 맞게 재단된 검은 옷을 입고 있다. 옷은 목까지 단추가 채워져 있고 칼라와 소맷단의 레이스를 빼고는 아무런 장식도 없다. 루는 이 옷을 '수녀복'이라고 표현했다. 이 옷은 그 당시 여성들이 입던 불룩하고 술이 달린 평상복과는 전혀 다른 것이었다.[9] 당시 취리히 여대생들이 즐겨 입던 옷이었는데, 루의 중성적이고 지적인 이미지에 더할 나위 없이 잘 맞는다는 느낌을 준다. "눈에 확 띄는 것은 그녀의 얼굴이다. 단정히 뒤로 빗어 넘긴 갈색 머리로 둘러싸인 넓은 이마, 카메라를 똑바로 응시하고 있는 깊숙한 푸른 눈, 부드럽고 꽤나 육감적인 입, 예쁜 턱, 그러나 그렇게 아름다운 얼굴은 아니다. 그도 그럴 것이 남자다운 넓은 이마는 결코 여성의 것은 아니다. 그러나 의심할 여지없이 특이한 얼굴이다."[10] 이 시기에 루를 가르쳤던 비더만이라는 신학 교수가 루의 어머니에게 보낸 편지는 당시 루가 어떤 인상을 주었는지 잘 느끼게 해준다.

    댁의 따님은 찾아보기 어려운 여성입니다. 어린이다운 순박함과 감각의 순수성, 동시에 정신의 어린이답지 않은 거의 비여성적인 방향, 의지의 독립성을 갖춘 금강석입니다. 이 말을 사용하는 게 주저스럽습니다. 겉치레 인사말같이 들리기 때문이지요. 저는 존경하는 어느 누구에게도 겉치레 칭찬의 말을 하지 않습니다. 더구나 한 젊은 여성에 대해서는 말할 나위도 없지요. 그 여성이 곱게 성장하는 것을 진심으로 바라고 있으며 겉치레 말로 그 여성에 대해 제 자신 죄를 짓지 않나 두려워하기 때문입니다.[11]

비더만 교수만 루의 강한 의지력에 깊은 감동을 받은 것은 아니었다. 그녀의 지성적인 정직과 힘, 몸에 밴 엄격성은 누구나 느낄 수 있었다. "사람들은 그녀를 경탄했고 한편 두려워했다. 많은 사람들은 그녀가 나이에 비해 너무 개성이 뚜렷하다고 비판하였고, 여성적인 관심을 갖추지 못했다고 비난하였고, 지나치게 자아에 집착한다고 보았고, 그녀가 남의 가슴에 일깨우는 감정에 대해 너무 무관심하다는 것을 못마땅하게 느꼈다. 그들은 그녀의 활력이 지성에서 솟아나는 것이라고, 그녀의 의지가 너무 남성적인 것이라고 비난하였다."[12] 스무 살의 루는 여성적인 느낌보다는 중성적인 느낌, 어떤 경우엔 남성적인 느낌을 주었다. 활력 넘치는 지성이 강렬한 눈빛으로 나타났고, 여성으로서는 보기 드문 장중한 목소리로 흘러나왔다. 그런 모습은 아주 강한 매력으로 작용하지만, 다른 한편에서 보면 여성성의 결핍을 암시하는 것으로 느껴질 수도 있다. 나중에 니체는 루가 불감증이 아닌가 의심하였고, 루와 교제했던 다른 사람들도 비슷한 증언을 했다.

어쨌든 이 시기에 루는 여성적인 면보다 지성적인 면을 깊이 파고들었다. 너무 열심히 공부한 나머지 취리히에 도착한 지 1년이 채 안 돼 육체의 에너지가 소진됐고 자주 각혈을 했다. 폐병이라는 진단이 나왔다. 당시 폐병은 죽음으로 이어질 가능성이 높은 중병이었다. 의사는 학업을 중단하고 햇볕이 따뜻한 남쪽으로 가 요양할 것으로 권했다. 살로메 부인과 병든 딸은 1882년 1월 로마를 향해 떠났다. 취리히 시절 루는 시를 썼는데, 그 시들을 예술사 교수 고트프리트 킹켈에게 보여주었다. 그녀의 시 〈삶의 기도〉가 특히 그의 마음에 들었다. 그 시는 다음과 같이 격정적인 어조로 시작한다.

그렇지, 친구와 친구의 우정같이

나 그대를 사랑하지.

수수께끼의 삶.

내가 그대 품에서 기뻐하거나

눈물을 흘리거나

그대가 나에게 행복을 주거나

아픔을 주거나

아랑곳없이.[13]

루와 사귀던 시절 이 시를 니체가 읽었고, 니체는 이 시를 가사로 삼아 〈삶의 찬가〉라는 혼성 합창과 오케스트라를 위한 음악 작품을 썼다. 그런데 그 시가 니체의 시로 잘못 알려졌는지, 그는 1888년에 쓴 《이 사람을 보라》에서 사실을 바로잡았다. "한 가지 오해가 퍼지고 있어서 분명히 강조하지만 그 텍스트는 내가 쓴 것이 아니다. 당시 나와 친분을 맺고 있던 루 폰 살로메라는 젊은 러시아 여성의 경탄스러운 영감이 쓴 것이다."《이 사람을 보라》, '차라투스트라는 이렇게 말했다', 1절

살로메 모녀가 로마로 간 것은 이 시가 만들어준 인연 덕분이었다. 시를 읽은 킹켈 교수가 오랫동안 절친한 사이로 지냈던 말비다 폰 마이젠부크에게 루를 소개하고 돌봐줄 것을 부탁했던 것이다. 그렇게 하여 살로메 모녀는 로마로 왔고, 말비다를 통해, 먼저 레와, 다음에는 니체와 만났던 것이다.

사크로몬테의 니체와 살로메

4월 말 로마는 점점 더워져갔다. 살로메 부인은 딸을 데리고 스위

스·독일을 거쳐 러시아로 돌아갈 생각을 했다. 그러나 루는 고향을 버린 지 오래였다. 그녀는 니체·레와 함께 생활하면 정신의 성장에 큰 도움을 받을 수 있을 거라고 생각했다. 루의 어머니, 루, 니체, 레 모두 각자 생각이 달랐다. 니체는 루를 차지하기 위해 여동생 엘리자베트에게 의지했다. 루와 둘이서만 따로 지낼 수 있다면 그 시간을 이용해 루의 마음을 잡을 수 있으리라는 생각이었다. 그래서 엘리자베트에게 루라는 여성을 정확하게 알아볼 필요가 있으니 따로 초청을 해주면 좋겠다고 편지를 보냈다. 얼마 뒤 엘리자베트는 오빠의 요청을 받아들여 루를 초대하는 편지를 쓰게 된다. 레는 그의 어머니한테 도움을 청했다. 스위스에서 살로메 부인을 만나 루의 후견인 노릇을 해주겠다고 약속하면 살로메 부인이 루를 굳이 러시아로 데리고 들어가지 않아도 된다는 것이 레의 계산이었다. 결국 레의 뜻대로 살로메 부인은 러시아로 혼자 돌아가고 루는 독일에 남게 되지만, 아직은 그런 결정을 내리기 전이었다.

  루와 살로메 부인은 로마를 떠나 북쪽으로 향했고, 그들의 여행길을 니체와 레가 동반했다. 스위스로 가는 길에 니체는 이탈리아 북부에서 가장 아름다운 호수로 꼽히는 오르타 호수에 들르자고 제안했다. 그들은 5월 초 소도시 오르타에 도착했다. 오르타 뒤쪽에는 사크로몬테라는 100미터 높이의 작은 산이 솟아 있었다. 호수를 관광하고 난 뒤 살로메 부인과 레는 피곤하다는 이유로 산 밑에 남았다. 니체와 루는 둘이서만 사크로몬테에 있는 사원을 방문했다. 그리하여 마침내 니체에게 기회가 왔다. 루를 알게 된 후 처음으로 루와 단 둘이 있게 된 것이다. 목격자도 증인도 없기 때문에 이 산책에서 무슨 일이 일어났는지는 정확히 알려져 있지 않다. 다만 두 사람이 예정보다 너무 늦게 돌아오는 바람에 살로메 부인도 레도 기분이 상해 몹시 언짢아했다. 말년의 루는 친구 에른스트 파이퍼에게 이렇게 말했다. "사크로몬테에서 내가 니체에게 키스했는지 더는 기억하지 못한다."[14]

이어 살로메 모녀와 레는 알프스를 넘어 스위스 루체른으로 갔다. 니체는 바젤의 친구 오버베크를 방문해 닷새 동안 머물며 끊임없이 루 이야기를 했다. 그리고 5월 13일 루체른으로 가 루를 다시 만났다. 루체른의 유명한 조각상 '빈사의 사자' 앞에서 니체는 루에게 자기의 아내가 되어달라고 다시 한 번 간곡하게 요청했다. 그러나 루는 결혼할 뜻이 전혀 없다고 확고하게 대답했다. 그러고 나서 니체와 레와 루 자신은 서로 친구로 지내야 한다고 거듭 강조하면서 세 사람이 함께 공부하자는 이야기를 다시 꺼냈다. 이번에야말로 니체는 3인 공동생활 계획을 흔쾌히 받아들였다.

세 사람이 뜻이 하나가 됐다는 것을 기념해 함께 사진을 찍자고 제안한 사람은 니체였다. 그때 상황을 살로메는 다음과 같이 회상했다. "이때 니체는 우리 셋의 사진을 찍자고 했다. 자신의 얼굴을 모사하는 것을 평생 동안 병적으로 싫어했던 파울 레의 격렬한 반대에도 불구하고 사진을 찍었다. 니체는 아주 신이 나서 사진을 고집했을 뿐만 아니라 세세한 부분을 손수 그리고 열심히 신경 썼다."[15] 그리하여 니체의 삶을 둘러싸고 출몰하는 사진 가운데 가장 유명한 사진 한 장이 역사에 남게 되었다. 니체는 세 사람 사진을 찍어줄 사람으로 당시 스위스 사진작가 가운데 이름이 높았던 쥘 보네를 추천했다. 보네는 취미가 괴상한 사람이었다. 보네의 작업실에는 자그마한 마차가 소도구로 있었다. 니체는 이 마차를 가운데다 밀어다 놓고 루에게 올라타서 앉아달라고 부탁했다. 그다음에 니체는 두 남자의 팔에 줄을 묶어서 고삐처럼 쥐어줄 것을 요청했다. 그래도 충분하지 않았다. 자그마한 막대기가 눈에 띄었고 거기에다 끈과 라일락 꽃송이를 매어서 니체는

니체와 루 살루메와 파울 레

루에게 채찍으로 주었다. 잠시 후 카메라가 찰칵 울렸다.[16]

채찍을 든 여인

　사진 안에서 루는 여주인으로서 채찍을 들고 니체와 레를 마소처럼 부리고 있다. 여기서 니체 안에 있는 어떤 피학증의 기미를 엿볼 수 있을지도 모르겠다. 채찍을 든 이 장면은 사랑이라는 감정이 개입될 때 두 사람의 관계가 즉각 권력관계로 바뀐다는 사실을 노골적으로 보여 주는 장면이라고 해도 좋다. 사랑의 권력관계상 니체는 분명히 약자였고 루는 강자였다. 니체는 루의 사랑을 구걸하는 처지였다. 사랑의 권력관계에서 주인-강자는 약자-노예에게 이렇게 채찍질을 하는, 피도 눈물도 없는 존재인 것이다. 니체는 그런 자기 상태를 무의식중에 드러내 보이려 했던 것인지도 모른다. 채찍으로 나타나는 권력의 이 무자비함을 니체는 나중에 '권력의지'의 사상으로 펼쳐 보이게 된다. 이 사진을 찍는 중에도 니체의 심중에는 어떻게든 연적을 멀리 떠나보내고 사랑을 독차지해보겠다는 욕망이 마음속 저 깊은 곳에서 들끓었을 것이다. 루와 만나기 몇 달 전에 쓴 아포리즘에서 니체는 사랑의 잔인한 소유욕과 지배욕을 이렇게 묘사했다.

　　소유욕과 사랑, 이 두 단어에서 우리가 각각 느끼는 것은 얼마나 상이한가! 하지만 이것은 동일한 충동이 두 가지 이름으로 불리는 것일 수 있다. …… 소유에 대한 갈망을 가장 분명하게 드러내는 것은 이성 간의 사랑이다. 그는 사랑하는 사람의 영혼과 육체에 대한 무조건적 권력을 원한다. 그는 홀로 사랑받기를 원하고, 다른 사람의 영혼 안에서 최고의 대상, 가장 갈망할 만한 대상으로 머물러 상대방을 지배하려 한다. …… 사랑에 빠진 사람이 다른 모든 연적들을 영락하게 하고 배제하여 세상의 모든 '정복자'와 착취자 중에서 가장 가차 없고 이기적인 인간으로서 자신의 보물 창고를 지키는 용이 되려 한다는 것을 생각한다면, …… 이성애의 이 거친 소유욕과 불의가 모든 시대에 걸쳐 찬양되고 신격화되어 왔다는 것에 실로 놀라지 않을 수 없을 것이다. 더구나 바로 이러한 사랑이야말로 이기주의의 가장 솔직한 표현인데도 이로부터 나온 사랑의 개념이 이기주의의 반대로 받아들여지고 있는 것은 그야말로 경이가 아닐 수 없다. 사랑을 소유하지 못하고 갈망하는 자가 이러한 언어 용법을 만들었음이 분명하다. 《즐거운 학문》, 제1부, 14절

사랑의 권력 관계가 드러내 보여주는 이 끔찍한 지배욕에서 니체가 '권력의지'의 확실한 사례 하나를 발견했다고 보아도 무리가 없다. 니체는 어쩌면 바그너에게서 보았던 것만큼이나 루 살로메에게서 권력의지의 화신을 보았을지도 모른다. 어쨌든 아직은 니체에게 미래의 희망이 완전히 닫힌 상황은 아니었다. 니체는 자신을 사랑에 채찍질 당하는 존재로 (사진 연출을 통해) 드러냈는데, 그 사진 장면은 니체의 기억에 강렬한 인상을 심어주었던 것이 틀림없다. 나중에 모든 것이 파국으로 끝난 뒤에 그 이미지의 방향이 정반대로 뒤집혔다. 니체는 루가 떠난 뒤 쓴 《차라투스트라는 이렇게 말했다》에서 늙은 여인의 입을 빌려 이렇게 말한다.

여인들에게 가려는가? 그러면 채찍을 잊지 말라!

《차라투스트라는 이렇게 말했다》, 제1부, '늙은 여인들과 젊은 여인들에 대하여'

이것은 니체가 마음속에서 행한 복수임이 분명하다. 사랑의 권력으로 자신을 채찍질하던 여성이 끝내 자기를 버리고, 잔인하게 짓밟고 떠나버렸을 때, 그 여성에 대한 사랑은 증오로 바뀌어 자기를 때리던 채찍을 이제 여성에게로 돌리는 것이다. 내 사랑을 받아줄 줄 모르는 여자라면 채찍질을 당해 마땅하다. 아니, 여성이라는 존재는 처음부터 사랑을 받을 가치가 없는, 오직 채찍질로 다스려야 할 존재다. 니체는 그렇게 울부짖고서야 루 살로메로 인한 상심을 겨우 달랠 수 있었을 것이다. 그러나 아직 니체가 보기에 상황은 유동적이었고 루의 마음을 잡을 방안도 남아 있었다. 루체른에는 니체가 젊은 날 무려 스물세 번이나 방문했던 바그너의 옛 집이 있었다. 니체는 루와 바그너의 옛 집으로 산책하던 중에 여름 동안 휴양지 타우텐부르크에서 자기와 함께 몇 주라도 지내자고 부탁했다. 루는 그렇게 하겠다고 일단 승낙했다. 그리하여 여름에 바이로이트에서 루와 엘리자베트가 만나 바그너 음악 축제에 참석한 뒤 두 사람이 함께 타우텐부르크의 니체에게로 오기로 했다. 루와 떨어져 지내는 동안 니체는 계속 루에게 편지를 썼다. "내가 원하는 것은 당신의 선생이 되는 것입니다. 마지막으로 솔직하게 말하면 나는 지금 나의 상속자가 될 사람을 찾고 있습니다. 나의 책에서 읽을 수 없는 것들을 나는 몸에 지지고 다닙니다. 나는 지금 이러한 것을 받아들일 수 있는 비옥한 토지를 찾고 있습니다." 1882년 6월 26일 니체는 루에게서 연인, 제자, 사상의 상속자를 모두 구했던 것이다. 7월 초 루가 니체와 함께 타우텐부르크에서 시간을 보내겠다고 확답하는 편지를 받은 직후 니체는 답장을 썼다.

지금 내 위에 떠 있는 하늘이 얼마나 밝은지! 어제는 마치 내 생일 같았습니다. 당신이 보낸 (타우텐부르크로 오겠다는 내용이 담긴) 편지는 내가 받을 수 있는 최고의 선물이었습니다. …… 게다가 《즐거운 학문》 마지막 원고를 완성했고, 이로써 지난 6년(1876~1882)에 걸친 작업, 곧 나의 완전한 '자유사상'이 제 모습을 갖췄습니다. …… 나는 더는 외롭게 지내고 싶지 않습니다. 다시 인간답게 사는 법을 배우고 싶습니다. 이 분야에서는 거의 모든 것을 배워야 합니다. 1882년 7월 2일

아마도 이 순간 니체는 정말 자기 생에 가장 행복한 시간 중의 하나를 보내고 있었을 것이다. 《즐거운 학문》은 육체적 고통 속에서 정신의 아찔한 고양을 경험하면서 쓴 책이었고, 그 책으로 6년의 자유정신 탐험이 일단은 완수된 셈이었다. 그리고 결정적으로 루 살로메와 함께 지낼 수 있게 된 것이다. 니체는 이 편지에서 분명히 "더는 외롭게 지내고 싶지 않다"고 절규하듯 고백한다. 니체의 일생을 멀리서 관찰하면 마치 고독을 찾아 일부러 숨어든 사람처럼 보이지만, 가까이 다가가 내면을 들여다볼수록 그가 얼마나 고독 때문에 괴로워했는지 실감할 수 있다. 도저히 다른 방법을 찾을 수 없게 됐을 때에야 니체는 자신의 존재 이유와도 같은 사상의 과제를 완수하기 위해 고독을 무릅쓸 수밖에 없었다. 니체는 고독과 친한 것도 아니었고 고독을 찾아다닌 것도 아니었다. 사유의 과제를 함께 해결할 영혼의 동반자가 있었다면 말년의 니체가 그토록 비참하게 고독 속에서 정신이 말라비틀어지면서 광기로 치닫지 않았을지도 모른다.

살로메와 엘리자베트

마침내 8월 7일 루와 엘리자베트가 타우텐부르크에 도착했다. 그러나 두 여자는 벌써 한판 싸우고 난 뒤였다. 엘리자베트는 루가 오빠와 만나기에는 적당하지 않은 여자이며 두 사람의 관계를 끊어야 한다는 생각을 굳혔다. 바이로이트에서 루가 보인 행태가 엘리자베트의 심사를 뒤틀리게 했다. 루와 엘리자베트는 사고방식과 행동 양식이 정반대였다. 부르주아적 도덕관념으로 무장하고 있었던 서른여섯 살 노처녀 엘리자베트에게 루는 그녀가 혐오하는 것을 거의 다 갖추고 있었다. 거리낌 없이 남성들과 어울리는 루의 자유분방한 행동에 엘리자베트는 거의 생리적인 혐오감을 느꼈다. 여기에 더해, 바이로이트에서 루가 보여준 행태를 나쁘게 볼 더 결정적인 이유가 있었다. 니체가 바그너와 결별하고 난 뒤 바이로이트는 말하자면 니체의 적들의 소굴이 되어 있었다. 그곳에서는 아무도 니체를 긍정적으로 이야기하지 않았다. 루는 말비다 폰 마이젠부크의 소개로 바그너의 그룹에 초대받아 이 거장의 귀여움을 받았다. 엘리자베트는 루가 오빠의 적대자들과 유쾌하게 어울리는 것을 모욕으로 느꼈다. 엘리자베트와 루 살로메 사이의 불화는 깊어져 결국 타우텐부르크로 가는 길에 심한 언쟁으로 터졌다. 그 순간 엘리자베트는 복수심에 불타는 적이 되었으며, 이때 굳힌 적대감을 마지막 죽는 순간까지 풀지 않았다. 엘리자베트가 오빠 프리츠를 대하는 태도에는 어려서부터 몸에 밴 이성애적 애착이 있었다. 엘리자베트의 적개심 속에는 애인을 빼앗긴 데 대한 무의식적 분노의 성분도 들어 있었음이 분명하다.

그런 적대감에도 불구하고 엘리자베트는 오빠와 함께 살로메와 3주 동안 타우텐부르크에서 지냈다. 니체와 루는 엘리제베트에게 거의 신경을 쓰지 않았다. 그곳에서 루와 니체 오누이는 각각 다른 곳에 머물렀다. 아침에 니체가 루가 머무는 곳으로 오면 하루 종일 함께 산책하고 대화했다.

니체와 만난 첫날부터 마지막 날까지 루는 레에게 보내는 편지 형식으로 일기를 썼다. "지난 3주 동안 우리는 거의 녹초가 될 정도로 대화를 했다. …… 대화를 하면서 가다 보면 우리도 모르게 낭떠러지로 접어들곤 했다. 이 아찔한 곳은 사람들이 아래를 내려다보기 위해 혼자서 올라오는 곳이었다. 우리는 보통 가파른 길을 선택해서 산책했는데, 만일 누군가 우리가 숨을 몰아쉬면서 대화하는 것을 들었다면 아마도 두 악마가 이야기하고 있다고 느꼈을 것이다."[17] 대화의 주제는 신의 죽음과 종교적 동경이었다. 루는 일기에 이렇게 쓴다.

> 우리 둘은 종교적인 특질을 갖고 있었다. 우리 둘 다 과격할 정도의 자유로운 정신을 소유했기 때문에 우리는 터놓고 이야기할 수 있었다. 자유로운 정신 속에서 종교적 감수성은 신성이라든지 내세의 천국을 상상할 수 없다. 자유정신을 지닌 사람의 종교 감정은 연약함, 두려움, 탐욕 같은 종교 생성의 원인이 되는 것들과 아무런 관련이 없다. 자유정신을 지닌 사람은 종교를 통하여 형성된 종교적 욕구를 자기 자신에게 되던져서 자기 본질의 영웅적인 힘을 창조하거나 어떤 위대한 목표를 위해 자기 자신을 바친다. 니체에게는 영웅적인 성격이 있으며 이것이 자신의 성격과 원동력에 특징과 통일성을 주는 그의 본질이다. 그러므로 사람들은 조만간 니체가 새로운 종교의 선포자로 등장하는 것을 볼 것이며, 이 종교는 젊은이들에게 영웅을 선사할 것이다.[18]

이 문장은 니체가 쓰게 될 예언서 같은 철학서 《차라투스트라는 이렇게 말했다》를 예고하는 것이자, 뒷날 니체를 둘러싸고 벌어지는 숭배 열풍을 미리 감지한 것으로 읽을 수 있는 문장이다. 루 살로메의 직관에는 이 인용문에서 보이는 대로 사태를 꿰뚫어보는 힘이 있었다. 타우텐부르크에서 보낸 시간은 두 사람에게 다 유익하고 행복한 시간이었다. 하지만 니체에게는 루가 동참할 수 없는 섬뜩하기까지 한 낯선 기운이 있었는데, 그 느낌을 루는 놓치지 않고 기록했다.

> 우리의 본질에 숨어 있는 그 어떤 측면에서 보면 우리는 서로 너무나 다르다. 니체는 마치 오래된 성 같은 본질 속에 지하 감옥이나 숨겨진 창고를 가지고 있다. 이것은 그를 잠깐 만날 때는 드러나지 않지만 그의 가장 본질적인 면인 것이 분명하다. 우리가 적이 될 수도 있다는 생각을 얼마 전 기이하게도 갑자기 하게 되었다.[19]

니체와 루는 분명 표면상으로는 둘도 없는 자유정신의 쌍둥이였다. 그러나 조금 더 들어가면 니체 안에는 자유정신이라는 말로는 설명할 수 없는 어둡고 섬뜩한 본질, 아마도 니체가 심연이나 괴물이라고 불렀던 그런 본질이 있는데, 루는 바로 그 어두운 세계를 얼핏 들여다보고 놀랐던 것이다. 니체의 어두운 심연의 괴물은 그의 말기 저작에서 표면으로 솟구쳐 올라와 거칠게 으르렁거리게 된다. 그리고 아마도 루가 그런 니체를 보았다면 자신과 확연히 다른 사람이라고 느꼈을 것이 틀림없다. 왜냐하면 루 살로메는 아무도 제어할 수 없을 정도로 자유로운 정신이기는 했어도, 심연 속에서 뛰쳐나오기 직전의 괴물 같은 정신은 아니었기 때문이다.

라이프치히의 공동생활 실험

3주 뒤 루는 니체와 헤어져 레가 안타깝게 기다리는 베를린으로 갔다. 루가 떠나자 니체와 여동생은 루 문제를 놓고 말다툼을 벌이다 절교 차원으로까지 치달았다. 베를린의 레는 루가 명랑하게 돌아온 것을 보고 매우 기뻐했다. 이쯤에서 사태의 진실을 한번 정리해볼 필요가 있다. 세 사람 관계의 열쇠를 쥔 사람은 루 살로메였다. 루는 니체를 사상가로서 존경했지만, 남자로서 좋아한 것은 아니었다. 니체는 어딘지 어색하고 거리감이 느껴지고 편안하지가 못했다. 그런 점에서 보자면 루에게는 레가 훨씬 편하게 느껴지는 사람이었다. 루는 레와는 말을 놓고 친구처럼 지냈지만, 니체와는 서로 존댓말을 썼다. 정신적 교감이라는 차원이 아닌 생활의 차원에서 그만큼 심리적 거리가 있었다. 루가 두 사람 중 한 사람을 이성 파트너로 삼는다면 당연히 레가 먼저였다. 루는 레가 결혼을 고집하지만 않는다면 그와 함께 살 뜻이 있었다. 반면에 니체가 루를 계속 잠재적 결혼 상대자로 생각하고 레를 배제하려 하는 한, 니체와 루가 계속 만나기는 어려운 일이었다. 세 사람은 10월에 라이프치히에서 3인 공동생활을 실험하기로 했는데, 그 공동생활을 실제로 해보기로 결정한 것도 니체의 기분을 달래주려는 뜻이 컸다.

니체는 미리 라이프치히로 가서 두 사람이 오기를 기다렸다. 드디어 10월 초 루와 레가 니체가 기다리는 라이프치히에 도착했다. 세 사람은 꿈에서 그려보던 대로 두 남자와 한 여자가 한 집에서 사는 공동생활을 시작했다. 서로 생활에 간섭하지 않고 성적 접촉도 없는, 그러니까 루가 '중성적 파트너'로 참여하는 이 공동생활은 10월 한 달 동안 계속됐다. 세 사람의 공동생활은 루와 레의 처지에서 보면 니체를 위로하려는 한 편의 연극이었지만, 니체의 처지에서는 어떻게든 레를 제치고 루를 차지하기 위해 마련한 그리 내키지 않는 동거였다. 3주를 함께 보낸 뒤 세 친구 동맹은 다음에는 파리에서 공동생활을 이어가기로 했다. 니체는 벌써부터 적당한 숙소를 알아보고 있었다. 그러던 중 레가 몇 가지 핑계를 대며, 파리에서 겨울을 보내려면 먼저 루와 함께 슈티베(레의 고향)로 가서 필요한 준비를 해야 한다고 주장했다. 파리에서 다시 만날 날짜는 약속하지 않았다.

니체가 라이프치히 정거장에서 친구들을 떠나보낸 것은 11월 첫 일요일이었다. 친구들이 떠난 후 니체는 거의 두 주일을 혼자 라이프치히에 더 머물렀다. 아무런 연락도 오지 않았다. 그래도 니체는 다시 만날 거라는 희망을 버리지 못했다. 11월 중순이 되어서야 그는 뭔가 잘못됐다는 것을 깨달았다. 두 친구가 자신을 버리고 도망간 것이었다. 니체는 완벽하게 기만당했다고 느꼈다.

배신과 원한의 멜로드라마

루에 대한 기다림이 간절했던 만큼 두 사람이 자신을 속이고 버렸다는 생각은 그를 광란 직전의 상태로 몰고 갔다. 그의 첫 번째 행동은 세상으로부터 몸을 숨기는 것이었다. 그는 사람들의 눈길을 견딜 수 없었다. 11월 중순 라이프치히를 떠날 때 니체는 자신을 한없이 농락한 독일의 모든 것과 헤어진다는 생각뿐이었다.

니체는 지난 겨울 머물렀던 이탈리아 제노바로 갔다. 다시 혼자가 된 그는 싸늘한 방안에 앉아 자신의 운명을 찬찬히 되돌아보다가, 인적 없는 길거리를 쫓기듯 달리며 자기 학대로 밤을 지새웠다. 불면증과 우울증이 니체의 몸을 덮쳤다. 11월과 12월 한 번은 진정제 클로랄을 털어 넣고, 다른 한 번은 아편을 지나치게 많이 흡입해 두 번이나 자살 직전의 상태로 가기도 했다.[20] 11월 말에 니체는 레로부터 그동안 있었던 일의 전후 사정을 설명하는 편지를 받자 사태를 좀 더 객관적으로 보게 된 듯한 답장을 보냈다.

> 그렇지만, 친애하는 친구여, 나는 자네가 그와는 정반대로 느꼈다고 생각했다네. 나를 제거해버린 사실을 몰래 기뻐했을 거라고 말이지! 나는 오르타에 다녀온 후로 자네가 우리의 우정을 위해 "너무 많은 것을 희생했다"는 생각을 수도 없이 했다네. 나는 자네가 로마에서 발견한 것(루를 말하는 거네)을 이미 너무 많이 훔쳤지. 그래서 라이프치히에 있을 때 늘 생각했네, 자네에게도 나를 조금은 멀리할 권리가 있다고. 나에 대해 좋게 생각해주게, 친구여. 그리고 루에게도 그렇게 하라고 말해주게. 나는 진심으로 당신들의 사람이네. …… 앞으로도 종종 만나겠지. 그렇지 않은가?
>
> **1882년 11월 말**

그러나 이런 차분한 생각은 오래 가지 못했다. 지나간 여름과 가을에 있었던 일을 골똘히 생각하면 할수록 니체는 자기 자신이 기만당하고 비웃음당하고 배신당했다는 생각에 사로잡혔고 분노가 거의 고문 수준으로 그의 몸과 마음을 찍어눌렀다. 루와 레가 베를린에서 함께 살고 있다는 소식을 들은 니체는 루와 레 앞으로 원한과 비난으로 가득 찬 편지들을 보내기 시작했다.

> 나의 폭발하는 '과대망상증'과 '상처받은 허영심' 때문에 당황할 것 없소. 설사 내가 격한 감정을 못 이겨 어느 날 자살을 한다 하더라도 너

무 걱정할 필요는 없을 것이오. 나의 공상이 당신들과 무슨 상관이 있겠소! …… 그저 내가 마침내 고독에 빠져 완전히 정신이 돌아버린 반미치광이라는 것만 명심해두시오. 절망에 빠져 엄청난 양의 아편을 빨아댄 뒤에야 사태를 이처럼 분별 있게 (내 생각으로는) 보게 되었소. 아편으로 제정신을 잃는 대신 오히려 사리 분별이 생긴 것 같았소. 첨언하면, 나는 지난 몇 주 동안 정말로 아팠소. 1882년 12월 중순

그해 크리스마스에 니체가 오버베크에게 보낸 편지를 보면 그의 고통과 절망이 얼마나 끔찍한 지경이었는지 알 수 있다.

나는 광기 때문에 고통을 겪었던 것과 마찬가지로 지난여름의 수치스럽고 비통한 기억들 때문에도 고통을 겪었네. …… 그 기억들이 내 안에서 상반되는 감정들을 충돌시키는 것을 감당할 수가 없다네. …… 잠이라도 제대로 잘 수 있다면! 그러나 여섯 시간에서 여덟 시간을 걸어도 소용이 없고, 가장 강력한 수면제를 먹어도 마찬가지네. 이 모든 상황을 바꿔놓는 주문, 한마디로 진흙을 황금으로 바꾸어놓는 연금술과 같은 마법을 찾지 못한다면, 나는 계속 길을 잃고 헤맬 것이네. …… 나는 이제 어느 누구도 믿지 못하네. …… 어제부터 나는 어머니와의 모든 연락을 끊었네. 더는 참을 수 없었기 때문이지. …… 때로는 바젤에 작은 방을 빌려 종종 자네를 찾아가고 강의에도 참석하자는 생각이 든다네. 그러나 또 때로는 이와는 반대로 나의 고독과 체념을 궁극적인 한계에까지 밀어붙여보자는 생각이 드네. 1882년 12월 25일

이 편지에서 특히 주목할 만한 것이 두 구절이다. 첫 번째가 마지막 구절 "나의 고독과 체념을 궁극적인 한계에까지 밀어붙여보자는 생

각"이다. 여기서 니체는 자신의 고통을 객관화해 한계 상황까지 몰고 간 뒤 그것이 자기 자신에게 어떤 결과를 만드는가를 보고 싶다는 태도를 보여준다. 자기의 삶과 실존을 사유의 도구, 인식의 도구로 삼는다는 기존의 태도를 이런 고문과도 같은 극단의 상황에서 다시 드러내는 것이다. 이런 끔찍한 상황에서 실험주의, 인식주의를 포기하지 않는 것, 그것이야말로 니체다운 태도다. 또 하나 주목할 구절이 "이 모든 상황을 바꿔놓는 주문, 한마디로 진흙을 황금으로 바꾸어놓는 연금술과 같은 마법"이다. 이 끔찍한 고통이 질적 비약을 이루어 새로운 창조의 영감을 자극할 수 있을 것이라는 기대다. 그렇게 되기를 강하게 열망하고 있다는 것을 글의 절박한 분위기에서 확인할 수 있다. 그 열망대로 니체는 이 편지를 쓰고 한 달 남짓 지나 그 자신을 비참의 수렁에서 솟아오르게 해주는 엄청난 창조의 격변을 겪는다. 바로 《차라투스트라는 이렇게 말했다》의 영감이다.

남을 미워할 수 없는 사람

그러나 니체의 고통은 다 가시지 않았다. 1883년 니체는 루 때문에 한동안 절교하다시피 했던 엘리자베트와 다시 화해했고, 5월 4일 엘리자베트와 말비다가 함께 머물고 있던 로마를 방문해 6월 16일까지 있었다. 엘리자베트는 루 살로메 추방 운동을 벌이고 있었다. 그녀는 사방으로 편지를 보냈고, 당시 루가 베를린에서 레와 동거를 하고 있었기 때문에 루를 부도덕한 여자로 몰아 러시아로 쫓아내는 일에 모든 노력을 기울였다.

그러는 중에 루가 엘리자베트에게 보낸 편지 내용이 니체에게 알려짐으로써 그의 반쯤 아문 상처가 곪아 터졌다. 니체는 배반자가 루가 아니라 레이며 루가 레의 음모에 부화뇌동했다고 믿게 됐다. 니체가 이기주의자이고, 이상주의의 가면을 쓰고 루에게 접근했으며, 그의 작품이 반쯤은 미친 이론이라고 레가 비방했다는 것이었다. 사태가 이렇게 되자 니체는 다시 광란 상태에 빠졌다. 니체는 레에게 십여 통의 편지를 썼으나 자신의 신랄한 독설을 들으면 마음이 약한 레가 자살할지도 모른다는 생각에 한 통도 보내지 않고, 대신 그의 형제 게오르크 레에게 편지를 썼다. "루는 단지 나와 내 누이동생에 대한 공격의 도구였다는 것을 우연히 알게 됐습니다. 레는 나를 천박한 성격의 소유자이며 비열한 이기주의자라고 했습니다. 그는 내가 루와의 교제에서 이상주의라는 가면을 쓰고 추잡한 목적을 추구한 자라고 비난했습니다." 1883년 7월 중순

그러나 이 말을 모두 그대로 믿기는 어렵다. 루에 대한 적개심에 사로잡힌 엘리자베트가 오빠를 자신의 분노에 끌어들였다고 보는 것이 더 타당할 것이다. 사태의 진상이 어찌됐든 니체는 한동안 극심한 망상에 시달렸다. 니체는 루에게도 욕설이 가득한 편지를 썼다. "짝짝이 젖가슴을 단 더럽고 악취 나는 암원숭이. 악몽이다." 1883년 7월 중순 다행히도 이 편지는 초안만 썼다. 니체는 8월에도 분노가 가시지 않아 말비다 폰 마이젠부크에게 보낸 날짜 없는 편지에서 레와 루를 저속한 표현으로 비난했다. "아! 이젠 너무 늦었지만, 내가 지금까지 알게 된 모든 것으로 보건대, 레와 루 같은 인간들은 내 구두 밑창을 핥을 자격조차 없습니다. 지나치게 거친 말투를 용서하십시오. 사기꾼에다 뼛속까지 교활하고 중상모략만 일삼는 이 레라는 작자와 마주쳤다는 것이 저의 오랜 불행이었습니다." 1883년 8월

그러나 어느 시점에 니체는 정신을 가다듬고 사태를 다시 차분하게

보려고 노력하기 시작했다. 날짜 없이 '실스마리아 1883년 여름'이라고 적힌 오버베크에게 보낸 편지에서 니체는 자신의 '모질지 못한' 마음을 드러낸다. "내 가족과 나는 서로 너무나 다르네. 지난겨울에는 그들로부터 어떤 편지도 받지 않도록 조심해야 한다고 생각했지만, 그런 식의 경계를 계속하는 것은 더는 불가능하네(나는 그 정도로 모질지 못해). 레와 살로메 양에게 쏟아 부었던 온갖 경멸 섞인 말들이 내 마음에 피를 흘리게 하네. 나는 적이 되기엔 부적합한 사람인 것 같네." 이 편지에서도 드러나듯이 니체는 결코 남을 끝까지 미워할 수 없는 사람이었다. 그는 자신의 책에서 주장한 바와 달리 악하지 못했고 남을 고통에 빠뜨리는 것을 두려워했다. 니체는 마음이 여렸다. 니체는 뒷날 《도덕의 계보》에서 이렇게 주장한다.

> 호메로스가 아킬레우스였다면 아킬레우스를 창조해내지 않았을 것이며, 괴테가 파우스트였다면 파우스트를 만들어내지 못했을 것이다.
>
> 《도덕의 계보》, 제3 논문, 4절

마찬가지로 니체는 차라투스트라가 아니었기 때문에 차라투스트라를 필사의 의지로 창조해냈으며, '금발의 야수'가 될 수 없는 동정심 많고 마음 여린 사람이었기 때문에 잔혹성을 즐기는 금발의 야수를 창조해냈던 것이다. 동시에 니체는 자기 내부에 차라투스트라가 없었다면 차라투스트라를 창조할 엄두를 내지 못했을 것이고, 자신의 본능 속에 금발의 야수가 꿈틀거리지 않았다면 그 짐승을 불러낼 생각을 품지도 못했을 것이다.

어쨌거나 삶의 이 길목에서 니체는 그렇게 마음이 여렸기 때문에 결국 마음속에서 복수의 의지를 죽여야 했고, 그러는 동안 서서히 사태의 객관적 상황을 볼 수 있게 되었다. 여동생의 지나친 복수심에 얼떨결에 휘말려든 것은 아닌지 하는 깨달음이 온 것이다. 8월 말 니체는 오버베크를 만나고 온 뒤 이전과는 완전히 다른 차분해진 어조로 "여동생에게 무서운 증오"를 느끼고 있다는 편지를 썼다. "내 마음속 가장 깊은 곳에서는 모든 복수와 처벌을 반대하는데도 나는 결국 무자비한 복수심의 희생양이 되었던 거네. …… 내가 여동생에게 편지를 쓰는 것은 가장 무해한 종류의 편지를 제외하곤, 더는 바람직하지 않네. …… 아마도 이 사건 전체에 가장 결정적인 단계는 내가 여동생과 화해했던 일일 것이네. 나는 여동생이 나와의 화해를 살로메 양을 향한 복수를 정당화하는 수단으로 받아들였다는 것을 알 것 같네." 1882년 8월 28일

진흙을 황금으로 바꾸는 연금술

이 편지를 마지막으로 사건은 끝났다. 니체는 두 번 다시 루와 레를 만나지 않았다. 니체와 루 살로메의 관계는 기대 어린 만남에서 시작해 쓰라린 분노와 자책으로 끝났다. 니체가 마음의 평정을 어느 정도 되찾는 데는 열 달이 걸렸다. 어찌 보면 참으로 구제할 길 없는 삶의 낭비요 탕진이었다. 그러나 니체는 그가 편지에서 밝힌 대로, 이 연애 체험이 주는 고통을 한계 상황까지 밀어붙였고, 그 심리적 극한 상황에서 고통과 분노와 절망뿐인 진창 같은 현실을 황금으로 바꾸어냈다. 바로《차라투스트라는 이렇게 말했다》의 저술이었다.

니체는 극심한 고통에 시달리던 1883년 2월 제노바에서 번득이는 영감을 받아 단 열흘 만에《차라투스트라는 이렇게 말했다》제1부를 써냈다. 그는 작품을 끝낸 직후 오버베크에게 편지를 썼다. "번개를

맞은 것 같네. 나는 짧은 시간 동안 나의 핵심과 나의 '빛' 속에 있었네."1883년 2월 10일 다시 그해 여름 실스마리아에서 마찬가지 속도로《차라투스트라는 이렇게 말했다》제2부를 완성했다. 그리고 이듬해 겨울《차라투스트라는 이렇게 말했다》제3부를 썼다. 니체는 현실의 고통을 망각으로 밀어 넣으면서 거의 도취 상태에서《차라투스트라는 이렇게 말했다》를 썼지만, 루가 준 고통을 끝내 다 지울 수는 없었다. 《차라투스트라는 이렇게 말했다》의 본문 중간중간에는 이 사건이 남긴 상처의 흔적들이 새겨져 있다. 먼저 루의 배반에 대한 고통으로 잠을 못 이루는 니체는 잠의 비밀을 알고 있는 현자를 높이 평가한다.

> 이 현자 가까이 사는 자는 행복하도다. 잠이 전염되어 오기 때문이다.
> 《차라투스트라는 이렇게 말했다》, 제1부 '덕의 강좌에 대하여'

또 레와 루의 배신은 니체에게 견딜 수 없는 질투의 고통을 체험케 했다. 질투는 질투하는 자를 파멸시킨다. 그리하여 니체는 이렇게 쓴다.

> 질투의 불꽃에 휩싸여 있는 자는 전갈과 같이 결국 독침을 자신에게 되찌른다.
> 《차라투스트라는 이렇게 말했다》, 제1부 '환희와 열정에 대하여'

가장 노골적인 상처의 흔적은 여성에 대한 가혹한 악담 속에서 드러난다. 루로 인해 깊이 베인 니체는 차라투스트라를 통해 여자에 대해 이렇게 말한다.

> 여인들의 가슴속에는 너무도 오랫동안 노예와 폭군이 숨어 있었다. 그래서 여인들은 아직도 우정이라는 것을 모른다. 사랑을 알 뿐이다.

여인들의 사랑, 그것은 그것이 사랑하지 않는 모든 것에 대해 공평하지 못하며 맹목적이다. 심지어 여인들이 분별력 있다는 사랑 속에서까지 빛과 함께 예기치 못한 기습과 번개와 어두운 밤이 깃들어 있으니. 여인에게는 우정의 능력이 없다. 여인은 여전히 고양이며 새다. 기껏해야 암소 정도다.
《차라투스트라는 이렇게 말했다》, 제1부 '벗에 대하여'

진정한 사내는 두 가지를 원한다. 모험과 놀이가 그것이다. 그래서 사내는 위험스럽기 짝이 없는 놀잇감으로 여인을 원하는 것이다. 사내는 전투를 위해, 여인은 전사에게 위안이 될 수 있도록 양육되어야 한다. 그 밖의 모든 것은 어리석은 일이다.
《차라투스트라는 이렇게 말했다》, 제1부 '늙은 여인들과 젊은 여인들에 대하여'

이 문장에서 루로 인해 니체가 자존심에 받은 상처의 흉측한 모습을 떠올리기는 어렵지 않다. 《차라투스트라는 이렇게 말했다》가 이렇게 루와 겪은 사건의 침전물을 안고 있는 것은 사실이다. 따라서 니체가 이 시기에《차라투스트라는 이렇게 말했다》를 썼다는 것 자체는 어떤 면에서는 루에게서 받은 충격의 결과였다고 보는 것이 타당하다. 긍정적이든 부정적이든 루는 니체의 정신에 잊을 수 없는 깊은 자극을 주었고, 그 자극의 환희와 고통이 공동으로 작용해 차라투스트라를 창조해낼 수 있었기 때문이다. "초인에 대한 웅대한 비전을, 병들고 외로운 니체의 삶, 고독과 기만에 반쯤 미쳐버린 니체 자신의 삶과 비교해보면, 초인의 이상은 참을 수 없는 괴로움을 당한 니체의 빛나는 정신의 힘찬 투영이며 운명에 대한 반항적 발악이라는 것을 알 수 있다."[21]

창조성에 불을 지른 여성

그렇다고 해서 루 살로메의 행위를 모두 긍정하고 두둔할 수는 없다. 루는 분명히 타인의 고통에 아랑곳하지 않고 자기중심적으로 삶을 살아가는 사람이었다. 이런 점은 루가 레와 함께 니체를 떠난 뒤 어떤 삶을 살았는지 살펴보면 금방 드러난다. 루와 레는 베를린에서 5년 동안 함께 살았다. 그러나 그들은 부부도 아니었고 잠자리를 같이하는 연인도 아니었다. 엘리자베트의 추방 운동이 벌어지건 말건 루는 거기에 전혀 개의치 않고 자기식대로 살았다. 루는 베를린의 지식인·예술가들 사이에서 여왕처럼 군림했고, 레는 루를 '시녀'처럼 따랐다. 그러고도 5년 뒤 레는 루로부터 프리드리히 카를 안드레아스Friedrich Carl Andreas, 1846~1930와 약혼했으며 그 남자와 결혼할 것이라는 일방적인 통보를 받았다. 사기당했다고 느낀 레는 루를 떠났다. 철학 교수가 되기를 포기한 레는 의학 공부를 새로 시작해 의사가 된 뒤 남은 인생을 가난한 사람들에게 의술로 봉사를 하는 데 바쳤다.

레는 니체가 죽고 1년이 지난 1901년 10월 28일 옛날의 친구가 영원회귀의 영감을 얻었던 알프스 산간 지대 오버엥가딘의 바위에서 떨어져 죽었다. 그의 죽음이 실족사였는지 자살이었는지는 분명하지 않다. 그러나 레는 니체의 정신적 파멸과 죽음에 자신이 일말의 책임이 있다고 느꼈을 가능성이 있다. 루를 차지하려고 그렇게 니체를 속이며 떠나지 않았더라면 친구가 그렇게까지 비참한 수도승적 고독 속으로 빨려 들어가지 않았을지도 모른다고 생각했으리라는 것은 지나친 추정이 아니다.

루는 의지력이 강하고 정열적인 언어학자였던 안드레아스의 끈질긴 구애를 뿌리치지 못하고 결국 그와 결혼했다. 그러나 그 뒤로도 루의 자유로운 삶의 방식은 달라지지 않았다. 루와 안드레아스의 결혼 생활은 25년이나 지속됐지만 레나 니체와 그랬던 것처럼 그들 사이에는 성적 접촉이 아예 없었다. 루의 이성 관계에는 확실히 적잖은 히스테리 요소가 개입돼 있는 듯하다. 루는 남자들을 유혹하고 정복하는 일에서 어떤 무의식적 원형을 반복하는 강박 증상을 드러냈다. "루 살로메는 열여덟 살 때 길로트 목사를 경험한 뒤, 남자들과의 관계에서 그것과 똑같은 행동 방침을 따랐다. 그것은 전략적으로 유혹하는 자의 행동이었다. 항상 단정하고 소박한 옷차림을 하고 있었기 때문에, 그녀의 겉모습에서는 그 어떤 교태도 찾아볼 수 없었다. 그녀는 자신을 아주 젊은 처녀나 어린 소녀로 소개한 것을 좋아했다."[22]

루는 19세기 말부터 20세기 초까지 유럽의 수많은 지식인들과 연인 관계를 맺었다. 그 가운데 아마도 니체 다음으로 유명한 것이 라이너 마리아 릴케Rainer Maria Rilke, 1875~1926와의 연애일 것이다. 1897년 스물한 살의 릴케는 열네 살 위의 루 살로메와 만났다. 니체에게 그랬던 것처럼 루는 릴케에게도 엄청난 창조성의 불을 지폈다. 릴케는 루를 만나고 다음과 같은 시를 썼다.

> 내 눈을 감기세요, 난 당신을 볼 수 있어요.
> 내 귀를 막으세요, 난 그대 음성을 들을 수 있어요.
> 발이 없어도 나는 당신에게 갈 수 있고
> 입이 없어도 당신께 맹세할 수 있습니다.
> 팔이 꺾이면, 나는 당신을
> 내 마음으로 잡을 겁니다.
> 심장이 멎는다면, 나의 머리가 울릴 겁니다.
> 만약 당신이 머리에 불을 지른다면

나는 그대를 내 핏속에 실어나르렵니다.

〈내 눈을 감기세요〉

이 시는 아마도 루를 만났던 모든 남자들이 루에게 느낀 감정을 보여주는 시일 것이다. 루의 삶과 행적에 어떤 병리적 요소가 있든, 또 루의 자기중심주의가 어떤 상처를 입혔든 그녀가 수많은 창조적 인간들의 내면에 불을 지른 것만은 사실이다. 루는 사람의 영혼을 들여다봄으로써 가장 훌륭한 것을 찾아내는 능력이 있었다. 이 점을 뒷날 루와 사귀었던 스웨덴 정신과 의사 파울 제르의 회고가 잘 보여준다.

그녀는 비범한 인간이었다. 그걸 사람들은 곧 알아챘다. 그녀는 다른 사람들의 의식 세계 속으로 직접 파고드는 재능을 갖고 있다. 특히 그녀가 사랑하는 사람일 때에, 그녀는 엄청난 정신 집중을 통해서 연인의 정신에 불을 즉각 붙여놓는다. 내 긴 일생 동안 루만큼 빨리 그리고 충분히 이해하는 사람은 다시는 만나지 못했다. 게다가 그녀의 말은 놀랍도록 솔직했다. 그녀는 미묘한 개인적인 일들을 아주 담담하게 이야기했다. 예를 들어 그녀는 비밀을 지킨다는 약속하에 자신의 특이한 결혼 생활을 내게 들려주었다. 그녀가 내게 레의 자살에 대한 얘기를 해주었을 때 내가 놀랐던 것도 기억이 난다. "그럼 당신은 양심의 가책을 전혀 느끼지 않습니까?"

그녀는 웃으며 말했다. 양심의 가책은 약하다는 표시라고. 그건 허세였을지도 모르지만 루는 자기 행동의 결과를 전혀 걱정하지 않는 것 같았다. 이런 점에서 그녀는 인간적 존재라기보다는 자연의 일부였다. 그녀는 유별나게 강한 의지를 갖고 있었고 남자들 위에 군림하는 데서 기쁨을 느꼈다. 그녀는 타오를 수는 있었으나 겨우 한순간뿐이었고 이상하리만큼 차가운 정열을 보였다. 루가 악한 사람이라고 한 니체의 말은 전적으로 옳은 소리다. 그러나 괴테적 의미에서 말이다. "항상 악을 추구하나 항상 선을 낳는 그 힘의 일부." 그녀는 내게 상처를 남겼으나 또 내게 많은 것을 주었다. …… 촉매와도 같이 그녀는 나의 사상을 촉진시켰다. 물론 그녀는 결혼과 인간 생활을 파괴했지만 정신적인 면에서 그녀가 가까이 있다는 사실은 무서울 만큼 창조적인 영향력을 발휘했다. 뿐만 아니라 그녀에게서는 천재성의 불꽃이 느껴졌다. 그녀 가까이에서 많은 사람들이 성장을 했다.[23]

니체가 루에게서 받은 느낌도 이와 크게 다르지 않았을 것이다. 1884년 니체는 어머니에게 편지를 써 다음과 같이 말했다. "사람들은, 특히 엘리자베트는 루를 못마땅하게 생각하고 있지만 나는 루보다 더 재능 있고 사색적인 사람을 본 적이 없습니다. 반 시간만 같이 있으면 행복이 넘칩니다. 나는 지난 1년 동안 커다란 업적을 쌓았는데 루와의 만남이 헛된 일은 아니었습니다."[24] 또 프란츠 오버베크의 부인 이다 오버베크는 좀 더 단순하게 증언했다. "차라투스트라가 탄생하게 된 데는 루도 큰 몫을 했다."[25]

일종의 자기 치료인《차라투스트라는 이렇게 말했다》의 저술 작업으로 니체는 절망의 나락에서 뛰어올라 창조의 천상으로 비상했다. 니체에게 루 살로메는 환멸의 원인이었고 동시에 창작의 동력이었다. 토네이도처럼 제 갈 길을 가는 한 젊은 여성이 야기한 영혼의 아픔을 이겨내려는 무서운 노력 속에서 그 자신도 일찍이 예상하지 못한 목소리가 터져나왔던 것이다. 이제 니체가 창조한 인물 속으로 들어가 그 목소리를 직접 들어보자.

part 3

차라투스트라의 탄생

"인간은 위대하고 높은 것으로 생장하듯이,
깊고 무시무시한 것으로도 생장한다."
《권력의지》, 1027절

"만약 신들이 존재한다면, 내가 신이 아니라는
사실을 어떻게 참고 견딜 수 있겠는가!
그러니 신들은 존재하지 않는다."
《차라투스트라는 이렇게 말했다》, 제2부 '행복한 섬에서'

09

초인의 도래

"너희들은 나의 초인을 악마라고 부르리라."

Nietzsche, Friedrich Wilhelm

"일체의 글 가운데 나는 피로 쓴 것만을 사랑한다.
글을 쓰려면 피로 써라. 그러면 너는 피가 곧 넋임을 알게 될 것이다."
《차라투스트라는 이렇게 말했다》, 제1부 '읽기와 쓰기에 대하여'

"훌륭한 명분은 전쟁까지도 신성한 것으로 만든다고
너희들은 말하려는가? 그러나 나는 말한다. 훌륭한 전쟁은
모든 명분을 신성한 것으로 만든다."
《차라투스트라는 이렇게 말했다》, 제1부 '전쟁과 전사에 대하여'

이 책의 근본 사상인 '영원회귀 사유'라는 그 도달될 수 있는 최고의 긍정 형식은 1881년 8월의 것이다. 그것은 "인간과 시간의 6,000피트 저 위"라고 서명된 채 종이 한 장에 휘갈겨졌다. 그날 나는 실바플라나 호수의 숲을 걷고 있었다. 수를레이에서 멀지 않은 곳에 피라미드 모습으로 우뚝 솟아오른 거대한 바위 옆에 나는 멈추어섰다. 그때 이 생각이 떠올랐다. …… 1883년 2월의 가장 믿을 수 없을 만한 상황에서의 돌연한 출산에 이르기까지를 생각해보면 …… 이 책의 잉태 기간은 18개월이었다는 결론에 이른다.

《이 사람을 보라》, '차라투스트라는 이렇게 말했다', 1절

말년의 자서전에서 밝힌 대로 니체는 《차라투스트라는 이렇게 말했다》에 대한 영감을 삶이 최저점에 이른 시점, '가장 믿을 수 없는 상황'에서 떠올렸다. 루 살로메와 파울 레의 배신으로 마음이 만신창이가 되어 "오물을 황금으로" 바꾸는 연금술사의 재주를 배우지 않는 한 길을 잃고 말 절망적 상황이었다. 그때 그는 하루에 여덟 시간씩 라팔로 만을 돌아다녔다. 그러다가 계시처럼 한 인간의 이미지가 그의 사유의 지평 위로 나타났다. 그 순간을 니체는 이렇게 묘사했다.

그다음 겨울 나는 제노바에서 멀지 않은 라팔로의 매력적이고도 조용한 만에서 살았다. …… 나는 건강이 썩 좋지 않았다. 겨울은 추웠으며 비가 많이 내렸다. 파도 소리 때문에 밤잠을 설칠 정도로 바다에 인접해 있는 작은 호텔이 제공했던 것은 전부 다 내가 바라던 것과는 정반대였다. 그럼에도 불구하고, 결정적인 것은 '그럼에도 불구하고' 등장한다는 내 말을 입증이라도 하듯, 내 《차라투스트라》는 그 겨울에 그 악조건 밑에서 등장했다. 오전에는 소나무 숲을 지나 멀리 바다를 바라보면서 나는 초알리 방향으로 난 아름다운 남쪽 길을 오르곤 했다. 오후에는 건강 상태가 좋을 때마다 산타마르게리타에서부터 포르토피노의 뒤에 이르는 만 전체를 돌아다녔다. …… 오전 오후의 이 두 산책길에서 《차라투스트라》의 1부 전체가 떠올랐다. 특히 차라투스트라 자신이 하나의 유형으로서 떠올랐다. 정확히는 그가 나를 '엄습했다' …….

《이 사람을 보라》, '차라투스트라는 이렇게 말했다', 1절

"나는 피로 쓴 글만을 사랑한다"

우울의 어두운 그림자를 끌고 삶의 밑바닥을 헤매고 있을 때 차라투스트라의 모습이 눈앞으로 다가온 것이다. 서술의 강도로 보아 이 영감은 18개월 전 실스마리아의 여름 산속에서 번개 맞은 듯 체험했던 '영원회귀' 계시만큼 압도적인 것은 아니었겠지만, 시인이 시의 여신에게서 얻는 창조적 영감과 거의 같은 성격의 영감이었음이 분명하다. 니체는 차라투스트라를 봄과 동시에 울증의 외투를 벗어 던져버리고 미친 듯이 글을 쓰기 시작했다. 그리고 열흘 만에 《차라투스트라는 이렇게 말했다》 제1부를 완성했다. 자서전에서 니체는 "《차라투스

트라》의 피날레 부분은 리하르트 바그너가 베네치아에서 사망했던 바로 그 신성한 시간(1883년 2월 13일)에 완성되었다"《이 사람을 보라》, '차라투스트라는 이렇게 말했다', 1절고 쓴다.《차라투스트라는 이렇게 말했다》의 제2부와 제3부도 제1부와 똑같이 영감에 사로잡혀 열흘에서 보름 사이에 쉼 없이 써 탈고했으며, 제4부만 1884년 가을부터 이듬해까지 여섯 달을 들여 완성했다.

영감이 작업을 이끈 데서 짐작할 수 있듯,《차라투스트라는 이렇게 말했다》는 시적인 리듬을 안은 일종의 서사시 형식을 취하고 있다. 전체 분위기는 기독교의《구약 성서》와《신약 성서》를 연상시키며, 특히 예수의 행적을 서술한《신약 성서》의 네 복음서를 직접적인 모델로 삼고 있다. 니체는 자신의 책을 가리켜 '제5 복음서'라고 부르기도 했다.[1] 단순히 글 자체의 분위기나 스타일의 독특함을 넘어 니체가《차라투스트라는 이렇게 말했다》에서 독일어 산문의 최고 경지를 보여주었다는 평가들을 자주 만날 수 있다. "《차라투스트라》의 서술 형식과 언어 수준은 이전의 니체가 따라갈 수 없을 정도로 높은 경지에 도달했다. 이 작품은 철학적 의도 아래 구상된 것이지만 완전히 문학 작품으로 쓰여 있다."[2]

말년의 자기 과신이 반영된 것이긴 하겠지만, 니체 자신도 자신의 작품이 괴테와 단테를 능가한다고 자부했다. "이 작품은 단연 독자적이다. …… 괴테나 셰익스피어William Shakespeare, 1564~1616도 이런 거대한 열정의 높이에서는 한순간도 숨을 쉬지 못하리라는 것, 차라투스트라에 비하면 단테도 한갓 신봉자에 불과하지, 진리를 비로소 '창조하는' 자나 '세계를 지배하는' 정신이나 하나의 운명은 아니라는 것, 베다의 시인들은 사제에 불과하며 차라투스트라의 신발 끈을 풀어줄 수조차 없는 자들이라는 것……."《이 사람을 보라》, '차라투스트라는 이렇게 말했다', 6절 니체는 《차라투스트라는 이렇게 말했다》 안에서 자신의 글쓰기 원칙을 밝혀 놓았는데, 그가 자신의 작품을 쓸 때의 태도를 여실히 보여준다. 그는 자신의 피를 짜내 그것을 잉크로 삼아 글을 썼다. 다시 말해, 혼을 바쳐 작품을 썼다. "일체의 글 가운데 나는 피로 쓴 것만을 사랑한다. 글을 쓰려면 피로 써라. 그러면 너는 피가 곧 넋임을 알게 될 것이다."《차라투스트라는 이렇게 말했다》, 제1부 '읽기와 쓰기에 대하여'

차라투스트라는 누구인가

《차라투스트라는 이렇게 말했다》가 니체의 바로 그 글쓰기 정신의 소산임은 두말할 것도 없다. 그렇다면 니체가 그렇게 피로써 재창조한 차라투스트라는 어디에서 온 인물인가. 조로아스터Zoroaster로 더 많이 알려진 차라투스트라는 예수가 태어나기 1,200여 년 전에 페르시아에서 새로운 종교를 창시한 것으로 알려진 전설상의 인물이다. 선과 악으로 나뉜 세계에서 선이 악을 이기고 승리한다는 세계관을 핵심으로 하는 종교이다. 창시자 이름을 따 조로아스터교라고도 하며 불을 피워 제의를 지낸다고 해서 배화교라고 부르기도 한다.

니체가 차용한 차라투스트라는 이 책에서 세 가지 핵심 교의를 가르친다. 초인(위버멘슈Übermensch),* 권력의지, 그리고 영원회귀Die ewige Wiederkehr des Gleichen가 그것이다. 차라투스트라는 초인의 안내자이며 영원회귀의 교사다. 특히 니체는 자신의 근본 체험인 '영원회귀'를 전달하려는 목적에서 이 책을 썼다. 그러나 영원회귀에 대한 니체의 설명을 만나려면 책의 제3부까지 기다려야 한다. 《차라투스트라는 이렇게 말했다》의 독자는 먼저 니체가 묘사하는 초인과 만나 그에 관한 가르침을 듣고 그의 실체를 탐색해야 한다. 그러고 난 뒤에 아주 조심스럽게 저자는 영원회귀에 대해 이야기하기 시작한다. 이 핵심 교의를 설파하는 차라투스트라는 니체의 대변자이자 니체 자신이라고 할 수 있다. 니체를 대신해 니체의 사상을 전파하는 사람이다. 또 초인의 탄생을 미리 알리는 사람이라는 점에서, 예수보다 먼저 메시아의 도래를 알린 세례자 요한과 같은 존재라고도 할 수 있을지 모른다.

《차라투스트라는 이렇게 말했다》에서 도달한 니체의 문체가 이전과 다른 새로운 경지이고 이야기의 분위기가 이전 작품들과 아주 다르다고 해도, 그 내용은 앞 작품들에서 준비되고 발효된 것이 분명하다. 이런 사실은 니체 자신이 밝히고 있다. "《아침놀》과 《즐거운 학문》

---

* 'Übermensch'(위버멘슈)는 니체 철학을 이해하는 방식에 따라 역자들마다 여러 이름으로 번역한다. 먼저 니체전집편집위원회는 위버멘슈를 따로 번역하지 않고 그대로 음역했다. "위버멘슈는 초월적 신격을 대신하여 이 땅의 주인이 될 인간인데, 그런 그를 초인으로 옮겼을 때 초월적 인격으로 잘못 이해될 수 있다는 판단에서였다."[3] 김정현은 위버멘슈를 '극복인'으로 번역한다. "이 용어 번역의 타당성은 니체의 인간학 전체에 대한 포괄적이고 상세한 논의를 통해 앞으로 밝혀져야 할 과제인데, 나는 이러한 맥락에서 이 용어를 '극복인'으로 번역하여 사용하고 있다."[4] 그러나 이진우는 '위버멘슈'나 '극복인'이란 번역을 비판하고 '초인'을 주장한다. "위버멘슈인가 초인인가. 초인으로 번역하는 것이 오히려 니체의 철학적 의도를 잘 반영한다. 김정현은 위버멘슈를 극복인으로 번역하여 이미 특정한 해석의 방향을 암시한다."[5] 게오르크 지멜은 '위버멘슈'의 의미를 다음과 같이 요약한다. "초인(Übermensch)이란 인간 종족의 훨씬 더 높은 단계를 가리키는 이름이다. 모든 시기는 발전 능력이 있는 한 그 단계를 넘어서는 초인이 존재한다."[6] 지멜이 지적하는 대로 니체가 애초에 상정한 'Übermensch'는 신이 사라진 시대에 신을 대체하는 인간, 인간을 초월한 인간이라는 의미를 강하게 품고 있다. 그런 의미의 'Übermensch'가 실현 가능성 혹은 존재 가능성이 있느냐 없느냐는 두 번째 문제다. 니체는 인간을 뛰어넘은 어떤 인간 이상의 존재를 가리켜 'Übermensch'라고 불렀다. 그런 점에서 'Übermensch'를 초인이라고 부르는 것이 그 의미에 가장 적합하다고 보고, 이 책에서는 'Übermensch'를 초인으로 옮긴다.

《차라투스트라는 이렇게 말했다》 자필 원고 가운데 일부분

을 자세히 읽으면서 나는 《차라투스트라》의 머리말, 준비 단계, 주석으로 사용되지 않은 글은 거의 한 줄도 없다는 것을 발견한다. 내가 원문보다 주석을 먼저 만들어놓은 것은 사실이다."[7] 앞에서 벌써 밝혔지만, 이런 사실은 《즐거운 학문》 제4부 마지막에 들어간 아포리즘이 그대로 《차라투스트라는 이렇게 말했다》의 머리말 제1절에 놓인다는 사실에서도 확인된다. "차라투스트라는 그의 나이 서른이 되던 해에 고향과 고향의 호수를 떠나 산속으로 들어갔다. 그곳에서 자신의 정신과 고독을 즐기면서 보내기를 10년, 그런데도 그는 조금도 지치지 않았다. 그러나 마침내 그의 마음에 변화가 왔다. 그리하여 어느 날 아침 동이 트자 그는 잠자리에서 일어났다. ……"《차라투스트라는 이렇게 말했다》, 제1부 '머리말', 1절. 《즐거운 학문》, 제4부, 342절 그리고 "이렇게 하여 차라투스트라의 몰락은 시작되었다"라는 유명한 마지막 문장에 바로 뒤이어 머리말 제2절

이 시작된다. "차라투스트라는 혼자서 산을 내려왔다. 오는 길에 그 누구와도 마주치지 않았다. ……"

이런 사실을 보면, 니체가 라팔로 만에서 차라투스트라가 자신을 엄습했다고 말한 것은 곰곰이 생각해 볼 문제다. 니체는 난데없이, 처음으로, 차라투스트라라고 하는 낯선 존재의 방문을 받고 《차라투스트라는 이렇게 말했다》를 쓴 것이 아니다. 차라투스트라 이미지는 이미 《즐거운 학문》을 쓸 때 니체의 머릿속에서 떠오른 상태였으며, 어쩌면 그 이전부터 니체 안에 어떤 이미지로 있었을지도 모른다. 다만 이제까지는 그 이미지가 단편적인 것에 머물렀다면, 라팔로 만의 체험에서는 그 이미지가 확장돼 하나의 완전한 그림으로, 시작과 끝이 있는 이야기로 나타났던 것이다.

"나는 나와의 대화에 너무나 열성적이다"

그러나 이렇게 니체의 작품을 지배하고 서사를 주재하는 차라투스트라는 끝내 모호함의 베일을 벗어버리지 못한다. 차라투스트라의 윤곽은 분명하지 않고 안갯속에 있는 것처럼 흐릿하다. 그것은 차라투스트라가 설파하는 이 책의 핵심 메시지가 명료하게 전달되지 않는다는 사실과도 관련이 있다. 《차라투스트라는 이렇게 말했다》만 읽어서는 차라투스트라의 가르침을 선명하게 인식하기가 쉽지 않다. 철학자 알프레트 보임러Afred Baeumler, 1887~1968도 같은 말을 한다. "니체를 이해하는 사람은 《차라투스트라》를 이해할 수 있지만, 《차라투스트라》 하나만으로는 니체를 이해할 수 없다."[8]

이런 모호성은 니체가 이 책을 쓰기 직전에 겪었던 고통스런 연애 체험과 관련이 있을 수 있다. 니체는 일방적으로 짝사랑했던 여자(루 살로메)를 잃어버리고, 가장 절친했던 친구(파울 레)에게 배신당했음을 알게 된 뒤, 자신의 존재 전체가 수렁에 빠져 오물 속에서 허우적거린 다고 느꼈다. 그의 수치심은 견딜 수 없는 정도여서 독일을 서둘러 떠 나 이탈리아 바닷가에 숨어들어서도 가실 줄 몰랐다. 그는 할 수만 있 다면 자신에게 좌절과 아픔만 안겨준 곳으로부터 가장 멀리 떠나고 싶었을 것이다. 자신을 비참한 상태로 처박아 넣은 루 살로메나 파울 레가 도저히 따라올 수 없는 아득히 높은 곳으로 올라가고 싶었을 것 이다. 멀리 떠나고 싶은 마음과 높이 솟아오르고 싶은 마음, 니체의 용어로 '거리(격차)의 파토스'가 《차라투스트라는 이렇게 말했다》의 분위기를 규정한 근본적인 심리적 조건이었다고 추정할 근거는 충분 하다.

그리하여 니체는 19세기 당대로부터 3,000년도 더 앞선 아득한 과 거로 눈을 돌리고, 또 유럽의 동쪽 끝에서도 한참 더 먼 고대 페르시아 땅으로 가서 거기서 찾아낸 신화적 인물을 불러내 자신의 존재를 의 탁한 것이다. 그렇게 시간과 공간에서 모두 멀찍이 떨어진 존재를 자 신의 대리자로 내세워 전대미문의 가르침을 주는 포즈를 취함으로써 니체는 현실의 인간관계에서 깊이 베인 마음을 추스를 수 있었다.

더구나 니체가 차라투스트라의 입을 빌려 가르친 것은 '영원회귀' 라는 낯선 사상이었다. 에두르지 않고 차근차근 설명해도 납득하기 쉽지 않은 사상을 온통 비유를 들어 이야기함으로써 저자가 전달하고 자 하는 사상의 내용이 한층 더 불분명해졌다. 루 살로메나 파울 레를 저 아래 세속 한가운데 두고, 자신은 산정 높은 곳에 올라 아래 세상을 냉소하듯 내려다봄으로써 도피와 초월을 동시에 실현하려는 마음이 영원회귀라는 기이한 사상을 만나 한층 더 모호하고 비현실적인 분위기를 뿜어내는 것이다.

 게다가 니체의 텍스트는 근본적으로 독백체 문장이다. 이런저런 사람들과 이야기하지만 그것은 대화가 아니라 스스로 뱉는 말이 자리를 바꿔 앉은 것에 지나지 않는다. 차라투스트라부터가 니체의 대리인이 듯이 다른 의미 있는 존재들도 대부분 니체의 변형이다. 그래서 그의 설교는 언제나 청중 없는 독백으로 그친다. 혼자인 자가 끝없이 걸으면서 자기 자신과 이야기한 것을 옮겨놓은 것이 니체의 글이다. 그리하여 "영원회귀의 궁극적 비밀을 듣는 유일한 청중은 그 자신뿐이다."[9] 니체도 자신의 말이 자기 대화, 다시 말해 독백이라고 《차라투스트라는 이렇게 말했다》 안에서 고백한다. "늘 그렇지만 나는 또 다른 나와의 대화에 너무나도 열성적이다."《차라투스트라는 이렇게 말했다》, 제1부 '벗에 대하여' 그런 대화 없는 독백이 글의 명료성을 해친다. 아무도 반박하거나 질문하지 않고 혼자 말하기 때문에 주장하려는 바가 뚜렷하게 전달되지 못하는 것이다.

 이렇게 혼자 이야기한다는 점에서 보면 니체의 텍스트는 니체가 세운 일인 극장이라고 해도 틀리지 않을 것이다. 니체가 스스로 주연으로 나서거나, 아니면 가면을 쓰고 나와 홀로 연기한다. 산에 오르고 세상으로 내려오고 보이지 않는 청중을 향해 설교하고 낮은 목소리로 속삭인다. 다른 등장인물도 니체가 쓴 또 다른 가면이다. 니체 극장에서 상연되는 작품은 주인공 니체가 가면을 바꿔 써가며 연기하는 일인극이다. 니체는 때로는 악마로, 때로는 늙은 여인으로, 때로는 독수리나 뱀으로 등장해 자기 내부의 여러 목소리를 연기한다. 《차라투스트라는 이렇게 말했다》가 그런 연기가 가장 극적으로 이루어지는 곳인바, 여러 목소리를 한 사람이 가면을 쓰고 연기한다는 점에서 독자의 오해가 커질 가능성이 그만큼 높아진다. 그렇다고 해서 《차라투스트라는 이렇게 말했다》가 이해할 수 없는 텍스트라는 뜻은 아니다. 문장들이 모호성의 분위기에 싸여 있다고는 해도, 보임러가 확인하듯이, 니체 사상의 전체 맥락 안에서 보면, 해독하지 못할 구절은 거의 없다.

신의 죽음과 초인의 이념

《차라투스트라는 이렇게 말했다》는 영원회귀 사상을 선포하는 것을 근본 목적으로 한 책이지만, 정작 차라투스트라가 산에서 내려와 제일 먼저 가르치는 것은 '초인 사상'과 '신의 죽음'이다. 영원회귀를 이해하려면, 먼저 '신의 죽음'이라는 절박한 사태를 이해해야 하며, 초인 사상을 깨달아야 한다. 그런 뒤에야 '영원회귀'의 사상을 납득할 수 있을 것이라고 니체는 생각한다. 이 신의 죽음이라는 메시지도 앞서 《즐거운 학문》에서 '광인'을 등장시켜 선포한 바 있다. 《즐거운 학문》, 제3부, 125절 《차라투스트라는 이렇게 말했다》에서 니체는 광인이라는 가면을 벗어버리고 좀 더 뚜렷한 목소리로 신이 죽었다는 소식을 알린다.

> 지난날에는 신에 대한 불경이 가장 큰 불경이었다. 그러나 신은 죽었고 그와 더불어 신에게 불경을 저지른 자들도 모두 죽어갔다.
> 《차라투스트라는 이렇게 말했다》, 제1부 '머리말', 3절

> 모든 신은 죽었다. 이제 초인이 등장하기를 우리는 바란다.
> 《차라투스트라는 이렇게 말했다》, 제1부 '베푸는 덕에 대하여', 3절

신이란 하나의 억측에 불과하다. 《차라투스트라는 이렇게 말했다》, 제2부 '행복한 섬에서'

니체가 신의 죽음이라는 사건에 대해 결정적인 설교를 하는 곳도 《차라투스트라는 이렇게 말했다》 제1부의 앞부분이다.

일찍이 차라투스트라도 이 세계 저편에 또 다른 세계가 있다고 믿고 있는 자들이 하나같이 그러하듯이 인간 저편의 세계에 대한 망상에 사로잡혀 있었다. 그때만 해도 이 세계는 고뇌와 가책으로 괴로워하는 신의 작품으로 보였다. 그때만 해도 이 세계는 한낱 꿈으로, 어떤 신이 꾸며낸 허구로 보였다. 불만에 찬 신의 눈앞에 피어오르는 오색 연기로 보였던 것이다. …… 아, 형제들이여, 내가 지어낸 이 신은 다른 신들이 모두 그러하듯이 사람이 만들어낸 사람의 작품에 불과했으며 망상에 불과했다. 신이라고 했지만 사람, 그것도 사람과 자아의 빈약한 일부분이었을 뿐이다. 이 유령이 나 자신의 타고 남은 재와 불길로부터 내게 온 것이지. 진정! 저편의 또 다른 세계에서 유래한 것은 결코 아니었다."

《차라투스트라는 이렇게 말했다》, 제1부 '저편의 또 다른 세계를 신봉하고 있는 사람들에 대하여'

인간이 신의 작품인 것이 아니라 신이 인간의 작품이라고 차라투스트라는 선언한다. 그렇다면 인간은 왜 신이라는 것을 만들어낸 것일까. 차라투스트라는 같은 곳에서 이 문제에 답한다.

저편의 또 다른 세계를 꾸며낸 것은 고통과 무능력, 그리고 더없이 극심하게 고통스러워하는 자만이 경험하는 그 덧없는 행복의 망상이었다. 단 한 번의 도약, 죽음의 도약으로 끝을 내려는 피로감, 그 어떤 것도 더는 바라지 못하는 저 가련하고 무지한 피로감, 그와 같은 피로감이 온갖 신을 만들어내고 저편의 또 다른 세계라는 것을 꾸며낸 것이다. …… 병들어 신음하는 자와 죽어가는 자들이야말로 신체와 대지를 경멸하고 하늘나라와 구원의 핏방울을 생각해낸 자들이다.

《차라투스트라는 이렇게 말했다》, 제1부 '저편의 또 다른 세계를 신봉하고 있는 사람들에 대하여'

"내가 신이 아니라는 걸 어떻게 참을 수 있겠는가?"

이 세상 삶의 괴로움과 덧없음이 행복한 저 세상에 대한 망상을 낳았다고 차라투스트라는 이야기하는 것이다. 그런 사실을 아는 순간, 신은 거주할 곳을 잃고 죽음에 이른다. 그렇다면 그다음에 남는 것은 무엇인가. 이 대지뿐이다. 니체는 신이 없다면 그 신의 자리를 누군가 차지해야 한다고 생각한다. 《즐거운 학문》에서 신의 죽음을 전하는 그 아포리즘에서 니체는 "우리가 신을 죽인 것이다"라고 선언한 뒤 다음과 같이 이야기를 한다. "살인자 중의 살인자인 우리는 이제 어디에서 위로를 얻을 것인가? 지금까지 세계에 존재한 가장 성스럽고 강력한 자가 지금 우리의 칼을 맞고 피를 흘리고 있다. 누가 우리에게서 이 피를 씻어줄 것인가? …… 이 행위의 위대성이 우리가 감당하기에는 너무 컸던 것이 아닐까? 그런 행위를 할 자격이 있으려면 우리 스스로가 신이 되어야 하는 것이 아닐까?"《즐거운 학문》, 제3부, 125절 신이 죽어버린 이상, 우리가 신을 죽여버린 이상, 이제 우리 자신이 신이 되어야 한다는 것을 질문의 형식으로 주장하고 있는 것이다. 《차라투스트라는 이렇게 말했다》에서 니체는 한층 더 생각해볼 만한 이야기를 한다.

벗들이여 너희들에게 나의 마음을 모두 털어놓으리라. 만약 신들이 존재한다면, 나는 내가 신이 아니라는 사실을 어떻게 참고 견딜 수 있겠는가! 그러니 신들은 존재하지 않는다.

《차라투스트라는 이렇게 말했다》, 제2부 '행복한 섬에서'

여기서 니체는 자신이 공언한 대로 정말 '마음을 모두 터놓고' 이야기한다. 신이 존재하는데, 내가 신이 아니고 기껏 인간에 지나지 않는다는 것을 어떻게 견딜 수 있겠는가. 이것이 자신감 혹은 자존감이 넘칠 때의 니체의 모습이다. 이 자만에 가까운 발상 속에서 태어나는 것이 바로 초인이다. 어떤 경우에도 인간이 신이 되는 것은 불가능하다. 신이라는 것이 처음부터 존재하지 않기 때문이다. 그렇다면 그 신의 자리를 차지할 만한 것이 무엇인가. 여기서 니체가 불러내는 것이 초인이다. 인간을 넘어 신과 같은 존재가 된 인간, 그것이 니체가 생각하는 초인이다. 《차라투스트라는 이렇게 말했다》에서 가장 먼저 만나는 것이 바로 이 초인의 이념을 가르치는 차라투스트라다.

그런데 니체는 어디에서 신의 죽음이라는 이미지를 얻어낸 것일까. 앞 시대 독일 시인 하인리히 하이네의 글이 니체에게 자극을 주었을 가능성이 크다. 하이네는 《독일 철학과 종교의 역사에 대하여》에서 이렇게 쓴다. "우리들의 가슴은 외경으로 가득 차 있다. 늙어버린 야훼는 죽음을 예비하고 있다. …… 조종 소리가 들리는가? 무릎을 꿇어라. 죽어가고 있는 신에게 성찬이 바쳐지고 있다."[10] 니체는 《차라투스트라는 이렇게 말했다》에서 실직한 '마지막 교황'의 입을 빌려, 이와 유사한 목소리로 신의 일생과 죽음의 소식을 전한다.

동방에서 유래한 이 신은 젊었을 때 가혹했고 복수심에 불타고 있었다. 그런 그가 자신이 좋아하는 자들을 기쁘게 할 생각에서 지옥이란 것을 만들어내었던 것이다. 그러나 그도 아버지보다는 할아버지를, 그리고 그 누구보다도 몸조차 제대로 가누지 못하는 할머니를 닮아, 끝내는 늙어 허약해지고 측은해하는 마음을 많이 갖게 되었지. …… 그러던 어느 날 그는 너무나도 큰 연민에 질식을 하고 만 것이다.

《차라투스트라는 이렇게 말했다》, 제4부 '실직'

같은 신의 죽음이라고 해도 하이네의 경우는 축제를 벌이듯 즐거운 분위기인 데 반해, 니체의 경우는 뭔가 두렵고 우울한 분위기다. 하이네에게 신의 죽음은 해방을 뜻하는 복음이지만, 니체에게 신의 죽음은 잃어버린 신의 자리를 인간이 되찾지 않으면 안 되는 무거운 과제 상황으로 다가온다. 왜냐하면 신의 죽음과 함께, 신이 보장해 온, 인간 삶의 근거에 해당하는 모든 가치들이 시들어버리기 때문이다. 흥미로운 것은 니체가 '연민'을 이야기한다는 사실이다. 니체는 신을 죽인 것이 '인간에 대한 연민'이었다고 단언한다. 연민 때문에 신이 질식해 죽고 말았다. 도대체 연민이란 무엇인가. 철학자 질 들뢰즈는 연민이라는 것이 왜 문제인지 다음과 같은 강력한 비유로 설명한다.

> 연민이란 무엇인가? 그것은 영零에 근접하는 삶의 상태에 대한 관용이다. 연민은 삶에 대한 사랑이지만, 약하고 병들고 반응적인 삶에 대한 사랑이다. 전투적인 그것은 가난한 자들, 고통 받는 자들, 무능한 자들, 하찮은 자들의 승리를 예고한다.[11]

신은 연민 때문에 죽었다

한없이 므력하고 연약한 삶에 대한 눈물 어린 사랑 때문에 신이 죽었다고 니체는 말하는 것이다. 여기서 십자가에 못 박혀 죽은 예수가 떠오를 법도 하다. 어쨌든 신이 죽은 이유에 대한 차라투스트라의 설명 속에는 신이 젊었을 적의 그 '가혹하고 복수심에 불타는', 패기 넘치는 야훼의 모습을 계속 유지했더라면 죽지 않았을 수도 있으리라는 판단이 깔려 있다. 그런 건장하고 전투적인 신이라면 인간이 죽여없애지 않았을 것이라는 이야기다.

물론 여기서 니체는 신의 죽음을 비유로 이야기하고 있다. 실제로 기독교의 신이 죽었다면 그것은 우선은 연민 때문이라기보다는 근대 계몽 이성이 신의 자리를 없애버리고 그 자리에 자연법칙과 합리적 사유를 갖다 놓았기 때문이다. 옛 시대처럼 편안하게 아버지의 품에 안기듯이 신에게 안길 수 없는 시대가 되고 말았기 때문인 것이다. 그러나 니체는 합리적 이성의 승리보다 신의 속성 변화가 더 근본적인 문제라고 생각한다. 전사 신이 눈물 많은 연약한 신이 되었다는 데 절망하는 것이다. 《구약 성서》의 그 거칠고 야성적인 신은 《신약 성서》에서 가엾은 것들을 하염없이 동정하는 신이 되고 말았고, 바로 그 결과로 신이 죽음에 이르렀다고 보는 것이다. 그런 관점을 니체는 《차라투스트라는 이렇게 말했다》에서 다음과 같이 묘사하기도 한다.

> 이 세계에서 연민의 정이 깊다는 자들의 어리석은 짓거리보다 더 큰 고통을 가져온 것이 있었던가? …… 언젠가 악마가 내게 이렇게 말한 일이 있다. "신 또한 자신의 지옥을 갖고 있다. 사람에 대한 사랑이 바로 그의 지옥이다." …… 그러니 연민의 정이라는 것을 경계하라. '그

곳으로부터' 먹구름이 몰려오니! 나는 천기를 안다! 위대한 사랑은 하나같이 연민의 정 이상의 것이다. …… 창조하는 자들은 너나 할 것 없이 가혹하다. 《차라투스트라는 이렇게 말했다》, 제2부 '연민의 정이 깊은 자에 대하여'

니체는 연민보다 가혹함이 훨씬 더 신의 속성에 어울린다고 생각한다. 그렇다면 신을 대신해야 하는 초인도 틀림없이 연민을 뛰어넘어 가혹함을 자기 심장에 채우고 있는 자일 것이다. 《차라투스트라는 이렇게 말했다》는 이 초인에 대한 가르침으로 시작한다. 숲에서 나와 처음 만난 도시에 들어선 차라투스트라는 시장의 군중에게 이렇게 말한다.

나 너희들에게 초인(위버멘슈)을 가르치노라. 사람은 극복되어야 할 존재다. 너희들은 너희 자신을 극복하기 위해 무엇을 했는가. …… 사람에게 원숭이는 무엇인가? 웃음거리 아니면 견디기 힘든 부끄러움이 아닌가. 초인에게는 사람이 그렇다. 웃음거리 아니면 견디기 힘든 부끄러움일 뿐이다. 너희들은 벌레에서 사람에 이르는 길을 걸어왔다. 그러나 너희들은 아직도 많은 점에서 벌레다. 너희들은 한때 원숭이였다. 그리고 사람은 여전히 그 어떤 원숭이보다도 더 철저한 원숭이다. 《차라투스트라는 이렇게 말했다》, 제1부 '머리말', 3절

니체는 여기서 생물학적 비유를 들어 초인을 설명한다. 원숭이가 인간에게 웃음거리이듯이, 인간이 원숭이를 극복하여 인간이 됐듯이, 인간은 인간 자신을 극복해 초인이 되어야 한다. 다른 메모에서 니체는 조금 다른 방식으로 초인을 동물, 인간에 이은 제3단계의 존재로 설명한다.

> 인간은 비동물이면서 초동물이다. 상위의 인간은 비인간이면서 초인간(초인, 위버멘슈)이다.
> 《권력의지》, 1027절

인간이 동물을 넘어선 존재이듯이, 그래서 원숭이와 질적으로 구분되는 상위의 존재이듯이, 초인도 인간과 질적으로 구분되는, 인간을 넘어선 상위의 존재라는 이야기다. 인간은 마땅히 자신을 극복해 이 인간 너머의 인간을 지향해야 한다는 것이 차라투스트라의 첫 번째 가르침이다. 그 가르침을 차라투스트라는 다음과 같은 방식으로도 말한다. "사람은 짐승과 초인 사이를 잇는 밧줄, 심연 위에 걸쳐져 있는 밧줄이다."《차라투스트라는 이렇게 말했다》, 제1부 '머리말', 4절 그런데 왜 하필이면 초인인가? 왜 인간 너머의 인간을 지향해야 하는가? 우리에게 남은 것이 '대지'밖에 없기 때문이다. 그래서 차라투스트라는 말한다.

> 보라, 나는 너희들에게 초인을 가르치노라! 초인이 이 대지의 뜻이다. 너희들의 의지로 하여금 말하도록 하라. 초인이 이 대지의 뜻이 되어야 한다고! 형제들이여 맹세코 '이 대지에 충실하라.' 하늘나라에 대한 희망을 설교하는 자들을 믿지 말라! 그런 자들은 스스로 알고 있든 모르고 있든 독을 탄 사람들에게 화를 입히는 자들이다.
> 《차라투스트라는 이렇게 말했다》, 제1부 '머리말', 3절

신이 사라졌으므로, 신이 거주하던 천국도 사라졌다. 그렇다면 남은 것은, 이 땅, 이 대지, 차안뿐이다. 더는 인간이 돌아갈 천국이 없으므로, 우리는 이 땅에서 결판을 내야 한다. 인간으로 살다가 멸망하고 마느냐, 아니면 인간을 극복해 초인이 되느냐, 그런 양자택일밖에 남지 않았다고 니체는 생각한다. 상황이 그러하므로 사라져버린 하늘나

라에 대한 헛된 희망을 말하는 자들은 우리 삶에 독을 타 우리의 정신을 마비시키는 자들이다. 차라투스트라는 이 대지에 충실하라는 말을 조금 뒤에서 다시 반복한다.

> 형제들이여, 너희들이 지니고 있는 덕의 힘을 기울여 이 대지에 충실하라. 너희들은 베푸는 사랑과 너희들이 터득한 앎으로 하여금 이 대지의 뜻에 이바지하도록 하라! …… 그리고 모든 사물의 가치를 새롭게 정립하도록 하라! 그러기 위해서 너희들은 전사가 되어야 한다! 창조자가 되어야 한다! 〈차라투스트라는 이렇게 말했다〉, 제1부 '베푸는 덕에 대하여', 2절

왜 우리는 초인이 되어야 하는 것일까?

그렇다면 왜 우리는 초인이 되어야 하는 것일까? 인간의 삶이, 인간이란 존재가 한없이 경멸스러운 것이기 때문이다. 삶이 아무런 의미가 없기 때문이다. 인간에게 존재의 의미를 주던 신이 죽어 사라져버렸기 때문이다. 인간의 삶의 끝에 남겨지는 것은 무無의 감정, 곧 허무주의(니힐리즘)뿐이다. 문제는 인간이라는 족속이 그 경멸의 감정조차 깨닫지 못하고 있다는 사실이다. 따라서 중요한 것은 먼저 인간의 삶이, 그 목적 없는 삶이 경멸스럽다는 것, 허무하다는 것을 깨닫는 것이다. 그리하여 차라투스트라는 이렇게 말한다. "너희들이 할 수 있는 체험 가운데 가장 위대한 것, 그것은 무엇인가? 그것은 저 위대한 경멸의 시간이다." 〈차라투스트라는 이렇게 말했다〉, 제1부 '머리말', 3절

먼저 경멸을 배우는 것이야말로 위대한 일이다. 삶의 끝에 허무의 벼랑이 버티고 있다는 것, 삶의 목적지에 허무의 심연이 아가리를 벌

리고 있다는 것을 깨닫는 것이야말로 새로운 삶의 출발점이기 때문이다. 삶의 그 진상을 알지 못한 채로 좁은 시야에 갇혀 쳇바퀴 돌 듯 하찮은 목표를 두고 맴도는 것, 이것이야말로 경멸스러운 것임을 아는 순간, 인간은 다른 길을 찾게 될 것이기 때문이다. 차라투스트라는 우리의 허망한 삶이 경멸스러운 것임을 깨닫는 순간을 이렇게 묘사한다. "너희들이 누리고 있는 행복이, 그와 마찬가지로 너희들의 이성과 덕이 역겹게 느껴지는 바로 그런 때"이며, 그리고 다음과 같이 말하게 되는 때이다.

> 나의 행복, 그것이 다 뭐란 말이냐! …… 나의 이성, 그것이 다 뭐란 말이냐! 마치 사자가 먹이를 찾듯 그것은 지식을 갈구하고 있지 않은가? …… 나의 덕, 그것이 다 뭐란 말이냐! 덕은 아직까지 나를 열광시키지 못했다. 나는 나의 선과 악 사이에서 얼마나 지쳐 있는가! 이 모든 것이 궁핍함이요 추함이며 가엾기 짝이 없는 자기만족에 불과하지 않은가!…… 나의 정의 그것이 다 뭐란 말이냐! …… 나의 연민, 그것이 다 뭐란 말이냐! 연민이란 사람을 사랑했던 그가 못 박혀 죽은 바로 그 십자가가 아닌가? 그러나 나의 연민, 그것은 결코 십자가형이 아니다.
>
> 《차라투스트라는 이렇게 말했다》, 제1부 '머리말', 3절

지금 내가 누리는 행복, 내가 자랑스럽게 사용하는 이성, 나의 덕, 나의 정의, 이런 인간적인 가치들이 하찮기 이를 데 없는 자기만족의 대상일 뿐, 어떤 영속성도 위대성도 초월성도 지니지 못한다는 것을 깨닫는 순간, 다시 말해 우리가 벌레처럼 살다가 사라질 인간에 불과하다는 사실 자체에 절망하는 순간, 우리는 인간을 넘어서는 존재, 곧 초인을 부르지 않을 수 없게 된다고 니체는 주장한다. 그리하여 이제

초인이 우리 미래의 지평선 위로 떠오르면, 인류가 아니라 초인이 우리의 목표가 된다. 니체는 다른 메모에서 그 점을 이렇게 간략하게 이야기한다.

인류가 아니라 초인이 목표다. 《권력의지》, 1001절

또 니체는 자서전에서 초인을 다음과 같이 정의하기도 했다.

초인이라는 말은 최고의 완성된 인간 유형을 지칭하는 말이며, 현대인, 선량한 사람, 기독교인, 여타의 허무주의자들과 반대되는 말이다.
《이 사람을 보라》, '나는 왜 이렇게 좋은 책을 쓰는가', 1절

파르지팔보다는 체사레 보르자

초인이라는 말은 《차라투스트라는 이렇게 말했다》에서 처음 등장하는 말이지만, 초인을 예고하는 표현들은 니체가 바젤 대학 교수로 있던 시절에 저술한 책에서 벌써 등장한다. 엘리트주의와 귀족주의가 쇼펜하우어의 '천재'・'성자' 사상과 결합해, "철학자, 예술가, 성자의 탄생을 우리의 내부와 외부에서 촉진하고 그리하여 자연의 완성에 봉사하는 것"을 우리 문화의 과제로 제시하는 것이다.《반시대적 고찰》, '교육자로서의 쇼펜하우어', 5절 나아가 니체는 이 쇼펜하우어론에서 또 우리가 진정한 자기 자신을 내부에서 찾지 않고 우리 위에서 찾는다고 말하기도 했다. "너의 진정한 본질은 네 안에 깊이 감추어져 있는 것이 아니라, 너보다 훨씬 높이, 적어도 네가 보통 너의 자아로 생각하고 있는 것보다

훨씬 더 높이 있다."《반시대적 고찰》, '교육자로서의 쇼펜하우어', 1절 그리고 이 글에 앞서 《비극의 탄생》을 쓰고 난 니체는 '바그너에게 부치는 서문'에서 '천재의 창출이 인류의 목표'라고 강력하게 주장했다.

> 민족도 국가도 인류도 그 자체를 위해서 존재하는 것이 아니라 그것들의 정점에, 위대한 개인 안에, 성인 안에, 예술가 안에 목적을 지니고 있으며 …… 위대한 천재들은 그들의 머리를 처드는 것입니다. 천재는 인류를 위해 존재하는 것이 아니라는 점이 분명해집니다. 반면에 그는 어쨌든 인류의 정점이며 궁극의 목적입니다. 천재에 대한 준비와 발생보다 더 높은 문화의 경향은 존재하지 않습니다. 국가 또한 이런 목적을 위한 하나의 수단에 불과합니다.
>
> 《니체 전집 4 유고(1869년 가을~1872년 가을)》, '바그너에게 부치는 서문', 455쪽

이 글에서 니체가 천재란 말로 가리키는 것이 일차로 바그너임은 분명하다. 바그너가 그리스 비극 정신을 부활시킨 사람임을 입증하는 책인 《비극의 탄생》의 서문으로 쓴 글이 이 글이기 때문이다. 인류의 목표가 천재의 창출에 있다는 이 주장은 인류의 목표가 초인의 창출에 있다는 《차라투스트라는 이렇게 말했다》의 주장과 구조적으로 동일하다. 천재가 초인으로 한 단계 더 비약했을 뿐이다. 니체 자신이 그런 사유의 연속적 비약을 감행했다는 사실을 알고 있었는지는 명확하지 않다. 니체가 그런 사실을 알고 있었더라도, 천재와 초인은 질적으로 전혀 다른 존재라고 보았을 것이다. 천재는 인간의 범주 안에 있는데 반해 초인은 인간의 범주를 초월한 존재이기 때문이다. 그래서 니체는 뒷날 쓴 자서전에서 초인과 '천재 또는 성자'가 전혀 다른 부류임을 확고한 목소리로 강조했던 것이다.

> 그런데 거의 모든 곳에서 그 말(차라투스트라의 입에서 나온 말, 즉 초인에 관한 말)의 가치가 차라투스트라의 형상에서 드러나는 것과는 정반대의 의미로 순진하게 이해되고 있다. 말하자면 반은 '성자'고 반은 '천재'인, 좀 더 고급한 인간의 '이상적인' 유형으로서 말이다.
>
> 《이 사람을 보라》, '나는 왜 이렇게 좋은 책을 쓰는가', 1절

니체는 이 글 다음에 자신의 초인이 '칼라일Thomas Carlyle, 1795~1881의 영웅 숭배'와 전혀 다른 것임을 힘주어 강조하고 있다. 그러면서 "파르지팔 같은 자를 찾기보다 차라리 체사레 보르자Cesare Borgia, 1475~1507 같은 자를 찾아야 한다고 속삭였을 때, 그 말을 들은 사람은 자기 귀를 의심했다"《이 사람을 보라》, '나는 왜 이렇게 좋은 책을 쓰는가', 1절고 덧붙인다. 파르지팔은 바그너의 마지막 작품에 나오는 주인공이며, 체사레 보르자는 니콜로 마키아벨리가 《군주론》에서 하나의 모델로 다룬 냉혹한 인간의 전형이다. 니체는 여기서 초인이 고귀한 성자보다는 차라리 잔인한 전사로 이해되기를 바라고 있는 것이다. 그러나 이런 설명들을 다 듣고 난 뒤에도 초인에 대한 명확한 상을 찾기는 쉽지 않다. 그래서 네하마스는 탄식한다. "왜 초인의 모습을 최소한으로나마 납득할 수 있게 묘사하기가 그렇게 어려운 것일까?"[12]

하이데거는 이런 문제에 대해 다음과 같이 답한다. "사람들은 니체의 초인상이 불명확하고 이런 인간의 형태는 파악할 수 없다고 니체를 자주 비난하곤 한다. 사람들이 이렇게 전적으로 부당한 판단을 하는 것은 초인의 본질이 이제까지의 인간을 '초월한다'는 데 존재한다는 것을 파악하지 못하기 때문이다. …… 니체의 초인 사상이 지닌 이런 무조건적인 규정성은 니체가 무조건적인 권력이 본질적으로 어떠한 규정도 갖지 않는다는 것을 인식했다는 데 존재한다. 무조건적인

권력은 순수한 초극 자체이며 무조건적인 능가, 우위에 서고 명령할 수 있는 능력이며 유일한 동시에 최고의 것이다."[13] 하이데거의 설명은 우아하고 지적으로 세련돼 있지만, 이런 철학적 설명만으로는 초인의 상이 더 분명해지지 않는 것이 사실이다. 니체는 또《차라투스트라는 이렇게 말했다》에서 초인을 "사람이라는 먹구름을 뚫고 내리치는 번개"《차라투스트라는 이렇게 말했다》, 제1부 '머리말', 7절라고 묘사한다. 그러나 그 멋진 비유로도 초인의 이미지를 우리 가까이 끌어오기는 쉽지 않다. 차라투스트라는 인간이 초인을 창조할 수 있다고, 초인을 당장 창조할 수 없다면 초인의 선조는 될 수 있다고 이야기한다.

> 너희들은 신을 창조할 수 있는가? 가능한 일이 아니니 일체의 신들에 대해 침묵해야 할 것이다! 그러나 초인은 창조해낼 수 있을 것이다. 형제들이여, 너희들 자신은 초인을 창조해내지 못할 수도 있다! 그러나 너희 자신으로 하여금 초인의 선조가 되고 조상이 될 수 있도록 할 수는 있을 것이다.
> 《차라투스트라는 이렇게 말했다》, 제2부 '행복한 섬에서'

괴테의 나폴레옹과 초인

이 설명에서도 초인이 신이 없는 세계에서 신을 대신하는 자이고 인간이 그 초인을 창출할 수 있다는 이야기만 있지, 초인이 어떤 모습인지 감 잡기 어렵다. 아리스토텔레스가《니코마코스 윤리학》에서 밝힌 '긍지에 찬 인간'이 초인의 상을 생생하게 그려내고 있다는 주장도 있다. 아리스토텔레스는 긍지에 찬 인간의 여러 측면을 상세하게 묘사하는데 그 가운데 일부를 소개하면 다음과 같다.

긍지에 찬 인간은 자신이 고귀하고 탁월한 가치를 지닌 인간이라고 생각하는 사람이며 사실 그렇게 고귀한 가치를 지닌 인간이다. …… 긍지에 찬 사람은 자신이 가장 고귀한 것에 상응하는 가치를 지닌다고 생각하기에 그에게는 외적인 선들 중에서 오직 하나만이 관심의 대상이 된다. 그것은 바로 명예다. …… 긍지에 차 있는 인간은 이렇게 명예에 관심이 있지만 부와 권력 그리고 어떠한 종류의 성공과 실패에 대해서도 자신의 고귀한 품격에 적합한 태도를 취할 것이다. 성공했다고 해도 지나치게 기뻐하지 않을 것이며 실패했다고 해도 지나치게 슬퍼하지 않을 것이다. 왜냐하면 그에게는 사실 명예조차도 사소한 것이기 때문이다. …… 사람들은 명예를 획득하기 위해서 권력이나 부를 추구하지만, 이 명예조차도 사소한 것으로 생각하는 사람에게는 다른 모든 것들은 어떠한 가치도 없는 것이다. 따라서 그들은 교만하게 보인다. …… 긍지에 찬 인간은 자신의 고귀함에 상응하는 몇 가지 일밖에 생각하지 않기 때문에 위험에 뛰어든다거나 위험 자체를 좋아하는 사람은 아니지만, 위대한 것을 위해서라면 위험을 두려워하지 않는 사람이다. …… 긍지에 찬 인간은 높은 위치에 있는 사람들이나 부유한 사람들에게는 위엄 있는 태도를 취하지만 보통 사람들에게는 겸손한 태도를 취한다. …… 그는 자신의 증오와 사랑을 공공연히 표명한다. 왜냐하면 자신의 감정을 숨긴다는 것은 다른 사람들의 시선 때문에 자신의 솔직함을 희생하는 비겁한 짓이기 때문이다. …… 긍지에 찬 인간의 발걸음은 조용하고 음성은 깊이가 있으며 말하는 것도 침착하다. 왜냐하면 소수의 사항만 소중하게 생각하는 사람은 성급하지 않으며 또 어떠한 것도 대단하게 생각하지 않는 사람은 흥분하는 일이 없기 때문이다.[14]

아리스토텔레스의 이 설명은 매우 품위 있고 고귀하고 자신감이 넘치고 정신이 드높은 인간을 보여주긴 하지만, 니체가 암시하는 초인과 비교하면 관조적·자족적·인간적 성격이 강하다는 느낌을 준다. 니체의 초인은 아리스토텔레스의 긍지에 찬 인간보다 훨씬 더 공격적이고 강력한 이미지를 지니고 있다.

초인을 현실에서 만난다면 어떤 모습일까. 초인은 그 실체를 아예 잡을 수 없는 모호한 비유의 덩어리일 뿐인가. 니체의 텍스트를 촘촘하게 살펴보면, 그가 초인의 이미지를 불러일으키는 가장 생생한 현실적인 사례로 나폴레옹 보나파르트(나폴레옹 1세)를 꼽고 있었을 것이라는 추측을 해볼 수 있다. 니체 자신이 큰 영향을 받았고 문필가 가운데 가장 위대한 사람으로 보았던 사람이 괴테인데, 그 괴테가 그려낸 나폴레옹의 모습은 거의 인간을 초월한 존재처럼 보인다. 니체가 아마도 여러 번 반복해서 읽었을 《괴테와의 대화》에서 괴테가 에커만 Johann Peter Eckermann, 1792~1854에게 털어놓는 나폴레옹에 대한 평가를 읽어보면 당대 유럽을 뒤흔들었던 이 위대한 작가가 동시대에 출현한 한 예외적 존재를 어떻게 보고 있었는지 분명하게 드러난다. 괴테는 나폴레옹 안에 "세계사가 응축돼 있었다"고 말한다.

> 첫눈에 그는 위대하다는 것을 알 수 있었지. 그 이상 무슨 말이 필요하겠나.[15]

> 위대한 재능이라는 것은 타고나는 것이네. 나폴레옹은 훔멜Johann Nepomuk Hummel, 1778~1837이 피아노를 치듯 능숙하게 세상을 다루었어. 둘 다 우리에게는 놀랍게 보이고, 어느 쪽이건 거의 이해할 수가 없어. 하지만 사실은 사실일세. 우리 눈앞에서 실제로 일어난 것이니까. 나폴레옹의 특별히 위대한 점은 어느 때건 한결같은 인간이었다는 거네. 전

나폴레옹을 극찬한 괴테

투 전이든 전투 중이든, 승리한 뒤든 패배한 뒤든, 그는 언제나 굳건하게 서서 자신이 무엇을 해야 할지를 분명히 알고 결단을 내렸네. 그는 항상 환경에 적응하면서 어느 순간, 어떤 상황에 대해서도 대처할 수 있었어. 마치 훔멜이 아다지오든 알레그로든, 저음부든 고음부든 상관없이 연주할 수 있었던 것과 마찬가지겠지. 평화로운 예술에서나 전쟁의 기술에서나, 피아노 앞에서나 대포 뒤에서나 진정한 재능이 있기만 하다면 용이하게 이루어지지 않을 일이란 없네.[16]

나폴레옹은 참으로 걸출한 인물이었어! 항상 명석한 상태로 깨어 있고 결단성이 있었으며, 또한 유리하거나 필요하다고 판단되는 일이라면 즉각 실천에 옮기기에 충분할 만큼 정력을 타고났었네. 그의 삶은 전투에서 전투로, 승리에서 승리로 나아갔던 반신半神의 일생이었네. 그는 언제나 지속적인 각성 상태에 있었다고 해도 과언은 아니었네. 그 때문에 그의 운명은 온 세계를 통틀어 전무후무하리만큼 찬란한 것이었지. 그래, 그래, 정말 위대한 인물이었어. 우리로서야 감히 흉내도 내 볼 수 없을 정도지.[17]

나폴레옹을 두고 흔히 화강암으로 된 사나이라고 말하는데 그건 특히 그의 육체를 두고 하는 말이네. 그러한 사람이 무슨 일을 회피했겠으며 무슨 일이든 감행할 능력이 없었겠나! 시리아 사막의 타는 듯한 모래밭에서부터 모스크바의 눈 덮인 들판에 이르기까지 무수한 행군과 전투와 야영의 연속이었지! 당연히 숱한 고난과 육체적 고통을 견뎌야 했지! 수면 부족에다가 영양 부족, 게다가 끊임없이 최고도의 정신적 활동을 유지해야 했지. 예컨대 브뤼메르 18일(나폴레옹이 쿠데타를 일으킨 날, 1799년 11월 9일)에는 극도의 긴장과 흥분으로 한밤중이 될 때까지 아무것도 입에 대지 않았네. 그러면서도 몸 생각은 추호도 하지 않고 깊은 밤중까지 프랑스 국민에게 보내는 저 유명한 선언문을 기초했던 걸세. 그의 몸이 얼마나 많은 것을 체험하고 견뎌냈는가를 생각하면 나이 마흔인 그의 신체에는 성한 곳이 한 곳도 남아 있지 않을 거라는 생각마저 든다네. 하지만 그 나이에도 그는 완벽한 영웅으로서 의연한 몸가짐을 잃지 않았던 걸세.[18]

나폴레옹에 대한 괴테의 이런 묘사와 평가를 보면, 그는 인간을 거의 초월한 존재임이 분명하다. 괴테는 그를 '반신'에 비유한다. 나폴레옹은 단순히 정신력이 뛰어났을 뿐만 아니라, 전쟁의 천재였으며, 육체의 강도는 화강암에 육박할 정도였다. 그가 수없이 많은 사람들을 전쟁터로 몰아넣어 죽음에 이르게 했고 유럽의 여러 나라를 침략

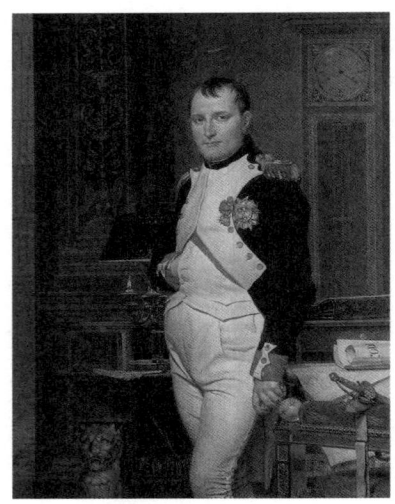
괴테가 반신半神이라고 묘사한 나폴레옹

했다는 사실, 다시 말해 그의 폭력성과 파괴성에 대해서는 단 한마디의 비난도 없다. 괴테의 혀로 묘사된 나폴레옹이야말로 현실에서 만날 수 있는 니체적 초인에 가장 가까이 다가간 존재가 아닐까. 니체는 괴테를 이어받아 그의 텍스트 곳곳에서 나폴레옹에 대한 찬탄을 아끼지 않고 있지만, 결정적인 구절은 니체가 뒷날 쓰게 되는 《도덕의 계보》에서 발견된다. 니체는 말한다.

> 마치 다른 길을 지시하는 최후의 암시처럼, 일찍이 존재했던 인간 가운데서 가장 유일하고 뒤늦게 태어난 인간 나폴레옹이 나타났다. 그리고 그에게서 '고귀한 이상 그 자체'는 문제로 육화되었다. 그것이 어떤 문제인지 잘 생각해보라. 비인간과 초인간(초인, 위버멘슈)의 이러한 종합인 나폴레옹을…….
>
> 《도덕의 계보》, 제1 논문, 16절

여기서 니체가 나폴레옹을 설명하기 위해 동원한 개념 '비인간과 초인간'은 앞서 《권력의지》의 메모 "인간은 비동물이면서 초동물이다. 상위의 인간은 비인간이면서 초인간(초인, 위버멘슈)이다"《권력의지》, 1027절를 그대로 반복하는 개념이다. 그렇다면 여기서 분명해지는 것이 있다. 니체가 최소한 나폴레옹을 인간 가운데서 만나는 '유일하고도' '가장 늦게 나타난', 초인에 가장 근접한 인간으로 보고 있다는 사실이다. 여기서 '비인간Unmensch'이란 말은 인간이 아니라는 뜻도 되지만, 비인간적 존재라는 뜻도 함축한다. 두렵고 무시무시한 존재라는 뜻이다. 더 높은 인간은 비인간적인 존재이자, 초인간적인 존재인 것이다.

그래서 니체는 덧붙여 설명한다. "인간은 위대하고 높은 것으로 생장하듯이, 깊고 무시무시한 것으로도 생장한다."《권력의지》, 1027절 니체는 나폴레옹이 그런 존재였다고 확언하는 것이다. 그런데 니체는 이렇게 초인에 가까운 존재도 또한 어쩔 수 없이 인간이라는 범주 안에 있을 뿐이라고 보는 듯하다. 《차라투스트라는 이렇게 말했다》 제2부에서 니체는 이렇게 말한다.

> 초인이 존재한 적은 아직 없다. 나는 가장 위대하다는 자와 가장 보잘것없다는 자가 발가벗고 있는 모습을 보았다. 저들은 아직도 너무 닮았다. 정녕, 나 알게 되었다. 더없이 위대한 사람조차도 너무나도 인간적이라는 것을!
> 《차라투스트라는 이렇게 말했다》, 제2부 '사제에 대하여'

초인은 '비인간과 초인간의 종합'인 나폴레옹마저 초월한 존재인가. 이 구절을 보면, 니체는 그렇게 보고 있는 것 같다. 초인을 좀 더 이해하려면 초인에 대한 니체의 다른 설명들, 묘사들을 참조해볼 필요가 있다.

"나는 춤을 출 줄 아는 신만을 믿으리라"

《차라투스트라는 이렇게 말했다》에서 니체가 묘사하는 초인을 '밝은 이미지의 초인'과 '어두운 이미지의 초인'으로 나누어볼 수도 있다. '초인의 밝은 이미지'를 구성하는 것으로는 '춤추는 자', '창조하는 자', '어린아이'가 있다. 니체의 초인이 춤추는 자일 것이라고 추측할 수 있는 대목은 다음과 같다. 차라투스트라는 나비와 비눗방울의 가벼움을 부러운 눈길로 바라본다.

> 삶을 사랑하는 내게도 나비와 비눗방울이, 그리고 나비와 비눗방울과 같은 자들이 행복에 관하여 그 누구보다 많이 알고 있는 것처럼 보인다. 저들 경쾌하고 어리숙하며 사랑스럽고 발랄한 작은 영혼들이 날개를 푸드덕거리며 날아다니는 것을 보노라면 차라투스트라는 눈물을 흘리며 노래 부르게 된다. 《차라투스트라는 이렇게 말했다》, 제1부 '읽기와 쓰기에 대하여'

이어 니체의 유명한 문장 중에서도 유명한 문장이 등장한다.

> 나는 춤을 출 줄 아는 신만을 믿으리라.
> 《차라투스트라는 이렇게 말했다》, 제1부 '읽기와 쓰기에 대하여'

이 문장을 보면, 춤 출 줄 모르는 초인은 초인이 아닐 것이라고 짐작할 수 있다. 초인은 나비처럼, 비눗방울처럼 가볍게 이 대지 위를 춤추며 다니는 존재다. 바로 그런 초인을 지향하는 차라투스트라 니체의 가장 큰 적이 바로 그의 실존을 아래로 잡아당겨 한없이 무겁게 만드는 '중력'이다. 니체는 중력을 언제나 악마 혹은 악령이라고 부른다. 그리하여 '춤출 줄 아는 신'을 끌어내리는 자로 중력의 악령이 등장한다.

> 그리고 나의 악마 이야긴데 나는 그가 엄숙하며 심각하고, 심오하며 당당하다는 것을 발견했다. 중력의 악령이었던 것이다. 저 악마로 인해 모든 사물은 나락으로 떨어지고 만다.
>
> 《차라투스트라는 이렇게 말했다》, 제1부 '읽기와 쓰기에 대하여'

차라투스트라 니체는 이 악령에 대항하는 법을 배운다. 그것은 경쾌함이다. 차라투스트라는 먼저 걷는 법을 배우고, 달리는 법을 배우고, 다시 나는 법을 배운다. 날면서 춤을 출 때 차라투스트라는 중력의 악령으로부터 자유로워진다. "나는 이제 가볍다. 나는 날고 있으며 나 자신을 내려다보고 있다. 이제야 어떤 신이 내 몸 속에서 춤을 추고 있구나."《차라투스트라는 이렇게 말했다》, 제1부 '읽기와 쓰기에 대하여' '춤에 부치는 노래'라는 절에서 차라투스트라는 중력의 악마 앞에서 신을 대변하는 자로 자신을 드러낸다. "나는 악마 앞에서 신을 대변하는 자다. 중력의 악령이 바로 그 악마다. 발놀림도 경쾌한 자들이여, 내 어찌 신성한 춤에 적의를 품을 수 있겠는가? 내 어찌 예쁜 복사뼈를 가진 소녀들의 발에 적의를 품을 수 있겠는가?"《차라투스트라는 이렇게 말했다》, 제2부 '춤에 부친 노래' 차라투스트라 니체는 '중력의 악령'을 제목으로 삼은 절에서 초인이 되려면 그 악령을 이겨내고 가벼워져야 한다고 거듭 강조한다.

> 나 진정으로 중력의 악령에 대해 불구대천의 적의와 최대의 적의 그리고 뿌리 깊은 적의를 품고 있으니! …… 날지 못하는 사람은 대지와 삶이 무겁다고 말한다. 중력의 악령이 바라고 있는 것이 바로 그것이다! 그러나 가벼워지기를 바라고 새가 되기를 바라는 자는 먼저 자기

자신을 사랑할 줄을 알아야 한다. 이것이 '나'의 가르침이다.

《차라투스트라는 이렇게 말했다》, 제3부 '중력의 악령에 대하여', 1~2절

그렇다면 중력의 악령은 무엇일까. 그것을 곧이곧대로 지구의 중심에서 끌어당기는 힘으로 이해하면 실상을 파악하기 어려워진다. 여기서 니체가 말하는 중력은 니체 자신을 평생토록 괴롭혔던 우울증을 가리키는 말임이 분명하다. 우울증은 주기적으로 들이닥쳐 니체의 몸과 정신을 황폐화시켰다. 우울증의 무게에 짓눌릴 때 니체의 실존은 절망의 나락으로, 허무의 심연으로 빠져들었다. 어떤 전망도 희망도 찾을 수 없었다. 그것은 니체가 지향하는 초인의 삶의 정반대 모습이었다. 초인으로 난 길을 가려면, 초인이 사는 산정으로 오르려면 우울이라는 중력의 힘을 이겨내야 한다. 니체는 자신의 어깨를 짓누르는 중력의 악령을 떨쳐버리고 춤을 추듯 경쾌하게 걸을 때 삶의 기쁨을 느꼈다. 니체는 곳곳에서 초인에게 그런 경쾌한 발걸음의 이미지를 투사했다.

창조는 고통을 구제한다

밝은 모습의 초인은 춤추는 자임과 동시에 창조하는 자이다. 창조하는 자가 언제나 경쾌하고 해맑기만 한 것은 아니다. 그러나 니체의 초인상에서 창조하는 자는 밝은 모습을 상대적으로 많이 지니고 있다. 차라투스트라는 "창조하는 자의 길"을 묻는 곳에서 이렇게 말한다. "너는 너 자신에게 악과 선을 부여하고 너의 의지를 율법이라도 되는 듯 네 위에 걸어둘 수 있느냐? 너는 너 자신에 대하여 판관이, 그

리고 너의 율법의 수호자가 될 수 있는가?"《차라투스트라는 이렇게 말했다》, 제1부 '창조하는 자의 길에 대하여'

이렇게 물음으로써 니체는 창조하는 자가 악과 선의 기준을 새롭게 세우고 자기 자신에 대한 판관, 자기 자신에 대한 입법자가 되어야 한다는 것을 강조한다. 자기 안에서 선과 악의 기준을 새롭게 세우지 못한다면 창조하는 자가 될 수 없고, 초인의 길을 갈 수 없다. 그러나 그 길은 힘들고 고통스러운 길이어서 "이단자, 마녀, 예언자, 바보, 의심하는 자, 좋건하지 못한 자, 그리고 악한"이라는 "일곱 악마들이 있는 곳"을 지나가야 한다. 그러므로 "자기 자신을 뛰어넘어 창조하려 하는" 자는 "파멸의 길"을 두려워해서는 안 된다.《차라투스트라는 이렇게 말했다》, 제1부 '창조하는 자의 길에 대하여' 그런 파멸적인 고통을 겪더라도 마침내 창조하는 자가 된다면, 그 고통은 고통으로 끝나지 않고 오히려 창조의 밑불로서 구제될 것이다. 그래서 차라투스트라는 창조가 고통에 찬 삶을 구제한다고 선언한다.

창조. 그것은 고통으로부터의 위대한 구제이며 삶을 경쾌하게 하는 어떤 것이다. 그러나 창조하는 자가 존재하기 위해서는 고통이 있어야 하며 많은 변신이 있어야 한다. 그렇다, 창조하는 자들이여. 너희들의 삶에는 쓰디쓴 죽음이 허다하게 있어야 한다! 그럼으로써 너희들은 덧없는 모든 것들을 받아들이고 정당화하는 사람이 되는 것이다. 창조하는 자 자신이 다시 태어날 어린아이가 되기 위해서는 먼저 산모가 되어야 하며 해산의 고통을 마다하지 않아야 한다. 진실로, 나 100개나 되는 영혼을 가로질러 나의 길을 걸어왔으며 100개나 되는 요람과 해산의 고통을 겪어가며 나의 길을 걸어왔다. 나는 이미 허다한 작별을 경험하기도 했다. 그리하여 가슴이 미어질 것만 같은 마지막 순간들을 잘 알

고 있다. 《차라투스트라는 이렇게 말했다》, 제2부 '행복한 섬에서'

여기서 니체-차라투스트라는 창조란 바로 자기 창조임을 강력하게 암시한다. 자기를 자기가 잉태해 스스로 출산하는 것, 그것이 바로 창조하는 자가 하는 일임을 여기서 알 수 있다. 그렇다면 니체가 실스마리아 산속에서 영원회귀 영감을 얻은 뒤 18개월 동안 잉태했다가 마침내 《차라투스트라는 이렇게 말했다》라는 작품으로 탄생시킨 것도 일종의 창조 행위라고 할 수 있다. 니체-차라투스트라는 이어 이 자기 창조를 좀 더 강력한 이미지로 다시 그려 보인다.

> 그러나 나의 불과 같은 창조 의지는 언제나 새롭게 나를 사람들에게로 내몬다. 이렇듯 창조 의지는 망치를 돌로 내모는 것이다. 아, 사람들이여. 돌 속에 하나의 형상이 잠자고 있구나! 내 머릿속에 있는 많은 형상 가운데 으뜸가는 형상이 잠자고 있구나! 아, 그 형상이 더할 나위 없이 단단하고 보기 흉한 돌 속에 갇혀 잠이나 자야 하다니! 이제 나의 망치는 저 형상을 가두어두고 있는 감옥을 잔인하게 때려 부순다. 돌에서 파편이 흩날리고 있다. 무슨 상관인가? 나는 저 형상을 완성하고자 한다. 내게 어떤 그림자가 다가왔기 때문이다. 만물 가운데 가장 조용하고 경쾌한 것이 나를 찾아온 것이다! 초인의 아름다움이 그림자로서 나를 찾아온 것이다. 《차라투스트라는 이렇게 말했다》, 제2부 '행복한 섬에서'

니체는 여기서 자기 창조를 조각가가 돌에서 형상을 꺼내듯 자기 안에서 하나의 형상을 끄집어내는 것에 비유한다. 이때의 형상은 '많은 형상 가운데 으뜸가는 형상'이다. 달리 말하면 초인의 형상이다. 창조하는 자란 결국 자기 안에서 '초인'을 창조하는 자를 말한다. 그러나 그 창조의 과정은 무수한 망치질을 동반하는 한없이 고통스러운 과정이다. 감옥을 잔인하게 때려 부수지 않으면 초인은 해방되지 못할 것이다.

초인은 놀이하는 어린아이다

차라투스트라가 보여주는 '밝은 이미지의 초인'은 '어린아이'의 모습으로도 나타난다. 어린아이와 초인은 어떻게 연결되는가. 차라투스트라는 여인들에게 남자의 내면에 어린아이가 숨어 있다고 말한다. "진정한 남자의 내면에는 어린아이가 숨어 있다. 그 아이는 놀이를 하고 싶어 한다. 그러니 여인들이여 남자 안에 숨어 있는 어린아이를 찾아내도록 하라."《차라투스트라는 이렇게 말했다》, 제1부 '늙은 여인들과 젊은 여인들에 대하여' 남자 안에 숨어 있는 어린아이는 초인의 어떤 측면을 보여주고 있음이 틀림없다. 초인은 놀이하는 정신을 지닌 자, 유희 정신으로 충만한 자이기도 하다. 《차라투스트라는 이렇게 말했다》에서 가장 유명한 변신은 바로 정신이 낙타가 되고 낙타가 사자가 되고 사자가 어린아이가 되는 세 단계 변신이다.

> 나 이제 너희들에게 정신의 세 단계 변화에 대해 이야기하련다. 정신이 어떻게 낙타가 되고, 낙타가 사자가 되며, 사자가 마침내 어린아이가 되는가를. 《차라투스트라는 이렇게 말했다》, 제1부 '세 단계 변화에 대하여'

낙타는 무거운 짐을 지고 꿋꿋하게 걷는 당위성의 정신이다. 그는 의무감 속에서 아무리 무거운 짐이라도 견뎌낸다. "짐깨나 지는 정신은 이처럼 더없이 무거운 짐을 모두 마다하지 않고 짊어진다. 그러고는 마치 짐을 가득 지고 사막을 향해 서둘러 달리는 낙타처럼 그 자신의 사막으로 서둘러 달린다." 《차라투스트라는 이렇게 말했다》, 제1부 '세 단계 변화에 대하여'

그러다 외롭기 짝이 없는 저 사막에서 두 번째 변화가 일어난다. 여기에서 낙타는 사자로 변신하는 것이다. "사자가 된 낙타는 이제 자유를 쟁취하여 그 자신이 사막의 주인이 되고자 한다." 사자는 자유정신을 나타낸다. 사자는 낙타처럼 묵묵하게 의무를 견디는 자가 아니다. 그래서 사자는 그의 마지막 주인인 용을 찾아가 일전을 벌인다. "너는 마땅히 해야 한다." 그것이 그 거대한 용의 이름이라고 차라투스트라는 가르쳐준다. 사자의 정신은 용의 당위성에 맞서 "나는 하고자 한다"라는 의지와 욕망을 내세운다. 사자는 용과 싸워 이김으로써 자유의지의 주인이 된다. 그렇다고 해서 사자가 곧 가치의 창조자인 것은 아니다. "새로운 가치의 창조, 사자라도 아직은 그것을 해내지 못한다. 그러나 새로운 창조를 위한 자유의 쟁취, 적어도 그것을 사자의 힘은 해낸다. 형제들이여, 자유를 쟁취하고 의무에 대해서조차 경건하게 '아니오'라고 말할 수 있기 위해서는 사자가 되어야 한다."《차라투스트라는 이렇게 말했다》, 제1부 '세 단계 변화에 대하여' 사자가 자유의 투사일 수는 있지만, 창조자일 수는 없다고 차라투스트라는 말한다. 사자는 이제 어린아이가 되어야 한다. 차라투스트라는 어린아이가 되어야만 창조하는 자가 될 수 있다고 말한다. 왜 그런가?

어린아이는 순진무구요 망각이며, 새로운 시작, 놀이, 스스로의 힘에 의해 돌아가는 바퀴이며 최초의 운동이자 거룩한 긍정이다.

《차라투스트라는 이렇게 말했다》, 제1부 '세 단계 변화에 대하여'

니체는 놀이에 몰두하는 어린아이의 모습에서 진정한 창조자의 이미지를 발견한다. 창조자가 되려면, 언제든 과거를 망각 속으로 던져버리고 새로운 것을 향해 유쾌한 기분으로, 마치 가장 즐거운 놀이를 처음 하는 기분으로 그렇게 매번 시작해야 한다. 어린아이는 언제든 삶을 긍정한다. 울고 떼쓰고 나서도 언제 그랬냐는 듯 해맑게 웃으며 놀이에 또 떠어드는 것이 어린아이다.

그렇다, 형제들이여. 창조의 놀이를 위해서는 거룩한 긍정이 필요하다. 정신은 이제 '자기 자신'의 의지를 원하며, 세계를 상실한 자는 '자신'의 세계를 획득하게 된다.

《차라투스트라는 이렇게 말했다》, 제1부 '세 단계 변화에 대하여'

정신의 이 세 단계를 거쳐 도달한 어린아이가 바로 남자의 내면에 들어 있는 어린아이며, 이 유희 정신이 곧 초인의 정신인 셈이다. 그러므로 초인은 유희하듯 창조 작업을 하는 존재다. 들뢰즈는 정신의 이 세 단계가 니체의 저술 작업 또는 정신의 건강의 세 단계에 대응한다고 말한다. "니체에 의하면 이러한 세 가지 변신은 다른 무엇보다도 자신의 저작들이 전환되는 계기를 의미하며 또한 자신의 삶과 자신의 건강을 의미한다."[19] 리하르트 바그너의 충직한 제자였던 시절, 의무의 짐을 진 낙타로서 《비극의 탄생》과 《반시대적 고찰》을 썼고, 이어 사자가 돼 바그너라는 용에 대항해 전쟁을 벌이면서 자유정신으로서 《인간적인 너무나 인간적인》, 《아침놀》, 《즐거운 학문》을 썼으며, 마침내 《차라투스트라는 이렇게 말했다》에 와서 유희하는 어린아이의 정신으로 영원회귀의 세계를 이야기한다는 것이다.

여기에 덧붙여 들뢰즈는 이 세 단계의 단절이 상대적인 것임도 지적한다. "세 가지 변신 사이에 존재하는 단절은 의심할 나위 없이 상대적인 것들에 지나지 않는다. 사자는 낙타 안에 현존해 있고, 어린아이는 사자 안에 깃들어 있다."[20] 마찬가지로 사자 안에는 낙타가 들어 있고, 어린아이 안에는 사자와 낙타가 들어 있을 것이다. 동시에 자유정신은 무거움을 가벼움으로 바꿔낼 것이고, 유희 정신은 자유정신을 유희의 중요한 파트너로 삼을 것이다. 그리하여 어린아이와 창조하는 자와 춤추는 자는 하나의 존재 안에서 만나게 된다. 어린아이, 다시 말해 어린아이를 자기 안의 본질로 품은 자는 춤추는 자이며, 놀이하는 자이며, 그 놀이의 정신으로 창조하는 자인 것이다.

"지하실의 들개들은 자유를 원한다"

그러나 초인에게는 이런 밝은 이미지만 있는 것이 아니다. 니체의 차라투스트라가 그려 보여주는 초인의 모습에는 어두운 이미지가 더 많고 더 강렬하다. 차라투스트라가 초인이라는 목표, 곧 선이 실현되려면 꼭 거기에 맞게 악이 필요하다고 말하는 데서 이 어두운 초인의 이미지를 발견할 수 있다.

> 뭘 그리도 놀라는가? 사람도 나무와 다를 바 없다. 나무가 더욱 높고 환한 곳으로 뻗어 오르려면 그 뿌리는 더욱더 땅속으로, 어둠 속으로, 나락으로, 악 속으로 뻗어내려야 한다.
>
> 《차라투스트라는 이렇게 말했다》, 제1부 '산허리에 있는 나무에 대하여'

여기서 니체의 완고한 사상 하나를 만날 수 있다. 젊은 시절 이래 니체는 선의 뿌리는 악이며, 큰 선을 이루려면 큰 악이 있어야 한다는 생각을 단 한순간도 버리지 않았다. 오히려 시간이 갈수록 그 생각을 강화했다. 중대한 것을 창조하려면 중대한 악이 필요하다. 그러므로 초인의 창조에 악은 필수적 요소로 참여한다. 이것이 니체의 근본 발상이다. 차라투스트라는 계속해서 말한다.

> 너는 사방이 확 트인 산정에 이르기를 소망하고 있으며 너의 영혼은 별을 갈망하고 있다. 심지어 너의 저열한 충동조차 자유를 갈망하고 있구나. 너의 들개들은 자유를 원한다. 그리하여 너의 정신이 나서서 감옥 문을 모두 활짝 열어젖히려 하자 저들은 기쁨에 넘쳐 지하실에서 짖어대고 있구나. 《차라투스트라는 이렇게 말했다》, 제1부 '산허리에 있는 나무에 대하여'

여기서도 니체는 인간의 정신 내부 아래쪽에 들개가 살고 있다고 확언한다. 니체 시대에는 이 들개의 실체가 무엇인지 확실하지 않았다. 그러나 머지않아 정신의학의 발전으로 그 들개가 인간 무의식 내부의 사나운 공격 충동임을 짐작하게 됐다. 공격 충동은 무의식적 에너지인 리비도와 뒤엉켜 있는 것이어서 창조의 에너지가 분출하려면 들개, 곧 공격 충동이라는 원시의 힘도 함께 분출할 수밖에 없다. 니체는 바로 그런 무의식적 에너지의 성분과 흐름을 직감하고 있는 것인데, 그런 충동 에너지가 자유를 위한 투쟁, 초인을 향한 분투에서도 그대로 작용할 수밖에 없다고 보는 것이다. 자유로워지려거든, 창조하는 자가 되려거든, 초인이 되려거든, 무시무시한 파괴적 충동과 함께하는 것을 두려워하지 말라. 마침내 그 충동은 승화해 선으로 변할 것이다. 그러기에 차라투스트라는 다음과 같이 설교한다.

너는 일찍이 너의 지하실에 사나운 들개를 기르고 있었다. 그러나 그것들도 결국 새가 되고 사랑스러운 가희로 변하지 않았는가?

《차라투스트라는 이렇게 말했다》, 제1부 '환희와 열정에 대하여'

같은 곳에서 차라투스트라는 이 변신을 악과 덕의 변신 관계로 설명하기도 한다. "너는 일찍이 열정을 지녔다. 그리고 그것을 악이라고 불렀다. 그러나 이제는 단지 네 자신의 덕을 지니고 있을 뿐이다. 그런데 그것들도 실은 너의 열정에서 자라난 것들이다."《차라투스트라는 이렇게 말했다》, 제1부 '산허리에 있는 나무에 대하여' 그러나 차라투스트라가 설교하는 악이 이런 정도에서 그치는 것은 아니다. 이 책은 악을 옹호하고 교사하는 문장들로 넘친다.

형제여, 전쟁과 전투는 악한 것인가? 그러나 이러한 악은 없어서는 안 될 것이며, 너의 덕 사이에서 생겨나는 질투와 불신 그리고 중상 또한 없어서는 안 될 것이다. 《차라투스트라는 이렇게 말했다》, 제1부 '환희와 열정에 대하여'

창조하는 자는 하나같이 가혹하며, 위대한 사랑은 하나같이 연민을 초월한다. 《차라투스트라는 이렇게 말했다》, 제4부 '가장 추악한 인간'

"인간은 악하다." 나를 위로할 생각에서 더없이 지혜롭다는 자들이 이구동성으로 내게 일러준 말이다. 아, 아직도 그 말이 진실이기를! 악이야말로 인간에게는 최상의 힘이기 때문이다.

《차라투스트라는 이렇게 말했다》, 제4부 '더 높은 인간에 대하여', 5절

하나의 진리가 태어날 수 있기 위해서는 저 선하다는 자들이 악하다

고 부르는 모든 것들이 한데 모여야 한다. 오, 나의 형제들이여, 너희들은 이 진리에 걸맞은 만큼 충분히 악한가.

《차라투스트라는 이렇게 말했다》, 제3부 '낡은 서판과 새로운 서판에 대하여', 7절

국가, 존재할 가치가 없는 자들의 우상 숭배

차라투스트라의 설교는 여기서 멈추지 않는다. 그는 악을 향해 한 발 더 들어간다. 니체의 책 《차라투스트라는 이렇게 말했다》는 위험스러운 종족 말살적 상상력의 그림자로 넘실거린다.

이 대지는 존재할 가치가 없는 자들로 가득 차 있고, 생은 많은, 너무나도 많은 자들로 인해 썩어 있다.

《차라투스트라는 이렇게 말했다》, 제1부 '죽음의 설교자들에 대하여'

불필요한 인간이 너무 많다는 이 발언은 국가에 대한 발언으로 이어진다. 니체는 국가란 거짓말쟁이이며 도둑이라고 몰아붙인다.

국가란 온갖 냉혹한 괴물 가운데서 가장 냉혹한 괴물이다. 이 괴물은 냉혹하게 속여댄다. 그리하여 그 입에서 "나, 국가가 곧 민족"이라는 거짓말이 스스럼없이 기어나온다. 그것은 거짓말이다! …… 국가는 선과 악이라는 말을 다 동원해가며 사람들을 기만한다. 국가가 무슨 말을 하든 그것은 거짓말이다. 그리고 국가가 무엇을 소유하든 그것은 부당하게 취득한 장물에 불과하다.

《차라투스트라는 이렇게 말했다》, 제1부 '새로운 우상에 대하여'

여기까지만 읽으면 니체가 새로운 우상인 국가에 대하여 급진적인 비판을 하고 있는 것으로 보인다. 거짓말쟁이이자 도둑인 국가를 해체해 개인들에게 자유를 주자는 선동처럼 읽힌다. 매서운 반국가주의다. 그러나 그다음 문장들을 읽어 가면 니체가 왜 국가를 부정하는지 이유가 뚜렷해진다. "너무나 많은 사람들이 태어난다. 존재할 가치가 없는 인간들을 위해 국가가 고안된 것이다! …… 악취를 멀리하라! 존재할 가치가 없는 자들이 벌이고 있는 우상 숭배에서 벗어나라!"《차라투스트라》, 제1부 '새로운 우상에 대하여' 니체는 국가라는 것이 존재할 가치가 없는 자들을 거두어 계속 존재하게 하기 때문에 국가를 비난하고 거부하는 것이다. 국가가 없다면 존재할 가치가 없는 자들도 함께 사라질 것이다. 그리하여 니체는 이제 다음과 같이 선언한다. "국가라는 것이 무너져야 비로소 존재할 가치가 있는 사람, 꼭 있어야 할 사람들의 삶이 시작된다. 그리고 꼭 있어야 할 자들의 노래, 단 한 번뿐이며 다른 것으로 대신할 수 없는 그런 멜로디가 시작된다. 형제들이여, 국가가 무너지고 있는 저쪽을 보라! 무지개와 초인에 이르는 다리가 보이지 않느냐?"《차라투스트라》, 제1부 '새로운 우상에 대하여'

이제 사태는 분명해진다. 니체의 반국가주의는 극단적 엘리트주의, 냉혹한 귀족주의의 변형이다. 국가가 무너져야 존재할 가치가 없는 것들이 함께 사라지고 그러고 나면 인간 가운데 존재할 가치가 있는 자들만 남아 저 초인을 향해 나아갈 수 있다는 이야기인 것이다. 초인으로 가는 길에는 인종 말살의 음울한 기운이 도사리고 있다. 니체는 후기로 갈수록 이런 파괴적 상상력에 몰두하게 되고, 나중에는 자신의 주장에서 주저함이나 거리낌을 거의 다 지워버리게 된다. 이를테면, 말기의 자서전에서 그는 초인의 산출이라는 절박한 과제를 놓고 이렇게 쓴다.

> 인간을 모욕하는 것에 대한 나의 공격이 성공하는 경우를 상상해보라. 가장 위대한 사명을 지니고 있으며, 인류를 개량하려고 하는 저 새로운 삶의 집단은 타락하고 기생하는 존재들을 무자비하게 몰살시킬 것이다. 이를 통해서 이 지구 상에 삶의 충일 상태가 실현되고, 이 상태에서 다시금 디오니소스적인 상태가 생겨나는 것이다.
>
> 《이 사람을 보라》, '비극의 탄생', 4절

이런 극단적 사고는 《차라투스트라는 이렇게 말했다》 안에 그 모판이 예비되어 있으며, 씨앗은 일찍이 《비극의 탄생》 때부터 뿌려졌다. 니체는 커다란 선을 창조하려면 커다란 악을 행하지 않으면 안 된다고 생각한다. 초인의 창출이야말로 인류 최대의 과제인바, 이 과제를 완수하려면 그런 악의 작업을 허용하지 않으면 안 된다는 것이 니체의 논리다. 더구나 니체는 현실에서 왜소하고 비루한 것들에 의해 자신이 자꾸 위축당한다고 느꼈다. 그 비천한 모든 것들을 일거에 쓸어버린다는 상상은 그의 정신의 고통스런 감옥을 일시적으로나마 해체해주는 효과가 있었을 것이다. 니체는 실존적 상황에서 솟아나오는 파괴의 욕구를 초인 탄생이라는 인류사적 과제와 뒤섞었던 것이다.

전사의 갑옷을 입고 전쟁을 찬양하는 초인

니체의 《차라투스트라는 이렇게 말했다》는 전쟁과 전사의 이미지로 강렬한 효과를 만들어낸다. 니체의 초인은 전쟁을 찬미하는 호전적인 전사로 전면에 등장한다. 니체는 앞서 《즐거운 학문》에서 구사했던 '인식의 전사'에 관한 수사를 한 번 더 활용한다. 그러나 여기서는

'인식'이라는 조건은 거의 사라지고 '전사'와 '전쟁'의 이미지가 더욱 뚜렷하게 전면으로 떠오른다. 초인은 이제 전사의 갑옷을 입는다. 그리하여 차라투스트라는 싸움터에 나간 형제들을 향해 말한다.

> 너희들은 너희들에게 걸맞은 적을 찾아내어 일전을 벌여야 한다. 너희들의 사상을 위해! 설혹 전쟁에서 너희들의 사상이 패배하더라도 너희들의 성실성만은 그에 굴하지 않고 승리를 구가해야 하리라! 너희들은 평화를 사랑하되, 또 다른 전쟁을 위한 방편으로서 그것을 사랑해야 한다. 그리고 긴 평화보다 짧은 평화를 더 좋아해야 한다. 내가 너희들에게 권하는 것은 노동이 아니라 전투다. 내가 너희들에게 권하는 것은 평화가 아니라 승리다. 너희들이 하는 노동이 전투가 되고 너희들이 누리는 평화가 승리가 되기를 바란다.
>
> 《차라투스트라는 이렇게 말했다》, 제1부 '전쟁과 전사에 대하여'

이어 저 유명한 문장이 등장한다. 아마도 전쟁을 찬양하는 최고의 문장일 것이다.

> 훌륭한 명분은 전쟁까지도 신성한 것으로 만든다고 너희들은 말하려는가? 그러나 나는 말한다. 훌륭한 전쟁은 모든 명분을 신성한 것으로 만든다. …… 무엇이 선이냐? 너희들은 묻는다. 용맹한 것이 선이다. …… 사람들은 너희들을 가리켜 무정하다고 말한다. 그러나 너희들의 마음은 순수하다. …… 반항. 노예들에게는 그것이 미덕이다. 그러나 너희들에게는 복종이 미덕이 되어야 한다! 그리고 너희들이 내리는 명령 그 자체가 일종의 복종이어야 한다! …… 이처럼 복종하는 삶, 전쟁을 일으키는 삶을 살도록 하라! 오랜 삶에 무슨 가치가 있는가! 그 어떤

> 전사가 자비를 구걸하랴! 나 너희들에게 자비를 베풀지 않노라. 나 너희들을 마음속 깊이 사랑하노라, 싸움터에 나가 있는 나의 형제들이여!
>
> 《차라투스트라는 이렇게 말했다》, 제1부 '전쟁과 전사에 대하여'

이것이 인식의 전쟁, 사유의 전투를 실감나게 비유한 것이라면, 우리는 니체를 자신의 전 존재를 인식에 바친 사상의 전사라고 부를 수 있을 것이다. 그러나 니체의 비유는 언제나 잉여를 남긴다. 비유적 어법은 흘러 넘쳐서 직설적 의미를 띠게 된다. 문체의 천재, 지상 최고의 스타일리스트가 그런 점을 몰랐을 리 없다. 니체는 비유의 어법을 최대치로 사용해 자기 내부의 파괴 욕망과 전쟁 욕망의 출구를 만들어냈다고 봐야 한다. 그리고 이런 이미지들이 모여 니체의 텍스트를 유례없이 위험한 텍스트, 그러면서도 동시에 유례없이 매혹적인 텍스트로 만들어내는 것이다.

그토록 위험한 텍스트가 왜 그토록 매혹적인 텍스트가 되는가? 그 위태로운 발언들이 그려내는 이미지들이 우리 내부의 어떤 원시적 영역에까지 파고들어 거의 야성적인 힘을 깨어나게 하기 때문이다. 우리의 길들여진 무기력증을 깨뜨려 내면 저 깊은 곳의 생명력을 들쑤시기 때문이다. 그러나 그 생명력, 그 야성적인 힘을 제어하는 것은 각자의 몫이 된다. 그것을 제어하지 못할 때 니체의 텍스트는 파괴의 교과서가 된다. 누가 읽느냐, 어떻게 읽느냐에 따라 니체의 텍스트는 말 그대로 독이 되기도 하고 약이 되기도 한다.* 니체 말대로 선과 악은 거의 한 몸처럼 뒤엉켜 있다. 악과 뒤섞인 초인, 그 초인은 결코 선한 인간은 아니다. 보통 사람들이 보기에 차라리 그것은 악마의 모습에 가깝다.

---

* 그리스어 파르마콘(pharmakon)은 약과 독을 동시에 뜻한다.

초인이 선의를 가지고 있을 때조차도 너희들에게는 그가 두려운 존재가 되리라. …… 너희들 내가 만난 최상의 인간들이여 짐작컨대 너희들은 나의 초인을 악마라고 부르리라!

《차라투스트라는 이렇게 말했다》, 제2부 '세상살이를 위한 책략에 대하여'

"여성은 전사의 노리개다"

마침내 차라투스트라의 전사는 여인을 휴식의 노리개로 삼는 지경에까지 이른다. 차라투스트라는 이렇게 말한다.

진정한 사내는 두 가지를 원한다. 모험과 놀이가 그것이다. 그래서 사내는 위험스럽기 짝이 없는 놀잇감으로 여인을 원하는 것이다. 사내는 전투를 위해, 여인은 전사에게 위안이 될 수 있도록 양육되어야 한다. 그 밖의 모든 것은 어리석은 일이다.

《차라투스트라는 이렇게 말했다》, 제1부 '늙은 여인들과 젊은 여인들에 대하여'

여인을 전사의 장난감으로 보는 이런 과격하고도 야만적인 발상은 니체의 머릿속에서 나온 것이다. 현실에선 언제나 가면을 쓴 채 어색한 태도로 거리를 두고 여성을 대했던 니체는 글 속에서만은 위선도 어색한 표정도 벗어버리고, 여성을 도구로 보는 생각을 거의 유보 없이 드러낸다. 니체가 준거로 삼은 것은 고대 그리스의 여성관이었다. 그 시대 여성은 시민도 주체도 자유인도 아니었다. 노예와 다를 바 없는 존재였고, 아이를 낳는 것이 가장 중요한 업무인 가장의 종속물이었다. 니체-차라투스트라는 자신을 남성 전사로, 여성을 그 남성 자유인의 지배에 딸린 예속적 존재로 보는 것이다. 요컨대, 니체가 여성을 주제로 삼을 때 가장 먼저 떠올리는 것이 전사의 위안과 아이의 출산이다. 그리하여 차라투스트라는 여성에게 출산을 희망하라고 요구한다. "'나 초인을 낳고 싶다.' 이것이 너희들의 희망이 되도록 하라." 《차라투스트라는 이렇게 말했다》, 제1부 '늙은 여인들과 젊은 여인들에 대하여' 차라투스트라는 다른 곳에서도 거의 같은 이야기를 다시 한다. "나는 남자와 여자가 이러하기를 바란다. 남자는 전쟁에 능하고 여자는 아이 낳는 데 능하되, 둘 모두가 머리와 발꿈치로 춤추는 데 능하기를." 《차라투스트라는 이렇게 말했다》, 제3부 '낡은 서판과 새로운 서판에 대하여', 23절

이렇게 여성을 출산의 도구, 남성의 종속물로 보는 관점을 반복하는 것은 지나가는 길에 그냥 해보는 소리가 아니라는 것을 뜻한다. 니체는 여성을 노골적으로 경멸하고 불신한다. 그런 부정적인 감정 한가운데서 '여인들에게 가려는가? 그러면 채찍을 잊지 말라' 《차라투스트라는 이렇게 말했다》, 제1부 '늙은 여인들과 젊은 여인들에 대하여'라는 문장이 솟아났을 것이다. 이 말을 하는 사람이 니체의 텍스트 안에서 '늙은 여인'이라는 사실을 들어 그 문장을 니체 본심의 발로로 볼 수 없다는 주장들도 있다. 그러나 이런 이해는 니체를 여성 혐오증으로부터 구해내려는 피상적인 작업일 뿐이다. 니체 극장에선 늙은 여인도 니체의 가면일 뿐이다. 니체는 늙은 여인의 페르소나를 빌려 여성에 관한 자신의 마음을 이야기하고 있는 것이다. 이 구절을 쓸 때 니체가 루 살로메에게서 받은 상처로 영혼이 욱신거리고 있었음을 염두에 둘 필요가 있다. 그러나 루 살로메 때문에 여성에 대한 그의 시선이 일그러졌다고 보는 것은 적절하지 않다. 니체의 텍스트는 시종 일관성 있게 여성 혐오의 태도를 내보인다. 여성이란 위대함을 향해 가고 있는 남성을 꾀어내 타락시키고 망가뜨리는 존재라는 것이 여성에 대한 니체의 근본적인 관점 가

운데 하나다. 니체가 보기에 결정적인 것은 여성이 우정을 함께할 능력이 없다는 사실이다. 차라투스트라는 여성을 암소라고 지칭하기도 한다.

> 너는 노예인가? 그렇다면 벗이 될 수 없다. 너는 폭군인가? 그렇다면 벗을 사귈 수 없다. 여인들의 가슴속에는 너무도 오랫동안 노예와 폭군이 숨어 있었다. 그래서 여인들은 아직도 우정이라는 것을 모른다. 사랑을 알 뿐이다. 여인들의 사랑, 그것은 그것이 사랑하지 않는 모든 것에 대해 공평하지 못하며 맹목적이다. 심지어 여인들이 분별력 있다는 사랑 속에서까지 빛과 함께 예기치 못한 기습과 번개와 어두운 밤이 깃들어 있으니. 여인에게는 우정의 능력이 없다. 여인은 여전히 고양이며 새다. 기껏해야 암소 정도다.
>
> 《차라투스트라는 이렇게 말했다》, 제1부 '벗에 대하여'

이런 대목들은 니체의 여성관이 도덕의 위선을 폭로하는 차원을 넘어 어떤 일탈적인 요소를 내장하고 있음을 분명하게 증언한다. 이런 요소들을 어떻게 이해해야 할까? 철학자 야스퍼스는 "니체를 이해하는 사람들에게 니체의 탈선은 아무 의미도 없는 것처럼 보인다"라고 자신 있게 말한다. "이런 인용문의 위치를 진지하게 받아들여 그것에 집착해서 꼼짝하지 못하고 끌려가는 사람은 성숙하고도 올바르게 니체를 읽을 수 없다."[21] 그러면서 야스퍼스는 니체가 사실상 나치주의 철학자가 될 수 없었기 때문에 결국 나치주의자들에게서 암암리에 버림받게 되었다고 단언한다. 니체가 순간적으로 그런 오류에 빠져들었고 또 나치주의자들이 그 용어를 이용하기는 했지만, 그것은 니체의 본질과는 아무런 상관도 없다는 것이다.[22]

그러나 들뢰즈는, 그 자신 다른 어떤 철학자보다 니체의 철학에 열광했으면서도 야스퍼스와는 다른 견해를 내보였다. "그의 텍스트가 파시스트적 반향을 불러일으킨다는 지적은 지금도 여전히 유효한 오늘날의 니체와 관계된 문제다. 따라서 우리는 니체가 젊은 파시스트들에게 자양분을 공급해왔음을 인정해야만 한다."[23] 들뢰즈는 이어 니체에게서 주목할 것은 그의 텍스트의 주장 그 자체가 아니라 '니체의 방법'이라고 말한다. 니체적 방법에 집중하면, 니체의 텍스트가 '파시스트적인가, 부르주아적인가, 그 자체로 혁명적인 것인가'라고 묻는 것은 그다지 중요하지 않다. 니체의 텍스트 안에서 서로 맞부딪치는 파시스트적 힘들, 부르주아적 힘들, 혁명적 힘들을 분별해내는 것이 훨씬 더 중요하다.

들뢰즈는 그러면서 다음과 같이 강조한다. "우리가 문제를 이런 식으로 제기할 때, 이런 니체적 방법에 필연적으로 딱 들어맞는 답변은 다음과 같은 것이 된다. 혁명적인 힘(혁명적인 힘이란 초인의 힘이 아닐까?)을 발견하라."[24] 요컨대 들뢰즈는 니체의 텍스트 안에 파시스트들에게 호소력을 발휘한 요소들이 있음을 분명하게 인정하면서도, 그보다 더 중요한 것은 니체적 방법이 지닌 혁명적 힘을 발견하는 것이라고 주장한다. 하지만 이런 '분별력 있는' 주장도 결과적으로는 야스퍼스와 마찬가지로 니체 안의 '파시즘적' 요소를 얼버무리거나 회피하고 마는 것이 아닐까. 그보다 더 정직한 것은 파시즘적 요소와 정면 대결하는 것이 아닐까.

여성이라는 두려운 수수께끼

다시 앞으로 돌아가면, 니체가 위의 인용문에서 보여준 여성관에는 단순한 여성 혐오로만 볼 수 없는 요소가 들어 있다. 니체는 여성이 '노예'이기도 하지만 '폭군'이기도 하다고 말하고 있다. 노예인 여성은 경멸하고 말면 되지만, 폭군인 여성은 가볍게 외면하고 끝낼 수 없다. 폭군이라는 비유로 지적한 여성의 어떤 면모는 니체를 두렵게 한 것으로 보인다. 니체는 여성의 그런 점을 '수수께끼'라는 말로 암시하기도 했다. "여인은 어느 모로 보나 수수께끼다."《차라투스트라는 이렇게 말했다》, 제1부 '늙은 여인들과 젊은 여인들에 대하여' 흥미로운 것은 니체가 다른 한쪽에서 이 알 수 없는 여성을 삶의 은유로 삼고 있다는 사실이다. 니체에게 삶은 두렵고도 흥미를 불러일으키는 수수께끼였다. 삶을 여성이라고 이야기하는 가장 유명한 대목은《즐거운 학문》에 나온다.

> 작품이든, 행위이든, 인간이든, 자연이든, 최상의 것들은 뛰어난 이들에게까지 베일에 가려져 있다. 그리고 우리에게 베일을 벗고 모습을 드러낼 때는 한 번뿐이다. …… 그러나 어쩌면 이것이 삶의 가장 큰 매력인지도 모른다. 삶은 금박의 베일로 덮여 있다. 그 베일은 약속과 저항, 수줍음과 조롱, 동정과 유혹으로 빛나는 아름다운 가능성의 베일이다."
>
> 《즐거운 학문》, 제4부, 339절

그런가 하면 니체는 이 삶이라는 수수께끼를 풀어내는 지혜도 여성이라고 말한다. 그런데 그 여성은 전사를 사랑한다.

지혜, 그것은 우리들이 용감하고 의연하고 냉소적이며 난폭하기를 요구한다. 지혜는 여성이어서 전사 이외에는 아무도 사랑하지 않는다.

《차라투스트라는 이렇게 말했다》, 제1부 '읽기와 쓰기에 대하여'

이 구절은 명백하게 마키아벨리의 명제를 변형한 것이다. 냉혹한 세계 인식에서 니체의 선조인 마키아벨리는 《군주론》에서 운명(포르투나)의 여신에 대해 이렇게 말한다.

> 저는 신중한 것보다는 과감한 것이 더 좋다고 분명히 생각합니다. 왜냐하면 운명은 여성이고 만약 당신이 그 여성을 손아귀에 넣고 싶어 한다면, 그녀를 거칠게 다루는 것이 필요하기 때문입니다. 그리고 그녀가 냉정하고 계산적인 사람보다는 과단성 있게 행동하는 사람들에게 더욱 매력을 느낀다는 것은 명백합니다. 운명은 여성이므로 그녀는 항상 청년들에게 이끌립니다. 왜냐하면 청년들은 덜 신중하고, 더 공격적이며, 그녀를 더욱 대담하게 다루고 제어하기 때문입니다.[25]

여기에서 비교적 명확하게 드러나듯이 마키아벨리는 운명이라는 여성을 공격하여 제압해야 할 대상, 다시 말해 전통적인 전사적 남성이 강권을 통해 획득해야 할 대상으로 보고 있다. 마찬가지로 니체도 지혜라는 여성을 용감하고 의연하고 냉소적이고 난폭한 자세로 대할 때 그 여성으로부터 사랑을 받을 수 있다고 암시한다. 그런데 이렇게 난폭한 용기가 필요한 것은 그 여성이 그만큼 두려운 존재이기 때문이 아닌가. 마키아벨리도 운명의 여신이 무서운 힘으로 세상을 쓸어버리기도 한다는 사실을 강조하고 난 뒤, 그 여성을 제압하려면 과단성과 공격성이 필요하다고 이야기하는데, 니체도 여성을 베일에 싸여 있는 수수께끼여서 두려움을 불러일으키는 존재로 보고 있는 것이다.

그러므로 지혜도 삶도 정복하려면 용감해져야 한다. 지혜의 사랑을 받고 삶을 정복하는 이 전사가 바로 자기 안에 초인을 품은 자일 것이다.

초인의 대척점, 최후의 인간

《차라투스트라는 이렇게 말했다》는 초인의 이미지만 창조하는 것이 아니다. 초인의 정반대편에 있는 '최후의 인간'*도 창조한다. 초인의 대척자인 '최후의 인간'은 《차라투스트라는 이렇게 말했다》 머리말에서 등장한다. 시장의 군중에게 초인의 이념을 설파하던 차라투스트라는 아무도 자기 말에 진지하게 귀 기울이지 않자 낙심하여 다음과 같이 말한다.

> 웃고들 있구나. 저들은 나를 이해하지 못한다. …… 저들에게는 저들 나름으로 자부심을 가질 만한 어떤 것이 있다. 저들은 그것을 무엇이라고 부르는가? 저들은 그것을 교양이라고 부른다. 교양이란 것이 있기에 저들은 염소치기와 다르다는 것이다. 그래서 저들은 '경멸'이라는 말을 듣기 싫어한다. 이제 나는 저들의 자부심에다 대고 말하련다. 나 저들에게 더없이 경멸스러운 것이 무엇인가를 말하련다. '최후의 인간'이 바로 그것이다.
> 《차라투스트라는 이렇게 말했다》, 제1부 '머리말', 5절

여기서 최후의 인간이 어떤 종류의 인간을 가리키는지 비교적 분명하게 드러나 있다. '최후의 인간'은 단순한 염소치기, 곧 무식한 하층

---

* '최후의 인간'(letzte Mensch)은 '말세인', '종말인', '말인'으로 번역하기도 한다.

민이 아니라, 나름대로 '교양'을 갖춘, 그래서 경멸받기를 거부하는 부류다. 니체가 젊었을 적 《반시대적 고찰》에서 다비트 슈트라우스를 비판하면서 사용한 '교양 속물'이 《차라투스트라는 이렇게 말했다》에 와서 '최후의 인간'이 되었다고 볼 수도 있다. '최후의 인간'은 니체에게 인류의 마지막 모습임과 동시에 인류의 가장 타락한 모습이다. 이 최후의 인간을 뚫고 나아가야만 초인의 길에 이를 수 있다. 차라투스트라는 '최후의 인간'을 이렇게 묘사한다.

> 보라! 나 너희에게 '최후의 인간'을 보여주겠다. …… 대지는 작아졌으며 그 위에서 모든 것을 작게 만드는 저 최후의 인간이 날뛰고 있다. 이 종족은 벼룩과도 같아서 근절되지 않는다. 최후의 인간은 누구보다도 오래 산다. '우리는 행복을 찾아냈다.' 최후의 인간은 이렇게 말하고는 눈을 깜빡인다. …… 돌볼 목자는 없고 가축의 무리가 있을 뿐! 모두가 평등하기를 원하며 실제로 그렇다. 어느 누구든 자기가 특별하다고 느끼는 사람은 제 발로 정신 병원으로 가게 마련이다. …… 저들은 낮에는 낮대로, 밤에는 밤대로 조촐하게 쾌락을 즐긴다. 그러면서도 건강은 끔찍이도 생각한다. '우리는 행복을 찾아냈다.' 최후의 인간은 이렇게 말하고는 눈을 깜박인다. 《차라투스트라는 이렇게 말했다》, 제1부 '머리말', 5절

차라투스트라의 이 설교에서 특히 주목할 대목이 "돌볼 목자는 없고 가축의 무리가 있을 뿐! 모두가 평등하기를 원하며 실제로 그렇다"라는 구절이다. 니체는 초인의 대척점에 놓인 '최후의 인간'이 모든 인간이 평등하다고 믿는 현대 대중 사회의 구성원이라고 생각하고 있음이 틀림없다. 특별한 사람은 정신 병원으로 가지 않으면 안 되는 평등한 사람들의 세상, 바로 당대 부르주아 사회, 혹은 대중이 주인이 되

어가는 민주주의 사회, 그리고 더 나아가 노동자가 주인이 된 사회주의 사회가 니체가 경멸해 마지않는 '최후의 인간'이 사는 곳이다. 눈여겨 볼 것은 차라투스트라가 그 최후의 인간이 어떤 존재인지 설명하는 가운데, 군중 사이에서 고함과 환호가 터져 차라투스트라의 말을 막았다는 서술이다. 그리고 군중이 외쳐댄다. "오, 차라투스트라여, 우리에게 그 최후의 인간을 달라. 우리를 그 최후의 인간으로 만들어 달라. 그러면 우리가 그대에게 초인을 선사하겠다."《차라투스트라는 이렇게 말했다》, 제1부 '머리말', 5절 군중들은 차라투스트라를 그렇게 조롱하면서, 최후의 인간의 삶이야말로 행복한 삶이 아니냐고 오히려 강력하게 외치는 것이다. 이렇게 군중의 웃음과 소란으로 반박당한 차라투스트라 니체는 다른 곳에서 이들의 조롱과 야유에 '파괴 환상'으로 답한다.[26] 그 파괴 환상을 드러내는 곳 가운데 하나가 나중에 쓴 메모에 들어 있다.

> 대중에 대한 고급한 인간의 선전 포고야말로 필요하다! 스스로 주인이 되고자 하여 도처에서 평범한 자들이 서로 제휴하고 있다! 유약하게 만들고 온유하게 만들며 '민중' 혹은 '나약한 것'을 통용시키는 모든 것이 보통 선거에, 바꿔 말하면 저급한 인간의 지배에 유리하게 작용하고 있다. 그러나 우리는 대항 수단을 단련하고 이러한 소동을 전부 백일하에 드러내 심판대로 끌어낼 것이다. 《권력의지》, 861절

> 퇴락하고 있는 종족의 절멸. …… 보통 선거, 바꿔 말하면 가장 저열한 본성의 소유자들이 억압을 가하는 조직의 절멸. 평범함과 그 효력의 절멸. 《권력의지》, 862절

니체는 보통 선거라는 형식으로 드러나고 관철되는 평등한 자들의

지배를 초인의 탄생을 근원적으로 말살하는 사태로 인식한다. 바로 이 평등한 대중이 지배하는 민주주의, 평등주의 시대야말로 최후의 인간의 시대인 것이다. 이 시대를 혁파하지 않으면 초인은 창출될 수 없다. 초인은 오직 평범함의 대척점에 있는, 대중과 평등의 불구대천의 원수이기 때문이다.

천민들이 지배하는 세계를 넘어서

최후의 인간은 《차라투스트라는 이렇게 말했다》에서 '천민'이라는 이름으로 등장하기도 한다. 차라투스트라는 말한다. "삶은 기쁨이 솟아오르는 샘이다. 그러나 천민들이 와서 함께 마시면 샘에 독이 번진다."《차라투스트라는 이렇게 말했다》, 제2부 '천민들에 대하여' 차라투스트라는 권력을 잡기 위해 천민과 흥정을 벌이는 지배자들에게서조차 역겨움을 느낀다. "그리고 나는 지배자들이 무엇을 두고 지배라고 부르는지를 보고는 저들 지배자들에게 등을 돌리지 않을 수 없었다. 저들이 말하는 지배란 권력을 잡기 위해 천민들을 상대로 벌이는 거래와 흥정이었을 뿐이다."《차라투스트라는 이렇게 말했다》, 제2부 '천민들에 대하여'

천민과 흥정을 벌이는 지배자란 대중민주주의 사회에서 대중, 곧 '천민'에게 한 표를 호소하거나 대중의 힘을 끌어들여 권력을 노리는 자를 가리키는 말일 것이다. 니체는 이렇게 대중이 주인이 되는 사회의 도래를 극단적으로 혐오한다. 그 혐오감은 여성에 대한 혐오감을 능가한다. 니체가 생각하는 그 '천민'은 반드시 배우지 못한 하층민만을 가리키는 것이 아니다. 부르주아 사회의 일원인 이른바 교양 부르주아지, 다시 말해 교양의 껍데기를 쓴 부르주아들도 그 천민의 일원이다. 앞에서 말한 교양 속물들이다. 그리하여 차라투스트라는 이렇게 말한다.

> 그리고 나는 코를 막은 채 언짢아해 가며 모든 어제와 오늘을 살아왔다. 참으로 모든 어제와 오늘은 글 쓰는 천민들의 고약한 냄새로 진동하는구나! 나는 오랜 세월을 귀가 먹고 눈이 먼, 그리고 벙어리가 된 불구자처럼 살아왔다. 권력의 천민, 문필의 천민, 쾌락의 천민과 함께 살지 않기 위해서였다. 《차라투스트라는 이렇게 말했다》, 제2부 '천민들에 대하여'

그리하여 차라투스트라는 이 천민들의 삶을 견디지 못하고 그들을 쓸어버리는 환상에 사로잡혀 외친다. "때가 되면 나 바람처럼 저들 사이를 휩쓸고 지나가련다. 그리하여 나의 정신으로써 저들의 정신의 숨결을 빼앗으련다."《차라투스트라는 이렇게 말했다》, 제2부 '천민들에 대하여' 니체는 '정신'이라는 단어를 사용해 다소 완곡한 표현을 구사했지만, 이 말을 뱉어내는 차라투스트라의 심정이 소돔과 고모라를 깨끗이 쓸어버리는 《구약 성서》 속 야훼의 심정과 다르지 않음을 느끼기는 어렵지 않다.

반민주주의자 니체를 어떻게 볼 것인가

니체는 《차라투스트라는 이렇게 말했다》에서 "평등을 설교하는 자들"을 '타란툴라(독거미)'라고 부르기도 한다. 이 독거미는 복수심에 차서 언제라도 평등의 반대편에 있는 자들을 물어 독을 주입하려고 한다. "나는 너희들이 친 거미줄을 찢어낸다." 타란툴라들이 어떻게 복수를 선동하는지 니체의 글은 들려준다. 타란툴라들은 소리 지른다.

우리들의 복수가 일으키는 폭풍우에 세계가 온통 휘말리는 것이야말로 우리들에게는 정의다. …… 우리는 우리와 평등하지 않는 사람 모두에게 복수를 하고 욕을 퍼부으려 한다. …… 평등을 향한 의지, 앞으로는 이 의지가 바로 덕을 일컫는 이름이 되어야 한다. 권력을 손에 넣고 있는 모든 자들에게 반대하여 우리는 목청을 높이리라.

《차라투스트라는 이렇게 말했다》, 제2부 '타란툴라에 대하여'

이 문장들에서 지배자들에 대한 복수를 선동하는 혁명가를 떠올리기는 어렵지 않다. 이 문장들은 당시 막 진군하고 있던 평등주의자들, 사회주의자들의 생각과 주장을 정확하게 보여준다. 그들은 정의로운 복수심에 젖어 있었다. 니체는 이 평등주의자들, 사회주의자들의 주장이 '만인이 평등하게 저급해지는 길'로 사람들을 이끈다고 생각했다. 니체는 이 복수심 안에 원한 감정(르상티망)과 질투심이 들어 있음을 간파한다. 그리하여 이렇게 외친다.

평등을 설교하는 자들이여, 무기력이라는 폭군의 광기가 너희들의 가슴에서 '평등'을 갈구하여 외쳐대는구나. 너희들이 더없이 은밀하게 품고 있는 폭군적 욕망은 이처럼 덕이라는 말의 탈을 쓰고 있는 것이다. 상처받은 자부심, 억제된 질투심, 너희들의 선조의 것일지도 모를 자부심과 질투심, 이런 것들이 너희들의 가슴속에서 불꽃이 되고 앙갚음의 광기가 되어 터져 나오는구나. 저들은 열광하고 있는 자들과도 같다. 그러나 저들을 열광시키는 것은 심장이 아니라 복수심이다. …… 벗들이여, 충고하건대 남을 징벌하려는 강한 충동을 갖고 있는 그 누구도 믿지 말라. 그런 자들이야말로 악랄한 족속이며 열등한 피를 타고난 족속이다. 그런 자들의 얼굴에서 사형 집행인과 정탐꾼의 모습을 엿볼 수 있지 않은가. 자기 자신이 얼마나 의로운가를 과시하기 위하여 말을 많이 하는 자들이 있는데 그들도 믿지 말라!

《차라투스트라는 이렇게 말했다》, 제2부 '타란툴라에 대하여'

이렇게 말하는 차라투스트라는 그 자신이 이렇게 비판하는 자들과 혼동될까 걱정이 되었는지 이렇게 다시 강조한다.

> 벗들이여, 나는 다른 것과 섞이고 혼동되기를 원하지 않는다. 생에 대한 나의 가르침을 펴는 자들이 있다. 평등의 설교자이자 타란툴라이면서 말이다. …… 나는 평등을 설교하는 저와 같은 자들과 섞이고 혼동되기를 원치 않는다. 정의가 내게 말해주고 있기 때문이다. "사람들은 평등하지 않다"고. 평등해서도 안 된다! 내가 달리 말한다면 초인에 대한 나의 사랑이 도대체 무엇이란 말인가?

《차라투스트라는 이렇게 말했다》, 제2부 '타란툴라에 대하여'

차라투스트라는 이렇게 민주주의와 평등주의에 대한 철저한 반대자로서 자신을 드러낸다. 그렇다면 니체를 신봉하는 사람은 필연적으로 민주주의와 평등주의에 반대하는 사람이 되어야 하는가? 그런 물음이 떠오를 수 있다. 이 물음에 대한 답을 찾는 데 실마리가 될 만한 문장을 이 인용문에 이어 니체가 결론처럼 이야기하는 부분에서 찾아볼 수 있다. 니체-차라투스트라는 말한다. "선악, 빈부, 귀천, 그리고 가치의 모든 명칭들, 이것들은 모두 무기가 되어야 하며, 삶은 항상 자기 자신을 극복하지 않으면 안 된다는 것을 알려주는 소리 나는 표지가 되어야 한다."《차라투스트라는 이렇게 말했다》, 제2부 '타란툴라에 대하여'

여기서 니체가 강조하는 것은 '삶은 항상 자기 자신을 극복하지 않으면 안 된다는 명제다. 니체는 삶이 자기를 극복하는 데에 민주주의와 평등주의 가치들이 방해가 될 뿐만 아니라 결정적으로 삶 자체를 구렁에 빠뜨린다고 보는 것이다. 그렇다면 삶의 자기 극복의 최대의 적은 이 평등화한 대중 사회라는 니체의 진단이 문제인 것이다. 니체는 이 진단을 그냥 한 번 하고 만 것이 아니라 마지막까지 수없이 반복했다. 그러므로 니체주의자가 된다는 것은 반민주주의자가 된다는 것과 같은 것이기 쉽다.

그러나 분명한 것은 민주주의나 평등주의에 대한 반대가 니체의 목적이었던 적은 한 번도 없었다는 사실이다. 니체는 삶의 자기 극복과 초인의 탄생을 목적으로 삼았고, 그 목적을 이루는 데 민주주의·평등주의 이념과 가치들이 결정적인 걸림돌이 된다고 보았을 뿐이다. 따라서 반민주주의도 반평등주의도 니체에게는 수단의 지위에 머무른다. 반민주주의, 반평등주의를 목숨 걸고 지켜야만 니체주의자가 되는 것은 아니라는 말이다. 니체주의자가 된다는 것은 니체의 가장 중요한 메시지를 충실하게 해독하고 받아들여 자기 것으로 만들어낸다는 것을 뜻한다. 그러므로 니체가 그렇게 굳게 믿었던 반민주주의, 반평등주의 신념이 시대의 한계에 갇힌 오류로 드러난다고 해도 니체의 전체 기획은 무너지지 않을 것이다. 그때에도 '삶은 자기 자신을 극복하지 않으면 안 된다'라는 니체의 명제는 살아 있을 것이기 때문이다. 《차라투스트라는 이렇게 말했다》에서 이 생각은 '권력의지' 사상으로 펼쳐진다.

10

Friedrich Nietzsche

권력의지

"생명체를 발견할 때마다
나는 권력의지도 함께 발견했다."

Nietzsche, Friedrich Wilhelm

"인간은 아무것도 의지하지 않기보다는
차라리 허무를 의지한다."
《도덕의 계보》, 제3 논문, 28절

"기쁨을 주거나 고통을 줌으로써 우리는 타인에 대한 자신의 권력을
행사한다. 우리의 권력을 느끼게 만들어야 하는 사람들에게
우리는 우선 고통을 가한다. 왜냐하면 기쁨보다 고통이
권력을 느끼게 하는 데 훨씬 강한 느낌을 주는 수단이기 때문이다."
《즐거운 학문》, 제1부, 13절

심연에서 정상으로

경이로운 황홀경 속에서 열흘 동안 '번개를 맞은 듯' 무시무시한 속도로 초인의 상을 창조하고 난 뒤, 니체는 "심연에서 수직으로 날아올라 정상에 도달했다"고 느꼈다. 《차라투스트라는 이렇게 말했다》 제1부가 인쇄돼 나왔을 때, 증정본을 받은 사람 중에 가장 열정적인 반응을 보인 사람은 니체의 충직한 제자 페터 가스트였다. "그와 같은 것은 결코 어디에도 없습니다. 당신이 제시하는 인류의 목표는 이제껏 어느 누구도 제시하지 않았으며 또한 제시할 수 없었던 것이기 때문입니다. 이 책에 대해 바랄 것은 성서와 같은 보급, 성전으로서의 존중, 많은 주석자들……."[1] 어쩌면 자신의 마음을 제대로 알아준 유일한 편지였을 것이다. 니체는 바로 답장을 썼다. "그대의 편지를 읽었을 때 전율이 나를 뚫고 지나갔다네. 그대의 말이 옳다면, 내 삶은 실패가 아닌 것일 테지?" 1883년 4월 6일

두 달 뒤 니체는 실스마리아에서 오랜 친구 카를 폰 게르스도르프에게 편지를 썼다. 니체는 알프스 산맥에 견줄 만큼 고양 상태에 있었다. "침묵의 시간은 지나갔네. 나의 차라투스트라가 자네에게 내 의지가 얼마나 높이 날아올랐는지 보여주고 싶어 하네. …… 모든 범상하

고 기이한 말의 배후에는 나의 가장 깊은 진지함과 전체 철학이 숨어 있네. 나 자신을 드러내 밝히기 시작한 첫 책이네." 1883년 6월 28일

이 편지를 쓴 직후 실스마리아의 조용한 하숙집에서 니체는 《차라투스트라는 이렇게 말했다》 제2부를 쓰기 시작한다. 제1부와 마찬가지로 열흘 남짓 만에 완성된 제2부에서 니체는 《차라투스트라는 이렇게 말했다》의 3대 사상 가운데 하나인 '권력의지' 사상을 본격적으로 펼쳐 보인다. 권력의지 사상이 제2부에서 처음 등장한 것은 아니었다. 이미 제1부에서 니체는 이 용어를 사용하고 그 사상의 내용을 얼핏 보여주었다. 권력의지가 등장하는 곳은 제1부 후반부인데, 거기서 니체는 이렇게 쓴다.

> 차라투스트라는 많은 나라와 많은 민족을 둘러보았다. 그리하여 그는 그 많은 민족들이 저마다 무엇을 선으로, 그리고 무엇을 악으로 간주하고 있는지 확인할 수 있었다. …… 어떤 민족에게 선한 것으로 간주되고 있는 것 가운데 많은 것이 다른 민족에게는 웃음거리와 모욕으로 폄훼되고 있는 것을 나는 보았다. 이곳에서는 악한 것으로 불리는 많은 것들이 저곳에서는 존귀한 영예로 장식되는 경우도 나는 보았다. …… 저마다의 민족에게는 저마다의 가치를 기록해둔 서판이 걸려 있다. 보라, 그것은 저마다의 민족이 극복해낸 것들을 기록해둔 서판이다. 보라, 그것은 저마다의 민족이 지닌 권력의지의 목소리다.
>
> **《차라투스트라는 이렇게 말했다》, 제1부 '천 개의 목표와 하나의 목표에 대하여'**

권력의지의 등장

권력의지가 니체 철학에서 차지하는 압도적인 비중을 생각하면, 그의 모든 저작을 통틀어 권력의지라는 말이 최초로 등장하는 이 구절은 그다지 드라마틱하지 않다. 민족마다 각각 권력의지가 있다는 것을 확인하고 있는 것인데, 다만 이 대목에서 눈에 띄는 것이 있다면, 선과 악이라는 것이 고정돼 있는 것이 아니라, 누가 보느냐 하는 관점에 따라 달라진다는 인식이다. 선과 악이 이렇게 관점에 따라 다르다는 이 통찰은 뒷날 다른 저작들에서 한층 더 깊숙이 파헤쳐진다. 이 문단에 이어 니체는 민족마다 권력의지가 어떻게 나타나는지를 설명한다.

어떤 민족으로 하여금 다른 민족 위에 지배자로 군림케 하고 승리를 쟁취케 하며 영예를 누리게 하는 것, 그리하여 이웃 민족에게 전율과 질투심을 불러일으키는 것, 이와 같은 것이 그 민족에게는 숭고한 것, 첫 번째의 것, 척도, 만물의 존재 의미로 간주되고 있다. 참으로, 형제여, 네가 먼저 어떤 민족이 처해 있는 곤경, 그 민족의 땅과 하늘, 그리고 그 민족이 누구와 이웃하고 있는지를 알아낼 수만 있다면, 너는 그 민족이 어떻게 극복을 하는지, 그 극복의 법칙과 어떤 이유에서 그 민족이 그러한 극복의 사닥다리를 타고 그 자신의 희망을 향해 오르고 있는지 그 까닭을 미루어 알 수 있으리라. "너는 언제나 으뜸이 되어야 하며 다른 사람들보다 뛰어나야 한다. 시샘에 불타는 너의 영혼은 벗이 아니라면 그 누구도 사랑해서는 안 된다." 이것이 저 그리스인의 영혼을 조율시킨 가르침이었던바, 이 가르침을 따름으로써 저들은 자신들의 위대한 길을 갈 수 있었던 것이다.

《차라투스트라는 이렇게 말했다》, 제1부 '천 개의 목표와 하나의 목표에 대하여'

여기서 니체는 권력의지의 중요한 내용 가운데 하나를 발설한다. 권력의지는 날것 그대로 관찰하면, 한 민족이 다른 민족을 패배시켜 지배자로 군림함으로써 이웃 민족들에게 두려움과 질투심을 불러일으키는 데서 드러난다. 그것이 가장 중요한 것, 다시 말해 만물의 척도이자 의미로 간주된다는 것이다. 요컨대, 니체의 설명을 따르면, 권력의지는 다른 것이 아니라 타자를 정복하고 지배하는 것에서 관찰된다.

그런데 이 권력의지는 '극복'과 연관이 있다. 그 극복은 먼저는 다른 민족을, 타자를 이겨내고 올라가는 것을 가리킨다. 그리스인들의 영혼을 전율시킨 원칙이 바로 그것이었다. 으뜸이 되고 다른 사람보다 뛰어난 사람이 되는 것, 즉 타자를 극복하고 그들 위에 서는 행위를 반복함으로써 그리스인들은 위대한 길을 갈 수 있었다고 니체는 말한다. 그런데 이렇게 타자를 극복하고 그 위에 서는 것은 그 자신 안에서 보면 자기 자신을 극복하여 자기 위에 서는 것과 같다. 타자 극복은 결국엔 자기 극복이다. 이 자기 극복의 문제를 니체는《차라투스트라는 이렇게 말했다》제2부에서 깊이 천착하게 된다. 자기 극복에 이어 니체는 자신의 중요한 철학적 주제가 될 '가치 평가'라는 문제를 거론한다.

사람들은 그 자신을 보존하기 위해 무엇보다도 먼저 사물들에 가치를 부여해왔다. 먼저 사물들에 그 의미를, 일종의 인간적 의미를 부여했던 것이다! 그들 자신을 '사람', 다시 말해 '가치를 평가하는 존재'라고 부르는 이유가 여기에 있다. 가치 평가, 그것이 곧 창조 행위다. 귀담아 들도록 하라, 창조하는 자들이여! …… 평가라는 것을 통하여 비로소 가치가 존재하게 된다. 그런 평가가 없다면 현존재라는 호두는 빈껍데기에 불과할 것이다. …… 가치의 변천, 그것은 곧 창조하는 자들의 변천이기도 하다. 창조자가 되지 않을 수 없는 자는 끊임없이 파괴를 하게 마련이다. 《차라투스트라는 이렇게 말했다》, 제1부 '천 개의 목표와 하나의 목표에 대하여'

사람들이 사물에 가치를 부여하는 것, 그것이 권력의지의 행위다. 사물을 평가하고 거기에 맞게 가치를 매기는 것이야말로 권력의지가 드러나는 유력한 방식이다. 선과 악을 가르는 것, 어떤 것을 선이라고 평가하고 어떤 것을 악이라고 평가하는 것 자체가 권력의지의 발현이라는 것이 니체의 통찰이다. 니체는 이 가치 평가 행위 자체가 창조 행위라고 말한다. 사물의 가치에 대한 평가를 바꾸는 것, 다시 말해 이제까지 선한 것으로 간주되던 것을 악한 것으로, 악한 것이라고 낙인찍혔던 것을 선한 것으로 달리 규정하는 것, 그 행위 자체가 창조라는 것이다. 귀족의 지배를 선으로 보는 평가 방식을, 민중의 지배를 선으로 보는 평가 방식으로 바꾸는 것, 그리고 그런 새로운 평가 기준을 보편적 기준으로 세우는 것, 그것이 바로 창조 행위다. 반대로, 민주주의를 악으로, 귀족주의를 선으로 뒤집어엎는 것도 창조 행위가 될 수 있다. 니체라면 귀족의 지배를 옳은 것으로 만드는 가치 전복이야말로 창조다운 창조라고 생각했을 것이다. 그러므로 가치가 변한다는 것은 창조하는 자들이 변한다는 것을 뜻한다. 그리고 창조하는 자가 되려면, 기존의 가치, 기존의 척도를 때려 부수고, 새로운 가치, 새로운 기준을 세워야 한다. 창조자는 먼저 파괴자가 되어야 하는 것이다. 이 행위, 그러니까 파괴 행위와 창조 행위 안에서 꿈틀거리는 것이 권력의지라는 것이 니체의 생각이다.

이어지는 구절에서 니체는 이런 말도 한다. "본디는 민족이라는 집단이 창조의 주체였다. 그러고 나서야 비로소 창조하는 개인이라는 것이 나왔다. 실로, 개인 그 자체는 최근의 산물이다." 《차라투스트라는 이렇게 말했다〉, 제1부 '천 개의 목표와 하나의 목표에 대하여' 선과 악의 가치를 평가하는 것은 처음엔 집단이었다는 것이다. 마찬가지로 권력의지도 처음엔 집단적 차원에서 발동했다는 것이다. 개인이 창조의 주체, 선과 악을 판별하는 주체로 등장한 것은 최근의 일이라는 것이다. 니체의 권력의지나 가치 평가에 대한 모든 이야기는 이런 생각을 바탕에 깔고 펼쳐진다. 권력의지라는 말을 들으면 곧바로 '권력욕이 강한 개인'이 떠오르겠지만, 권력의지는 집합적으로 나타날 수도 있고 개별적으로 나타날 수도 있는 것이다. 즉 권력의지는 개인을 통해서도, 집단을 통해서도 발휘된다.

권력의지의 태아

이렇게 권력의지라는 말이 《차라투스트라는 이렇게 말했다》 제1부에서 처음으로 제시되지만, 그 전에 권력의지 사상의 뿌리라고 할 만한 것들이 없었던 것은 아니다. 니체는 초기 작품에서부터 권력의지의 태아라고 할 생각들을 키워가고 있었다. 《비극의 탄생》을 쓰던 무렵에, 그는 그리스 문화가 혹독하고 잔인한 경쟁과 투쟁을 통해 성장해왔다는 명제를 제시했다. 그 명제에서 은밀하게 뛰는 권력의지의 박동을 느낄 수 있다. 《아침놀》에서 권력의지의 사상은 만삭의 상태에 이른다. 이 책은 온통 힘(권력)이라는 것의 본질과 심리를 밝히는 데 바쳐져 있다고 해도 과언이 아니다.

> 개인들과 국민들이 얻게 될 이익과 그들의 허영심이 위대한 정치에 아무리 많이 영향을 끼친다고 하더라도 그들을 앞으로 나아가게 몰아

대는 가장 강력한 흐름은 '힘의 느낌에 대한 욕구'다. 이러한 욕구는 군주나 권력자들뿐만 아니라 그것에 못지않게 민중의 낮은 계층에서도 마르지 않는 샘처럼 용솟음친다. 《아침놀》, 제3부, 189절

또 《즐거운 학문》에서는 권력의지 사상이 머리를 내밀기 직전에 이른다.

> 기쁨을 주거나 고통을 줌으로써 우리는 타인에 대한 자신의 권력을 행사한다. 그 이상의 것을 원하는 경우는 없다. 우리의 권력을 느끼게 만들어야 하는 사람들에게 우리는 우선 고통을 가한다. 왜냐하면 기쁨보다 고통이 권력을 느끼게 하는 데 훨씬 강한 느낌을 주는 수단이기 때문이다. 고통은 항상 그 원인에 대해 묻게 되는 반면에 기쁨은 그대로 머물러 있으려 하고 뒤를 돌아보지 않으려는 경향을 지닌다. 어떤 방식으로건 이미 우리에게 예속된 사람들에게 기쁨을 주고 호의를 베풂으로써 우리는 그들의 권력을 증대시키려 한다. 왜냐하면 우리의 권력을 증대시키거나, 우리의 권력에 내재된 이점을 그들에게 보여주게 되면, 그들은 자신들의 상황에 대해 더 만족하게 되어 우리의 권력에 대항하는 적대자들에게 한층 더 적의를 품게 되고 투지를 불태우기 때문이다. 《즐거운 학문》, 제1부, 13절

마침내 권력의지 사상은 《즐거운 학문》을 끝내고 난 뒤 어느 시점에 니체의 머릿속에서 뚜렷하게 출현했으며, 니체는 그 사상에 쇼펜하우어의 '의지' 개념을 빌려 '권력의지'라는 이름을 붙였다. 젊은 날 되풀이해서 읽었던 쇼펜하우어에게서 용어를 얻어오기는 했지만, 니체의 권력의지는 쇼펜하우어의 의지와는 몇 가지 지점에서 근본적으

로 달랐다. 먼저 쇼펜하우어는 의지를 세계와 우주의 형이상학적 본질로 보았다. 이와 달리 니체는 권력의지를 우주적 원리로까지 이해하지 않았다. 니체는 우리 주위 세계에서 발견할 수 있는 가장 흔하고도 근본적인 삶의 법칙이 권력의지라고 보았다. 더 결정적인 차이는 쇼펜하우어가 의지를 부정하고 거부해야 할 대상으로 보았다는 데 있다. 쇼펜하우어는 의지의 분출과 충돌 때문에 이 세계에 평화가 없고 갈등과 혼란이 생긴다고 생각했다. 그는 의지 자체를 없앰으로써 불교적 열반 상태에 이르는 것을 삶의 목표로 제시했다. 반면에 니체는 권력의지를 삶을 창조하고 전진시키는 동력이라고 생각한다. 권력의지는 어떤 경우에도 부정되어서는 안 되고 또 부정될 수도 없는 삶의 본질이자 목표이다. 이 권력의지 사상의 본문을 보여주는 곳이 《차라투스트라는 이렇게 말했다》 제2부다. 니체는 '자기 극복에 대하여'라는 장에 이르러 권력의지가 무엇인지 한층 명확하게 이야기한다.

> 생명체를 발견할 때마다 나는 권력의지도 함께 발견했다. 심지어 누군가에게 복종하고 있는 자의 의지에서조차 나는 주인이 되고자 하는 의지를 발견할 수 있었다. 더 약한 자가 더 강한 자에게 봉사해야 한다고 약한 자는 자기 자신을 설득하는데, 그 약한 자는 자기보다 더 약한 자의 주인이 되고자 한다. 이 기쁨만은 그 약한 자의 의지도 끊을 수가 없다. 그리고 더 약한 자가 한층 더 약한 자를 지배하는 기쁨과 권력을 얻기 위해 더 큰 자에게 헌신하듯, 이렇게 한층 더 큰 자도 역시 헌신하며 권력을 확보하기 위해 그의 생명을 거는 것이다. 모험과 위험에 뛰어들고 죽음을 건 주사위 놀이를 하는 것, 그것이 가장 큰 자의 헌신이다.
>
> 《차라투스트라는 이렇게 말했다》, 제2부 '자기 극복에 대하여'

니체는 생명체를 발견할 때마다 권력의지를 발견했다고 주장함으로써 권력의지가 생명체의 본질적 특성이라는 자신의 가설을 제시한다. 그 권력의지는 주인의 지배에서만 나타나는 것이 아니라, 하인의 복종에서도 나타난다. "희생과 봉사, 그리고 사랑의 눈길이 있는 곳에서조차 주인이 되고자 하는 의지가 있다. 더 약한 자들은 뒷길로 해서 더 강한 자들의 요새 속으로, 심장 속으로 숨어 들어간다. 그러고는 그곳에서 힘을 훔쳐낸다."《차라투스트라는 이렇게 말했다》, 제2부 '자기 극복에 대하여' 그런가 하면 가장 강한 자는 목숨을 걸고 모험에 뛰어드는데, 그것도 더 큰 권력을 확보하기 위한 것이다. 강자든 약자든 그들을 움직이게 하는 것은 권력의지인 것이다. 니체의 이런 설명을 들으면, 생명체는 그 자체로 권력의지라 해도 좋을 정도다.

"권력의지는 모든 생명체의 본성"

니체는 어떤 경로를 통해 이 권력의지를 발견하는가. 이 장 앞부분에서 그는 명령과 복종의 관계를 추적하는데, 그 추적의 끝에서 권력의지를 찾아낸다. 니체-차라투스트라는 먼저 "나 너희들에게 생명에 대해서, 그리고 생명을 지닌 모든 존재, 즉 모든 생명체의 본성이 어디에 있는지에 대하여 말하려 한다"고 운을 뗀다. 이어 차라투스트라는 생명체를 추적해 100배로 확대해 살펴본 끝에, 첫째로 "모든 생명체는 복종하는 존재"임을 알게 됐다고 말한다. 복종이 생명체의 본질적 특성인 것이다. 다시 차라투스트라는 이 복종이라는 것이 타자에 대한 복종 이전에 자기 자신에 대한 복종을 뜻하며, 자기 자신에게 복종할 수 없는 자는 결국 명령받는 자가 된다는 것이 두 번째로 알아낸 생명체의 본성이라고 이야기한다. 마지막으로 세 번째로 알게 된 것이 "복종보다 명령이 더 어렵다는 것"이다. 왜 복종보다 명령이 어려운가. 차라투스트라는 말한다.

> 명령하는 자가 복종하는 자들 모두의 짐을 져야 한다는 것, 그리고 그 짐이 그를 쉽게 짓누를 수 있다는 것 때문만은 아니다. 내가 보기에 모든 명령에는 시도와 모험이 따르기 마련이다. 명령을 할 때 생명체는 언제나 자기 자신을 거는 모험을 하는 것이다. 자기 자신에게 명령할 때조차 그렇다. 《차라투스트라는 이렇게 말했다》, 제2부 '자기 극복에 대하여'

나폴레옹 보나파르트를 예로 들어보자. 나폴레옹이 프랑스 국민을 일으켜 세워 러시아 침략을 명령했을 때, 나폴레옹은 그 명령과 동시에 명령에 복종하는 국민들의 짐을 모두 짊어진 것이나 다름없는 상황에 처했다. 나폴레옹은 처음엔 그 짐에 짓눌리지 않았겠지만, 러시아 정복에 실패하고 패퇴할 때는 아마도 그 짐의 무게를 절실하게 느꼈을 것이다. 그 패배의 여파로 그는 결국 황제 자리에서 쫓겨나 유배당하고 만다. 명령에는 그 명령이 가져올 결과들에 대한 책임도 함께 들어 있기 때문에, 명령은 언제나 시도와 모험을 품고 있는 것이다. 명령이 지닌 그런 위험의 성격은 자기 자신에 대한 명령에서도 나타난다. 내가 나에게 명령하는 것은 언제나 무언가를 거는 행위여서 얻거나 잃거나 하는 '주사위 놀이'와 같은 것이다. 결과는 좋을 수도 있지만 나쁠 수도 있다. 최악의 경우에 나는 내 존재 전체를 잃을 수도 있다. 바로 이 명령-복종의 관계 속에서 권력의지가 작동한다는 것을 니체의 날카로운 눈은 간파한 것이다.

권력의지가 무엇인지 밝히는 이 장은 짧지만 여러 중요한 통찰로 가득 차 있다. 그 가운데 하나가 권력의지와 생존 의지(삶의 의지)의 관계다. 니체-차라투스트라는 이 둘의 관계를 다음과 같이 설명한다. "오직 생명(삶, Leben)이 있는 곳, 그곳에만 의지가 있다. 그러나 나는 가르치노라. 그것은 삶의 의지가 아니라 권력의지다. 생명체에게는 많은 것이 생명(삶) 그 자체보다 더 높게 평가되고 있다. 그러한 평가를 통해 자신을 주장하는 것이 있으니 권력의지가 그것이다!"《차라투스트라는 이렇게 말했다》, 제2부 '자기 극복에 대하여' 이 말이 뜻하는 것은 무엇인가. 권력의지를 표면만 보면 더 높은 삶, 더 많은 삶을 추구하는 것으로 이해하기 쉽다. 권력의지를 삶을 위한 것, 삶에 봉사하는 것이라고 생각하는 것이다. 그러나 니체가 보기에, 권력의지는 오직 권력의지 자체를 목표로 할 뿐, 삶을 목표로 하지 않는다. 생각해보자. 사람은 어떤 경우엔 적극적으로 자살을 감행하기도 한다. 삶을 내버려서라도 붙들고 추구하고자 하는 것이 있는 것이 있는데, 그것이 바로 권력의지다. 그러므로 권력의지는 삶의 의지로 환원될 수 없다. 대부분의 경우에 권력의지가 삶의 의지, 번식의 의지, 번영의 의지로 나타나는 것은 사실이지만, 권력의지의 범주는 삶의 의지보다 크다. 극단적인 경우에 삶을 던져서라도 자기를 관철하는 것이 권력의지이기 때문이다. 자기 삶을 죽음으로 이끄는 극단적 금욕주의조차 권력의지의 한 발현 방식이다.

이런 사실을 니체는 뒷날《도덕의 계보》에서 다음과 같이 정리한다. "그리고 인간은 아무것도 의지하지 않기보다는 오히려 허무虛無를 의지하고자 한다."《도덕의 계보》, 제3 논문, 28절 무언가를 의지하는 것이야말로 인간의 본질이기 때문에 인간은 아무것도 의지하지 않느니, 무無라도 의지한다는 것이 니체의 발견이다. 즉 허무의 의지로 세계를 파괴하거나 자기 자신을 파괴하는 것이다. 이렇게 니체는 복종 행위, 자살 행위, 헌신 행위에서 모두 권력의지라는 공통요소를 찾아낸다. 그러나 여기서 놓쳐서는 안 되는 것이 권력의지가 삶을 넘어선다고 해도, 권력의지는 어디까지나 생명체에게서만 나타난다는 것이다. 생명체들의 집합인 국가나 사회를 포함해 권력의지가 생명체 안에서만 나타나는 현상이라는 사실에 주목하는 것은 권력의지가 오해의 바다를 표류하지 않도록 이론의 닻을 내리는 일이다.*

진리 의지, 권력의지의 다른 이름

이 장(자기 극복에 대하여)의 첫머리에서 니체는 권력의지가 '진리 의지'라는 이름으로 작용하고 있음도 알게 해준다. 니체-차라투스트라는 말한다. "더없이 지혜로운 자들이여, 너희들은 너희들을 앞으로 내몰고 열렬하게 불타오르게 하는 것을 두고 '진리 의지'라고 부르는가? 모든 존재하는 것을 사유 가능한 것으로 만들려는 의지, 나 너희들의 의지를 그렇게 부른다! 너희들은 존재하는 모든 것을 우선 사유할 수 있는 대상으로 만들어보려고 한다. …… 그러나 존재하는 것 일체는 너희에게 순응해야 하며 굴복해야 한다! 너희들의 의지가 바라는 것이 그것이다. …… 더없이 지혜로운 자들이여, 이것이 너희들의 의지의 모든 것인바, 그것이 바로 권력의지다." 《차라투스트라는 이렇게 말했다》, 제2부 '자기 극복에 대하여'

니체는 우선 우리 안에 진리 의지, 즉 진리를 추구하는 의지가 있다는 사실을 확인한다. 그 진리 의지는 우리를 열광시키고 앞으로 내달

---

* 권력의지에 대한 보충적 논의는 이 장 끝에 붙은 '보충 1-권력의지에 대하여'를 보라.

리게 하고 불타오르게 한다. 진리를 알고자 하는 욕망이야말로 가장 순수한 불꽃이라고 생각하기 쉽다. 모든 것의 비밀을 파헤쳐 그 본질, 그 실체를 알아내고자 하는 의지는 그 자체로 선한 욕망 아닌가. 그러나 니체는 이 진리 의지란 것이 세상 모든 것을 생각을 통해 내 머릿속에 집어넣고자 하는 의지, 다시 말해 나의 이해 능력으로 장악하고자 하는 의지임을 폭로한다. 그렇게 사유 능력으로 대상을 파악하는 것은 그 대상을 내 의지 아래 굴복시키는 것과 다르지 않다.

　진리 의지는 그러므로 지배 의지이고, 권력의지다. 알고자 하는 의지, 인식의 의지는 순수하기 이를 데 없는 정신의 푸른 불꽃 같지만, 실은 대상 세계를 휘어잡아 내 것으로 만들려는 잔인하고 가혹한 의지의 표출인 것이다. 사물이 아닌 사람을 떠올려보면 진리 의지 또는 앎의 의지가 왜 권력의지인지 금방 드러난다. 어떤 사람의 내면을, 그의 생각과 고민과 꿈을 모두 알고자 하는 의지는 그의 내적 세계를 끄집어내 내 세계로 동화시키려는 의지의 발현이다. 그것이 내 세계를 확장하는 것일 수도 있고 타자를 흡수하는 것일 수도 있지만, 그 안에서 작동하는 것이 권력의지임은 분명하다. 여기서 확인하게 되는 것이 앎의 의지 혹은 진리 의지는 권력의지의 하위 범주라는 사실이다. 그렇다면 니체 자신이 《즐거운 학문》에서 그토록 격렬한 문체로 앎의 의지를 외친 것은 그대로 니체의 권력의지가 얼마나 강렬한 것인지를 증언하는 것이라고 할 수 있을 것이다. 니체가 앎의 의지에 약탈이나 전쟁의 은유를 사용한 것은 그 의지의 내적 본질, 다시 말해 권력의지라는 본질을 보건대, 결코 난데없는 은유가 아닌 것이다.

권력의지는 자기 극복의 의지다

《차라투스트라는 이렇게 말했다》 제2부에서 권력의지가 이야기되는 장의 제목이 '자기 극복에 대하여'인 데서 짐작할 수 있듯이, 권력의지와 자기 극복은 내적으로 긴밀한 관계에 놓여 있다. 차라투스트라의 설교를 따라가면, 권력의지는 언제나 자기 극복의 형식으로 나타난다고 해도 틀리지 않는다. 그리하여 권력의지와 자기 극복에 대해 차라투스트라는 이렇게 말한다.

> 그리고 삶은 내게 다음과 같은 비밀도 직접 말해주었다. "보라, 나는 '항상 자기 자신을 극복해야 하는 존재'다." 물론 너희들은 그것은 생식을 향한 의지, 혹은 하나의 목적을 향한 충동, 더 높고 더 멀고 더 다양한 것을 향한 충동이라고 부른다. 그러나 이 모든 것은 하나이며 하나의 비밀이다. 나는 이 한 가지를 단념하느니보다는 차라리 몰락하고 싶다. 그리고 정녕, 몰락이 있고 낙엽이 지는 곳에서, 보라, 생명은 자기 자신을 희생한다. 힘을 확보하기 위해! …… 내가 무엇을 창조하든 그리고 그것을 얼마만큼 사랑하든 나는 곧 내가 창조한 것과 그 창조한 것에 대한 나의 사랑에 대항하는 적이 되지 않을 수 없다. 그렇게 되기를 나의 의지가 원하는 것이다. 그리고 인식하는 자여, 너마저도 내 의지가 가는 길의 오솔길이며 발자국에 지나지 않는다. 참으로, 나의 권력의지는 네 진리 의지조차도 발로 삼아 걸어가는 것이다.
>
> 《차라투스트라는 이렇게 말했다》, 제2부 '자기 극복에 대하여'

니체는 여기서 자기 극복이 권력의지를 지닌 생명체의 내적 본성이라고 이야기한다. 즉 자기 극복은 일종의 자연 필연성이다. 니체의 설명이 명료한 것은 아니지만, 그는 나무의 생장과 번식에서 자기 극복의 자연 필연적 사례를 찾아내는 것 같다. 떡갈나무의 나뭇잎이 무성해지고 열매가 맺힌다. 떡갈나무는 잎을 떨어뜨린다. 가지가 말라 죽기도 한다. 그러나 거기서 발견할 수 있는 것이 자기 극복이다. 떡갈나무는 이듬해 더 크고 더 푸른 나무로 자라 오를 것이다. 또 열매들은 어떤가. 어디 떡갈나무가 낳은 새끼 열매들은 어미의 잎들이 썩은 토양에서 뿌리를 내려 다시 떡갈나무로 자라난다. 열매들이 더 멀리 퍼져 여러 그루의 떡갈나무로 자란다면, 어미 떡갈나무의 처지에서 보면 자기를 희생해 더 많은 자기로 거듭난 것이라고 할 수 있다. 일종의 자기 극복인 셈이다. 자기 극복으로 나타나는 떡갈나무의 내적 본성이 바로 권력의지다.

이렇게 설명해나가다 니체는 방향을 인간적인 상황으로 돌려 창조와 자기 극복의 관계로 나아간다. 내가 무엇을 창조하든, 그리고 내가 창조한 것을 얼마나 아끼고 사랑하든 나는 내가 창조한 그것과 대결해 극복하지 않으면 안 된다. 나는 나를 적으로 삼아 나를 이겨내야 한다. 그것이 권력의지의 요구이기 때문이다. "만일 인간이 자기 내부에서 오직 자기 존재 유지를 위한 욕구만을 발견한다면 그것은 너무 소극적인 것이다. 내부의 자아는 팽창하는 힘과 상승과 축적의 경향을 이미 갖고 있다. 현상 유지만 하는 것은 결국 멸망한다. 상승하는 것만 유지된다."[2] 우리가 창조한 것에 자족하는 순간, 우리는 현상을 유지하기는커녕 뒤떨어지기 시작한다. 아니, 우리의 영혼을 잃어버릴지 모른다. 그러므로 우리는 우리가 창조한 것들과 대결해야 한다. 그것이 아무리 사랑스럽더라도 그 앞에서 멈추면 안 된다.

이것은 그대로 괴테가 《파우스트》의 마지막에서 주인공 파우스트의 입을 통해 한 말을 떠올리게 한다. 파우스트는 자신이 개척한 땅에서 곡식이 자라 넘실대는 것을 상상 속에서 펼쳐보며 외친다. "멈추어라. 너 정말 아름답구나!" 이렇게 말하는 순간 악마 메피스토펠레스가 계약대로 파우스트의 영혼을 가져가고 파우스트는 그 자리에서 죽음을 맞는 것이다. 이 문학적 비유를 니체는 생명의 본질로 치환한다. 그리하여 자기 극복은 모든 생명체의 권력의지가 드러나는 형식이 된다. 또 인간이라는 존재에게서 자기 극복은 그대로 실존적 명령이 된다. 우리는 아무리 아름답고 사랑스러운 순간을 향해서도 멈추라고 해서는 안 된다. 우리는 우리를 끝없이 극복하지 않으면 안 된다. 니체가 말한 자기 극복을 하이데거는 이렇게 해석한다. "'생의 유지'가 단지 생의 유지에 그칠 때 그것은 이미 생의 몰락일 것이다. '생의 공간(생존 공간, Lebensraum)'의 확보는 살아 있는 것의 목표가 결코 아니며 '생의 고양'을 위한 수단일 뿐이다. …… 생은 (생의) 근본 성격인 권력의지로부터 경험될 경우 생의 고양과 상승을 향한 충동이며 지배, 즉 상위에 존재함을 향한 충동이다."[3]

그렇다면 자기 극복은 어디까지 계속되어야 하는 것일까. 자기 극복이라는 명제는 니체의 초기부터 말기까지 지속되는 핵심적인 실존 명제다. 초기의 니체는 '자기 자신을 극복해 자기 자신이 되는 것'을 삶의 목표로 제시했다. 《차라투스트라는 이렇게 말했다》에서 니체는 자기 자신을 극복해야 한다는 점을 강조할 뿐 그 목표를 분명하게 명시하지는 않는다. 그러나 이 책 전체가 '초인'에 대한 가르침임을 상기한다면, 우리가 쉼 없는 자기 극복을 거쳐 도달해야 할 곳에 초인이 서 있을 것이라고 추정하는 것은 무리가 아니다.

다시 앞의 '자기 극복에 대하여' 장으로 돌아가자. 니체-차라투스트라는 우리가 이렇게 자기를 극복해 나아가는 길에서 인식하는 자의 진리 의지조차 수단으로 삼는다고 말한다. 이것이 자기 극복을 지향하는 권력의지의 냉혹한 모습이다. 이 구절은 비유로 쓰였기 때문에 해석의 여지가 있다. 먼저 여기서 인식하는 자의 진리 의지를 발로 삼는다는 말을, 진리를 구하는 사람들이 쓴 책이나 남긴 가르침을 수단으로 삼는다는 뜻으로 온건하게 읽을 수도 있다. 동시에 이 비유는 타자를 자기 극복의 수단으로 삼을 수 있다는 해석을 결코 배제하지 않는다. 니체가 사용한 비유의 성격을 보아, 그가 이런 냉혹한 해석을 지향하고 있다고 보는 것은 난데없는 일이 아니다. 자기를 극복해 상승하기 위해서라면, 타자를 인식의 수단으로 삼을 수도 있다는 각오로 세상과 맞붙으라는 명령이 이 문장 속에 담겨 있는 것이다.

하이데거 머릿속의 니체

니체의 권력의지를 찬찬히 따져보고자 한다면, 반드시 검토해야 할 사람이 철학자 마르틴 하이데거다. 하이데거는 니체의 권력의지 사상을 깊이 파고들어 숙고한 사람 가운데 첫 손가락에 꼽히는 사람이다. 니체가 20세기 후반에 사상적 영향력을 발휘하는 데 결정적인 동력을 만들어준 사람이자 권력의지 사상을 이해하는 데 중요한 지침을 제공해준 사람이기도 하다. 하이데거는 니체 사상 가운데 권력의지를 핵심 교의로 보았다.

그러나 여러 사람이 하이데거가 니체의 권력의지를 그 자체로 이해하지 않고 하이데거 자신의 철학 안에 니체를 우겨넣었다고 비판한다. 니체 전기를 쓴 홀링데일의 평가가 대표적이다. "하이데거를 이해하는 것보다 먼저 니체를 접했던 사람들의 눈에 하이데거의 니체는 필시 하이데거 말고는 어느 누구도 만들지 않았을, 또는 만들 수 없었을 하나의 구성물로 보일 것임에 틀림없다."⁴ 요약하면, 하이데거의 니체는 하이데거가 만들어낸 니체라는 이야기다. 하이데거의 니체 해석에 대해서는 들뢰즈도 한마디 했다. "하이데거는 니체의 생각보다는 자기 자신의 생각에 더 가까운 니체 철학 해석을 제공한다."⁵ 이 말은 들뢰즈 자신에게도 해당하지만, 하이데거의 니체 해석이 그와 같은 문제를 안고 있음은 부인할 수 없다.

그렇다면 하이데거의 권력의지 해석에서 가장 문제가 되는 것은 무엇일까. 하이데거는 니체가 말한 권력의지를 존재자 전체에 대한 형이상학적 본질로 이해한다. 이것이 하이데거의 니체 해석에서 핵심적 지위를 차지하는바, 거기에 바로 문제의 발단이 있다. 하이데거는 말한다. "존재자 전체에 대한 진리는 전통적으로 '형이상학'이라고 불린다."⁶ "존재자 전체의 근본 성격을 니체는 그가 '권력의지'라고 부르는 것으로서 인식하고 정립한다."⁷ 더 나아가 하이데거는 니체의 권력의지를 플라톤의 형이상학과 연결된, 플라톤 철학의 마지막 후예로 이해한다. "존재자를 권력의지로 보는 니체의 해석은 플라톤에게서 비롯된 서구 형이상학이 말하는 최후의 말이다."⁸ 하이데거는 니체가 플라톤에게서 시작된 서구 형이상학을 극복하려 했지만, 결국 그의 핵심 사상인 권력의지를 존재자 전체의 본질로 제시함으로써 서구 형이상학의 최후를 장식하는 근대 형이상학의 완성자가 되었다고 비판한다.⁹ 그러나 이런 식의 규정과 비판은 니체가 권력의지를 '존재자 전체의 진리', 다시 말해 세계 전체의 본질로 제시했다는 명제가 참인 경우에야 성립한다.

니체의 텍스트가 하이데거 식의 규정을 허락할 소지를 일부라도 지니고 있을까? 니체는 권력의지를 모든 것의 본질로 삼았던 것일까? 니체의 텍스트를 꼼꼼히 살펴보면, 니체는 언제나 권력의지를 생명체

또는 살아 있는 것들의 본질로 이해한다는 것을 금방 알 수 있다. 권력의지 사상이 펼쳐지는 《차라투스트라는 이렇게 말했다》 제2부 '자기극복에 대하여' 본문을 살펴보는 것으로 이런 사실은 금방 확인된다. "나는 생명체를 추적해보았다. 그 특성을 알아내기 위해 더없이 큰 길과 더없이 작은 길도 마다하지 않고 가보았다." "생명체를 발견할 때마다 나는 복종 운운하는 말을 들을 수가 있었다." "생명체를 발견할 때마다 나는 권력의지도 함께 발견했다." 그리고 결정적으로 다음과 같은 말을 니체가 했음은 이미 확인한 바와 같다. "오직 생명이 있는 곳, 그곳에만 의지가 있다." 이렇게 니체의 권력의지는 언제나 생명체 안에서, 혹은 생명체와 더불어 이야기되는 것이다. 그런 점에서 니체의 권력의지는 쇼펜하우어의 의지와 근본적으로 다르다. 쇼펜하우어의 의지는 우주 전체의 본질로서 제시된다. 이것은 인간을 우주로 투사한 발상이다. 반면에 니체는 쇼펜하우어식 우주 이해를 정면으로 반박한다. 니체는 이미 《즐거운 학문》에서 그 문제에 대한 자신의 견해를 명확히 밝혀놓았다.

> 이 세계가 살아 있는 생명체라고 생각하는 것을 경계하자. 그것이 어디로 확장되고 있다는 말인가? 무엇에서 영양을 섭취한다는 말인가? 어떻게 성장하고 번식할 수 있다는 말인가? 우리는 유기체가 무엇인지 대략 알고 있다. 그런데도 이 우주를 유기체라고 부르는 자들처럼, 이 지구의 표면에서 인지할 뿐인 지극히 피상적인 것, 뒤늦게 생겨난 것, 희귀하고 우연적인 것(즉 생명체)을 본질적이고 보편적이며 영원한 것으로 해석해야 한다는 말인가? 그런 짓은 내게 구역질을 일으킨다. …… 우리가 살고 있는 별의 질서는 예외에 속한다. 이 질서와 그것에 의해 조건 지어진 지속성이 다시금 예외 중의 예외인 유기체의 생성을 가능

하게 했다. 반면에 이 세계의 전체적 성격은 영원한 카오스다. 필연성이 결여되어 있다는 의미에서가 아니라, 질서, 조직 구조, 형식, 미, 지혜, 그밖에 우리가 심미적 인간성이라고 부르는 모든 것이 결여되어 있다는 의미에서 그렇다는 것이다. …… 우주는 결코 인간을 모방하려 하지 않는다! 우리의 어떤 미학적 판단이나, 도덕적 판단도 우주에 적용되지 않는다! 우주는 자기 보존 본능을 지니고 있지 않으며, 도대체 본능이라는 것을 가지고 있지 않다.
〈즐거운 학문〉, 제3부, 109절

니체는 하이데거를 반박한다

그런데도 하이데거는 우주에 대한 니체의 이 견해에 반하여 니체의 권력의지를 해석한다. 니체가 권력의지를 생명체, 더 직접적으로는 인간에게서 발견했다는 것을 하이데거가 모르는 것은 아니다. 그러나 하이데거는 형이상학이라는 것이 본질상 일종의 '의인화'라는 것을 논리적 거점으로 삼아 니체의 권력의지를 우주적 본질로 확장한다. 그리하여 하이데거는 이렇게 말한다. "인간이라는 특수한 존재자에게 타당한 것이 존재자 전체에 전이되고, 세계의 상이 오직 인간의 상에 따라서 그려지는 것처럼 보인다."[10] "권력의지의 형이상학은 존재자의 인간화다."[11] "형이상학은 의인관이다. 즉 그것은 세계를 인간의 상에 따라서 형성하고 직관하는 것이다."[12] 이렇게 하이데거는 의인화, 다시 말해 인간적 관점을 우주에 적용하는 변형을 통해서 권력의지를 존재자 전체, 곧 우주의 본질로 만들고 만다. 그러고는 이렇게 덧붙인다. "모든 형이상학에 대한 니체의 해석이 하나의 '도덕적인' 해석이라는 사실이 드러났다."[13] 우주에 대해 도덕적 해석을 하지 말자는 것이 니체의 제안인데, 그런 니체를 정반대로 뒤집고 있는 것이다.

하이데거는 왜 이렇게 무리수를 두는 것일까. 권력의지를 형이상학적 본질로 삼음으로써 니체 철학의 한계를 분명히 하려는 전략이 아닐까? 니체는 결국 서구 형이상학의 틀 안에 갇힌 사람이고, 하이데거 자신이야말로 그 틀을 뛰어넘어 진정으로 새로운 전망을 보였다는 것을 강조하려는 뜻이 아닐까. "니체의 형이상학이 진실로 서구 형이상학의 완성이라고 할 경우 니체와의 대결은 서구 형이상학 전체와의 대결이 될 경우에만 적합한 대결이 된다."[14] 하이데거는 결국 서구 형이상학 전체의 완성으로 니체 철학을 놓은 뒤, 그 니체와 대결해 그를 무너뜨림으로써 서구 형이상학 전체를 격파한다는 철학적 전략을 수행하고 있는 것이다. 그러나 이것은 니체가 권력의지를 존재자 전체의 본질로 보았다는 점이 입증되지 않는 한 무리한 일로 끝나고 만다.

니체의 글들을 찬찬히 읽어보면, 니체에게서 형이상학적 욕망이 아주 없었던 것 같지 않다는 점을 확인할 수 있다. 영원회귀 사상의 경우도 마찬가지지만, 권력의지에 대해서도 니체는 그것을 형이상학적 체계로 설명하려는 시도를 여러 차례 감행했다. 자신이 발견한 원리를 존재자 전체의 본질적 원리로 구축하려는 욕망을 완전히 떨쳐버리지는 못했던 것이다. 그런 욕망이 넘실대는 유고 메모 가운데 대표적인 것을 읽어보면 다음과 같다.

> 그대들은 또한 나에게 '세계'란 무엇인지 알고 있는가? 내가 그대들에게 이 세계를 내 거울에 비추어 보여주어야만 하는가? 이 세계는 곧 시작도 끝도 없는 거대한 힘이며, 커지지도 작아지지도 않으며, 소모되지도 않고 오히려 전체로서는 그 크기가 변하지 않지만, 변화하는 하나의 확고한 청동 같은 양의 힘이며, 지출과 손해가 없지만, 이와 마찬가

지로 증가도 수입도 없고, 자신의 경계인 '무'에 의해 둘러싸여 있는 가계 운영이며, 흐릿해지거나 허비되어 없어지거나 무한히 확장되는 것이 아니라, 일정한 힘으로서 일정한 공간에 끼워 넣어지는 것인데, 이는 그 어느 곳이 '비어' 있을지도 모르는 공간 속이 아니라, 오히려 도처에 있는 힘이며, 힘들과 힘의 파동의 놀이로서 하나이자 동시에 다수이고, 여기에서 쌓이지만 동시에 저기에서는 줄어들고, 자기 안에서 휘몰아치며 밀려드는 힘들의 바다며, 영원히 변화하며, 영원히 되돌아오고, 엄청난 회귀의 시간과 더불어, 자신의 형태가 빠져나가는 썰물과 밀려들어 오는 밀물로, 가장 간단한 것으로부터 가장 복잡한 것으로 움직이면서, 가장 고요한 것이나 가장 단단한 것, 가장 자기모순적인 것으로 움직이고, 그다음에는 다시 충일한 것에서 단순한 것으로, 모순의 놀이로부터 조화의 즐거움으로 되돌아오고, 이러한 동일한 자기 자신의 궤도와 시간 속에서도 여전히 자기 자신을 긍정하면서, 영원히 반복해야만 하는 것으로서 스스로를 축복하면서, 어떠한 포만이나 권태나 피로도 모르는 생성이다. 영원한 자기 창조와 영원한 자기 파괴라고 하는 이러한 나의 디오니소스적인 세계, 이중적 관능이라는 이러한 비밀의 세계, 이러한 나의 선악의 저편의 세계, 이는 순환의 행복 속에 목적이 없다면 목적이 없으며, 원환 고리가 자기 자신에 대해 선한 의지를 갖지 않는다면, 의지가 없다. 그대들은 이러한 세계를 부르는 이름을 원하는가? 그 모든 수수께끼에 대한 하나의 해결을? …… '이러한 세계가 권력의지다. 그리고 그 외에 아무것도 아니다.' 그대들 자신 역시 권력의지다. 그리고 그 외에 아무것도 아니다.

《니체 전집 18 유고(1884년 가을~1885년 가을)》, 435~436쪽

1885년 여름 권력의지에 관한 대작을 구상할 때 쓴 이 아름다운 글

은 니체가 머릿속에 생각한 세계, 권력의지와 영원회귀가 일치하는 우주적 상상력의 세계를 보여준다. 그러나 니체는 이렇게 공들여 쓴 메모를 공식 출간한 책 어디에도 삽입하지 않고 메모로 남겨두었다. 왜 이토록 정교하게 다듬어 쓴 글을 출판하지 않았을까. 권력의지를 이렇게 물리학적 사실로 이해하려는 이런 우주론적 전망을 니체 스스로 결코 완전히 수긍할 수 없었기 때문이 아닐까. 권력의지는 이런 우주론적 전망으로 설명하기보다는 우리 삶의 생생한 현실 속에서 끝없이 정복하고 확장하고 지배하고 자기를 극복하려는 존재의 내적 충동으로 이해해야 한다. 그리하여 니체는 권력의지를 형이상학적 본질로 제시하려던 욕망을 무작정 관철할 수 없었다. 무수히 많은 시도는 수백 개의 메모로 남았지만, 끝내 체계를 구축하는 데는 이용되지 못했다. 그 메모들이 니체가 죽고 난 뒤 니체의 뜻과 상관없이 편집돼 《권력의지》라는 이름으로 출간됐지만, 그 책조차 이 우주 전체를 아우르는 체계다운 체계를 보여주지는 못한다.

그런 사정은 니체의 무능을 증명한다기보다는 권력의지를 우주 전체의 형이상학적 본질로 구축하는 것이 자신의 근본적인 철학적 태도, 곧 반형이상학적인 세계관과 충돌한다는 것을 니체 자신이 자각한 데 따른 결과임을 증명하는 것일 가능성이 높다. 어쨌든 니체는 권력의지를 형이상학적 세계 본질로 이해하는 데로 빠져들지 않음으로써 권력의지의 현실성을 지켜낼 수 있었다.

권력의지는 우리 세계 안의 우리 생명체들의 문제다. 좀 더 좁히면, 사회를 형성하고 역사를 만들어가는 우리 인간들, 그리고 창조하고 투쟁하는 개인들의 문제다. 그러므로 권력의지는 쇼펜하우어처럼 우주를 주재하는 단 하나의 의지가 아니라, 무수한 개체들 안에서 각각 작용하는 복수의 의지들이다. 이 권력의지들의 만남과 충돌과 경합과 투쟁을 삶이라고 부를 수 있을 것이다.

니체, 비폭력의 철학자?

니체의 철학은 때때로 폭력을 거부하는 일종의 비폭력주의 철학으로 이해되기도 한다. 그런 '오해'가 퍼지는 데 일정한 기여를 한 사람 가운데 독창적인 니체 해석자 질 들뢰즈가 있다. 들뢰즈의 니체 해석 전체가 그런 오해에 이바지하고 있는 것은 아니다. 니체의 과격한 주장을 들뢰즈가 나름의 방식으로 소개하고 있는 것도 사실이다. 하지만 동시에 니체가 마치 전쟁이나 폭력을 부정한 것처럼 단정함으로써 니체의 실제 주장을 가리는 데 들뢰즈가 한몫했음을 부인할 수는 없다. 들뢰즈가 보기에, 홉스부터 헤겔까지 기존의 사상가들은 권력의지를 항상 기존 가치의 획득과 결부했다. 다시 말해 이 고전적 사상가들은 권력의지를 '권력'을 얻고 '인정'을 받기 위한 '투쟁'과 연결시켰다. 이 점을 지적하면서 들뢰즈는 니체의 권력의지가 홉스나 헤겔의 권력의지와는 상반된 것임을 이렇게 강조한다.

> 그런데 다음과 같은 사실은 아무리 강조해도 지나치지 않다. 투쟁, 전쟁, 경쟁의 개념, 그리고 비교의 개념조차 니체에게서, 또 의지 철학의 입장에서 얼마나 낯선 것인가 하는 점이다. 그가 투쟁의 현존을 부인하지는 않지만, 그 투쟁의 현존이 그에게서 가치를 창조하는 것으로 보이지는 않는다. 마찬가지로 그것이 창조하는 유일한 가치는 승리하는 노예들의 가치들이다. …… 투쟁은 결코 힘들의 적극적인 표현이 아니고 긍정하는 권력의지의 표명도 아니다. 마찬가지로 그것의 결과는

주인이나 강자의 승리를 표현하지 않는다. 그와 반대로 투쟁은 약자들이 강자들을 이기는 수단이다.[15]

여기서 들뢰즈는 약자와 강자를 니체가 부여한 의미로 사용하고 있다. 즉 창조하는 자가 강자이며, 창조하지 못한 채 원한 감정에 사로잡혀 강자를 끌어내리려고만 하는 자가 약자들이다. 그런데 약자와 강자를 니체처럼 그렇게 해석한다고 하더라도, 들뢰즈의 이 주장은 니체가 일생을 통해 격렬한 톤으로 주장했던 경쟁, 투쟁, 전쟁의 가치를 모두 무無로 돌리고 만다. 마치 하이데거가 니체를 하이데거의 니체로 만들었듯이, 여기서 들뢰즈는 니체를 들뢰즈의 니체로 만들어버린다. 호전적인 니체는 들뢰즈의 세탁을 거쳐 완전히 비폭력주의자로 거듭난다.

들뢰즈는 자신이 그런 주장을 할 수 있는 근거로 니체가 말년의 자서전에서 "나는 투쟁하기에는 너무 예의바르다"고 고백하는 다음과 같은 말을 인용한다. "내 삶에서는 어떤 '투쟁'의 특징도 증명될 수 없으며, 나는 영웅적인 본성과는 반대된다. 어떤 것을 '원하고', 어떤 것을 '추구하며', 특정한 '목적'과 '소망'을 염두에 둔다는 것, 이 모든 것을 나는 내 경험상 알지 못한다."《이 사람을 보라》, '나는 왜 이렇게 영리한가', 9절[16] 그러나 이 문장을 문자 그대로 받아들이면 니체 자신이 자기 자신을 완전히 배반하는 우스꽝스러운 인간이 될 수 있다. 이 문장은 니체가 그 바로 밑에 쓴 문장, "나는 어떤 소망도 품어본 적이 없다. 44년을 살아온 후에 자기 자신이 결코 '명예'와 '여자'와 '돈' 때문에 애쓴 적이 없었다고 말할 수 있는 사람이다"라는 문장을 오차 없는 진리 명제로 받아들이기 어렵듯이 마찬가지로 진실 그 자체로 받아들일 수 없다. 그리고 이 대목에서 야스퍼스의 경고를 소개해두는 것이 좋겠다.

자기모순은 니체 사상의 특징이다. 우리는 거의 언제나 니체의 어떤 판단에 대해서도 정반대의 판단을 또한 발견할 수 있다. 겉으로 보면 그는 모든 것에 관해서 두 가지 의견을 가지고 있는 것 같다. 따라서 우리는 바로 우리가 원하는 것을 니체로부터 마음껏 인용할 수 있다. 어느 편에 있는 사람일지라도 때에 따라서 니체에게 의존할 수가 있었다. 거기에는 무신론자와 신앙인, 보수주의자와 혁명가, 사회주의자와 개인주의자, 방법론적인 과학자와 몽상가, 정치적인 자와 비정치적인 자, 자유사상가와 광신자 등이 같이 있다.[17]

이어 야스퍼스는 이런 모순은 단순히 교정해야 할 모순이라기보다는 "사태의 본질에서 생기는 필연적인 모순이며 사유의 졸렬함의 표시가 아니라 성실함의 표시일 것"이라고 해석한다.[18] 따라서 중요한 것은 무작정 모순을 회피하는 것이 아니라 모순의 근원을 탐구하는 것이다. 어쨌든 야스퍼스의 이런 경고를 마음에 새긴다면, 들뢰즈가 자신의 주장을 뒷받침하는 하나의 근거로 제시한 니체의 자기 평가는 다른 자기 평가로, 또 니체가 직접 쓴 다른 글로 얼마든지 반박할 수 있는 것이다. 요컨대, 니체를 투쟁이나 전쟁을 부정한 사람으로 이해하는 것은 니체를 왜곡된 볼록 거울로 보는 일이 되기 십상인 것이다. 이렇게 들뢰즈가 이해한 니체가 니체 철학 그 자체가 아니라 들뢰즈의 관점에 포획된 니체 철학임을 잊지 않는다면, 우리가 니체 철학이라는 이름의 들뢰즈 철학에서 얻을 것은 분명히 있다. 이를테면, 들뢰즈는 "권력의지는 결코 권력을 원하는 의지, 지배를 욕구하는 의지가 아니다"라고 강조하면서, 《차라투스트라는 이렇게 말했다》 제3부의 '흔히 말하는 세 가지 악에 대하여'에 대해 논평하는 방식으로 자신이 생각하는 권력의지를 일목요연하게 설명한다.

오로지 비굴한 자들만이, 즉 자신이 할 수 있는 것으로부터 분리되어 비굴하게 머무는 노예들만이 지배하길 욕구하며, 타인들로부터 자신들의 인정을 구한다. 따라서 권력을 하나의 대상으로 여기면서 그것을 탐내는 자들은 노예들이다. 반면에 주인들은 자신들이 곧 지배하는 자들이다. 말하자면 그들은 자신들이 할 수 있는 것으로부터 분리되어 있지 않는 자들, 즉 자기 원인적이고 능동적인 힘으로서의 권력을 소유한 자들, 그리고 그 권력을 실제적으로 드러내는 자들이다. 따라서 그들은 결코 권력을 대상으로 고려하지 않는다. 그들은 권력을 원하지 않으며, 다만 실현할 뿐이다. 일단 그 내용을 떠나서 주인과 노예라는 측면만으로 권력의지를 고려한다면 권력의지란 이처럼 주인에게 속하는 것이다.[19]

들뢰즈는 권력의지에 대한 이런 해석을 다른 책에서 좀 더 알아듣기 쉬운 말르 설명하기도 한다.

사람들이 권력의지를 '지배욕'이라는 의미로 해석하는 한, 그것은 불가피하게 기성의 가치들에 의존하는 것이 되고 만다. …… 니체의 말을 따르면, 권력의지는 무언가를 격렬하게 원하고 '획득하는' 데 존재하는 것이 아니라 '창조하고 산출하는' 데 존재한다.[20]

약자로부터 강자를 지켜라

지배욕이야말로 약자들이 생각하는 권력의지라는 것이 들뢰즈가 전하는 니체의 주장이다. 들뢰즈는 이렇게 '획득'이 아니라 '창조'의 관점에서 강자와 약자를 나눈다. 그러면서 약자들 혹은 노예들이 구사하는 반동적인 힘과 부정적인 의지가 승리하는 사태를 두고 '니힐리즘'이라고 명명한다. 니힐리즘이란 노예적 정신을 지닌 무리, 곧 약자들의 승리 말고 다른 것이 아니다. 왜 니힐리즘이 문제인가. "노예들은 다른 사람의 힘을 빼는 것으로 승리하기" 때문이다.[21] 노예 또는 약자는 이렇게 승리를 훔친다. 그러면서 들뢰즈는 니체의 유명한 말을 인용한다. "우리는 강한 자들을 약한 자들의 공격으로부터 지켜야만 한다."[22] 그래야만 니힐리즘의 승리를 막을 수 있다는 것이다.

창조하는 자, 산출하는 자를 강한 자로 이해하고, 약자를 강자의 힘을 훔치고 빼내는, 창조하지 못하는 자들로 이해하는 들뢰즈의 설명법은 잘 깎아놓은 조각상처럼 말끔하다. 마음에 새겨둘을 명제들이 적지 않다. 그러나 거듭 강조할 것은 이 모든 것이 들뢰즈의 눈으로 해석한 니체라는 사실이다. 니체의 텍스트는 들뢰즈의 매끄러운 니체상을 훼손하는 가시철조망 같은 구절들로 넘친다.

들뢰즈가 자신의 권력의지 해석의 실마리로 삼은 《차라투스트라는 이렇게 말했다》 제3부의 '흔히 말하는 세 가지 악에 대하여'만 살펴봐도 사태는 분명해진다. 여기서 니체-차라투스트라는 이렇게 말한다. "감각적 쾌락, 지배욕, 이기심. 이 세 가지가 지금까지 가장 혹독하게 저주받아왔을 뿐만 아니라 가장 고약하게 비방받고 왜곡되어왔던 것들이다. 나 이 셋을 인간적인 관점에서 제대로 저울질해볼 참이다." 《차라투스트라는 이렇게 말했다》, 제3부 '흔히 말하는 세 가지 악에 대하여', 1절 그러면서 니체는 이 세 가지를 하나하나 자신의 언어로 재평가한다. 일종의 가치 전복을 행하는 것이다. "감각적 쾌락. 그것은 쇠잔해 있는 자들에게야 감미로운 독이지만, 사자의 의지를 지닌 자들에게는 대단한 강심제요 정성스레 저장해온 최상의 포도주다." 《차라투스트라는 이렇게 말했다》, 제3부 '흔히 말하는 세 가지 악에 대하여', 2절 이어 지배욕이라는 악을 다시 평가해 찬미한다. "지배욕. 높은 자가 아래로 내려와 권력을 열망할 때 누가 그것을 두고 '병적 탐욕'이라고 부르겠는가! 참으로 그런 열망과 하강에는 병적인 것도 탐욕적인 것도 없거늘!"《차라투스트라는 이렇게 말했다》, 제3부 '흔히 말하는 세 가지 악에 대하여', 2절 마지막으로 이기심이라는 악에 대해 니체-차라투스트라는 이렇게 말한다.

> 사이비 현자들, 모든 사제들과 세상살이에 지쳐 있는 자, 여인과 하인의 영혼을 지닌 자, 오, 예로부터 이런 자들의 농간이 얼마나 이기심을 학대해왔던가! 거기에다 이기심을 학대한 것, 바로 그런 행위가 덕으로 간주되고 덕으로 불려오지 않았던가! 그러니 '무욕', 세상살이에 지쳐 있는 겁쟁이들, 그리고 십자거미들이 그것(무욕)을 소망한 것도 실로 당연한 것이 아니겠는가! 그러나 이들 모두에게 그날이, 변화와 심판의 늪이, '저 위대한 정오'가 다가오고 있다. 이제 많은 것이 반드시 백일하에 드러나리라! 그리고 자아를 두고 건전하고 신성하다고 말하며, 이기심을 두고 복되다고 말하는 자, 그는 진정 예언자로서 그가 통찰하고 있는 것을 일러주고 있다.
>
> 《차라투스트라는 이렇게 말했다》, 제3부 '흔히 말하는 세 가지 악에 대하여', 2절

이기심을 떠받들고, 지배욕을 찬양하는, 니체의 육성이 담긴 이런 구절을 읽으면, 들뢰즈의 매력적이고 산뜻한 글은 오히려 '사이비 현자'의 우아한, 그러나 공허한 말처럼 들린다. 니체의 역설에 찬 차갑고도 뜨거운 말들이 들뢰즈의 세련된 문장들보다 우리 정신의 깊은 곳을 훨씬 더 강하게 때리지 않는가. 니체의 폭발하는 말들은 우리를 고양시킨다.

| 보충 1 |

권력의지에 대하여*

1. 왜 '권력의지'인가

'빌레 추어 마흐트Wille zur Macht'는 니체 철학의 개념 가운데 가장 중요한 개념으로 거론된다. 대표작 《차라투스트라는 이렇게 말했다》에서 설파하는 핵심 사상 가운데 하나일 뿐만 아니라 마지막 해까지 고심했던 사상이었다. 파산으로 끝나고 만 주저의 제목도 '데어 빌레 추어 마흐트Der Wille zur Mach'였다. 'Wille zur Macht'를 어떻게 번역할 것인가를 놓고 연구자마다 의견이 분분하다. 근래에 국내에서는 이 용어를 대체로 '힘에의 의지'로 번역하지만, 이 책에서는 '권력의지'로 번역한다. 그 이유는 다음과 같다.

'Wille zur Macht'를 '힘에의 의지'로 옮긴 대표적인 번역서는 책세상출판사에서 나온 《니체 전집》이다. '책세상 니체전집편집위원회'(위원장 정동호)는 이 말을 '권력의지'가 아니라 '힘에의 의지'로 옮긴 이유를 이렇게 밝힌다. "우리는 외부의 제약에 저항을 하여 힘을 밖으로 펼친다. 다른 사람들

---

* 이 보충 글에서는 본문에서 미처 다루지 못한 국내외 니체 연구자들의 '권력의지' 이해를 비판적으로 검토한다.

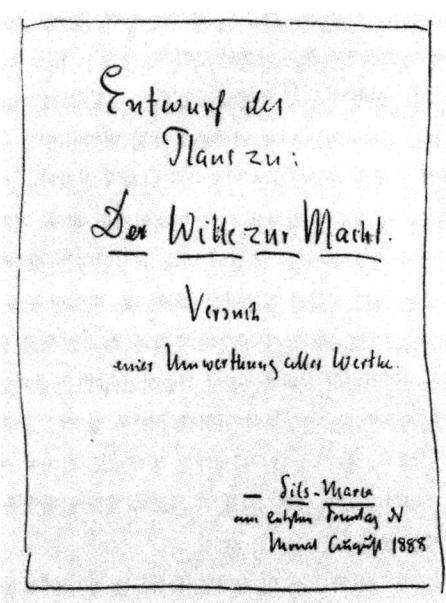

《권력의지》 표지 초안 중 하나

에게 영향을 행사하려 하며, 가능하다면 지배하려 든다. 이때 힘에의 의지는 권력의지가 된다. 권력의지란 임의로 편집되어 출간되어 나온 니체의 《유고집》에 붙인 일본식 번역어로서 우리에게 잘 알려져 있는 개념이기도 하다. 그러나 권력은 힘의 특수한 형태로서 하위 개념이다. 오랫동안 권력의지로 옮겨온 'Wille zur Macht'를 힘에의 의지로 바꾸고 그 아래 권력의지를 두는 까닭이 여기에 있다."[23]

니체전집편집위원회는 권력의지가 일본식 번역어이고, '힘에의 의지'가 권력의지를 포괄하는 의미망이 더 넓은 용어이기 때문에 '힘에의 의지'로 옮기는 것이 맞다고 주장한다. 그러나 이런 주장에 대립하는 의견도 적지 않다. 니체전집편집위원회에 포함돼 번역 작업에 참여한 이진우는 전집판에서는 '힘에의 의지'를 허락했으면서도, 개인 저서에서는 '권력에의 의지'로 번역하고 있다. 그 이유에 대해 이진우는 다음과 같이 말한다. "니체가 사유하고자 하는 사태가 바로 권력이라면, 권력이라는 용어가 지닌 공격성과 폭력성에 고개를 돌릴 필요가 없다. 우리가 니체의 핵심 개념인 'Wille zur Macht'를 '힘에의 의지'라고 번역하지 않고 '권력에의 의지'라고 옮기는 까닭이 여기에 있다. 우리가 이중적 성격을 지닌 권력을 중성적인 '힘'으로 옮겨 해석한다면, 그것은 니체를 철학적으로 복원하기 위하여 그의 사상을 탈정치화하는 것과 다를 바 없다."[24] 이진우는 니체가 사유한 것이 '힘'이라기보다는 '권력'이었으며, 그러므로 'Macht'를 '권력'으로 옮기는 것이 타당하다고 보는 것이다. 'Macht'를 '힘'으로 옮기는 것은 니체의 '위험한' 정치철학을 중성화하는 일이라는 평가다. '힘에의 의지'는 '권력에의 의지'에서 정치색을 뺀, 그런 만큼 니체 철학의 본질을 흐리는 번역어라는 것이 이진우의 주장이다.

니체 연구자 고병권은 'Wille zur Macht(영어로 Will to Power)'를 '권력에의 의지'가 아니라 '권력의지'로 옮기는 이유를 다음과 같이 정리한다. "'Will to Power'를 보통 '권력에의 의지', '힘에의 의지' 등으로 옮기는데, …… 'to'를 '……에의'로 옮긴다면 '권력'과 '의지'를 분리하고, '의지'를 '권력'을 향하는 것으로, 그것에 종속되는 것으로 이해하게 만들 우려가 있다. 니체의 '권력의지'는 '권력'과 '의지'라는 개념들의 조합이 아니다. 역자는 '권력의지'는 하나의 단일한 개념으로 받아들이는 것이 옳다고 생각한다. 사실 니체도 '권력의지'를 'Machtwille'로 쓰기도 했다."[25]

여기서 고병권은 왜 '권력에의 의지'가 아니라 '권력의지'인지 명확하게 설명한다. 'Wille zur Macht'는 '권력을 향한 의지'라는 뜻이 아니라 권력과 의지가 서로 분리될 수 없는 '권력의지'를 뜻한다는 이야기다. 그러나 고병권은 'Macht'가 왜 '힘'이 아니라 '권력'인지는 명확하게 밝히지 않고 있다. 고병권은 권력으로 번역한 'Macht'의 의미를 다른 곳에서 이렇게 설명한다. "권력은 우리가 일상에서 접하는 정치적 강제력(폭력, Gewalt)이나 물리학자들이 사용하는 힘Kraft과는 거리가 있는 개념이다. 'Macht'의 의미에 가장 근접한 말은 아마도 능력Potentia일 것이다. 끊임없이 무언가를 자라게 하는 대지의 능력, 새로운 가치를 창조할 수 있는 우리 자신의 능력. 스피노자도 말한 바 있지만, 실존하는 모든 것들은 그 자신의 능력만큼 실존한다."[26] 여기서 고병권은 'Macht'가 권력이되, 정치적 의미의 강제력이 아니라 자라게 하고 만들어내는 능력을 뜻한다고 설명한다. 고병권의 권력은 권력이라기보다는 능력이나 역량이라고 할 수 있다.

니체 철학에서 'Macht'는 광범위하게 쓰이고 있다. 물리학적 의미에서 생물학적 의미, 심리학적 의미, 정치학적 의미까지 두루 포괄한다. 이때 'Macht'를 힘이라고 옮기면, 물리학적 의미가 도드라지게 된다. 물리학적 의미의 힘은 'Kraft'라는 용어가 따로 있다. 'Macht'를 힘이라는 물리학적 의미로 한정할 이유가 없는 것이다. 더구나 니체가 말년의 유고 단편들에서 물리학적 의미의 'Macht'를 깊이 숙고하기는 했지만, 그 숙고는 결국 열매를 맺지 못한 채 이론적으로 파산하고 말았다. 출간된 또는 완성된 저작에서 'Macht'는 물리학적 의미보다는 압도적으로 심리학적 의미와 정치학적 의미로 쓰이고 있다. 따라서 'Macht'는 오해의 여지가 많은 '힘'이라는 말보다는 '권력'이라는 말로 옮기는 것이 니체 철학을 더 분명하게 보여준다고 말할 수 있다. 이때 권력은 고병권이 말하는 능력이나 역량의 의미를 배제하지는 않지만, 이진우가 말하는 권력의 의미에 더 가깝다.

니체는 인간관계에서 일차로 'Macht'의 활동을 보았다. 인간과 인간 사이에, 그리고 인간 조직과 인간 조직 사이에 나타나는 심리적, 사회적, 정치적 관계 맺기의 양상, 그것을 '권력'이라는 용어로 설명하는 것이 가장 적합하다. 나아가 생명체 일반, 즉 세포 단위에서부터 동물 세계까지 생명체 일반에서 나타나는 동화, 약탈, 지배의 양상을 권력이라는 말로 설명할 수 있다. 니체에게 권력은 주로 생물학적, 심리학적, 정치학적 개념으로 쓰이고 있는 것이다. 이런 정황을 종합해볼 때 'Wille zur Macht'는 '권력의지'로 옮기는 것이 자연스럽다. '권력에의 의지'는 고병권의 지적대로 권력과 의지를 독립된 별개의 요소로 볼 소지도 있거니와, 말 자체가 한국어로서 매끄럽지 않은 일본어 번역투다. '권력에의 의지'가 아니라 '권력의지'라고 옮기는 것이 깔끔하다.*

2. 권력의지를 어떻게 이해할 것인가 – 권력의지 논의 비판

'권력의지'(힘에의 의지, 권력에의 의지, Wille zur Macht)를 어떻게 이해할 것인가 하는 문제는 '동일한 것의 영원회귀' 문제와 함께 니체 철학에서 가장 논란이 많은 문제다. 요점은 '권력의지가 어디까지를 포괄하는가'이다. 'Macht'를 힘으로 번역할 것인가 권력으로 번역할 것인가 하는 문제에서 드러나듯이, 권력의지를 물리학적 세계를 포괄하는 현상으로 볼 것인가 아니면 생물 세계 혹은 인간 세계 안의 문제로 볼 것인가 하는 것이 핵심 쟁점이다. 니체 연구자 가운데 상당수가 권력의지를 우주 만물을 포괄하는 물리학적 본질로 이해한다. 이런 견해는 주로 니체가 1880년대에 쓴 유고들에 근거를 두고 있다. 권력의지를 우주 만물에 적용되는 원리로 이해하는 논리를 명료하게 보여주는 것이 백승영의 글이다. 그는 다음과 같이 말한다.

"힘을 표시하려는 만족할 줄 모르는 요구, 물리적 힘의 내적 세계라는 것

---

* 이 책에서는 'Wille zur Macht'에 해당하는 번역어는 권력의지로 통일하고, 인용문이나 저서 제목 같은 불가피한 경우에 한해서 원문을 존중해 '힘에의 의지', '권력에의 의지'를 그대로 살려둔다.

이 바로 힘에의 의지인 것이다. 이런 힘에의 의지를 니체는 추동하는 온갖 힘의 원천으로 이해한다. …… 그렇다면 의지의 힘의 실제 영역은 무기적인 세계에서 인간의 지각과 지성 영역을 거쳐 물리적 세계에 이르기까지 전 존재 영역을 포괄한다. 이렇게 해서 힘에의 의지는 '존재의 가장 내적인 본성'으로 니체에 의해 상정된다. 이것에 의해 니체의 초기부터의 기본 구상인 '살아 있는 존재'의 내용이 구체화된다. 살아 있는 모든 것은 변화하는 것이고, 이 변화와 생성을 가능하게 해주는 것이 바로 힘이며, 그것도 지배를 원하고, 더 많이 원하며, 더 강해지기를 원하는 의지의 힘인 것이다. 이렇게 해서 의지의 힘은 바로 존재를 구성하는 요소가 된다."[27]

인간 지성의 영역에서부터 물리적 세계까지 포괄하는 '존재의 가장 내적 본성'이 니체가 말한 권력의지라는 것이다. 백승영은 니체가 《차라투스트라는 이렇게 말했다》에서 내놓은 '생명 세계의 권력의지'도 이런 식으로 이해한다. "그래서 예컨대 《차라투스트라는 이렇게 말했다》에 간단히 표명되어 있는, '생명 세계를 발견할 때마다 나는 힘에의 의지도 함께 발견했다. …… 오직 생명이 있는 곳, 그곳에만 의지가 있다'가 미리 등장할 수 있는 것이다. 즉 존재하는 모든 것은 생명 있는 것으로, 생성 중에 있는 것으로 이해하는 차라투스트라는 생명 있는 존재자를 가능하게 하는 근거로서 힘에의 의지를 등장시키는 것이다."[28] 이어 백승영은 앞의 주장을 다시 한 번 반복한다. "이것은 무기물에서부터 인간의 행위 일반을 거쳐 물리적 세계에 이르기까지 존재의 전 영역을 살아 있는 존재로 만들어주는 유일한 힘이다. 그러는 한에서 자연과학적-물리적 힘, 인간의 심리적 힘 느낌과 권력감 등은 모두 이 힘에의 의지를 내적 세계로서 갖게 된다."[29]

이런 식으로 권력의지를 인간 세계와 생명 세계를 넘어 우주 전체의 물리학적 본성으로 파악하는 이해 방식은 다른 많은 논자들에게서도 찾아볼 수 있다. 볼파르트Günter Wohlfart, 1943~도 권력의지를 이 세계 전체의 본질로 보고 다음과 같이 말한다. "생명이 곧 권력에의 의지인 것이다. 그러나 권력에의 의지는 유기체적 과정을 밖으로 드러내는 것에 국한되지 않는다. 니체에 따르면 '기계적 질서'도 권력에의 의지를 상정하지 않고는 생각될 수 없다. 그러므로 권력에의 의지란 어떤 방식으로도 나 즉, 의지를 배양하는 기구로서 주체에 얽매이지 않고, 오히려 에너지나 힘과 같은 비인격적인 개념과 밀접하게 유사하다고 보는 것이 훨씬 명확하다."[30] 정동호도 권력의지를 만물에 적용되는 것으로 이해한다. "힘에의 의지는 인간의 사유와 행위를 포함한 자연 속의 모든 활동은 더 많은 힘을 얻기 위한 의지로 환원된다는 내용으로서 모든 존재자의 존재 본질이자 자연 현상을 가능케 하는 우주의 보편적 원리다. …… 그런 의지는 무기물 세계에도 광범위하게 확인된다. 질풍과 노도는 말할 것 없고, 천둥과 번개, 밀물과 썰물, 응결과 해체, 그리고 온갖 유형의 작용과 반작용에서 우리는 더 많은 힘을 얻기 위한 의지들의 분투를 본다."[31] 정동호의 관점은 백승영의 관점과 전혀 다르지 않다.

고병권도 권력의지를 물리적 세계 전체를 포괄하는 원리로 본다는 점에서는 백승영·정동호와 다르지 않다. "우리는 '의지'라는 표현에 속지 말아야 한다. 자연학 바깥에서 자연학을 표현했던 에피쿠로스가 '영혼'이라는 달갑지 않은 용어를 써야 했던 것처럼, 니체의 '의지'라는 용어는 통상적인 의미에서의 정신적 능력이 아니다. 니체가 말하는 '의지'는 정신적인 것이든 물질적인 것이든 모든 힘 안에 내재하는 그야말로 '어떤 것'이다. 유기체들의 힘뿐만 아니라 만유인력조차 그러한 의지를 가지고 있다. 만유인력 법칙이 현실에서 작동하고 있다면 그것은 만유인력이 자연에 자신의 명령을 관철시키고 있기 때문이다."[32] "관계로 존재하는 모든 것들은 관계를 통해 힘을 주고받으며 힘은 그 자체로 권력의지를 가지고 있다. 따라서 니체는 유기물이든 무기물이든 모든 것을 권력의지의 관점에서 이해한다. 권력의지가 아닌 존재라면 그것은 더는 아무런 능력도 없는 것, 다시 말해 실존하지 않는다."³³ 이런 주장을 뒷받침하기 위해 고병권은 니체가 《선악의 저편》에서 한 말, "살아 있는 모든 것들은 자신의 힘을 발휘하고 싶어한다. 생명 자체는 권력의지다."《선악의 저편》, 13절를 인용한다. 본질적으로 권력의지를 존재 일반의 생명으로 인식하는 백승영과 같은 주장이다.

그러나 이런 방식으로 권력의지를 존재 일반의 본성이자 생명으로 이해하고 나면, 니체가 극복했던 쇼펜하우어의 '의지', 세계 본질로서의 '의지'와 어떤 차이가 있다는 것인지 설명하기 어려워진다. 이런 식의 권력의지 이해는 세계를 다시 한 번 형이상학적 본질을 통해 해명하는 것이 되고 만다. 이 점은 이진우도 지적하고 있다. "세계를 하나의 형이상학적 원리로 환원하지 않고 그 근본과 본성을 파악하고자 한다면 우선 현상을 현상으로서 인식할 필요가 있는 것이다. 권력에의 의지를 하나의 형이상학적 원리 또는 근본 개념으로 설정하는 것은 너무나도 쉬운 일이다."³⁴

여러 논자들이 보여주듯이 권력의지를 우주 만물을 포함한 물리학적 원리로 이해하는 것이 아주 근거가 없는 것은 아니다. 니체가 '권력의지'를 처음 고심할 때부터 물리학적 인식이 바탕에 깔려 있었던 것이 사실이다. "힘에의 의지 개념은 1882년 유고에 처음으로 등장하는데 이 개념은 니체가 1880년대 초 당시의 자연과학 서적의 독서로부터 많은 영향을 받은 것이다."³⁵ 그런 영향을 보여주는 것이 독일인 의사 로베르트 마이어Julius Robert von Mayer, 1814~1878의 '에너지 보존 법칙'이다. 니체는 마이어의 에너지 보존 법칙을 1881년 4월 제자 페터 가스트를 통해서 처음으로 알게 되었다. 가스트는 한 해 전인 1880년 1월 22일에 쓴 편지에서 니체에게 마이어에 관하여 처음 언급한 뒤 다시 1881년 2월의 편지에서 마이어의 《열역학》 1874을 소개했다. 니체는 이 책을 그해 4월 가스트로부터 받았는데, 이것은 니체가 실스마리아에서 '영원회귀'를 체험하기 몇 달 전의 일이었다.³⁶

니체는 이렇게 권력의지 개념을 탐구해 들어갈 때 물리학적 지식의 영향을 받은 것이 사실이다. 또 1880년 중반 이래 유고에 무수히 남긴 사고 실험도 물리학적 현상으로 해설될 수 있는 권력의지 현상이었다. 대표적인 것이 1885년에 쓴 글, 즉 "이 세계, 그것은 시작도 끝도 없으며 고정된 그리고 견고한 크기의 힘을 갖고 있는 거대한 것으로서 그것은 커지지도 작아지지도 않으며 소멸되지도 않는다."(권력의지), 1067절로 끝나는 그 유명한 단편이다. 이런 작업들이 니체의 권력의지에 대한 오해를 증폭시켰다고 볼 수 있다. 출판되지 않은 유고들을 근거로 하여 그것을 니체 철학의 핵심이라고 주장하는 것은 본말이 전도된 것이다. "이러한 태도는 다양한 현상들의 배후에 있는 '참된 세계'를 찾으려는 잘못된 열망에 대해 니체가 그렇게 자주 지적했던(그리고 출판했던) 것과도 상충한다."[37]

이정우도 권력의지를 물리적 세계로까지 확장하는 데 반대하고 권력의지는 생명 세계에서 규명되어야 한다고 주장한다. "그(니체)가 결정적인 실마리를 찾아내는 것은 생명 세계에서이다. 바로 생명 세계에서 우리는 힘에의 의지를 발견해낼 수 있다."[38] 그러면서 이정우는 물리세계에서는 권력의지를 발견할 수 없고, 권력의지를 이야기할 수 있더라도 단지 "의인적 비유"에 그칠 것이라고 말한다.[39] 이어 이정우는 "바로 생명 세계에서 우리는 '힘에의 의지'를 발견할 수 있다"고 단언한다.[40] 다시 말해 진정한 권력의지는 물리적 세계에서는 발견할 수 없고, 생명 세계에서만 발견할 수 있다는 주장이다.

마이어의 에너지 보존 법칙을 염두에 둔 듯한, 물리학적 권력의지는 유고 속에서만 집중적으로 발견될 수 있으며, 니체가 완성하거나 출간한 책에서는 아무런 역할도 하지 못한다. 유고 속의 권력의지 설명은 말하자면 니체 사고 실험의 실패를 증언한다. 니체는 권력의지 개념으로 인간의 삶에서부터 우주 만물의 운행에까지 모든 것을 체계적으로 설명해보려고 분투하다가 결국 중단하고 만 것이다. 그러므로 니체의 유고를 인용할 때는 그것이 불완전한 사유의 산물이라는 것, 어떤 파산의 잔해라는 것을 감안해야 한다. 무작정 진리인 것처럼, 혹은 니체 사유의 정수인 것처럼 가져다 쓰면 오해가 커질 수 있다. 여기서 필요한 것이 잔해들을 구별하여 쓸 만한 것들을 찾아내는 감식력이다. 니체 사유의 준거는 그것이 옳든 그르든, 타당하든 타당하지 않든, 우선은 출간된 저작들, 출간하기 위해 스스로 원고를 정리하고 편집하고 교정한 것들이어야 한다. 바로 그런 기준점에서 볼 때 우주 만물을 대상으로 한 명백히 물리학적·역학적 차원의 권력의지는 니체의 두뇌 안에서만 실험되다가 그친 것임이 분명해진다.

이 점에서 백승영이 《차라투스트라는 이렇게 말했다》의 구절, "생명 세계를 발견할 때마다 나는 힘에의 의지도 함께 발견했다"를 인용한 뒤, 그 생명을 존재 일반으로 확장하는 것은 니체가 출간한 책에서 했던 주장과 정면으로 배치된다고 볼 수 있다. 니체가 1882년, 권력의지를 처음 진지하게 고민하던 때 완성해 출간한 《즐거운 학문》 제3부에서 다음과 같이 말한 것을 다시 한 번 상기할 필요가 있다. "이 세계가 살아 있는 생명체라고 생각하는 것을 경계하자. 그것이 어디로 확장되고 있단 말인가? 무엇에서 영양을 섭취한다는 말인가? 어떻게 성장하고 번식할 수 있다는 말인가? …… 그런 짓은 내게 구역질이 나게 한다. …… 우주는 결코 인간을 모방하려고 하지 않는다! 우리의 어떤 미학적 판단이나, 도덕적 판단도 우주에 적용되지 않는다. 우주는 자기보존 본능을 가지고 있지 않으며, 도대체 본능이라는 것을 가지고 있지 않다."《즐거운 학문》, 제3부, 109절

니체의 이런 냉정한 인식을 염두에 두면 그가 권력의지를 우주 만물의 본질로 이해했다고 믿은 것이 성급한 일임을 느끼기는 어려운 일이 아니다. 무생명의 자연 세계, 우주 세계에는 의지라는 것이 존재하지 않는다. 상호 규제하고 상호 작용하는 힘이 있을 뿐이다. 그런 점에서 니체가 알고 있던 물리학적 우주 세계, 뉴턴Sir Isaac Newton, 1642~1727적 세계에서 발견되는 것은

'힘에의 의지'가 아니라 그냥 '힘'이다. 니체는 그런 명백한 사실을 부정할 수 없었기 때문에 1880년대 내내 무수한 메모에서 그토록 사유 실험을 반복했으면서도 정작 자신이 직접 출간하거나 편집한 책에서는 그런 사유 실험을 분명한 명제로 제시하지 않았다. 혼동하지 말아야 한다. 뉴턴적 물리세계에서 발견되는 것은 '힘'이지 '힘에의 의지'가 아니다. '힘에의 의지' 즉 권력의지는 생명 있는 존재들, 생명체들, 생명체들의 집합(즉 집합적 생명체들)에서만 발견된다. 그리고 아주 단순화시키면 인간에게서 확인할 수 있고, 더 범위를 좁히면 초인을 지향하는 인간에게서 권력의지의 전형을 발견할 수 있다. 따라서 월터 카우프만이 니체의 권력의지를 바그너의 영향에서 비롯한 것이라고 주장하는 것이 터무니없는 것은 아니다. 카우프만의 설명을 따르면, 니체는 1880년대에 권력의지를 본격적으로 탐구하지만 1870년대 후반에 권력의지를 고민하기 시작했으며, 처음에는 어떤 단일한 형이상학적인 혹은 자연과학적인 세계 원리로서가 아니라 심리학적 현상으로 포착했다. 이때 힘(권력)은 먼저 다른 것에 대한 영향의 증대, 권리의 신장 같은 세속적인 힘을 가리키는 것이었고 때로는 사악한 것으로 이해됐다. 니체는 바그너에게서 이런 세속적인 힘에 대한 집요한 의지를 발견했으며 권력의지가 예술적인 창조성으로 변형될 수 있다는 가능성에 대한 암시를 발견했다.[41]

  분명한 것은 니체가 말하는 권력의지가 물리학적 세계보다는 인간 세계에 훨씬 잘 적용된다는 사실이다. 이 점은 니체가 남긴 글들에서도 확인된다. 니체가 권력(힘)에 대해 묘사한 다음 아포리즘에서 권력의지가 일차로 인간적 문제임을 명확하게 느낄 수 있다. "힘의 마력. 필요도 아니고 욕망도 아니고 힘에 대한 사랑이야말로 인류의 수호신이다. 인간에게 모든 것을, 즉 건강, 음식, 주택, 오락을 줘보라. 그들은 여전히 불행하고 불만스러워할 것이다. 왜냐하면 마력적인 존재가 기다리면서 채워지기를 원하고 있기 때문이다. 그들에게서 모든 것을 빼앗고 이 마력적인 존재를 만족시켜보라. 그러면 그들은 거의 행복하게 된다. 인간과 마력적인 존재가 행복할 수 있는 최대한 정도까지." 《아침놀》, 제4부, 262절

요약하자면, 니체는 권력의지를 바그너를 통해서 처음 직접 관찰했으며, 거기서 얻은 인식을 물리학적·우주론적 세계 일반으로 넓혀 체계적으로 이해해보려 분투했다. 1880년대의 유고들은 그런 분투의 흔적이다. 그러나 결국 니체는 권력의지를 보편적 체계로, 일종의 형이상학적 체계로 세우는 데 실패한다. 혹은 그것이 자신의 근본적인 철학적 태도, 즉 형이상학을 비판하는 철학적 관점과 배치된다는 것을 확인하고 결국 그 문제를 일반화하기를 포기한다. 이런 점들을 종합해서 볼 때, 니체의 권력의지는 생명 세계, 특히 인간 세계에서 관철되는 것으로 이해하는 것이 타당하다고 할 수 있을 것이다.

11

Friedrich Nietzsche

영원회귀

"너는 이 삶을 다시 한 번,
그리고 무수히 반복해서 다시 살기를 원하는가?"

Nietzsche,
Friedrich Wilhelm

"폭풍을 일으키는 것, 그것은 더없이 잔잔한 말들이다.
비둘기처럼 조용히 찾아오는 사상, 그것이 세계를 끌고 간다."
《차라투스트라는 이렇게 말했다》, 제2부 '더없이 고요한 시간'

"갈기갈기 찢긴 디오니소스는 삶에 대한 약속이다.
그는 영원히 다시 태어날 것이고 영원히 파괴로부터 다시 돌아올 것이다."
《권력의지》, 1052절

그가 처음으로 그것을 암시했던 순간을 결코 잊을 수 없을 것이다. 그 비밀을 확인하고 입증하는 일이 그에게 말할 수 없는 공포를 일으키는 것 같았다. 그는 극심한 공포에 사로잡힌 제스처를 써가며 아주 낮은 목소리로 말했다.

루 살로메[1]

아파서 드러누운 니체가 살로메에게 하듯 속삭이는 목소리와 불길한 태도로, 그리고 그것이 전대미문의 새로운 사실인 양 비밀스런 학설을 내게 털어놓은 것은 1884년 여름 바젤의 하얀 십자가 호텔에 머무를 때의 일이었다.

프란츠 오버베크[2]

여기서 루 살로메가 말한 '그것', 프란츠 오버베크가 말한 '비밀스런 학설'이 가리키는 것은 '영원회귀' 사상이다. 니체는 영원회귀 사상을 이야기할 때면 언제나 공포에 사로잡힌 듯 불길한 태도로 이제껏 들어보지 못한 새로운 사실을 이야기하는 것처럼 이야기했다. 니체가 자서전에서 밝힌 대로 《차라투스트라는 이렇게 말했다》는 이 사상을 알리기 위해 쓴 책이었다. 영원회귀는 그 책의 '근본 사상'이다. 니체는 영원회귀 사상을 "도달될 수 있는 최고의 긍정 형식"《이 사람을 보라》, '차라투스트라는 이렇게 말했다', 1절이라고 묘사한다. 그렇다면 어떻게 동일한 사상이 '극심한 공포'를 불러일으키면서 동시에 '최고의 긍정 형식'이 될 수 있는가. 어떻게 공포의 대상이 긍정의 대상이 된단 말인가. 《차라투스트라는 이렇게 말했다》는 바로 영원회귀가 만들어내는 이 모순을 묘사하고 설명하는 책이다.

영원회귀, 공포와 열광의 주문

니체는 1881년 8월 실스마리아에서 영원회귀 체험을 한 뒤 《차라투스트라는 이렇게 말했다》를 쓰기까지 18개월의 잉태 기간을 거쳤다고 밝혔지만, 그가 영원회귀 사상을 실제로 선포하기까지는 그 후로 1년이 꼬박 더 걸렸다. 1884년 1월 니스에서 쓴 《차라투스트라는 이렇게 말했다》 제3부에 와서야 니체는 그 두렵고 비밀스런 사상을 공개적으로 이야기할 수 있었다. 다만 《차라투스트라는 이렇게 말했다》 제1부와 2부에서 아주 암시적으로 '영원회귀' 사상을 이야기하는데, 차라투스트라의 동물들인 독수리와 뱀이 등장하는 장면이 그런 암시를 품은 첫 번째 구절이다.

> 보라! 독수리 한 마리가 커다란 원을 그리며 하늘을 날고 뱀 한 마리가 거기 매달려 있는 것이 아닌가. 그런데 뱀은 독수리의 먹이가 아니라 벗인 듯했다. 목을 감은 채 의지하고 있는 것으로 보아 그랬다. "내 짐승들이다." 차라투스트라는 그렇게 말하고는 진심으로 기뻐했다. "저 태양 아래서 가장 긍지 높은 짐승이자 태양 아래서 가장 영리한 짐승이다. …… 나의 짐승들이여, 나를 인도하라!"
>
> 《차라투스트라는 이렇게 말했다》, 제1부 '머리말', 10절

니체는《차라투스트라는 이렇게 말했다》의 도입부에서 독수리가 그리는 커다란 원, 독수리의 목을 둥글게 감은 뱀의 몸뚱이를 묘사함으로써 앞으로 전개될 '영원회귀'의 그 둥근 고리를 미리 보여준다. 이어《차라투스트라는 이렇게 말했다》제2부의 마지막 장에서 니체는《차라투스트라는 이렇게 말했다》의 다른 곳에서는 듣기 어려운, 예의 그 낮은 목소리로, 어떤 두려운 목소리와 대화를 한다. "어제 저녁 나절 '나의 더없이 고요한 시간'이 내게 말을 걸어왔다. 더없이 고요한 시간, 그것이 내가 두려워하는 나의 여주인의 이름이다." 시간이 직접 말을 걸 수는 없으므로, 적막한 저녁 시간에 니체 내부에서 어떤 목소리가 들려왔다는 뜻일 것이다. 니체는 그 목소리의 말과 니체 자신의 대답을 기록한다.

> 그때 소리 없이 내게 말하는 것이 있었다. "차라투스트라여, 너 그것을 알고 있지?" 나는 그 속삭임에 놀라 그만 비명을 지르고 말았다. 얼굴에서 핏기가 가셨다. 그렇지만 말은 하지 않았다. 그러자 다시 한 번 소리 없이 내게 말하는 것이 있었다. "너는 그것을 알고 있다. 차라투스트라여, 말을 하지 않을 뿐이다!" 마침내 나는 반항하듯 말대꾸를 했다. "그렇다. 나는 알고 있다. 그러나 말하고 싶지 않다!" 다시 소리 없이 내게 말하는 것이 있었다. "차라투스트라여, 말하고 싶지 않다고? 정말 그런가? 너의 반항 뒤에 자신을 숨기지 말라!" 이에 나는 어린아이처럼 울며 몸을 떨고는 말했다. "아, 나도 말하려고 했다. 그러나 나 어찌 그럴 수 있는가! 그 일만은 면하게 해달라! 내 힘이 미치지 못하는 일이니 말이다!" 그러자 다시 소리 없이 내게 말하는 것이 있었다. "차라투스트라여, 무슨 걱정이냐? 네 말을 하라. 그러고 나서 파멸하라!"
>
> 《차라투스트라는 이렇게 말했다》, 제2부 '더없이 고요한 시간'

이 장은 《차라투스트라는 이렇게 말했다》 전편을 통틀어 주인공 차라투스트라가 가장 자신 없고 가장 위축된 모습을 보이는 장이다. 차라투스트라는 내면의 다그치는 목소리를 듣는다. '그것'을 알고 있지 않느냐! 왜 그것을 말하지 않느냐! 어서 말하라! 여기서 '그것'이 무엇을 가리키는지는 이 구절만 읽어서는 짐작도 하기 어렵지만, 《차라투스트라는 이렇게 말했다》 전체를 배경에 놓고 보면 '영원회귀 사상'을 가리키는 것임을 분명하게 알 수 있다. 차라투스트라는 내면의 목소리에 완강히 저항한다. 흥미로운 것은 내면의 목소리가 차라투스트라에게, 이야기를 하고 나서 파멸하라고 명령한다는 사실이다. 그것에 대해 이야기하는 것은 파멸을 의미하는 것이다. 왜 파멸일까? 이어지는 구절에서 차라투스트라는 다음과 같이 말한다.

> 나는 대답했다. "내가 내 갈 길을 찾아내어 길을 떠나자 저들은 나를 조롱했다. 그때 진정 나의 두 발은 떨고 있었다. 그 모습을 보자 저들은 말했다. '길을 잊더니만 걷는 법조차 잊어버렸구나!'" 그러자 다시 소리 없이 내게 말하는 것이 있었다. "저들의 조롱이 무슨 대수냐? 너는 복종하는 법을 잊은 그런 자의 하나구나. 그러면 이제 명령을 해야 한다! 뭇 인간이 가장 필요로 하는 자가 누구인지를 너는 모르는가? 바로 위대한 것을 명령할 줄 아는 자가 아닌가. 위대한 일을 한다는 것은 어려운 일이다. 그러나 더욱더 어려운 것은 위대한 것을 명하는 일이다. 너는 그럴 만한 힘을 지니고 있으면서도 도무지 지배를 하려 들지 않는구나. 그것이 너의 가장 용서받지 못할 점이다."
>
> 《차라투스트라는 이렇게 말했다》, 제2부 '더없이 고요한 시간'

니체-차라투스트라는 조롱당하는 자다. 위대한 사상을 설파하는데 그 사상이 받아들여지기는커녕 조롱과 비웃음의 대상으로 떨어지고 마는 것, 그것이 말하자면 차라투스트라의 파멸이다. 예수 그리스도가 위대한 복음을 설파했지만, 사람들이 복음을 이해해주지 않고 그를 조롱하며 십자가에 매달아 죽인 일을 떠올리면 여기서 니체가 왜 파멸이란 단어를 썼는지 짐작할 수 있다. 니체-차라투스트라는 자신의 사상이 웃음거리가 되고, 그 사상을 이야기하는 그 자신이 손가락질 당할까 봐 걱정하는 것인가. 아니면 예수처럼 위대한 복음의 선포자가 되려면 조롱당하고 파멸하는 것은 피할 수 없는 일이라는 뜻인가. 두 경우 다일 것이다.

이때 소리 없는 목소리가 차라투스트라를 다시 다그치며 말한다. "너는 복종하는 법을 잊어버렸으므로 명령을 해야 한다!" 이제 복종이 무엇을 뜻하는지 분명해진다. 바로 자기 자신의 내면의 목소리에 복종하는 것을 말한다. 나는 내 안의 목소리를 경청하고 그 말에 따라야 한다. 니체에게 복종은 일차로 자기 내면의 명령에 대한 복종이다. 자기가 자기에게 복종할 줄 알아야 타자의 명령을 받지 않는다고 니체는 기회만 있으면 이야기하는데, 여기서 그런 상황이 벌어진다. (자기 내면의 목소리에) 복종하지 않으니, "명령하라"는 명령을 받는 것이다. 그러나 실은 복종이나 명령이나 같은 말이다. 자기 내부의 목소리에 복종하는 것은 "위대한 사상을 가르치라는 명령에 복종하는 것"이며, 이 복종은 결국 하나의 명령으로, 위대한 사상에 따라 살라는 명령으로 나타나기 때문이다. 니체-차라투스트라는 여기서 다시 자신 없는 자의 태도로 반발한다.

이에 나는 대답했다. "내게는 명령을 하기 위한 사자의 우렁찬 목소리가 없다." 그러자 다시 속삭이듯 내게 말하는 것이 있었다. "폭풍을 일으키는 것, 그것은 더없이 잔잔한 말들이다. 비둘기처럼 조용히 찾아오는 사상, 그것이 세계를 끌고 가지. 오, 차라투스트라여, 너는 앞으로 출현해야 할 자의 그림자로서 네게 주어진 길을 가야 한다. 그렇게 되면 너는 명령을 하게 될 것이고 명령을 하면서 앞서 그 길을 가게 될 것이다." 이에 나는 대답했다. "부끄럽다." 그러자 다시 소리 없이 내게 말하는 것이 있었다. "너는 이제 어린아이가 되어야 하며, 그리하여 수치심을 모두 떨쳐버려야 한다. ……" 이에 나는 오랫동안 생각에 잠겼다. 떨렸다. 이윽고 나는 내가 처음에 했던 말을 다시 했다. "그러고 싶지 않다."

《차라투스트라는 이렇게 말했다》, 제2부 '더없이 고요한 시간'

두려움에 떠는 차라투스트라 혹은 니체

이 문답은 니체가 차라투스트라라는 가면을 씀으로써 자신의 내적 진실을 한층 수월하게 터놓을 수 있게 되었음을 확연하게 보여준다. 이 구절은 니체가 니체 자신과 나눈 솔직한 대화를 거의 그대로 옮겨 놓은 듯하다. 새로운 사상은, 그것이 전례 없이 낯선 사상일 경우 두려움과 더불어 수치심을 불러일으킨다. 낯선 것은 사소할 때는 호기심을 자극하지만 압도적으로 큰 것일 때는 두려움에 떨게 만든다. 그러나 다른 한편으로 그런 새로운 사상이 아무에게도 받아들여지지 않고 놀림감이나 되지 않을까 하는 생각 때문에 사상가는 수치심에 시달리기도 한다. 그 수치심을 잊고 자신 있게 사상을 공표하려면 어린아이와 같은 천진난만함이 있어야 한다. 그도 아니면 사자의 용기가 있어야 한다. 니체 자신은 사자의 용기도 어린아이의 순진함도 없다고 말하는 것이다. 그러므로 머릿속을 꽉 채우고 있는 자신의 위대한 사상을 이야기하지 못하고 끝없이 머뭇거리며 선포의 순간을 뒤로 미루는 것이다. 이 구절에서 니체의 모습은 우스꽝스러울 정도로 나약하고 겁먹은 모습이다. 니체는 사람들이 깔깔거리며 웃어대는 환청을 듣는다.

그러자 내 주변에서 웃음이 터졌다. 아, 얼마나 그 웃음이 내 오장육부를 들어내고 심장을 도려내던지! 그러고는 마지막으로 내게 말하는 것이 있었다. "오, 차라투스트라여, 너의 열매들은 익었다. 그런데도 너 자신은 아직 이 열매들을 거둬들일 만큼 무르익지를 않았구나! 이제 너는 다시 고독 속으로 돌아가야 한다. 더 무르익어야 하기 때문이다." 그리고 그것은 다시 한 번 웃더니 이내 사라져버렸다.

《차라투스트라는 이렇게 말했다》, 제2부 '더없이 고요한 시간'

차라투스트라의 열매가 익었다는 것은 차라투스트라의 위대한 사상이 원숙해졌다는 뜻이다. 그러나 니체-차라투스트라는 이 사상을 설파할 만큼 용기를 축적하지 못했다. 그래서 더 무르익어야 하는 것이다. 이렇게 니체는 자신의 근본 사상을 설파하는 것이 힘든 과제임을 암시한다. 이 구절에 이어 차라투스트라가 큰 소리로 우는 장면이 나온다. "차라투스트라가 이 말을 마치자 이루 말할 수 없는 고통이 …… 그를 엄습했다. 그래서 그는 크게 소리 내어 울었다. 그러나 그 누구도 그를 위로하여 달랠 수가 없었다. 밤이 되자 그는 벗들과 헤어져 홀로 길을 갔다."《차라투스트라는 이렇게 말했다》, 제2부 '더없이 고요한 시간' 니체-차라투스트라는 자기 내부의 목소리를 따르지 못하고 두려움에 떨며 뒤로 물러서는 나약한 인간임을 스스로 드러내고 말았다. 그런 사실을 확인하는 것은 그에게 말할 수 없는 고통을 주었을 것이고, 그래서 그는 큰 소리로 울었을 것이다. 니체의 대변자가 이렇게 소리 내어 통곡하는 장면은 니체의 모든 텍스트를 통틀어 다시 찾아보기 힘들다. 이렇게 울고 나면 아마 마음이 조금 더 가벼워지고 용기를 내기도 쉬워질지 모른다.

영원회귀란 무엇인가

그리하여 《차라투스트라는 이렇게 말했다》 제3부에서 마침내 니체는 오랫동안 머뭇거리며 뒤로 미뤄두었던 과제, 영원회귀 사상을 가르치는 일에 나선다. 그것은 '용기'를 내는 일이다. 그래서 니체는 먼저 '용기' 자체를 찬양한다. "용기, 공격적인 용기야말로 더없이 뛰어난 살해자다. 모든 공격 속에는 승리의 함성이 있기 때문이다. 인간은 더없이 용기 있는 짐승이다. 인간은 그 용기에 힘입어 온갖 다른 짐승들을 극복할 수 있었다. 승리의 함성으로써 모든 고통까지도 이겨냈다. 인간이 겪고 있는 고통이 그 어느 것보다도 심오한 고통이었는데도 말이다. 용기는 심연에서 느끼는 현기증까지 없애준다. 그런데 사람이 있는 곳치고 심연이 아닌 곳이 어디 있던가! …… 용기는, 공격적인 용기는 더없이 뛰어난 살해자다. '그것이 삶이었던가? 좋다! 그렇다면 다시 한 번!' 이렇게 말함으로써 용기는 죽음을 죽이기까지 한다." 《차라투스트라는 이렇게 말했다》, 제3부 '환영과 수수께끼에 대하여', 1절

니체는 용기를 찬양함으로써 이제 무서운 사상을 이야기할 마음의 준비를 갖춘다. 동시에 니체는 용기라는 것이 단지 무언가를 말하기 위해 용기를 내는 데서 그치지 않고, 삶을 향하여 '한 번 더!'라고 외치게 한다고, 그래서 죽음을 죽이기까지 한다고 말한다. 이게 무슨 뜻

인가. 니체는 바로 뒤에 이렇게 덧붙인다. "이 말 속에는 많은 승리의 함성이 들어 있다. 귀 있는 자, 들을지어다."《차라투스트라는 이렇게 말했다》, 제3부 '환영과 수수께끼에 대하여', 1절 이 암시가 바로 '영원회귀의 긍정'을 뜻함을 뒤에 펼쳐지는 차라투스트라의 이야기에서 확인하게 될 것이다. 그러나 먼저 우리가 목격하게 되는 것은 '영원회귀의 두려움'이다. 성문 앞에 이르러 차라투스트라는 자기 어깨를 짓누르던 난쟁이, 곧 '중력의 악령'을 떨쳐 내버린다. 몸이 가벼워진 차라투스트라는 성문을 관통하여 앞뒤로 난 길에 대해 난쟁이 악령에게 이야기한다.

> "여기 성문을 가로지르고 있는 길을 보라, 난쟁이여!" …… "길은 두 개의 얼굴을 갖고 있다. 두 개의 길이 이곳에서 만나는 것이다. 그 길들을 끝까지 가본 사람이 아직은 없다. 뒤로 나 있는 이 긴 골목길. 그 길은 영원으로 통한다. 그리고 저쪽 밖으로 나 있는 저 긴 골목길. 거기에 또 다른 영원이 있다. 이 두 길은 여기서 마주치고 있다. 머리를 맞대고 있는 것이다. 그렇게 여기, 바로 이 성문에서 만나고 있는 것이다. 그 위에 성문의 이름이 씌어 있구나. '순간.' 난쟁이여, 그러나 누군가가 있어 두 길 가운데 하나를 따라 앞으로, 더욱 앞으로, 그리고 더더욱 멀리 갈 경우, 그래도 이 길들이 영원히 머리를 맞대고 있으리라고 보는가?" 그러자 난쟁이는 경멸조로 중얼거렸다. "곧바른 것은 존재하지 않는다. 진리는 하나같이 굽어 있으며 시간 자체도 일종의 둥근 고리다."
>
> 《차라투스트라는 이렇게 말했다》, 제3부 '환영과 수수께끼에 대하여', 1절

'지금 이 순간'을 뜻하는 성문 앞뒤로 한없이 긴 길이 뻗어 있어 영원으로 이어지는데, 그 길이 실은 둥그렇게 굽어서 거대한 원을 그리는 하나의 길임을 난쟁이는 발설한다. 시간이 둥근 고리라는 것은 모

든 것이 때가 되면 돌아온다는 것을 뜻한다. 태양을 중심으로 삼아 지구가 한 바퀴 돌면 1년이 흐른다. 1년이 지난 뒤 다시 정확히 지구가 밟았던 그 궤도를 밟아 다시 1년이 흐른다. 그렇다면 지구의 공전으로만 따져볼 때 똑같은 해가 1년, 2년, 3년 한 치의 오차도 없이 되풀이되는 것이다. 그것이 스스로 돌아오는, 시간이라는 둥근 고리다. 난쟁이가 그 '진리'를 툭 이야기하는 것이다. 이 아무렇지도 않은 듯 내뱉는 이 말이 니체가 《차라투스트라는 이렇게 말했다》에서 영원회귀를 이야기하는 첫 장면이다. 이어 차라투스트라는 난쟁이의 말을 받아 조금 더 자신 있는 말투로 영원회귀가 무엇인지 설명한다.

여기 순간이라는 성문으로부터 하나의 길고 긴, 영원한 골목길이 뒤로 내달리고 있다. 우리 뒤에 하나의 영원이 놓여 있는 것이다. 만물 가운데서 달릴 줄 아는 것이라면 이미 언젠가 이 골목길을 달렸을 것 아닌가? 만물 가운데서 일어날 수 있는 일이라면 이미 일어났고, 행해졌고, 과거사가 되어버렸을 것이 아닌가? 그리고 만약 모든 것이 이미 존재했다면, 난쟁이여, 여기 이 순간이라는 것을 어떻게 보는가? 성문을 가로지르고 있는 이 길 또한 이미 존재했음이 틀림없지 않은가? …… 그리고 달빛 속으로 느릿느릿 기어가고 있는 이 거미와 저기 저 달빛, 함께 속삭이며, 영원한 사물들에 대해 속삭이며 성문을 가로지르고 있는 여기 이 길에 앉아 있는 나와 너, 우리 모두는 이미 존재했음이 분명하지 않은가? 그리고 되돌아와 우리 앞에 있는 또 다른 저 골목길, 그 길고도 소름 끼치는 골목길을 달려가야 하지 않는가. 우리들은 영원히 되돌아올 수밖에 없지 않은가?

《차라투스트라는 이렇게 말했다》, 제3부 '환영과 수수께끼에 대하여', 1절 이제야말로 니체-차라투스트라는 자신이 오랫동안 마음속에 품고 숙성시켜 온 영원회귀 사상을 입 밖으로 낸다. 순간이라는 성문을 통과하는 거대한 둥근 고리의 길을 타고 모든 것이 내달렸다는 이야기다. 달빛 속에 느릿느릿 기어가는 거미도, 그 달빛도, 그리고 그 성문 앞에 앉아 있는 너와 나도 여기에 이미 한 번은 존재했다는 이야기다. 그리하여 우리들은 영원히 다시 돌아올 수밖에 없다는 이야기다. 니체-차라투스트라의 이 가르침이 바로 '동일한 것(동일자)의 영원회귀'다. 똑같은 것이 똑같은 모습으로 한없이, 영원히 되풀이해서 되돌아오는 것이다. 비유하자면, 지구가 태양 주위를 한 바퀴 돌아 봄이 될 때마다 마른 들판에서 새싹이 자라고 꽃이 핀다. 해마다 한 번도 어김없이 봄은 오고 들판에서 새싹은 자란다. 그 순환을 멀리서 카메라로 촬영해 빨리 돌려본다면, 동일한 것이 영원히 반복된다는 느낌을 받을 것이다. 니체-차라투스트라는 그렇게 모든 것이, 제 모습 그대로 다시 돌아온다고, 거대한 순환을 거듭한다고 이야기하는 것이다.

목구멍 속으로 들어온 뱀

생각해보면 이처럼 황당하고 억지스러운 이야기도 달리 찾기 어렵다. 지구가 자전을 하고 공전을 한다는 것은 상식에 속한다. 또 해마다 봄·여름·가을·겨울이 반복되고, 봄이 오면 전해처럼 새싹이 나 자란다. 그러나 그렇다고 해서 매번 동일한 것이 반복되는 것은 아니다. 해마다 조금씩 다른 모습으로 반복하는 것이 자연의 모습이다. 지난해의 봄과 올해의 봄이 정확히 동일한 봄인 것은 아니다. 니체-차라투스트라가 계절의 순환 같은 상식적인 반복을 이야기하는 것이 아니라 모든 것이 정확히 동일한 모습으로 되돌아오고, 끝없이 돌아오는 '동일한 것의 영원회귀'를 이야기하고 있는 것이다. 그런데 아직은 그 설명이 분명하지 않아 보인다. 니체는 이 '동일한 것의 영원회귀'를 뒤의 제3부 13장에서 다시 한층 뚜렷한 이미지로 묘사할 것이다.

그 13장의 내용을 살피기에 앞서, 차라투스트라가 영원회귀 관념을 처음으로 털어놓은 뒤 덧붙이는 말에 주목할 필요가 있다. "나는 이렇게 말했다. 점점 소리를 죽여가며. 나 자신의 사상과 속사상이 두려웠기 때문이었다."《차라투스트라는 이렇게 말했다》, 제3부 '환영과 수수께끼에 대하여', 1절 차라투스트라는 자신의 '사상'과 '속사상'이 두려워 말소리를 점점 죽였다고 말하는 것이다. 모든 것이 동일하게 되돌아온다는 '사상'이 니체에게 두려움을 불러일으켰음이 분명하다. 그 사상은 '속사상'을 품고 있는데, 그 속사상이 무엇인지 여기서는 파악하기는 어렵다. 이어지는 구절에서 차라투스트라는 속사상으로 짐작할 만한 생각을 수수께끼 같은 이야기를 통해 전한다.

정말이지 내가 그때 보았던 것, 그와 같은 것을 나 일찍이 본 적이 없다. 몸을 비틀고 캑캑거리고 경련을 일으키며 얼굴을 찡그리고 있는 어떤 젊은 양치기가 눈에 들어오는 것이 아닌가. 입에는 시커멓고 묵직한 뱀 한 마리가 매달려 있었다. 내 일찍이 인간의 얼굴에서 그토록 많은 역겨움과 핏기 잃은 공포의 그림자를 본 일이 있었던가? 그는 잠을 자고 있었나? 뱀이 기어들어가 목구멍을 꽉 문 것을 보니. …… 그때 내 안에서 "물어뜯어라! 물어뜯어라!"라고 소리치는 어떤 것이 있었다. "대가리를 물어뜯어라! 물어뜯어라!" 이렇게 외쳐대는 것이 내 안에 있었던 것이다. 나의 공포, 나의 증오, 나의 역겨움, 나의 연민, 내게 좋고 나쁜 것 모두가 한목소리로 내 안에서 외쳐댄 것이다. 여기, 담대한 자들이여! 탐험가, 모험가들이여, 그리고 교활한 돛을 달고 미지의 바다를 향해 떠나본 적이 있는 자들이여! 수수께끼 풀기를 좋아하는 자들이여! 자, 내가 그때 본 수수께끼를 풀어달라! 더없이 고독한 자가 본 저 환영을 설명해 달라. …… 양치기는 내가 고함을 쳐 분부한 대로 물어뜯었다. 단숨에 물어뜯었다. 뱀 대가리를 멀리 뱉어내고는 벌떡 일어났다.

《차라투스트라는 이렇게 말했다》, 제3부 '환영과 수수께끼에 대하여', 1절

양치기의 목구멍 속으로 뱀이 대가리를 들이미는 끔찍한 환영을 묘사한 뒤 차라투스트라는 앎의 탐험가들, 지혜를 구하는 자들에게 그 환영을, 그 수수께끼를 풀어달라고 요청한다. 실은 니체가 수수께끼를 내고 사람들에게 맞춰보라고 이야기하는 것이다. 스스로 답을 이야기하기에는 아직 내면의 두려움을 다 극복하지 못한 상태였음이 분명하다. 그래서 이렇게 수수께끼 형식으로 자신에게 닥쳐 온 사상과 그 사상이 불러낸 느낌을 이야기하는 것이다.

이 수수께끼가 무엇을 뜻하는지 바로 답하기는 쉽지 않지만 니체의 텍스트 전체를 꼼꼼히 읽으면 이 수수께끼의 해답에 다가가는 길이 아주 안 보이는 것은 아니다. 양치기의 목구멍 속으로 기어들어간 뱀은 무엇을 뜻하는가? 뱀 대가리를 물어뜯는다는 것은 무엇을 뜻하는가? 뱀은 말할 것도 없이, 바로 앞에서 차라투스트라가 성문을 관통하는 길을 두고 '그 길고도 소름 끼치는 골목길'이라고 했던 것의 변형임이 틀림없다. 또 《차라투스트라는 이렇게 말했다》 제1부의 머리말에서 독수리의 목을 감고 등장하는 뱀의 이미지가 투영된 것임을 짐작하기 어렵지 않다. 뱀은 뱀 모양을 한, 길고도 소름 끼치는 골목길, 곧 영원회귀인 것이다. 그 영원회귀의 뱀이 양치기의 입속으로 파고 들어와 목을 꽉 물어 양치기를 역겨움과 공포로 몰아넣는다. 왜 역겨

움과 공포인가? 영원회귀를 통해 모든 것이 다 돌아오기 때문이다. 좋은 것, 아름다운 것, 즐거운 것, 위대한 것만 돌아오는 것이 아니라, 나쁜 것, 추악한 것, 괴로운 것, 왜소한 것이 모두 함께 돌아온다. 삶을 고통과 슬픔과 역겨움에 빠뜨리는 모든 것들이 단 한 가지도 빠지지 않고 그대로 돌아온다. 그것도 한 번이 아니라 수없이 되풀이해서 돌아온다. 영원회귀의 바로 그 내용이 양치기를 공포와 역겨움 속으로 몰아넣는 것이다.

그렇다면 "대가리를 물어뜯어라!"라는 명령은 무엇을 뜻하는가? 그 명령을 무엇이 내렸는지를 살펴보면, 짐작할 수 있다. "나의 공포, 나의 역겨움, 나의 연민, 내게 있는 좋고 나쁜 것"이 모두 한목소리로 이 명령을 내린 것이다. 영원회귀라는 뱀의 대가리를 물어뜯어 뱉어버리는 것은 동일한 것의 영원회귀 앞에서 내가 느끼는 공포와 역겨움과 연민을 거부하고 이겨내는 방식인 것이다. 영원회귀를 물어뜯어 뱉어버리자! 그것은 영원회귀 자체를 부정하자는 것이 아니다. 영원회귀 앞에서 두려움에 떨거나 역겨움을 느껴 한없이 위축되지 말고 영원회귀와 당당히 맞서자는 이야기다. 영원회귀는 나를 죽일 수 없다는 선언이다! 그래서 이어지는 구절에서 차라투스트라는 뱀 대가리를 물어뜯고 일어선 양치기를 이렇게 묘사한다. "그는 이제 더는 양치기나 여느 사람이 아닌, 변화한 자, 빛으로 감싸인 자가 되어 웃고 있었다! 지금까지 이 지상에 그와 같이 웃어본 자는 없었으리라!"《차라투스트라는 이렇게 말했다》, 제3부 '환영과 수수께끼에 대하여', 1절 뱀을 물어뜯고 일어선 자는 영원회귀의 공포를 이겨내고 시련을 견뎌낸 자인 것이다. 빛으로 감싸인 그, 보통 사람과 전혀 다른 그 사람은 누구일까. 그 정체를 차라투스트라의 텍스트가 보여줄 것이다.

건강을 되찾고 있는 자

이렇게 니체는 이 장에서 처음으로 영원회귀에 대해 이야기하지만, 아직 그 이야기가 충분히 명료하지는 않다. 그래서 니체는 제3부 13번째 장에서 다시 영원회귀 사상을 불러낸다. 이 장의 이름은 '건강을 되찾고 있는 자'인데, 여기서 차라투스트라는 이렇게 외친다. "심오한 사상이여, 나의 심연에서 올라오라! …… 삶의 대변자이고 고뇌의 대변자이며 둥근 고리의 대변자이기도 한 나 차라투스트라가 너를, 나의 더없이 심오한 사상을 부르고 있지 않은가! 아! 올라오고 있구나. 올라오는 소리가 들리는구나! 나의 심연은 말문을 열고, 나는 나의 마지막 깊은 곳을 백일하에 드러낸 것이다! 아! 가까이 오라! 손을 달라! 아! 놓아라! 아아! 메스껍다, 메스껍다, 메스껍다. 슬프구나."《차라투스트라는 이렇게 말했다》, 제3부 '건강을 되찾고 있는 자', 1절 이 구절에서 차라투스트라의 마음은 이중적이다. 그는 자기 내부의 심오한 사상을 향해 어서 올라오라고 재촉하는가 하면, 올라온 사상을 보고는 견딜 수 없는 역겨움을 드러낸다. 그것이 영원회귀 사상에 대해 니체가 보이는 양극적 태도다. 일찍이 들어보지 못한 새로운 사상을 찾아냈다는 데 대한 커다란 자부심과 함께 그 사상의 내용이 야기하는 견딜 수 없는 역겨움과 공포가 그를 휘감는 것이다.

차라투스트라는 이렇게 말하고 돌연 시체처럼 그 자리에 쓰러졌다가 일주일 만에 눈을 뜨고 일어난다. 그만큼 그 '사상'이 그에게 준 충격이 컸던 것인데, 이것은 니체가 1881년 8월 6일 실스마리아에서 '영원회귀' 사상을 체험한 뒤 일주일 동안 그 생각에 사로잡혀 어쩔 줄 모르고 지내다가 8월 14일에야 페터 가스트에게 편지를 써 그 체험 사실을 처음으로 알린 것에 정확히 대응한다. 이 장에서 니체-차라투스트라는 좀 더 분명하게 자신이 체험한 영원회귀 사상의 실체에 대하여 설명한다. 그러나 이때에도 차라투스트라가 직접 말하는 것이 아니라 차라투스트라의 짐승들 입을 통해 말한다.

모든 것은 가며, 모든 것은 되돌아온다. 존재의 수레바퀴는 영원히 돌고 돈다. 모든 것은 시들어가며, 모든 것은 다시 피어난다. 존재의 해年는 영원히 흐른다. 모든 것은 부러지며, 모든 것은 다시 이어진다. 똑같은 존재의 집이 영원히 지어진다. 모든 것은 헤어지며, 모든 것은 다시 만나 인사를 나눈다. 존재의 수레바퀴는 이렇듯 영원히 자신에게 신실하다. 《차라투스트라는 이렇게 말했다》, 제3부 '건강을 되찾고 있는 자', 2절

모든 것이 똑같이 되돌아오고 되풀이된다는 것을 '존재의 수레바퀴', '존재의 집', '존재의 해'라는 비유를 들어 이야기하고 있다. 이 말을 듣고 차라투스트라는 짐승들에게 답한다. "이레 동안에 이루어야 했던 것들인데 너희들은 어찌 그리도 잘 아는가. 어떻게 저 괴물이 내 목구멍에 기어들어가 나를 질식시켰는지를 어찌 그리 잘 아는가! 하지만 나 그 괴물의 머리를 물어뜯어 뱉어버렸지." 《차라투스트라는 이렇게 말했다》, 제3부 '건강을 되찾고 있는 자', 2절 이 구절을 통해 뱀의 대가리를 물어뜯었던 그 양치기가 바로 차라투스트라 자신이었음을 알게 된다. 차라투스트라가 바로 뱀에 질식당한 양치기의 체험을 했던 것이고, 그 체험은 바로 영원히 모든 것이 되풀이되는 '존재의 수레바퀴' 체험이었음을 여기서 명확하게 알 수 있다. 이어 차라투스트라는 그 체험이 왜 질식을 일으켰는지 설명한다.

사람은 악하다. 나는 그것을 알고 있지만 그 사실 때문에 괴로워하지

는 않았다. 나는 오히려 그 누구보다도 큰 소리로 외쳤다. "아, 사람이라는 것의 최악이란 것이 이처럼 보잘것없다니! 아, 사람에게 최선이란 것이 이처럼 보잘것없다니!" 사람에 대한 크나큰 권태, 그것이 나의 목을 조여왔으며 내 목구멍으로 기어들어왔다. 거기에다 예언자가 예언했던 것, "모든 것은 한결같다. 아무 소용없다. 앎이 사람을 질식시키고 만다"라는 말이 기어들어왔다. ······ "네가 지겨워하고 있는 저 왜소한 사람, 그는 영원히 돌아오게 되어 있다." 나의 비애는 이렇듯 하품을 해가며 발을 질질 끌었다. 그는 잠을 이룰 수가 없었다.

《차라투스트라는 이렇게 말했다》, 제3부 '건강을 되찾고 있는 자', 2절

"아, 역겹다! 역겹다! 역겹다!"

그의 목을 파고들어 질식시킨 것은 모든 것이 되돌아오는 중에, 왜소하기 짝이 없는 인간이라는 존재도 함께 돌아온다는 사실, 그것이 불러일으키는 권태와 구토였던 것이다. 아무리 악한 사람도, 아무리 좋은 사람도 어쩔 수 없이 인간이라는 범주 안에 들어 있는 그런 왜소한 존재일 뿐이다. 선에서든 악에서든 보잘것없는, 왜소한 인간이 되돌아온다는 사실이 니체를 질식시킨 것이다. 그만큼 니체는 사람을 초월하고 싶었던 것인데, 자신이 어떤 노력을 해도 똑같은 인간이 되돌아온다면 이건 정말 끔찍한 운명의 저주 아닌가. 그리스 신화의 시시포스처럼 한없이 산정으로 돌을 굴려 올려도 어김없이 다시 굴러 떨어질 운명 아닌가. 니체-차라투스트라는 다시 탄식한다.

'아, 사람이 영원히 되돌아오다니! 왜소한 사람 또한 영원히 되돌아

오도록 되어 있다니!' 언젠가 나는 위대한 사람과 왜소한 사람이 맨몸으로 있는 것을 보았다. 저들은 서로 너무나 닮은 모습이었다. 더없이 위대한 자조차도 아직은 너무나 인간적이었던 것이다! 더없이 위대한 자조차도 너무나 왜소했으니! 이것이 사람에 대한 나의 염오였다! 그리고 더없이 왜소한 자들의 영원한 되돌아옴! 이것이 모든 현존재에 대한 나의 염오였다! 아, 역겹다! 역겹다! 역겹다!

《차라투스트라는 이렇게 말했다》, 제3부 '건강을 되찾고 있는 자', 2절

니체를 놀라움과 두려움에 떨게 한 영원회귀 체험이 결국 이 혐오스러운 내용을 품고 있었던 것이다. 이것이 바로 앞에서 차라투스트라가 사람들에게 풀어달라고 한 수수께끼다. 인간은 아무리 위대한 존재조차도 왜소한 인간과 닮았다는 것, 그리하여 그 왜소한 자들이 영원히 돌아온다는 것, 그것이 니체를 절망과 혐오의 구렁텅이로 빠뜨린 '동일한 것의 영원회귀' 체험 내용이었다. 그런데 왜 이런 체험을 한 차라투스트라가 7일 만에 다시 자리에서 일어나 '건강을 되찾는 자'가 되는가. 무엇이 그에게 건강을 되돌려 주는가. 짐승들이 차라투스트라에게 하는 말에 귀 기울여 볼 필요가 있다.

그대, 건강을 되찾고 있는 자여, …… 오, 차라투스트라여, 노래하라. 그리고 포효하라. 새로운 노래로 그대의 영혼을 치유하라. 일찍이 그 어느 누구에게도 주어진 바 없는 숙명을, 그대의 막중한 숙명을 견뎌낼 수 있도록! 오, 차라투스트라여, 그대의 짐승들은 그대가 누구이며 누구여야 하는지를 잘 알고 있다. 보라, 그대는 영원회귀를 가르치는 스승이다. 이제는 그것이 그대의 숙명인 것이다! 다른 사람이 아닌 그대가 처음으로 이 가르침을 펴야 한다. 이 막중한 숙명이 어찌 그대에게

더없이 큰 위험이 되지 않으며 병이 되지 않겠는가!

《차라투스트라는 이렇게 말했다》, 제3부 '건강을 되찾고 있는 자', 2절

이 짐승들의 이야기, 그러니까 니체-차라투스트라 내면의 목소리는 영원회귀 시련에 굴복당하지 말고 그 시련을, 그 숙명을 견디라고 이야기한다. 그러면서 그렇게 견딜 때 영혼을 치유할 수 있을 것이라고 암시한다. 영원회귀는 끔찍한 시련이지만 그것을 이겨내면 영혼이 치유될 수 있을 것임을 여기서 짐작할 수 있다. 차라투스트라가 영원회귀를 가르치는 스승이라는 것은 이렇게 영원회귀가 가하는 시련과 그 극복을 가르치는 사람이라는 뜻을 품고 있다. 극복할 수 있다면 시련은 단지 시련으로 끝나지 않을 것이므로 차라투스트라의 동물들은 큰 소리로 차라투스트라가 가르쳐야 할, 동일한 것의 영원회귀를 다시 묘사한다.

보라, 그대가 무엇을 가르치고 있는지, 우리는 그것을 알고 있다. 만물이 영원히 되돌아오며, 우리 자신도 더불어 영원히 되돌아온다는 것이 아닌가. 우리가 이미 무한한 횟수에 걸쳐 이미 존재했으며, 모든 사물 또한 우리와 함께 그렇게 존재해왔다는 것이 아닌가. 그대는 생성의 거대한 해年, 거대한 해라는 괴물의 존재에 대해 가르치고 있다. 이 괴물은 모래시계처럼 늘 되돌려져야 한다는 것이 아닌가. 다시 출발하여 내달리기 위해. 그리하여 이들 해 하나하나는 더없이 큰 것에서나 더없이 작은 것에서나 같고, 우리 또한 거대한 해를 맞이할 때마다 더없이 큰 것에서나 더없이 작은 것에서 변함없다는 것이 아닌가.

《차라투스트라는 이렇게 말했다》, 제3부 '건강을 되찾고 있는 자', 2절

이어 짐승들은 이런 끔찍한 영원회귀가 오히려 차라투스트라의 영혼을 가볍게 해줄 것이라며 이렇게 노래한다.

> 그대는 조금도 떨지 않고, 오히려 행복에 겨워 안도의 숨을 쉬며 말하리라. 엄청난 무거움과 답답함이 그대를 떠나게 될 것이기 때문이다. ……"이제 죽자. 사라지자. 한순간에 나는 무로 돌아가리라. 영혼이란 것도 신체와 마찬가지로 결국 죽을 수밖에 없는 존재다." 그대는 이렇게 말하리라. "그러나 나를 얽어매고 있는 원인의 매듭은 다시 돌아온다. 그 매듭이 다시 나를 창조하리라! 나 자신이 영원한 회귀의 여러 원인에 속해 있으니. 나 다시 오리라. 이 태양과 이 대지, 이 독수리와 이 뱀과 함께. 그렇다고 내가 새로운 생명이나 좀 더 나은 생명, 아니면 비슷한 생명으로 다시 오는 것이 아니다. 나는 더없이 큰 것에서나 더없이 작은 것에서나 같은, 그리고 동일한 생명으로 영원히 되돌아오는 것이다. 또다시 만물에게 영원회귀를 가르치기 위해서 말이다. 또다시 위대한 대지와 위대한 인간의 정오에 관해 이야기하고, 또다시 사람들에게 초인을 알리기 위해서 말이다."
>
> 《차라투스트라는 이렇게 말했다》, 제3부 '건강을 되찾고 있는 자', 2절

이제 영원회귀가 무엇을 뜻하는지, 왜 그것이 시련인지는 어느 정도 분명해졌다. 영원회귀는 '동일한 것'의 영원회귀이며, 그 때문에 그 사상은 인간의 왜소함에 몸서리치는 사람에게는 커다란 시련이 되는 것이다. 그러나 그 시련을 어떻게 극복할 수 있다는 것인지, 그 시련의 무게를 앞에 두고 어떻게 다시 가벼워질 수 있다는 것인지에 대한 해명은 아직도 완전히 투명하지 않다. 영원회귀의 시련과 그 시련의 극복 사이의 관계가 여전히 반투명 유리에 가려져 있는 것이다. 그

래서인지 차라투스트라는 동물들의 이런 이야기를 듣고도 아무런 직접적인 반응을 보이지 않는다. "말을 마친 짐승들은 차라투스트라가 저들에게 무슨 말을 하리라는 생각에서 조용히 기다렸다. 그러나 차라투스트라는 눈치 채지 못했다."《차라투스트라는 이렇게 말했다》, 제3부 '건강을 되찾고 있는 자', 2절 어쨌든 니체는 이 장을 통해 영원회귀의 근본 사상을 제대로 형상화했다고 생각했다. 그래서 이어지는 마지막 장(일곱 개의 봉인)에서 "오, 내 어찌 영원을, 반지 가운데서 결혼반지인 회귀의 반지를 열망하지 않을 수 있으리오! …… 나, 너를 사랑하기 때문이다. 오, 영원이여!"라고 노래 부르며 마침표를 찍었다. 영원회귀가 시련을 넘어 의욕의 대상이 된 것이다. 이제 영원회귀의 '속사상'이 무엇인지 조금 더 뚜렷해졌다. 영원회귀는 시련의 대상이자 의욕의 대상이라는 것, 이것이 니체-차라투스트라가 영원회귀 체험을 통해 얻은 '속사상'이었음이 분명하다.

루터와 괴테 이후 차라투스트라

니체는 《차라투스트라는 이렇게 말했다》 제3부를 끝냄으로써 《차라투스트라는 이렇게 말했다》라는 저작 전체를 완성했다고 생각했다. 자신의 사상, 영원회귀 사상이 작품으로 실현된 것이다. 그는 유쾌한 마음으로 친구 오버베크에게 편지를 썼다. "《차라투스트라는 이렇게 말했다》를 완전히 끝냈네. …… 결국 전부 쓰는 데 1년이 걸린 셈이군. 정확히 말하면 2주일씩 세 번에 걸쳐 쓴 것이지. (제3부를 쓰던) 마지막 두 주일은 내 생애에서 가장 행복한 시기였다네. 나는 그렇게 순풍에 돛단 듯이 항해해본 적이 없어."1884년 1월 25일 니체의 자신감은 점점 더 부풀어 올랐다. 이어 열흘 뒤에 다시 오버베크에게 편지를 써 차라투스트라로 인한 고양감을 "수십 년 동안 축적된 힘의 폭발"이라고 묘사했다.1884년 2월 6일 그의 자의식은 위험할 정도로 상승했다. 다시 보름 뒤 오랜 친구 에르빈 로데에게 쓴 편지에서 《차라투스트라는 이렇게 말했다》가 독일 문학에서 차지하는 자리를 스스로 배정했다. "이 책의 지극한 행복 속에는 미래의 어떤 심연과 무시무시한 무언가가 있네. 이 책에 담긴 모든 것은 어떤 전형도 따르지 않고, 이와 유사한 어떤 것도 존재하지 않으며, 누구도 시도해본 적이 없는 나만의 것이네. …… 나는 이 《차라투스트라》를 통해서 독일어를 완벽함의 경지로 끌어올렸다고 자부하네. 루터와 괴테 이후, 아직 내딛어야 할 세 번째 발자국이 남아 있었네. 자세히 보게, 내 마음의 오랜 친구여, 박력과 유창함과 화음이 이렇게 잘 어울렸던 적이 일찍이 독일어에 있었던가를."1884년 2월 22일 말년의 니체가 보여주는 자기 신격화의 싹이 여기서 머리를 드러낸다. 엄청난 작품을 썼지만 진실로 그 가치를 알아주는 사람을 만나기 어려운 고독한 상황에서 니체는 자기 자신에게 영광을 스스로 부여했던 것이다.

5월에는 말비다 폰 마이젠부크에게 편지를 썼다. "저의 과제는 엄청난 것이지만, 저의 결심도 그에 못지않습니다. …… 저는 사람들이 전 인류의 미래를 결정할 중대한 결심을 내리게 하고 싶습니다."1884년 5월 15일 이어 막 편지 왕래를 시작한 젊은 니체 독자 하인리히 폰 슈타인Heinrich von Stein, 1857~1887에게 편지를 썼다. "만일 내가 스스로 성취하고자 하는 바를 모두 이룬다면, 나는 앞으로 다가올 1,000년 동안 사람들이 내 이름을 걸고 최고의 맹세를 할 것이라는 것을 알면서 죽게 될 것입니다."1884년 5월 22일

이 시기에 니체는 《차라투스트라는 이렇게 말했다》 이후의 대작을

니체가 그의 친구인 작곡가 페터 가스트에게 보낸 편지

구상하고 있었다. 그는 노트에 '영원회귀'에 관한 메모들을 적어나갔다. 그 작품이 완성된다면, 《차라투스트라는 이렇게 말했다》는 진정한 작품의 본관으로 사람들을 인도하는 현관 구실에 만족해야 할 터였다. 일생일대의 작품 《차라투스트라는 이렇게 말했다》보다 훨씬 더 큰 작품을 생각한 것이다. 니체의 생각은 그해 6월 여동생 엘리자베트에게 보낸 편지에 나타난다. "이제 내 철학의 현관을 지어놓은 다음 나는 역시 본관 건물이 완성되어 내 앞에 설 때까지 일에 다시 착수하지 않으면 안 된다. …… 나는 나의 철학의 설계와 앞으로 6년에 걸친 계획을 다음 몇 달 사이에 밝힐 것이다."1884년 6월 15일 이어 가을에 페터 가스트에게 보낸 편지에서도 같은 생각을 밝혔다. "앞으로 6년 동안은 어떤 하나의 도식을 완성하는 데 바칠 것이네. 이 도식으로 나는 내 철학의 윤곽을 그렸다네. 이것은 잘 되고 있으며 희망으로 가득 차 있네."1884년 9월 2일

그런데 그 희망을 향해 나아가는 도중에 어떤 생각이 들었는지 니체는 《차라투스트라는 이렇게 말했다》가 미완의 작품이라는 생각을 하게 되었다. 그리하여 니체는 그해 가을에 《차라투스트라는 이렇게 말했다》의 후속편을 쓰기 시작했다. 《차라투스트라는 이렇게 말했다》 제4부는 여섯 달에 걸쳐 고심 끝에 완성됐으나, 이 작품은 출판업자의 호응을 얻지 못했다. 니체는 친구 게르스도르프에게서 돈을 빌려 자비로 겨우 40부만 제작했다. 사산아와 같은 모습으로 출산된 것이다. 그러나 이 4부를 덧붙여 완성된 《차라투스트라는 이렇게 말했다》는 결국 20세기 유럽에 재앙과도 같은 폭풍을 불러온 사상가의 대표작으로 드러난다.

왜 《차라투스트라》 제4부를 쓴 것일까

그렇다면 니체는 왜 제4부를 또 쓴 것일까. 이 제4부에 이르러 니체는 제3부에서 충분히 밝히지 못한 '의욕의 대상으로서 영원회귀'를 밝혀보려 한다. 또 바로 그런 점에서 새로 쓴 제4부가 차라투스트라의 본질적인 부분이라는 평가가 타당한 면이 있다.[3] 영원회귀를 의욕의 차원에 집중해 해명하는 작업을 하는 곳이 제4부 19장 '몽중 보행자의 노래'다. 여기서 차라투스트라는 제3부의 영원회귀 가르침을 이어 이렇게 말한다.

> 그대들은 언젠가 쾌락을 향해 '좋다'고 말한 적이 있는가? 오, 나의 벗들이여, 그랬다면, 그대들은 그로써 온갖 고통에 대해서도 '좋다'고 말한 것이 된다. 모든 사물은 사슬로 연결돼 있고 실로 묶여 있으니. 그대들이 일찍이 어떤 한순간이 다시 오기를 소망한 일이 있다면, "너, 내 마음에 든다. 행복이여! 찰나여! 순간이여!"라고 말한 일이 있다면, 그대들은 그로써 모든 것이 되돌아오기를 소망한 것이 된다! 모든 것이 새롭고, 모든 것이 영원한, 모든 것이 사슬로 연결되고, 실로 묶여 있고 사랑으로 이어져 있는, 오, 그대들은 이런 세계를 사랑한 것이 된다. 그대 영원한 존재들이여 이러한 세계를 영원히, 그리고 항상 사랑하라. 그리고 고통을 향해 "사라져라, 하지만 때가 되면 되돌아오라!"고 말하라. 모든 쾌락은 영원을 소망하기 때문이다!
>
> 《차라투스트라는 이렇게 말했다》, 제4부 '몽중 보행자의 노래', 10절

니체는 영원회귀가 시련의 대상일 뿐만 아니라 의욕의 대상임을 나름대로 분명하게 논증하려 한다. 단 한 번만이라도 지극한 쾌락 때문

에 어느 한 순간이 다시 오기를 소망한 일이 있다면 그때는 모든 것이 되돌아오기를 소망한 것이 된다는 것이 니체의 발상이다. 이 장의 마지막 구절은 니체의 발상을 한층 단순한 문장으로 전해준다. "쾌락, 그것은 가슴을 에는 고통보다 더 깊다. 고통은 말한다. 사라져라! 그러나 모든 쾌락은 영원을 소망한다. 깊디깊은 영원을!"《차라투스트라는 이렇게 말했다》, 제4부 '몽중보행자의 노래', 10절 지극한 쾌락은 이번 한 번만이 아니라 영원한 반복을 소망한다. 지극한 쾌락은 그 어떤 고통도 다 받아들인다. "쾌락이 원하지 않는 것이 어디 있을까! 쾌락은 모든 고통보다 더 목말라 있으며, 더 간절하며, 더 굶주려 있고, 더 끔찍하고, 더 은밀하다. 쾌락은 자기 자신을 원하고 자기 자신을 물고 놓지 않는다. 그 쾌락 속에는 둥근 고리를 향한 의지가 몸부림친다."《차라투스트라는 이렇게 말했다》, 제4부 '몽중보행자의 노래', 11절

　이 문장이 뜻하는 바를 쉽게 이해할 길이 없을까. 니체의 연애 사건을 떠올려보자. 니체는 루 살로메를 만나 한동안 지극한 기쁨을 느꼈다. 그 기쁨이 어찌나 컸던지 그는 무슨 일이 있어도 살로메와의 공동생활을 계속하려 했다. 살로메로 인한 니체의 즐거움은 영원을 소망했다. 그러나 그 즐거움은 여러 가지 고통을 동반하는 것이기도 했다. 살로메를 적으로 여긴 여동생 엘리자베트의 집요한 비방과 공격을 견뎌야 했고, 살로메를 사이에 두고 파울 레와 벌인 질투 어린 갈등을 이겨내야 했다. 그러고도 살로메와 레가 그를 두고 몰래 떠나버렸을 때 니체는 배신감과 복수심에 떨며 죽음 언저리까지 기웃거렸다. 그 모든 고통을 견딜 수 있어야 지극한 쾌락이라고 할 수 있다. 그렇게 강렬한 쾌락이라면 그 쾌락 때문에 치러야 하는 모든 고통을 다 수락하고 감당할 용기를 낼 수 있을 것이다.

　니체에게 최고의 쾌락은 무엇이었을까?《차라투스트라는 이렇게

말했다》와 같은 작품을 창조하는 것이 아니었을까. 그리고 그런 창조가 살로메의 배신이라는 끔찍한 고통 끝에서 터져 나온 것이었다면, 그런 고통조차도 창조의 불쏘시개로서 긍정할 수 있는 것이 아닐까. 그런데 만약 이 지극한 쾌락이 수많은 고통과 연결돼 있는 것이라면, 다시 말해 그 수많은 고통 없이 지극한 쾌락이 있을 수 없다면, 이 한 번의 쾌락을 위해 나머지 모든 고통을 다 받아들일 수 있다는 것이 니체의 생각이다. 그렇다면 이제 영원회귀는 단순히 감내해야 할 시련이 아니라 적극적으로 의욕해도 좋을 일이 된다. 이 최고의 쾌락이 영원히 반복될 수 있다면 어떤 고통도 다 받아줄 수 있을 뿐만 아니라, 그 쾌락을 위해 나는 기쁜 마음으로 "고통이여 오라"고 외칠 수 있을 것이다. 이렇게 《차라투스트라는 이렇게 말했다》 제4부를 통해 니체는 영원회귀가 이 우주의 존재 형식일 뿐만 아니라 인간의 소망의 형식임을 입증한다.

그렇다면 니체는 여기서 영원회귀를 진심으로 긍정하고 소망했던 것일까? 이런 질문을 던지는 것은 불필요한 일이 아니다. 영원회귀 설파의 문맥을 찬찬히 따져보면, 니체가 영원회귀를 전면적으로 긍정하고 진정으로 기쁘게 요청한다는 느낌을 받기는 쉽지 않다. 영원회귀를 회피할 길이 없다면 차라리 영원회귀를 의욕하는 것이 더 낫다는 것이 니체의 생각이었다고 볼 여지가 충분하다. 니체는 실스마리아에서 영원회귀 계시를 원해서 받은 것이 아니었다. 그것은 불가항력적인 힘으로 니체를 습격했다. 영원회귀가 진리 자체로 다가와 니체를 휩쓸어버렸던 것이다. 그 영원회귀 수수께끼를 풀어보려고 온갖 생각을 다 해본 끝에 니체는 영원회귀의 삶을 살지 않을 수 없다면, 그럴 때 기쁘게 '한 번 더'라고 외칠 수 있어야 한다는 생각에 이르렀던 것이다. 그리고 결국엔 영원회귀가 이 우주의 비밀이냐 아니냐 하는 문제보다는 어떻게 하면 영원회귀를 욕구할 수 있을 정도로 삶을 긍정적이고 적극적으로 살 것이냐 하는 문제가 실존적으로 더 절실한 것으로 다가왔다고 이해하는 것이 자연스럽다. 그러나 어쨌든 《차라투스트라는 이렇게 말했다》에서 니체가 한 말들만 가지고는 영원회귀를 둘러싼 사태를 명쾌하게 이해하기는 쉽지 않다.* 4권까지 쓰고도 결국 《차라투스트라는 이렇게 말했다》가 미완에 그쳤다는 느낌을 다 떨쳐버리지 못한 것, 또 《차라투스트라는 이렇게 말했다》 말고 '영원회귀' 또는 '권력의지'를 주제로 삼은 4부작을 새로 쓸 생각을 한 것도 이런 불완전성과 관련이 있을 것이다.

영원회귀와 에너지 보존 법칙

흥미로운 것은 니체 자신도 자기에게 닥쳐온 '동일한 것의 영원회귀' 사상을 충분히 납득하지 못했다는 사실이다. 니체는 이 사상을 우주론의 차원에서 자기 자신에게 이해시키려고 여러 자연과학 지식을 공부했는데, 그 가운데 니체가 특히 기대를 걸고 검토한 것이 그 당시 최신 과학 이론으로 유행하던 로베르트 마이어의 '에너지 보존 법칙'이었다. 에너지 보존 법칙이란 이 우주 안의 에너지는 그 상태가 이렇게 저렇게 바뀌어도 총량은 불변한다는 것이다. 그 법칙이라면 동일한 것의 영원회귀를 설명해줄 수 있지 않을까.

니체는 당시까지 발전된 물리학적 이론의 힘을 빌려, 이 세계는 공간상으로는 유한하고, 시간상으로는 무한하다는 전제에서 출발했다.

---

* '영원회귀'에 대한 보충적 논의는 이 장 끝의 '보충 2-영원회귀에 대하여'를 보라.

그렇다면 우주 공간의 모든 사물은 무한한 시간 동안 무한히 변화를 거듭하다 보면, 결국 과거의 어느 상태와 동일한 상태에 도달하게 될 것이다. 우주가 탄생해서 소멸하기를 수도 없이 반복하다 보면 오늘의 나와 똑같은 내가 다시 출현해 오늘 내가 사는 삶을 그대로 살게 될 것이다. 내가 사는 삶이 반복된다면, 시간이 무한하므로 결국 동일한 삶이 무한히 반복된다고 보아도 될 것이다. 에너지 보존 법칙상 그런 가설이 성립하는 것이 아닐까. 니체는 "에너지 보존의 원리는 영원회귀를 요구한다"《권력의지》, 1063절는 결론에 이르렀지만, 그것을 공표할 만큼 확신했던 것 같지는 않다. 니체는 에너지 보존 법칙으로 '동일한 것의 영원회귀'를 설명하는 글을 그 자신이 완성하거나 출간한 책에서는 어디에서도 밝히지 않았다.

그러나 니체의 이 우주론적 영원회귀 사상을 '유한한 공간, 무한한 시간'으로 설명하려는 시도는 니체 해석자들 사이에서 사라지지 않았다. 홀링데일이 니체 전기에서 이런 설명을 택한다. "실재는 끝없이 지속하며, 지속이 없는 상태로는 결코 진입할 수 없다. 그러나 끊임없이 변화하는 실재가 취할 수 있는 가능한 형태는 수가 무한하다고 단정할 수 없다. 우리의 상식은 무한하지 않다고 말한다. 곧 아무리 큰 만화경을 만들고 아무리 많은 색종이를 집어넣어도, 가능한 조합의 수는 무한하지 않을 것이다. 가능한 조합의 수와 그 조합들이 나타나는 가능한 순열의 수가 바닥이 나면 어쩔 수 없이 한계점에 다다를 것이고, 이 계열은 그 자체를 반복할 것이다."[4]

유한한 우주 공간에서 무한한 시간 동안 되풀이되는 물질들의 조합이 결국 나의 삶과 똑같은 삶을 만들어낼 것이라는 가설인데, 이 가설이 설령 맞다고 치더라도, 실존적으로는 사실상 아무런 의미가 없다. 왜냐하면, 유한한 공간이라고 해도 그 넓이는 우리의 생활 감각을 현저히 초월하는 수백억 광년 단위의 우주 공간이며, 이 우주 공간이 무수한 시간, 예컨대 수백억 년에 한 번씩 새로 생겨난다 하더라도 거기서 어떤 동일한 인간이 태어나 동일한 삶을 살 가능성이 실현되려면 또 그 우주의 탄생과 소멸이 무한에 가까운 숫자로 반복돼야 할 것이기 때문이다. 그런 시간과 공간을 생각하면, 우리 삶이 동일한 모습으로 재생되는 상태가 온다 하더라도 그것은 우리와는 아무런 상관도 없는 '동일한 것의 영원회귀'일 뿐이다. 우리 삶이 전생과 내생으로 윤회하듯 죽고 태어나기를 반복하는 방식으로 동일하게 되풀이된다면 모를까, 그런 아득한 천문학적 단위의 영원회귀라면, 니체가 두려워하거나 역겨워한 것처럼 그렇게 반응할 아무런 이유가 없다. 한마디로 말해, 무의미인 것이다.

동일한 것의 영원회귀의 불가능성

더 결정적인 것은 천체물리학적 차원의 '동일한 것의 영원회귀'가 현실적으로도 논리적으로도 불가능하다는 사실이다. 이 사실을 입증한 사람은 게오르크 지멜이다. 지멜은 《쇼펜하우어와 니체》에서 동일한 것의 영원회귀가 물리학적으로 불가능함을 증명한다. 간단한 방식을 생각해보자. 우주의 역사가 무한히 스스로 반복한다는 결론에 이르려면 적어도 다음과 같은 두 가지 전제가 충족돼야 한다. 1) 우주의 에너지의 총합은 제한돼 있다. 2) 우주의 에너지 상태의 총합은 제한돼 있다. 마이어의 에너지 보존 법칙으로는, 우주의 에너지 총합은 제한돼 있다는 명제는 타당하다. 문제는 두 번째 전제다. 우주의 에너지 총량이 한정돼 있다 하더라도, 그 에너지들이 만들어내는 조합 상태는 결코 한정돼 있지 않다. 당구대를 예로 들어보자. 당구대의 넓이와 당구공의 개수는 한정돼 있다. 그러나 당구공이 부딪쳐서 만들어내는 변화의 가짓수는 무한하다. 극도로 미세한 차이도 차이이기 때문에 그런 차이들을 모조리 다 고려하면, 동일함에 무한히 다가갈 수는 있을지 몰라도 동일함 자체는 결코 확보될 수 없는 것이다. 그 조합 상태가 한정돼 있지 않은 것이다. 따라서 동일한 것이 반복될 수가 없다. 아무리 많은 배열을 되풀이해도 결코 동일한 배열을 다시 이루어낼 수는 없다. 이것이 지멜이 보여준 물리학적 논증이다.[5] 이 증명을 통해 도출되는 결론은 무엇인가. 어떠한 경우에도 우주론적 차원의 영원회귀는 타당성이 없다는 사실이다. 다시 말해, 니체에게 계시로서 엄습해온 '동일한 것의 영원회귀'라는 관념이 물리학적으로는 엉터리였다는 사실이다. 하늘이 준 계시라고 해서 언제나 타당한 것은 아니다. 니체는 이 난점 앞에서 한없이 머뭇거렸음이 틀림없다.*

들뢰즈의 선택적 영원회귀

이 머뭇거림은 니체의 독자들도 반복하는 머뭇거림이다. 그렇다면 어떻게 하면 이 난점을 돌파할 수 있을까? 니체의 영원회귀를 '선택적 영원회귀'로 재해석해 돌파하는 사람이 20세기 니체 해석의 대가 질 들뢰즈다. 들뢰즈는 '동일한 것의 영원회귀'를 통상 이해하는 것과

---

* 친구 오버베크에게 보낸 1884년의 편지에서 니체는 다음과 같이 말하기도 했다. "영원회귀 사유가 진리라기보다는 진리로 믿어진다면, 그러면 모든 것이 변하고 모든 것의 방향이 바뀐다네. 그리고 지금까지의 모든 가치들이 탈가치화되지." 1884년 3월 8일 영원회귀 사유가 진리가 아닐 수도 있다는 인식에까지 이른 것이다.

는 아주 다르게 이해한다.

핵심은 '동일한 것'을 어떻게 해석할 것이냐다. 일반적인 니체 철학 해석을 존중한다면, '동일한 것'은 동일한 존재를 말한다. 다시 말해, 만약 '니체'라는 존재가 돌아온다면, 그 돌아온 니체는 과거의 니체와 조금도 다르지 않고 똑같다는 뜻이다. 과거의 니체나 현재의 니체나 미래의 니체나 포개놓으면 정확히 겹치는, 오차 없는 동일 존재인 것이다. 이것이 일반적으로 이해되는 '동일한 것'이다.

그러나 들뢰즈는 사태를 정반대로 뒤집어, 그런 의미의 동일성은 없다고 말한다. 돌아오는 것은 '동일한 존재'가 아니라 '동일한 상태'이다. 다시 말해, 끝없는 변화라는 상태, 그 변화만이 돌아온다. 어제의 니체는 오늘의 니체와 다르고 내일의 니체는 오늘의 니체와 다르다. 그 다름만이 돌아온다는 것이 들뢰즈의 해석이다. 그렇다면 이때의 반복은 '차이의 반복'이다. 차이가 조금도 없는 동일한 존재가 반복되는 것이 아니라 끝없는 차이와 변화와 생성이라는 그 사태가 반복되는 것이다. 존재의 반복이 아니라 차이의 반복이고 생성의 반복이다. "영원회귀를 '동일한 것'의 회귀로 간주해서는 안 된다. …… 동일한 것(동일자)은 회귀하는 것이 아니다. 생성하고 있는 것의 '동일한 것(동일자)'만 회귀하는 것이다."[6] 결국 들뢰즈는 니체의 영원회귀가 '차이의 반복'이라고 주장한다.

> 영원회귀는 긍정하는 역량이다. 영원회귀는 다양한 모든 것, 차이 나는 모든 것, 우연한 모든 것을 긍정한다.[7]

원환은 직선의 끝에 있다. 난쟁이나 주인공도, 병든 차라투스트라나 회복기의 차라투스트라도 모두 되돌아오지 않는다. 영원회귀는 단지 모든 것을 다시 돌아오지 못하게 하는 데 그치는 것이 아니라 또한 시험을 견뎌내지 못하는 것들을 사라지게 만든다. …… 부정적인 것은 다시 돌아오지 않는다. 동일자는 다시 돌아오지 않는다. …… 다시 돌아오는 것은 오직 긍정뿐이고, 다시 말해서 차이 나는 것, 유사성에서 벗어나는 것뿐이다. 이와 같이 선별적인 어떤 긍정에서 기쁨을 끌어내기에 앞서 얼마나 커다란 불안이 따를 것인가. …… 또 어떻게 독자는 니체가 영원회귀 안에서 전체, 같은 것, 동일자, 유사한 것 등과 나와 자아 등을 여상케 한다고 믿을 수 있는가? 니체야말로 이런 범주들에 대한 가장 위대한 비판자이기 때문이다. 어떻게 니체가 영원회귀를 어떤 순환으로 생각했다고 믿을 수 있는가?[8]

이렇게 들뢰즈는 니체의 '동일한 것의 영원회귀'를 정반대로 뒤집어 '차이 나는 것의 영원회귀'로 이해한다. 그리고 여기서 한발 더 나아가 들뢰즈는 '차이의 반복'을 단순히 차이 나는 것들이 되돌아온다는 의미를 넘어, 차이 중에서도 부정적이고 반동적인 차이는 내버리고 긍정적이고 능동적인 차이들만을 선별하는 반복으로 이해한다. 이것이 들뢰즈의 '선택적 영원회귀' 이론이다. 들뢰즈는 차이 나는 것 중에서도 시험과 시련을 견뎌낸 것들만 되돌아온다는 선택적 영원회귀야말로 니체의 영원회귀를 제대로 이해하는 것이라고 주장한다. "니체의 비밀, 그것은 영원회귀란 선택적이라는 것이다."[9]

들뢰즈는 이 선택적 영원회귀가 '사유'와 '존재'에서 모두 관철된다고 강조한다. "그리고 그것은 이중적으로 선택적이다. 우선 첫 번째로 그것은 사유로서 선택적이다. 왜냐하면 영원회귀는 우리에게 모든 도덕으로부터 해방된 의지가 자율에 이르기 위한 법칙을 부여하기 때문이다. 우리가 무엇을 의욕하든(예를 들면, 나의 게으름, 탐욕, 나의 비겁함,

나의 악덕과 미덕), 나는 그것이 영원히 되풀이된다는 것(영원회귀)도 함께 의욕하는 방식으로 그것을 의욕해야만 한다. '반쯤 의욕함'의 세계는 제거되며, '한 번만'이라는 조건으로 우리들이 의욕하는 모든 것은 제거된다."[10] 사유에서 나타나는 선택적 영원회귀란 한마디로 말해 윤리적 삶의 법칙이라고 할 수 있다. 이것은 "너의 의지의 준칙이 항상 보편적 법칙의 원리로서 타당하도록 행동하라"는 유명한 칸트의 도덕률의 변형이다. 다시 말해, 들뢰즈는 선택적 영원회귀를 윤리적 삶에 적용해, "너의 행위가 항상 무한히 되풀이되어도 좋은 것이 되도록 그렇게 행동하라"는 새로운 명령, 새로운 도덕률을 제시하고 있는 것이다.

들뢰즈가 말하는 '선택적 영원회귀'는 존재의 차원에서도 나타난다. "영원회귀는 선택적인 사유일 뿐만 아니라 선택적인 존재이기도 하다. 단지 긍정만이 회귀하는 것이며, 긍정될 수 있는 것만이 회귀하고, 기쁨만이 되돌아온다. 부정될 수 있는 모든 것, 부정인 모든 것은 영원회귀 운동 자체에 의해서 제거된다. 우리들은 니힐리즘과 반동의 여러 조합들이 영원히 회귀하는 것은 아닌가 하고 두려워했다."[11]

이제 그런 부정적인 것들을 두려워하지 않아도 된다. 들뢰즈는 선택적 영원회귀를 아주 빠른 속도로 도는 바퀴에 견주어 왜 부정적인 것들이 제거되는지 설명한다. "영원회귀는 바퀴에 비유된다. 그러나 이 바퀴의 운동에는 부정적인 모든 것을 날려버리는 원심력이 부여되어 있다."[12] 들뢰즈는 바퀴의 비유를 통해 다음과 같이 단호하게 말한다. "영원회귀는 반복이다. 그러나 그것은 선택하는 반복이며 구제하는 반복인 것이다. 해방하고 선택하는 경이로운 반복인 것이다."[13] 영원회귀의 바퀴는 빠르게 돌면서, 다시 말해 끝없이 회귀하면서, 그 회귀의 속도가 만들어내는 원심력으로 튼튼하지 못한 바퀴살들을 모두 뽑아내 날려버린다는 것이다. 영원회귀는 그렇게 차이를 만들어내는 반복이고, 선택하고 정선하는 반복이다. 그리고 그 선택적 영원회귀가 우리의 '사유', 곧 우리의 윤리적 삶에 적용이 되면, 무한한 반복을 견뎌내지 못하는 어떤 사유도 모두 허약한 바퀴살처럼 뽑혀 나가고, 영원한 반복을 소망하는 그런 사유만 남게 되는 것이다. 이 바퀴의 회전 속도가 바로 시련이고 시험이다. 이 시련과 시험을 이겨내고 견뎌낸 것들만 살아남아 되돌아오는 것이다. 이렇게 견뎌낼 수 있는 삶만을 선택해 살아라. 원한, 증오, 연민, 복수심 같은 부정적인 허약한 감정들은 모두 뽑혀 날아가고 말 것이다.

병든 차라투스트라, 회복 중인 차라투스트라

들뢰즈가 해석한 니체, 들뢰즈가 이해한 영원회귀는 이렇게 잘 빚어놓은 항아리처럼 매끄럽다. 문제는 들뢰즈가 이렇게 영원회귀를 산뜻하고 우아한 정선의 원리로 다듬어내는 과정에서 실제의 니체, 텍스트 내부에서 고심과 고뇌를 거듭하는 니체가 사라지고 만다는 사실이다. 들뢰즈가 실제의 니체를 아예 고려하지 않는 것은 아니다. 들뢰즈는 니체를 '병든 차라투스트라'와 '회복되고 있고 거의 치유된 차라투스트라'로 나누어 살펴보기도 한다.[14] 똑같은 영원회귀에 대해 니체가 두 가지 방식으로 설명하는데, 이 설명들이 각각 '병든 차라투스트라'와 '회복 중인 차라투스트라'에 대응한다는 것이다. 병든 차라투스트라는 모든 것이 동일하게 회귀한다는 영원회귀 가설에 짓눌린다. 그러나 회복 중인 차라투스트라는 병들었을 때 자신이 견디지 못한 영원회귀를 받아들이고 거기서 기쁨을 느낀다. 차라투스트라는 영원회귀가 단순히 동일한 것의 순환이 아니라 선택이고 선별임을 깨닫게 되는 것이다.[15] 들뢰즈는 이렇게 니체가 건강의 상태에 따라 영원회귀를 이해하는 방식이 다르다고 설명한다.

그러나 이렇게 텍스트 내부의 니체를 분석해 병든 니체를 내버리고 치유된 니체만을 받아들이는 것 자체에 억지스러운 구별이 있음을 부인할 수 없다. 병든 니체‑차라투스트라가 영원회귀 사상에 가위눌리고, 회복 중인 니체‑차라투스트라가 영원회귀를 감당할 뿐만 아니라 의욕하기까지 하는 것은 사실이다. 그러기는 해도 건강을 되찾은 니체‑차라투스트라가 영원회귀를 '차이의 반복', '선별의 원리'로 이해하는 것 같지는 않다. 니체는 병중이건 회복 중이건 '동일한 것의 영원회귀'를 상대로 하여 분투했다. 이런 사실을 전제로 하지 않는 영원회귀 해석은 실제의 니체와 동떨어진 해석이다. '차이의 반복'이라는 들뢰즈의 영원회귀는 니체의 영원회귀가 아닌 들뢰즈 자신의 영원회귀다.

그렇다면 니체의 영원회귀는 어떻게 이해해야 하는 것일까. 니체는 1881년 여름 영원회귀 영감을 얻은 이후 끊임없이 이 사상을 납득해보려 애썼다. 마이어의 에너지 보존 법칙에 골몰한 것도 그런 노력의 하나였다. 《차라투스트라는 이렇게 말했다》 집필을 전후한 시기 내내, 특히 《차라투스트라는 이렇게 말했다》 제3부를 쓰던 무렵부터 《차라투스트라는 이렇게 말했다》 제4부를 쓰기까지 계속 영원회귀 문제를 고민했다. 니체는 1884년 초에 다음과 같은 영원회귀 해석을 노트에 썼다.

> 나의 벗들이여, 나는 영원회귀를 가르치는 교사다. 이를테면, 나 모든 사물이 영원히 회귀하며 너희 자신도 함께 회귀한다는 것을, 그리하

여 너희는 이미 헤아릴 수 없을 만큼 수없이 존재해왔으며 모든 사물이 너희와 함께 그렇게 존재해왔다는 것을 가르치고 있다는 말이다. ……
그리고 나 죽음을 앞에 둔 사람들에게 말하리라. "보라, 너는 죽어 지금 소멸하여 사라지고 있다. 영혼도 신체와 마찬가지로 죽음을 면치 못하니, 너한테서 '너'라고 할 만한 그 어떤 것도 남지 않게 되리라. 그러나 이번에 너를 창조한 바로 그 원인, 그 불가항력적 강제력은 다시 돌아올 것이며, 너를 다시 창조하지 않을 수 없게 될 것이다. 먼지 가운데 보잘것없는 먼지인 너 자신이 모든 사물의 영원한 회귀를 일으키는 원인에 속해 있는 것이다. 그리고 네가 언젠가 다시 태어난다 하더라도 새로운 삶이나 더 나은 삶, 아니면 지난번과 비슷한 삶이 아니라, 더없이 작은 부분에서나 더없이 큰 부분에서나 네가 지금 끝내고 있는 것과 같은, 그리고 동일한 삶으로 태어나게 되는 것이다." 아직 이 가르침이 지상에서 설파된 적은 없다. 이번의 세계, 이번의 거대한 해에서는 말이다.

《니체 전집 17권 유고(1884년 초~가을)》, 11쪽

들뢰즈라면 이 글을 쓴 사람이 병든 차라투스트라라고 할 것이다. 그러나 이 글을 병든 차라투스트라의 글이라고 한다면, 그것은 차라투스트라의 진술 자체를 왜곡하는 일이다. 여기 쓰인 글과 거의 같은 내용이 바로 《차라투스트라는 이렇게 말했다》 제3부의 '건강을 되찾고 있는 자'에서 설파되고 있다. "건강을 되찾고 질병에서 회복 중인" 차라투스트라가 '동일한 삶의 영원회귀'를 설교하는 것이다. 이런 사실을 염두에 두면 들뢰즈의 영원회귀 설명이 니체 자신의 영원회귀와 다른 것임을 간파하기는 어렵지 않다.

문제는 니체가 차라투스트라의 입을 빌려 설파한 '동일한 것의 영원회귀'를 얼마나 진지하게 믿었느냐 하는 물음이다. 이 우주론적 영

원회귀를 니체가 완전히 포기한 것은 아니었다고 해도, "모든 것은 똑같이 영원히 되돌아온다"라는 명제를 끝까지 진지한 삶의 과제로 받아들였다고 보기는 어렵다. 니체에게 중요한 해석은 다음과 같은 물리학적 영원회귀 해석이 아니었다. 앞에서 권력의지와 관련해 이미 한 번 인용한 적이 있지만, 영원회귀의 관점에서 한 번 더 읽어보자.

> 이 세계는 곧 시작도 끝도 없는 거대한 힘이며, 커지지도 작아지지도 않으며, 소모되지도 않고 오히려 전체로서는 그 크기가 변하지 않지만, 변화하는 하나의 확고한 청동 같은 양의 힘이며, …… 자기 안에서 휘몰아치며 밀려드는 힘들의 바다며, 영원히 변화하며, 영원히 되돌아오고, …… 여전히 자기 자신을 긍정하면서, 영원히 반복해야만 하는 것으로서 스스로를 축복하면서, 어떠한 포만이나 권태나 피로도 모르는 생성이다. 영원한 자기 창조와 영원한 자기 파괴라고 하는 이러한 나의 디오니소스적인 세계, 이중적 관능이라는 이러한 비밀의 세계, 이러한 나의 선악의 저편의 세계, 이는 순환의 행복 속에 목적이 없다면 목적이 없으며, 원환 고리가 자기 자신에 대해 선한 의지를 갖지 않는다면, 의지가 없다. 그대들은 이러한 세계를 부르는 이름을 원하는가? 그 모든 수수께끼에 대한 하나의 해결을? …… "이러한 세계가 권력의지다. 그리고 그 외에 아무것도 아니다." 그대들 자신 역시 권력의지다. 그리고 그 외에 아무것도 아니다.
>
> 《니체 전집 18 유고(1884년 가을~1885년 가을)》, 435~436쪽

1885년에 공들여 쓴 이 메모는 니체가 영원회귀를 어떻게 이해하고 싶었는지를 보여준다. 니체는 권력의지를 힘들의 대립과 유희로 풀면서 동시에 그 권력의지가 넘실대는 세계를 영원히 회귀하는 물리학적

공간으로 묘사했다. 바로 이런 식의 묘사가 니체가 생각한 '동일한 것의 영원회귀'의 우주론적 판본이다. 그러나 니체는 이 메모를 메모로 남겨두고 공식 출판물 어디에도 삽입하지 않았다. 이 마이어적인 에너지 보존의 세계와 니체의 영원회귀는 어딘지 어울리지 않았던 것이다.

니체에게 영원회귀는 어떤 것이었을까. 그가 자신의 존재를 다하여 옹호했던 영원회귀는 어떤 모습이었을까? 알렉산더 네하마스Alexander Nehamas, 1946~는 니체가 《즐거운 학문》에서 악마를 통해 영원회귀를 처음 알리며 했던 말을 상기시킨다. "너는 이 삶을 다시 한 번, 그리고 무수히 반복해서 다시 살기를 원하는가?"《즐거운 학문》, 제3부, 341절 이 질문은 영원회귀를 우주의 문제에서 자아의 문제로 돌린다고 네하마스는 말한다. 그는 이 질문이 뜻하는 바를 다음과 같이 정리한다. "이 인용문은 세계, 심지어는 우리 자신이 영원히 반복된다는 견해가 사실인지 아닌지의 여부를 전혀 묻지 않는다. 이러한 견해가 과연 믿을 만한 것인지에 대해서도 이 인용문은 의문을 제기하지 않는다. 이러한 질문에 니체는 아무런 관심이 없는 것이다. 그의 관심사는 악마가 제기한 가능성, 즉 우리의 삶이 반복하며 모든 세세한 사항에 이르기까지 똑같은 것이 영원히 되풀이된다는 가능성 앞에서 절망하지 않고 오히려 기뻐하면서 환영하기 위해서는 우리가 자신에 대해 과연 어떤 태도를 지녀야만 하는가의 문제다."[16]

카잔차키스의 영원회귀

이렇게 영원회귀를 우주의 객관적 사태에서 자아의 주관적 사태로 옮겨 이해한다면, 20세기 그리스 소설가 니코스 카잔차키스Nikos

Kazantzakiss, 1885~1957가 니체를 읽고서 묘사한 영원회귀의 모습에서 우리가 수긍하고 참조할 만한 것을 발견할 수 있을 것이다. 카잔차키스는 니체와 그가 발견한 영원회귀에 대해 이렇게 쓴다.

가슴이 찢어진 그대는 병들어 이곳저곳을 방황했다. 열기에 마비가 되고, 눈彎에 눈을 상하고, 바람에 신경이 너덜너덜해졌다. 잠을 이루지 못해서 그대는 안정제를 복용하기 시작했다. 그대는 불도 때지 않은 방에서 불편하고 궁핍하게 살았다. 하지만 병든 사람은 삶을 저주할 권리가 없노라고 자존심이 강한 그대는 자주 스스로에게 타일렀다. 삶과 죽음의 송가가 굽힐 줄 모르고 고통으로부터 맑게 흘러나왔다.

그대는 배 속에서 위대한 씨앗이 엉글어 창자를 집어삼키고 있음을 느꼈다. 어느 날 엥가딘을 산책하던 그대는 갑자기 걸음을 멈추었다. 시간은 무한하지만 물질은 유한하다는 생각이 머리에 떠오르자 그대는 공포에 사로잡혔다. 따라서 필연성에 의해 물질의 모든 조합이 과거와 똑같은 모습으로 다시 태어날 새로운 순간이 오리라. 앞으로 수천 세기가 지나면 그대와 같은 사람이, 정말로 그대와 똑같은 사람이, 똑같은 바위에 다시금 올라서고, 똑같은 사상을 재발견하리라. 그것도 한 번이 아니라 무수히. 그러므로 더 훌륭한 미래에 대한 희망은 없었고, 구원도 없었다. 우리들은 시간의 수레바퀴에서 변함없이, 똑같이 회귀한다. 따라서 가장 덧없는 사물들까지도 영원성을 얻었고, 가장 무의미한 우리의 행동들은 가늠하기 불가능한 중요성을 지니게 됐다. 그대는 고뇌의 황홀경으로 몰입했다. 이 모든 현상이 그대의 고통은 끝이 없으며 세상의 고통은 구제할 길이 없음을 뜻했다. 그러나 고행자다운 그대의 자부심은 기뻐하며 그대로 하여금 순교를 맞게 했다. 그대는 스스로에게 말했다. 새로운 작품이 창조되어야 하고, 인류에게 새로운 복음을

전파하기 위해 창조할 의무가 나에게 부여되었다.[17]

　카잔차키스는 작가의 예리한 감수성으로 니체가 겪었을 고통과 영원회귀를 체험한 순간의 고뇌를 마치 니체 안에서 겪은 것처럼 실감나게 전해준다. 어쩌면 니체는 정말 그렇게 느꼈을지도 모른다. 카잔차키스는 니체가 영원회귀의 고통을 기쁨으로 전환시켰다고 이야기한다. 그러나 아직도 그 전환의 내적 과정이 뚜렷하게 그려지지 않는다. 니체에게 영원회귀란 무엇이었으며, 그것을 받아들이고 의욕한다는 것은 어떤 것이었을까. 니체의 마음 그 자체를 엿볼 단서를 발견하려면 그가 쓴 다른 메모를 참조해야 한다. 《권력의지》에 실린 1888년에 쓴 메모에서 니체는 디오니소스를 통해 영원회귀를 이해한다.

　　두 가지 유형 – 디오니소스 대 십자가에 못 박힌 자. …… 고대 이교적인 숭배는 생에 대한 감사와 긍정의 한 형태가 아닐까? 그것의 최고의 대표자는 생을 옹호하고 신격화하는 것은 아닐까? 건강하며 황홀경에 빠져 있고 충일한 정신! 생의 모순들과 의문스런 점들을 자신 안에 받아들이고 구원하는 정신이라는 유형! 여기서 나는 고대 그리스인들의 디오니소스라는 이상을 내세운다. 그것은 삶에 대한 종교적 긍정, 부인되고 반으로 조각난 삶이 아니라 삶 전체에 대한 긍정이다. …… 십자가에 못 박힌 자 대 디오니소스. 이것이야말로 진정한 대립이다. 양자 공히 순교했다는 점에서는 차이가 없지만, 순교는 그들에게 서로 다른 의미를 지닌다. 디오니소스의 경우에는 삶 자체, 삶의 영원한 산출력과 회귀가 고통과 파괴와 절멸을 향한 의지의 원인이다. 이에 반해서 전자의 경우(그리스도의 경우)는 고통이, '죄 없이 십자가에 못 박힌 자'가 삶에 대해 이의를 제기하고 삶을 비난하고 단죄한다. 여기에서 고통의 의미가 기독교적인 의미인지 아니면 비극적인 의미인지가 문제라는 것을 알 수 있다. 기독교적인 의미에서는, 삶은 성스러운 존재에 이르는 길이어야만 한다. 이에 반해 비극적인 의미에서는 삶은 그 자체로 성스러운 것이며, 따라서 아무리 엄청난 고통이라도 시인할 수 있을 정도로 충분히 성스러운 것으로 간주된다. 비극적인 인간은 가장 가혹한 고통조차도 긍정한다. 그 정도로 그는 충분히 강하고 충만하며 삶을 신성화하는 힘을 갖추고 있다. 기독교적인 인간은 지상에서의 가장 행복한 운명조차도 부정한다. 그는 어떠한 형태의 삶에서도 삶 때문에 고통을 받을 정도로 약하고 가난하며 가진 것이 없다. '십자가에 달린 신'은 삶에 대한 저주이며, 삶으로부터 자신을 구원하라는 지침이다. 갈기갈기 찢긴 디오니소스는 삶에 대한 약속이다. 그는 영원히 다시 태어날 것이고 영원히 파괴로부터 다시 돌아올 것이다. 《권력의지》, 1052절

디오니소스, 영원회귀의 신

이 글에 나타난 디오니소스 신의 비극적 죽음에 대한 묘사야말로 니체가 '동일한 것의 영원회귀'라는 이름으로 보고 겪고 살았던 삶의 실상이 아닐까. 니체는 디오니소스의 여러 판본 중에서 디오니소스 자그레우스, 즉 제우스와 데메테르(또는 페르세포네)의 아들인 '사냥꾼' 디오니소스 판본에 관심이 쏠렸다. 티탄족들은 디오니소스가 태어났을 때 사지를 찢어 구워먹으려 했다. 그들은 제우스로부터 벼락을 맞는 벌을 받았다. 디오니소스의 심장은 기적적으로 보존되어 다시 태어났다. 그렇게 찢기고 나서도 다시 태어났다는 사실이 니체가 디오니소스 자그레우스에게 품은 열정적인 애착을 설명해준다. 이 신은

파괴되어도 살아남고 영원히 다시 태어나는 힘을 지녔다. 어떤 이들은 디오니소스가 죽음의 왕국을 관장하는 지하의 신 하데스와 혼동되기도 한다고 말한다. 이렇게 해서 디오니소스는 식물의 상징이 된다. 이 상징을 통해 디오니소스가 겨울잠의 시기에 지하에 거주한다는 것과 새순이 돋아날 때 이승으로 다시 나타난다는 것이 설명된다.[18] 이 식물의 본질은 정적인 식물성이 아니라 동물성이며 열광이며 창조적 충동이다. 그 충동의 사멸과 부활이다.

니체의 삶은 끝없는 질병의 침탈과 회복의 반복이었다. 죽음과도 같은 고통 속에서 니체는 차라리 죽음을 달라고 절규했다. 그러나 그 고통이 지나고 나면 그는 다시 삶을 의욕했고, 의욕하는 그 순간엔 죽음과도 같은 고통조차도 긍정할 수 있었다. 그는 부활했고 창조의 의지로 불탔다. 니체에게 삶은 끝도 없는 고통의 연속이지만, 삶은 또 그 고통을 넘어 "그 자체로 성스러운 것"이고, 그런 삶을 사는 사람은 "아무리 엄청난 고통이라도 시인할 수 있을 정도로 충분히 강한" 사람이고 "가장 가혹한 고통조차도 긍정하는" 사람이다. 니체는 고통에 짓눌리는 자기 존재가 "갈기갈기 찢긴 디오니소스"와 같다고 느꼈을 것이다. 그러나 그런 순간에도 삶은 결코 고통에 지지 않는다. "그는 다시 태어나고 파괴로부터 다시 돌아온다." 이것이야말로 니체가 마음속 깊이 간직한 영원회귀일 것이다. 언제나 파괴당하면서 다시 부활하고 되돌아오는 삶에서 니체는 동일한 것의 영원회귀를 보았다. 그것은 선택하는 것도 날려버리는 것도 아니다. 삶을 사랑하기 때문에 고통까지 껴안는 것이다. 거기에 버릴 것은 아무것도 없다. 그리하여 니체의 영원회귀는 병으로부터, 고통으로부터, 실존의 밑바닥으로부터의 귀환이며 삶의 부활이다. 자서전에서 니체는 《차라투스트라는 이렇게 말했다》를 쓰던 때를 되돌아보며 이렇게 말한다.

불멸하기 위해서는 비싼 보상을 치러야 하는 법이다. 즉 불멸을 위해서는 살아생전에 여러 번 죽어야 하는 법이다.

《이 사람을 보라》, '차라투스트라는 이렇게 말했다', 5절

《차라투스트라는 이렇게 말했다》를 집필하던 짧은 기간을 제외하면 니체에게 그 시기는 비할 바 없는 위기였다. 영감이 쏟아지는 열흘에서 보름 사이 열광의 날들이 잦아들면 깊은 우울과 불안과 두려움이 밀려들어 빠져나가지 않았다. 니체는 매번 그 죽음과 같은 밑바닥에서 다시 솟아올라 차라투스트라의 노래를 불렀다. 니체의 삶 속으로 들어가 살피면 영원회귀는 죽음을 거치며 다시 솟구치는 부활의 끝없는 반복이다. 영원회귀는 우리 안에 살아 있는, 죽음과 재생의 디오니소스 신화다. 삶을 해석하는 신화의 힘은 과학보다 강해서, 에너지 보존 법칙 따위는 우리 삶의 내면에서 끓어오르는 생명의 마그마, 생명의 활력을 설명하지도 못하고 그 활력을 불러내지도 못한다. 디오니소스야말로 영원회귀의 신이며, 영원회귀 자체다. 니체는 디오니소스의 힘이 우리 안에 있다고 믿었다. 니체의 무시무시한 언어들은 우리 내면의 어두운 동굴 속 불 뿜는 용을 거꾸러뜨리고, 우리 안의 신화적인 힘에 호소력을 발휘해 그 힘을 밖으로 불러낸다. 니체의 언어를 통해 디오니소스의 귀환과 부활은 낡은 신화에서 벗어나 생생한 현실이 된다.

그리고 이 귀환과 부활의 반복 속에서 작동하는 것이 권력의지다. 권력의지는 우주라는 거대한 바다를 출렁이게 하는 힘들의 관계가 아니라, 죽음으로부터 부활로 삶을 이끌어가는 무한한 재생의 동력이다. 어떤 경우에도 파괴되지 않고, 어떤 경우에도 소멸하지 않고, 꺾인 뒤에도 다시 일어서는 더 많은 힘을 향한 의지, 그것이 권력의지다. 그

리하여 권력의지는 삶의 본질이고 영원회귀는 삶의 형식이다. 질병과 고통의 영원한 반복은 권력의지를 시험하는 시련이다. 영원회귀 앞에서 짓눌리지 않고, "좋다, 한 번 더"라고 외치는 것, 어떤 고통도 어떤 시련도 회피하지 않고 삶의 일부로 수락하는 것, 그리하여 매번 영원회귀 자체와 결전을 벌이는 것, 그것이 권력의지다.

| 보충 2 |

영원회귀에 대하여*

1. 영원회귀에 대한 이해

니체가 1881년 여름 실스마리아에서 얻은 '동일한 것의 영원회귀' 사상을 어떻게 이해할 것이냐는 문제는 '권력의지'를 어떻게 이해할 것이냐는 문제와 더불어 니체 철학의 결정적인 쟁점을 구성한다. "동일한 것의 영원회귀 사유는 니체 철학 중에서 가장 난해한 요소이며 니체 연구사에서 가장 격렬한 논쟁의 대상이었다."[19] '영원회귀'를 해석하는 관점의 차이는 그대로 니체 철학 자체에 대한 해석의 차이로 이어져 철학자 니체에 대한 매우 다른 초상이 그려진다. 권력의지에 대한 해석과 유사한 모습으로, 영원회귀는 거칠게 요약하면, 우주적·물리학적 영원회귀와 실존적·윤리학적 영원회귀로 나뉜다. 특히 니체가 고민한 우주적·물리학적 영원회귀를 어떻게 이해하느냐가 관건이라고 할 수 있다. 또 '동일한 것의 영원회귀'에서 '동일한 것'을 어떻게 이해할 것이냐는 물음도 영원회귀 이해의 관건적 문제라

---

* 이 보충 글에서는 본문에서 미처 다루지 못한 국내외 니체 연구자들의 '영원회귀' 이해를 비판적으로 검토한다.

고 할 수 있다.

　백승영은 '동일한 것의 영원회귀'를 문자 그대로 '동일한 것'의 영원회귀로 이해하지 않고, '권력의지(힘에의 의지)'의 영원회귀로 이해한다. 백승영은 《차라투스트라는 이렇게 말했다》의 다음 구절을 살핀다. "모든 것은 가며, 모든 것은 되돌아온다. 존재의 바퀴는 영원히 돌고 돈다. 모든 것은 시들어가며, 모든 것은 다시 피어난다. 존재의 해는 영원히 흐른다. 모든 것은 부러지며, 모든 것은 다시 이어진다. 똑같은 존재의 집이 영원히 지어진다. 모든 것은 헤어지며 모든 것은 다시 만나 인사를 나눈다. 존재의 바퀴는 이렇듯 영원히 자신에게 신실하다."《차라투스트라는 이렇게 말했다》, 제3부 '건강을 되찾고 있는 자', 2절 백승영은 이 글이 언뜻 동일한 사물이나 동일한 사건의 영원한 회귀를 말하는 것처럼 보이지만, 그 내용은 그리 단순하지 않다고 말한다. '존재의 바퀴'나 '존재의 해', '존재의 집'의 존재는 형이상학적 존재가 아니라, "힘에의 의지(권력의지)의 생기(일어남, 사건, Geschehen)로서의 존재이며 생성 그 자체"라는 것이다. "그렇다면 위의 표현들은 '힘에의 의지의 바퀴'나 '힘에의 의지의 해', '힘에의 의지의 집'이라고 표현될 수 있다. 그런데 존재의 바퀴, 존재의 해, 존재의 집은 '영원히 돌고', '영원히 흐르며', '영원히 지어진다'고 차라투스트라는 말한다. 그렇다면 힘에의 의지가 영원히 돌고, 영원히 흐르며, 영원히 지어진다는 것이다."[20]

　백승영은 생성을 곧 권력의지(힘에의 의지)로 이해하고 있으므로, 니체가 말하는 동일자의 영원회귀란 백승영의 관점에선 결국 생성의 영원회귀를 뜻한다. 그 점을 백승영은 "생성에 존재의 성격을 각인한다"는 니체 유고의 구절을 빌려와 다음과 같이 설명한다. "생성에 존재의 성격을 부여하는 것, 즉 오직 생성만이 있고, 생성 이외의 존재 방식은 없으며, 이러한 생성이 끝없이 유지된다는 것이 최고의 힘에의 의지에 의한 통찰로 간주된다."[21] 요약하자면, 니체의 '동일한 것의 영원회귀'는 백승영에게 이르러 '생성의 영원회귀'로 나타난다. 동일한 것을 생성, 즉 영원한 변화와 변전으로 이해한다는 것은 결국 들뢰즈가 주장한 '차이의 영원회귀'와 다를 바 없게 된다. 백승영의 '힘에의 의지의 영원회귀'는 '생성의 영원회귀'이며 결국엔 '차이의 영원회귀'와 같은 것이다. 그래서 백승영은 다음과 같이 말한다. "따라서 영원회귀는 서로 구별이 불가능한 동일한 사물의 여러 번에 걸친 회귀, 예를 들어 동일한 탁자의 회귀를 주장하지 않는다. 이러한 동일성의 회귀는 비록 니체가 비슷한 뉘앙스를 풍기며 말하는 부분이 있기는 하지만, 전혀 고려의 대상이 아니다. 오히려 이 고찰은 세계는 힘에의 의지의 세계이고 다른 것은 아니라는 것을 주장할 뿐이다. 그래서 우리가 영원회귀의 사유를 동일한 사물의 영원회귀라고 이해하는 것은 영원회귀에 대한 심각한 오해라고 할 수 있다."[22]

이런 식의 영원회귀 이해는 들뢰즈의 '차이의 영원회귀'가 지닌 문제를 똑같이 반복한다. 니체는 최소한 출간된 저작에서는 어떤 경우에도 '생성의 영원회귀'나 '차이의 영원회귀'를 이야기한 적이 없다. 니체는 동일한 것이 한 치의 오차도 없이, 한 치의 변화도 없이 똑같이 되풀이되는 영원회귀를 이야기하고 있다. 그 주장이 어처구니없이 느껴지더라도 니체가 그렇게 주장한 것은 부인할 수 없는 사실이다. 니체가 이 문제를 두고 고심에 고심을 거듭했던 것도 그런 점을 알고 있었기 때문이다. 자기 자신이 생각해봐도 동일한 것의 영원회귀는 어처구니없는 일이었던 것이다.

니체는 이 어처구니없음을 어떻게 해결하는가. 그는 우주적 차원에서 동일한 것의 영원회귀를 생성의 영원회귀나 차이의 영원회귀로 해석하는 방식을 쓰지 않았다. 그는 그 우주적 차원의 영원회귀를 사유의 바깥으로 밀어내버렸다. 대신 처음부터 이 우주론적 영원회귀와 함께 고민했던 실존적 혹은 윤리학적 영원회귀를 사유의 중심으로 끌어들여 난국을 돌파했다. 모든 것이 영원히 똑같이 되돌아온다고 전제할 때, 그때 우리는 어떤 삶을 살아야 하는가? 그렇게 질문을 던짐으로써 순간순간의 삶을 영원히 다시 살 것처럼 그렇게 살라는 윤리학적 명령, 내 삶에 그렇게 순간순간 충실하라는 실존적 명령을 끌어낸 것이다. 이렇게 영원회귀 사유는 윤리적·실존적 사유로 재해석된다. 백승영은 우주적·물리학적 차원의 영원회귀를 생성의 영원회귀로 이해하지만, 이것은 논리적으로 수용될 수 없는 과잉 해석이다. 동일한 것의 영원회귀는 니체에게 일종의 계시처럼 닥쳐왔으나 결국에는 니체가 받아들이기를 거부했으며, 니체에게 남은 것은 실존적·윤리학적으로 재해석된 영원회귀였다고 보아야 한다.

백승영과 유사한 논리적 약점이 나타나는 것이 고병권의 영원회귀 해석이다. 고병권은 영원회귀를 먼저 두 차원으로, 다시 말해 우주론적 영원회귀와 윤리학적 영원회귀로 나누어 본다. 이런 관찰 방식은 일단은 타당하다. "우리는 니체의 영원회귀를 크게 두 차원에서 이해해 볼 수 있다. 그 중 하나는 자연학적이고 우주론적인 것이다. 니체는 세계를 힘(혹은 에너지)의 바다처럼 생각한다. 비록 세계가 유한해서 그 양에 제한이 있다고 하더라도 그것은 끊임없이 출렁이고 변전한다. 영원히 고정불변하는 것은 없으며, 생성과 소멸의 운동만이 영원히 반복될 것이다. 이것이 영원회귀의 세계상이다."[23]

이렇게 고병권은 우주론적 영원회귀를 검토한 뒤 이어 윤리학적 영원회귀를 설명한다. "하지만 니체의 영원회귀에는 또 다른 차원이라고 할 수 있는 윤리적인 것이 담겨 있다. 세계의 관점이 아닌 우리들의 관점에서 영원회귀는 하나의 선택(의지)을 요구한다. 세계 속에 존재하는 하나의 사물로서 우리 역시 생성과 소멸의 반복하는 운동 속에 있지만 그럼에도 우리 자신이 구체적으로 그것을 선택함으로써 건강한 변신을 이루는 것은 중요하다. 니체는 살아 있는 우리 자신이 영원회귀를 능동적으로 택하는 것이 좋은 것임을 말하고 있다."[24]

고병권의 이런 영원회귀 설명은 두 가지 문제점을 안고 있다. 먼저 니체가 말한 우주적 차원에서 '동일한 것의 영원회귀'가 아니라 '생성과 소멸의 영원한 반복'이라는 차이의 영원회귀를 니체의 영원회귀로 본다. 거듭 말하지만 니체에게 영원회귀 고민의 출발점은 언제나 동일한 것의 영원회귀다. 둘째, 고병권은 우주론적 영원회귀와 윤리학적 영원회귀를 '선택'이라는 문제로 결합시켜버린다. 우리는 영원회귀를 능동적으로 택한다기보다는 매순간 최고로 충실한 삶을 살기 위해 영원회귀를 긍정한다고 말하는 것이 더 타당하다. 우리는 영원회귀를 능동적으로 선택할 수 없다. 우리의 삶이 영원히 다시 되풀이될 것이라는 가정 위에서, 그런 가정을 전제로 삼아 우리 삶을 최대한 충실히 산다는 윤리적·실존적 결단을 내릴 뿐이다. 고병권의 영원회귀 해석은 니체의 영원회귀 그 자체에 대한 설명이라기보다는 들뢰즈가 말하는 차이와 생성의 영원회귀에 대한 해석이라고 할 수 있다.

이정우는 독특하게도 니체의 영원회귀를 '영원회귀'와 '영겁 회귀'로 나누어 살핀다. 이정우가 말하는 '영겁 회귀'가 우주론적 영원회귀를 가리킨다면, '영원회귀'는 영겁 회귀와는 다른 영원회귀다. 먼저 이정우는 니체가 영원회귀 사유를 불충분하게 전개했으며 몇 가지 물음을 던진다고 주장한다. "무엇이/누가 되돌아오는가? 되돌아옴의 '주체'는 무엇/누구인가? …… 영원회귀를 긍정한다는 것은 무엇을 의미하는가? 똑같은 삶을 반복하는 것, 그것을 행복으로 받아들이는 것인가? 내가 끔찍한 삶의 담지자라면 그것도 긍정할 수 있는가? 모든 사건들이 '같은 순서로 연이어' 되돌아온다면, 내가 그것을 긍정하든 부정하든 소용이 없지 않는가? 그렇다면 니체의 영원회귀는 스토아적 'amor fati(아모르 파티, 운명애)'를 가리키는가? 니체의 텍스트는 이 모든 것들이 불분명하다. 사실 니체는 영원회귀론을 제시했을 뿐 충분히 전개하지는 못했다."[25] 이런 진단은 일단은 타당하다고 할 수 있다. 이어 이정우는 니체 자신이 충분히 설명하지 못한 영원회귀론이 20세기 후반에 이루어진 니체 연구를 통해 '영원회귀'와 '영겁 회귀'로 뚜렷이 구분되었으며, "영겁 회귀가 니체의 본지는 아닌 것으로 이야기되고 있다"고 말한다.[25] 이때 '영겁 회귀'는 물리학적·우주론적 차원의 '동일자의 영원회귀'를 가리킨다. 니체가 유고에서 말한 "에너지 보존에 대한 명제는 영원회귀를 요구한다"라는 문장이 바로 '영겁 회귀'를 가리킨다는 것이다.

이어 이정우는 '동일자' 문제에 대해 다음과 같이 말한다. "니체의 사유는 생성의 절대성에 입각해 있으며, 우주의 거대한 동일성이라는 테제는 니체에게 직곤적인 거부감을 주었을 것으로 짐작된다. 그러나 니체는 이 거부감을 본격적인 학문적 증명으로 끌고 가지는 못했다."[27] 이것은 매우 통찰력 있는 지적이다. 니체는 우주론적 차원의 '동일한 것의 영원회귀(즉 '영겁 회귀')'를 계시 체험으로 겪기는 했지만 기존의 자기 사유에 통합시킬 수 없어 거부감을 느꼈고 결국 학문적으로 증명하는 데 실패했다는 이야기다. 그래서 남은 것이 영겁 회귀, 곧 우주론적 차원의 동일한 것의 영원회귀가 아니라 다른 차원의 '영원회귀'였다고 이정우는 설명한다. 그렇다면 이 다른 차원의 영원회귀, 이정우가 생각하는 진정한 영원회귀는 무엇인가. 그것은 '생명 세계의 영원회귀'다. 이정우는 니체가 물리 세계의 영원회귀를 극복하고 생명 세계의 영원회귀로 나아간다고 본다.

"니체는 자연과학이 함축하는 동일성 사유를 비판함으로써 그 한계를 명확히 지적한다. 이때 그는 간접적으로는 물리학적 영원회귀를 비판하고 극복하는 입장을 취하게 된다. 여기에서 왜 '간접적으로'인가? 물리 세계에서는 힘에의 의지를 발견할 수 없기 때문이다. 물리 세계에서의 '힘에의 의지'란 의인적인 비유에 그칠 것이다. 때문에 그는 물리적 영원회귀가 동일성의 테두리에 갇혀 있다는 점을 간접적으로나마 지적하면서도 그 이상의 논의를 진전시키지는 못한다. 그가 결정적인 실마리를 찾아내는 것은 생명 세계에서이다. 바로 생명 세계에서 우리는 '힘에의 의지'를 발견해낼 수 있다. 이로부터 의미심장한 귀결이 도래한다. '생명 세계에서의 힘에의 의지'를 영원회귀와 함께 사유함으로써 비로소 니체의 영원회귀론은 '물리적(동일성에 머무르는) 영원회귀론이 아닌 다른 영원회귀론'으로 나아간다. 다시 말해 우리는 힘에의 의지와 영원회귀를 함께 사유함으로써 비로소 (물리적 영원회귀론의 비판에 그치지 않고) 본격적인 영원회귀론을 구성할 수 있는 것이다."[28]

이렇게 이정우는 니체가 물리학적·우주론적 영원회귀를 불충분하게 사유했다고 보면서 사실상 이 영원회귀를 옆으로 치워버린다. 그리고 나면 결국 남은 것은 생명 세계의 영원회귀다. 이 생명 세계의 영원회귀는 좀 더 직접적이고 구체적으로 기술하면, 인간 삶의 세계의 문제로 나타난다. 이 인간 삶에서 나타나는 영원회귀 문제를 거론하기에 앞서 이정우는 '영원회귀를 차이 생성의 영원회귀'로 제시한다. "끊임없이 되돌아오는 것, 그것은 무엇/어떤 것이 아니다. 무엇이 끝없이 되돌아오는가? '같은 것의 영원회귀'에서 '같은 것'(동일한 것)은 무엇인가? 생성, 오직 생성만이 영원히 되돌아온다. 영원회귀는 차이생성의 영원회귀이다."[29] 이것은 들뢰즈가 말하는 '차이의 영원회귀'를 그대로 받아들이는 주장이다. 그래서 이정우는 바로 이어지는 문장에서 다음과 같이 쓴다. "들뢰즈는 이 점을 정확히 지적한다." 그러나 들뢰즈가 차이의 영원회귀를 물리학적·실존론적 상황을 명확히 구분하지 않고 두루 적용하고 있는 것과 달리 이정우는 이 영원회귀를 생명 세계, 더 좁혀 우리 삶의 세계에 한정해서 적용하고 있다는 점에서 주목할 만하다. 이정우는 우리 삶에서 나타나는 영원회귀를 다음과 같이 설명한다. "그렇다면 회귀하는 것은 무엇인가? 만일 힘에의 의지라는 것이 스스로를 초극해가는 운동이라면 영원히 회귀하는 것은 '또다시 스스로를 초극해야 하는 상황들'이다. 이 상황들에는 지금까지 있어 왔던 측면들의 반복과 시간이 가져온 새로운 차이가 혼재되어 있다. 산다는 것은 또다시 스스로를 초극해야 하는 상황들, 반복과 차이가 빚어내는 상황들과의 끝없는 맞섬이다. …… 영원회귀를 긍정한다는 것은 무엇을 뜻하는가? 그것은 '자신에게 영원히 되돌아오는 자기-초극의 상황들/계기들'을 긍정하는 것이다. 차이와 반복의 놀이, …… 이것이 영원회귀를 긍정하는 것이고 역능 의지를 긍정적으로 사는 것이다."[30]

이렇게 이정우는 니체의 영원회귀를 새로운 관점에서 설명한다. 물리학적 영원회귀는 불충분하게 사유된 것으로서 결국 폐기해버리고 난 뒤, 남은 것, 곧 우리 삶의 영원회귀를 들뢰즈의 용법을 끌어들여 차이와 반복의 영원회귀로 설명하는 것이다. 니체가 우리 삶에 대해 고민했던 것을 이정우와 같은 방식으로 설명하는 것은 가능한 일이다. 그러나 니체의 설명 그 자체에 즉해서 설명한다면, 영원회귀 설명은 이정우와는 다른 방식이 되어야 한다. 들뢰즈가 그러하듯이 이정우의 설명은 이정우 나름의 창조적인 영원회귀 해석이다.

니체의 영원회귀론을 깊이 숙고한 게오르크 지멜의 논의를 여기서 잠깐 빌려올 필요가 있다. 지멜은 니체가 주장한 '동일한 것의 영원회귀'가 우주적 차원에서 불가능함을 다음과 같이 주장한다.

"만일 세계 과정이 무한한 시간에 걸쳐 유한한 에너지와 소재를 통해 진행된다고 하면, 이들로부터 산출될 수 있는 조합은 유한한 시간 내에 그것이 얼마나 길든 상관없이 고갈되고 말 것이다. 그러면 연극은 처음부터 다시 시작해야 하고, 조합은 인과 법칙에 따라 똑같은 차례로 반복되며 그렇게 무한히 지속된다. 이 경우 세계 사건의 연속성을 직시하면, 그것의 모든 임의적인 순간은 그 안에서 끝나는 세계 시기와 시작하는 세계 시기가 조우하는 순간으로 간주될 수 있다. 그리하여 모든 순간의 내용, 그리고 모든 인간—그의 모든 삶과 더불어—은 이미 영구히 존재해왔으며, 또한 절대적으로 동일한 반복을 통해 영구히 회귀하게 될 것이다. 객관적 주장으로서 이는 모든 측면에서 논박할 수 있다. 세계를 구성하는 요소가 단지 유한한 정도로 존재한다고 생각하는 것은 자의적인 가정이며, 또한 유한한 요소들 사이에는 무한히 많은 조합이 존재할 수 없다고 생각하는 것은 잘못이다."[31]

이렇게 짐멜은 우주적 차원에서 '동일한 것의 영원회귀'는 원리적으로 불가능하다고 주장한다. 우주가 유한하더라도 그 구성물의 조합이 만들어내는 변화는 무한하기 때문에 동일한 것이 다시 회귀할 수는 없다는 얘기다. 그렇다면 이제 '동일한 것의 영원회귀'는 우주적 차원이 아니라 인간 행위의 차원의 문제로 전환된다. 바로 그 차원에서 볼 때 영원회귀의 진정한 의미가 드러난다고 짐멜은 말한다. 바로 그 행위의 차원을 보여주는 것이 《즐거운 학문》에서 니체가 처음으로 영원회귀를 이야기하는 그 아포리즘이다. "어느 날 악령이 그대의 가장 깊은 고독 속으로 살며시 찾아들어와 이렇게 말한다면 어떻게 하겠는가? '네가 지금 살고 있고, 살아왔던 이 삶을 너는 다시 한 번 살아야 하며, 또 무수히 반복해서 살아야 할 것이다. 거기에 새로운 것이란 없으며, 네 삶에서 이루 말할 수 없이 크고 작은 것들이 모두 같은 차례와 순서로 네게 다시 찾아올 것이다.' …… '너는 이 삶을 다시 한 번, 그리고 무수히 반복해서 다시 살기를 원하는가?'라는 질문은 모든 경우 최대의 중량으로 그대의 행위 위에 얹힐 것이다! 이 최종적이고 영원한 확인과 봉인 외에는 다른 아무것도 요구하지 않기 위해서는, 어떻게 그대 자신과 그대의 삶을 만들어 나가야만 하는가?"《즐거운 학문》, 제4부, 341절

이 아포리즘을 인용한 뒤 짐멜은 "니체에게 무한한 행위의 반복은 행위의 가치와 무가치를 의식하는 규준이 된다"고 쓴다. "순간에 한정된 행위로서 비본질적으로 보이며, 또한 '지나간 것은 지나간 것이다'라는 생각에 의해 경솔하게 의식에서 밀려나게 되고 말 것이, 이제 끊임없이 커다란 비중을 차지하고 간과할 수 없는 중점이 된다."[32] '무한히 반복해도 좋은 행위인가 아닌가'라는 질문을 통해 지금 이 순간의 행위를 최선의 것으로 만들라는, 최대의 무게를 지닌 명령이 도출된다는 것이다. 네가 영원히 반복하고자 하는 행위만을 행하라는 일종의 칸트적 규범이 확보되는 것이다. 이 점을 짐멜은 다음과 같이 설명한다. "칸트는 행위를 횡적 차원으로 확장시

킨다. 즉 행위는 사회적으로 공존하는 개인들에게서 무한히 반복된다. 반면에 니체는 행위를 종적 차원으로 확장시킨다. 즉 행위는 동일한 개인에게서 무한히 연속적으로 반복된다."[33]

니체는 영원회귀를 우주론적 차원과 실존론적 차원의 두 차원에서 살폈다. 그리고 우주론적 차원의 영원회귀를 무수한 사고 실험 끝에 결국 받아들이지 않고, 개인 삶의 실존적 차원에서 칸트적 규범으로 요청되는 영원회귀만을 받아들였다. 순간순간의 삶을 영원히 반복되어도 좋을 것처럼 그렇게 최선을 다해 살라는 것이다. 이런 실존론적 영원회귀를 이정우처럼 '차이 생성의 영원회귀'라고 부를 수도 있을지 모르겠다. 자기 초극의 상황들에 매번 맞부딪치는 삶의 반복이라는 의미에서 '차이 생성의 영원회귀'라면 수긍할 수 있는 설명이다.

그러나 그것을 굳이 니체의 개념을 거슬러가면서 차이의 관점에서 볼 이유는 없다. 니체는 고통스런 삶의 끝없는 반복, 실존적 차원에서 동일한 것의 영원회귀를 머릿속에 그렸다. 그 끔찍한 반복 속에서도 삶을 놓아버리지 않고 그 삶과 맞붙어 싸운다는 결의가 '동일한 것의 영원회귀' 개념에 들어 있는 것이다. 그런 투쟁의 결과로 삶이 매번 극복될 수 있을 것이다. 그래서 그 극복의 차원에서 '차이 생성의 영원회귀'를 이야기하는 것은 논리적으로 무리가 없다. 그러나 매번 니체가 맞부딪쳐야 하는 상황의 절박성, 그 고통의 상황을 중심에 놓고 본다면, 사태는 우선 동일한 것의 영원회귀로 다가올 것이다. 매번 견디고 이겨내고 나서도 또 똑같이 되돌아오는 고통의 영원회귀, 그런 실존의 괴로움 속에서도 계속 살기를 원하는가? 니체의 '동일한 것의 영원회귀' 테제는 실존적 차원에서 그런 물음을 던지고 있는 것이다. 그럴 때 그 동일한 것의 영원회귀가 극복의 계기를 안고 있음은 분명하다. 그래서 극복의 차원에서 본다면 '차이 생성'이라고 볼 수 있겠지만, 고통의 절박성과 그 순간의 절대성 차원에서 본다면 '동일한 것의 영원회귀'

이다. 무엇이 삶을, 특히 니체가 겪은 삶을 더 절실하고 실감나게 보여주는가. 니체에게 삶은 고통과 절망과 혐오의 끝없는 반복이었으며 번번이 그 극한의 사태에 맞서 실존을 거는 투쟁이었다.

2. 운명애와 영원회귀

니체의 사유에서 '동일한 것의 영원회귀'는 운명애(아모르 파티, amor fati)와 결부해 이해할 때 그 실상을 제대로 느낄 수 있다. 니체가 운명애를 이야기하는 곳은 《즐거운 학문》 제4부의 첫 번째 아포리즘('새해에', 276절)이지만, 그곳이 전부가 아니다. 니체는 말년에 쓴 자서전 《이 사람을 보라》에서 운명애를 "존재하는 것에서 빼버릴 것은 아무것도 없으며, 없어도 되는 것은 없다."《이 사람을 보라》, '비극의 탄생', 2절라는 짤막한 문장으로 설명한다. 백승영은 이런 절대적 긍정을 두고 '디오니소스적 긍정'이라고 칭하는데[34] 이 디오니소스적 긍정을 다른 말로 운명애라고 할 수 있다. 니체는 유고에서 운명애가 디오니소스적 긍정의 최고 형식이라고 말한다. "내가 체험한 이런 실험-철학은 근본적인 허무주의의 가능성마저 시험적으로 선취한다. 그렇다고 해서 이 철학이 하나의 아니오, 하나의 부정, 하나의 부정 의지에 머물러 있다고 말하는 것은 아니다. 그것은 오히려 정반대의 것에 이르기를 원한다. 아무런 공제나 예외나 선택함이 없이, 세계를 있는 그대로 디오니소스적으로 긍정하기에 이르기를 원한다. 그것은 영원한 순환을 원한다. 동일한 사물들, 매듭들의 동일한 논리와 비논리를 원한다. 한 철학자가 도달할 수 있는 최고의 상태, 삶에 디오니소스적으로 마주선다는 것, 그에 대한 나의 공식은 운명애다."《니체 전집 21 유고(1888년 초~1889년 1월 초)》, 354~355쪽

니체는 이 운명애를 자서전의 다른 곳에서 다음과 같이 상술하기도 한다. "인간에게 있는 위대함에 대한 나의 정식은 운명애다. 앞으로도 뒤로도 영원토록 그 이외의 다른 것은 갖기를 원하지 않는다는 것. 필연적인 것을

단순히 감당하기만 하는 것이 아니고 은폐는 더더욱 하지 않으며 — 모든 이 상주의는 필연적인 것 앞에서는 허위다 —. 오히려 그것을 사랑하는 것."《이 사람을 보라》, '나는 왜 이렇게 영리한가', 10절

그렇다면 운명애의 이런 총체적 삶을 구현한 사람이 있었는가. 니체는 괴테가 그런 사람이었다고 말한다. "그(괴테)가 바랐던 것은 전체였다. ⋯⋯ 그는 자신을 전체성을 향해 단련시켰으며 자신을 창조했다. ⋯⋯그런 자유로워진 정신은 즐겁고도 신뢰가 가는 숙명론을 겸비한 채 만유의 한가운데 서 있다. 오직 개별적으로 있는 것만이 비난받아 마땅하며 전체 안에서는 모든 것이 구원되고 긍정된다는 믿음을 가지고서. 그는 더는 부정하지 않는다. 그러나 그런 믿음은 가능한 모든 믿음 중에서 최고의 믿음이다. 나는 그 믿음에 디오니소스라는 이름의 세례를 주었다."《우상의 황혼》, '독일인에게 모자란 것', 49절

니체가 바라본 괴테에 대해 박찬국은 다음과 같이 말한다. "괴테는 자신의 삶을 운명적인 것으로 보면서도 그것을 기쁘게 긍정한다. 괴테는 자신의 삶의 모든 순간순간들, 심지어 고통스런 순간들마저도 무의미한 우연으로 보지 않고 자신의 고양을 위해서 필연적인 것으로 긍정한다."[35] "니체의 운명애는 피할 수 없는 숙명에 단순히 복종하라는 것이 아니고 아무런 이유도 없이 자신이 내던져진 우연한 상황들을 자신의 고양을 위해서 필연적인 상황으로 승화시키라는 명령이라고 볼 수 있다. 이 경우 운명애란 수동적인 체념의 표현이 아니라 최고의 능동성의 표현이며, 우연을 자신을 위한 내적인 필연성으로 형성하는 능력을 의미한다."[36] 박찬국은 이 운명애가 니체의 영원회귀 사상의 토대를 이룬다고 말한다. "진정하게 운명을 사랑할 수 있는 자, 맹목적으로 순환하는 것 같은 삶의 과정을 자기 고양의 필연적인 계기로 승화시킬 수 있는 자만이 영원회귀를 원할 수 있다."[37] 이렇게 하여 영원회귀와 운명애는 하나로 합쳐지게 된다. 운명애는 영원히 회귀하는 삶에 대한 주체적 대응 방식이며, 영원회귀는 운명애가 감당해야 할 삶의 도전이다.

part 4

창조하는 파괴자

"철학자, 아아, 종종 자기 자신으로부터 도망치고
종종 스스로에게 두려움을 느끼는 존재,
그러나 너무나도 호기심이 강해서 언제나 거듭 자기
자신에게로 되돌아오는 존재."

〈선악의 저편〉, 292절

얼음같이 차갑고 싸늘해서 그에게 손을 대면 불에 덴 듯이 뜨겁다.
그를 건드리는 사람마다 놀라서 손을 뗀다.
바로 그런 이유 때문에 그가 타고 있다고
생각하는 사람도 있다."

〈선악의 저편〉, 91절

12

Friedrich Nietzsche

선악의 저편

"니체의 위험한 책 ……
그는 하나의 길을 찾아낸 최초의 사람이다."

Nietzsche, Friedrich Wilhelm

"만인을 위한 책은 항상 좋지 않은 냄새를 피운다.
거기에는 하찮은 인간들의 체취가 배어 있다.
사람들이 먹고 마시고 숭배하는 곳에서는 언제나 악취가 풍긴다."
《선악의 저편》, 30절

"독립이란 극소수의 인간에게만 가능한 것이며 강자의 특권에 속하는 것이다.
아무 거리낌 없이 아주 당연한 권리라고 생각하여 그것을 시도하는
사람이라면 강한 인간일 뿐만 아니라 무모하리만큼 대담한 인간일 것이다."
《선악의 저편》, 29절

1884년 봄부터 니체는 새로운 구상에 몰두하기 시작했다. 아직《차라투스트라는 이렇게 말했다》제4부는 쓰지 않은 때였지만, 직전 겨울에 완성한《차라투스트라는 이렇게 말했다》3부작만으로도 그는 자기 철학의 근거를 확보했다고 생각했다. 그의 손에는 권력의지라는 사상의 무기가 쥐어져 있었다. 그 무렵 몇 년 동안 그는 여름은 공기가 맑고 찬 알프스 고지 실스마리아에서, 겨울은 따뜻한 지중해 연안 니스에서 보냈다. 계절을 따라 알프스 산맥을 넘나드는 생활은 최후의 정신 붕괴 때까지 계속됐다.

마지막 철학적 우정

1884년 여름, 니체의 은거지 실스마리아로 한 남자가 찾아들었다. 은자의 고독을 깨뜨린 사람은 스물일곱 살의 젊은 귀족 하인리히 폰 슈타인이었다. 바그너주의자였던 슈타인은 한때 바그너 숭배자였던 니체를 알게 돼 그에게 관심을 품었다. 1882년 말 처음으로 니체에게 편지를 써 자신을 알린 슈타인은 2년 뒤 사흘 일정(8월 26일~28일)으로 니체를 방문했다. 니체는 뒷날 쓴 자서전에서 이 만남을 짧게 기록했다. "프로이센의 젊은 귀족답게 저돌적으로 우직하게 바그너의 늪으로 …… 빠져들었던 이 특출한 사람은 그 사흘 동안 자유의 폭풍에 휘말려 완전히 다른 사람으로 변했다. 갑자기 자신의 정점으로 들어올려지고 날개를 얻은 사람처럼." 《이 사람을 보라》, '나는 왜 이렇게 현명한가', 4절

슈타인의 방문이 실스마리아의 외로운 철학자를 적잖이 흥분시켰음이 틀림없다. 니체의 새로운 철학에 전적으로 빠져든 것은 아니었지만, 슈타인은 이전에 여러 사람들이 그랬듯이 니체와의 대화에서 자신이 고양되는 것을 느꼈다. 이때부터 그들은 활발하게 편지를 주고받았다. 슈타인은 니체와 헤어지고 한 달이 지난 뒤(1884년 9월 24일) 쓴 편지에서 다소 들뜬 기분을 드러내 보였다. "실스마리아의 며칠은 나에게 빛나는 추억이며, 삶의 중요하고도 신성한 한 부분입니다. 그러한 사건을 충실하게 유념함으로써만 나는 무서운 생존에 저항하는 것이 가능합니다. 그것은 사물의 가치를 발견하는 것 이상입니다."[1] 고립 속에 유폐돼 있던 니체는 새로운 친구를 얻은 기분이었고, 그 기쁨을 시로 써서 그해 11월 젊은 벗에게 보냈다. 〈높은 산에서〉라는 제목의 그 시는 나중에 《선악의 저편》의 마지막에 '후곡'으로 첨부되었다. 그 시에서 니체는 이렇게 노래한다. "초조하고도 행복하고 기대에 찬 마음으로 서서 / 나는 낮이나 밤이나 친구들을 기다린다. / 그대들은 어디 있는가, 친구들이여? 오라! 때가 왔다!"

니체가 오버베크에게 쓴 편지는 그가 어떤 점에서 그 젊은 귀족에게 흥미를 느꼈는지 짐작하게 해준다. "(슈타인 남작은) 독일에서 곧장 사흘 동안 실스마리아로 찾아와서 바로 그의 부친에게로 갔는데, 이 방문을 강조하는 그의 자세가 내게 존경의 마음을 불러일으켰네. 그는 당당한 남자였고, 그의 영웅적인 근본 감정에 나는 …… 공감하게 되었네. 결국 그는 나에게 속하며, 본능적으로 내게 외경의 마음을 일

으키는 새로운 인간이 될 수 있었네!" 1884년 9월 14일 니체는 그의 철학이 요구하는, 당당하고 영웅적인 귀족의 모습을 슈타인에게서 발견하고 그를 니체 자신과 내적으로 한 부류인 존재로 생각했던 것이다.

그러나 새 친구를 얻은 기쁨은 오래 가지 않았다. 바그너주의자로서 슈타인은 니체를 다시 바그너 세계로 끌어들이려 했고 니체는 슈타인의 그런 모습에 얼마간 실망감을 느꼈다. 그래도 1887년 슈타인이 서른 살로 죽었을 때 니체는 친구 오버베크에게 편지를 써 젊은 친구를 잃은 상심을 솔직히 드러냈다. "나는 지금도 여전히 그가 죽은 것을 믿기 어렵네. 나는 그를 매우 사랑했네. 그는 존재 자체로 나에게 기쁨을 안겨 준 소수의 사람들 가운데 하나였네. 나는 또한 그가 나를 위해, 말하자면, '예비되어' 있었음을 의심하지 않았네." 1887년 6월 30일 슈타인은 니체 생애에 사실상 마지막으로 등장한 새로운 지적 우정의 파트너였다.

'권력의지' 구상에 매달리다

슈타인의 방문을 받던 그해 내내 니체의 두뇌를 사로잡고 있던 것은 '권력의지' 사상이었다. 니체는 권력의지를 주제로 한 대작을 쓸 계획을 세웠다. 네 권으로 이루어진 저작을 완성하는 데 5~6년은 걸릴 것으로 예상됐다. 《차라투스트라는 이렇게 말했다》는 말하자면, 이 본관으로 들어가는 입구에 지나지 않았다. 니체는 자신의 구상을 시간이 날 때마다 사람들에게 알렸다. 오버베크에게 쓴 편지에서 그는 이렇게 말했다. "여름에 실스마리아에 가게 되면, 나의 형이상학적·인식론적 관점을 변경하는 일에 착수할 생각이네. 나는 한 걸음 한 걸음 훈련을 쌓지 않으면 안 되네. 왜냐하면 앞으로 5년 동안 나는 나의 철학을 완성하는 데 몰두하기로 결심했기 때문이네. 그 철학의 현관을 나는 나의《차라투스트라》안에 지어놓았네."1884년 4월 7일 이어 두 달 뒤 여동생에게 같은 내용의 편지를 보냈고 다시 가을에 니체는 페터 가스트에게 편지를 써 철학적 구상을 세웠음을 알렸다.

그 구상은 얼마 지나지 않아《권력의지》라는 제목을 얻게 되었고 니체는 이 책을 완성하기 위해 1888년의 마지막 가을까지 수많은 메모를 쓰고, 부제와 목차와 구성을 끝없이 바꾸었다. 1886년 가을 파라과이에 있던 여동생에게 쓴 편지에서 니체는 그의 대작을 쓰는 문제와 관련해 다시 이렇게 밝혔다. "앞으로 4년 동안은 네 권으로 이루어진 책을 위한 작업만을 할 것이다. 제목부터 벌써 두려움을 줄 만하다.《권력의지—모든 가치의 전도를 위한 시도》. 이를 위해서 나에게는 건강과 고독과 좋은 기분, 그리고 어쩌면 여자도 필요하다."1886년 9월 2일

이렇게 몇 년의 공을 들였지만 이 체계적인 철학적 건물은 무수히 많은 자재와 뼈대만 남긴 채 결국 완성되지 못한다. 그러나 니체는 이 작품을 구상하면서 써나간 메모들을 묵혀두지 않고 번번이 다른 작품들의 자료로 활용했다.《선악의 저편》과《도덕의 계보》,《우상의 황혼》,《안티크리스트》같은 말년의 작품들은 말하자면,《권력의지》라는 대건축물을 위해 마련한 자재들로 세운 작은 건축물들이었다. 그렇다고 해서 그 저작들이 독창성이 부족하거나 부실한 것은 아니다. 니체의 말기 작품들은 하나같이 통찰의 매서움과 사유의 냉혹함으로 니체 철학의 뒷시기를 북극의 오로라처럼 강하고 서늘한 빛으로 장식한다. 권력의지라는 지렛대를 이용해 가치 전도라는 철학적 과업을 완수한다는 니체의 야심이 나름의 독립적 완결성을 지닌 채 구현되는 것이다.

《차라투스트라는 이렇게 말했다》이후 니체 작품 가운데 책의 형태

로 가장 먼저 완성된 것이 《선악의 저편》이다. 니체는 처음에는 《인간적인 너무나 인간적인》을 다시 쓰려고 했지만, 이 계획을 곧 포기하고 별도의 책을 《선악의 저편》이라는 이름으로 완성했다. 이 책의 서문은 1885년 여름 실스마리아에 네 번째 머물던 시기에 쓰였지만, 실제로 책이 출간된 것은 1년 뒤인 1886년 8월이었다. 1885년과 1886년 사이에 쓴 것들이 이 책의 주요 내용을 이루며, 몇몇 단편들은 1881년까지 거슬러 올라간다. 그러기는 해도 이 책의 주제가 《차라투스트라는 이렇게 말했다》 이후의 자리에 놓이는 것은 두말할 것도 없다.

《선악의 저편》 출간 전후의 시기는 니체 저작들의 처지에서 보면 커다란 변동기였다. 출판사가 바뀐 것이다. 《인간적인 너무나 인간적인》 이후 《차라투스트라는 이렇게 말했다》까지 니체의 책은 에른스트 슈마이츠너의 출판사가 출간했다. 그러나 그 무렵 슈마이츠너는 파산 직전 상태였다. 게다가 니체는 이 출판사가 바이로이트 사람들의 반유대주의 팸플릿을 출간한다는 이유로 거기서 빠져나오고 싶어 했다.

니체는 자신의 초기 저작 《비극의 탄생》과 《반시대적 고찰》을 출간했던 옛 출판인 E. W. 프리치Fritsh의 의사를 타진했다. 프리치는 니체의 책 판권을 갖고 싶어했다. 계약은 1886년 여름에 성사됐다. 판권을 옮기는 문제로 고심하던 이 시기에 니체는 슈마이츠너의 출판사에서 낸 자신의 책들 중 3분의 2가 팔리지 않았음을 알게 됐다. 지금까지 작품당 평균 500부가 팔린 정도였다. 슈마이츠너가 지난 10년 동안 판촉 활동을 하지 않았으며, 서점의 주문이 있을 경우에만 책을 내보냈다는 사실도 알게 됐다. 그는 출판사를 옮겨 다시 책을 냄으로써 독자의 주독을 받기를 기대했다. 1886년 가을 니체는 재출간된 책들, 곧 《비극의 탄생》, 《인간적인, 너무나 인간적인》, 《아침놀》, 《즐거운 학문》을 위해 네 편의 서문을 새로 썼다. 이 서문들은 그 시기 니체의 철학적 관심이 짙게 투영돼 있어,《선악의 저편》의 연장선에 있다고 보아야 한다.

과거의 책들을 프리치의 출판사에서 재출간하는 문제는 별도로 하고, 니체는 슈마이츠너의 태만에 화가 나《선악의 저편》을 자비로 출간할 생각을 했다. 라이프치히에 있는 C. G. 나우만 출판사가 이름을 사용해도 좋다는 허락을 해주었다. 300부 정도만 팔리면 비용은 건질 수 있을 것이라고 생각했다.《선악의 저편》은 나우만 출판사의 이름을 달고 나왔다. 얼마 지나지 않아 니체는 자신의 책이 독자의 관심을 얻는 데 실패했음을 인정하지 않을 수 없었다. 1년 뒤 그는 페터 가스트에게 다음과 같이 썼다. "이번에《선악의 저편》의 판매에 관한 한, 필요한 (오히려 그 이상으로) 모든 조처를 취했네. 내가 이렇게까지 해봤으므로 이 이상 슈마이츠너 씨만을 비난할 수는 없게 됐네. 이런 모든 조처에도 불구하고 결과는 슈마이츠너 씨의 경우와 다르지 않았으니까 말이네. 오히려 더 나빴다네! 모두 합해 고작 114부가 팔렸네(신문사와 잡지사에는 66부나 보냈네)." 1887년 6월 8일 니체는 사람들이 자신의 책을 원하지 않는다는 쓰라린 깨달음을 얻었다. 그러나 그 비참한 시절로부터 10년이 채 지나지 않아 니체의 책은 쇄를 거듭하며 수많은 사람들의 손으로 들어가게 된다.

옛 친구 로데, 낯선 니체를 만나다

《선악의 저편》을 쓰던 이 시기에 니체의 고립은 점점 더 심해졌고, 그런 만큼 그는 시민 세계의 일상적인 삶으로부터 멀어졌다. 만약 보통 사람들의 평범한 삶을 '정상'이라고 부를 수 있다면, 니체의 삶은

니체의 친구 에르빈 로데

확실히 '비정상'에 가까웠다. 니체는 이 비정상적인 고립과 고독을 자신이 철학자로서 사명을 수행하려면 감당해야 할 결핍이라고 생각했다. 이 시기의 니체의 모습을 목격한 사람이 대학 시절 한 몸처럼 절친하게 지냈던 에르빈 로데였다. 결혼한 뒤로 니체를 못 만났던 로데는 1886년 5월 라이프치히에서 10년 만에 니체와 재회했다. 로데는 니체의 너무나 달라진 분위기에 놀랐다. 그때 받은 기이한 느낌을 그는 1889년 1월 24일 오버베크에게 보낸 편지에서 밝혔다. "그는 형언할 수 없는 낯선 분위기에 휩싸여 있었다. 그것은 완전히 낯설고 두려워 보이는 어떤 것이었다. 그에게는 내가 전에 알지 못했던 무언가가 있었고, 예전의 특징이었던 많은 것들이 사라지고 없었다. 그는 아무도 살지 않는 나라에서 온 사람 같았다."[2]

로데가 이 편지를 쓴 것은 니체가 정신 붕괴로 병원에 들어간 직후였다. 따라서 그의 회상이 니체의 발광 소식에 영향을 받아 재구성한 사후 기억이라고 추측해볼 수도 있다. 그러나 전후 사정을 보면 그렇게만 볼 일은 아닌 것 같다. 니체는 그 시절 일상 세계로부터 멀리 떨어진 존재가 되어가고 있었는데, 자기 자신의 그런 상태를《선악의 저편》안에서 밝혀놓았다. 앞에서 잠깐 언급한,《선악의 저편》맨 뒤에 붙인 시〈높은 산에서〉에서 그는 이렇게 노래한다. "이제 왔는가? 친구들이여! 아, 그대들은 그대들이 찾았던 그 사람을 알아보지 못하는가? / 그대들은 놀라서 망설이는가? 차라리 분노하는 게 낫겠구나! 내가 그렇게도 변했는가? 얼굴도 모습도 달라졌는가?" 1884년에 쓴 시에서 벌써 그렇게 말한다. 그런가 하면《선악의 저편》본문에서는 좀 더 직접적으로 그 자신의 분위기를 이야기한다.

> 우리는 은둔자의 저서에서 항시 황야의 메아리 같은 것을, 고독의 비밀스런 눈초리와 은밀히 속삭이는 목소리 같은 것을 듣는다. 그의 가장 힘찬 말에서, 심지어 그의 외침에서까지 새롭고도 위험스런 종류의 침묵, 무엇인가를 감춘 듯한 침묵이 울린다. 한 인간이 낮이나 밤이나 끊임없이 자신의 영혼과 은밀히 다투거나 대화하면서 홀로 앉아 있을 때, 그리고 동굴 속에서 곰이 되거나 보물 채굴자가 되거나 혹은 보물을 지키는 용이 될 경우, 결국에는 그의 사고까지도 특이한 어스름 빛을 띠고 심연의 냄새와 아울러 곰팡이 냄새를 풍기며, 그 곁을 지나가는 모든 사람들에게 싸늘한 기운을 풍기는 어떤 것, 무어라 표현하기 어려우면서도 접근을 거부하는 듯한 어떤 것을 지니게 된다. 〈선악의 저편〉, 289절

이 글들을 읽어보면, 로데가 니체에게서 받은 인상이 니체가 자기도 모르게 지니게 된 모습이 아니라 니체 스스로 찾아내 자기 자신에

게 부여한 모습이 아닐까 하는 느낌을 받게 된다. 니체는 낯선 자, 자기 자신에게조차 낯설고 두려운 자가 되고 싶어 했던 것일까. 니체가 《선악의 저편》에서 철학자란 어떤 존재인지 밝혀놓은 구절은 이 의문에 대한 답을 간접적으로 주는 것 같다. 니체는 다음과 같이 쓴다.

> (철학자는) 아마도 새로운 번개를 잉태하고 있는 폭풍우일 것이며, 자신의 주변에 굉음이 끊임없이 울리고 여기저기 터지고 갈라지며 불길한 일들이 일어나는 숙명적인 존재일 것이다. 철학자, 아아, 종종 자기 자신으로부터 도망치고 종종 스스로에게 두려움을 느끼는 존재, 그러나 너무나도 호기심이 강해서 언제나 거듭 자기 자신에게로 되돌아오는 존재. 〈선악의 저편〉, 292절

《선악의 저편》의 다른 곳에는 또 니체가 왜 자기 자신에게 낯선 두려움을 심어주려 했는지 짐작하게 해주는 구절이 있다. "위대한 것은 모두 그것을 인류의 마음속에 영원한 요구로 새겨넣기 위해 우선 섬뜩하고 공포를 불러일으키는 흉한 얼굴로 지상을 방황하지 않으면 안 되는 것처럼 보인다."《선악의 저편》, '서문' 니체는 자신의 철학이 인류에게 섬뜩한 공포를 안겨줌으로써 영원히 각인되기를 바랐고, 그 바람 속에서 스스로 낯설고 기이한 모습을 띠어간 것이라고 짐작해볼 수 있다. 이렇게 보면, 《선악의 저편》의 여러 구절을 니체 자신의 고백으로 읽어내는 것도 가능하다. 실제로 이 책 안에서 니체는 이렇게 말한다. "나는 지금까지 위대한 철학이 무엇이었는지 차츰차츰 알게 되었다. 그것은 저자의 고백이요, 자기도 모르게 무의식적으로 기록한 일종의 회고록이었다."《선악의 저편》, 1장, 6절 그리하여 이제 니체의 다음과 같은 아포리즘이 정확히 니체 자신의 정신, 니체 자신의 철학을 가리킨다는

것을 깨닫게 된다. "얼음같이 차갑고 싸늘해서 그에게 손을 대면 불에 덴 듯이 뜨겁다. 그를 건드리는 사람마다 놀라서 손을 뗀다. 바로 그런 이유 때문에 그가 타고 있다고 생각하는 사람도 있다."《선악의 저편》, 91절

니체는 로데를 만나고 석 달 뒤, 그러니까 1886년 8월 새로 출간된 《선악의 저편》을 로데에게 보냈다.《선악의 저편》은 로데의 인내심의 마지막 끈을 끊어놓았다. 로데는 책을 읽고 난 뒤 불쾌감과 분노를 참을 수 없어 9월 1일 오버베크에게 편지를 보내 속마음을 쏟아놓았. "나는 그 대부분을 매우 불만스럽게 읽었으며 …… 그 책은 어디나 역한 구토를 일으키는 것으로 가득 차 있었다네. 그 중에서 본질상 철학적인 것은 매우 빈약하고 유치하며, 정치적인 것은 우둔하고도 세상을 모르는 소리네. …… 모든 것이 제멋대로의 생각이야. …… 이러한 천성이 전혀 쓸모없다는 것을 나는 전적으로 당연하게 생각하고 있네. …… 그것은 참으로 불쾌하며 그리고 무엇보다도 결국은 단지 공감하는 데 지나지 않는 정신을 가지고 염치없이 어디에서나 밖을 엿보는, 불임증에 걸린, …… 저자의 소름끼치는 공허함이네. …… 니체는 비판가이며 결국 그 이외의 아무것도 아니라네. …… 우리들 다른 사람들은 자신에게 만족하지 않지만 또한 자신의 불완전함에 대해 어떤 특별한 존경을 결코 요구하지 않네. 언젠가는 일꾼처럼 정직하게 일하는 것이 그에게 필요하다고 생각되는군."[3]

니체에 대한 로데의 악의 섞인 반감을 꼭 어처구니없는 비방으로만 볼 일은 아니다. 시민 사회의 온건한 세계에 적응한 인간에게 니체의 철학이 장황한 헛소리로 읽히는 것은 자연스러운 일이라고 할 수도 있다. 로데는 1876년 이후 니체의 관심사에서 벗어났으며 1878년 이후에는 더는 니체를 이해할 수 없었다. 그리고 마침내《선악의 저편》에 이르러 로데는 니체를 전면적으로 거부하게 됐다. 이듬해 니체가 높이

평가하던 이폴리트 텐Hippolyte Taine, 1828~1893에 관해 로데가 편지로 모욕적인 말을 한 것이 원인이 되어 두 사람의 우정은 파탄으로 끝났다.

'니체의 위험한 책'

《선악의 저편》은 이렇게 친구의 남은 정을 증발시켜 버렸고, 니체의 인상에 섬뜩한 낯섦을 더 깊이 심어주었다. 니체는 이 책이 나왔을 때 부르크하르트에게 편지를 써 이렇게 말했다. "이 책을 꼭 읽어보시기 바랍니다. 《차라투스트라는 이렇게 말했다》와 같은 내용이 담겨 있지만, 그 방식은 아주 다릅니다."1886년 9월 22일 또 한 달 뒤 화가 라인하르트 폰 자이틀리츠에게 보낸 편지에서는 "내《차라투스트라는》에 대한 일종의 주석서"1886년 10월 26일라고 설명했다. 니체의 고백대로《선악의 저편》은 성서와 같은 형식으로 쓴《차라투스트라는 이렇게 말했다》를 에세이와 아포리즘 형식으로 해설한 책이라고 할 수 있다. 동시에 이 책은《차라투스트라는 이렇게 말했다》보다 훨씬 직접적으로 도발적이고 공격적인 주장을 드러내고 있다. 로데처럼 시민세계의 안온한 울타리 안에 거주하는 사람이라면 불안과 불쾌를 느낄 만한 불온한 주장이 어디서든 튀어나온다.《선악의 저편》의 이런 성격을 포착해 처음으로 평가한 것이 스위스 베른에서 발행되는 신문《분트》였다. 이 신문의 에디터인 스위스 작가 J. V. 비트만이 1886년 9월 16일~17일치에 쓴《선악의 저편》리뷰를 읽고 그 내용을 주위 여러 사람들에게, 특히 말비다 폰 마이젠부크에게 상세하게 전했다. 비트만의 리뷰는 "니체의 위험한 책"이라는 제목을 달고 다음과 같은 내용으로 실렸다.

고트하르트 터널을 건설하는 데 사용되는 다이너마이트 더미는 검은 깃발로 표시가 돼 치명적인 위험을 알리고 있다. 정확히 바로 그런 의미에서 우리는 철학자 니체의 새 책을 위험한 책이라고 부를 수 있을 것이다. 이런 식의 규정은, 검은 깃발이 폭발물에 대한 비난을 의미하지 않듯이, 저자와 그의 책에 대한 어떤 비난도 담고 있지 않다. …… 물리적인 폭발물만큼이나 지적인 폭발물도 매우 유용한 목적에 봉사할 수 있다. 그 폭발물들이 범죄적인 목적에 사용된다고 볼 이유는 없는 것이다. 단지 그 폭발물이 쌓여 있는 곳에 대고 '여기에 다이너마이트가 있다'라고 명확하게 말해주는 것이 현명하다. …… 니체는 하나의 길을 찾아낸 최초의 사람이다. 그러나 그 길은 너무나 무시무시해서, 지금까지 아무도 밟아본 적 없는 인적 없는 길을 그가 걸어가는 것을 보는 것은 정말로 겁나는 일이다. **1886년 9월 24일 마이젠부크에게 보낸 편지**

니체의 철학을 가리켜 '다이너마이트'라고 부르고, 니체의 책을 가리켜 '위험한 책'이라고 묘사한 외부의 공적 평가는 이 리뷰가 처음일 것이다. '다이너마이트'라는 표현을 《선악의 저편》 안에서 니체가 먼저 쓰기는 했다. 그 책에서 니체는 다음과 같이 썼다. "오늘날 어떤 철학자가 자신이 회의주의자가 아니라고 …… 밝힌다면 모든 사람이 불쾌감을 느낄 것이다. 사람들은 꺼림칙한 눈길로 그를 지켜보기 시작하고 또 묻고 싶어 할 것이다. …… 그때부터 그는 그의 얘기를 들은 겁 많은 사람들 틈에서 …… 위험한 인물로 간주되기 시작할 것이다. 회의주의를 거부한다는 그 말을 듣는 순간 그들은 멀리서 울려오는 불길하고 위협적인 굉음이라도 들은 것처럼, 어디선가 새로운 폭발물이 실험되기라도 한 것처럼 느낄 것이다. 말하자면 정신의 다이너마이트, 혹은 어쩌면 새로 발견된 러시아식 니힐리즘, 혹은 단순히 '아니오'라고 말하고 '아니오' 하기를 원하기만 하는 것이 아니라 ……
'아니오'를 실천하기까지 하는 선의의 염세주의가 폭발한 것처럼 느
낄 것이다."《선악의 저편》, 208절

비트만은 니체의 이 구절에서 '다이너마이트'라는 비유의 아이디어
를 얻었을 가능성이 크다. 그리고 그 비유는 '고트하르트 터널' 공사
라는 구체적인 사건을 통해 생생함을 키웠다. 니체가 바젤 대학에서 학
생들을 가르치던 시절, 그리고 알프스 남북을 오고 가면서 주요 작품을
저술하던 시절 '고트하르트 터널'은 인간의 상상력을 자극하던 위험
하고도 모험적인 토목 공사였다. 1872년부터 1882년까지 10년 동안
계속된 이 작업은 스위스 루체른에서 알프스 산맥을 해발 1,150미터
높이로 장장 15킬로미터를 뚫는 대공사였다. 당시 새로 발명된 다이
너마이트라는 무시무시한 폭발물이 없었다면 시도조차 할 수 없는 일
이었다. 비트만의 비유는 서양의 철학사를 폭파해 새로운 길을 뚫는
니체의 작업이 이 위험한 터널 공사와 유사하다는 지적이었는데, 니
체는 이 비유가 자신의 혹독한 철학적 투쟁과 파괴적인 사유를 잘 보
여준다고 느꼈던 것이다. 그리하여 니체는 《선악의 저편》에서 어느 정
도 일반적인 의미로 사용한 '다이너마이트'라는 말을 비트만의 평가
를 계기로 삼아 자기 책의 비유로 전용했고, 자기 자신, 자신의 사상에
대한 은유로 확장했다. 또 마찬가지로 비트만이 쓴 '위험한 책'은 니
체의 모든 책을 가리키는 말로, 위험한 사상은 니체 사상 전체에 대한
묘사로 굳어진다. 결국 몇 년 뒤 니체는 자기 자신을 다음과 같이 선언
하는 지경에 이른다. "나는 인간이 아니다. 나는 다이너마이트다."《이 사
람을 보라》, '와 나는 하나의 운명인가', 1절 다이너마이트가 암시하는 무서운 파괴력
은 니체 철학이 목표로 했던 바라고 할 수 있다. 니체는 근대 철학, 근
대 사유, 근대 문화, 그리고 더 나아가 근대 문명 전반을 거대한 다이

너마이트의 위력으로 날려버리고자 했다.

'선악의 저편' 혹은 다이너마이트의 철학

그렇다면 니체에게 다이너마이트 구실을 한 사유는 무엇이었는가. 《선악의 저편》의 내용 전체를 요약하면 '이 세계를 둘로 나누어 본다'는 커다란 이분법이 불거져 나온다. 니체는 《차라투스트라는 이렇게 말했다》 제3부를 완성한 직후 오베베크에게 보낸 편지에 이렇게 썼다. "인간을 두 부류로 나눌 수 있는 사상이 처음으로 나에게 떠올랐네." 1884년 3월 10일 바로 이 구절이 니체 사유의 이분법, 다이너마이트와 같은 위험을 내장한 이분법을 암시한다. 선과 악의 이분법은 가짜 이분법이고, 노예의 이분법이다. 선과 악의 이분법을 넘어 저편에서 전체를 보면 이 세계를 규정하는 진짜 이분법이 드러난다. 귀족이냐 노예냐, 고귀한 것이냐 비천한 것이냐의 이분법이 그것이다. 이 이분법에서 니체는 단호하게 귀족과 고귀한 것의 편에 선다. 노예의 비천함이 낳은 모든 것은 부정해야 할 것, 쓸어버려야 할 것, 절멸시켜야 할 것으로 규정된다. 《선악의 저편》에서 니체는 기독교를 노예의 산물로 규정하고, 그 기독교가 귀족적 가치를 교살했다고 선언한다. 또 '신 앞에서 모든 인간의 평등'이라는 기독교의 도덕이 민주주의·사회주의 같은 근대 이념을 낳았음을 입증한다. 기독교라는 노예의 도덕을 쓸어버리고 귀족의 가치를 되살려내는 것, 이것이 철학자 니체가 자기 자신에게 부여한 사명이다. 그리하여 니체는 자서전에서 《선악의 저편》을 다음과 같이 설명한다. "이 책은 본질적으로 근대성에 대한 비판이다. 그 비판은 근대 학문, 근대 예술, 심지어는 근대 정치마저도 제외하지 않으며, 그 밖에 근대의 반대 유형인 고귀한 긍정의 유형에 대한 지침서이기도 하다. 이 후자의 의미로 보자면 이 책은 '고귀한 자들'을 위한 학교다."《이 사람을 보라》, '선악의 저편', 2절 니체는 여기서 '고귀한 자' 곧 귀족을 두고 "가장 정신적이고 가장 근본적인 의미"에서 파악한 말이라고 덧붙임으로써 '정신적 귀족'을 일차로 가리키지만, 굳이 '정신'이라는 단어로 귀족을 한정할 이유는 없다. 니체의 '귀족'은 정신, 육체, 혈통, 문화, 정치에 걸쳐 귀족적인 모든 것을 포괄하기 때문이다.

이렇게 니체가 세계를 귀족과 노예, 고귀한 것과 비천한 것으로 나누어 볼 수 있게 해주는 근거 구실을 하는 것이 권력의지, 다시 말해 '힘의 확장'과 힘의 발현을 향한 의지'다. 《차라투스트라는 이렇게 말했다》에서 처음 소개한 권력의지 사상을 더욱 깊이 탐사해 그 사상의 내용을 한층 풍부하게 드러내는 것이 《선악의 저편》이라고 할 수 있다. 결국 권력의지의 관점에서 보면 이 세계의 진정한 대립은 선과 악의 대립이 아니라 귀족과 노예의 대립이다. 귀족적인 것이야말로 권력의지가 제대로 발현된 모습이다. 권력의지를 구현하려면 우리는 선과 악이라는 노예적 이분법을 뛰어넘어야 한다. 선한 것은 긍정하고 악한 것은 부정한다는 사고, 우리는 선하고 너희는 악하다는 사고야말로 노예의 사고다. 귀족의 권력의지는 선악을 따지지 않는다. 그들은 선악의 저편에 있다.

진리 의지는 왜 권력의지인가

'《차라투스트라》의 주석서'답게 이 책에서 니체는 다시 한 번 권력의지가 무엇인지, 권력의지가 어떻게 나타나는지 규명한다. 그러기 위해 그는 먼저 철학자들의 진리 의지를 추적한다. 철학자들이 목숨 걸고 매달리는 진리 의지, 곧 참된 것을 찾고자 하는 의지를 찬찬히 해부해보면 거기서 더 본질적인 것, 곧 권력의지를 발견할 수 있다는 것이다. 이 책의 제1장('철학자들의 편견에 관하여')은 다음과 같은 말로 시작한다.

> 진리 의지, 이것은 우리로 하여금 많은 모험에 투신하도록 하는 유혹하는 힘을 지녔다. 이제까지 모든 철학자들은 이 명제의 참됨에 대해 아무런 의심 없이 존경심을 품고 이야기해왔다. 이런 진리 의지가 이제까지 우리에게 어떤 문제들을 제기해 왔던가! 《선악의 저편》, 1장, 1절

이것이 니체의 출발점이다. 진리를 알고자 하는 의지야말로 모든 철학자들의 근본적인 의지다. 그리고 그런 의지의 참됨에 대해서는 아무도 의심을 품지 않는다. 그런데 생각해보자. 철학자는 정말로 진리를 원하는가? 니체는 이 질문에 대해 그렇지 않다고 말한다. "오랫동안 철학자들을 충분히 관찰하고 난 뒤에 나는 스스로 다음과 같은 결론을 얻었다. 그것은 의식적인 사고의 상당 부분, 심지어는 철학적 사고의 상당 부분까지도 본능적 행위의 영역에 속한다는 것이다. …… 철학자의 본능은 그의 사고의 대부분이 일정한 경로를 따라 움직이도록 비밀리에 인도하고 강제한다. 겉보기에는 독자적으로 성립한 듯한 모든 논리도 그 배후에는 가치 판단, 좀 더 명확히 말해 일정한 형태의 삶을 유지하기 위한 생리적 요구가 도사리고 있다."《선악의 저편》, 3절 여기서 니체가 이야기하려는 바를 요약하면, 삶의 유지를 위한 생리적 요구가 철학자들의 진리 의지 밑바닥에 있다는 것이다. 철학

자들이 진정으로 원하는 것은 삶이다. 다른 말로 하면 힘이다. 철학자들이 원하는 것은 엄밀히 따지면 진리가 아니라 힘이다. 철학은 진리를 얻기 위한 수단이 아니라 힘을 얻기 위한 수단이다.

니체는 이런 주장을 고대 스토아주의 철학자들의 경우를 들어 입증한다. 고대 스토아주의자들은 삶의 역경 속에서 '아파테이아', 곧 부동심을 유지하기 위해 '자연을 따라 배우며 살기'를 원했다. 그런데 니체는 스토아주의자들이 상상한 자연이 정말 자연 그 자체의 모습인가 하고 묻는다. "그대들은 자연에 따라 살기를 원하는가? 오, 그대들 고상한 스토아 철학자들이여, 이것은 말의 기만 아닌가! 자연이란 존재를 생각해보라. 그것은 한없이 낭비하고, 한없이 냉담하며, 의도와 배려가 없으며, 자비와 공정함도 없고, 풍요로운가 하면 동시에 황량하고 불확실하다. 자연의 초연함 자체를 하나의 초월적인 힘이라고 가정해보라. 어떻게 그대들은 이러한 초연함을 좇아서 살 수 있겠는가? 삶이란 이런 자연을 넘어선 어떤 것을 말하는 것이 아닐까?"《선악의 저편》, 9절

요컨대, 스토아주의자들은 삶을 자연으로 환원하여 그 자연의 법칙 혹은 본성에 맞춰 사는 삶이 올바른 삶이라고 주장하지만, 실제로 그들이 생각하는 자연을 자연 그 자체의 모습이라고 할 수 있는가? 그들이 생각하는 자연이란 오히려 삶의 모습 아닌가? 니체는 이렇게 묻고 스토아 철학자들은 자연을 삶의 모습에 억지로 끼워 맞추고 있다고 말한다. 그들은 자신들의 도덕과 이상으로 자연을 재단한다. "그대들은 자연에서 그들의 법칙을 판독하는 데 열중하는 척하지만, 실상 정반대의 것을 의도하는 것이 아닌가? …… 그대들의 자만심은 그대들의 도덕과 이상을 자연에게 강요하고 그것들을 자연 속에 집어넣고 싶어한다. 그대들은 자연이 '스토아철학에 따른' 자연이기를 원하며,

모든 존재를 오직 그대들 자신의 모습에 맞춰 존재하게 하고 싶어 한다." 《선악의 저편》, 9절 스토아주의자들은 그렇게 오랫동안 스토아주의적 관점을 자연에 강요한 결과로 자연을 다른 관점에서는 볼 수 없게 되어 버렸다. 다시 말해 스스로 가한 압박 속에서 그 자신의 관점이 하나로 고정되어버렸다. 그와 같은 사실을 지적하고서 니체는 이렇게 말한다. "스토아주의는 자기 자신에게 가하는 폭행이다." 《선악의 저편》, 9절

　니체가 여기서 강조하려는 것은 다음과 같다. 스토아주의자들이 말하는 자연이 진짜 자연의 모습이냐 아니냐, 다시 말해 진리이냐 아니냐가 핵심이 아니다. 요점은 스토아주의자들이 자연이라는 말로 삶에 대한 어떤 집요한 의지를 이야기하고 있다는 사실이다. 자연에 맞춰 살라는 말은 마치 진리에 따라 살라는 명령으로 보이지만 실제로는 삶의 의지를 보여주는 말일 뿐이며, 그 삶의 의지를 자연에 새겨 넣으려는 것일 뿐이다. 그리하여 니체는 단호하게 말한다. "결국 철학이란 이런 폭군 같은 충동 자체이며, 힘에 대한 가장 정신적인 의지이고, '세계를 창조하려는', 제1 원인이 되려는 가장 정신적인 의지다." 《선악의 저편》, 9절 그렇다면 철학은 진리 의지, 곧 진리를 알고자 하는 의지를 본질로 하는 것이 아닌 셈이다. 철학의 진리 의지는 그보다 더 원초적이고 근원적인 의지인 권력의지의 수단인 셈이다. 니체는 그런 인식을 하나의 명제로 정식화한다.

　　마침내 우리가 우리의 본능적 삶 전체를 의지의 근본 형식 — 나의 명제로 하면 권력의지 — 이 발전하고 분화한 것으로 설명해내는 데 성공한다면, 그리고 모든 유기적 기능들을 권력의지에서 비롯된 것으로 설명해내는 데 성공한다면, 그때 우리는 작용하는 힘 전체를 명백히 권력의지로 규정할 권리를 얻게 될 것이다. 내부에서 바라본 이 세계는 권

력의지일 뿐 그 외에 아무것도 아니다. 《선악의 저편》, 36절

코나투스? 폐결핵 걸린 철학자의 증상

이로써 니체는 유기체 세계의 본질이 권력의지임을 분명히 한다. 그런데 유기체의 본질은 권력의지, 곧 힘을 향한 본능적 의지이기 이전에 생명을 보존하려는 본능적 의지 아닐까? 니체는 이런 의문에 대해 '아니오'라고 답한다. "생리학자들은 자기보존 본능을 유기체의 기본적 본능으로 단정하기에 앞서 깊이 생각해봐야 한다. 살아 있는 것이란 무엇보다도 자기 힘을 발산하고자 한다. 생명 그 자체는 권력의지다. 자기보존은 이러한 의지의 간접적이고 아주 자주 나타나는 결과들 중의 하나일 뿐이다."《선악의 저편》, 13절 그러면서 니체는 스피노자의 '자기보존충동(코나투스)'을 직접 가리켜 '논리의 불철저함에서 기인한 오류'라고 지적한다. 자기 보존 본능이 원인인 것이 아니라 권력의지가 원인이고 그 원인의 결과가 자기 보존 본능 곧 코나투스라는 것이다. 스피노자는《에티카》에서 "각 사물이 자신의 존재 안에서 지속하고자 하는 성향(코나투스)은 그 사물의 현실적 본질"이라고 말하는데[4] 이 주장을 정면으로 비판하는 것이다. 이어 니체는《선악의 저편》뒤에 쓴 《즐거운 학문》제5부에서 스피노자의 코나투스를 삶의 위기 혹은 삶의 위축과 관련된 관념으로 보아야 한다고 말한다. 폐결핵 걸린 허약한 철학자에게서만 나올 수 있는 매우 방어적인 의지라는 것이다.

다시 한 번 학자의 출신 성분에 대하여. 힘의 확장을 지향하고, 이 의지 안에서 때로는 자기 보존조차도 …… 희생시키는 삶의 근본적 충동

이 위기에 처하거나 위축되었을 때 나타나는 것이 자기 보존 의지다. 예를 들어 폐결핵을 앓았던 스피노자의 경우처럼 철학자가 자기 보존 충동을 가장 결정적인 것으로 여길 때, 우리는 이것을 하나의 증상으로 보아야 한다. 즉 그는 위기에 처한 인간인 것이다. …… 생존을 위한 투쟁은 예외에 속하며 삶의 의지가 일시적으로 제한된 것에 불과하다. 크고 작은 투쟁들은 언제나 우월, 성장, 확산, 힘을 둘러싸고 이루어진다. 이것들은 권력의지를 따르고 있으며, 이 권력의지가 바로 삶의 의지다.

〈즐거운 학문〉, 5부, 349절

그렇다면 이 권력의지가 말하는 의지는 무엇을 뜻하는 것일까? 니체는 먼저 쇼펜하우어의 '의지'를 '통속적인 편견을 과장한 것'이라고 규정해 비판한다. 니체가 보기에 의지란 "복합적인 것"이다. 니체가 의지의 여러 측면 가운데 주목하는 것이 "하나의 정서(Affekt, 정념, 파토스 – 인용자), 특히 명령하려는 정서"로서 의지다. 니체는 말한다.

'의지의 자유'라는 것은 본질적으로 복종해야 할 것에 대한 우월한 정서다. '나는 자유이며 그는 복종해야 한다'라는 의식이 모든 의지 속에 잠재돼 있다. …… 의지하는 인간은 복종을 하거나 아니면 그러리라고 믿어지는 자기 내부의 어떤 것에 대해 명령을 내린다. 〈선악의 저편〉, 19절

이어 니체는 더욱 중요한 사실에 눈을 돌린다.

이제 의지에서 가장 놀라운 것을 고찰해보자. 우리는 일정한 상황에서 명령하는 자이자 동시에 복종하는 자이다. …… '의지의 자유' 이것은 의지를 행하는 사람이 느끼는 기쁨의 복합적인 상태를 표현하는 말

이다. 그는 명령하고 동시에 자기 자신을 명령 수행자와 일치시킨다. 그렇게 함으로써 그는 저항을 극복하는 기쁨을 맛본다. 그는 참으로 그 저항을 극복한 것은 자신의 의지 자체라고 생각한다. 의지하는 자는 이와 같이 명령하는 자로서의 기쁨의 감정에 더해, 자신의 명령을 수행하는 도구, 즉 유용한 '하위 의지' 또는 '하위 영혼'의 즐거움을 덧보탠다. 그 결과, 그것이 바로 '나'라는 존재다. 《선악의 저편》, 19절

인격, 여러 의지의 집합체

여기서 주목할 것이 니체가 인간 개체의 몸을 "많은 영혼의 집합체"라고 본다는 사실이다. 우리 몸은 그 자체로 여러 영혼으로 구성된 집합체, 곧 사회체이며, 그렇기 때문에 다수의 의지를 제압하는 의지, 다른 의지에 명령을 내리는 의지가 있다는 것이다. 그런데 우리는 그것을 하나하나 분간해서 느끼지 못하고, 하나의 의지가 다른 의지에 대해 성공적으로 자기 의지를 관철할 때 뭉뚱그려 그것을 '의지의 자유'로 느낀다. 더 나아가 니체는 하나의 인격체 안에서 일어나는 일이 공동체 차원에서도 그대로 나타난다고 말한다.

여기(하나의 인격체)에서 일어나는 일이 잘 조직된 모든 행복한 사회 공동체에서도 일어난다. 즉 지배 계급은 자기 자신과 사회 공동체의 성취를 동일시하는 것이다. 모든 의지 작용에서 중요한 문제는 이미 말한 바 있듯이 오로지 많은 영혼들로 구성된 공동체를 토대로 한 명령하기와 복종하기다. 《선악의 저편》, 19절

개인이든 사회든 결국 명령하는 의지와 복종하는 의지의 관계 속에서 관철되는 권력의지가 본질인 셈이다. 그렇다면 여기서 한 인간이 여러 영혼으로 이루어진 일종의 집합체라는 니체의 주장을 어떻게 이해해야 할까. 그것은 바로 뒷날 프로이트의 정신분석학이 밝힌 여러 힘으로 구성된 정신을 뜻하는 것이 아닐까? 프로이트는 1923년에 쓴 논문 〈자아와 이드〉에서 우리의 정신이 '자아', '이드', '초자아'로 이루어져 있으며, 이 힘들의 각축장이 우리의 정신이라고 설명했다.[5] 만약 자아가 초자아의 무조건적 힘을 제압하고 이드에게 명령해 충동을 억제시킴으로써 정신의 균형을 유지한다면, 우리는 거기서 우리 의지의 승리를, 그 승리에 뒤따르는 기쁨을 느낄 것이다. '여러 영혼으로 이루어진 집합체'라는 니체의 말은 이렇게 정신분석학적으로 이해할 때, 그 의미가 한층 분명해진다.

살펴본 대로 니체는 권력의지를 집합체 내부의 권력관계 속에서 발휘되는 확장과 지배의 의지로 이해한다. 여기서 주목할 것이 그 권력의지가 악, 폭력, 잔인성과 긴밀한 관계를 맺고 있다는 사실이다. 니체는 우리가 흔히 도덕적으로 비난하는 악한 것들이 선의 기원에 자리 잡고 있다고 강조한다. 선의 뿌리에 악이 있는 것이다. 니체는 그 기원을 향해 나아가는 인식의 모험을 완수한 사람은 이제껏 아무도 없다고 말한다.

> 이제까지 심리학은 도덕적 편견과 공포에 사로잡혀왔으며 더 깊은 곳까지 파 내려갈 엄두도 내지 못했다. 아직 그 누구도 내가 한 것처럼 심리학을 권력의지의 발전 이론이나 권력의지의 형태론으로 파악해볼 생각조차 하지 못했다. …… 올바른 생리·심리학자는 자신의 마음속에 도사린 무의식적인 저항과 싸워야 하고 항상 그런 저항에 맞설 용기를

지녀야 한다. '선한' 충동과 '악한' 충동이 상호 관련되어 있다는 이론조차도 아직 건강하고 건전한 양심을 지닌 사람에게는 당혹과 혐오감을 …… 불러일으키고 있다. 더 나아가 선한 충동이 악한 충동에서 나오는 것이라는 이론에 이르러서는 더 말할 나위도 없다. 만일 누군가가 증오, 질투, 탐욕, 지배욕과 같은 정념을 삶의 조건으로 보고 또 전반적인 생경 현상에서 근본적으로 없어서는 안 될 요소들(따라서 삶이 고양되면 이것들도 자연히 고양되어야 한다)로 간주한다면, 그는 자신의 그러한 견해로 말미암아 마치 뱃멀미를 하듯 괴로움을 겪게 될 것이다. 그러나 이런 가설조차도 위험스런 통찰력으로 가득 찬 미지의 광대한 영역 안에서는 별로 낯선 것도 고통스러운 것도 되지 못한다. …… 이제까지 아무리 대담한 여행가, 모험가들일지라도 이보다 더 깊은 통찰의 세계를 발견한 사람은 없었다.

《선악의 저편》, 23절

권력의지와 폭력성

니체는 뒤로 가면서 권력의지와 폭력성의 관계를 더욱 집요하게 추적해 밝힌다. 거기에는 분명 찬양의 분위기가 배어 있다.

생명 그 자체는 본질적으로 이질적이고 더 약한 존재를 내 것으로 만들기 위해 위해를 가하고 제압하고 억압하는 것이고 냉혹한 것이고 자신의 방식을 남에게 강요하는 것이고, 동화시키는 것이며, 가장 온건하게 말해서 착취하는 것이다. …… 개인들이 서로 동등하게 대하고 있는 조직체라고 할지라도 그것이 소멸되어가는 조직체가 아니라 살아 있는 조직체라면 그 안의 개개인들이 서로 자제하고 있는 일을 다른 조직체들에 대해서는 서슴없이 행해야 한다. 그 조직체는 육화된 권력의지가 되어야 할 것이고 성장하고 확장하고 강탈하고 지배하려고 노력해야 할 것이다. 왜냐하면 도덕, 부도덕을 떠나 그것이 살아 있는 생명체이기 때문이며 생명은 단지 권력의지일 뿐이기 때문이다. …… 착취란 부패하고 불완전하고 원시적인 사회에 속하는 현상이 아니다. 그것은 근본적인 유기적 기능으로서 살아 있는 것의 본질에 속하는 것이다. 그것은 삶의 의지라고 할 수 있는 권력의지의 소산이다. 〈선악의 저편〉, 259절

이 권력의지의 잔인한 본성을 풀어놓으면 어떤 긍정적인 결과가 빚어지는가. 니체는 "놀라울 정도로 불가해하고 설명 불가능한 인간", '수수께끼와 같은 인간'이 거기서 태어날 수 있다고 말한다. 니체는 인류의 목표가 초인의 출현이라고 《차라투스트라는 이렇게 말했다》에서 밝힌 바 있다. 《선악의 저편》에서 말하는 '수수께끼와 같은 인간'은 그 초인의 좀 더 현실적이고 역사적인 모습일 것이다. 니체는 다음과 같이 쓴다.

> 그의 본성 안에 들어 있는 대립과 싸움이 삶을 더욱 촉진하고 북돋는 구실을 한다면, 그리고 다른 한편으로 자신 안에서 벌어지는 이 싸움을 조정해나갈 수 있는 능숙하고 교묘한 자기 지배력이 유전되고 육성된다면, 저 놀라울 정도로 불가해하고 설명 불가능한 인간, 승리를 거두고 사람을 유혹하도록 미리 운명 지워진 수수께끼와 같은 인간이 출현하게 된다. 그러한 인간이 가장 훌륭하게 구현된 사례는 알키비아데스 Alkibiades, ?B.C.450~B.C.404와 카이사르Julius Caesar, B.C.100~b.c.44이며(여기에 나는 내 취향에 따라 최초의 유럽인이라고 하는 호헨슈타우펜 가문의 프리드리히 2세 Friedrich Ⅱ, 1194~1250를 덧붙이고 싶다), 예술가 가운데서는 레오나르도 다

빈치 Leonardo da Vinci, 1452~1519일 것이다. 《선악의 저편》, 200절

근대 세계의 가치를 폭파하라

니체는 이렇게 규정된 권력의지의 냉혹한 원칙에 입각해 근대 세계의 가치를 비판해 들어간다. 여기서 니체가 가장 강한 적수로 삼는 것이 기독교다. 니체의 사상에서 기독교는 위대한 인간이 탄생할 수 있는 가능성을 봉쇄한 노예의 가치다. 또 기독교 가치에서 자라나온 민주주의와 사회주의가 비판의 대상이 된다.

이 이념들을 비판하기에 앞서 반유대주의에 대한 니체의 관점을 살펴볼 필요가 있다. 니체 시대에 독일 땅에서 유행하던 반유대주의는 대체로 독일민족주의와 결합돼 있었고, 다른 한편으로는 기독교와 깊이 관련돼 있었다. 독일민족주의자들은 유대인을 독일 민족의 순수성을 파괴하는 위험한 존재로 보았다. 니체는 이 책에서 자신이 한때 민족주의적 열병에 휩쓸린 적이 있었음을 솔직하게 고백한다. 바그너 숭배자로 살면서 프로이센·프랑스 전쟁에 자발적으로 참여했던 20대 시절을 이야기하는 것임이 틀림없다. "솔직히 고백하지만 나 역시도 위험을 두렵쓰고 이 오염된 땅에 잠시 머무르는 동안 이러한 병(민족주의적 열병)에 안 걸릴 수가 없었고 다른 모든 사람들과 마찬가지로 내 일과는 전혀 무관한 문제들에 관해 숙고하면서 일정한 견해를 발전시켜 나갔다."《선악의 저편》, 251절 이렇게 자기 반성을 한 뒤 니체는 유대인 문제에 대한 자신의 견해를 이야기한다.

독일에는 독일인의 위장과 피가 소화해내기 어려울 정도로 많은 유

대인들이 있다. 그러나 독일인보다 강력한 소화 기관을 가진 이탈리아인, 프랑스인, 영국인들이라면 이 정도는 능히 소화해낼 수 있는 양이다. …… 오늘날 유럽에 현존하고 있는 종족 가운데 유대인이 가장 강력하고 강인하고 순수한 민족이라는 점에는 의심할 여지가 없다. …… 만일 유대인들이 원하기만 한다면, 혹은 반유대주의자들이 바라듯이 그들이 그렇게 하지 않을 수 없는 지경에 몰리게 되면, 그들이 지금 당장이라도 유럽에서 우위를 차지하고 문자 그대로 유럽을 석권할 수 있으리라는 것은 분명한 사실이다. …… 그들은 집요할 정도로 유럽에 동화되고 흡수되기를 간절히 원하고 있다. 그들은 어딘가에 정착하기를 갈망하고 또 충분히 대우받으며 삶으로써 '방랑하는 유대인'의 유랑 생활에 종지부를 찍기를 진심으로 원한다. …… 그러려면 나라 안의 반유대주의 선동가들을 추방하는 것이 좋으리라. 《선악의 저편》, 251절

이렇게 이야기를 끌어가던 니체는 갑자기 이 주제를 그만 이야기하겠다고 말한다. 왜냐하면 그 문제보다 훨씬 더 중요한 문제가 있기 때문이다. "그런데 나의 이 따분한 독일 편향의 일요 설교를 여기서 그만 그치는 것이 좋을 것 같다. 왜냐하면 나는 내게 더 심각한 문제, 즉 장차 유럽을 지배할 새로운 계급의 육성이라는 '유럽적 문제'를 다룰 참이기 때문이다."《선악의 저편》, 251절

엘리자베트와 푀르스터의 반유대주의

니체에게 반유대주의는 썩 내키지 않은 주제였다. 그런데 그가 마뜩찮은 문제를 계속 생각하지 않을 수 없도록 몰아대는 사람들이 적

지 않았다. 반유대주의로 니체를 괴롭힌 사람 중에 니체의 여동생 엘리자베트도 끼여 있었다. 더 결정적인 것은 엘리자베트가 결혼하여 니체의 매부가 된 베른하르트 푀르스터Bernhard Förster, 1843~1889가 바로 니체가 추방하기를 원했던 '반유대주의 선동가'의 대표자 가운데 한 사람이었다는 사실이다.

엘리자베트 니체와 베른하르트 푀르스터는 1882년에 만나 그해 여름 바이로이트 축제에 같이 참석했다. 두 사람 사이에 루 살로메가 끼어드는 바람에 엘리자베트가 살로메를 영원한 적으로 삼게 된 것이 바로 그때의 일이었다. 살로메가 자유분방한 유혹자의 태도로 푀르스터를 대했던 것이다. 1870년 베를린 고등학교 교사가 된 푀르스터는 1870년대 독일에서 일어난 반유대주의 운동의 지도적 인물 가운데 한 사람이었다. 그는 유대인을 배제함으로써 독일인의 삶을 '갱신한다'는 목표를 내건 반유대주의자 모임 '독일7'의 일원이었다.[6] 1881년 그는 반유대주의 청원서를 조직했다. 이 청원서는 유대인 이민을 제한하고, 유더인이 정부의 고위 관직이나 학교 교사직에 진출하지 못하게 하며, 모든 유대인들을 등록시킬 것을 요구하는 내용을 담고 있었다. 그는 청원서를 비스마르크에게 전달했지만, 비스마르크는 청원서를 무시했다. 푀르스터는 이 정치적 활동의 결과로 1882년 말에 교사직에서 물러났다. 청원 운동에 실패하자 그는 이주지 건설 운동에 뛰어들었으며, 2년 동안 남아메리카 파라과이에 있는 산베르나르디노라는 독일 이주지를 조사했다. 1885년 독일로 돌아와 독일 이주지 건설을 위한 자신의 구상을《특히 파라과이를 고려한 상부 라플라타 지역의 독일 식민지》라는 이름의 책으로 출간했다.

푀르스터와 엘리자베트는 1885년 5월 22일에 결혼했다. 두 사람의 결혼에 반대했던 니체는 어쩔 수 없다는 듯 여동생의 행복을 빌었다.

히틀러를 만나는 말년의 엘리자베트 니체

그러나 니체는 푀르스터에 대한 혐오감을 계속 간직했으며, 주위 사람들에게 자신은 그를 만난 적도 없고 앞으로도 만나지 않기를 바란다고 공언했다. 엘리자베트와 푀르스터는 1886년 신게르마니아라고 이름 지은 파라과이의 그 이주지로 떠났다. 3년도 지나지 않아 이주지 운동은 실패로 끝났다. 파라과이 정부 소유의 신게르마니아 땅은 푀르스터가 1년 안에 140가구를 들여와야만 그의 소유가 되며, 그러지 못할 경우 정부가 환수한다는 합의 아래 임대한 것이었다. 1888년 7월까지 겨우 40가구만 이주했고, 푀르스터는 결국 빚더미에 올라앉았다. 1889년 파산이 확정되고 이주자들에게 고소당할 상황에 이르자 그는 권총으로 머리를 쏴 자살했다.

기독교와 반유대주의를 둘러싸고 니체와 엘리자베트는 사사건건 부딪쳤다. 그런 터에 두 사람 사이에 푀르스터까지 끼어들자 오빠와 여동생의 관계는 더욱 악화됐다. 엘리자베트는 반유대주의적인 내용의 편지로 오빠를 힘들게 했다. 1884년 4월 2일 니체는 오버베크에게 보낸 편지에서 "이 저주받을 반유대주의가 나와 내 동생 사이에서 생긴 근본적인 불화의 원인"이라고 털어놓았다.

니체는 유대인을 어떻게 보았나

니체는 이렇게 당대의 반유대주의 운동을 혐오했고 그 운동에 명백하게 반대했다. 전체적으로 보아 니체는 유대인을 경멸하기보다는 그들을 긍정하고 높게 평가하는 쪽이었다. 니체는 19세기에 통용되던 맥락에서 결코 반유대주의자라고 할 수 없다. 그러나 그렇다고 해서 니체가 유대인과 유대교를 무조건 수용하기만 한 것은 아니다. 정확히 말하면 니체는 유대인과 유대교에 대해 이중적인 태도를 보였다고 해야 한다. 앞에서 인용했듯이, 니체가 보기에 유대인은 원하기만 한다면 유럽을 석권할 수 있는 매우 탁월한 역량을 지닌 민족이었다. 동시에 유대교와 유대인은 기독교의 그 모든 악덕의 기원이자 산모라는 점에서 궁극적으로 유죄의 성격이 있는 민족이라는 것이 니체의 생각이기도 했다. 니체는 유대교의 모든 나쁜 것이 기독교에서 더 확대되고 악화됐다는 사실을 깨닫지 못하고 오만한 태도로 유대인을 비방하는 기독교인들의 어리석음을 우선 참을 수 없었던 것이다. 그가 반유대주의에 그토록 혐오감을 나타낸 이유가 바로 거기에 있다.

더 중요한 것은 니체가 기독교적 가치를 창안한 민족으로서 유대인의 위대함을 찬양하는 방식으로 결국 유대인을 비판하고 있다는 사실이다. 기득교의 창시자 예수 그리스도와 사도 바울로Pauls가 바로 유대인 아닌가. 여기에 유대인과 유대교를 대하는 니체의 결정적인 관점이 있다. 유대인을 들어 올린 뒤 결국 기독교와 함께 떨어뜨리는 아이러니 전략을 쓰는 것이다. 다음과 같은 구절을 보면 니체의 그런 생각이 확연히 드러난다.

> 유럽인은 유대인에게서 어떤 덕을 보았는가? 좋고 나쁜 여러 가지 덕을 보았지만, 그러나 무엇보다도 최선의 것인 동시에 최악의 것이기도 한 것이 하나 있다. 즉 도덕의 장엄한 스타일, 무한한 요구와 무한한 의미를 지닌 공포와 위엄이 …… 그것이다. 따라서 이것은 바로 삶을 매혹적이고 현란하게 만드는 것들 중에서도 가장 매혹적이고 핵심적이고 정선된 부분이며 이것들이 남긴 빛 속에서 우리 유럽 문화의 하늘, 그 저녁 하늘은 지금 붉게 타오르고 있다. 아니, 그보다는 차라리 불타 없어지려 한다는 표현이 적합할 것이다. 구경꾼과 철학자들 틈에 낀 우리 예술가들은 이 점에서 유대인에게 감사한다. 《선악의 저편》, 250절

다음 구절은 좀 더 명료하게 유대인의 위대함과 그 위대함이 낳은 범죄적 결과에 대한 니체의 평가를 읽게 해준다.

> 유대인들, 타키투스Cornelius Tacitus, ?56~?120나 고대 세계 전체가 말한 바로는 '노예로 태어난' 민족, 그들 스스로 믿기로는 '모든 민족 가운데 선택된 민족.' 이 유대인들이 가치의 전도라는 기적적인 일을 해냈다. 그 덕분에 지상에서의 삶은 몇천 년 동안 새롭고 위험한 자극을 받아왔다. 그들의 선지자들은 '부', '불경', '악', '폭력', '관능'을 하나의 의미로 결합해 처음으로 '세상'이라는 말을 더럽고 욕된 것을 뜻하는 말로 주조했다. 이러한 가치의 전도('가난'이라는 말을 '성스러움'이나 '친

구'라는 말과 동의어로 쓴 것도 하나의 예에 속한다)에 유대 민족의 의의가 있다. 그들과 더불어 도덕에서 노예 반란이 시작된다. 〈선악의 저편〉, 195절

기독교, 도덕상의 노예 반란

이렇게 유대인은 도덕적 가치를 뒤집어엎는 기적적인 일을 해냈고, 그럼으로써 도덕상의 노예 반란을 이루어낸 민족이다. 노예 도덕의 창안자이자 전파자가 유대인인 것이다. 그 노예 도덕이 (로마 제국의) 귀족적 가치에 반란을 일으켜 승리한 결과가 기독교의 지배이며 지배자 자리에 오른 기독교는 2,000년 가까이 유럽에 노예 도덕을 진리로 가르쳤다. 그리하여 니체의 관심은 기독교 비판으로 향한다. 기독교야말로 니체가 생각하는 귀족적 가치가 우위에 서려면 반드시 극복해야 할 비천한 자들의 도덕이다. 니체는 기독교(그리고 불교)가 약자를 보호함으로써 인간을 낮은 단계에 묶어두는 구실을 했다고 비판한다.

그런데 정상적인 것이라고 볼 수 없는 그런 수많은 인간적인 약점에 대해 기독교와 불교는 어떻게 보고 있을까! 그 종교들은 보호할 수만 있다면 무엇이나 그대로 보호하려고 한다. 실제로 그 종교들은 고통 받는 자들을 위한 종교로서 원칙적으로 그런 약점을 긍정한다. 그 종교들은 삶을 질병처럼 고통스럽게 생각하는 사람들의 편에 서 있으며 삶에 대한 다른 방식의 관점은 그릇된 것이고 또 있을 수도 없다고 단정하고 싶어 한다. …… 전체적으로 보아서 '인간'을 낮은 단계에 묶어놓은 가장 중요한 원인은 이제까지 우리가 지켜온 그 독자적인 종교들 탓이다.

그것들은 없어져야 마땅한 너무나 많은 것들을 보호해 왔다.

《선악의 저편》, 62절

병들어 고통 받는 약자들을 보호하는 기독교의 동정심 어린 활동이 "유럽 인종의 열등화에 기여했다." 이렇게 지적하고 나서 니체는 기독교가 약자를 보호하기 위해 행한 더 결정적인 일이 있다고 말한다. 바로 가치 전도다.

일체의 가치 평가를 전도시키는 것, 그것이 그들이 한 일이었다. 강자를 넘어뜨리고, 위대한 희망을 병들게 하고, 아름다운 것에 대한 기쁨에 의혹을 던지고, 당당하고 남성적이고 지배적이고 오만한 모든 것, 다시 말해 가장 고귀하고 가장 훌륭한 '인간' 유형의 고유한 본능을 불안과 양심의 가책과 자기 파괴로 이끄는 것, 현세에 대한 사랑과 세상에 대한 지배욕을 현세와 현세적인 모든 것에 대한 증오로 뒤바꾸어놓는 것, 이 모든 것을 교회는 자기의 과제로 삼았고 또 삼지 않으면 안 되었던 것이다.

《선악의 저편》, 62절

니체는 이렇게 기독교가 모든 가치를 정반대로 뒤엎었다고 선언한다. 그는 1,800년 동안 기독교라는 단 하나의 의지가 유럽을 지배해 인간을 불구로 만들었다고 주장한다. 그는 기독교를 받아들임으로써 거의 자진해서 퇴화와 쇠퇴의 길을 걸은 사람으로 17세기 프랑스 철학자 파스칼을 든다. 기독교는 그렇게 약자의 도덕으로 인간을 망쳐 놓는 것이다. 니체는 분노 어린 목소리로 기독교를 유럽 정신의 타락의 원흉으로 탄핵한다.

내가 말하고자 했던 것은 다음과 같은 것이다. 기독교는 지금까지 존재해왔던 교만 중에서도 가장 파멸적인 교만이었다. 인간을 예술가로 조형하려고 나설 만큼 비범하거나 굳세지도 못하고, …… 수많은 실패와 파멸이 삶의 필연적 법칙이라는 것을 남들에게 인식시킬 만큼 강하지도 시야가 넓지도 못하고, 인간과 인간 사이에 놓인 아득하게 차이 나는 계급적 질서와 위계의 간격을 깨달을 만큼 고귀하지도 못한 인간들, 그러한 인간들이 '신 앞의 평등'을 내세우면서 지금까지 유럽의 운명을 지배함으로써 결국 더 왜소하고 어리석은 인간, 무리 짐승, 선량하고 병약하고 범용한 존재가 육성되어 왔으니 오늘날의 유럽인이 바로 그들이다.

《선악의 저편》, 3장, 62절

기독교7- 약자에 대한 동정과 '신 앞에서 만인의 평등'을 내세워 결국 무리 짐승의 세상, 다시 말해 가축 떼 같은 범용한 인간들의 세상을 만들었다는 것이 니체의 기독교 비판의 핵심이다. 니체의 비판은 이제 민주주의와 사회주의로 향한다. 그가 보기에 민주주의와 사회주의는 기독교 가치가 정치적으로 구현된 것, 다시 말해 기독교의 정치적 변형이다.

여기서 니체가 약자의 반란으로 규정하는 기독교는, 공포와 외경을 느끼게 하는 《구약 성서》의 기독교가 아니라 사랑과 온유와 동정을 가르치는 《신약 성서》의 기독교임을 먼저 염두에 둘 필요가 있다. 니체는 《구약 성서》과 《신약 성서》에 대해 다음과 같이 말한다.

신의 정의에 관한 책인 유대인의 《구약 성서》 속에는 장대한 규모의 인간과 사물에 대한 언어들이 담겨 있어 그리스와 인도의 문학에는 거기에 비견할 만한 것이 없을 정도다. 우리는 이 장엄한 인간의 자취에 공포와 외경을 느끼지 않을 수 없다. …… 물론 비천하고 무기력한 가축에 지나지 않거나 단지 가축이 지닌 욕구 정도밖에 모르는 인간(오늘날 '개명한' 기독교 신자들을 포함한, 교양 있는 사람들)이라면 이러한 폐허(유럽) 위에 서서도 아무런 충격도 슬픔도 느끼지 못할 것이며—《구약 성서》를 어떻게 생각하느냐에 따라 '위대한' 인간이냐 '왜소한' 인간이냐가 결정된다—. 아마도 그런 사람은 은총의 책인 《신약 성서》가 훨씬 더 자기 마음에 든다고 생각할 것이다.(거기에는 현실적이고 연약하고 진부한 맹신자와 왜소한 인간의 체취가 잔뜩 배어 있다.) 어느 시각에서 보든지 일종의 로코코적 취향의 책인 《신약 성서》를 《구약 성서》와 한데 묶어 '위대한 책'인 '성서'로 만들어놓은 것은 유럽 문학의 양심이 스스로 인정하는 최대의 파렴치며 '영혼에 대한 중죄'일 것이다. 〈선악의 저편〉, 52절

기독교 – 프랑스혁명 – 민주주의 – 사회주의

이 《신약 성서》를 바탕으로 삼은 기독교, 그 기독교의 핵심 가치가 정치적으로 구현되는 데 가장 중요한 전환점이 된 사건이 프랑스대혁명이었다고 니체는 말한다. 하층 계급이 귀족 계급에 맞서 그 계급을 타도한 것이 프랑스혁명이었고, 그 혁명에 '모든 인간의 평등'이라는 이념적 동력을 제공한 것이 '신 앞의 평등'을 주장하는 기독교였다는 것이다. 기독교의 평등 이념에서 프랑스혁명이 나왔고, 프랑스혁명이 성공함으로써 국민 일반이 주권자라는 민주주의 이념이 확산됐으며, 이 민주주의 이념이 사회적·경제적 평등으로 나아간 것이 사회주의였던 것이다. 니체는 고귀한 자들의 지배, 고귀한 인간의 창출이라는 자신의 근본 과제를 가로막는 최악의 이념이 근대 민주주의 이념이라고

보기 때문에 민주주의, 그것의 급진적 실현인 사회주의를 절대로 용납할 수 없었다. 민주주의를 방치하면 유럽은 하루 종일 풀이나 뜯으며 세월을 보내는 무리 짐승의 세상이 되고 말 것이다.

> 오늘날 유럽의 모든 나라와 미국에는 자유정신을 사칭한 매우 편협하고 억압적인 정신이 존재하고 있는데, 그것은 우리의 의도, 우리의 본능과 완전히 상반된 것을 요구하고 있다. …… 간단히 말해 그러한 정신의 소유자들은 유감스럽게도 말주변 좋고 무책임한 글을 남발하는, 민주주의적 취향과 '근대 이념'의 노예들이며 평등주의를 …… 신봉하는 사람들이다. 그들이 용기 있고 예의 바르다는 점은 부인하지 않겠다. …… 그러나 인간의 모든 불행과 실패의 원인을 지금까지의 낡은 사회 형태 탓으로 돌리려는 근본 성향을 지녔다는 점에서 …… 그들은 정신이 왜곡돼 있고 어리석고 피상적이다. 그들은 모든 사람들이 푸른 초원을 노니는 가축들이 누리는 것과 같은 행복과 안전과 안락과 평온을, 그리고 좀 더 편안한 삶을 향유하도록 하기 위해 전력을 다한다. 그들이 끊임없이 되풀이하는 두 가지 노래와 구호는 '권리의 평등'과 '모든 고통 받는 사람들에 대한 연민'이다. 《선악의 저편》, 2장, 44절

그런 세상에서 인간의 존재 이유인 고귀한 인간의 창출은 실현될 수가 없다. 니체는 다른 곳에서 '근대 이념' 곧 민주주의를 무리 짐승의 도덕으로 규정해 다시 비판한다.

> 만일 어떤 사람이 일반적으로 인간을 비유도 사용하지 않고 노골적으로 동물로 간주한다면, 얼마나 모욕적으로 들릴 것인지 우리는 아주 잘 알고 있다. 우리가 끊임없이 '무리', '무리 본능'이니 하는 표현을

'근대 이념'을 신봉하는 사람들에게 사용하는 것에 대해 그들은 우리가 마치 범죄라도 짓은 것처럼 비난을 퍼부을 것이다. 그래서 어쨌단 말인가? 우리는 그들을 달리 부를 수가 없다. 왜냐하면 우리의 새로운 통찰이 바로 거기에 근거를 두고 있기 때문이다. …… 선악을 안다고 믿는 것, 선을 찬양하고 악을 비난함으로써 스스로를 미화하는 것, 스스로를 선이라 부르는 것들은 바로 무리 짐승, 즉 무리 짐승과 같은 인간들의 본능이다. 그 본능은 획기적인 성공을 거두었고 그 밖의 다른 본능을 압도할 만큼 우세해졌다. …… 오늘날 유럽의 도덕은 무리 짐승의 도덕이다.

〈선악의 저편〉, 202절

니체는 같은 곳에서 이 무리 짐승의 도덕인 민주주의가 기독교의 유산을 상속받은 것임을 명확하게 제시한다. "가장 숭고한 무리 짐승의 욕구를 따르고 그 욕구에 아부했던 종교의 도움에 힘입어 정치·사회 제도에까지 이러한 도덕이 침투해 들어갔음을 분명히 깨닫게 된 시점에 와 있다. 민주주의 운동이 바로 그것인바, 이 운동은 기독교 운동을 계승한 것이다."〈선악의 저편〉, 202절 이 구절에 바로 이어 니체는 조급하고 폭력적인 아나키즘(무정부주의)이 민주주의나 사회주의와 달라 보이지만, 무리 짐승의 사회를 만들겠다는 목표에서 조금도 다르지 않다고 비판한다. 그들은 근본에서 하나인 것이다.

그러나 조급한 병자들에게는 그 운동(민주주의 운동)의 템포가 너무나 느리고 너무나 완만하게 느껴지는 것이 분명하다. 그 증거로 유럽 문화의 뒷골목을 배회하면서 이빨을 드러내며 점점 더 사납게 미친 듯이 짖어대는 아나키즘의 개들을 보면 알 수 있다. 얼핏 보면 그들은 평화적이고 근면한 민주주의자나 혁명 이데올로기 주창자들과 상반되며, 더 나아가서 바보 같은 사이비 철학자들이나 사회주의를 자처하며 '자유 사회'의 도래를 바라는 광적인 박애주의자들과도 상반되는 자들로 보인다. 하지만 실상 그들 모두는 무리들의 자치적인 사회 형태를 제외하고는 어떠한 형태의 사회에 대해서도 근본적이고 본능적인 적개심을 품는다는 점에서 …… 모조리 한통속이다. 그들 모두는 모두 특별한 요구, 특권, 특전에 완강하게 저항한다(결국은 일체의 권리에 대한 저항을 의미한다. 왜냐하면 모든 사람이 평등한 위치에 서게 되면 더는 아무도 '권리'를 요구하지 않을 테니까). …… 그들 모두는 동정으로 흐느끼고 동정으로 어쩔 줄 모르고, 고통을 맹렬히 증오하며, 고통 받는 사람들을 그냥 지나치거나 방관할 능력이 없다는 점에서는 거의 여자나 다름없다. …… 그들은 모두 고통의 분담이라는 도덕이 가장 본질적인 도덕이며 가장 높은 차원의 도덕이며 인간이 도달한 정점이며, 미래의 유일한 희망, 현재 살고 있는 인간의 위안, 과거의 모든 죄악의 사면인 것처럼 생각하고 이런 도덕을 신앙처럼 떠받든다.

〈선악의 저편〉, 202절

민주주의와 사회주의, 무리 짐승의 이념

이어지는 절에서 니체는 다시 한 번 민주주의자들과 사회주의자들을 겨냥해 그들의 운동이 인간을 무리 짐승으로 떨어뜨릴 것이라고 경고한다. 민주주의자와 사회주의자는 인간의 왜소화를 이상으로 삼은 자들이다. "우리에게 민주주의 운동은 정치 체제의 타락한 형태일 뿐만 아니라 인간을 타락시키고 왜소화하는 형식이며 인간을 저급하게 만들고 인간의 가치를 저하시키는 것이다. …… 이처럼 전면적으로 타락한 인간은 멍청이, 얼간이 같은 오늘날의 사회주의자들이 '미래의 인간' 혹은 자신의 이상으로 여기는 존재로까지 전락하게 된다. 이처럼 인간이 완전히 무리 짐승으로(혹은 사회주의자들의 표현대로 '자유 사회'의 인간으로) 타락하고 왜소화되는 현상이나 이처럼 평등권을 요구하는 왜소한 동물로 전락하는 현상은 충분히 있음직한 일이며 그러한 가능성은 분명히 존재한다. 이러한 가능성을 철저히 따져본 사람이라면 다른 이들은 알지 못할 일종의 구토를 느끼리라." 《선악의 저편》, 203절

니체는 민주주의 이념이 귀족적 가치를 파괴하고 인간의 고양과 상승에 발목을 거는 이념이라고 확신하기 때문에 기회가 있을 때마다 이 이념을 공격한다. 민주주의에 대한 증오심이 제어할 수 없을 정도로 발동할 때 니체가 얼마나 가혹한 말을 쏟아놓는지 그의 메모들은 보여준다. 앞에서 벌써 살펴본 대로 니체는 민주주의 운동을 타고 지배자로 등장하는 저급한 자들을 쓸어 없애버리는 위험하기 이를 데 없는 상상을 한다.

> 대중에 대한 고귀한 인간의 선전 포고야말로 필요하다! 그 자신들이 주인이 되고자 하여 도처에서 평범한 자들이 서로 제휴하고 있다! 유약하게 만들고 온유하게 만들며 '민중' 혹은 '나약한 자'의 목적에 봉사하는 모든 것이 보통 선거에, 바꿔 말하면 저급한 인간의 지배에 유리하게 작용하고 있다. 그러나 우리는 대항 수단을 단련하고 이러한 소동(유럽에서는 기독교와 더불어 시작되었다)을 전부 백일하에 드러내어 심판대로 끌어내야 한다. 《권력의지》, 861절

> 퇴락하고 있는 종족의 절멸. …… 보통 선거의 절멸, 다시 말해 가장 저열한 본성의 소유자들이 고귀한 본성의 소유자들에게 자신들을 법으로 제시하는 체제의 절멸. 《권력의지》, 862절

니체는 민주주의 운동이 여성 해방을 낳는다는 사실에도 분격한다. 여성 해방은 여성적 본질의 파괴일 뿐이다.

> 우리 시대처럼 여성이 남성의 존중을 받는 시대는 없었을 것이다. 그것은 노인에 대한 무례와 더불어 민주주의적 성향과 그 근본적인 취향에 속하는 것이다. …… 여성은 더 많은 것을 원하고 요구하는 법을 배워 마침내 …… 권리 쟁취를 위해 나서고 심지어 투쟁하기까지 하려 한다. 실로 여성은 품위를 잃어 가고 있는 것이다. 다시 말해 심미안을 잃어가고 있다. 여성은 남성을 두려워할 줄 모르게 되고, '두려움을 모르는' 여자란 여자다운 본능들을 포기한 여자다. 두려움을 불러일으키는 남성적 요소, 더 정확히 말해 남자 안에 있는 남성이 더는 요구되지 않고 육성되지도 않을 때 여자들이 나와 설치는 것은 아주 당연한 일이고 충분히 이해할 수 있는 일이다. 이해하기 어려운 일은 바로 그러한 이유로 여성이 퇴화한다는 점이다. 이것이 오늘날의 현상이다.
>
> 〈선악의 저편〉, 239절

니체가 원하는 것은 고대 그리스 시대의 여성상이다. 그 시대의 여성들은 남성들처럼 시민도 아니었고 자유인도 아니었으며 노예와 다를 바 없는 아이 낳는 도구였다. 니체는 그 시대가 옳았다고 말한다. "심오한 정신과 욕망을 지닌 남성은 …… 동양(오리엔트)인들처럼 여자를 소유물, 봉사하도록 운명 지워진 존재, 그리고 그 일로 자신의 완벽함을 성취할 수 있는 존재로 생각해야 한다. 우리는 이 아시아의 엄청난 이성과 본능적 우월성에 근본을 두어야 한다. 그리스인들은 그렇게 했기 때문에 아시아의 최고 후계자이고 제자라 할 수 있다. 잘 알려진 것처럼, 그리스 문화는 호메로스 시대부터 페리클레스Perikles,

?B.C.495~B.C.429 시대까지 문화가 발전하고 세력이 증대함에 따라 여성을 점점 더 엄격하게 대했으며, 점점 더 동양적으로 대했다. 이것이 얼마나 필요한 것이었는지 그리고 얼마나 논리적이었으며 인간적으로 얼마나 바람직한 것이었는지 심사숙고해볼 필요가 있다." 《선악의 저편》, 238절

니체는 남성과 여성이 근본적으로 평등하다는 발상을 받아들이지 않는다. 심지어 그는 여성이 권리의 평등, 교육의 평등, 의무의 평등을 꿈꾼다는 사실 자체가 여성의 전형적인 천박함의 증거라고 주장한다. 여성과 남성은 근원적으로 적대적 긴장 관계에 있으며 그 긴장이 영원히 계속될 수밖에 없다는 것이 니체의 관점이다. 남자는 여자를 그 영원한 적대 관계 속에서 지배해야 한다. 니체는 이런 영원한 지배, 영원한 적대, 영원한 불평등을 인간관계 전체에 적용하고 있다. 다시 말해 고귀한 인간과 저급한 인간은 결코 평등해질 수 없으며, 억지로 평등을 추구해도 무리 짐승의 세상을 만들고 말 것이다. 바로 그런 관점에 서서 니체는 사회주의자들이 주장하는 '착취 없는 세상'이 근원적으로 성립할 수 없다고 말한다. 앞에서 인용한 대로, 착취는 유기체의 본능이며 권력의지의 표출이다.

모든 근대 이념을 비판한 반시대적 급진주의자

이렇게 기독교에 반대하고 민족주의, 민주주의, 사회주의, 여성 해방, 심지어 휴머니즘 같은 모든 근대적 이념을 부정하며 착취제와 노예제를 긍정하는 니체의 생각이 하나로 응축된 것이 《즐거운 학문》 제5부의 아포리즘이다. 주목할 것은 니체가 자신을 보수주의자로도, 자유주의자로도 생각하지 않는다는 사실이다. 시대와 맞지 않는 래디컬한

사상을 주장한다는 점에서 니체를 반시대적 급진주의자라고 할 수도 있을 것이다. 니체는 말한다.

> 우리 실향민들. …… 우리는 아무런 '보수적 가치'도 지키려 하지 않는다. 우리는 과거로 돌아가려 하지 않는다. 우리는 '자유주의'를 주장하지도 않는다. 우리는 '진보'를 위해 일하려 하지 않는다. 우리는 시장에서 노래하는 미래의 세이렌들에게 귀를 틀어막을 필요가 없다. "평등한 권리", "자유로운 사회", "주인도 없고 하인도 없다"라는 그들의 노래는 우리를 유혹하지 못한다. 우리는 정의와 일치의 제국이 지상에 건설되는 것을 결코 바람직하다고 생각하지 않는다. …… 우리는 우리처럼 위험과 전쟁과 모험을 사랑하는 모든 사람들, 타협하지 않고, 구속되지 않고, 화해하지 않고, 거세되지 않은 모든 사람들에게서 기쁨을 느낀다. 왜냐하면 '인간'의 유형을 강화하고 고양하기 위해서는 새로운 노예제가 요구되기 때문이다. …… 우리는 휴머니스트가 아니다. 우리는 '인류에 대한 사랑'을 설교하는 것을 우리 자신에게 결코 허락하지 않을 것이다. …… 우리는 인류를 사랑하지 않는다. 또 한편으로 우리는 이미 오래전부터 이 단어가 지닌 일반적인 의미에서 '독일적'이지도 않다. 민족주의와 인종적 증오를 선동하기 위해 이 단어를 설교하고, 민족 감정에 의한 심장의 격분과 피의 중독에서 기쁨을 느낄 정도로 충분히 독일인이 아니라는 것이다. …… 우리는 산 위에서 사는 것, 멀리 떨어져서 '비시대적으로' 사는 것, 과거나 미래의 세기에서 사는 것을 훨씬 더 좋아한다. …… 우리는 기독교에서 벗어나 있으며 그것을 혐오한다.
> 〈즐거운 학문〉, 제5부, 377절

이렇게 니체는 기독교와 기독교 가치가 산출한 모든 이념을 거부하고 부정하지만, 그렇다고 해서 민주주의가 대세를 장악하리라는 것까지 부정하는 것은 아니다. 니체 자신이 아무리 받아들이지 않으려 해도 민주주의의 흐름을 막을 수는 없다고 보는 것이다. 민주주의를 불가피한 시대적 대세로 인정하는 것인데, 다만 그는 여기서 예측을 포기하지 않는다. 그는 민주주의의 자기 전복의 때가 오리라고 본다. 민주주의가 확산돼 마침내 그 끝에 이를 때 그 최종 국면에서 민주주의의 가치를 뒤엎고 사태를 역전시키는 사태가 벌어지리라고 전망하는 것이다. 즉 민주주의 속에서 민주주의를 부정하는 압제자가 출현하리라는 전망이다.

> 민주주의 운동이야말로 오늘날의 유럽을 규정하고 있는 근본 흐름이다. 민주주의 운동과 연관된 모든 도덕적·정치적 현상의 배후에는 하나의 거대한 생리적인 작용이 활발하게 진행되고 있다. 즉 유럽인들은 서로 닮아가고 있다. …… 그리하여 본질적으로 초민족적이며 유목민적인 인간형이 점차 그 모습을 드러내고 있다. …… 이러한 미래의 유럽인은 아마도 의지가 박약하고 아무데나 써먹을 수 있으며 수다스런 노동자가 될 것이다. 그리고 그들은 그날그날의 빵을 필요로 하듯이 지배자와 명령자를 필요로 하게 될 것이다. 유럽의 민주화는 가장 정확한 의미의 노예 제도에 부합하는 인간형을 낳는다. 반면에 이 시기에 출현하는 개별적이고 예외적인 강한 인간은 편견이 배제된 교육과 기술의 놀라울 정도의 다양성 때문에 분명히 과거 어느 때보다 강력하고 풍부한 인간이 될 것이다. 내가 말하고자 하는 바는, 유럽이 민주화된다는 것은 동시에 본의 아니게 압제자의 …… 양성을 준비한다는 점이다.

〈선악의 저편〉, 242절

이 문장을 쓰고 니체는 쾌재를 불렀을까. 이 글에서 니체다운 아이러니가 극에 이르고 있다. 민주주의는 돌이킬 수 없는 흐름이지만 그 흐름의 끝에서 민주주의 자체가 압제자를 양성해 민주주의 토대를 허물어버릴 것이라는 이 전망으로 니체는 유럽 민주주의 흐름에 대한 궁극적인 대책을 찾아냈다고 보았을지도 모른다. 니체가 이런 상상력을 발휘할 수 있었던 것은 유사한 선례가 있었기 때문이기도 하다. 프랑스대혁명 끝에서 인민 위에 군림하는 자로 등장한 나폴레옹이 그 선례였다고 할 수 있는데, 니체는 《선악의 저편》 안에서 나폴레옹에 대해 다음과 같이 쓴다. "이 가축화한 유럽인들에게 한 사람의 절대적인 명령자의 출현은 근래에 나폴레옹의 출현으로 인한 결과에서 한층 확실히 입증되었듯이, 견디기 어려운 점증하는 압박으로부터의 해방과 구원으로 인식되고 있다. 나폴레옹을 받아들인 역사는 19세기 전체에 걸쳐 가장 가치 있는 인간들과 순간들을 기반으로 해서 이루어진 행복한 역사였다." 《선악의 저편》, 199절 니체는 《즐거운 학문》 제5부에서 다시 나폴레옹의 사례를 끌어들여 근대 이념을 넘어선 압제적 존재의 모습을 보여준다.

역사에서 그 유례를 찾아볼 수 없는 무사의 시대가 몇 세기 동안 계속 이어질 수 있으리라는 것, 한마디로 말해 앞으로 수천 년에 걸쳐 모든 사람들이 질투심과 외경심을 지니고 이 고도로 완성된 모습을 되돌아보게 될 전쟁의 고전적인 시대에 …… 들어선 것에 대해 우리는 나폴레옹한테 감사해야 한다. 왜냐하면 전쟁의 영광이 자라난 민족 운동은 나폴레옹에 대한 반동이었을 뿐이며, 나폴레옹이 없었다면 생겨나지 않았을 것이기 때문이다. 그리하여 언젠가는 남성이 다시금 유럽에서 상인과 속물을 지배하는 주인이 되고, 심지어 기독교와 18세기의 열광적인 정신, 그리고 특히 '근대 이념' 때문에 응석받이가 된 여성들까지도 지배하게 된 공로를 나폴레옹에게 돌리게 될 것이다.

《즐거운 학문》, 제5부, 362절

니체라는 독, 니체라는 약

니체는 민주주의를 약자의 이념, 약자의 도덕으로 보기 때문에 그토록 격렬하게 반대하는 것이다. 니체는 처음부터 끝까지, 그리고 감추지 않고 강자의 지배를 옹호한다. 강자의 승리, 강자의 상승을 가로막는 어떤 이념도 용인하지 않는다. 여기서 유의할 것은 니체의 강자가 단순히 정신의 강자, 정신의 귀족을 뜻하지 않는다는 사실이다. 니체는 젊은 시절 쇼펜하우어의 철학이 가르쳤던 '도덕의 천재', '금욕적 성자'와 유사한 의미로 강자를 생각한 것이 아니다. 니체가 말하는 강자를 정치적 차원, 권력적 차원을 배제한 정신적 차원의 강자로만 이해한다면 그것은 니체의 사상을 반쪽만 본 것이거나 진실을 외면한 것이다. 강자나 귀족을 정신적 차원에서만 이해한다면, 그래서 민주주의에 반대하고 여성 해방에 반대하고 지배와 승리를 구가하는 압제적인 강자를 지워버린다면, 그리하여 강자의 본모습을 모호한 감상주의의 안개 속으로 밀어 넣는다면, 그것은 니체의 한쪽 측면을 전체로 내세운다는 점에서 니체를 왜곡하는 일이 되고 만다. 그렇게 압제적이고 폭력적인 강자를 지워버리고 남은 정신의 강자, 그것을 두고 '부드러운 니체'라고 부를 수 있을지도 모르겠다.

그러나 부드러운 니체는 니체의 본모습이 아니다. 니체라는 원액에 물을 타 희석시킨 니체, 마시기 좋은 니체일 뿐이다. 니체의 사상, 니체의 철학은 약이자 독이다. 니체는 원액 그대로 맛을 봐야 하며 할 수 있다면 원액 그대로 마셔야 한다. 반민주적이고 반시대적인 니체를 있는 그대로 읽고 느껴야 한다. 그 니체를 소화하면 약이 되고 소화하지 못하면 독이 된다. 니체라는 문제는 결국 체험의 문제다. 어떤 정신으로 체험하느냐에 따라 똑같은 니체가 좋은 니체가 될 수도 있고 나쁜 니체가 될 수도 있는 것이다.

니체 사상의 이런 성격을 니체 자신이 《선악의 저편》 안에서 자기 언어로 설명하고 있다. 니체는 말한다. 독이냐 약이냐는 그것을 먹는 사람의 소화력에 달렸다. "높은 수준의 인간에게는 즐거움이 되고 자양분이 되는 것도 이들과 전혀 성질을 달리하는 저열한 인간에게는 독이 된다. 평범한 인간의 미덕이 철학자에게는 악덕과 결점이 될 수도 있다. 높은 수준의 인간이 타락하고 전락하게 될 경우, 그는 바로 그러한 전락 상태로 인해 자신이 새로 끼어들게 된 하층권의 사람들로부터 성자처럼 숭배를 받을 수도 있다." 《선악의 저편》, 2장, 30절 이어 니체는 자신의 책에 직접 적용될 수 있는 결정적인 말을 한다.

> 정신과 건강 상태에 따라 상반되는 가치를 띠는 책들이 있다. 즉 그 책들은 저급한 정신과 빈약한 생명력을 지닌 인간이 읽느냐 아니면 높은 정신과 힘찬 생명력을 지닌 인간이 읽느냐에 따라 가치가 달라진다. 앞의 경우에는 이 책들은 위험한 것이 되고 파괴와 분열로 인도하는 것이 된다. 그러나 뒤의 경우에는 용감한 자에게 용기를 북돋아 주는 선도자의 외침이 된다. 만인을 위한 책은 항상 좋지 않은 냄새를 피운다. 거기에는 하찮은 인간들의 체취가 배어 있다. 사람들이 먹고 마시고 숭배하는 곳에서는 언제나 악취가 풍긴다. 《선악의 저편》, 30절

독립, 강자의 본질적 특성

강자를 옹호하는 이 극단적 귀족주의 사상이 《선악의 저편》의 본론을 이루고 있다. 니체는 강자의 본질적 특성으로 '독립'을 든다. 아무에게도 의지하지 않고 오직 자기 자신만을 믿고 자기 자신에게만 기대는 존재가 강자다. 그는 위험을 스스로 떠맡는 인간이다. 그런 인간은 소수일 수밖에 없다. "독립이란 극소수의 인간에게만 가능한 것이며 강자의 특권에 속하는 것이다. 아무 거리낌 없이 아주 당연한 권리라고 생각하여 그것을 시도하는 사람이라면 강한 인간일 뿐만 아니라 무모하리만큼 대담한 인간일 것이다. 어쨌든 그는 미궁(라비린토스)으로 들어가는 셈이며 그로 인해 삶에 따라오기 마련인 위험을 1,000배나 불리는 셈이 된다. 그가 어디서 어떻게 하여 길을 잃어버리고 홀로 고립되어 양심이라는 괴물(미노타우로스)에 의해 갈기갈기 찢기는가를 아무도 모른다는 것은 결코 작은 위험이 아니다."《선악의 저편》, 29절 아마도 이 구절은 니체 자신의 삶을 그대로 보여주는 말일 것이다. 니체는 홀로 미궁 속으로 들어간 사람이며, 미노타우로스에게 잡혀 갈기갈기 찢길 위기에 처한 사람이다. 니체는 강한 인간, 대담한 인간을 지향하기 때문에 이 어려운 길을 선택한 것이다. 강한 인간을 지향하는 사람은 자신이 강자의 능력을 지니고 있는지 그렇지 않은지 적절한 때에 시험해봐야 한다.

인간은 자신이 홀로 설 수 있는 능력을 타고났는지, 자기 자신을 지배할 수 있는 능력을 타고났는지 알기 위해 적절한 때를 골라 자기 자신을 시험해봐야 한다. 그 시험이 비록 가장 위험한 게임이고 종국에는 자기 자신 말고는 증인이 되어주고 재판관이 되어줄 사람이 없는 그런 시험일지라도 그것을 회피해서는 안 된다. 다른 사람에게 매여서는 안 된다. 그가 가장 사랑하는 사람이라고 해도. 모든 인간은 감옥이며 밀실이다. 조국에 매여서는 안 된다. …… 연민에 매여서는 안 된다. …… 학문에 매여서는 안 된다. …… 자기 초월에 매여서는 안 된다. 눈 아래로 더 건 곳을, 좀 더 새로운 것을 보기 위해 더 높이 비상하려는 욕심을 부리는 새처럼 비상의 함정에 빠져서는 안 된다. 자신의 미덕에 매여서는 안 된다. 훌륭하고 뛰어난 인간이 겪는 위험 중의 위험은 친절함이라는 부분적인 미덕 때문에 자신의 전체를 희생하는 일이다. …… 인간은 자기 자신을 보존하는 법을 알아야 한다. 그것이 독립성에 대한 가장 어려운 시험이다.

《선악의 저편》, 41절

니체는 새로운 철학자가 다가오고 있다면서 이 철학자를 '미래의 철학자'라고 부른다. 그 미래의 철학자가 강자의 다른 이름이다. 니체는 이 철학자의 모습을 통해 강자가 어떤 식으로 존재하는지 다시 그려 보여준다.

이 미래의 철학자들은 '진리'의 새 친구들일까? 충분히 있을 법한 일이다. …… (그러나) 그들의 진리가 만인의 진리가 된다면 그것은 틀림없이 그들의 긍지를 상하게 할 것이고 또 그들의 취향에도 맞지 않을 게 분명하다. "나의 판단은 어디까지나 나의 판단이다. 나 이외의 어느 누구도 마음대로 그것에 손댈 수 없다." 아마도 미래의 철학자들은 그렇게 말할 것이다. 다수에 동조하려는 나쁜 취향을 버려야 한다. '선'은 이웃이 그것을 입에 올리게 될 때 더는 '선'이 아니다. 어떻게 '공동선'이란 게 존재할 수 있단 말인가! 그것은 용어 자체가 모순이다. 보편적인 것은 항상 무가치하다. …… 위대한 것은 위대한 인간을 위해, 심오한 것은 심오한 인간을 위해, 미묘하고 섬세한 것은 세련된 인간을 위해 존재한다. 간단히 말해 모든 귀한 것은 귀한 인간을 위해 존재하는 것이다.

〈선악의 저편〉, 43절

니체는 철학자라는 이름의 강자를 다음과 같은 모습으로 설명하기도 한다.

> 진정한 철학자는 명령자이며 입법자다. 그들은 "이렇게 되어야 한다!"라고 말한다. 그들은 우선 인간이 어디로 가야 할 것인가 어떠한 목적을 가져야 하는가를 결정한다. …… 그들은 창조적인 노력을 통해 미래를 지향한다. 이제까지 존재했던 것과 또 현재 존재하는 모든 것들은 그들을 위한 수단, 도구, 망치가 된다. 그들의 '지식'은 창조이며, 그들의 창조는 하나의 입법이며, 그들의 진리 의지는 권력의지다.

〈선악의 저편〉, 211절

주인의 도덕, 노예의 도덕

니체는 《선악의 저편》 마지막 장(제9장 '고귀함이란 무엇인가')에서 도덕의 유형학, 다시 말해 주인의 도덕과 노예의 도덕이라는 이분법을 사용해 강자의 사상을 더욱 강도 높게, 더욱 명징하게 이야기한다. 니체가 말하는 '주인의 도덕'과 '노예의 도덕'이 어떻게 다른지 그의 목소리로 들어보자. 니체는 말한다. "지금까지 지상을 지배해왔고, 또 여전히 지배하고 있는, 조잡하거나 세련된 수많은 도덕을 편력하면서, 나는 특정한 특질들이 서로 연결되어 규칙적으로 반복해서 나타나고 있다는 사실을 알게 되었다."《선악의 저편》, 9장, 260절 이어 니체는 그 도덕들을 모두 검토한 결과로 근원적으로 서로 차이가 나는 두 가지 기본 유형이 드러났는데, 그것이 바로 주인의 도덕과 노예의 도덕이라고 말한다. 주인의 도덕은 지배자들에게서 나온 것이고, 노예의 도덕은 피지배자들, 예속된 자들, 노예들한테서 생겨났다. 그렇다면 지배자들은 자신들의 도덕을 어떻게 산출하는가. 니체는 이야기를 계속한다.

지배자들이 무엇이 '선(좋음)'인가를 결정할 때, 그 고귀하고 당당한 신분 계층의 사람들은 자기들이 마치 차이를 부여하고 위계질서를 결정하는 것처럼 느끼게 된다. 고귀한 인간들은 이처럼 고양되고 긍지에 찬 것과는 정반대되는 영혼의 상태를 나타내는 인간들을 자신들과 구분한다. 고귀한 인간들은 그들을 경멸한다. 이 첫째 유형의 도덕에서는 '선(좋음)'과 '악(나쁨)'의 대조가 '고귀함'과 '비천함'의 대조를 의미한다는 사실이 바로 드러날 것이다. 그 고귀한 인간들은 겁 많은 인간, 소심한 인간, 눈앞의 이익에만 급급한 인간, 학대를 감수하는 개와 같은 인간, 구걸하는 아첨꾼, 그리고 특히 거짓말쟁이를 경멸한다. …… 고귀한 유형의 인간은 자기 자신을 행위 결정자라고 생각한다. 그는 타인의 인정을 필요로 하지 않는다. 그는 "내게 해로운 것은 본질적으로 해로운 것이다"라고 단정한다. 그는 사물에 가치를 부여하는 것은 바로 자기 자신이라는 것을 안다. 그는 가치의 창조자다. 그는 자기가 인정하는 모든 것을 자신의 일부로서 존중한다. 이러한 도덕은 자기 찬미의 도덕이다. 충만한 느낌, 힘이 넘쳐흐르는 느낌, 팽팽한 긴장에서 오는 행복감……이 그런 도덕의 표면에 드러나 있다. 고귀한 인간은 기본적으로 강한 자를 존경하며, 자기 자신을 지배할 힘이 있는 자, 말할 때와 침묵할 때를 아는 자, 자기 자신에게 기꺼이 준엄하고 가혹한 태도를 취하는 자, 모든 준엄하고 가혹한 것에 경의를 표하는 자를 존경한다.

《선악의 저편》, 260절

이어 니체는 도덕의 둘째 유형인 노예의 도덕을 묘사한다. 노예의 도덕이란 "박해를 받는 자, 억압을 받는 자, 고통을 받는 자, 자유롭지 못한 자, 자기 자신에 대한 확신이 없는 자, 그리고 피로에 지친 자"의 도덕이다. 그들의 도덕적 가치에는 어떤 공통점이 있을까? 니체의 대답은 다음과 같다.

틀림없이 인간이 처한 상황 전체에 대한 염세주의적인 불신이 표출될 것이며, 아마도 인간과 그가 처한 상황에 유죄를 선고할 것이다. 노예는 강한 자의 덕을 의심한다. 그는 강한 자들 사이에서 존중되는 모든 '선'을 …… 의심하고 불신한다. …… 반면에 고통 받는 자들의 생존을 쉽게 해주는 데 유용한 자질들이 각광을 받게 된다. 여기에서 칭송되는 것은 동정, 도움을 주는 호의적인 손길, 따뜻한 마음, 인내, 근면, 겸손, 친절 같은 것들이다. …… 노예의 도덕은 본질적으로 유용성의 도덕이다. 바로 여기에 '선'과 '악'이라는 저 유명한 대립의 기원이 존재한다. 곧 힘, 위험한 것, 두려움을 일으키는 것, 세련된 것, 무시할 수 없는 강력함은 모두 악한 것으로 비친다. 그러므로 노예의 도덕에서 보면 '악한' 인간이란 공포감을 불러일으키는 인간이다. 그러나 주인의 도덕에서는 공포를 불러일으키거나 그러한 의도를 지닌 사람이 바로 '선한(좋은)' 인간이며 반면에 경멸감을 불러일으키는 인간은 '악한(나쁜)' 인간이 된다.

《선악의 저편》, 260절

이 노예의 도덕이 바로 기독교의 도덕이며 근대적 이념의 도덕임은 말할 것도 없다. 니체는 노예의 도덕을 단호하게 거부하고, 주인의 도덕을 전적으로 긍정한다. 그러므로 '선악의 저편'이 의미하는 것은 노예 도덕이 주장하는 선과 악의 저편을 가리킨다는 것이 명백해진다. 니체는 노예 도덕의 선(착함)과 악(악함)을 부정하고 주인 도덕에서 말하는 선(좋음)과 악(나쁨)을 긍정하는 것이다.

이 주인 도덕이 지향하는 정치는 어떤 모습일까. 니체는 '귀족 정치'라는 이름으로 이 정치의 양상을 설명한다. "훌륭하고 건강한 귀족 정치의 본질적인 특징은 그 귀족 정치가 자신을 (왕정이나 공화정의) 하나의 기능이 아니라 그것들의 의미나 최고의 근거로서 인식한다는 데서 찾을 수 있다. 따라서 그것은 자신의 목적을 위해 불완전한 인간이나 노예'나 도구로 전락해야 할 무수한 인간들의 희생을 당연한 것으로 받아들인다. 귀족 정치의 근본적인 신조는 다음과 같다. 사회는 사회 자체를 위해서 존재해서는 안 되며 선택된 종족이 자기 자신을 더 높은 직분으로, 더 고귀한 존재 상태로 끌어올리기 위한 토대나 발판으로서 존재해야 한다는 것이다."《선악의 저편》, 9장, 258절

거리의 파토스, 정신의 상승

니체의 귀족 정치에는 민주주의 원리가 끼어들 틈이 없다.* 그는 민주주의를 근원적으로 부정하고, 선택된 소수의 상승과 고양을 위한 정치를 주장한다. 니체는 민주주의로 나타나는 모든 보통 사람들의

---

* 니체의 '민주주의 비판과 귀족주의'에 대한 보충적 논의는 이 장 끝의 '보충3-니체의 민주주의 비판과 급진적 귀족주의'를 보라.

가치를 노예의 도덕이라고 규정하고, 그 대척점에 귀족 정치로 드러나는 주인의 도덕을 놓는다. 니체가 주인의 도덕, 귀족의 가치를 이야기할 때 언제나 어떤 거리, 간격, 격차를 마음속에 품는다는 사실에 주목할 필요가 있다. 니체는 그런 거리를 만들어내려는 심리 상태를 가리켜 '거리의 파토스(das Pathos der Distanz, 거리를 두려는 열정)'라고 부른다. 잊지 말아야 할 것은 이 거리가 평지에 놓인 두 사물 사이의 동등한 차이가 아니라, 위계적 차이, 높고 낮음의 차이, 다시 말해 더 높은 것과 더 낮은 것의 차이라는 사실이다. 차이는 격차를 말한다. 귀족은 높고 평민은 낮은 것이다. 귀족이란 언제나 평민이나 노예를 저 아래 두고 자기 존재를 높은 곳에 놓는 자다. "지배 계급이 노예나 도구를 끊임없이 내려다보고 낮추어보는 데서, 그리고 복종과 명령, 억압과 거리의 끊임없는 연습에서 생겨나는 거리의 파토스……"《선악의 저편》, 257절를 말하는 것이다.

그런데 이 거리의 파토스는 다른 차원에서 니체의 주목을 받는다. 거리의 파토스가 있기 때문에 인간 내면의 성장과 향상이 가능해졌다는 이야기다. "거리의 파토스가 없다면, 또 다른 한층 더 신비한 파토스 역시 자라날 수 없었을 것이다. 즉 (거리의 파토스가 없다면) 영혼 그 자체 안에서 점점 더 간격을 넓히려는 끊임없는 갈망, 더 높고 더 희귀하고 더 특이하고 더 넓고 더 포괄적인 상태로의 발전은 기대할 수 없으며, 좀 더 간단히 얘기한다면 '인간'이란 종의 향상, 지속적인 '인간의 자기 극복'은 기대할 수 없다는 것이다."《선악의 저편》, 257절

따라서 거리의 파토스가 없다면 인간의 자기 극복도 있을 수 없다고 니체는 단언한다. 지금까지 인류 문화의 모든 고귀한 것들은 이런 거리의 파토스를 심리적 태반으로 삼아 태어났고 그 파토스를 동력으로 삼아 성장해왔다고 니체는 생각한다. 그런데 근대의 이념들, 곧 휴

머니즘, 민주주의, 사회주의 같은 이념들은 이 거리의 파토스 자체를 없앰으로써 인간이 더 뛰어난 존재가 되도록 노력하게 만드는 내적 열정도 사라지게 만든다고 니체는 비판하는 것이다. 인류의 보편적 행복과 복지, 평화와 화해를 바라는 모든 근대 이념들은 니체의 눈으로 보면, 인간의 자기 극복과 자기 창조를 향한 적극적 의지를 훼손하고 살해하려는 일종의 반동적 의지인 셈이다.

고통은 어떻게 인간을 훈련시키는가

《선악의 저편》은 이렇게 반민주적인 니체 사상이 암시의 베일을 벗어버리고 거의 민얼굴로 드러나 있다. 그의 정치철학 메시지가 지닌 폭력성은 민주적 가치와 상식으로 훈련된 독자들의 반감을 살 수밖에 없다. 로데가 니체의 책을 읽고 역겨움과 혼란을 느낀 것도 이해 못할 바가 없다. 니체의 철학은 말기로 가면서 이렇게 극한을 향해 치닫는다. 그 극한 속에서 '사악한 니체'가 몸통을 드러낸다. 동시에 다른 철학자에게서 찾아볼 수 없는 니체다운 니체도 동시에 나타난다. 니체는 극한의 사상을 통해 인간 삶과 인간 실존의 궁극의 비밀을 폭로하려 한다. 니체 철학의 정치적, 도덕적 진술에서 드러나는 그 극단의 사상이 억눌리거나 파묻혔다면 우리의 나태한 정신을 한없이 자극하는, 니체에서만 발견할 수 있는 유례없는 사유의 세계도 생겨나지 못했을 것이다. 그런 점에서 악이야말로 선의 뿌리일 뿐만 아니라 선과 분리할 수 없을 정도로 뒤엉켜 있다는 니체의 주장은 설득력이 있다. 악이 악에서 그치지 않듯이 고통도 고통으로 끝나지 않는다. 니체는 고통이야말로 창조의 원천, 성장의 동력이라고 말한다. 거기서 우리는 니체 철학의 본질을 확인할 수 있을 뿐만 아니라 우리의 고통이 우리 내부의 근원적 힘이라는 진실을 느낄 수 있다. 고통이 우리를 우리 이상의 존재로 창조한다고 니체는 말한다.

> 그대들은 가능한 한 …… 고통을 근절하고자 한다. 그렇다면 우리는? 우리는 실로 오히려 고통을 증가시키고, 이전보다 더 악화시키고자 하는 것 같다! …… 고통에 대한 훈련, 거대한 고통에 대한 훈련, 그대들은 바로 이 훈련이 지금까지 인류의 모든 향상을 가능하게 했다는 사실을 아는가? 정신의 힘을 길러주는 불행 속에서 정신이 느끼는 긴장, 거대한 파국에 직면할 때의 정신의 전율, 불행을 짊어지고, 감내하고, 해석하고, 이용하는 정신의 독창성과 용기, …… 이 모든 것들이 고통을 통해, 거대한 고통의 훈련을 통해서 정신에 부여된 것이 아니겠는가? 인간 안에는 피조물과 창조자가 통일돼 있다. 인간 내부에 재료, 파편, 무절제, 점토, 오물, 광기, 혼돈이 들어 있다. 그러나 인간 안에는 또한 창조자, 조각가, 무자비한 망치, 신과 같은 관조자, 그리고 제7일이 들어 있다. 그대들은 이러한 대립을 이해하는가? 그리고 그대들의 동정심이란 것이 '인간 안에 있는 피조물', 곧 형성되고 부서지고 단련되고 찢기고 불태워지고 달구어지고 정련되어야 하는 것, 고통 받을 수밖에 없고, 또 고통 받아야만 하는 것을 향하고 있다는 것을 이해하는가?
>
> 〈선악의 저편〉, 225절

고통이야말로 자기 창조의 원천적 힘이다. 니체는 고통의 크기가 한 인간의 고귀함과 비범함을 결정한다고 말한다. 큰 고통을 겪고 이겨낸 사람들에게 니체의 말은 어떻게 다가올까.

(깊은 고통을 겪은 인간은) 자신이 겪은 고통 덕분에 가장 영리하고 가장 지혜로운 자들이 알고 있는 것보다 자기가 더 많은 것을 알고 있고 '다른 사람들은 전혀 알지 못하는' 멀고도 무서운 세계에 한때 '거주한' 적도 있으며 따라서 그곳에 대해 잘 알고 있다는 확신을 지니고 있다. …… 이러한 은밀한 정신적 긍지와 지식의 선민의식을 지닌 고통받은 자, '창조하는 자', 그리고 희생자라고 할 만한 인간은 주제넘은 간섭이나 동정으로부터 자기 자신을 보호하고 자신만큼 고통받지 않은 모든 인간으로부터 자기 자신을 지키기 위해 모든 종류의 가장이 필요함을 깨닫게 된다. 큰 고통은 고귀함과 비범함을 낳는다. 《선악의 저편》, 270절

니체 자신이 끝없이 되풀이되는 육체적 고통, 죽음처럼 다가오는 정신의 괴로움 속에서 사람들이 가보지 않은 멀고도 무서운 세계까지 가 거기서 오래 머물러 보았음이 틀림없다. 그러므로 이 구절은 먼저 니체 자신을 위로하기 위해 하는 말이며, 그 자신이 가면을 쓰지 않을 수 없는 이유를 설명해주는 말이다.

시대를 포착하는 철학, 시대를 극복하는 철학

《선악의 저편》 완성 후 쓴 《즐거운 학문》 제5부에는 '선악의 저편'이 무엇을 뜻하는지 비교적 명료하게 보여주는 아포리즘이 있다. 앞에서 선악의 저편이 뜻하는 바를 몇 번 검토했는데, 《즐거운 학문》이 말하는 '선악의 저편'은 우리에게 또 다른 관점에서 생각할 거리를 던져준다. 우리는 우리의 전통적 도덕이 가르치는 선과 악의 세계를 떠나 저편에서 이 세계를 볼 수 있어야 하는데, 그것을 니체는 '자기 안

에서 이 시대를 극복하는 것'이라고 말한다.

> '도덕적 편견에 대한 사상'은 그것이 만일 편견에 대한 편견이 아니라면 도덕 외부에 서 있을 것을, 우리가 걸어 오르고 기어오르고 날아올라야만 하는 선악의 저편을 그 전제로 요구한다. 또한 경우에 따라서는 우리의 선과 악으로부터의 저편, 그 모든 '유럽'으로부터의 자유, 우리의 피와 살이 되어버린 명령적 가치 평가 전체로부터의 자유를 전제로 요구한다. …… 문제는 인간이 정말로 그곳에 오를 수 있는가 하는 것이다. …… 인식을 향한 의지를 그처럼 멀리 자신의 시대를 넘어 밀고가기 위해서는 수천 년을 조망할 수 있는 눈을 창조해내고, 더 나아가 이 눈 속에 순수한 하늘을 만들어내기 위해서는 몸이 매우 가벼워야만 한다! 오늘날 우리는 유럽인들을 짓누르고 저지하고 억압하고 무겁게 만드는 많은 것들에서 풀려나야만 한다. 자기 시대의 최고의 가치 척도를 조망하려 하는 이러한 피안의 인간은 자기 안에서 이 시대를 '극복해야' 한다.
> 《즐거운 학문》, 제5부, 380절

헤겔은 《법철학》 서문에서 "모든 개인은 말할 것도 없이 자기 시대의 아들이다"라고 말한 바 있다. 마찬가지로 니체도 《바그너의 경우》 서문에서 "나는 바그너만큼이나 이 시대의 아들이다"라고 고백했다. 자기 시대의 아들인 두 사람은 철학의 과제에 대해서도 자기 견해를 밝혔다. 같은 곳에서 헤겔은 '자기 시대를 개념으로 포착하는 것이 철학의 과제'라고 말한다.*7 니체는 《즐거운 학문》의 이 아포리즘에서 헤겔과는 사뭇 다른 태도로 '자기 안에서 자기 시대를 극복하는 것'이 철학의 과제라고 말하고 있는 것이다. 니체는 같은 이야기를 《바그너의 경우》 서문에서 "자기가 사는 시대를 자기 안에서 극복하며 '시대를 초월하는' 것"이야말로 철학자가 자기 자신에게 요구하는 것이라고 말한다. 헤겔은 자기 언어로 시대를 포착함으로써 그 시대에 맞서면서 적응하려 하고, 니체는 자기 안에서 시대를 극복함으로써 마치 알에서 깬 새가 알 껍질을 버리듯 자기 시대와 영원히 결별하려 한다. 다시 말해 새로운 시대, 새로운 삶을 향해 날아가려 한다. 자기 시대를 극복하려는 니체의 투쟁은 이제《도덕의 계보》에서 한층 더 격렬하고 전투적인 방식으로 수행될 것이다.

---

* 정확히 옮기면 다음과 같다. "존재하는 것을 개념에 따라 파악하는 것이 철학의 과제다. 왜냐하면 존재하는 것이 곧 이성이기 때문이다. 개인에 관해서 말하자면 모든 개인은 더 말할 것도 없이 자기 시대의 아들이다. 철학도 마찬가지여서, 자신의 시대를 사상으로 포착한 것이 철학이다."

| 보충 3 |

니체의 민주주의 비판과
급진적 귀족주의

1. 어떤 귀족주의인가

　니체는 자신이 귀족주의자임을 여기저기서 명확하게 밝힌다. 그렇다면 니체의 귀족주의는 어떤 귀족주의인가. 많은 논자들이 니체의 귀족주의를 '정신적 귀족주의'라고 부른다. 백승영도 니체의 귀족주의를 "정신적 귀족주의"라고 단언한다.[8] 김정현의 견해도 다르지 않다. "니체가 채택한 귀족주의란 정치적이고 세속적인 힘을 야만적으로 발현하는 착취적 영웅주의가 아니라, 개별적인 자기 지배와 자기 극복의 귀족주의적 도덕이었던 것이다."[9] 그러나 니체의 귀족주의를 간단히 '정신적 귀족주의'라고 이야기할 수 있을까. 니체가 이야기한 귀족주의를 귀족이라는 계급 혹은 개인의 지배와 착취를 허용하는 이념이라고 볼 수는 없는가. 이런 의문에 대해 고병권은 단호하게 다음과 같이 말한다. "니체의 귀족과 노예에 대한 통상적 오해는 이 한마디로 충분할 것이다. '내가 귀족을 말할 때 그것은 '폰von'이 붙거나 귀족 명감에나 나오는 그런 것이 아니다. 얼간이들을 위해 삽입함.' 《권력의지》, 942절"[10] 다시 말해 니체가 말하는 귀족은 계급적인 의미의 귀족 혹은 혈통으로 보증된 귀족이 아니라는 얘기다. 그렇다면 남는 것은 '귀족적

덕성을 지닌 정신의 귀족'일 것이다.

박찬국도 니체의 귀족주의를 그런 식으로 이해한다. "브라네스가 니체의 사상을 '래디컬한 귀족주의'라고 규정했을 때 그는 그러한 규정을 흔쾌하게 받아들였다. 그러나 여기서 '래디컬한'이라는 수식어가 함축하고 있듯이 그에게 귀족의 신분이란 혈통에 의해서가 아니라 한 인간이 지닌 탁월성에 의해서 정해진다."[11] 박찬국은 이렇게 니체의 귀족주의가 혈통이 아닌 탁월성으로 정해진다고 말하면서 그 사례로 니체의 여동생 엘리자베트의 회고 일부를 인용한다. "성실에 대해서도 오빠는 큰 비중을 두었다. '우리 두 사람은 거짓말을 하여서는 안 된다. 왜냐하면 그것은 폴란드 귀족 가문 출신으로서는 어울리지 않기 때문이다. 다른 사람은 얼마든지 거짓말하여도 좋다. 그러나 우리 두 사람은 오직 성실할 뿐이다'라고 하는 것이 오빠가 나에게 한 교육 방침이었다."[12] 그런데 이 인용문은 니체의 귀족주의가 '성실성'이라는 정신적 가치를 본질적 내용으로 품고 있음을 알려주지만, 동시에 그 가치를 배반하는 것이 '폴란드 귀족 가문 출신'이라는 혈통과 어울리지 않는다고 말하는 데서 니체가 귀족을 혈통으로 이해하고 있음을 확실히 보여준다. 여기서 '귀족'을 '귀족적인 것' 혹은 '귀족다움'으로 이해하더라도, 그 '귀족적인 것'이 혈통과 긴밀히 관련된 문제임을 니체가 강조하고 있다는 사실은 부인할 수 없다.

귀족은 '폰von'과 무관하다는 니체의 글을 인용한 고병권의 주장에 대해 박홍규는 "그러나 니체의 그러한 말 앞에는 '있는 것은 오직 태어나면서부터의 귀족뿐, 피를 이어받은 귀족뿐'이라는 구절이 있다"고 지적하면서 그 문장 뒤에 따라 나오는 니체의 말을 인용한다.[13] "정신적 귀족에 관하여 거론될 때 대개 무언가를 덮어 감출 이유가 있기는 하나, 그것은 주지하듯이 명예심이 강한 유대인들 사이에서 애용되는 말이다. 즉 정신만으로 귀족이 되는 것이 아니라 오히려 먼저 필요한 것은 정신을 귀족이 되게 하는 무언가이다. 그것에 필요한 것은 도대체 무엇일까? 혈통이다."《권력의지》, 942절 박홍규는 니체가 철학에서도 혈통을 강조했다면서 관련 문장을 소개한다. "철학에 대한 권리를 갖는 것은 오직 자신의 출신 덕분이며 조상이나 혈통이 여기에서도 결정적인 역할을 한다. 철학자가 태어나기 위해 많은 세대가 미리 기초 작업을 했음이 틀림없다. 철학자의 덕은 모두 …… 하나하나 획득되고 보호되고 유전되고 동화된 것임이 틀림없다."《선악의 저편》, 213절[14]

이 인용문들이 보여주는 대로 니체의 귀족주의는 단지 정신으로만 귀족이면 되는 '정신의 귀족주의'인 것이라고 보기 어렵다. 그의 생각은 차라리 혈통 귀족주의 쪽에 가깝다. 그는 혈통이 나쁘더라도 귀족적 덕을 키우면 얼마든지 정신적 귀족이 될 수 있다고 사고했다기보다는 혈통적인 귀족이어야 귀족적 덕을 키울 수 있다고 보았다. 그가 현실에 존재하는 혈통적 귀족을 비웃었던 것은 그들이 혈통에 걸맞지 않게 귀족적이지 않았기 때문이다. 그들이 니체의 기준에 못 미쳤던 것이다. 따라서 혈통의 귀족이라고 해서 다 니체가 상정하는 진정한 귀족이 되는 것은 아니다. 니체의 기준에 맞는 귀족은 현실에서는 그리 많지 않았을 것이다. 니체가 혈통적 귀족이 아닌 자는 결코 정신의 귀족이 될 수 없다고 생각한 것은 아니었을 것이다. 다만 정신의 귀족이 되려면 혈통의 뒷받침을 통해 여러 세대의 문화적 유전이 필요하다는 것이 니체의 근본 발상이었음은 의문의 여지가 없다. 니체는 자신의 귀족주의가 그런 혈통(폴란드 귀족 가문의 혈통)의 보증을 받고 있다고 믿었겠지만, 니체의 실제 출신이 중부 독일의 평민이었음을 상기하면, 니체의 주장은 니체 자신의 출신에 의해 부정당한다. 정신의 귀족주의는 혈통의 문제가 아니라 정신의 문제임을, 니체의 존재가 니체의 뜻과는 상관없이 증명하는 셈이다.

2. 니체의 민주주의 비판

니체는 이렇게 자신이 '귀족 출신'이라는 데 긍지를 지닌 귀족주의 옹호자였다. 그의 귀족주의는 다른 말로 '엘레트주의'라고 할 수 있다. 엘리트주의의 옹호자라는 점에서 니체와 플라톤 사이에는 어떤 유사점이 있다. 니체는 플라톤을 '이데아'라는 형이상학적 세계의 창시자라는 이유로 신랄하게 비판했지만, 탁월한 소수의 지배를 주장한 점에서는 플라톤과 견해가 다르지 않았다. 니체 역시 자신과 플라톤 사이에 존재하는 가까움을 잘 알고 있었는데, 그 근거가 되는 구절을 《즐거운 학문》에서 발견할 수 있다.[15]

"그리스의 철학자(플라톤)는 사람들이 생각하는 것보다 훨씬 더 많은 노예가 있다는, 다시 말해서 철학자가 아니라면 모두 노예라는 생각을 가지고 살았다. 지상 최대의 권력자라도 그가 생각하는 노예들에 속한다고 생각했을 때 그의 긍지는 한없이 넘쳤을 것이다. 이러한 긍지조차 우리에게는 인연이 멀며 불가능하다. 노예라는 말은 비유로 사용되는 경우에도 우리에게는 그것이 지녔던 충분한 힘을 갖지 못한다." 《즐거운 학문》, 18절

이 문장에서 니체가 철학자로서 플라톤의 긍지를 공유하고 있음을 느낄 수 있다. 동시에 노예제가 사라져, 비유로조차도 제대로 쓰이지 못함을 안타까워한다는 것을 느끼기는 어렵지 않다. 실제로 여러 곳에서 니체는 당대에 노예제가 사라진 데 대해 몹시 아쉬워한다. 노예제의 뒷받침이 없이는 고귀한 인간의 창출이라는 인류의 과제를 달성하기 어렵다고 보기 때문이다. 또 니체에게 노예제는 창조 활동의 물질적 토대이기도 하다. 창조 활동을 하려면 생존에 얽매이지 않는 한가함이 필요하고 그 필요를 충족시키려면 노예제가 있어야 한다는 것이 니체의 생각이다. 니체는 이런 생각을 고대 그리스 문화를 통해서 얻었다. 니체의 이런 태도는 우리 시대의 민주주의에 대한 격렬한 비판으로 이어진다. 니체가 보기에 민주주의가 바로 노예제 파괴의 주범이기 때문이다.

그렇다면 여기서 '왜 니체가 민주주의에 반대했는지' 진지하게 따져볼 필요가 있다. 박홍규는 니체의 민주주의 반대를 단호하게 규탄한다. "나는 인종주의와 반민주주의가 니체 사상의 핵심이자 전부라고 주장한다. 내가 보기에 니체는 천민의 민주주의를 초인의 귀족주의로 바꿔야 한다고 주장했다. 니체는 그 이상도 그 이하도 아니다."[16] 박홍규의 주장은 경청할 부분이 적지 않지만, 니체 사상에 대한 그의 규정은 지나치게 단정적이고 한쪽으로 기울어 있다. 김진석은 니체의 반민주주의가 이제껏 공론화되지 못한 것을 먼저 문제 삼는다. "니체는 민주주의에 반대했다. 그런데도 이상하게도 그 사실 자체가 제대로 다루어지지 않았다. 사람들은 한편으로 민주주의에 대한 그의 비판 혹은 비난을 아예 못 본 체했다. 거꾸로 어떤 사람들은 민주주의와 여성에 대한 그의 거친 비판들을 빌미로 삼아 그의 텍스트를 쉽게 비난하거나 폄하했다."[17]

김진석은 "나는 민주주의에 대한 니체의 비판이 일정한 수위까지 사실이라고 생각한다"고 전제한 뒤에, 니체가 "민주주의에 대한 위험한 증인"이며 "그의 정치철학은 민주주의에 대한 중요한 논점을 제공할 수 있다"고 말한다. 그는 니체가 "그의 망치를, 정말 이상한 일이지만 양쪽으로 다 휘둘렀다"면서 "그에 관한 철학적이고 미학적인 숭배와 비난 사이에서 균형을 찾는" 것이 필요하다고 주장한다.[18]

이어 김진석은 영·미 니체 철학에 큰 영향을 끼친 월터 카우프만과 아서 단토Arthur Coleman Danto, 1924-의 견해를 소개한다. 먼저 "니체 사상의 긍정적인 면을 강조하는 사람들은 니체의 반민주주의적 태도나 권력의지의 정치적 관점을 그저 부차적인 것으로 간주하곤 했다"면서 카우프만이 그런 경우라고 지적한다. 또 "민주주의에 반대하거나 그것을 냉소하는 태도가 있더라도 하찮은 실수인 양 그것을 옆으로 밀어두고 그의 특별하고 심오한 철학적 사상만을 부각시키고 강조하는 해석들도 많았다"고 하면서 그런 경우로 단토의 해석을 든다.[19] 이어 그는 논의를 한국으로 돌려 비슷한 상황이 더 높은 강도로 반복됐다고 말한다. "한국에서는 훨씬 더, 의도했든 의도하지 않았든, 민주주의에 대한 니체의 비판이나 과장된 비난은 제대로 읽히지 않았다. 많은 학자와 연구자들은 그의 비판과 비난을 어떻게든 합리화하거나 덜 위험하게 보이게 하려고 애썼다."[20] 그러면서 김진석은 니체가 민주주의에 반대한 이유를 다음과 같이 밝힌다.

"니체는 무조건 모든 사람의 평등이 담보될 뿐만 아니라 모든 폭력과 권력이 극복되는 민주주의적 상태를 믿지 않았다. 그런 이상 자체가 플라톤적이고 기독교적인 이상의 현대적 가면이며 연장이라고 보았다. 그런데 이 이상이 발성하게 된 비밀은 무엇이었던가? 다름 아니라 그것은 타자의 강함을 시기하고 질투하는 원한에서 나왔다는 것이다. 그러니 민주주의적 가치는 원한의 끈질긴 산물인 셈이다. 바로 이 이유가 니체의 민주주의 비판의 바닥에 깔려 있다. 다르게 말하면 민주주의적 평등주의와 평화주의는, 모든 사회적 존재자들이 일정하게 '권력에의 의지'를 소유할 뿐 아니라 다양한 수단을 사용하여 그것을 실현한다는 그의 관점에서 볼 때, 매우 플라톤적이고 기독교적인 이상이었다. 그는 '권력에의 의지'라는 관점에 충실하기 위하여 민주주의라는 이상을 비판한 셈이다."[21]

니체는 민주주의가 '원한'이라는 약자들의 반동적 의지의 산물이기 때문에 원칙적으로 민주주의에 반대했으며, 권력의지를 구현하는 데 민주주의가 방해가 된다고 보아 거기에 반대했다는 것이 김진석의 설명이다.

이진우는 민주주의를 니체가 비판한 '최후의 인간'과 결부시키면서 니체 사상이 민주주의와 상충한다는 것을 강조한다. "니체에게 평등과 공정을 바탕으로 하는 정치적 민주주의는 최후의 인간들의 문제다. 우리는 여기서 니체 사상이 정치적 관점에서 민주주의의 기본 합의와는 정면으로 배치된다는 사실을 숨겨서는 안 된다. 자유, 평등, 복지, 약자에 대한 보호와 사회적 정의를 기반으로 하고 또 추구하는 현대의 민주국가는 니체의 관점에서 보면 더 높은 유형의 인간, 즉 초인의 발전을 저해할 뿐이다. 왜냐하면 민주주의는 근본적으로 '모든 것을 평등하게 만들고 평등하게 세우는 덕들'에 기초하고 있기 때문이다."[22] 이진우가 지적하듯이 니체에게 민주주의란 범용하고 열등한 다수의 인간들, 곧 '최후의 인간들'이 만민 평등이라는 구실 아래 자신들의 권리를 주장하면서 귀족적 인간들을 자신들의 수준으로 끌어내리려는 음모에 지나지 않는다.[23]

니체는 《즐거운 학문》에서 근대 민주주의가 낳은 '복지 국가'에 대해서도 신랄하게 비판한다. 니체가 보기에 복지는 기독교적 연민의 세속적 실천이다. 다시 말해 병약한 노예 정신을 계속 유지시키는 행위다. 이에 대해 박찬국은 다음과 같이 말한다. "국가가 개인의 노후 생활을 비롯해, 질병, 실업 등 인간다운 삶에 책임지는 경향의 주요한 동기도 니체는 그것이 표면적으로 내세우는 인도주의에서 찾지 않고 국가가 모든 것을 해주기를 바라는 허약한 인간들의 의존 성향에서 찾을 것이다. 이는 결국 기독교에서 신이 모든 것을 해주기를 기다리면서 신에게 의존했던 성향의 연장에 불과하다. 이에 니체에게 근대 민주주의는 그것이 아무리 세속화되고 무신론을 내세우더라도 기독교를 진정으로 극복하지 못했으며 기독교를 배태한 병약한 노예 정신의 지배하에 있다."[24]

게오르크 지멜은 니체가 대중의 민주주의에 반대한 이유를 그것이 '탁월한 개인의 탄생'이라는 가장 중요한 과제를 망친다고 보는 데서 찾는다. "인류의 진보는 매순간 가장 높이 발전한 개인들에 의해 담지된다. 즉 강력하고 의연하며 숭고하고 승리를 거두는 인간들이야말로 인류를 모든 단계에서 다음 단계로 이끄는 선구자다. 만일 이들이 자신을 관철시키는 것을 포기한다면, 만일 이들이 힘과 아름다움, 그리고 고상함과 자유 대신 '대중' 즉 그들 뒤에 처진 사람들에게 유익한 특징만을 발전시킨다면 그러한 소질은 위가 아닌 뒤를 향해서 개화될 수밖에 없다."²⁵ 지멜은 또 니체가 기독교와 민주주의를 동시에 반대한 이유도 둘 다 약한 자의 보존을 지향한다는 점에서 찾았다는 것을 다음과 같이 명확하게 드러낸다. "기독교와 민주주의는 허약한 자와 재능 없는 자, 병약한 자와 동정심을 불러일으키는 자의 보존을 지향하며, 또한 바로 이들을 배척하고 근절시키라고 재촉하는 인류의 건강회복 과정을 저지하고 역행한다. 이는 니체가 보기에 진정한 데카당스(퇴폐)의 징후다. 즉 종족을 발전시키는 데 대한 충동이 상실되었다는 징후인 것이다."²⁶

니체는 《아침놀》에서 사회주의에 대해 이렇게 평가한다. "사회주의가 인간들의 타고난 실질적 불평등을 인지하지 못한다고 비난받고 있다. 하지만 그것은 사회주의의 결함이 아니고 특징이다. 왜냐하면 사회주의는 고의적으로 이 불평등을 소홀히 하기로 작정하고 있으며, 인간들을 마치 평등한 것처럼 대하기로 작정하고 있기 때문이다. 그것은 모든 인간들이 동등한 힘과 동등한 가치가 있다는 가정 위에 근거하는 정의 관계를 인간들 사이에 확립하려고 작정하고 있다."《아침놀》, 87절 사회주의가 무엇을 지향하는 이념인지에 대한 니체의 분명한 인식을 보여주는 구절이다. 여기서 알 수 있듯이 니체는 민주주의에 반대한 이유와 같은 이유에서 사회주의에 반대했다. 민주주의적 평등 정신의 과격화가 말하자면 사회주의인데, 카뮈는 사회주의에 대한 니체의 인식, 즉 '사회주의는 기독교적 덕목에서 자라난 정치 이념이며 사회주의는 신이 죽은 시대의 기독교'라는 인식을 다음과 같이 간명하게 묘사한다. "모든 형태의 사회주의는 기독교적 퇴폐의 한층 더 타락한 표현들이다. …… 신 앞에서의 인간의 평등은, 신이 죽은 이상, 그냥 평등이 되고 말았다."²⁷

니체의 핵심 사유인 권력의지 사상에 입각해서 보면 그의 민주주의 비판은 분명한 논리적 일관성이 있다. 민주주의는 확실히 약자들의 반란을 통해 성립한 제도이며, 약자들을 주인으로 만들어내는 제도이다. 니체는 약자가 아니라 강자가 지배해야 하며 강자를 약자로부터 보호하고 키워내야만 초인의 창출과 진정한 창조 활동이 가능하다고 보기 때문에 이런 약자의 세상을 만든 민주주의를 용납할 수 없었다. 그러나 현대의 민주주의가 약자들의 반란이거나 노예 정신의 승리이거나 범용성의 지배이기만 한 것일까? 박찬국은 니체의 이런 진단에 의문을 제기한다. "그 어떤 민주주의 체제도 강자들에 대한 약자들의 반란으로부터 나타났다는 니체의 일괄적인 단정에도 불구하고 현대가 시험한 다양한 체제들 중에서 아직도 살아남은 자유민주주의 체제는 단순히 강자들에 대한 다수의 범용한 약자들의 원한에 근거한 것이 아니라 인류가 그 동안의 역사적 경험을 통해서 갖게 된 정치적인 지혜에 근거한 것은 아닐까?"[28] 그러면서 그는 민주주의가 인간들을 범속하게 만든다는 니체의 주장에 대해 다음과 같이 반문한다. "자유민주주의는 각 개인들 간의 공정한 경쟁을 보장하는 것을 통해서 적어도 타인들보다도 탁월하다는 것을 인정받고 싶어 하는 욕망이 발현될 수 있는 길을 열어주고 있는 것은 아닐까."[29]

박찬국은 한 발 더 나아가 현대 민주주의가 '귀족의 덕'을 키운다는 주장도 한다. "니체가 우려하는 것처럼 자유민주주의는 인간들을 범속하고 허약하게만 하는 것이 아니라 니체가 주창하는 귀족적인 덕도 조장한다. 자유민주주의가 성공적으로 운영되기 위해서는 성공적인 귀족주의 사회와 마찬가지로 귀족적인 덕이 요구된다."[30] 이런 지적은 경청할 만한 것이다. 박찬국은 이어 현대 민주주의 체제가 경쟁을 통해 탁월성의 기회를 열어놓는다고 주장한다. "자유민주주의는 이렇게 경쟁을 허용하는 것을 통해서 탁월한 인간이 되고 싶어 하는 욕망을 자극하여 인간들의 범속화를 저지하는 한편, 인간들을 사회적 경쟁에서 몰락할 수 있는 위험에 노출시키는 것을 통해서 인간들이 허약하게 되는 것을 막는다고 볼 수 있다."[31] 이어 좌파 이념을 포함한 현대 민주주의가 니체가 생각했던 기품 있는 인간을 보편적으로 실현할 가능성이 있음을 강조한다. "니체가 지혜와 용기를 갖춘 기품 있는 초인은 소수만이 될 수 있다고 본 반면에, 만인의 자유와 평등을 내세운 좌파와 자유긴주주의자들은 오히려 인간 모두가 그러한 기품 있는 인간이 될 수 있다고 믿었다고 볼 수 있다. 이런 면에서 이들은 니체보다도 훨씬 인간의 잠재력을 믿었다고 볼 수 있다. 자유민주주의자들은 이런 면에서 일종의 현실적 이상주의자라고 말할 수 있을 것이다."[32]

박찬국과 유사하게 김진석은 니체가 그토록 비판한 약자의 원한이 민주주의 시대에 걸맞은 창조성을 얻을 수 있을 것이라고 주장한다. 그는 또 니체의 강자 사상이 민주주의에 대한 반감의 뿌리를 이루고 있지만 정신적이고 철학적인 차원에서는 여전히 놀라운 생명력을 지니고 있다고 평가하면서 그 사상이 보수적인 정치적 상상력뿐만 아니라 좌파적인 정치적 상상력에도 자양분을 제공한다고 본다. "강자의 개념은 특이하게도 오늘날 우리가 한 인간의 정신적인 그리고 고귀한 자존심이라고 말할 수 있는 태도 자체를 고양시키기 때문이다. '강자의 고귀함'에 대한 이 믿음은 현실적으로 우파나 보수주의자에 가까울 듯하지만, 그렇다고 좌파나 생태주의자에게는 아주 멀거나 동떨어진 것도 아니다. …… 니체의 '강자'는 때로는 보수적이거나 호전적인 방향으로 가지만, 때로는 급진적인 방향으로도 간다. 그래서 때로는 보수적인 사람들이 그의 사상에 호소하는가 하면 때로는 무정부주의적인 사람들도 그에게 호소하는 일이 벌어지는 것이다."[33]

이렇게 니체의 사상을 민주주의와 화해시키는 것은 쉬운 일은 아니어도 전적으로 불가능한 일이 아닌 것처럼 여겨진다. 니체는 분명히 근대 민주주의의 평등 개념에 반대했다. 그것이 노예의 원한에서 나온 것이고 노예의 이상을 구현한 것이라고 보았기 때문이다. 그러나 니체가 평등 자체를 아예 부정한 것은 아니라는 사실을 기억할 필요가 있다. 니체는 고귀한 존재 혹은 주권적 존재들 사이의 평등은 얼마든지 가능하다고 보았다. 평등이 불가능한 것은 고귀한 인간과 저급한 인간, 주인과 노예 사이에서다. 백승영은 니체의 그런 평등관을 다음과 같이 요약한다. "자유가 천부 인권이 아니라 획득해야 할 특권이었듯, 평등 또한 주권적이고도 주인적인 유형만이 요구할 수 있고, 그들 사이에서만 구현되어야 하는 동등에 대한 특권이어야 한다. 그러므로 주권적 개인과 병든 개인 사이에, 주인과 노예 사이에 자연적 평등이란 있을 수 없다."[34] 이 논의를 이어받으면 대중들 사이에 무차별적으로 주장되는 근대적 평등과 고귀한 주권적 개인들 사이의 진정한 평등이 어떻게 구별되는지 명확해진다. 이 양자의 차이에 대해 백승영은 다음과 같이 설명한다. "근대적 평등과 자유 개념이 노예의 이상이라면, 진정한 의미의 자유와 평등은 무엇인가? 그것은 더는 평준화된 무리 본능의 소산을 아닐 것이다. 오히려 책임 의식과 긍지에서 나오는 자유이자 평등일 것이다. 진정한 자유가 주권적 존재만이 가질 수 있는 특권이듯이, 진정한 평등 역시 주권적 존재들 사이에서만 요구될 수 있는 특권인 것이다. 니체가 주권적 존재로의 자기 고양을 우리에게 지치지 않고 권유하고 그 길을 가르치려는 것은 이런 이유 때문일 것이다."[35]

이렇게 참된 평등을 주권적 개인들 사이에 성립하는 것으로 이해하면, 참된 민주주의라는 말도 성립할 수 있을 것이다. 그것은 병약한 노예적 존재들, 무리 짐승들의 민주주의가 아니라 주권적 존재들, 고귀한 개인들 사이에 성립하는 민주주의다. 이것은 언뜻 보면 특권을 지닌 소수의 민주주의, 다시 말해 귀족주의를 이야기하는 것 같지만, 대중이 각자 개인으로서 스스로 주권적 존재로 깨어나 연대하는, 그런 높은 수준의 민주주의를 가리킬 수도 있다. 그리하여 정신적 귀족이 된 주권적 개인들 사이의 평등, 그것이 진정한 민주주의의 조건을 이룰 것이다. 만약 그것이 가능해진다면 니체의 반민주적인 귀족주의 이념은 평등성과 탁월성을 동시에 구현하는 급진적인 민주주의 이념으로 전환될 수 있을 것이다. 그렇다면 니체의 모든 반시대적 철학 사유는 이 '급진주의'에 입각해 재해석될 가능성이 열리게 된다.

13

Friedrich Nietzsche

도덕의 계보

"지금까지 쓴 것들 중에서 가장 섬뜩한 책."

Nietzsche, Friedrich Wilhelm

"밖으로 발산되지 않는 모든 본능은 안으로 향한다.
이것이 바로 내가 말하는 인간의 '내면화'라는 것이다. 이 내면화를 통해서
인간은 비로소 훨씬 나중에 '영혼'이라고 불리는 것을 개발해냈다.
원래는 두 개의 얇은 피부막 사이에 펼쳐진 것처럼 빈약했던
저 전체 내면세계는 인간 본능의 발산이 저지됨에 따라
더욱더 분화되고 팽창되어 깊이와 넓이와 높이를 얻게 되었다."
《도덕의 계보》, 제2 논문, 16절

"문제는 고통 자체가 아니었다. '나는 무엇 때문에 고통스러워하는가?'라는
물음에 대한 해답이 없다는 것이 진정한 문제였다."
《도덕의 계보》, 제3 논문, 28절

독자를 전율케 하는 책

각 논문의 서두 부분은 사람들을 의도적으로 오도한다. 즉 냉정하고 학적이고 심지어는 아이러니하기도 하다. 일부러 강조도 하고 일부러 질질 끌기도 한다. 그러고 나면 점차 동요가 커진다. 산발적으로 번개가 치기도 한다. 아주 기분 나쁜 진리들의 둔중한 으르렁거림이 멀리서부터 점차 커지고, 결국에는 모든 것을 극도로 긴장시키며 앞으로 내모는 폭풍 같은 거친 속도에 이른다. 마지막에는 매번 전율스런 폭발이 일어나고 두꺼운 구름 사이로 새로운 진리가 하나 눈에 보이게 된다.

《이 사람을 보라》, '도덕의 계보'

니체는 자서전에서 《도덕의 계보》를 단 한 문단으로 평가했다. 그의 책들에 대한 평가 중에서 가장 짧다. 그러나 문장은 극히 밀도가 높아 고압전류가 흐르는 전선처럼 이어져 있다. 첫 문장에서부터 이 책이 지닌 독특한 성격이 확연히 드러난다. "이 《도덕의 계보》를 구성하고 있는 세 편의 논문들은 그 표현과 의도와 놀라게 하는 기술에서 지금까지 쓴 것들 중에서 가장 섬뜩한 것이다." 그러면서 니체는 자신을 디오니소스 신에 견주어 "디오니소스는 알려져 있듯이 암흑의 신이기도 하니 그럴 만도 하다"라고 부연한다. 암흑의 신 디오니소스가 쓴 책답게 섬뜩하고 기분 나쁘고 독자를 전율하게 하며 폭풍과 폭발을 일으킨다는 얘기다.

니체는 이 책을 실스마리아에 여섯 번째 머물던 1887년 여름에 완성해 그해 11월에 출간했다. 정확히 말하면 7월 10일부터 7월 30일 사이 20일 동안 쉬지 않고 썼다. 《차라투스트라는 이렇게 말했다》 이후 거의 모든 저작들과 마찬가지로 이 책도 영감에 사로잡힌 상태에서 극히 짧은 시간에 써 완성했다. 1년 뒤 메타 폰 잘리스Meta von Sailis, 1855-1929에게 보낸 편지에서 니체는 이 책을 쓰던 때의 내적 상태를 이렇게 설명했다. "당시에 나는 거의 끊이지 않는 영감 속에 살았음이 확실합니다. 자연적인 사물이 세상으로부터 저절로 생기듯이 이 책도 그렇게 생겨났습니다. 사람들은 이 책에서 그 어떤 노력의 흔적도 보지 못할 것입니다."1888년 8월 22일 자서전에서 묘사한 데서도 느낄 수 있듯이 니체는 《도덕의 계보》의 문체에 특히 신경을 썼다. 메타 폰 잘리스에게 보낸 그 편지에서 그는 "문체는 격렬하며 자극적이고 정교함이 가득하며 탄력 있고 다양한 색채로 차 있다"1888년 8월 22일고 말했다. 《도덕의 계보》는 니체의 저작 가운데 가장 논문 형식에 가까운 작품인데도, 그 문체는 일반적인 논문과는 전혀 다른 효과를 노린다. 빠르고 거친 속도로 기술함으로써 폭주 기관차 속의 승객들처럼 독자들을 엄청난 긴장감 속으로 몰아넣고, 번개를 내리치듯 섬뜩한 명제들을 독자의 정수리에 내리꽂는다. 그런 문체적 야심 속에 쓴 《도덕의 계보》는 니체 스타일의 한 고원을 보여준다.

내용에서 이 책은 일단은 《선악의 저편》의 후속편 지위에 놓인다. 앞 작품에서 다루었던 노예의 도덕과 주인의 도덕, 선과 악의 문제에 관심을 집중해 서술하고 있다. 니체는 《도덕의 계보》 속표지에 다음과 같이 적었다. "나의 지난번 저서인 《선악의 저편》의 후속편으로서, 《선악의 저편》을 보충하여 명료하게 하려는 것이다."¹ 이렇게 《도덕의 계보》는 《선악의 저편》의 뒤를 잇는 속편의 성격을 지니지만, 사유의 집중력으로만 보면 《도덕의 계보》가 《선악의 저편》보다 한 단계 더 높은 수준을 보여준다. 마치 돋보기가 햇볕을 모아 초점을 좁혀 불을 피우듯, 《도덕의 계보》는 수직으로 갱도를 파듯 주제를 파고들어 결론으로 직진한다. 니체는 《이 사람을 보라》에서 《도덕의 계보》가 파헤치는 주제를 다음과 같이 간명하게 요약한다.

첫 번째 논문은 기독교의 탄생에 관한 것이다. 기독교는 보통 믿고 있는 것처럼 그냥 '정신'에서 탄생한 것이 아니라 '르상티망(원한)의 정신'에서 탄생한 것이다. 본성상 기독교는 하나의 반동이며, 고귀한 가치의 지배에 맞선 일대 반역이다. 두 번째 논문은 양심의 심리학을 제공한다. 양심이란 보통 믿고 있는 것처럼 '인간 내부에 있는 신의 음성'이 아니다. 양심은 더는 외부를 향해 폭발할 수 없게 되자 방향을 정반대로 바꿔 자기를 향하게 된 잔인성이라는 본능이다. 잔인성이 가장 오래되고 가장 떨쳐버릴 수 없는 문화의 토대라는 것이 여기서 최초로 폭로되었다. 세 번째 논문은 금욕주의적 이상, 성직자의 이상이 전형적인 해로은 이상이고 종말 의지이며 퇴폐적인 이상인데도 왜 그 이상이 그렇게 가공할 권력을 휘두르고 있는가라는 질문에 답해준다. 대답은 이러하다. 보통 믿고 있는 것처럼 신이 성직자들의 배후에서 활동하고 있어서가 아니다. 그런 이상보다 더 나은 것이 없기 때문이다. 그 이상이 지금까지 유일한 이상이어서 그것의 경쟁자가 없었기 때문이다. "인간은 아무것도 의지하지 않는 것보다는 차라리 허무를 의지하기 때문이다."

〈이 사람을 보라〉, '도덕의 계보'

선한 사람이 악한 사람보다 가치 있다?

다시 요약하자면,《도덕의 계보》제1부는 기독교의 심리학을, 제2부는 양심의 심리학을, 그리고 제3부는 성직자의 심리학을 파헤치고 있다. 선이니 악이니 하는 도덕적 편견의 기원이 어디에 있는지 밝힘으로써 '도덕 혹은 가치의 발생사'를 서술하는 셈이다. 니체는 지금까지 서구 세계를 지배했던 도덕과 가치를 뒤집어엎고자 계보학의 방식으로 그 발생의 역사를 추적하는 것이다. 그 추적 작업 전체를 집약해서 보여주는 것이 '서문'이다. 니체는 책을 완성한 뒤 페터 가스트에게 보낸 편지에서 이렇게 밝혔다. "그러나 가장 강력한 것은 '서문'이네. 최소한 그 안에는 내가 전념하던 가장 강한 문제가 가장 간략하게 표현되어 있네." 1887년 9월 15일 밀집 대형처럼 단단하게 짜인 이 서문은 다음과 같은 인상 깊은 구절로 시작한다.

> 우리는 자기 자신을 잘 알지 못한다. 우리 인식하는 자들조차 우리 자신을 잘 알지 못한다. 여기에는 그럴 만한 충분한 이유가 있다. 우리는 한 번도 자신을 탐구해본 적이 없다. …… 우리는 필연적으로 우리 자신에게 이방인이다. 우리는 우리 자신을 이해하지 못한다. 우리는 우리 자신을 혼동하지 않을 수 없다. "모든 사람은 자기 자신에게 가장 먼 존재다"라는 명제는 우리에게 영원히 의미를 지닌다. 우리 자신에게 우리는 '인식하는 자'가 아닌 것이다.
> 《도덕의 계보》, '서문', 1절

왜 우리는 우리 자신에게 이방인인가? 우리를 잘 모르기 때문이다. 우리의 정신을 지배하는 도덕 가치의 근거를 알지 못하기 때문이다. 그 도덕적 가치가 어디에서 기원했는지, 왜 우리 위에 군림하는지 우리는 알지 못한다. 그런데도 사람들은 그 가치를 그냥 본래부터 있는 것으로, 변경할 수 없는 사실로, 모든 문제 제기를 넘어선 것으로 받아들일 뿐, 그 가치 자체에 대해 질문하지 않는다. "일반적으로 인류의 복지와 진보에 기여한다는 점에서 '선한 사람'이 '악한 사람'보다 훨씬 더 가치가 있다는 것을 의심해본 사람은 지금까지 아무도 없었다. 그러나 만약 그 반대가 진리라고 한다면 어쩔 것인가?"《도덕의 계보》, '서문', 6절 이 도발적인 질문에 이 책의 핵심이 담겨 있다.

니체의 책은 바로 사람들의 보편적인 믿음을 도덕적 편견의 소산으로 돌리고, 그런 믿음의 반대편에 있는 명제가 오히려 진리에 가까움을 입증해간다. 그 입증의 방법이 도덕의 기원으로 거슬러 올라가 그 뿌리를 드러내는 것인데, 이 작업을 니체는 "오랫동안 판독하기 어려웠던 인간의 도덕적 과거사의 상형 문자"를 해독하는 일이라고 말한다. 니체는 이 서문에서 동정심 혹은 연민이라는 도덕을 사례로 들어 그 가치를 따져본다. 약한 것을 불쌍히 여기는 동정심이야말로 아무도 부정할 수 없는 도덕적 가치라고 누구나 생각할 것이다. 그런데 니체는 동정심이라는 도덕적 가치에서 인류의 커다란 위험을 본다고 말한다. "바로 여기(동정심)에서 나는 종말의 시작을, …… 삶에 반항하는 의지를, 궁극적인 병의 연약하고 우울한 증표를 보았다."《도덕의 계보》, '서문', 5절 니체는 철학자들마저 휩쓸어 병들게 하는 그 동정심이라는 도덕을 "유럽 문화의 무서운 징후"로, 나아가 "허무주의에 이르는 우회로"로 규정한다. 약자를 불쌍히 여기는 동정심이라는 부정할 수 없는 도덕적 가치가 어떻게 하여 허무주의로 가는 우회로가 될 수 있단 말인가. 도덕적 상식을 해체하는 니체 사유의 전복성이 이 도발적인 물음에 들어 있다.

약한 자들을 돌보고 약한 자들과 함께하고 약한 자들의 편이 되는 것이야말로 도덕적으로 가치 있는 일이라고 가정해보자. 그렇다면 약한 자 위에 군림하고 약한 것을 착취하는 강한 자들은 도덕적으로 거부해야 할 대상이 된다. 약한 자를 위하고 강한 자를 부정하는 태도가 보편적인 문화로 자리 잡는다고 해보자. 강한 자는 그 문화의 압박에 눌려 차츰 줄어들다가 소멸하고 말 것이다. 니체는 강한 자들이 강한 자들과 맞붙어 더 강한 자를 산출할 때만 인간의 상승과 고양을 기대할 수 있다고 생각한다. 그런데 강자를 부정하고 약자들에 대한 연민이 가치의 중심을 이룬다면 인류에게 남는 것은 쇠락과 종말뿐이다. 허무만 남는 것이다. 니체는 유럽의 역사가 바로 그런 길을 밟아왔다고 보는 것이다. 이 역사의 기원과 경로를 보여주는 것이 말하자면 《도덕의 계보》의 본문이다. 이 책 안에서 니체는 약자가 승리하고 강자가 소멸해가는 이 역사 전체와 오직 혼자 힘으로 맞붙어 싸운다. 이 '불가항력'의 혈투 속에서 니체의 언어는 한없이 격렬해지고 과격해진다.

선함과 악함, 좋음과 나쁨

서문에 이은 첫 번째 논문은 '선Gut과 악Böse', '좋음Gut과 나쁨schlecht'이라는 두 쌍의 개념의 발생사를 어원학적으로, 역사적으로 따진다. 니체가 주목하는 것은 '선Gut'이라는 말이 어떻게 '선함(착함)'과 '좋음'이라는 비슷하지만 다른 뜻을 얻게 되었는가 하는 물음, 그리고 그 두 가지 뜻에 대응하여 '선함'에는 '악함'이, '좋음'에는 '나쁨'이 결부되었는가 하는 물음이다. 니체는 '선함'과 '좋음'이라는 두 가지 뜻의 기원이 명확하게 계급적으로 다르다는 데 초점을 맞춘다. '좋음과 나쁨'은 귀족의 평가 방식이고 '선함과 악함'은 노예의 평가 방식이라는 게 니체의 설명이다. 그렇다면 '좋음과 나쁨'이 왜 귀족의 평가 방식인지 니체의 설명을 따라가면서 이해해보자.

> 여러 가지 언어로 표현된 '좋음'이라는 명칭이 어원학적인 관점에서 본디 무엇을 의미하는가 하는 물음이 나에게 올바른 길을 제시해주었다. 여기에서 나는 이 모든 것이 동일한 개념 변화에서 기인함을 발견했다. 즉 어느 언어에서나 '좋음'은 '고귀한', '귀족적인'이라는 신분을 나타내는 의미가 기본이며, 여기에서 '정신적으로 고귀한', '귀족적인', '정신적으로 고귀한 기질의', '정신적으로 특권을 지닌'이라는 의미가 필연적으로 발전해 나오는 것이다. 《도덕의 계보》, 제1 논문, 4절

그러니까 '좋음'이라는 말은 애초에 '귀족'의 우월함이나 고귀함을 나타내는 말로 쓰였다는 것이다. 반면에 '나쁨'이라는 말은 귀족의 대립적 위치에 있는 계급을 가리키는 말이어서 '비속한', '천민의', '저급한'을 뜻했다. "후자에 대한 가장 웅변적인 예는 '슐레히트schlecht, 나쁜'라는 독일어 단어 자체다. 이는 '슐리히트schlicht, 단순한'와 같은 말이다. …… 그것은 오로지 귀족과 대립해 있을 뿐인 아무런 의심도 곁눈질도 하지 않는 단순한 사람, 평범한 사람을 나타내는 말이었다."《도덕의 계보》, 제1 논문, 4절

이것이 "도덕 계보학에 관한 본질적인 통찰"이라고 니체는 자신 있게 말한다. 이 어원이 가리키는 것은 단순하다. 좋음은 귀족적인 것을 가리키고 나쁨은 평민적인 것, 천민적인 것을 가리킨다. 그런데 이 대목에서 더 중요한 통찰이 작동한다. 좋음과 나쁨이라는 판단 형식의 주체가 귀족이라는 사실이다. 귀족은 자기 자신을 가리켜 '좋음'이라

는 말을 사용하고, 자기 아닌 평민적인 것을 가리켜 '나쁨'이라는 말을 사용하는 것이다. 자신을 먼저 긍정하고 나서 상대방을 자신과 견주어 그보다 못한 것, 저급한 것으로 판단하는 것이다. 요컨대, 귀족은 먼저 자기를 긍정하고 그다음에 자기와 다른 것을 부정한다.

> '좋음'이라는 판단은 '좋은 것'을 받았다고 표명하는 사람들의 입장에서 나오는 것이 아니다. 오히려 그 판단은 '좋은 인간들' 자신들에게서 나왔던 것이다. 즉 저급한 모든 사람, 저급한 뜻을 지닌 사람, 비속한 사람, 천민적인 사람들과 대비해서 자기 자신과 자기 행위를 좋은 것으로, 즉 제1급으로 느끼고 평가하는 고귀한 사람, 강한 사람, 높은 사람, 높은 뜻을 지닌 사람들에게서 나왔던 것이다. …… 더 높은 지배 종족이 더 낮은 종족, 즉 '하층민'에게 품고 있는 지속적이고 지배적인 전체 감정과 근본 감정, 이것이야말로 '좋음'과 '나쁨'이라는 대립의 기원이다. 《도덕의 계보》, 제1 논문, 2절

이렇게 좋음과 나쁨이 귀족의 평가 양식에서 나온 것인 반면에 '선함과 악함'이라는 쌍개념은 르상티망을 품은 사람에게서 기원한다. 다시 말해, 도덕에서의 노예 반란이 '선함과 악함'이라는 말로 나타난다. "모든 귀족 도덕이 자기 자신에 대한 의기양양한 긍정에서 발전되는 반면에 노예 도덕은 처음부터 외부적인 것, 자기 아닌 것, 다른 것을 부정한다. 이 부정이야말로 노예 도덕에서 창조적 행위인 것이다. 가치 설정의 시선을 이렇게 거꾸로 뒤집는 것이 르상티망의 본질이다."《도덕의 계보》, 제1 논문, 10절

르상티망에 사로잡힌 노예는 세상을 '선함'과 '악함'으로 나누어 보는데, 우선 자기 자신을 고통에 빠뜨리는 외부의 어떤 힘을 부정하여

그것을 '악함'이라고 규정한 뒤, 그 반대 모습에서 '선함'을 찾는다. "원한의 인간이 생각하는 적을 상상해보자. 바로 여기에서 그의 행위, 그의 창조가 드러난다. 그는 우선 '사악한 적'을, 즉 악인을 마음속에 품고, 이것을 사실상 기본 개념으로 해서 그다음 바로 거기에서 그것의 반대, 대조되는 상으로서 '선한 인간'이라는 것을 생각해내는데, 그 선한 인간이 자기 자신인 것이다."《도덕의 계보》, 제1 논문, 10절 이것이 바로 노예의 평가 방식이다. 반면에 귀족은 사태를 바라보는 방향이 정반대다. "귀족은 '좋음'이라는 근본 개념을 먼저 자발적으로, 즉 자기 자신에게서 생각해내고, 거기에서 비로소 '나쁨'이라는 관념을 만들어내게 된다!"《도덕의 계보》, 제1 논문, 11절

니체가 여기서 귀족을 긍정하고 노예 혹은 천민을 부정하는 것은 두말할 것도 없다. 그런데 니체는 노예 정신이 르상티망에 사로잡혀 있다는 사실 때문에 그 정신을 경멸한다. 르상티망에 사로잡힌 인간은 다음과 같은 인간이다. "고귀한 인간은 자신에 대해서 믿음을 지니고 솔직하게 생활하는 데 반해서 …… 르상티망의 인간은 결코 솔직하거나 순진하지 않으며 또한 자기 자신에 대해서도 정직하거나 순진하지 않다. 그의 영혼은 곁눈질을 한다. 그의 정신은 은닉처를, 은밀한 길을, 뒷문을 사랑한다. …… 그는 침묵을 지키는 법, 잊어버리지 않는 법, 기다리는 법, 잠정적으로 자기를 낮추고 비굴해지는 법을 안다."《도덕의 계보》, 제1 논문, 10절 이 원한의 인간들은 원한 속에서 머리를 쥐어짜기 때문에 결국엔 고귀한 종족보다 더 영리해질 수밖에 없다.

반면에 귀족적 인간은 르상티망에 짓눌리지 않는 인간이다. 원한에 붙들려 질질 끌려가느냐 원한을 깨끗이 잊어버릴 줄 아느냐가 귀족적 인간이냐 아니냐를 판정하는 하나의 기준이 된다. "원한 그 자체가 설령 귀족적 인간에게서 나타나는 일이 있다 해도, 뒤따라오는 반작용

으로 깨끗하게 지워져버리기 때문에 아무런 해독을 끼치지 않는다. …… 자기의 적, 자기의 재산, 심지어 자기의 비행까지도 그렇게 오래도록 진지하게 생각할 수 없다는 것, 이것이야말로 …… 강하고 충실한 인간의 표시인 것이다." 니체는 그런 귀족적 인간의 최근 사례로 프랑스대혁명 때 웅변가로 활약했던 오노레 미라보Honoré Gabriel Victor Riqueti, Comte de Mirabeau, 1749~1791를 든다. 미라보는 사람들이 자신에게 가한 모욕과 비열한 행위를 기억하지 못했고, 벌써 잊어버렸기 때문에 용서할 수도 없었다.

니체는 원한을 품고 복수를 꿈꾸는 약자의 정신을 단 한순간도 긍정하지 않는다. 약자는 원한의 정신을 지녔고, 강자는 약자와는 정반대의 정신을 지녔다. 니체는《도덕의 계보》안에서 맹금을 무서워하는 '어린양'과 그 양을 잡아먹는 '맹금'의 비유를 들어 강자와 약자의 차이를 설명하기도 한다.

> 어린양들이 커다란 맹금을 몹시도 싫어한다는 것은 이상한 일이 아니다. 그렇다고 해서 그런 사실이 커다란 맹금이 어린양을 채어가는 것을 비난할 이유가 되지는 않는다. 그리고 어린양들이 저희들끼리 "맹금은 사악하다. 따라서 맹금과는 될수록 먼 것, 오히려 그 반대, 즉 어린양이야말로 '선한' 것이 아닌가?"라고 이야기를 주고받는다 하더라도, 이 이상을 수립하는 데는 조금도 비난할 점이 없다. 더군다나 맹금들은 이것을 약간 비웃듯이 바라보며 "우리는 그들을, 이 선량한 양들을 조금도 싫어하지 않는다. 그렇기는커녕 우리는 그들을 사랑한다. 연한 어린양만큼 맛있는 것은 없다"라고 말할 것이다. 《도덕의 계보》, 제1 논문, 13절

여기서 알 수 있듯이 니체가 긍정하는 귀족은 자기를 긍정하는 고

귀한 존재이기만 한 것이 아니다. 귀족적 인간은 이 어린양을 잡아먹는 맹금과 같은 존재, 다시 말해 약자를 지배하고 착취하고, 상대의 뜻과는 무관하게 제멋대로 써먹는 자를 함께 뜻한다. 니체의 귀족은 자기 긍정으로 충만한 고귀한 인간의 모습과 정복욕으로 가득 찬 이기적이고 잔인한 인간의 모습을 동시에 지니고 있다. 반면에 원한의 인간은 한편으로는 어린양처럼 순하고 선한 인간이며 다른 한편으로는 비천하고 비굴한 인간이다. 원한의 인간은 집요한 복수 의지로 귀족을 넘어뜨리는 영리함을 발휘하기는 하지만, 또 그런 점에서 강자에 맞서는 약자의 권력의지를 지니고 있지만, 결코 니체에게서 긍정적인 평가를 받지는 못한다.

철학자 질 들뢰즈는 니체의 이런 논의를 정식화해 권력의지를 긍정적(적극적) 권력의지와 부정적(소극적) 권력의지로 나누었다. 강자의 권력의지는 긍정적 권력의지이며 약자의 권력의지는 부정적 권력의지다. 강자의 권력의지는 삶을 창조하고 확장하는 권력의지인 데 반해 약자의 권력의지는 삶을 부정하고 거부하는 권력의지다. 또 들뢰즈는 강자가 지닌 힘을 능동적 힘이라고 부르고 약자가 지닌 힘을 반응적 힘이라고 부른다. 강자의 힘은 먼저 작용하는 힘이고, 반대로 약자의 힘은 그 작용하는 힘에 맞서 반작용하는 힘이기 때문이다. "니체가 우아함, 고귀함, 주인이라고 부르는 것은 때로는 능동적 힘이고 때로는 긍정적 의지(권력의지)다. 그가 저속함, 비루함, 노예라고 부르는 것은 때로는 반응적 힘이고 때로는 부정적 의지(권력의지)다."[2]

로마인 대 유대인

　니체는 이 책에서 '좋음과 나쁨', '선함과 악함'이라는 두 쌍의 도덕적 평가 방식이 역사에서 실제로 어떤 모습으로 나타나 대립해왔는지도 이야기한다. 두 가치 평가의 대립은 로마인과 유대인의 대립으로 나타났다. 로마인은 귀족의 대표자이며, 유대인은 도덕상의 노예 반란을 이끈 '성직자 민족'이다. 그리하여 '좋음과 나쁨'이라는 귀족적 평가 양식과 르상티망과 복수심에 사로잡힌 성직자적 평가 양식이 지배권을 놓고 일대 혈투를 벌인다.

　　유대인이야말로 두려움을 일으키는 정연한 논리로 귀족적 가치 등식(좋은=고귀한=아름다운=행복한=신의 사랑을 받는)의 역전을 감행했으며, 가장 깊은 증오의 이빨을 갈며 이 반란을 끈질기게 계속했던 것이다. 즉 "가련한 자만이 오직 선한 자다. 가난한 자, 무력한 자, 비천한 자만이 오직 선한 자다. 고통받는 자, 궁핍한 자, 병든 자, 추한 자만이 경건한 자이며 신에게 귀의한 자이고, 축복은 오직 그들에게만 있다. 그리고 너희, 강하고 고귀한 자는 이와 반대로 영원히 사악한 자, 잔인한 자, 음란한 자, 탐욕스러운 자, 신을 거스르는 자다. 그뿐만이 아니라 너희들이야말로 영원히 축복받지 못할 자, 저주받을 자, 멸망할 자다!"라고 그들은 말한다.
　　〈도덕의 계보〉, 제1 논문, 7절

　이렇게 유대인과 더불어 '도덕상의 노예 반란'이 시작됐고, 두 쌍의 대립되는 가치는 수천 년에 걸쳐 이 지상에서 무서운 싸움을 계속해왔다고 니체는 말한다. '로마 대 유대', '유대 대 로마'의 싸움이다. 두 세력 또는 두 도덕의 싸움은 이제까지 지상에서 벌어진 가장 격렬하고 거대한 싸움이었다. 귀족을 대표하는 로마인과 로마인을 거꾸러뜨리려 일어난 유대인은 팽팽한 맞수였다. "로마인은 확실히 강하고 고귀한 자였다. 그들보다 더 강하고 고귀한 자는 이 지상에 존재한 적이 없으며, 심지어 그 존재를 꿈꾸어본 적도 없다. …… 반대로 유대인들은 탁월한, 저 원한의 성직자 민족이며 민중 도덕에 관해서 비할 바 없이 창의성을 발휘한 민족이다."《도덕의 계보》, 제1 논문, 16절

니체는 로마와 대결한 유대인의 유산을 상속한 세력으로 기독교를 꼽는다. 기독교는 유대인이 만들어낸 도덕과 가치의 무기를 들고 로마와 대결했다. 유대인의 투쟁은 기독교인의 투쟁으로 이어졌다. 니체는 "로마와 유대 가운데 누가 승리했는가?"라고 물은 뒤 이렇게 답한다. "오늘날 로마 자체에서 …… 모든 최고 가치의 정수로 여기고 그 앞에서 머리를 숙이게 되는 자가 누구인지 생각해보라. 다 알고 있듯이, 세 명의 유대인과 한 명의 유대인 여자(나사렛 예수, 어부 베드로 Petrus, 양탄자를 짜는 바울로, 그리고 처음에 언급한 예수의 어머니 마리아)다."《도덕의 계보》, 제1 논문, 16절 결국 유대의 성직자적 가치를 기독교가 그대로 이어받았고, 그 기독교가 로마를 거꾸러뜨리고 승리를 거두었다.

니체는 유럽의 역사를 훑어 내려가다 르네상스 시대에서 잠깐 희망을 발견한다. 르네상스 때 일시적으로 기독교의 가치를 뚫고 로마의 가치가 부흥했기 때문이다. 그러나 기독교의 가치, 다시 말해 기독교의 외피를 쓴 유대의 가치가 곧 세력을 복구했다. 종교 개혁이라는 이름으로 다시 로마를 누르고 우위에 선 것이다. 이어 니체는 유대의 가치가 18세기 말에 프랑스혁명을 통해 더 결정적인 승리를 거두었다고 말한다. "유럽에 있었던 마지막 정치적 고귀함, 17~18세기 프랑스의 정치적 고귀함은 민중의 원한 본능 아래 붕괴하고 말았다. 지상에서는 한 번도 이보다 더 큰 환호 소리, 이보다 더 소란스러운 열광하는

소리가 들린 적이 없었다!"《도덕의 계보》, 제1 논문, 7절

니체는 바로 이 지점에서 다시 한 번 예기치 못한 반전이 일어났다고 강조한다. 귀족의 가치가 이렇게 완전히 패배했을 때 "엄청난 사건, 뜻밖의 사건"이 일어나 "고대의 이상 자체가 살아 있는 모습으로 그리고 들어보지도 못한 화려함으로 인류의 눈과 양심 앞에" 나타난 것이다. 니체는 이 사건에 최고의 열광과 찬사를 바친다. 바로 나폴레옹의 등장이다. 왜 니체는 이 사건에 열광하는가. "다수의 특권이라는 원한의 낡아 빠진 허위적 구호에 대항해서, 인간을 저열하고 비굴하게 만들며 평균화시키고 하강과 몰락으로 가져가는 의지에 대항해서, 소수의 특권이라는 무섭고도 매혹적인 반대 구호가 예전보다도 훨씬 더 강력하고 단순하고 진지하게 울려 퍼졌"기 때문이다 《도덕의 계보》, 제1 논문, 16절. 니체는 《선악의 저편》에서 나폴레옹을 긍정했던 방식과는 조금 다른 방식으로, 다시 말해 고대 귀족적 삶의 이상이 그대로 부활했다는 점을 들어 나폴레옹 출현을 기적과 같은 사건으로 평가한다. "마치 다른 길을 가리키는 최후의 암시처럼, 일찍이 존재했던 인간 중에서 가장 독특한, 그리고 가장 늦게 태어난 저 인간 나폴레옹이 나타났던 것이다. 그리고 그에게서 고귀한 이상 그 자체가 문제로 되살아났다. 그것이 어떤 문제인지 잘 생각해보라. 나폴레옹, 이 비인간Unmensch이자 초인간Übermensch의 종합인 존재를……."《도덕의 계보》, 제1 논문, 16절

금발의 야수는 누구를 가리키는가

나폴레옹을 '비인간'이자 '초인간'이라고 묘사하는 데서 얼핏 느낄 수 있듯이, 니체가 찬양하는 귀족은 야수성 혹은 잔인성과 고귀함 혹

은 위대함을 함께 지닌 존재다. 그런 귀족의 모습을 이미지로 형상화한 것이 '금발의 야수Blonde Bestie'다. 니체의 모든 말 가운데 가장 많은 논란을 불러일으킨 이 말이 《도덕의 계보》 첫 번째 논문에서 고대의 전사 귀족을 가리키는 말로 등장한다. 그 전사 귀족은 바로 노예 도덕의 관점에서 보면 '악한' 사람이고, 반대로 귀족 도덕의 관점에서 보면 '좋은' 사람, 곧 "고귀한 자, 강한 자, 지배자"다. 이 전사 귀족들은 그들 내부의 상호 관계에서는 "고려, 자제, 온정, 성실, 긍지, 우정이 매우 풍부한 사람들"이지만, "이들이 외부로 향하게 되어 자기들과 아주 다른 것, 이방의 것과 접하게 되면 고삐 풀린 맹수와 그리 다를 바 없게 된다."《도덕의 계보》, 제1 논문, 11절 이어 니체는 이 맹수와 다를 바 없게 된 전사 귀족의 행태를 묘사한다.

> 거기서 그들은 모든 사회적 속박에서 벗어나 자유를 음미하며, 사회의 평화 속에 오랫동안 감금되고 폐쇄되어 생긴 긴장을 황야에서 풀며 보상받고자 한다. 그들은 소름끼치는 일련의 살인, 방화, 강간, 고문으로 유쾌해지고 영혼의 평정을 찾는 의기양양한 괴물처럼 순전한 맹수의 심성으로 되돌아간다. 그것은 마치 학생들의 장난질처럼 저질러지며, 그들은 자신들이 시인들에게 훨씬 더 많은 노래와 칭송거리를 선사했다고 확신한다. 이러한 모든 고귀한 종족의 밑바닥에서 맹수, 즉 먹잇감과 승리를 갈구하며 어슬렁대는 눈부신 '금발의 야수Blonde Bestie'를 놓쳐서는 안 된다. 이런 숨겨진 본성은 때때로 분출될 필요가 있으며, 짐승은 다시 풀려나 황야로 되돌아간다. 로마·아라비아·게르만·일본의 귀족 계급, 호메로스의 영웅들, 스칸디나비아의 바이킹들, 그들은 모두 이런 욕구를 지니고 있다. 《도덕의 계보》, 제1 논문, 11절

이 구절에서 등장하는 '금발의 야수'가 그토록 논란의 중심이 됐던 것은 20세기 독일 나치 이념의 신봉자들이 게르만 민족의 위대함과 영웅성을 상징하는 말로 이 '금발의 야수'를 차용했기 때문이다. 제2차 세계대전 종결 이후에 니체를 나치의 수렁으로부터 구해내려던 니체 연구자들은 금발의 야수가 게르만 민족과 아무런 관계도 없는 말임을 입증하려고 분투했다. 일례로, 영미권에 니체를 알리려고 노력했던 월터 카우프만은 금발의 야수가 게르만 민족을 뜻하는 것이 아니라 사자를 뜻한다고 주장했다. "금발의 야수는 인종적 개념이 아니며, 나중에 나치가 지나치게 주장한 것처럼 '북유럽 인종'을 지칭하지도 않는다. …… 여기서 '금발'이라는 것은 인간을 지칭한다기보다는 야수나 사자를 지칭하는 것처럼 보인다."[3]

그러나 금발의 야수가 사자를 가리킨다는 카우프만의 주장은 금발의 야수를 게르만 민족의 은유로 활용한 나치 이데올로그들의 주장만큼이나 한쪽으로 치우친 것으로 보인다. 앞에 인용한 문단에서 드러나듯이, 니체는 금발의 야수라는 개념에 먼저 로마와 아라비아와 게르만과 일본의 귀족 계급을 포함시켰고, 두 번째 그룹으로 아킬레우스나 오디세우스 같은 호메로스 작품 속의 영웅들, 그리고 세 번째로 우리가 흔히 바이킹이라고 부르는 스칸디나비아의 해적들을 모두 집어넣었던 것이다. 따라서 금발의 야수가 게르만 민족만 배타적으로 가리킨다고 주장한다면 이것은 분명히 니체를 오독하는 것이다. 니체에게 금발의 야수는 약자들의 눈에 폭력적이고 잔인하게 보이는 전사 귀족을 의미하는 것이 분명하다. 그러나 문제는 니체가 여기서 그치지 않고, 다른 곳에서 금발의 야수를 게르만 민족 혹은 아리아 종족과 혼동할 여지를 남긴다는 데 있다. 《도덕의 계보》에서 예의 '금발의 야수'가 등장하기 몇 단락 앞에서 니체는 "금발의 아리아 종족"(도덕의 계보),

제1 논문, 5절이라는 표현을 쓰고 있다. 또 '금발의 야수'가 처음 등장하는 11절의 뒤쪽에서는 "금발의 게르만 야수"라는 표현을 쓰고 있다. 그 대목을 인용하면 다음과 같다.

> 귀족적 종족은 그들의 발자취가 지나간 곳에는 어디든지 '야만인'이라는 개념을 남겨놓았다. 심지어 그들의 최고의 문화 속에서조차 이런 사실에 대한 의식이나, 더 나아가 그것에 대한 자랑을 엿볼 수 있다. 예를 들던, 페리클레스는 그 유명한 추도 연설에서 아테네 사람들에게 다음과 같이 말했다. "우리의 대담한 모험으로 모든 대륙과 바다에 길을 열어, 모든 곳에다 좋은 모습으로든 나쁜 모습으로든 불멸의 기념비를 세웠다." 미치광이 같기도 하고 우스꽝스럽기도 하고 급작스럽기도 한 귀족적 종족들의 이러한 '대담함', 무슨 일을 저지를지 예상하기 어려운 그들의 모험의 예측 불가능성, …… 안전, 육체, 생명, 쾌적함에 대한 그들의 무관심과 경시, 모든 파괴 속에서, 승리와 잔인함에 대한 모든 탐닉 속에서 나타나는 그들의 오싹할 정도의 명랑함과 즐거움의 깊이, 이 모든 것은 그것 때문에 고통받은 사람들에게는 '야만인'의 이미지로, '사악한 적'의 이미지로, 아마도 '고트족', '반달족'과도 같은 이미지로 이해되었을 것이다. 오늘날도 마찬가지여서, 독일이 권력을 장악할 때마다 일어나는 저 깊고도 얼음처럼 차가운 불신은 몇 세기 동안이나 금발의 게르만 야수의 광포함을 보아왔던 유럽인들에게는 지울 수 없는 공포의 여운인 것이다.
>
> 〈도덕의 계보〉, 제1 논문, 11절

이런 사례를 종합해보면, 니체가 금발의 야수를 먼저는 잔인하고 폭력적인 전사 귀족 일반을 지칭하는 말로 사용했지만, 범위를 좁혀서는 게르만 민족이나 아리아 종족 같은 유럽의 정복자 종족을 가리키는 말로도 사용한 것으로 짐작할 수 있다. 그러나 니체가 게르만 민족 같은 특정 종족을 가리키는 말로 사용했을 때에도 나치의 독일 민족 우월주의와는 다른 방식으로, 다시 말해 민족적 우월성에 대한 특별한 고려 없이 사용했다고 보아야 한다.

그런 추정을 정당화해주는 구절을 특히 '금발의 게르만 야수'가 들어간 앞의 인용문 바로 다음 문장에서 만날 수 있다. 니체는 이렇게 쓴다. "고대 게르만족과 우리 독일인 사이에는 혈연 관계는 물론이고, 개념상의 친족성도 거의 없다."《도덕의 계보》, 제1 논문, 11절 이 구절이 가리키는 바는 분명하다. 니체 당대의 독일을 가리키려고 '금발의 게르만 야수'나 '금발의 아리아 종족'이라는 말을 쓴 것이 아니며, 독일을 찬양하려는 뜻은 더구나 없었던 것이다. 니체는 젊은 시절 한때 독일 민족주의에 뜨겁게 공감한 적이 있지만, 거기서 멀어진 이후 다시는 독일 민족주의에 열광하지 않았다. 니체를 위험한 철학자로 만드는 것은 그가 독일민족주의자였느냐 아니냐의 차원에 있는 것이 아니라, 그가 일관성 있게 보여준 반민주적이고 오만하기 이를 데 없는 폭력적 귀족주의에 있는 것이다. 민주주의에 반대할 뿐만 아니라 모든 약자에 대한 연민에 철저하게 반대한 니체의 고유한 관점을 보여주는 문장은 '금발의 야수'를 설명하는 대목 바로 뒤에 등장한다.

사람들이 모든 귀족적 종족의 근저에 숨어 있는 금발의 야수를 무서워하고 그것을 경계하는 것은 극히 당연한 일인지도 모른다. 그러나 무서워하지는 않지만 그 대신, 이제 불구자, 난쟁이처럼 위축된 자, 여윈 자, 중독된 자들의 구역질 나는 환경에 영원히 함몰되어버린다면, 오히려 무서워하면서 경탄하는 쪽을 몇백 배나 더 기꺼이 선택하지 않겠는가? 오늘날 우리에게 '인간'에 대한 혐오감을 품게 하는 것은 무엇인가? …… 그것은 결코 공포가 아니다. 혐오감을 품게 하는 것은 오히려 이젠 우리들이 인간에 대해 무서워해야 할 것이 없다는 사실이며, '인간'이라는 구더기가 날뛰고 우글거리고 있다는 사실이며, '길들여진 인간', 어찌하지도 못할 정도로 범용하고 생기 없는 인간이 벌써 자신을 목표와 정점으로, 역사의 의미로, '더 높은 인간'으로 여기게 됐다는 사실이다.

〈도덕의 계보〉, 제1 논문, 11절

이 구절에서 니체는 금발의 야수가 패배함으로써 오늘의 유럽에는 혐오스러운 인간만 남게 되었다고 단언하면서, 그런 혐오스러운 인간을 보느니 무서운 금발의 야수를 보는 것이 낫지 않겠느냐고 묻는 것이다. 이 문장들 하나하나에서 범용한 인간에 대한 혐오를 넘어 '인간 자체'에 대한 혐오에 육박하는 끔찍한 염세주의를 읽어내는 것은 조금도 어렵지 않다. 또 여기서 확인할 수 있듯이 니체는 인류의 역사, 좁혀서 유럽의 역사를 인간의 질이 점점 떨어져 온 퇴보의 역사로 본다. 금발의 야수를 패배시켜 온순한 동물, 곧 가축으로 만드는 것이 유럽의 수천 년 역사였다는 이야기다. 이 역사는 흔히 우리가 '문화' 혹은 '문명화 과정'이라고 부르는 그 과정과 일치하는 것인데, 니체는 인류가 거친 야만인에서 온건한 문명인으로 진화했다는 '문명화 통념'을 정면으로 거부하고 있는 것이다. 인간은 더 나은 인간으로 진화해온 것이 아니라 야수의 생명력을 잃어버리고 한갓 가축으로 전락해버렸다고 한탄하는 것이다.

'인간'이라는 맹수를 온순하고 개화된 동물, 즉 가축으로 길들이는 데 모든 문화의 의미가 있다는 것이 오늘날 진리로 믿어지고 있는데, 만일 이것이 진실이라면, 고귀한 종족과 그들의 이상을 결국 모욕하고 제압하게 된 저 반동 본능과 원한 본능이야말로 의심할 여지없이 실질적인 '문화의 도구'라고 보아야만 할 것이다. 《도덕의 계보》, 제1 논문, 11절

이 문장에서 니체가 우리 현대인의 내면 저 깊은 곳에 감춰진 야수의 본능을 그리워하고 있다는 것을 감지할 수 있다. 문화는 인간의 야수적 본능을 내리눌러 의식의 지하실로 몰아넣음으로써 인간을 인간으로 만들었다. 그러나 인간은 그 내면의 야수성을 결코 완전히 제거하지는 못하는데, 이렇게 저 바닥 밑으로 억눌린 야수성이 그 내면의 저층에서 어떤 작용을 하는지를 밝히는 것이 《도덕의 계보》의 두 번째 논문의 내용을 이룬다.

양심의 가책은 어떻게 태어났나

두 번째 논문은 특히 '양심의 가책'이라는 심리 현상이 어떤 경로로 생겨났는지 추적한다. 아마도 니체의 이 책에서 처음으로 양심의 가책이라는 자기 처벌의 심리가 규명됐을 것이다. 핵심은 양심의 가책이 '인간 안에 있는 신의 목소리'가 아니라 '자기 자신에게로 돌아선 공격성의 산물'이라는 새로운 설명에 있다. 공격성이 방향을 바꿔 자기 자신을 향할 때 그곳에서 양심의 가책이 생겨난다는 것이 니체가 이 두 번째 논문에서 주장하는 것의 요지다. 니체는 두 번째 논문 16절 머리에서 "이 시점에 이르러 나는 이제 '양심의 가책'의 기원에 관한 나 자신의 가설을 우선 잠정적으로나마 말하는 것을 더는 피할 수 없다"고 밝힌 뒤 "나의 가설이 다소 이상하게 들릴지도 모르며, (그 가설을 이해하려면) 실로 오랜 기간의 고려와 주의와 숙고가 필요할 것"이

라고 말한다. 독자들더러 당황하지 말고 곰곰이 생각해보라고 미리 암시를 주는 것이다. 이어 니체는 양심의 가책에 관한 자신의 가설을 이야기한다.

> 나는 양심의 가책이라는 것을 인간이 일찍이 체험한 모든 변화 중에서도 가장 근본적인 저 변화의 압력 때문에 걸리지 않을 수 없었던 심각한 병이라고 생각한다. 가장 근본적인 변화란, 인간이 결국은 사회와 평화의 방벽 안에 갇혀 있음을 깨달았을 때 일어난 변화를 말한다. 육지동물이 되든가, 그렇지 않으면 사멸해버리든가 하는 강요된 선택에 직면한 바다 동물의 상황과 똑같은 것이 황무지, 전쟁, 방랑, 모험에 잘 적응했던 이 인간이라는 반동물에게도 닥쳤던 것이다. …… 이 불행한 반동물들, 그들은 단지 사유, 추리, 계산, 인과적 결합에만 의존하게 되었고, 가장 빈약하고 오류를 범하기 쉬운 기관인 저 '의식'에만 의존하게 되었던 것이다! 생각건대, 이처럼 비참한 느낌, 이처럼 무거운 불쾌감은 일찍이 지상에 없었던 것이다. 〈도덕의 계보〉, 제2 논문, 16절

니체는 양심의 가책이 적극적인 의욕의 산물이 아니라 삶의 궁지에 몰린 인간이 불가피한 상황에서 만들어내지 않을 수 없었던 것이라고 말한다. 자유의 본능으로 황야를 마음껏 질주하던 반동물이 사회라는 제도를 만들어 평화로운 공존의 삶을 살아야 하는 상황, 다시 말해 '인간다운 인간'이 되어야 하는 그 상황에 맞딱뜨려 그 황야의 본능을 자유롭게 표출할 기회를 잃어버렸다는 것이다. 그렇다면 이제 이 본능을 어찌할 것인가. 니체는 이 대목에서 결정적인 말을 한다.

> 밖으로 발산되지 않는 모든 본능은 안으로 향한다. 이것이 바로 내가

말하는 인간의 '내면화'라는 것이다. 이 내면화를 통해서 인간은 비로소 훨씬 나중에 '영혼'이라고 불리는 것을 개발해냈다. 원래는 두 개의 얇은 피부막 사이에 펼쳐진 것처럼 빈약했던 저 전체 내면세계는 인간 본능의 발산이 저지됨에 따라 더욱더 분화되고 팽창되어 깊이와 넓이와 높이를 얻게 되었다. 낡은 자유의 본능에 대해서 정치 조직이 스스로를 지키기 위해 구축해놓은 저 무서운 방벽 — 특히 형벌이 이러한 방벽에 속한다 — 은 거칠고, 자유롭고, 방랑적인 인간의 저 모든 본능이 인간 자신에게로 향하도록 만들었다. 적의, 잔학, 박해, 공격, 파괴의 쾌락, 이 모든 것이 이러한 본능의 소유자 자신에게로 방향을 돌리는 것, 이것이 바로 '양심의 가책'의 기원인 것이다. 〈도덕의 계보〉, 제2 논문, 16절

바깥세상을 향해 마음껏 풀어놓았던 본능들이 공격성을 금지하는 사회 제도에 막힐 때 그 본능의 힘들이 갈 곳은 자기 내면밖에 없다. 공격적 힘의 벡터가 내면을 치받을 때마다 그 세계가 넓어지고 높아지고 깊어졌다고 니체는 말한다. 조그만 풍선에 바람이 들어가 커다란 공이 만들어지듯, 석회암에 구멍이 뚫려 거대한 동굴이 되듯 내면의 세계가 공격 본능의 침탈을 받아 만들어지는 것이다. 그 내면세계에서 떠오른 것이 영혼이며, 방향을 돌린 공격 본능이 그 영혼을 반복해서 타격할 때 거기서 비로소 '양심의 가책'이라는 기이한 자기 응징의 심리가 형성된다는 것이 니체의 관점이다. 양심의 가책이 형성되기까지 방벽 안에 갇힌 반동물인 인간이 겪었을 끔찍한 고통을 니체는 다음과 같은 생생한 언어로 묘사한다.

외부의 적과 저항이 없어지고, 관습의 억누르는 듯한 협소함과 규칙성 속에 처박힌 인간은 참을 길이 없어 자기 자신을 찢고 책망하고 물

어뜯고 괴롭히고 학대했다. '길들이기' 위한 감옥의 창살에다 몸을 부딪혀 상처투성이가 된 이 동물, 야생에 대한 향수에 지쳐 스스로 모험과 고문대와 불확실하고 위험한 황야에 몸을 내던져야 했던 이 박탈당한 동물, 이 바보, 그리움에 시달려 절망해버린 이 죄수야말로 '양심의 가책'의 발명자가 된 것이다. 그리고 이와 더불어 인류가 오늘날에도 치유하지 못하고 있는 저 가장 무겁고 위험한 병도 비롯되었던 것이다. 즉 인간이 인간에 대해서, 자기 자신에 대해서 괴로워하는 병이다. 이것은 인간이 그의 동물적인 과거로부터 억지로 분리된 결과이며, 이제까지 그의 힘과 기쁨과 공포의 근거였던 오랜 본능에 대한 선전 포고의 결과였다.

〈도덕의 계보〉, 제2 논문, 16절

문명 속의 공격 본능, 그리고 양심의 탄생

이 생동감 넘치는 묘사로 니체는 인간이 얼마나 처절한 고통을 겪으며 양심의 가책을 발명해냈는지, 그리고 양심의 가책을 발명한 뒤에도 인간이 자기 자신에 대해 괴로워하는 병으로 얼마나 고통받고 있는지에 관한 최초의 가설적 밑그림을 그렸다. 니체의 이 첫 번째 밑그림을 받아 내면에 갇힌 공격 본능에 관한 좀 더 뚜렷한 심층심리학적 그림을 그려낸 사람이 지크문트 프로이트다. 프로이트는 만년에 쓴 논문 〈문명 속의 불만〉에서 문명이라는 방벽 안의 인간이 해소되지 못한 공격 본능으로 겪는 불만과 불안과 고통을 추적한다. 공격 본능은 틈만 나면 방벽을 뚫고 뛰쳐나온다.

인간은 강력한 공격 본능을 타고난 존재로 추정되는 동물이다. 따라서 이웃은 그들에게 잠재적인 협력자나 성적 대상일 뿐만 아니라, 그들의 공격 본능을 자극하는 존재이기도 하다. 인간은 이웃을 상대로 하여 자신의 공격 본능을 만족시키고, 아무 보상도 주지 않은 채 이웃의 노동력을 착취하고 이웃의 동의도 받지 않은 채 이웃을 성적으로 이용하고, 이웃의 재물을 강탈하고, 이웃을 경멸하고, 이웃에게 고통을 주고, 이웃을 고문하고 죽이고 싶은 유혹을 느낀다. '인간은 인간에게 늑대다.' 인생 경험과 역사에 대한 지식 앞에서 누가 감히 이 주장을 반박할 수 있겠는가? …… 우리 자신 속에서도 감지할 수 있고, 다른 사람한테도 당연히 존재한다고 생각해야 할 이런 공격 성향은 이웃과 우리의 관계를 저해하고, 문명에 많은 에너지 소모를 강요하는 요인이다. …… 문명이 인간의 공격 본능을 제한하고 정신적 반응 형성을 통해 공격 본능의 표출을 억제하기 위해서는 최대한의 노력을 기울여야 한다.[4]

이어 몇 쪽 뒤에서 프로이트는 니체와 거의 같은 목소리로 공격 본능의 내면화로 양심이 발생하는 과정에 주목한다. 인류사적 차원의 문명에서 공격 본능이 방향을 바꾸는 과정은 개인사적 차원에서 반복된다. 프로이트는 개인사적 차원을 사례로 끌어들여 공격 본능의 방향 전환을 설명한다.

문명은 자신을 적대하는 공격성을 억제하거나 해롭지 않은 것으로 만들거나 아예 제거하기 위해 어떤 수단을 쓰고 있는가? …… 우리는 개인의 발달사를 통해 이것을 연구할 수 있다. 개인은 자신의 공격 본능을 무해한 것으로 만들기 위해 어떤 수단을 사용하는가? 그것은 너무나 놀랄 만한 수단이어서 짐작조차 못했을 게 분명하지만, 그래도 지극히 명백하다. 개인의 공격 본능은 안으로 돌려져 내면화한다. 아니, 실제로는 공격 본능이 나온 곳으로 돌려보내진다. 다시 말해서 자신의 자아로 돌려지는 것이다. 그러면 초자아로서 나머지 자아 위에 적대적으로 군림하고 있는 자아의 일부가 그것을 인수하여, 이번에는 '양심'의 형태로 자아에 대해 가혹한 공격성을 발휘할 준비를 갖춘다. 자아는 원래 외부의 다른 개체에게 그 공격성을 발산하여 본능을 충족시키고 싶었겠지만, 이제 거꾸로 공격 대상이 된 셈이다. 우리는 엄격한 초자아와 그것의 지배를 받는 자아 사이의 긴장을 죄책감이라고 부른다. 죄책감은 자기 징벌의 욕구로 나타난다. 따라서 문명은 개인의 공격성을 약화시키고 무장을 해제시키는 한편, 마치 정복한 도시에 점령군을 주둔시키듯 개인의 내부에 공격성을 감시하는 주둔군을 둠으로써 개인의 위험한 공격 욕구를 통제한다.[5]

니체가 상상력의 도움을 받아 격렬한 문학적 언어로 설명한 공격 본능과 양심의 가책의 발생을 프로이트는 정신분석학의 용어의 도움을 받아 좀 더 차분한 언어로 설명하고 있는 것이다. 특히 프로이트는 여기서 니체가 미처 포착하지 못한 초자아의 역할을 강조한다. 방향을 반대로 바꾼 공격 본능의 에너지를 받는 주체로 초자아를 상정하고 초자아가 그 에너지로 자아를 공격할 때 거기서 죄책감 곧 양심의 가책이 생겨난다고 설명하는 것이다. 이때 초자아는 정복한 도시를 감시하는 주둔군처럼 공격성을 감시하는 구실을 한다고 프로이트는 말한다.

금발의 야수와 반동물

여기서 니체가 공격 본능을 맘껏 발산하고 또 나중에는 갇힌 창살 안에서 괴로워하는 인간을 '반+동물'이라고 부르는 것에 주목할 필요가 있다. 니체가 말하는 '반동물'은 첫 번째 논문에서 '금발의 야수'라고 부른 것을 연상시킨다. 이 둘은 어떤 관계에 있을까. 이 두 동물적 존재의 관계에 대해 설명하는 곳이 두 번째 논문 17절이다. 공격 본능을 억눌러 양심의 가책을 만들어낸 것이 정치 조직이었다고 앞 절에서 암시했던 니체는 이 절에서 정치 조직 곧 국가의 기능을 다시 한 번 설명한다. 국가가 무서운 폭정으로 인정사정없이 억압하는 폭압적 기계 장치로 나타나 유목하는 사람들을 특정한 형태로 주조했다는 것이다. 이어 니체는 단도직입적으로 그 국가가 곧 '금발의 맹수'라고 말한다.

> 나는 '국가'라는 단어를 사용했지만, 그것이 뜻하는 바는 분명하다. 그것은 어떤 금발의 맹수 무리, 지배자 종족, 정복자 종족을 일컫는다. 이들은 전투적 체제로 편성되어 있고 조직력을 지니고 있기 때문에 수적으로는 아마도 압도적으로 우세하면서도 아직 형태를 이루지 못하고 유목하고 있는 사람들에게 주저 없이 그 무서운 발톱을 들이댔다. 실로 이렇게 해서 지상에 '국가'가 비롯되었던 것이다. 《도덕의 계보》, 제2논문, 17절

니체의 설명으로는 이 금발의 맹수 무리가 국가라는 형식을 만들어 유목하는 사람들을 그 국가에 가둔 결과로 양심의 가책이 생겨났다는 것이다. 따라서 이 설명만 보면 국가를 강요한 주체는 금발의 야수이고 양심의 가책이 발생한 것은 그 국가라는 감옥에 갇힌 유목하는 사람들이라고 할 수 있다. 바로 뒤에서 니체는 이 점을 설명한다. "'양심

의 가책'이 발생한 것은 그들(금발의 맹수)에게서가 아니라는 것은 말할 필요도 없다. 그러나 양심의 가책은 …… 그들이 없었다면 생장하지 않았을 것이다."《도덕의 계보》, 제2 논문, 17절 그러므로 다시 바로 뒤에서 "폭력에 눌려 잠재적인 것이 되고 만 이 자유의 본능, 밀쳐지고 억압당하고 속으로 감금되어 마침내는 자기 자신에 대해서만 발산되고 폭발하게끔 된 이 자유의 본능, 오로지 이것이야말로 양심의 가책의 시작인 것이다"라고 이야기할 때, 이 양심의 가책의 담지자는 금발의 야수가 아니라 금발의 야수에게 잡힌 사람들인 것이다.

그렇다면, 국가 조직에 붙잡혀 길들여진 이 사람들이 앞에서 니체가 말한 '반동물'일 것이다. 또 금발의 야수가 국가를 만들어 반동물을 길들였고, 국가라는 방벽에 갇힌 그 반동물이 자기 자신을 공격하면서 양심의 가책을 만들어냈다고도 할 수 있을 것이다. 이 대목에서 니체의 설명이 아주 명료하지는 않지만, 찬찬히 따져보면 대체로 금발의 야수는 국가의 건설자, 반동물은 유목하는 사람들로서 국가에 갇힌 자라는 등식이 성립한다. 그러나 국가가 건설되고 나면 결국엔 금발의 야수도 이 방벽에 갇히고 마는 것이 아닐까? 일단 법이 만들어지면 그 법은 결국엔 그 법을 만든 자들조차도 지배하게 된다.

어쨌든 금발의 야수가 국가를 만들 듯이, 국가에 갇힌 반동물은 내면세계 안에 작은 규모로 양심의 가책을 창조한다. "국가를 건설하는 것과 똑같은 대규모의 능동적 힘이 여기서는 내면에서 더욱 작고 옹색한 규모로 방향을 뒤로 돌려, 괴테의 표현을 빌리면 '가슴의 미궁' 속에서 스스로 양심의 가책을 창조하고 부정적인 이상을 건설하는 것이다. 이 힘이 바로 자유의 본능(나의 말로는 권력의지)이다. 단지 여기서는 조형적인, 그리고 폭압적인 본성을 지닌 이 힘이 작용하는 대상은 인간 그 자신, 인간의 오랜 동물적 자아 전체이지, 규모가 더 크고 한층 명백한 저 현상(즉 국가)의 경우에서처럼 다른 인간, 다른 인간들이 아닌 것이다."《도덕의 계보》, 제2 논문, 18절

양심의 가책과 신의 처벌

니체가 설명하는 양심의 가책에는 일종의 르상티망이 배어 있다. 국가라는 제도의 창살에 갇혀 자유 본능을 제압당한 인간은 원한의 인간일 수밖에 없다. 양심의 가책은 이 원한을 에너지로 삼아 자기 무시, 자기 부정, 자기 학대를 끊임없이 반복하면서 그 안에서 자학의 쾌감을 느끼고 그 기쁨 속에서 자기 부정이나 자기 학대와 유사한 어떤 가치를, '이기적이지 않음'이라는 도덕적 가치를 만들어낸다. 그래서 니체는 양심의 가책을 병은 병이되 무언가를 산출한다는 점에서 임신과 유사한 병이라고 말한다. "양심의 가책은 하나의 병이다. 이것은 아무런 의심의 여지도 없는 사실이다. 그러나 이것은 임신이 하나의 병이라고 하는 것과 같은 의미에서 병이다."《도덕의 계보》, 제2 논문, 19절 이 병이, 다시 말해 양심의 가책이 산출한 가장 결정적인 작품이 무엇일까? 니체는 그것이 바로 죄의식이며, 죄의식을 심어주는 신이라는 절대적 존재라고 말한다. 여기서 니체는 다시 한 번 공격 본능에서 양심의 가책이, 양심의 가책에서 죄의식이 발생하는 과정을 요약한다.

내면화되어 자기 자신 속으로 몰린 동물적 인간, '국가' 속에 감금돼 길들여진 동물적 인간 …… 이 동물적 인간은 남을 괴롭히려는 갈망의 자연적인 출구가 막혀버린 탓에 양심의 가책을 발명해냈다. 양심의 가책을 지닌 이 인간은 그 자기 처벌을 냉혹성과 준엄성의 무시무시한 극

한까지 밀고 가기 위해 '종교의 추정'을 붙잡고 거기에 매달렸다. 신 앞의 죄, 이 생각이 인간에게는 자기 고문의 수단이 된다. '신'이야말로 그 자신의 벗어날 길 없는 동물적 본능에 대한 궁극적 안티테제라고 그는 생각한다. 그는 이 동물적 본능 자체를 '신 앞의 죄'의 한 형태로, 다시 말해 '주님', '아버지', 최초의 조상, 세계의 기원에 대한 적대이자 반란이자 봉기라고 재해석한다. 《도덕의 계보》, 제2 논문, 22절

양심의 가책을 일으키는 그 공격 본능을 인간은 신에 대한 반역으로 생각한다. 그리하여 인간은 자기 자신을 심판하고 처벌하는 데 더욱더 매달린다. 이러한 정신적인 잔인성 속에는 비길 데 없이 강력한 의지의 착란이 놓여 있다고 니체는 말한다. 그것은 인간이 자기 자신을 어떠한 경우에도 구원받을 수 없는 죄 많은 존재, 신성한 신 앞에서 절대적으로 무가치한 존재로 인식하려는 의지다. 이런 거대한 뒤집힘을 보면서 니체는 다음과 같이 외친다. "오오, 이 미쳐버린 애처로운 짐승, 인간이여! 그가 행동의 야수성을 방해받자마자, 곧바로 얼마나 반자연적인 일이, 얼마나 어처구니없는 발작이, 얼마나 짐승 같은 추악한 생각이 분출하는 것일까!" 《도덕의 계보》, 제2 논문, 22절

이렇게 하여 니체는 인간이 신성한 신과 그 신에 대한 죄의식에 사로잡히게 된 역사를 나름의 방식으로 이해하게 되었다. 국가라는 장벽에 갇혀 자유의 본능이 억압당한 것이 발단이었다. 금발의 야수에게 잡혀 느에가 된 이 인간들이 모든 자기 부정적이고 자기 학대적인 종교적 관념을 만들어낸 주체였다고 말하는 것이다. 그런데 그들이 어느 시점에 지배자들을 제압하고 승리하였다. 그리하여 그들의 내면을 채우고 있던 죄의식 관념이 마침내 세상 전체를 지배하게 됐다고 니체는 생각한다.

금욕주의적 이상이란 무엇인가

세 번째 논문에서 니체는 '금욕주의적 이상'을 검토한다. 니체는 첫 문장에서 "금욕주의적 이상이란 무엇을 의미하는가?"라고 단도직입적으로 묻는다. 이 이상은 말하자면 성직자적 이상이다. 성직자란 어떤 존재인가. 욕망을 억압함으로써 권력을 획득하는 사람이다. 금욕주의적 이상은 "성직자들의 권력 추구의 가장 좋은 도구가 될 수 있을 뿐만 아니라 또한 권력에 대한 최상의 면허증이 되기도 한다."《도덕의 계보》, 제3 논문, 1절 말하자면 금욕주의적 이상이란 뒤집힌 형태의 권력의지다. 금욕적인 성직자는 사제복을 입은 권력의 인간인 것이다.

금욕주의적 이상을 이렇게 분석해가다 보면 인간이란 존재가 무언가를 향한 의지 없이는 살 수 없는 존재임이 드러난다. "인간의 의지는 목표를 요구한다. 이 의지는 아무것도 욕구하지 않는 것보다는 차라리 허무를 욕구한다. 내 말을 이해하겠는가?"《도덕의 계보》, 제3 논문, 1절 니체는 이렇게 이야기의 출발점에서 결론을 제시한다. '인간은 아무것도 의지하지 않기보다는 차라리 허무를 의지한다'라는 이 결론을 찾아 나가는 것이 이 논문의 본문이다.

니체는 먼저 금욕적 성직자, 다시 말해 위장한 권력의지의 인간이 모든 시기, 모든 계층에 걸쳐 보편적으로 나타난다고 말한다. "금욕적 성직자는 하나의 종족에 속하는 것이 아니다. 그는 모든 곳에서 번성하며, 사회 모든 계층에서 나타난다."《도덕의 계보》, 제3 논문, 11절 니체는 금욕적인 인간은 하나의 자기모순이라고 말한다. 삶에 적대적이면서 동시에 어떤 의지로 가득 찬 인간이기 때문이다. 삶 그 자체에 대한, 삶의 가장 근본적인 조건들에 대한 지배자가 되려는 탐욕스런 본능과 권력의지의 원한이 이 금욕적 인간을 지배하고 있다고 니체는 말한다. 다시 말해 삶 자체를 부정하는 어떤 의지의 지배를 받고 있는 것이다. 그리하여 "여기서는 힘의 원천을 봉쇄하기 위해서 힘을 사용하려는 시도가 이루어진다. 여기서 생리적인 행복 그 자체는 눈총을 받게 된다. …… 반면에 즐거움은 …… 자발적인 궁핍과 고행, 자기 채찍질, 자기희생에서 느껴지고 추구된다. 이 모든 것이 아주 지극히 역설적인 것이다. 즉 우리는 내적인 불화를 바라는, 고통 속에서 고통 자체를 향락하려는, 그리고 심지어는 삶을 위한 생리적 능력이 감퇴하면 할수록 더욱더 자신만만해하고 의기양양해하는 불화 앞에 서 있는 것이다."
《도덕의 계보》, 제3 논문, 11절

니체는 금욕적 인간은 병든 인간이고, 금욕주의적 이상은 인간을, 인간의 삶을 병들게 한다고 단언한다. 그는 이 금욕주의적 이상으로부터 인간을 보호해야 한다고 말한다. 고행하는 삶을 사는 사람은 병든 사람이다. 니체는 병든 사람이 건강한 사람에게 가장 큰 위험이라고 말하면서 그들에게 저주의 말을 퍼붓는다. "병든 자는 건강한 자에게 가장 큰 위험이다. 강자에게 재난을 불러일으키는 것은 가장 강한 자들이 아니라 가장 약한 자들이다. …… 인간의 가장 커다란 위험은 병자다. 악인이나 '맹수'가 아니다. 처음부터 실패한 자, 유린당한 자, 좌절한 자, 가장 약한 자들인 이 사람들은 인간 삶의 토대를 허물어버리고 삶과 인간과 우리 자신에 대한 우리의 신뢰를 의심 속으로 몰아넣고 그 신뢰에 아주 위험하게 독을 타는 자들이다."《도덕의 계보》, 제3 논문, 14절

니체가 여기서 병든 자라고 지칭하는 존재는 금욕주의적 이상에 사로잡힌 자다. 따라서 병자는 일차로 비유의 의미를 띤다. 그러나 이어서 나열하는 병적인 부류들은 이제 비유를 넘어 직설적 의미를 띠어간다. 그래서 우리가 삶에서 만나는 모든 허약한 인간들을 그가 혐오

하고 부정하는 듯한 느낌을 받게 된다. 니체의 사상이 또다시 위험한 국면으로 내달리는 것이다.

약자의 권력의지, 약자의 르상티망

니체는 병든 자들, 약한 자들이 권력의지를 행사한다는 사실에도 주목한다. 여기서 먼저 분명히 해둘 것이 있다. 권력의지는 강자들만 가지고 있는 것이 아니다. 생명 있는 것이면 어떤 것이든 권력의지를 가지고 있다. 다만 그 성격이 문제다. 강자의 권력의지는 삶을 찬양하고 삶을 증진시키는 건강한 권력의지지만, 약자들의 권력의지는 강자들을 거꾸러뜨리고 삶에 독을 타려는 불건강한 권력의지라고 니체는 말한다. 노예들의 도덕인 기독교가 승리한 것이야말로 약자의 권력의지가 강자의 권력의지를 패배시킬 수 있음을 입증한 사건이다. 기독교 도덕의 상속자인 근대 이념, 그 이념으로 무장한 세력이 약자들의 권력의지를 보여준다고 니체는 말한다.

그 약자들은 건강한 자들과 어떻게 싸우는가. "실로 가장 약한 자들의 권력의지가 발견되지 않는 곳이 있단 말인가! …… 모든 가족, 모든 단체, 모든 공동체의 배경을 살펴보라. 그 어느 곳에서든 저 건강한 사람을 대상으로 한 병자들의 싸움이 있다. 독으로, 아프게 찌르는 말로, 교활한 안내자의 무언극으로, 그리고 또 때때로 '고상한 분노'를 가장 잘 연출하고자 하는 저 병자의 바리새주의로 보통은 조용하게 싸운다."《도덕의 계보》, 제3 논문, 14절 니체는 한 발 더 나아가 이 병자들에 대한 극단적 반감을 거의 감추지 않고 표출한다. "이 생리적으로 실패한 자들이자 벌레 먹은 자들, 이들은 모두 원한의 인간들이며, 무시무시할 정도로 지하의 복수에 사로잡힌 자들이다. 이들은 운 좋고 행복한 자들에 대해 복수의 감정을 터뜨리는 일에도, 복수의 가면무도회나 복수의 구실을 만드는 일에도 전혀 싫증을 낼 줄 모르는 자들이다."《도덕의 계보》, 제3 논문, 14절

도대체 어떤 자들이 이런 병자에 속하는 자들일까. 니체는 당대 독일의 사회주의자 오이겐 뒤링Karl Eugen Düring, 1833~1921을 예로 든다. 반유대주의적인 성향이 강했던 사회주의자 뒤링은 그 시대에 독일의 사회주의 운동가들 사이에 상당한 영향력을 발휘했다. 카를 마르크스Karl Heinlich Marx, 1818~1883의 동지 프리드리히 엥겔스Priedrich Engels, 1820~1895는 뒤링의 영향력을 차단하고자 《반뒤링론》1878을 쓰기도 했다. 니체는 이 뒤링을 "저 베를린의 복수의 사도"라고 부른다. 그러나 뒤링이 꼭 반유대주의자여서 니체의 비판을 받는다기보다는 약자들의 보편적 해방을 지향하는 연민과 연대의 이념인 사회주의에 대해 니체가 품은 적대감이 더 근본적인 이유라고 보아야 할 것이다. 니체는 사회주의야말로 약자들의 반란, 약자들의 복수라고 생각했던 것이다. 니체는 이 약자들이 강자들에 대항해 승리하는 방식을 다음과 같이 묘사한다.

> 그들은 도대체 언제 최후의 가장 세련되고 섬세한 복수의 승리에 이를 수 있을 것인가? 의심할 여지없이 그들 자신의 불행을, 모든 불행 일반을 행복한 자들의 양심에 밀어 넣는 데 성공할 때가 그때다. 그러면 이 행복한 자들은 어느 날엔가는 자신들의 행복을 수치스럽게 여기기 시작할 것이고, 아마 서로 다음과 같이 이야기할 것이다. "행복한 것은 부끄러운 일이다! 너무 많은 불행이 있다!" 《도덕의 계보》, 제3 논문, 14절

니체가 보기에 이것이 바로 약자들이 강자들을 구렁텅이로 빠뜨리

는 방식이다. 이것은 또 금욕주의적 성직자가 승리하는 방식이기도 하다. 행복을 부끄럽게 여기고, 자신이 조금이라도 행복하다면 그것은 약자들에게 죄를 짓는 것이라고 생각하는 것, 행복에 대한 권리는 없고 행복을 버릴 의무만 있다고 생각하는 것, 이런 생각이 일반화된 세계야말로 '가치가 거꾸로 뒤집힌 세계'다. 그리하여 니체는 외친다. "이런 '전도된 세계'는 꺼져버려라! 이러한 치욕적인 감정 거세는 사라져버려라! 병자가 건강한 사람을 병들게 하는 일이 없다는 것, 이것이야말로 지상에서 최고의 관점이 되어야 할 것이다!"《도덕의 계보》, 제3 논문, 14절

병자의 음모에 휘말리지 않으려면 건강한 자들은 병자와 떨어져 있어야 한다. 니체는 여기서 '거리의 파토스'라는 자신의 용어를 동원해 건강한 자와 병자의 분리와 격리를 이야기한다. "거리의 파토스는 또한 영원히 양자의 임무를 마땅히 분리시켜야 한다!"《도덕의 계보》, 제3 논문, 14절 그렇다면 건강한 자와 병자는 앞에서 니체가 이야기했던 귀족과 노예의 다른 모습인 셈이다. 귀족은 건강한 자이고, 노예는 병자이며, 금욕주의적 이상은 노예의 도덕에서 나온 노예의 이상인 것이다. 그 금욕주의적 이상에 갇힐 때 인간은 병자의 상태로 떨어지는 것이다.

금욕주의적 이상은 노예의 도덕, 다시 말해 기독교에서 기원한 것이다. 그런데 여기서 주목할 것이 기독교를 부정하는 무신론도 금욕주의적 이상의 결과라는 사실이다. 니체는 다음과 같이 간략하게 그 사실을 밝힌다. "절대적으로 성실한 무신론은 겉보기처럼 저 이상의 안티테제가 아니다. 오히려 그것은 금욕주의적 이상의 최후의 진화 국면의 하나이며 이 이상의 최종적 형태, 내면적 결론에 지나지 않는다. 신에 대한 신앙이라는 거짓을 스스로 금지하는 것(무신론)은 바로 2,000년에 걸친 진리 훈련의 무서운 파국인 것이다."《도덕의 계보》, 제3 논문, 27절

그런 점에서 금욕주의적 이상은 부정적이기만 한 것이 아님을 알

수 있다. 금욕주의적 이상은 무슨 일이 있어도 진리를 알고야 말겠다는 진리 의지로 나타나고 이 의지는 결국 그리스도교의 자기 부정에 이르게 된다. 왜냐하면 그동안 진리로 간주되었던 것 하나하나를 모두 따져보면 결국 신도 저세상도 존재하지 않고 오직 있는 것은 이 대지와 이 세상뿐이라는 것이 분명해지기 때문이다. "우리는 이 사건의 문턱에 서 있다. 기독교적 성실성이 하나씩하나씩 결론을 이끌어낸 뒤, 최후에는 가장 두드러진 결론, 즉 자신에 반대되는 결론을 이끌어냄으로써 몰락할 수밖에 없다." 《도덕의 계보》, 제3 논문, 27절

도대체 인간은 무엇 때문에 존재하는가

그렇게 진리 의지는 기독교의 토대를 허물어버린다. 그럼으로써 기독교가 제시하고 쌓아올린 모든 가치를 무의미한 것으로 만들어버린다. 그렇다면 어디에 의미가 있다는 말인가? 우리는 무엇 때문에 이 무의미한 삶을 살고 있는 것인가? 우리가 이토록 고통스럽게 삶을 살아야 할 이유가 어디에 있다는 말인가? 니체는 이 논문의 마지막 절에서 기독교가 무의미로 흩어질 때 이런 질문이 터져 나올 수밖에 없다고 말한다.

지상에서 인간의 생존은 어떠한 목적도 품지 못했다. "도대체 인간은 무엇 때문에 존재하는가?" 이 물음은 해답이 없는 물음이다. 인간과 대지를 위한 의지가 빠져 있다. 모든 커다란 인간 운명의 배후에는, 더 커다랗게 '헛되다'라는 후렴이 울려 퍼지고 있다. …… 그러나 그의 문제는 고통 자체가 아니었다. "나는 무엇 때문에 고통스러워하는가?"라

는 물음에 대한 해답이 없다는 것이 진정한 문제였다.

〈도덕의 계보〉, 제3 논문, 28절

니체는 인간이라는 동물은 용감하고 괴로움에 익숙한 존재여서 괴로움 자체를 거부하지는 않는다고 말한다. 심지어는 괴로움의 목적, 괴로움의 이유가 제시되기만 한다면 사람은 괴로움을 바라고 괴로움을 찾기까지 한다고 단언한다. "괴로움 그 자체가 아니라, 괴로움의 무의미가 바로 이제까지 인류에게 내린 저주였다." 그런데 금욕주의적 이상이 인간에게 하나의 의미를 주었다고 니체는 말한다.

그것은 지금까지 인류에게 유일한 의미였다. 어떤 의미가 있다는 것은 아무런 의미도 없다는 것보다 낫다. 금욕주의적 이상을 통해 괴로움이 해석되었으며, 가공할 공허가 채워진 것처럼 보였다. 자살과도 같은 허무주의의 문이 닫혔다. …… 인간은 그것에 의해 구출되었다. 인간은 하나의 의미를 가지게 되었다. 이제 더는 바람에 휘날리는 가련한 나뭇잎이 아니었으며, 무의미의 놀잇감이 아니었다. 이제 인간은 무엇인가를 의지하게 되었다. 어디를 향해서, 무엇 때문에, 무엇을 의욕했던가는 아무래도 좋다. 의지 자체가 구출되었던 것이다. 〈도덕의 계보〉, 제3 논문, 28절

아무것도 의지하지 않기보다는 허무를 의지한다

니체는 인간이란 존재는 무언가를 의지하고 의욕하지 않고는 살 수 없는 존재인데, 금욕주의적 이상이 그 인간에게 의지의 방향과 목표를 제시해주었다고 말한다. 만약 그 의지가 없었다면 인간은 무의미

에 갇혀 자살하고 말았을 것이다. 문제는 그 의지의 내용이다. 금욕주의적 이상은 의지는 구출해주었을지 몰라도 삶 그 자체를 구출해주지는 못했다. 무슨 이야기인가? 금욕주의적 이상은 삶을 의욕한 것이 아니라 삶에 대한 증오와 부정과 비방을 의욕했던 것이다. "인간적인 것에 대한 이러한 증오, 더욱이 동물적인 것, 물질적인 것에 대한 이러한 증오, 관능에 대한, 이성 자체에 대한 이러한 혐오, 행복과 미에 대한 이러한 공포, 모든 가상, 생성, 죽음, 소망, 욕망 자체에서 도망치려는 이러한 욕망······." 《도덕의 계보》, 제3 논문, 28절 니체는 삶에 대한 이 모든 부정의 의지를 가리켜 "허무를 향한 의지"라고 부르고, 그것이 삶에 대한 적의이며 삶의 가장 근본적인 전제들에 대한 반역을 의미한다고 말한다. 이어 이제 이 논문의 마지막 결론을 꺼낸다.

> 그래서 내가 처음에 말했던 것을 결론적으로 다시 한 번 말한다면, 인간은 아무것도 의지하지 않는 것보다는 오히려 허무를 의지한다."

《도덕의 계보》, 제3 논문, 28절

니체는 이렇게 금욕주의적 이상이라는 것이 '허무를 향한 의지'임을 밝혀낸다. 그런데 이제까지 인간의 삶에 의미를 주었던 금욕주의적 이상이 허무 의지에 불과하다면, 왜 그런 이상이 이제껏 인간의 삶을 지배해왔던가? 니체는 이 질문에 대해 《이 사람을 보라》에서 "그 이상에 맞서는 반대 이상이 없었기 때문"이라고 답한다. 《이 사람을 보라》, '도덕의 계보' 《도덕의 계보》는 그 반대 이상 자체를 다루지는 않는다. 단지, 반대 이상이 등장하지 않으면 인간의 삶은 근원적으로 허무의 수렁에서 빠져나올 수 없음을 나름의 방식으로 증명하는 것으로 그친다. 그렇다면 그 반대 이상을 어디에서 찾을 수 있는가? 니체는 《이 사

니체의 친구 파울 도이센

람을 보라》에서 '차라투스트라'가 반대 이상을 제시했다고 말한다. 《차라투스트라는 이렇게 말했다》에서 니체는 초인의 이름으로 그 이상을 이야기한 바 있다. 그리고 이제 그가 구상 중이던 《권력의지》에서 그 반대 이상을 본격적으로 펼쳐볼 생각이었다. 그러나 그의 구상은 끝내 계획대로 실현되지 못한다.

니체가 《도덕의 계보》를 쓴 곳은 스위스의 한적한 고지대 마을 실스마리아의 한 농가에 붙은 작은 방이었다. 그는 쉬지 않고 써 20일 만에 집필을 끝냈다. 8월이면 이 고지대에 벌써 눈이 내린다. 주변은 하얗고 조용하고 호텔의 손님들은 하나둘 떠나기 시작한다. 혼자 남은 니체, 이런 그가 진리 의지의 금욕주의자가 아닐 수 있을까?[6] 니체가 그토록 자신 있게, 또 그토록 깊고도 장엄하게 금욕주의적 성직자의 내면세계를 파고들어갈 수 있었던 것도 그 자신이 바로 금욕주의적 성직자와 다를 바 없는 존재였기 때문이 아니겠는가? 진리 의지를 숭배하는 금욕주의적 성직자 말이다. 8월의 그 외로운 방에서 니체는 페터 가스트에게 편지를 썼다. "여러 면에서 약간의 만족과 진전이 있었네. 무엇보다도 나의 의지, 이제 더는 새로운 것을 경험하지 말자는, 외부를 더 철저하게 피하자는, 그리고 자기에게 주어진 일을 하자는 나의 의지가 나에게 만족감을 주네." 1887년 8월 30일

진리 의지의 금욕주의자 니체

니체는 이 편지를 쓰고도 20일을 더 실스마리아에 머물렀다. 9월에 철학 교수가 된 니체의 옛 친구 파울 도이센이 그의 아내와 함께 니체를 찾아왔다. 14년 만의 만남이었다. 이때 도이센은 펜으로 니체를 스케치했고, 훗날 그의 회상기에서 그때 만난 니체의 모습을 세밀하게 묘사했다.

어느 화창한 가을날 아침 나는 아내와 함께 키아벤나를 출발하여 말로야 고개를 넘었다. 얼마 뒤 실스마리아가 우리 눈앞에 나타났다. 나는 두근거리는 가슴으로 친구를 만났고 14년 동안의 이별 후에 오는 깊은 감동으로 포옹하였다. 그러나 그 시기에 그는 얼마나 변해버렸던가! 옛날의 당당한 자세, 경쾌한 발걸음, 유창한 말씨는 이미 찾아볼 수 없었다. 아주 힘들게 몸을 다소 옆으로 기울이며 그는 사지를 끌고 가는 것 같았다. 그는 말하기가 어려운 듯 자주 중단하였다. 아마 그날은 몸이 안 좋은 때였던 것 같다. …… 우리들은 소박한 알펜로제 호텔로 들어갔다. 여기서 니체는 보통 간단한 코텔레트 따위로 점심을 때우는 일이 많았다. 우리 두 사람은 한 시간 정도 휴식을 취하기 위해 호텔 방으

로 들어갔다. 한 시간이 채 지나기도 전에 니체는 다시 우리 방문 앞에 와서 우리들이 아직도 피곤한지 조심스럽게 물었고, 좀 빨리 왔다면 미안하다고 말했다. 내가 이런 일을 언급하는 것은, 이와 같은 지나친 심려와 배려가 이전에는 니체의 성격 속에 전혀 없었으며, 당시 그의 상태의 특징을 표시하는 것이라고 생각되기 때문이다. 다음 날 아침 그는 나를 자기가 살고 있는 방으로, 그의 말로는 동굴로 안내했다. 그것은 국도로부터 걸어서 3분 정도 들어간 어떤 농가에 있는 검소한 방이었다. 그는 이 방을 여름 내내 하루 1프랑에 빌리고 있었다. 가구는 상상할 수 있는 한 가장 검소한 것이었다. 한쪽에는 대부분 내가 이전부터 보아온 책들이 끼워져 있었다. 그 옆에는 조잡한 책상이 하나 있었고 그 위에는 커피 잔, 달걀 접시, 원고, 세면도구 들이 매우 어지럽게 놓여 있었다. …… 오후에 우리 두 사람은 출발하였고, 니체는 내리막길 골짜기를 한 시간이나 걸어서 이웃 마을까지 우리를 전송해주었다. 여기서 그는 또 한 번 불길한 예감을 말했다. 이 예감은 유감스럽게도 그 후 얼마 안 있어 적중했다. 헤어질 때 그의 눈은 눈물에 젖어 있었다. 이런 일을 전에는 그에게서 한 번도 보지 못했다.[7]

파울 도이센의 이 증언은 그보다 1년 전 라이프치히에서 니체를 만났던 에르빈 로데의 회상과 사뭇 다르다. 두 사람 다 니체가 달라져 있었다고는 했지만 그 방향은 서로 다르다. 로데는 니체가 낯설어졌고 섬뜩한 모습으로 바뀌었다고 했는데, 1년 후의 도이센은 니체가 상태가 안 좋은 듯 몸을 끌었고, 헤어질 때 눈에 눈물을 보였다고 기억한다. 무섭고 섬뜩한 니체와 약하고 우울하고 슬픈 니체, 니체 안에 이 두 모습이 함께 있었던 것이 아닐까? 도이센이 만났던 니체는 우울증의 지배를 받는 병약한 니체, 니체가 그토록 혐오하고 경멸했던 병약한 인간을 재현한 듯한 그 니체였던 것이다. 그러나 디오니소스의 지배 아래 있을 때 니체는 분명 스스로 강하다고 느꼈다. 그는 활기가 넘치고 패기만만한 사람이었다.

그렇다면 니체의 다음과 같은 설명, 앞에서 한 번 인용한 적 있는 다음 구절은 니체 자신에 대한 설명으로 읽어도 좋을 것이다. "사람들이 모든 귀족적 종족의 근저에 숨어 있는 금발의 야수를 무서워하고 그것을 경계하는 것은 극히 당연한 일인지도 모른다. 그러나 무서워하지는 않지만 그 대신, 이제 불구자, 난쟁이처럼 위축된 자, 여윈 자, 중독된 자들의 구역질나는 환경에 영원히 함몰되어버린다면, 오히려 무서워하면서 경탄하는 쪽을 몇백 배나 더 기꺼이 선택하지 않겠는가?"《도덕의 계보》, 제1 논문, 11절 이 주장을 니체의 경우에 대입해보면 니체 자신의 심정을 이해할 수 있을 듯하다. 니체 안에는 강자와 약자가 함께 살고 있었다. 니체는 가능하면 슬픔과 우울에 찌든 병약한 자기를 멀리 내보내고, 깊숙한 곳에서 금발의 야수처럼 으르렁거리는 또 다른 자기와 함께 살고 싶어 했다. 그럴 때 그는 밝고 긍정적이고 의욕이 넘치고 삶의 활력으로 자신만만했다. 말년에 니체의 내면은 그 야수에 가까웠다. 광기에 육박하는 그 활력으로 니체는 앞으로 1년을 더 질주하게 될 것이다.

| 보충 4 |

니체의
관점주의에 대한 이해들

1. 관점주의란 무엇인가

　니체는 《도덕의 계보》 '제3 논문'과 그 밖의 여러 글에서 진리 인식과 세계 해석의 인식론적 원칙으로서 자신의 '관점주의Perspectivismus'를 이야기한다. 이 관점주의는 니체 사상에서 가장 논란이 많은 주제 가운데 하나다. 해석의 복잡함과 다양성에서 권력의지와 영원회귀를 능가할 정도다. 관점주의 이해를 둘러싸고 의견이 어지럽게 갈리는 것은 관점주의 자체가 논리적 난점 혹은 아포리아를 품고 있기 때문이기도 하다. 관점주의는 하나의 관점일 뿐인가, 아니면 세계 인식의 유일한 방식인가. 관점주의가 어떤 것인지 대략의 윤곽을 보여주는 것으로 니체가 존경했던 문화사가 야코프 부르크하르트의 《이탈리아 르네상스의 문화》의 서문을 들어볼 수 있다.[8] 부르크하르트는 서문에서 이 책의 서술 내용이 절대적 진리가 아니라 자신의 관점에서 본 해석일 뿐이라고 말한다.

　"문화로 구분된 한 시대의 정신적 윤곽은 보는 사람에 따라 거의 다른 모습을 띠고 나타날 것이다. 게다가 우리 문명의 가장 가까운 모태로서 아직도 작용하고 있는 문명을 다룰 경우에는 서술자에게나 독자들에게나 매 순간 주관적인 판단과 감정들이 끼어들지 않을 수 없다. 우리가 나아가야 할 넓은 바다에는 취할 수 있는 항로가 많다. 그러므로 내가 이 저작을 위하여 한 연구와 같은 연구를 다른 사람이 한다면 전혀 다른 적용과 다른 취급이 가능할 뿐만 아니라 본질적으로 상이한 결론을 쉽사리 끄집어낼 수 있을 것이다. 연구 대상 자체는 매우 중요한 것이어서, 여러 가지 방식으로 취급되는 것이 바람직하고, 극히 다른 관점을 가진 연구자들의 발언이 필요하다."[9]

이 '겸손한' 글에서 관점에서 따라 대상이 다르게 인식된다는 관점주의의 가장 원초적인 태도를 발견할 수 있다. 그러나 니체의 관점주의는 '관점에 따라 대상이 다르게 인식된다'는 수준에 머물지 않는다. 인간은 자기의 욕구에 따라, 이 욕구의 특수한 관점 속에서 주변 세계를 이해한다. 어떤 인식도 특수한 관점을 떠날 수 없고 어떤 관점도 그 자체로 전체를 다 아우르는 초월적 관점일 수 없다는 것이 관점주의의 기본 가정이다. 니체는 관점을 초월한 어떤 절대적 지식도 없다고 주장한다.

솔로몬Robert C. Solomon, 1942~2007과 히긴스Kathleen Marie Higgins, 1954~는 인식이 주체의 관점의 제약을 받는다는 사실을 다음과 같이 설명한다. "지식은 항상 그것을 주장하는 사람의 관점에 의해 제약된다. 가령 자연과학에서도 지식은 주창자의 지적인 설정, 장치의 성격, 제시된 문제 등에 의존한다. …… 니체는 우리의 인식 능력과 독립되어 있는 이마누엘 칸트의 '사물 자체'의 세계를 거부했다. 그러한 세계가 있다고 해도 우리는 그러한 세계를 알 수 없으며 그것에 대해 알고 있지도 않다. 우리가 어떤 것을 아는 것은 어떤 관점에서 아는 것이며 그러한 관점은 우리의 생리학적 체질, 조사하고 해석하는 기술, 문화, 언어 등에 의존하고 있다."[10]

그렇다면 니체가 제시한 관점주의는 상대주의와 어떻게 다른가? 상대주의는 두 가지 차원으로 나누어볼 수 있다. 첫 번째 상대주의는 이런 것이다. '어떤 견해도 다른 견해보다 더 낫다고 할 수 없다. 더 나은 견해도 없고 더 모자란 견해도 없다.' 이런 식의 상대주의는 진리를 인식할 가능성을 처음부터 부정하고 진리를 추구할 권리조차 부인한다. 이와 같은 의미의 '절대적' 상대주의는 니체의 관점주의와는 아무런 관련이 없다. 니체의 관점주의는 이런 식의 상대주의를 비판하고 부정한다.

그러나 좀 더 설득력 있는 두 번째 상대주의가 있을 수 있다. 모든 견해는 특정한 구조나 관점, 문화, 시간과 공간에 상대적이라는 주장이다. "모든 지식은 잠정적인 것이고 우리가 가장 확고하게 간주하는 과학적 믿음도 과거의 많은 과학적 믿음처럼 언젠가는 오류나 불충분한 것으로 밝혀질 수 있으므로 우리는 우리에게 참된 것 역시 항상 잠정적일 수밖에 없음을 인정해야 하며 우리의 시각도 상대적인 것으로 받아들여야 한다."[11] 이런 방식으로 이해된 상대주의는 니체의 관점주의와 닮았다. 니체의 관점주의는 모든 '진리'를 특정한 관점에서의 해석이라고 주장한다. 중립적이거나 모든 것을 다 아우르는, '신의 눈'과 같은 견해는 있을 수 없다는 것이다. 오직 관점들만이 있을 뿐이다.[12]

그러나 니체의 관점주의가 여기에서 그친다면, 상대주의와 본질적으로 다르지 않을 것이다. 니체의 관점주의는 종들 사이에 관점의 차이가 있다는 명제를 검토해보면 그 특성이 드러난다. 동물 종마다 세계를 보는 관점이 다르다는 것이 관점주의의 가정이다. 한 종이 생존하고 번성하기 위해 외부 세계를 해석하는 방식은 다른 종이 세계를 해석하는 방식과 다르다. 초식 동물과 육식 동물은 세계를 보고 해석하는 방식이 다를 수밖에 없다. 초식 동물이 찾아다니는 것이 육식 동물에게는 아무런 관심거리가 아니다. 인간과 원숭이 사이도 마찬가지 차이가 있다. 인간이라는 종이 바라보는 관점이 다르고 원숭이가 바라보는 관점이 다를 것이다. 관점의 차이는 여기서 그치지 않는다. 같은 인간의 관점이라고 해도 문화권마다 관점이 다를 수밖에 없다. 그리하여 문화권마다 도덕과 선악의 기준이 달라진다. 같은 문화권

안에서도 높은 곳에 있는 인간과 낮은 곳에 있는 인간 사이에 관점이 다를 것이다. 니체가 말하는 관점주의의 결정적 국면은 바로 높은 혹은 고귀한 인간과 낮은 혹은 비천한 인간 사이 관점의 차이에서 발견된다. 이 두 관점은 서로 동등한 것이 아니다. 니체는 고귀한 인간의 관점을 진리로, (진리가 아니라면) 초소한 더 나은 것, 인간 삶의 향상에 더 유용한 것으로 채택한다. 이렇게 해석 주체, 인식 주체 사이에 등급을 매겨 더 높은 인간, 더 고귀한 인간, 다시 말해 강자와 주인의 관점을 채택하는 것이 니체의 관점주의다. 상대주의는 해석 주체들 사이의 원천적 차이를 전제하지 않는다.

관점주의적 해석이 위력을 발휘할 때는 '이제껏 진리로 주장되어 오던 것들'을 대상으로 하여 그 진리 주장을 해체할 때이다. 니체가 관점주의를 주장하는 일차적 이유는 진리로 군림하는 명제들, 형이상학의 건물들을 파괴하려는 데 있다. 관점주의는 기존의 절대적 지위를 점하는 명제의 절대성을 무너뜨리는 인식론적 해체 작업이다. 인간을 억압하는 진리가 진리의 가면을 쓴 오류임을 드러내기 위해 니체가 찾아낸 것이 관점주의인 셈이다. 니체의 관점주의에 기대면, 인간의 삶을 약화시키는 '관점=해석'이 있고 인간의 삶을 강화시키는 '관점=해석'이 있다. 진리는 인간을 강화시키는 관점=해석에서 발견된다.

관점주의는 그러므로 모든 진리를 부정하는 것이 아니다. 언제 어디서나 절대적으로 타당한 절대적 진리를 부정하지만, 해석적 진리, 우리 삶에 유용한 명제의 진리성은 인정하는 것이다. 백승영의 요약을 빌리면, 니체는 이런 해석적 진리에 대해 다음과 같이 대답한다. "관점적 인식 상황이 우리의 존재적 한계이기에 우리는 절대적 진리를 가질 수는 없지만, 그렇다고 모든 진리를 포기할 필요는 없다. 우리에게는 해석적 진리가 있다. 우리의 삶에 유용성이 큰 해석을 우리는 진리로 간주한다. 진리로 간주된 것이 바로 우리의 진리다."[13]

이진우도 니체의 관점주의가 진리 자체를 부정하는 것이 아니라고 말한다. 니체는 전통적 진리를 부정했을 따름이다. 그럼 왜 전통적 진리를 부정한 것일까? "그것은 삶의 본래적 특성인 해석의 힘을 마비시킬 정도로 삶과 세계에 관한 특정한 해석이 절대화되었기 때문이다."[14] 우리 삶을 옥죄고 피폐하게 만드는 절대화된 진리를 깨부수기 위한 도구가 관점주의인 셈이다.

그렇다면 여기서 니체가 진리를 어떻게 인식하고 있는지 한 번 더 살펴보자. 도대체 니체에게 진리란 무엇인가. 니체는 유고에서 다음과 같이 말한다. "진리란 그것 없이는 특정한 종의 살아 있는 존재들이 더 이상 살지 못할, 그런 오류의 한 양식이다."[15] 이 문장에서 니체는 진리란 일종의 오류라고 단언한다. 왜냐하면 어떤 진리도 영원하고 절대적인 진리일 수 없기 때문에, 실상 어떤 관점에서, 어떤 해석에서 진리로 받아들여진 것, 따라서 엄밀히 말하면 오류의 일종인 것이다. 그런데 이 오류가 우리 삶에 필수 불가결한 것, 절대적으로 유용한 것이어서 진리로 간주되고 신봉되는 것이다.

니체는 다른 유고 단편에서 이런 말도 한다. "우리가 진리로 인해 멸망하지 않도록 하기 위해 우리에게 예술이 존재한다."《권력의지》, 822절 우리 삶에는 예술이라는 가상이 필요한데, 왜냐하면 그 가상을 걷어버리고 나면 적나라한 삶의 진실이 드러나고, 그럴 경우 그 진실을 견딜 수 없게 되기 때문이다. 니체의 이 명제는 《비극의 탄생》에서 니체가 밝힌, "세계는, 그리고 인간의 실존은 미학적으로만 영원히 정당화된다"는 초기의 명제와 연관이 있다. 이때의 진리는 오류의 껍질, 예술의 포장을 걷어내 버렸을 때 드러나는 삶의 진실을 가리킨다. 니체의 관점주의적 해석이 이 오류를 걷어내고 진실을 드러냈다고 할 수 있을 것이다.

니체는 그런 진리(진실)들이 삶을 위협한다고 생각한다. 적절한 사례로 기독교를 들 수 있다. 기독교는 오류이다. 하지만 한때는 우리 삶에 꼭 필요했던 오류이다. 기독교가 말하는 신의 존재와 영혼의 구원이라는 '진리'를 생각해보자. 수천 년 동안 의심 받지 않았던 그 진리가 오류로 밝혀진다. 신의 존재와 구원의 약속이 거짓으로 드러나자 그것이 지탱해주던 이 지상의 삶이 폐허가 되고 허무가 밀려온다. 그 허무의 물결에 휩쓸리지 않으려면 방파제가 필요하다. 진리를 덮어버리고 삶을 견딜 수 있게 해주는 무언가가 필요하다. 바로 그런 상황을 염두에 두고 니체는 "진리에 의해 멸망하지 않도록 하기 위해 우리에게 예술이 존재한다"고 말하는 것이다. 일종의 예술 구원론이다(니체는 후기에 이 예술 구원론을 내버리지만, 여기서 그 문제를 논할 상황은 아니다).

그런데 이 대목에서 주목할 것이, 니체가 진리를 두 가지로 보고 있다는 점이다. 하나는 오류로 드러난 진리, 그것은 이진우가 말한 '전통적 진리'다. 니체의 관점주의는 그 전통적 진리가 오류임을 가차 없이 폭로한다. 그러나 또 다른 진리가 남는다. 전통적 진리가 오류임을 폭로하고, 그 전통적 진리=오류의 껍데기를 내던지고 난 뒤 드러난 진정한 진리가 있다. 우리가 견딜 수 없는 진리, 그래서 예술이든 기만이든 방패가 필요한 진리가 있다. 이 진리는 절대적 진리인가, 관점적 진리인가. 이 문제에 대한 니체의 대답은 명확하지 않다. 그것을 관점적 진리라고 보기도 하지만, 절대적 진리인 것처럼 주장하기도 한다.

2. 관점주의의 아포리아

이렇게 관점주의는 자기 내부에 논리적 난점 또는 아포리아를 품고 있다. 리처드 로티Richard Mckay Rorty, 1931~2007는 니체가 자신의 사유를 자신이 제기한 주장, 곧 관점주의로부터 분리시킴으로써 일관성을 잃고 만다고 주장한다. 니체가 관점주의에 입각해 기존의 모든 진리를 하나의 해석으로, 오류로 치부해 부정함과 동시에 자신의 명제에는 절대적 진리성을 부여하고 있다는 것이다. 니체가 논리적 궁지에 빠져 있다는 이야기다.*

백승영은 이런 주장에 반대해 니체를 변호하는 자리에 선다. 그는 니체가 관점주의를 자신의 관점주의 자체에 적용했다고 본다. 그는 니체가 《선악의 저편》에서 "이것이 단지 해석일 뿐이라고 하자. 너희는 이에 대항할 정도로 열의가 있는가? 그렇다면 더욱 좋다"(선악의 저편), 22절고 말한 것을 상기시킨다. "그는 결코 자신의 관점주의를 하나의 예외로 상정해서, 그것을 절대적 앎이라는 관점으로부터 사유되는 유일한 절대적 진리로 말하고자 하지 않는다."17 백승영은 이로써 관점주의의 일관성이 확보된다고 말한다.

그러나 백승영의 이 주장에 대해서는 반론이 제기될 수 있다. 니체의 텍스트는 니체 자신의 명제들을 관점적인 것으로, 다시 말하면 더 나은 관점

---

* 로티는 관점주의에 관해 니체가 자기 배반을 행하고 있음을 다음과 같이 보여준다. "관점주의에 대한 니체의 옹호와 반동성에 대한 그의 논쟁을 대조해보자. 자신의 선행자들을 상대화하고 역사화할 경우로 국한해본다면, 니체는 그들을 기꺼이 역사적 사건, 사회적 조건, 그들의 선행자들에 대한 관계의 망으로 재서술했다. 이런 순간에 니체는 자아가 실체가 아니라는 자신의 확신, 그리고 실체라는 관념 자체를 버려야 한다는 확신, 다시 말해서 진정한 본질을 가지고 있으며 스스로에 대한 특권적인 관점을 가지고 있기 때문에 관점에 따라 달라질 수 없는 무언가에 대한 모든 관념을 버려야 한다는 자신의 확신에 충실했다. 그러나 다른 순간, 즉 과거의 자극에 대한 특이한 반동의 묶음이 아니라 순수한 자아 창조, 순수한 자발성으로 존재할 초인을 상상했을 때, 그는 자신의 관점주의에 관한 모든 것을 망각하고 있다. 어떻게 하면 놀랍고 다르며 지금까지 존재했던 어떤 것과도 상이할 수 있는지 니체가 설명하기 시작할 때, 그는 마치 인간의 자아가 '권력의지'라고 불리는 어떤 것의 저장소인 양 말한다. 초인은 그런 것에 대한 굉장한 저장소를 가지고 있고, 아마도 니체 자신도 상당히 큰 저장소일 것이다. 관점주의자로서 니체는 아름다운 패턴을 바라보기 위해서 자신에게 전승된 관점들을 되돌아볼 수 있게 해주는 어떤 관점을 찾는 데 관심이 있었다. …… 그러나 권력의지에 관한 이론가로서의 니체, 즉 하이데거가 '최후의 형이상학자'라고 공격한 니체는 하이데거 못지않게 모든 관점을 넘어서는 데 관심이 있었다. 니체는 아름다움만이 아니라, 절정을 원하고 있었다.16

에 의해 반박될 수 있는 것으로 보는 겸손한 인식의 측면이 있다. 그러나 동시에 자신이 깨달아 진리로 받아들인 것을 결코 포기할 수 없는 절대적 인식으로 간주하는 니체도 있다. 니체가 세계의 참된 비밀로 포착한 '권력의지'는 니체에게 어떤 것이었는가. 그것은 다른 관점에 의해 대체될 수 있는 그런 종류의 인식인가. 니체가 그토록 집요하게 '권력의지'를 붙들고 늘어지면서 이것을 세계의 비밀로, 다시 말해 진리로 파악했는데, 이게 한갓 관점의 소산일 뿐이라면, 다시 말해 객관적 근거가 없는 단순한 해석일 뿐이라면, 그것을 진리라고 주장할 근거가 사라지게 된다. 따라서 니체가 자신의 사유에서 관점주의를 배제했다는 로티의 주장은 전적으로 타당하다고 할 수는 없어도 아주 터무니없는 것으로 볼 수는 없다. 니체는 자신의 어떤 사유, 어떤 발견에 진리의 가치를 부여했다. 관점적인 해석이 아닌 객관적 진리성을 부여했던 것이다. 그런 점에서 니체의 텍스트 안에 서로 충돌하는 인식론적 태도가 (최소한 부분적으로) 있음을 인정하는 것이 좋을 것이다.

관점주의의 또 다른 난점도 있다. 관점주의가 '관점주의' 자체에 적용되느냐 아니냐 하는 물음이다. 장은주는 관점주의의 논리적 난점을 다음과 같이 제기한다. "그와 같은 관점주의의 아포리아는 명백하다. 만약 어떤 보편주의적 관점도 사실은 어떤 특정한 세계상과 가치 지향의 표현일 수 있을 뿐이라는 관점주의의 주장이 맞다면, 도대체 그 관점주의 자체의 위상은 무엇일 수 있을까? 그 관점주의도 하나의 관점인가?"[18] 아서 단토도 그와 같은 문제를 지적한다. 관점주의는 '모든 것은 해석이다'라고 말하는데, '모든 것은 해석이다'라는 관점주의의 그 명제 역시 하나의 해석에 불과하다. 그렇다면 이 명제는 '수행적 모순'을 범하게 된다는 것이다.[19] 다시 말해 '모든 것이 해석'이라는 관점주의의 명제를 밀어붙이면 관점주의 자체도 진리가 아니라 해석에 불과하기 때문에 관점주의 자체의 진리성은 부정되고, 따라서 관점주의 명제에 입각한 세계 해석이 불가능하게 된다는 주장이다.

'모든 것은 해석이다'라는 관점주의 테제가 수행적 모순을 일으킨다는 지적은 타당한가. 백승영은 '모든 것은 해석이다'라는 관점주의의 명제를 '사유의 틀'로 간주해야 한다고 주장한다. "관점주의는 이 틀을 받아들여야만 하고, 이 토대 위에서야 비로소 관점주의의 다른 논의들이 진행될 수 있다."[20] 백승영은 니체의 관점주의 테제를 이렇게 사유의 틀로 간주하면 절대적 진리를 주장하지 않는 관점주의 철학을 수행적 모순으로부터 구제할 수 있다고 말한다. 또 다른 곳에서 백승영은 니체의 관점주의도 하나의 해석이고 그래서 결국엔 오류이지만, "그렇다고 해서 거짓말쟁이의 역설처럼 니체의 관점주의가 자기적용의 모순에 빠져 있는 것은 아니다"라고 단언한다.[21] "그래서 오류니까 들을 필요도 없다고 단언할 수는 없다. 오히려 관점주의의 일관성을 확보하려면 오류니까 들어볼 만하다고 말해야 한다. 오류는 유용성 전략에 의한 것이기 때문이다."[22] 백승영의 이런 설명은 단토의 비판을 효과적으로 논파하는 것일까.

고병권은 다른 각도에서, 그러나 백승영의 '사유의 틀'과 유사한 방식으로 관점주의 해명을 시도한다. "도대체 진리가 있다는 것일까, 없다는 것일까?" 관점주의가 문제가 될 때마다 나올 수밖에 없는 물음을 던진 뒤 고병권은 다음과 같이 말한다. "절대주의와 상대주의 외에 진리에 대한 해석이 존재할 수 있는가? 우리가 해석을 '진리를 이해하는 문제'로 두는 한 길은 없다. 그러나 우리가 진리를 하나의 해석으로 이해한다면, 상황은 달라진다. 해석이 진리 위에서 논의된다면 길은 절대주의와 상대주의가 한쪽씩 막고 있는 형국이 되지만, 진리가 해석 위에서 논의된다면 길은 누구도 다 막아낼 수 없을 만큼 과잉적인 것으로 돌변한다. '천 개의 작은 길이 있다.'《차라투스트라는 이렇게 말했다》, 제1부 '베푸는 덕에 대하여', 2절 '세계는 무한히 해석 가능하다.'《권력의지》, 605절"[23] 고병권은 여기서 니체의 요점이 '진리가 있느냐 없느냐'에 있는 것이 아니라고 단언한다. 그런 이분법적 질문에 빠지면 상대주의와 절대주의 사이를 왕복할 수밖에 없다. 대신 진리를 해석의 문제로 받아들인다면 전혀 다른 상황이 펼쳐진다고 고병권은 주장한다. 무한히 해석 가능하고 무수히 많은 진리의 길이 열릴 수 있다는 것이다. 그러면서 고병권은 해석을 창조와 생성의 문제로 본다. "니체에게 해석은 무엇보다도 창조와 생성의 문제다. …… 사람들이 사실들을 해석이라는 행위를 통해 받아들일 때 그것은 매우 능동적인 행위가 된다. 그들은 해석을 통해 하나의 가치를 창조하고 생성한다. 니체가 절대주의나 상대주의를 비판하는 것은 그것이 허구이기 때문이 아니라 이러한 창조와 생성의 작용을 방해하기 때문이다."[24] 니체에게 해석이란 새로운 세계를 창조하기 위한 차이의 생성이라는 것이다. 그러나 고병권의 이런 해석은 관점주의 테제가 지닌 진리성 문제를 괄호 치고 난 뒤 해석으로 비약하고 있다는 혐의를 받을 수 있다.

3. 관점주의 대 객관주의

관점주의가 야기하는 문제를 풀기 위해 관점주의와 객관주의를 서로 맞세워보는 것도 좋을 것 같다. '진리는 어떤 관점에서 보느냐 하는 해석의 문제다'라는 관점주의와 '진리는 해석이나 주관과 무관하게 객관적으로 존재한다'라는 객관주의는 서로 대립하는 진리관이다. 이 둘 가운데 어느 것을 받아들일 것이냐는 타협의 여지가 없는 것처럼 보인다. 진리에 대해 동시에 객관주의자와 관점주의자가 될 수는 없다는 것이 일반적 인식이라는 말이다. 니체가 제기한 관점주의에서 보면, 확실히 객관주의는 받아들이기 어려운 주장이다. 주체의 관점과 해석을 떠난 진리 그 자체는 존재하지 않는다는 것이 니체의 진리관이기 때문이다.

니체는 자신의 관점주의에 대해 다음과 같이 말한다. "오직 하나의 올바른 해석만이 있다는 …… 근본 전제는 내가 보기에는 심리학적으로 경험상으로 틀렸다."《도덕의 계보》, 제3부, 12절 이것은 관점주의에 대한 표준적 설명이다. 이어 니체는 다음과 같은 말도 한다. "오직 관점주의적 시각만이 존재하고, 오직 관점주의적 '인식'만이 있을 뿐이다. 우리가 어떤 사태에 대해 더욱더 많은 정념들로 하여금 말하게 하면 할수록 또 우리가 그 동일한 사태를 좀 더 많은 눈들과 상이한 눈들이 바라보게 하면 할수록, 이 사태에 대한 우리의 '개념'이나 '객관성'은 더욱더 완벽해질 것이다."《도덕의 계보》, 제3부, 12절 이 인용문은 니체가 생각하는 관점주의에 대해 새로운 이해를 할 수 있는 실마리를 제공한다. 먼저 니체는 "오직 관점주의적 시각만이 존재하고, 오직 관점주의적 인식만이 있을 뿐이다"라고 매우 강경한 어조로 단호하게 말한다. 관점주의적 인식을 떠난 진리 인식의 방식이 없다는 것이다. 우리는 어떤 경우에도 우리의 주체적 조건, 주체적 욕구, 주체적 환상, 주체적 상황을 통해서 세계를 인식하는 것이다. 그것을 부정할 수도 없고 그런 조건을 뛰어넘을 수 없다는 것이다.

동시에 니체는 이런 관점적 인식의 다양성을 긍정한 뒤에, 그런 다양한 관점적 인식이 모여 동일한 사태에 대한 개념이나 객관성이 더욱 완벽해질 것이라고 말한다. 이것은 사물을 여러 관점에서 봄으로써 그만큼 입체적으로, 다시 말해 전체적으로 인식할 수 있다는 이야기다. 그렇다면, 그것은 우리의 관점적 인식 이전에 사태 자체가 객관적으로 존재한다는 이야기를 함축한다. 그리고 그 명제를 받아들인다면, 진리 자체가 객관적으로 존재한다고 이야기하는 것도 가능해진다. 이것은 니체의 본심인가, 아니면 상황을 설명하다가 범한 실수인가. 그도 아니면 이해를 돕기 위해 방편적 설명을 끌어들인 것인가. 니체의 글 속에는 이렇게 오해의 여지가 있는 상호 모순되거나 긴장 관계에 있는 명제들이 많다. 관점주의에 대한 논의가 명쾌하게 정리되기 어려운 이유에는 니체의 이런 어긋나는 진술의 방조도 있다.

김정현은 관점주의를 '삶의 해석학'이라고 이해한다. "니체의 실천철학은 삶의 해석학으로서의 관점주의로부터 출발한다. 왜냐하면 모든 현존재는 본질적으로 해석하는 존재이기 때문이다. 관점주의의 관점은 모든 삶의 근본 조건으로서 인간 현존재의 해석학적 의미, 즉 생성 속에서의 의미 진리를 찾고자 한다. 세계는 무수한 의미들로 이루어지기에 우리는 '관점적 다양성', 즉 다양한 해석의 가능성들을 전제하지 않을 수 없다."[25] 인간은 해석하는 존재이며, 이 해석은 우리의 실존적 조건이다. 그렇게 해석하는 존재로서 우리는 우리의 해석을 통해 진리를 얻는다는 이야기다.

니체는 1885년 가을과 1886년 가을 사이에 쓴 한 유고에서 자신의 저서를 관통하는 사유의 핵심 동기를 언급함과 동시에 해석을 평가할 수 있는 척도를 제공한다.[26] "세계의 가치는 우리의 해석에 있다는 점, 종래의 해석들은 우리가 권력을 증대하기 위해, 생명, 즉 권력의지를 보존할 수 있도록 해주는 관점주의적 평가들이라는 점, 모든 인간의 향상은 편협한 해석들의 극복을 수반한다는 점, 모든 도달한 강화와 권력 확장은 새로운 관점을 열어놓고 또 새로운 지평을 믿게 한다는 점, 이것이 나의 저서를 관통한다."
《니체 전집 19 유고(1885년 가을~1887년 가을)》, 141쪽 이 글은 니체가 자신의 관점주의를 명확하게 드러낸 글이라고 할 수 있다. 이진우는 니체의 이 글을 거꾸로 읽으면, 니체가 전개한 새로운 해석학은 '진리는 존재하지 않는다'는 강력한 전제 조건에서 출발함을 알 수 있다고 말한다. 그렇다면 니체는 진리의 개념을 완전히 포기한 것인가? 이진우는 "결코 그렇지 않다"고 말한다. "니체는 형이상학적 진리를 관점주의적으로 해체함으로써 오히려 진리의 새로운 기준을 제시한다. 니체에 의하면 진리는 새로운 관점과 지평들을 열어놓음으로써 권력 확대에 기여할 때 비로소 진리로서 타당하다."[27]

니체는 전통적 진리, 형이상학적 진리, 그것의 구체적이고 역사적인 사례인 기독교적 진리를 부정했다. 그 부정과 해체에 그가 적용한 것이 관점주의다. 관점적 인식을 도구로 삼아 인간의 삶을 피폐하게 하고 힘을 약화시키는 전통적 진리는 진리가 아님을 드러내고 그 진리성을 부수어버렸다. 그러고 나서 니체는 관점적 인식 방식을 통해 세계를 해석함으로써 우리의 삶을 건강하게 하고 힘을 증진시키는 것들을 진리로 받아들였다. 이렇게 삶의 해석학에 입각한 유용성으로서의 진리는 주체의 조건에 따라 다양하게 나타날 수 있다.

그러나 이렇게 이해하고 난 뒤에도 니체의 관점주의와 진리의 관계가 모두 해명되는 것 같지는 않다. 관점주의는 해석적 진리만 있다고 말하지만, 동시에 객관적 진리 자체를 니체가 언제나 부정하지는 않는 것처럼 보이기 때문이다. 우리의 주관적 혹은 주체적 해석을 넘어 존재하는 객관성의 세계가 있음을 니체는 때때로 긍정하는 듯한 태도를 보인다. 그것은 우리의 주관적 해석을 넘어선 어떤 진리가 있음을 인정하는 것으로 연결될 수 있다. 앞에서 한 번 언급했지만 다시 한 번 생각해보자. '권력의지'라는 모든 살아 있는 것들의 본질은 해석적 진리인가 객관적 진리인가. 권력의지는 우리의 해석을 통과하지 않으면 인식될 수 없지만, 그렇다고 해서 그 권력의지가 우리의 해석을 떠나서는 존재하지 않는다고 말할 수는 없다. 우리의 해석이 포착하지 못하더라도, 혹은 포착하기 전에도 권력의지는 권력의지로 있을 것이기 때문이다. 그 권력의지는 객관적 진리인가 해석적 진리인가.

4. 관점주의와 객관주의의 종합

앞(3절)에서 '관점주의와 객관주의 가운데 어느 것을 받아들일 것이냐는 타협의 여지가 없는 것처럼 보인다'고 했는데, 정말 타협의 여지가 없는 것일까. 관점주의와 객관주의의 대립을 다른 방식으로 이해해볼 수는 없는 것일까. 이 문제, 즉 관점주의와 객관주의를 대립시켜 이해하는 문제를 찬찬히 다시 검토해보자. 다른 방향에서 보면, 관점주의와 객관주의가 서로 절대적으로 대립하는 것은 아니라는 사실이 드러난다. 그 둘이 서로를 전제하거나 최소한 서로 병행하는 것이라고 보는 것이 가능해진다. 그리고 좀 더 따져 들어가면, 관점주의와 객관주의는 서로 보충하는 관계에 있는 것으로 나타난다. 그리하여 먼저 결론을 정식화하면, 객관주의 없는 관점주의는 공허하며 관점주의 없는 객관주의는 맹목이다.

우리의 인식 혹은 관점 바깥에 무언가가 있다는 것은 부정할 수 없는 사실이다. 만약 아무것도 없다면 인식할 것도 없으므로, 관점 자체도 성립할 수 없기 때문이다. 하나의 관점이, 사물에 대한 우리의 인식 태도가 성립하려면 우리 인식 바깥에 무언가가 존재해야 한다. 그렇게 무언가가 존재한다면 그 존재 자체에 대한 진리도 존재해야 한다. 여기서 진리란 참된 인식 곧 사물과 우리 인식 내용 사이의 일치라는 의미의 인식론적 진리가 아니라, 객관적으로 존재하는, 그러나 정확히 그것이 어떤 것인지는 확정할 수 없는 사물의 실체가 있다는 의미의 진리다. 그런 의미의 진리는 우리 인식 바깥에 무언가가 존재하는 한 존재할 수밖에 없다. 여기서 객관주의의 근거가 드러난다. 무언가가 이미 우리 인식 이전에, 우리 인식 바깥에 존재한다면, 그 존재 자체의 진리도 존재하는 것이고 그렇다면 객관주의는 그 토대를 확보한 셈이다.

그러나 그 객관주의적 사물 혹은 진리가 우리의 인식에 드러날 때 그 자체로 드러나는 것은 아니다. 사물 혹은 진리는 우리의 인식 관심, 인식 태도, 요컨대 니체적 의미의 관점을 통과하여 드러날 수밖에 없다. 따라서 관점이 다르다면 사물이 드러나는 방식도 달라질 것이고 그렇게 드러난 사물의 인식된 모습도 달라질 것이다. 관심과 태도와 관점에 따라 대상 세계가 다르게 나타나고 인식된다는 그 사정을 가리키는 말이 관점주의다.

우리 바깥의 우주를 대상으로 생각해보자. 우리 바깥에 거대한 우주가 있다는 것, 그 정확한 크기나 속성이나 운동이나 변천은 알지 못한다 하여

라도 그 거대한 어떤 물질과 공간으로 이루어진 세계가 있다는 것은 부정할 수 없다. 그것을 인정하는 것이 객관주의다. 이 객관주의를 부정하고서는 관점주의도 성립할 수 없다. 무언가가, 다시 말해 우주가 있어야만 우주에 관한 우리의 인식도 존재할 것이기 때문이다. 그 우주가 우리의 인식 관심, 인식 태도, 우리의 삶의 태도 위에서 만들어지는 '관점'에 의해 포착될 때 우리에게 유의미한 세계로 나타난다. 예를 들어 파스칼에게 우주는 영원히 침묵하는 무한히 큰 두려운 대상이다. 마찬가지로 어떤 사람에게 우주는 한없이 거대한 아버지 같은 존재일 수도 있다. 또 다른 사람에게 우주는 신비로운 공간이며, 또 어떤 사람에게는 경배하고 떠받들어야 할 신적인 대상이고, 또 다른 어떤 사람에게는 정복해야 할 대상이다. 각각의 관점에 따라 우주는 다르게 인식된다.

　오늘날 대세를 이룬 것은 신학적·형이상학적 우주 이해가 아니라 과학주의적 우주 이해, 다시 말해 자체의 엄밀한 법칙에 따라 스스로 탄생하고 변화하는 자기 운동적 존재로서의 우주 이해다. 그러나 그런 이해조차 관점을 완전히 벗어난 것은 아니다. 우주에 대한 과학적 이해에 합의한 과학자들 사이에서도 우주 운행의 근본 법칙, 우주 구성의 근본 요소, 우주 공간의 시작과 끝이라는 문제에서는 서로 견해가 엇갈리고 있다. 그러나 이들 중 어느 누구도 우주 자체가 존재하지 않는다고 말하지는 않는다. 이것이 말하자면 객관주의에 입각한 관점주의다. 우주는 존재하지만, 각각의 관점에 따라 다른 모습으로 드러난다. 그 관점 중에서 니체 식으로 설명하면, 어떤 관점은 인간의 힘을 강화시키고 인간을 고양시키는 관점이 있는가 하면, 어떤 관점은 인간을 나약하게 만들고 비굴하게 만드는 관점이 있을 수 있다. 또 어떤 시기에는 진리의 힘으로 인간을 지배하는 관점이 다른 시기에는 오류로 판명되어 폐기되기도 한다. 또 어떤 관점이 인간에게 유용한 관점이었다가 다음에는 다른 관점이 유용한 것이 된다. 이렇게 인식된 것들의 가치가 시대마다, 민족마다, 혹은 개인마다 달라진다는 것, 그것이 관점주의의 핵심 전제다.

우리 인간 세계로 눈을 돌려, 구체적으로 우리의 맞은편에 있는 '당신'이라는 대상을 보자. '당신'은 나의 인식과 무관하게 내 앞에 존재한다. 내 관심, 내 태도, 내 관점과는 아무 상관 없이 당신이 내 앞에 있음을 나는 부정할 수 없다. 그러나 당신의 존재는 나의 관점이 어떠하냐에 따라 무한히 의미가 달라진다. 당신은 혐오스러운 사람일 수도 있고, 한없이 사랑스러운 사람일 수도 있고, 무섭고 두려운 사람일 수도 있고, 경멸스러운 사람일 수도 있고, 일거수일투족이 모두 관심의 대상이 되는 사람일 수도 있고 그 어떤 몸짓도 달도 관심을 불러일으키지 않는 무관심의 대상일 수도 있다. 존재 자체로 나의 감동을 불러일으키는 사람일 수도 있지만, 존재 자체로 나를 질식시키고 힘을 빼앗고 괴로움에 빠뜨리는 사람일 수도 있다.

당신의 가치는 내가 어떤 관심 상태에 있느냐, 내가 어떤 조건에 처해 있느냐에 따라 전혀 다르게 매겨진다. 어두운 밤에 낯선 골목길에서 나를 향해 손을 뻗는 덩치 큰 사람은 두려움을 불러일으키지만, 수렁에 빠져 허우적대는 나를 향해 손을 뻗는 덩치 큰 사람은 내 목숨을 구해줄 수 있는 사람으로, 다시 말해 일순간 안도감을 불러일으키는 사람으로 나타난다. 당신은 내 앞에 존재한다. 그 당신이 존재한다는 것, 그 사실을 부정할 수 없다는 것이 객관주의다. 그 당신이 나에게 어떤 모습으로 인식되느냐, 어떤 의미로 다가오느냐 하는 것은 나의 관점이 결정한다. 그것이 관점주의다. 관점주의는 이렇게 객관주의 위에서 성립하는 것이다.

여기서 객관주의가 추구하는 진리를 몇 가지로 분류해볼 수 있다. 가장 먼저 떠올릴 수 있는 것이 앞에서 살펴본 대로, 존재론적 진리 혹은 우주론적 진리다. 이 세계가 전체로서 어떻게 존재하는가, 어디에서 와서 어디로 가는가 하는 물음 위에서 성립하는 것이 존재론적 혹은 우주론적 진리다.

인간은 이 질문에 대한 대답을 찾으려 끊임없이 분투한다. 그 탐구의 최전선에 물리학이 있다. 물리학적 진리가 인간의 관점 바깥에 객관적으로 존재한다는 것을 부정할 수 없다.

둘째로 생물학적 진리를 떠올릴 수 있다. 생명체는 어떻게 탄생했으며 어떻게 진화했고 어떻게 존재하는가, 또 어디로 나아가는가 하는 질문 위에서 성립하는 것이 생물학적 진리다. 다윈의 진화론은 진리인가. 다윈의 이론이 100퍼센트 확실하지는 않지만 생명체의 진화에 관한 가장 적합한 설명임은 부정할 수 없다. 그렇다면 그것은 인간의 관점 바깥의 생물학적 객관 세계에 대한 진리를 (최소한 부분적으로) 포착한 것이 된다.

셋째로 역사학적 진리가 있다. 무수한 역사적 사건이 우리의 인식과 무관하게 발생하고 존재했다는 것을 부정할 수는 없다. 알렉산드로스 Alexandros, B.C.356-B.C.323의 동방 정복, 카이사르의 루비콘 도강, 나폴레옹의 '브뤼메르 18일 쿠데타'는 우리의 견해와는 무관한 객관적 사실이다. 이 역사적 사실들에 대한 해석은 우리의 관점에 따라 달라질 것이다. 그것이 관점주의다. 그러나 그 해석 이전의 해석 자료로서 역사적 사실은 존재할 것이다. 그렇다면 그 사실의 존재라는 의미의 객관적 진리도 존재할 것이다. 그것이 객관주의다.

넷째로 인간학적 진리가 있다. 인간이란 무엇인가. 인간은 어떤 존재인가에 대한 물음에 답하는 과정에서 발견되는 것이 인간학적 진리다. 가령 니체의 권력의지를 인간학적 진리에 육박하는 하나의 발견이라고 볼 수 있을 것이다. 프로이트의 정신분석학이 찾아낸 무의식의 세계는 인간 정신을 구성하는 요소를 이룬다. 정신분석학은 인간이란 무엇인가라는 질문에 대한 답을 추구하는 과정에서 발견하는 인간학적 진리들 가운데 일부를 다룬다. 이런 것들을 완전한 진리라고 부를 수는 없겠지만, 그것들이 우리의 관점을 넘어 존재하는 인간 정신에 대한 객관적 진리임을 부정하기는 어렵다.

그 대상이 우리의 다른 관점, 다시 말해 다른 학문적 관심, 다른 문화적 맥락 속에서 다른 용어로, 다른 이미지로 나타날 수는 있겠지만 인간이란 무엇인가라는 문제를 제기할 때는 빠뜨릴 수 없는 진리적 요소라고 할 수 있다.

이런 객관주의적 진리의 존재 문제와 그것의 의미의 문제를 지구 중심설(천동설)과 태양 중심설(지동설)을 사례로 들어 한 번 더 부연해보자. 코페르니쿠스Nicclaus Copernicus, 1473~1543 이전의 중세 기독교 신학의 지배 아래서 사람들은 지구가 이 우주의 중심이고 태양이 지구 주위를 돈다는 생각을 당연한 진리로 알았다. 그 '진리'가 오류임이 결국 밝혀졌다. 그러고 나서 태양 중심설이 지구 중심설을 대체했고, 그 태양 중심설은 하나의 '설'을 뛰어넘어 확고한 진리로 안착했다. 사람들은 태양 중심으로 지구가 돈다는 것을 자명한 것으로 간주할 뿐만 아니라, 이런 인식에 기반을 두고 과학을 발전시켜 지구 바깥으로 우주선을 쏘아 보내기도 한다. 수학적 계산으로 우리가 쏘아 보낸 우주선이 예정된 시점에 예정된 위치에 정확히 도착해 탐사 활동을 벌인다. 지구 중심설 속에서는 지구 바깥으로 무언가를 만들어 쏘아 보낸다는 발상 자체가 불가능했을 것이고, 설령 발사가 가능했다고 해도 중도에 좌절하고 말았을 것이다. 지구 중심설은 변호의 여지가 없는 오류이지만, 과학적 사고와 관찰이 발견해낸 태양 중심설은 오류로 판명 날 가능성이 없는 객관적 진리라고 할 수 있다. 그런 의미에서 객관적 진리는 존재하는 것이고, 우리의 주관은 그 객관을 향해 접근한다고 볼 수 있다.

그러나 이 객관적 진리가 해석 주체에게 어떤 의미, 어떤 가치를 띠는가는 다른 문제다. 니체의 관점주의는 오히려 여기에 더 관심을 두고 있다. 어떤 사람들에게는 태양 중심설이 쓸데없이 인간을 혹은 지구를 왜소하게 만든, 더 불편하기만 한 진리로 여겨질 수도 있다. 차라리 과거의 지구 중심설, 지구 바깥의 다른 세계를 모르고 이 땅이 우주의 중심인 줄로 알았던 과거의 진리가 훨씬 더 나았다고 생각할 수도 있다.

이런 사실들에서 다음과 같은 결론이 도출된다. 관점주의를 '객관주의를 배제한 관점주의'로 이해하는 한 관점주의의 올바른 이해는 불가능하다. 관점주의는 언제나 객관주의의 토대 위에서만 성립한다. 그런 점에서 니체의 관점주의는 칸트의 주관주의를 변형한 것이라고도 할 수 있다. 칸트의 주관주의는 '사물 자체'라는 우리 바깥의 세계를 인정한 뒤에 그 세계를 우리의 주관이 구성한다고 본다. 결정적인 것은 그 주관이 인간 일반에 두루 통하는 공통 주관이라는 사실이다. 나만 그렇게 인식하는 것이 아니라 특별한 하자가 없는 한 다른 사람들도 그렇게 인식하는 것이다. 나에게 빨간색으로 보이는 장미꽃은 다른 사람에게도 빨간색 장미꽃으로 보인다. 이와 달리 니체의 관점주의는 공통 주관을 원리적으로 전제하지 않는다. 관점이 겹칠 수는 있지만, 니체의 관심은 오히려 사람마다, 시대마다 관점이 다르다는 것에 있다. 각자의 관점에 따라 세계가 다르게 인식된다는 것, 세계의 가치가 관점마다 달라진다는 것, 니체는 거기에 초점을 맞추는 것이다.

니체의 관점주의가 객관주의 위에서 성립한다는 사실을 염두에 두면, 다양한 관점으로 포착할 때 객관성에 더 가까워진다는 말도 이해하기 쉬워진다. 객관 세계가 있기 때문에, 각자에게는 각자의 관점에 따라 인식된 대상이 달라진다. 그러나 그 인식된 내용이 주관의 오류나 착오나 착란 때문에 심하게 왜곡될 수도 있고 어처구니없는 모습으로 나타날 수도 있다. 그럴 때 사람들이 각각 차이 나는 관점에서 사태를 바라보고 그것을 종합하면 사태에 대한 전체적·입체적 이해에 훨씬 더 가까이 다가갈 수 있음은 물론이다. 그렇다면 우리는 객관적으로 존재하는 세계에 대한 더 나은 인식으로 나아갈 수 있고, 또 그런 만큼 진리에 더 근접할 수도 있다.

그리하여 니체가 권력의지라고 명명한 살아 있는 것들의 존재 본질, 그것은 관점의 산물이라고만 말할 수는 없다. 우리의 관점이, 혹은 니체의 관점이 작동하기 전에 이미 존재하는 대상 세계의 어떤 것이라고 보아야 한다. 그것이 어떤 것인지 더 정확히 인식하기 위해 우리의 관점을 더 정교화해나가는 것, 그것이 말하자면 진리를 향해 우리 인식을 진전시키는 것이다. 이렇게 이해하면, 해석을 넘어 존재하는 진리는 없다는 관점주의적 태도와 우리의 인식을 정교화해서 대상 세계의 진리를 포착한다는 객관주의적 태도를 모순 없이 통합할 수 있게 된다. 모든 것은 우리의 관점을 통해 드러나지만, 그래서 우리의 관점, 우리의 해석을 뛰어넘어 직접 우리에게 주어지는 것도 없지만, 동시에 관점과 무관하게 존재하는 대상 세계를 부정하고서는 관점도 해석도 성립할 수 없다. 그 대상 세계에 대한 우리의 해석은 좀 더 정교하고 좀 더 설득력 있는 쪽으로 나아갈 수 있게 된다. 다시 말해 관점이 진보하고 더 날카로워져 대상 세계 자체에 육박할 수 있게 된다.

우리의 진리 의지, 즉 진리를 찾는 의지는 객관 세계에 대한 단순한 하나의 해석을 지향하는 것이 아니라 객관 세계에 대한 진리의 인식을 지향한다. 객관적 진리를 찾는 것이 진리 의지다. 그런데 그 진리는 아무리 정교한 것이라고 해도 우리의 관점과 해석을 통하지 않고는 성립할 수 없다. 따라서 우리의 주관 안에서 보자면 진리는 단순히 발견되는 것이 아니라 우리가 어떤 질료에 형식을 부여해 구축하는 것, 다시 말해 해석을 통해 창조하는 것이 된다. 진리는 객관적으로 존재하는 것이어서 발견의 대상이고, 동시에 주관적으로 구축하는 것이어서 창조의 대상이라는 말이다. 주관 바깥의 객관적 차원에서 보면 진리 발견이고 해석 주체의 주관적 차원에서 보면 진리 창조인 것이다. 이렇게 관점주의와 객관주의는 서로 부딪치지 않은 채 종합될 수 있을 것이다. 이 종합을 니체의 삶에 적용해보면, 진리를 추구하는 삶, 그리고 진리를 창조하는 삶, 그것이 니체의 일생이었다고 볼 수 있을 것이다.

14

Friedrich Nietzsche

우상의 황혼

"나는 지난 천년과 앞으로
올 천년 사이에 존재하는 운명적인 사건이네."

Nietzsche, Friedrich Wilhelm

"논리학보다 더 민주적인 것은 없다. 논리학은 개인을 고려하지 않으며 매부리코(유대인)와 곧은 코 사이에 차이를 두지 않는다."
《즐거운 학문》, 제5부, 348절

"나를 죽이지 못한 것은 나를 더 강하게 만든다."
《우상의 황혼》, '잠언과 화살', 8절

프랑스 남부 니스에서 겨울을 보낸 니체는 1888년 4월 5일 이탈리아 북부 도시 토리노에 도착했다.* 카를로 알베르토 광장 너머로 맞은편에 팔라초 카리냐노(카리냐노 궁)가 내다 보이는 하숙집에 짐을 풀었다. 니체는 이 하숙집에서 두 달을 머문 뒤 여름을 예년과 다름없이 실스마리아에서 보내고 9월 21일에 다시 그 하숙집으로 돌아왔다. 니체의 정신이 붕괴하기까지 이 하숙집은 니체의 마지막 거처가 된다.

---

* 토리노는 13세기 말에 사보이 공국에 편입되어 사보이 공국의 지배를 받았다. 알프스 서부, 현재는 프랑스에 속해 있는 지역에 위치했던 사보이 공국은 토리노를 근본적으로 다시 건립하기 시작하여 여기에 수많은 정원과 궁전을 세웠다. 1404년에는 토리노 대학이 설립되었고, 1563년 사보이 공국의 수도가 프랑스 샹베리에서 이곳 토리노로 바뀌면서 오늘날의 모습을 갖추게 됐다. 1848년 사보이 왕국의 왕 카를로 알베르토(Carlo Aberto, 1778~1849)는 훗날 통일 이탈리아 헌법의 기초가 되는 헌법을 선포하고 오스트리아에 대항한 독립 전쟁에서 주도적 역할을 담당했다. 그의 아들이며 후계자인 비토리오 에마누엘레 2세(Vittorio Emanuele II, 1820~1878)는 결국 1861년 3월 17일 통일 이탈리아의 입헌 군주 헌법에 따라 통일 이탈리아의 최초의 왕이 되었다. 이후 토리노는 1865년까지 이탈리아 왕국의 수도이기도 했다.[1]

니체를 기쁘게 한 한 통의 편지

4월의 봄날 토리노의 하숙집에 처음 들어서자마자 그를 맞은 것은 한 통의 편지였다. 덴마크의 비평가이자 코펜하겐 대학의 문학사 교수인 게오르그 브라네스에게서 온 편지였다. 브라네스가 전해 11월 말 첫 편지를 보낸 뒤로 두 사람은 서신을 주고받는 사이가 돼 있었다. 4월 3일 쓴 그 편지에서 브라네스는 자기가 이번에 니체를 강의하기로 했다고 밝혔다. 브라네스는 니체 철학을 '귀족주의적 급진주의'로 이해하고 있었다. 그 편지에서 브라네스는 이렇게 털어놓았다. "어제 당신의 책 한 권을 집어드니, 이곳 스칸디나비아에 당신에 대해 아는 사람이 아무도 없다는 생각이 들어 갑자기 화가 치밀었습니다. 그리고 곧 당신을 단숨에 만인에게 알려야겠다고 결심했습니다."[2] 브라네스는 당시 유럽에서 저술가로 널리 알려진 터였기 때문에 니체는 브라네스의 강의 소식을 듣고 무척 흥분했다. 그는 편지를 받고 5일 뒤 쓴 답장에서 첫 문장을 다음과 같이 시작했다. "놀라워라! 당신은 '알려지지 않은 남자'에 대해 공개적으로 이야기하겠다는 용기를 어디서 얻으셨는지요!" 1888년 4월 10일 '독일 철학자 프리드리히 니체에 관하여'라는 제목으로 연 브라네스의 강의에는 300여 명의 수강생이 몰렸다.[3] 브라네스 강의는 니체의 이름이 서서히 알려지기 시작했음을 보여주는 여명과도 같은 사건이었다. 니체는 짐짓 명성을 경멸한 척했지만, 이 편지만 보아도 그가 얼마나 명성에 목말라했는지 즉각 느낄 수 있다.

브라네스의 강의에 앞서 니체의 이름을 지식 대중 사이에 알리는 조그마한 사건이 하나 더 있었다. 스위스 신문 《분트》 신년호 1888년 1월 1일자에서 니체의 저술에 대한 포괄적인 평문을 발표한 것이다. 《분트》는

니체의 지지자 게오르그 브라네스

몇 년 전 요제프 빅토르 비트만이 니체의《선악의 저편》에 대한 리뷰를 쓴 그 신문이었다. 이번에 글을 쓴 사람은 스위스의 시인이자 소설가인 카를 슈피텔러 Carl Friedrich Georg Spitteler, 1845~1924였다. 이 일로 니체와 서신을 교환하게 된 슈피텔러는 1888년 11월 8일에 역시《분트》에 니체의 새 저서《바그너의 경우》에 대한 매우 우호적인 리뷰를 발표했다.* 니체는 슈피텔러가《분트》신년호에 평문을 쓴 것에 대해 자서전《이 사람을 보라》에서 다음과 같이 밝혔다. "비트만 박사가《선악의 저편》에 대해《분트》에 쓴, '니체의 위험한 책'이라는 제목의 에세이, 그리고 카를 슈피텔러 씨가 마찬가지로《분트》에 실은, 내 책에

---

* 니체의 이름이 널리 알려지고 난 뒤인 1908년 슈피텔러는《나와 니체의 관계》라는 50쪽짜리 소책자를 발행했다. 1919년 슈피텔러는 노벨 문학상을 받았다.

대한 총체적 서평은 내 삶에서 최대치다."《이 사람을 보라》, '나는 왜 이렇게 좋은 책을 쓰는가', 1절 니체가 슈피텔러의 평문에 썩 만족했던 것 같지는 않다. 바로 다음 구절에서 니체는 이렇게 덧붙인다. "슈피텔러의 서평은 예를 들어 내《차라투스트라》를 '고도의 문체 연습'이라고 간주하면서, 내가 나중에는 그 내용에도 신경을 써야 한다는 바람을 표명했다."《이 사람을 보라》, '나는 왜 이렇게 좋은 책을 쓰는가', 1절 슈피텔러가 니체 철학을 제대로 이해하지 못했음이 이 구절에서 확연히 드러난다. 니체 철학을 제대로 소화했다면《차라투스트라는 이렇게 말했다》가 문체는 승하고 내용은 빈약하다고 이야기하지 못했을 것이기 때문이다. 슈피텔러는 니체 철학 바깥에 머물러 있었던 것이다. 이 글에서 슈피텔러의 사례를 통해 니체는 독서는 읽는 사람의 체험을 초월할 수 없다는 명제를 이끌어낸다.

결국 어느 누구도 책이나 다른 것들에서 자기가 이미 알고 있는 것보다 더 많이 얻어들을 수는 없는 법이다. 체험을 통해 진입로를 알고 있지 못한 것에 대해서는, 그것을 들을 귀도 없는 법이다. 가장 단적인 경우를 한번 생각해보자. 어떤 책이, 자주 일어나거나 드물게라도 일어나는 경험의 가능성에서 전적으로 벗어나 있는 경험들에 대해서만 말하고 있다고 치자. 어떤 새로운 경험들에 대해 처음으로 말하고 있다고 치자. 이런 경우에는 전혀 아무것도 들리지 않는다. 아무것도 들리지 않는 곳에서는 아무것도 없다는 청각적 착각이 인다.

《이 사람을 보라》, '나는 왜 이렇게 좋은 책을 쓰는가', 1절

니체의 말을 바로 이해하려면, 지구가 내는 소리를 생각해보는 것이 좋다. 지구는 자전축을 중심으로 하여 무시무시한 속도로 돌면서 아주 큰 소리를 내고 있지만, 우리의 청신경이 잡을 수 있는 범위 바깥

에 있기 때문에 우리 귀에 들리지 않고 결국 일상의 삶에서 그 소리는 없는 것이나 마찬가지다. 한 사람의 사상의 높이와 넓이도 그 경지에 근접해보지 않은 사람에게는 보이지 않기 때문에 사실상 존재하지 않는다. 니체는 자신의 철학을 제대로 이해해줄 독자를 기다렸다. 그는 어떤 독자를 자기 책에 가장 어울리는 독자로 생각했을까. 자서전에서 그런 독자의 모습을 다음과 같이 그렸다.

> 완벽한 독자의 모습을 내 머릿속에 그려보면, 용기와 호기심이 어우러진 하나의 괴물이 되고 만다. 게다가 그는 탄력 있으면서도 꾀가 많은 신중한 자이며, 타고난 모험가이자 발견자이기도 하다. 결국, 내가 근본적으로 누구에게만 말을 하고 있는지에 대해 나는 차라투스트라가 《차라투스트라는 이렇게 말했다》에서 말한 것보다 더 잘 표현할 수는 없다. 차라투스트라는 누구에게만 자기의 수수께끼를 던지는가? "너희, 대담한 탐험가, 모험가들, 그리고 언젠가 영민함의 돛을 달고 위험한 바다를 항해한 적이 있는 자들에게, 너희, 수수께끼에 취해 있는 자들, 불투명함을 즐기는 자들, 피리 소리로도 온갖 미궁 속으로 끌려들어가는 그런 영혼의 소유자들에게, ……"
>
> 《이 사람을 보라》, '나는 왜 이렇게 좋은 책을 쓰는가', 3절

이 독자는 말하자면 니체처럼 전투적이고 니체처럼 열정적인 니체의 판박이다. 니체는 자기 자신에게 육박하는 독자를 원했던 것이다. 그러나 현실에서 그는 그 자신을 이해하지 못하는 어설픈 독자만 만났고, 그런 만남조차 너무나 드물었다. 니체가 카를 푹스Carl Fuchs에게 보낸 편지에서 털어놓은 다음과 같은 고백을 어떻게 이해해야 하는가. "독자들이 내 편을 드는 것은 필요하지도 않으며 그러한 것은 바

라지도 않는다. 그보다는 낯선 식물을 대할 때 갖게 되는 어느 정도의 호기심과 비판적 저항, 이런 것들을 가지고 나를 평가하는 것이 가장 현명한 자세다." 1888년 7월 29일 이 고백은 니체의 진심을 보여주는 것이라기보다는 자신이 원하는 진짜 독자를 얻지 못한 데 낙담한 니체가 최소한 반감을 품지 않은 독자라도 있었으면 하는 바람을 드러낸 것으로 읽어야 한다.

이 편지에 이어 몇 달 뒤 쓴 그 자서전에서 니체는 좌절감에서 뿜어져 나오는 저항감으로 이렇게 외친다. "나의 승리는 쇼펜하우어의 승리와는 정반대다. 나는 '나는 읽히지 않는다. 나는 읽히지 않을 것이다'라고 말한다."《이 사람을 보라》, '나는 왜 이렇게 좋은 책을 쓰는가', 1절 이게 무슨 말인가. 한때 니체의 마음속 스승이었던 쇼펜하우어는 젊은 시절 내내 무명의 고통 속에 지내다 말년에 유례없는 명성을 누렸다. 그는 오래 굶은 사자처럼 자신의 명성을 탐식했다. 그러므로 쇼펜하우어에게는 이 만년의 명성이 승리였지만, 니체는 그런 승리를 거부한다는 이야기다. 그렇게 널리 읽힘으로써 승리하기보다는 차라리 아무도 읽지 못하는 책을 씀으로써 독창성의 승리를 거두겠다는 오만에 찬 저항의 외침인 것이다. 그러나 이런 외침조차 니체가 얼마나 절실하게 명성을 갈구했는지, 얼마나 애타게 진정한 독자를 찾았는지 입증할 뿐이다. 더구나 니체의 권력의지 철학에 비추어보더라도, 사상가가 자신의 사상이 담긴 작품으로써 세상에 영향을 끼치고 독자의 지지를 얻기를 바라는 것은 극히 당연한 일이다. 작품이 힘을 얻어 세상을 바꾸지 못하면 그 작품의 존재 의의는 퇴색할 수밖에 없다.

니체는 이 마지막 해에 막 꿈틀거리며 싹이 튼 명성이 거대한 나무로 자라나는 것을 보지 못한 채 정신의 어둠 속으로 들어가버리고 말았다. 니체가 죽었을 때 브라네스는 생전의 니체에 대해 다음과 같이 썼다. "그는 거의 병적이라 할 정도로 대중들에게 알려지기를 열망했지만, 정작 놀랄 정도로 큰 명성을 얻었을 때는 살아 있긴 하지만 삶에서 완전히 내몰린 상태였다."⁴

사유의 승리, 문체의 승리

이런 상황 속에서 1888년 니체의 정신은 격한 변동을 겪는다. 토리노로 옮기기 전 니스에 머물던 겨울에 니체는 울증과 조증을 번갈아 겪었다. 《권력의지》라는 이름의 거대한 과제를 앞에 두고 그는 생각하고 메모하기를 끝없이 반복했고, 그것이 이 마지막 해에 쏟아진 작품들의 토대가 됐다. 그렇게 기분의 부침을 겪는 중에 점차 흥분의 도가 올라갔다. 그런 흥분 상태가 니체의 편지에 그대로 나타났는데, 그 중 하나가 1838년 2월 라인하르트 폰 자이틀리츠에게 보낸 편지다. "우리끼리 얘기지만 내가 이 시대의 제1의 철학자라고 해도 전혀 근거 없는 소리는 아닐 걸세. 아니, 어쩌면 그보다 더한 존재여서, 나는 지난 천년과 앞으로 올 천년 사이에 존재하는 결정적이고 운명적인 사건일 것이네."1888년 2월 12일 이런 망상에 가까운 자기 평가에서 드러나는 정신의 흥분 상태는 그해 말로 갈수록 더 빈번해지고 더 격렬해진다.

그러나 니체의 저술 작업이 그런 흥분 상태 때문에 결정적으로 훼손됐다고 보기는 어렵다. 오히려 이 광기의 흥분 상태에서 니체 고유의 목소리와 스타일이 터져 나와 마지막 국면을 불꽃처럼 수놓는 일대 장관을 이루었다. 《바그너의 경우》에서 시작해 《우상의 황혼》과 《안티크리스트》를 거쳐 《이 사람을 보라》와 《니체 대 바그너》에 이르기까지 이 짧은 기간에 제어할 길 없는 충동으로 쏟아낸 작품들은 그 자체로 사유의 승리, 문체의 승리를 보여준다.

특히 이 작품들에서 니체가 보여준 전례 없는 가공할 공격성은 사람들의 특별한 주목을 끈다. 야스퍼스는 이 최후의 작품들에 대해 "숨 막힐 정도의 격한 속도로 이루어진, 극도로 고양되고 일찍이 그 예를 찾아볼 수 없는 공격적인, 철저한 효과를 노린 저술들"이라고 논평한다.[5] 홀링데일은 문체에 대해 다음과 같이 쓴다. "1888년에 쓴 작품들은 니체가 독일어에 대해 거둔 최종적인 승리를 보여준다. 이 마지막 작품들에 나타나는 그 유명한 간결성은 표현 수단을 절대적으로 지배한 결과물이다."[6] 들뢰즈는 이 시기 니체가 보여준 놀라운 창조성에 대해 말한다. "위대한 해인 1888년이 온다.《우상의 황혼》,《바그너의 경우》,《안티크리스트》,《이 사람을 보라》. 이 모든 것은 니체의 창조적인 능력이 고양되고, 붕괴에 선행하는 최후의 비약을 감행하는 것처럼 진행된다."[7]

마지막 해의 첫 번째 저작《바그너의 경우》는 토리노에 머물던 5월에 썼다. 니체는 실스마리아로 옮긴 뒤인 6월 26일에 원고를 라이프치히의 나우만 출판사로 보냈다. 그 무렵 니체는 돈이 다 떨어져 허름한 하숙집에서 생활할 형편도 되지 않았다. 친구들이 돈을 모아 니체를 도와주지 않았더라면 니체는 책도 내기 어려웠을 것이다. 파울 도이센이 그에게 2,000마르크를 보내주었고, 메타 폰 잘리스도 1,000프랑을 보내주었다. 니체는 이 돈으로《바그너의 경우》를 출간할 수 있었다. 이 책의 초판은 9월 중순에 니체에게 발송된다. 이 해에 완성된 책 가운데 니체가 온전한 정신을 유지하고 있을 때 출간된 것은《바그너의 경우》한 종뿐이었다. 나머지는 출간을 기다리고 있거나 출판사에서 편집 중이거나 원고 상태였다.

《바그너의 경우》는 편지 형식으로 쓰인 바그너 비판서다. 니체는

《인간적인, 너무나 인간적인》에서 바그너에 대한 본질적 비판을 하기 시작했고 그 후 여러 저작에서 바그너를 간접적으로 비판했지만, 바그너를 타이틀로 삼아 비판할 용기를 내지는 못했다. 니체는 《바그너의 경우》를 바그너가 죽고 5년이 더 지나서야 쓸 수 있었다. 《바그너의 경우》와 유사한 니체의 다른 책을 찾으려면, 15년 전에 쓴 《반시대적 고찰》의 첫 번째 권 〈다비트 슈트라우스, 고백자와 저술가〉로 돌아가야 한다. 그 글에서 니체는 당시 독일 교양 대중 사이에서 대단한 권위를 누렸던 슈트라우스를 신랄하게 비판하면서, 그를 받드는 독일 문화 자체를 공격의 대상으로 삼았다. 마찬가지로 니체는 《바그너의 경우》에서 독일 문화의 거인이 된 바그너를 비판하기 시작해 이어지는 책들, 특히 《이 사람을 보라》에서 바그너 비판을 독일 문화와 독일 국민 자체에 대한 비판으로 진전시킨다. '다비트 슈트라우스'에 대한 글과 다른 점이 있다면, 니체의 비판 강도가 지나칠 정도로 세다는 점이다. 그것은 역설적으로 니체가 그만큼 강력하게 바그너라는 세계에 매여 있었음을 보여주는 것이기도 하다.

바그너라는 데카당, 니체라는 데카당

《바그너의 경우》에서 특히 눈에 띄는 것이 니체와 바그너의 내적 결속 관계를 암시하는 설명들이다. 가장 의미심장한 것은 《바그너의 경우》의 '서문'이다. "어떤 사람도 나보다 더 위험하게 바그너적인 것과 하나가 되어 있지는 않았고, 어느 누구도 그것에 더 강하게 저항하지 않았을 것이다. 어느 누구도 그것에서 벗어나는 것을 나보다 더 기뻐하지는 않았을 것이다. 이것은 긴 실제의 이야기다! 이 실화에 명칭을 원하는가? 내가 모랄리스트였다면, 어떤 이름을 붙였을지 아는가? '자기 극복'이라는 이름이었을 것이다." 《바그너의 경우》, '서문'

이 구절은 니체가 바그너 극복을 일종의 자기 극복으로 여기고 있음을 보여준다. 바그너를 극복하는 것은 곧 자기를 극복하는 것이다. 다시 말해 자기를 극복하려면 바그너를 극복해야 한다. 니체 내부에는 너무나 많은 바그너가 있어서 그것들을 떨쳐내지 않고서는 자기 자신이 될 수 없는 것이다. 그렇다면 왜 바그너를 극복해야 하는가. 이어지는 구절에서 니체는 바그너가 '데카당스(퇴폐·부패·타락)'의 인격화인 '데카당(부패한 자)'이기 때문이라고 답한다. 앞에서 한 번 검토했던 구절을 다시 한 번 읽어보자.

> 한 철학자가 자기 자신에게 가장 먼저 그리고 마지막에도 요구하는 바는 무엇인가? 자기가 사는 시대를 자기 안에서 극복하며 '시대를 초월하는' 것이다. 그렇다면 그가 가장 격렬한 싸움을 벌이는 대상은 무엇인가? 그를 그 시대의 아들이게끔 만드는 것이다. 자, 나는 바그너만큼이나 이 시대의 아들이다. 내가 한 사람의 데카당이라는 말이다. 바로 이것이 내가 파악했던 것이고, 바로 이것에 내가 저항했다. 내 안에 있는 철학자가 이것에 저항했다. 《바그너의 경우》, '서문'

바그너는 자기 시대, 곧 19세기 당대의 아들이었고, 그런 만큼 데카당이었다. 니체 안에는 바그너가 들어 있었으므로 니체 자신도 데카당이었다. 니체는 그렇게 고백한다. 그리하여 자기 안의 데카당스에 저항하는 것은 자기 안의 바그너와 싸우는 것이 된다. 그렇다면 도대체 데카당스란 무엇인가? 니체에게 데카당스란 강한 인간에게서 힘을 빼앗고, 약한 인간을 승리하게 만드는 모든 경향이다. 강자의 권력의지를 부식시키고 부패시키는 약자의 도덕, 약자의 사상이 바로 데카당스의 핵심이다. 퇴폐라는 말에서 연상되는 문란하고 비도덕적인 삶이 아니라 오히려 도덕적이고 양심적이고 선한 삶이 데카당스의 핵심에 들어 있다. 결정적으로 그것은 기독교의 최고 덕목인 '연민', 곧 약한 자들을 껴안는 마음이다. 니체가 바그너야말로 데카당이었다고 규정하는 것은 강자인 줄 알았던 바그너가 약자들의 도덕에 굴복해버렸고, 약자들의 도덕이 이루어낸 현대성에 무릎 꿇었다는 이야기와 다르지 않다. 또 니체 자신이 데카당이라고 고백하는 것은 자기 안에 약자의 도덕이 있다는 뜻이다. 니체의 자기 극복을 위한 싸움은 바그너에 대한 싸움이고, 기독교 도덕에 대한 싸움이며, 기독교 도덕이 만들어낸 현대성에 대한 싸움이 된다. 그 거대한 싸움의 인격적 표적이 말하자면, 바그너인 것이고, 더 직접적으로는 니체 자신인 것이다.

　니체는 《바그너의 경우》를 쓰고 나서 몇 달 뒤에 쓴 《이 사람을 보라》에서 자기 자신의 데카당 문제를 다시 거론하면서 스스로 데카당을 극복했다고 주장한다. "내가 데카당이라는 사실은 별도로 하고, 나는 데카당의 반대이기도 하다. …… 나는 총체로서는 건강했으나, 특정한 각도, 특수한 면에서는 데카당이었다. …… 나는 나 자신을 떠맡아, 나를 스스로 다시 건강하게 만들었다. …… 나의 건강에 대한 의지와 삶에 대한 의지를 나는 내 철학으로 만들었다." 《이 사람을 보라》, '나는 왜 이렇게 현명한가', 2절 그러나 이런 설명은 니체 안에서 커가던 흥분이 만들어낸 과도한 자신감의 결과라고 보아야 할 것이다. 그렇다고 해도 니체가 자기 안의 데카당을 들여다보고 그것을 극복하기 위해 투쟁했다는 사실 자체의 진실성은 변하지 않는다.

바그너라는 질병의 해부학

《바그너의 경우》에서 니체는 바그너를 단순히 하나의 현상이 아니라, 의학적 진단과 치료의 대상으로 묘사한다. '바그너의 경우der Fall Wagner'라는 말 자체가 의학적 의미를 품고 있다. 여기서 '경우Fall'는 영어의 '케이스case'에 해당한다. '환자', '임상 사례'라는 뜻이 있는 것이다. 그러니까 '바그너의 경우'는 '바그너라는 환자', '바그너라는 임상 사례'라는 뜻이다. 그 속뜻 그대로 이 책에서 니체는 바그너를 한 사람의 병자로 규정한다. 바그너는 데카당스라는 질병을 앓는 병자인 것이다. 더 나아가 바그너 자체가 일종의 질병이다. 니체가 바그너를 의학적 비유를 들어 공격하는 구절은 이 얇은 책 여기저기서 거듭 등장한다.

> 바그너가 도대체 인간이란 말입니까? 그는 오히려 질병이 아닐까요? 그가 건드리는 모든 것들을 그는 병들게 합니다. 그는 음악을 병들게 했습니다.
> 〈바그너의 경우〉, 5절

> 바그너 예술은 병들었습니다. 그가 무대 위에 올리는 문제들 – 전부 다 히스테리 환자들의 문제, …… 이 모든 것이 다 같이 병든 모습을 보여주며, 이는 추호도 의심의 여지가 없습니다. 바그너는 노이로제(신경증) 환자입니다.
> 〈바그너의 경우〉, 5절

바그너를 현실로, 현대적으로 옮겨봅시다. 우리, 좀 더 잔인해집시다! …… 자 이렇게 하면 바그너는 어떻게 되겠습니까? …… 바그너의 여주인공들에게서 숭고한 껍질을 벗겨버리면, 그들은 단 한 명도 빼놓지 않고 죄다 보바리 부인과 혼동할 정도로 닮아 보인다는 사실을 당신은 믿을 수 있겠습니까! …… 그러니 바그너의 문제들은 병원에서 겨우 다섯 발자국 정도 떨어져 있는 문제들이지요! 〈바그너의 경우〉, 9절

니체는 바그너를 일종의 병자로, 바그너의 작품을 "병자들의 진열실"로 묘사한다. 바그너가 병들었으므로 바그너의 예술 또한 병들었고, 바그너 예술 속의 주인공들조차 병든 것이다. 흥미로운 것은 여기서 니체가 바그너에게 씌우는 '신경증 환자'라는 규정이 사실은 니체 자신의 모습을 그대로 보여준다는 사실이다. 니체는 의식하지 못한 채로 자신의 내적 상태를 바그너에게 투사하고 있는 것이다. 더 나아가 니체는 바그너가 병자이기만 한 것이 아니라 자신의 병균으로 젊은이들과 여자들을 병들게 하고, 이들을 약탈해 잡아먹는다고 공격한다.

바그너 추종자들은 비싼 대가를 치르고 있습니다. 나는 오랫동안 바그너라는 전염병균에 방치되어 있던 젊은이들을 관찰했습니다. …… 아아, 이 늙은 도적! 그는 우리에게서 젊은이들을 약탈해가고, 심지어는 우리의 여인네들까지 약탈하여 자기 동굴로 끌어가버리는 것입니다……. 아아, 이 늙은 미노타우로스! 그가 우리에게 무엇을 잃어버리게 했던가! 매년 사람들은 가장 아름다운 처녀들과 청년들의 행렬을 그의 미궁 속으로 이끌어갑니다. 그가 그들을 삼켜버리도록, 매년 전 유럽이 "크레타 섬으로! 크레타 섬으로!"라는 노래를 부르는 것입니다……. 〈바그너의 경우〉, '추신'

니체가 이런 비판을 하는 데는 그 자신의 경쟁심도 작용한 것이 틀림없다. 바그너는 니체에게 아버지와 같은 존재였으므로, 그 안의 무

의식에서 오이디푸스 콤플렉스가 작동했고, 아버지를 처치하고 자신이 아버지의 자리에 앉고 싶다는 생각을 했을 것이다. 다시 말해, 바그너가 누리는 명성을 이제 니체 자신이 누려야 하는데, 그럴 기회를 주지 않는 것이다. 《바그너의 경우》를 쓰고 난 뒤 열렬한 바그너 애호가 말비다 폰 마이젠부크에게 보낸 편지에서 니체는 이런 속마음을 털어놓았다. "바이로이트의 크렌틴병(즉 바그너 또는 바그너 음악-옮긴이)이 또 내 앞길을 막아서고 있습니다. 늙은 유혹자 바그너는 심지어 죽은 뒤에도 내게서, 어쩌면 나를 추종했을지도 모를 많은 사람들을 빼앗아 가고 있습니다." 1887년 7월 31일

그러면서 니체는 이 편지에서 독일인들과는 달리 덴마크 사람들은 자신을 찬양하고 있으며, "게오르그 브라네스라는 매우 지적인 사람이 용기 있게 코펜하겐 대학에서 긴 강의를 했다"고 덧붙인다. 니체의 명성에 대한 갈망은 이 편지에서도 드러난다. 또한 바그너에 대한 반감 또는 경쟁심이 독일 전체에 대한 반감으로 이어지고 있음도 여기서 느낄 수 있다. 니체는 이 마지막 해에 독일에 대한 증오를 거의 아무런 제약 없이 드러냈는데, 그것이 반드시 독일 문화의 천박성 때문만은 아님을 짐작할 수 있다. 니체는 자기 언어와 정신의 고향인 독일로부터 인정받고 사랑받고 싶었지만, 독일인들은 니체를 철저히 모르는 체했던 것이다. 대신에 스위스 신문에서 미약하지만 호의적인 반응이 나왔고 덴마크의 학자가 니체를 알아보았다. 이로써 니체는 자신을 외면하는 독일인들을 공격할 심리적 근거를 확보한 셈이다. 그래서 뒤에 쓴 《이 사람을 보라》에서 《바그너의 경우》를 다루는 장에서 바그너를 이야기하다 말고 독일인들에 대해 극심한 비방을 퍼붓는다.

그런데 여기서 내가 거칠어져 독일인에게 몇 가지 가혹한 진리를 말

하는 것을 그 어떤 것도 막아서는 안 된다. 내가 아니면 누가 할 것인가? …… 4세기 동안 문화에 자행된 모든 큰 범죄들에 대한 책임이 그들에게 있는 것이다. …… 독일인은 마지막 위대한 시대였던 르네상스 시대의 수확과 의미를 죽여버렸다. …… 루터, 이 액운과도 같은 성직자는 교회를 재건했고, 이것보다 1,000배나 더 나쁜 일인 기독교를 재건했다. …… 두 세기의 데카당스를 연결하는 다리 위에 유럽의 통일을, 유럽의 정치적이고도 경제적인 통일을 이루어내기에 충분한 천재와 의지라는 막강한 힘이 출현했을 때, 독일인들은 세계 지배 성취라는 목적을 가지고, 그들의 '자유 전쟁'을 수단으로 하여 마침내는 유럽에서 나폴레옹의 존재가 지닌 의미, 그 기적과도 같은 의미를 결국 없애버리고 말았다. 이로써 독일인들은 …… 지금의 비할 바 없는 반문화적인 병증과 비이성에, 유럽을 병들게 한 국가적 노이로제인 민족주의에, 유럽의 소국 분리와 같은 작은 정치의 영구화에 책임이 있는 것이다. 독일인들은 유럽의 의미를 없애버리고, 유럽의 이성마저 없애버렸다."

《이 사람을 보라》, '바그너의 경우', 2절

지금 니체는 르네상스를 고귀한 가치가 승리하던 순간으로, 그리고 나폴레옹을 유럽 통일의 기회를 만들어낸 사람으로 여기면서, 독일인들이 그 두 계기를 없애버렸다고 비난한다. 여기서 다시 확인할 수 있는 것이 있다면, 니체가 종교 개혁을 이룬 루터를 르네상스, 곧 부활한 고대 귀족의 정신을 살해한 자로 여기고 있다는 사실이다. 또 유럽 통일이라는 큰 정치, 그리고 그 통일을 이루어낼 정치 천재 나폴레옹에게 커다란 의미를 부여하고 있다는 사실이다. 니체는 여기서 그치지 않는다. 그는 독일 비판을 아예 작정을 하고 끝까지 밀어붙인다.

내가 끝까지 가지 못할 이유가 있는가? …… 독일인에 대한 탁월한 경멸자로 간주되고 싶은 것은 심지어 내 야심의 하나다. …… 독일인은 내게는 용인될 수 없는 존재들이다. 내 모든 본능에 역행하는 어떤 인간 유형을 생각해내면, 언제나 독일인이 등장한다. …… 독일인들은 자신들이 얼마나 비천한지를 깨닫지 못한다. 그런데 이것이 바로 비천함의 최상급인 것이다. 그들은 단지 독일인에 지나지 않는다는 사실을 부끄러워하지도 않는다. 《이 사람을 보라》, '바그너의 경우', 4절

그러면서 니체는 자기는 그런 독일인과 무관한 존재여서 심지어 "유대인의 징후는 있었지만 독일인의 징후는 없었다"고 고백하기조차 한다. 이 문장은 니체가 독일인들의 침묵과 외면으로 얼마나 상처를 받았는지 짐작하게 해준다. 니체는 바로 뒤에서 "내 이름이 묻혀 있던 불합리한 침묵에 대항하여 내 이름을 변호해야겠다는 양심의 가책을 느낀 자는 독일에서는 한 명도 없었다"고 울분을 터뜨린다. 그리고 예의 그 브라네스를 다시 불러낸다. "이 일을 위한 섬세한 본능과 용기를 제일 먼저 품었던 사람은 어떤 외국인, 즉 덴마크인이었다. 그는 이른바 내 친구들에게 격분했다." 《이 사람을 보라》, '바그너의 경우', 4절

"바그너=유대인"

다시 바그너로 돌아가자. 니체는 《바그너의 경우》에서 바그너에 대한 기이한 인신공격도 마다지 않는다. 바그너가 극렬한 반유대주의자였다는 사실을 역으로 이용해 바그너 자신이 유대인의 자식일지도 모른다고 주장하는 것이다.

대체 바그너가 독일인이었던가? 이렇게 물을 만한 이유가 몇 가지 있다. 그에게서 어떤 독일적인 특성을 찾아내기란 어렵다. 훌륭한 습득자였던 그는 독일적인 것을 많이 모방하는 법을 배웠으며, 이것이 전부다. 그 자신의 본성 자체는 지금까지 독일적인 것으로 인정되어왔던 것들에 위배된다. 독일 음악가들에게 위배되는 것은 말할 것도 없다! 그의 아버지는 가이어Ludwig Geyer, 1779~1821라는 이름의 배우였다. 가이어란 성은 아들러Adler라는 성임이 거의 틀림없다……. 지금까지 '바그너의 생애'라고 통용되던 것은 좋게 보아서, 사람들이 받아들인 신화일 뿐이다. 나는 바그너 자신에 의해서만 증명된 모든 사항에 대해 의심을 품고 있음을 고백한다. 그는 자기에 관한 진실을 감당할 만한 자부심이 없었다. 그보다 더 자부심이 약한 사람도 없었다. 《바그너의 경우》, '추신'

'아들러'는 유대인의 성이니 이보다 더한 바그너 비방은 찾을 수 없을 것이다. 니체도 이 비방이 너무 심하다고 생각했던지 본문에 넣지 않고 주석으로 덧붙였다. 여기서 결정적인 대목, 바그너의 아버지 가이어가 유대인일 것이라는 추측은 그야말로 추측일 뿐이다. 루트비히 가이어는 배우이자 화가였고 바그너의 계부가 된 사람이다. 바그너는 그 사람이 자기의 친아버지일 가능성이 크다고 생각했다. 그러나 가이어가 유대인이었던 것은 아니다. 그는 독실한 독일 프로테스탄트의 후손이었다. 니체는 이렇게 바그너를 공격할 수 있는 것이면 아무것이나 다 끌어다 붙일 정도로 바그너에 대한 반감을 억누르지 못한다.

이렇게 균형을 잃은 니체의 반감은 그의 작품에 대한 저주에 가까운 비방에서도 확인된다. 니체는 바그너 오페라를 깔아뭉개는 방편으로 비제Georges Bizet, 1838~1875의 오페라 〈카르멘〉을 찬양하는 수법을 쓰기도 한다. 《바그너의 경우》 첫머리가 바로 비제 찬양으로 시작한다.

14 우상의 황혼　677

> 나는 어제 비제의 걸작을 스무 번째 들었습니다. …… 이런 작품을 어떻게 더 완전하게 만든단 말입니까! 사람들 자신이 이 작품과 더불어 '걸작'이 되는데요. 그리고 카르멘을 들을 때는 언제나 나 자신이 다른 때보다 더 철학자인 것 같고, 더 나은 철학자인 것 같다는 생각이 듭니다. …… 내가 생각하기에 비제의 음악은 완전한 것 같습니다. 이 음악은 가볍고 탄력 있으며 정중하게 다가옵니다. …… 이렇게 하여 이 음악은 '무한 선율'의 반대입니다. …… 결국 이 음악은 청자를 지성인으로 간주하고, 심지어 음악가로 간주합니다. 이렇게 해서 이 음악은 …… 세계에서 가장 무례한 천재였던 바그너에 반하는 것이기도 합니다.
>
> 〈바그너의 경우〉, 1절

이 말이 니체의 진심일까? 비제의 음악을 정말 바그너와 비교해 위대한 음악이라고 진심으로 믿는 것일까? 서문에서 니체는 조금 뉘앙스가 다른 이야기를 한다. "이 글에서 내가 바그너를 미끼로 삼아 비제에게 찬사를 보낸 것은 순전히 악의에서만은 아니다."〈바그너의 경우〉, '서문' 전부는 아니어도 악의가 있다는 간접 고백인 셈이다. 니체는 틈만 나면 바그너의 마지막 오페라 〈파르지팔〉을 욕하는데, 그러나 항상 욕만 하는 것은 아니었다. 그는 1887년 1월 〈파르지팔〉의 서곡을 처음으로 듣고 그 감흥을 페터 가스트에게 보낸 편지에서 털어놓았다. "바그너가 이보다 더 나은 것을 작곡한 적이 있었던가? 최고 수준의 심리적 지성과 여기서 발언되고 표현되고 소통되어야 하는 것들의 정의가 가장 간략하고 직설적인 형태로 표출되고 전달되었으며, 감정의 모든 뉘앙스들이 하나의 경구만 한 크기로 응축되었네. …… 마지막으로 그것은 숭고하고 아주 특별한 느낌이고 경험이며 음악의 기저에서 영혼이 일으키는 사건으로서 바그너에게 가장 잘 어울리는 것이네."1887년 1월 21일

정신을 잃기 며칠 전에 카를 푹스에게 보낸 편지에서는 더욱 직접적으로 이야기한다. "내가 비제에 관하여 말하는 것을 진지하게 받아들일 필요는 없네. 나로 말하자면 비제를 무시하는 데에는 1,000가지쯤의 이유가 있네. 그러나 그는 바그너에 대한 반어적인 반대 명제로서 매우 유효하네." 1888년 12월 27일 그런가 하면 《이 사람을 보라》에서 바그너 음악에 대한 찬사의 언어는 거의 극한에 이른다. "레오나르도 다빈치의 온갖 신비함도 〈트리스탄과 이졸데〉의 첫 음이 울리면 그 매력을 상실한다. 〈트리스탄과 이졸데〉는 전적으로 바그너 최고의 작품이다. …… 바그너만이 할 수 있는 그 거대한 일, 바그너만이 날개를 갖고서 날아오를 수 있는 그 신기한 황홀경의 50가지 세계들을 나는 누구보다도 잘 알고 있다는 생각이 든다." 《이 사람을 보라》, '나는 왜 이렇게 영리한가', 6절

그러나 이런 놀라운 찬사를 보내면서도 니체는 여전히 바그너의 음악이 위험을 지니고 있음을 부정하지 않는다. 니체는 경탄하면서 비판하는데, 이런 이중적인 태도를 앞의 인용문 바로 뒤에서 확인할 수 있다. "그리고 내게 가장 의심스럽고도 가장 위험한 것마저도 내게 유리하게 이용할 수 있을 정도로 충분히 강하고, 또 그로 인해 더 강해지기 때문에 나는 바그너를 내 삶의 큰 은인이라고 부른다." 《이 사람을 보라》, '나는 왜 이렇게 영리한가', 6절 니체에게 바그너는 삶의 큰 은인이지만, 그것은 니체 자신이 바그너라는 위험, 바그너라는 독을 소화해 영양분으로 바꿔낼 수 있을 정도로 강하다는 것을 전제로 하는 것이다. 니체는 그렇게 자신을 설명한다. 그러나 이런 애증이 뒤엉킨 이중적 태도는 니체 내면 깊은 곳에 잠복한 바그너에 대한 한없는 애착을 완전히 가려주지 못한다. 니체는 뒤이어 자신이 바그너와 닮았다는 점을 또 고백한다. "우리의 유사점은 우리가 동시대의 다른 사람들보다 더 깊이 고통받았으며, 또한 우리가 서로에게도 고통받았다는 점이다. 이 점으로

인해 우리의 이름은 영원토록 함께 맺어질 것이다."

《이 사람을 보라》, '나는 왜 이렇게 영리한가', 6절

바그너와 니체의 내적 결속

《바그너의 경우》의 그 엄청난 비방은 역설적으로 니체가 얼마나 바그너와 내적으로 결속돼 있었는지, 바그너에 대한 니체의 애착을 끊어내기가 얼마나 어려웠는지를 입증한다고 할 수 있을 것이다. 《이 사람을 보라》에서 니체는 젊은 시절 바그너에게 바쳤던 책 〈바이로이트의 리하르트 바그너〉《반시대적 고찰》, 제4부에 나오는 바그너는 곧 니체 자신이라고 털어놓는다. "그 텍스트에서 바그너라는 단어가 나오면, 거기에 내 이름이나 《차라투스트라》라는 단어를 한 점 주저함 없이 세워도 무방하다." 《이 사람을 보라》, '비극의 탄생', 4절 니체는 그 이유가 바그너가 아닌 니체 자신을 그렸기 때문이라고 말하면서 다음과 같이 덧붙인다. "심리학적으로도 내 고유한 본성의 결정적인 모든 특징이 바그너의 것으로 이 에세이에서는 기재되어 있다. 가장 밝고도 가장 숙명적인 힘들의 병렬, 어떤 인간도 갖지 못했던 권력의지, 정신적인 면에서의 과감한 용기, 배우고자 하는 무제한의 힘, 하지만 행동하려는 의지를 압살하지는 않는다는 것, 이런 것들이 바로 그것이다." 《이 사람을 보라》, '비극의 탄생', 4절 그러나 이 문장들이 보여주는 것은 니체의 증언과는 반대다. 이 문장들은 니체가 바그너 안에서 얼마나 자기 자신을 풍성하게 발견했는지를 입증할 뿐이다. 그러므로 바그너에 대한 모든 투쟁은 니체가 자기 자신과 벌인 투쟁이었다. 그리하여 그 투쟁을 통해 그가 바그너를 극복했다면, 그것은 그대로 니체의 자기 극복이 되는 것이다. 그러

나 니체가 자기를 극복해 자기 자신이 되듯이, 바그너를 극복하고 나서도 바그너 내부의 본질적인 것, 곧 '어떤 인간도 갖지 못했던 권력의지'와 그것을 실현하려는 '과감한 용기'는 절대로 포기할 수 없는 니체 자신의 본질로 남게 된다.

《바그너의 경우》가 출간된 뒤 니체의 바그너주의자 친구들은 그 책의 불경스러운 어조에 격분했다. 니체는 이 사태를 브라네스에게 보낸 편지에서 밝혔다. "나는 내 친구들에게 경악할 만한 충격을 주었습니다." 1888년 10월 20일 니체는 자신의 바그너 공격이 난데없는 것이 아니고, 오래 전부터 준비된 것임을 밝히기 위해 그해 말에 《니체 대 바그너》를 편집했다. 1888년 크리스마스에 완성된 이 책은 《인간적인 너무나 인간적인》에서부터 《도덕의 계보》까지 니체가 쓴 저작에서 발췌한 글들을 다시 다듬어 엮은 것이었다. 니체는 자신의 바그너 비판이 1878년, 바그너가 죽기 5년 전부터 계속돼 왔다는 사실을 보여주려 했다. 그 책에서 니체는 다음과 같이 선언한다. "우리는 대척자다." 《니체 대 바그너》, '서문' 이것이 내적으로 묶여 있기 때문에 끝까지 불화했던 니체와 바그너의 관계를 요약하는 문장일 것이다.

망치를 들고 우상 파괴하기

《바그너의 경우》에 이어 이해에 니체가 집필한 책이 《우상의 황혼》이다. 니체는 이 책의 초고를 실스마리아에 머물던 시기에, 다시 말해 6월 말부터 9월 초 사이에 썼다. 니체는 원고를 10월 말에 인쇄소로 넘겼고 11월 25일에 초판을 받았다. 그러나 니체는 이 책이 1889년에 공개되기를 바랐기 때문에 출간은 이듬해 1월로 미뤄졌다. 애초 니체는 이 책에 '한 심리학자의 여가'라는 다소 심심한 제목을 붙일 생각이었다. 그러나 니체를 숭배했던 페터 가스트가 너무 온건한 제목이라고 하면서 더 멋진 제목을 찾아보는 게 좋겠다고 하자 니체는 조판 중에 급히 제목을 '우상의 황혼'으로 바꾸었다. 바그너의 4부작 〈니벨룽의 반지〉 마지막 작품 〈신들의 황혼〉을 비튼 제목이었다. 여기서도 바그너에 대한 니체의 집착과 경쟁심을 읽을 수 있다. 이 책의 부제는 '망치를 들고 철학하는 법'인데, 그 부제를 앞세워 제목을 읽으면, 결국 '망치를 들고 우상 파괴하기'가 된다. 니체가 말하는 우상이란 무엇인가. 니체는 《이 사람을 보라》에서 '우상'을 가리켜 "이상을 표현하는 내 단어" 서문, 2절라고 말한다. 다시 말해, 니체는 사람들이 '이상'으로 여기는 모든 것을 '우상'이라고 규정하는 것이다. 모세의 백성들이 황금 송아지를 우상으로 섬겼듯이 지금 사람들이 이상을 우상으로 숭배하고 있다는 이야기다. 이상이 우상일 뿐임을 폭로하는 작업은 어찌 보면 전 생애를 관통하여 니체가 했던 작업이라고 할 수도 있다. 이 책에서 니체는 그 폭로의 강도를 더욱 높여 해머를 들고 석고상을 파괴하듯 우상을 깨부순다. 니체는 서문에서 다음과 같이 선언한다. "이 작은 책은 중대한 선전 포고다. 그리고 캐내는 대상이 되는 우상들은 한 시대의 우상들이 아니라 영원한 우상들이다." 《우상의 황혼》, '서문' 니체가 단죄하는 우상은 서구 정신사에서 최소한 2,000년이 된 우상들이다.

  이 책에서 제일 먼저 불려나오는 우상이 소크라테스다. 니체는 소크라테스를 데카당스의 기원, 데카당의 원조로 규정한다. 왜 소크라테스는 데카당인가. 삶을 비방하고 죽음을 찬미한 자이기 때문이다. 소크라테스는 사형 선고를 받은 뒤 감옥에서 독약을 마시고 죽어가면서 친구 크리톤에게 다음과 같이 말한다. "크리톤! 우리는 아스클레피오

니체가 데카당스의 기원으로 규정한 소크라테스

스께 닭 한 마리를 빚졌네. 갚게나. 소홀히 하지 말고."[8] 아스클레피오스는 의술의 신이어서 그의 신전에서 잠을 자고 난 뒤 병이 나으면 그 신에게 제물을 바치는 것이 그리스의 관습이었다. 그러나 소크라테스가 정확히 무슨 뜻으로 닭을 바쳐야 한다고 말한 것인지는 이 문장만 보아서는 분명하지 않다.

니체는 소크라테스의 이 발언을 다음과 같이 가공한다. "삶, 이것은 오랫동안 병들어 있었다는 것을 의미하네. 나는 구원자 아스클레피오스에게 닭 한 마리를 빚졌다네."《우상의 황혼》, '소크라테스 문제', 1절 니체는 소크라테스가 삶에 넌더리를 내고 있었다고 해석하는 것이다. 삶을 혐오하고 죽음을 숭배하는 것, 그것이 서구 정신의 시원에서부터 시작된 일이라는 것이다. 그리하여 니체는 사람들의 보편적인 믿음에 반해 소크라테스를 '몰락하는 유형'으로, '쇠약의 징후'로, 특히 '그리스를 와해시키는 도구'로, 요컨대, '데카당'으로 이해한다. 니체는 이제 소크라테스가 데카당으로서 어떻게 그리스의 '귀족 정신'을 파괴했는지 '증명'해간다. 니체는 첫 번째로 소크라테스가 그리스인이라고 하기도 어려운 최하층 출신의 천민이었다고 주장한다. 그것을 어떻게 알 수 있는가. 외모로 판별할 수 있다.

> 출신상 소크라테스는 최하층에 속했다. 소크라테스는 천민이었다. 그가 얼마나 못생겼는지 사람들은 알고 있으며, 직접 확인도 할 수 있다. 그런데 못생긴 외모는 그 자체로 일종의 이의 제기이고, 그리스인 사이에서는 거의 반박이기도 했다. 소크라테스가 도대체 그리스인이었단 말인가? 못생겼다는 것은 곧잘 혼혈이나 혼혈로 인한 발육 불량을 드러내주는 표지였다. 그렇지 않을 경우에는 발육의 쇠퇴를 드러내주는 표지로 나타난다. 범죄학자들 중 인류학을 공부하는 사람들은 전형적인 범죄형은 못생겼다고 말한다. 외모도 괴물, 정신도 괴물이라는 것이다.
> 〈우상의 황혼〉, '소크라테스 문제', 3절

변증법, 천민들의 정복 수단

니체의 이런 주장을 어떻게 이해해야 할까. 소크라테스가 평민 계층 출신이었고, 얼굴이 유난히 못생긴 사람이었다는 것은 잘 알려진 사실이다. 그런데 이런 사실에서 소크라테스를 그리스의 쇠퇴와 그리스 정신의 반박이라는 결론을 끄집어내는 것, 이것을 어떻게 받아들여야 할까. 니체는 정말로 외모로 정신을 읽을 수 있다고 믿었을까. 이 문단을 블랙유머, 혹은 아주 심각한 표정으로 하는 농담이라고 볼 수 있을까. 이걸 니체식 유머라고 해두자. 이어지는 절에서 니체는 소크라테스에 대해 훨씬 더 진지한 비판을 가한다. 논리적 대화를 통해 '참'을 찾아 가는 것이 변증법인데, 니체는 이 변증법이 고귀한 취향에 반하는 천민들의 정복 수단이라고 주장하면서 그 변증법의 발명자가 바로 소크라테스였다고 말한다.

> 소크라테스와 더불어 그리스 취향은 변증법에 유리하게 돌변했다. 그때 진정 무슨 일이 벌어진 것일까? 무엇보다 고귀한 취향이 정복되었다. 천민이 변증법을 수단으로 삼아 상부로 올라섰다. 소크라테스 이전에는 변증법적인 수법이란 건 건전한 사회에서는 거부되었다. 이것은 나쁜 수법으로 간주되었고 조롱받았다. 〈우상의 황혼〉, '소크라테스 문제', 5절

니체의 이런 주장은 정신을 확 깨게 만든다. 우리는 논리라는 것이 배운 사람들의 수단이고, 변증법이라는 것은 진리를 찾아가는 훌륭한 도구라고 알고 있다. 그것은 아주 오래된 믿음이다. 그런데 지금 니체는 그 오래된 믿음을 정면으로 거부하고 있다. 변증법적 논리가 천민의 수단이었다는 것이다. 니체는 계속 말한다.

> 품의 있는 사람이 그러하듯 품위 있는 것들은 자신의 근거를 그런 식으로 내세우지 않는 법이다. 다섯 손가락을 모두 보여주는 것은 점잖지 못한 일이다. 스스로를 먼저 입증시켜야만 하는 것은 별 가치가 없는 것이다. 권위가 미풍양속에 속하는 곳, '근거를 들어 정당화하지' 않고 명령하는 곳이라면 어디서든지 변증론자는 일종의 어릿광대에 불과하다. …… 소크라테스는 어릿광대였지만, 자신을 진지하게 받아들이게 만들었던 어릿광대였다. 〈우상의 황혼〉, '소크라테스 문제', 5절

여기서 의문이 풀린다. 니체는 사태를 주인의 관점에서, 귀족의 관점에서 보고 있는 것이다. 진정한 주인은 자신의 주장을 논리적으로 설명할 필요를 느끼지 못한다. 그는 명령하고 자기 뜻을 권위로써 관철하면 되는 것이다. 그것이 귀족의 품위에 어울리는 것이다. 소크라테스는 그런 귀족의 문화에 반기를 들고 나와 논리적 대화, 곧 변증법으로 거기에 도전하여 승리한 사람이었고, 그런 점에서 하층민의 대표자였다. 변증법은 '논리' 말고는 다른 무기가 없는 하층민이 지배층을 격파하고 올라서는 수단이었던 것이다. 그래서 니체는 다시 다음과 같이 주장한다. "다른 수단이 없을 경우에만 변증법이 선택된다. …… 그것은 단지 다른 무기를 전혀 갖추지 못한 자들의 정당방위일 수 있을 뿐이다. 사람들은 그런 자신의 권리를 강요하지 않으면 안 된다. …… 이런 이유에서 유대인은 변증론자였던 것이다."《우상의 황혼》, '소크라테스 문제', 5절

이제 상황이 분명해진다. 니체는 소크라테스를 불러내 니체 당대의 문화를 비판하고 있는 것이다. 변증법으로 대변되는 논리주의는 평민이 사용할 수 있는 저항과 투쟁의 무기, 민주주의의 가장 요긴한 무기다. 니체는 이 점을 간파하고 귀족의 관점에서 변증법이라는 이름의 논리주의를 근원적으로 부정한다. 변증법의 창시자 소크라테스를 비판함으로써 변증법의 근거를 해체하려고 한다. 논리학이 민주주의의 무기, 약자의 무기임을 니체는 다른 책에서 유대인들을 사례로 들어 설명하기도 한다.

유대인들은 다른 사람들이 그들을 믿는 것에 전혀 익숙하지 못하다. 유대인 출신 학자들은 모두 논리를, 다시 말해 근거를 제시함으로써 동의를 받아들이지 않을 수 없도록 하는 것을 매우 중요시한다. 자신들에

대한 인종적·계급적 반감이 존재하고, 사람들이 자신들을 믿으려 하지 않는 상황에서는 논리로 승리를 거둘 수밖에 없다는 것을 알고 있다. 논리학보다 더 민주적인 것은 없다. 논리학은 개인을 고려하지 않으며 대부리코(유대인)와 곧은 코 사이에 차이를 두지 않는다.

〈즐거운 학문〉, 제5부, 348절

니체는 이 민주주의의 무기, 피지배자들의 무기를 발명한 사람이 소크라테스였다고 주장하는 것이다. 소크라테스는 변증법의 칼을 휘둘러 귀족들을 제압했고, 이성의 폭군이 될 수 있었다. 이미 쇠퇴의 기운이 역력했던 아테네 귀족들은 소크라테스의 논리적 싸움에 매혹되었다. 한 발 더 나아가 소크라테스는 논리적 사유의 보금자리인 '이성'을 키우는 것이 덕이고 이 덕이 행복을 보장한다는 새로운 도덕을 성립시켰다. 그러나 니체는 소크라테스의 도덕을 부정한다. 그 도덕 밑에 깔려 있는 것이 삶에 대한 저주라고 보기 때문이다. 니체는 소크라테스가 죽기를 원했다는 것, 자기에게 독배를 주지 않을 수 없도록 아테네 사람들을 몰아붙였다는 것, 다시 말해 결국 자기가 자기에게 독배를 주었다는 것을 상기시키며, 소크라테스가 삶이 아니라 죽음을 원한, 일종의 정신의 병자였다고 말한다. 그러므로 니체의 기준으로 보면 소크라테스야말로 데카당의 출발점인 셈이다.

'존재의 철학'에서 '생성의 철학'으로

이제 니체는 소크라테스와 그의 제자 플라톤이 절대적인 가치를 지닌 것으로 띄워 올린 '이성'이라는 우상을 향해 망치를 들고 나아간다.

니체가 개념의 미라를 만들었다고 비판한 플라톤

철학자들한테서 나타나는 특이 성질이 전부 무엇이냐고 내게 묻는가? 그들의 역사적 감각의 결여, 생성이라는 생각 자체에 대한 증오, 그들의 이집트주의가 그 예다. 어떤 것을 영원이라는 관점에서 탈역사화하면서 그들은 그것을 영예롭게 만들고 있다고 믿는다. 그것을 미라로 만들면서 말이다. 철학자들이 지금까지 수천 년 동안 이용했던 모든 것은 죄다 개념의 미라들이었다. 실제의 것은 어느 것도 그들의 손아귀에서 살아서 빠져나오지 못했다. 개념을 우상처럼 숭배하는 이런 철학자 제씨들, 이들은 숭배하면서 죽여버렸고, 박제로 만들어버렸다.

《우상의 황혼》, '철학에서의 '이성'', 1절

철학자들의 아버지인 플라톤의 '이성'은 영원한 것, 변치 않는 것을 찾는다. 철학 용어로 말하자면, '생성'이 아니라 '존재'를 찾는다. 끊임없이 흘러가고 변화하고 달라지는 것들, 생성 속에 있는 것들은 영원한 불변의 것, 곧 존재가 아니다. 이성은 그 영원한 불변의 존재를 불러내 개념을 붙인다. 진리라는 개념, 선이라는 개념, 아름다움이라는 개념……. 그러나 니체는 이렇게 만들어진 개념을 '개념의 미라', 다시 말해 죽어서 박제된 개념이라고 부른다. 실제로 있는 것은 끝없이 생성 변화하는 이 가변의 세계일 뿐, 그 세계 너머의 불변의 세계, 이데아의 세계 같은 것은 없다. '이데아'란 이 생성의 세계에서 개념을 끄집어내 그것에 고귀함을 입힌 가공의 것일 뿐이다. 아름다움의 이데아라는 것은 없고 조금씩 차이 나고 서로 모습이 다른, 수없이 다양한 아름다운 것들이 있을 뿐이다. 그리하여 니체는 여기서 '존재의 철학'에서 '생성의 철학'으로 철학사의 거대한 물줄기를 바꾼 가장 중요한 철학자 가운데 한 사람으로 등장한다.

 니체가 이 주장을 통해 진짜로 말하려고 하는 것은 다음과 같다. 즉 그는 '어떻게 해서 신이라는 절대 개념이 탄생했는가'라는 의문에 답하려 한다. 바로 영원히 변치 않는 존재들을 존재하게 하는 제1의 원인, 제1의 존재가 있을 수밖에 없는데, 그것이 절대자 곧 신이라는 것, 그것이 신학과 철학의 일반적인 추론이다. 다시 말해 신이 있어서 그 많은 존재들이 존재하게 된다는 것이다. 그러나 이런 주장은 원인과 결과를 뒤집어놓은 것이다. 신은 원인이 아니라 결과다. 순간마다 변화하고 흘러가는 이 눈앞의 현상 세계가 먼저 원인으로 존재하는 것이고, 신은 이 세계의 존재 원인을 해명하기 위해 차후에 도입된 개념일 뿐인 것이다. 말하자면 신이란 인간이 만들어낸 것, 사유의 마지막에 창조한 것일 뿐 다른 것이 아니다. 니체는 신이라는 가공의 절대자가 등장하는 이런 사태를 두고 "병든 망상가의 미친 짓"이라고 말한다. 왜 미친 짓인가. 공허한 절대자 개념을 신으로 숭배함으로써 눈앞에 펼쳐진 이 지상 세계의 삶 자체를 부정하고 비방하고 능멸하기 때문이다.

서양 정신사 2,000년의 요약

이 대목에서 니체는 기독교의 절대 신이라는 관념을 뒷받침해준 것이 그리스 철학이었음을 밝힌다. 현상 세계와 참된 세계를 갈라 현상 세계는 부질없는 것이고 현상 저 너머의 참된 세계만이 진정한 세계라고 주장한 플라톤의 철학을 통해 기독교 신이 성립할 수 있었다는 것이다. 소크라테스의 죽음 찬양에 벌써 플라톤의 이데아 관념, 즉 완전한 참 세상의 관념이 싹트고 있었다는 것이다. 그렇게 이 삶 너머의 참된 삶을 상정하는 모든 것은 이 지상의 삶을 비방하고 부정하는 것, 다시 말해 데카당스의 징후, 하강하는 삶의 징후라고 니체는 말한다. 니체는 플라톤에게서 시작한 그 '참된 세계'가 마침내 2,000년의 서양 정신사의 끝에 이르러 '꾸며낸 이야기'로 귀착하는 과정을 단 두 쪽의 짧은 글로 요약한다. 그 요약은 여섯 문단으로 이루어진다.

  1. 참된 세계에 지혜로운 자, 경건한 자, 덕 있는 자는 이를 수 있다. 그는 그 세계 안에 살고 있으며, 그가 그 세계다.
      〈우상의 황혼〉, '어떻게 '참된' 세계가 꾸며낸 이야기가 되어버렸는가'

이것이 바로 플라톤이 말한 참된 세계, 이데아의 세계다. 니체는 이 생각이 "가장 오래된 형식의 관념"이며 "비교적 똑똑하고 단순하며 설득력 있다"고 말한다.

2. 참된 세계에 지금은 이를 수 없다. 그렇지만 지혜로운 자, 경건한 자, 덕 있는 자에게는, '회개하는 죄인에게는' 약속되어 있다.

《우상의 황혼》, '어떻게 '참된' 세계가 꾸며낸 이야기가 되어버렸는가'

이 문장은 플라톤의 관념이 기독교적 관념으로 옮겨가는 과정을 보여준다. 플라톤이 기독교로 번역되는 것이다. 여기서 참된 세계라는 관념은 "더욱 정교해지고 더욱 위험해지며 더욱 이해할 수 없게 된다." 다시 말해 천국이 된다.

3. 참된 세계는 이를 수 없고 증명할 수 없으며 약속도 할 수 없다. 그렇지만 이미 위안으로서, 의무로서, 명령으로서 생각되고 있다.

《우상의 황혼》, '어떻게 '참된' 세계가 꾸며낸 이야기가 되어버렸는가'

이 문장은 '참된 세계'의 칸트적 판본을 이야기한다. 칸트는 현상 세계 너머에 '사물 자체'라는 미지의 세계를 상정하고 그 '사물 자체'에 도덕의 왕국을 세운다. 확실했던 기독교적 세계는 칸트에 이르러 안개에 싸여 알 수 없는, 그러나 우리가 도덕적으로 살려면 틀림없이 존재한다고 믿어야 하는 세계로 바뀌었다.

4. 참된 세계, 도달할 수 없다? 어쨌든 도달하지는 않았다. 도달하지 않았기에 알려지지도 않았다. 그러므로 위로하지도 구원하지도 못한다. 의무의 대상도 아니다. 무엇 때문에 우리에게 알려지지 않은 것에 대한 의무를 진단 말인가?

《우상의 황혼》, '어떻게 '참된' 세계가 꾸며낸 이야기가 되어버렸는가'

이런 발상은 칸트 철학을 수용한 뒤에 자연스럽게 따라나오는 생각이다. 도달할 수도 없고 이해할 수도 없고 알려지지도 않았는데, 왜 우리가 거기에 얽매여야 한단 말인가? 니체는 이런 반문을 제기하면서 나타난 것이 바로 '실증주의'라고 말한다. 실증할 수 없는 것에는 관심도 품을 필요가 없다. 19세기에 등장한 실증주의는 결국 칸트의 '사물 자체'에 무관심해진다. 이런 상황을 니체는 '이성의 첫 하품'이라고 말한다. 이성이 독단의 잠에서 깨어나기 시작하는 것이다.

> 5. '참된 세계'. 더는 아무 쓸모없는 관념. 더는 의무도 아니다. 불필요하고 쓸모없어진 관념. 그래서 반박된 관념. 이것을 없애버리자!
>
> 《우상의 황혼》, '어떻게 '참된' 세계가 꾸며낸 이야기가 되어버렸는가'

이 문장은 유물론의 등장을 암시한다. 이것을 니체는 "모든 자유정신들의 야단법석"이라고 묘사한다. 자유로운 정신들은 이제 참된 세계니 '사물 자체'니 하는 것을 모두 하나의 허구, 꾸며낸 이야기로 본다. 존재하는 것은 이 현상 세계, 우리가 살고 있는 이 세계뿐이다. 그렇게 저 세계를 제거해버리고 나면 우리는 진정으로 자유로워지는가.

> 6. 우리는 참된 세계를 없애버렸다. 어떤 세계가 남는가? 아마도 가상 세계? 천만에! 참된 세계와 함께 우리는 가상 세계도 없애버린 것이다!
>
> 《우상의 황혼》, '어떻게 '참된' 세계가 꾸며낸 이야기가 되어버렸는가'

이 여섯 번째가 바로 니체의 단계다. 참된 세계를 의심하는 사람들이 보통 다다르는 단계는 다섯 번째까지다. 다시 말해 참된 세계는 없고 존재하는 것이 이 세계뿐이니 이 세계를 전부로 알고 받아들이자.

이 세계를 즐겁게 살다 가면 되는 것이다. 자유정신들은 여기까지 생각한다. 그러나 세계를 없애버리면 '가상 세계', 곧 이 현실, 이 현상 세계만 남는 것이 아니라 이 세계 자체도 사라져버린다는 것, 이것이 니체의 통찰이다. 참된 세계, 신의 세계, 절대자의 존재를 통해 우리는 이제껏 이 현실 세계의 삶에 의미를 구했고 이 삶에 가치를 부여했는데, 그 참된 세계가 사라지면, 이 세계의 의미도 가치도 함께 사라져버리는 것이다. 그것이야말로 진정한 재앙이고 공포이고 저주다.

니체의 철학은 바로 여기서 다시 출발하는 철학이다. 이때를 니체는 '정오'라고 부른다. "그림자가 가장 짧은 순간"이며 "가장 길었던 오류의 끝"이다. 말하자면, 그림자 없이 투명하게 세상의 진실과 대면하는 깨달음의 순간이 니체가 말하는 정오다. 이 정오에 차라투스트라가 등장한다. 차라투스트라의 등장은 저 참된 세상이 사라져 여기 이 세상만 남은 상태에서, 우리 스스로 그 모든 의미와 가치를 새롭게 세우고 실현해야 한다는 사실을 깨닫는 때다. 니체의 철학은 그 가치를 어떻게 세우고 어떻게 실현할 것인가를 두고 분투한다.

이 짧은 여섯 문단으로 니체는 서구 정신사를 요약했다. 이 요약은 극도의 간결함을 추구한 니체 스타일의 승리를 보여주었고, 니체 정신의 한 정점을 보여주었다. 《우상의 황혼》 뒷부분에서 니체는 자신이 생각하는 글쓰기의 최고 경지를 다음과 같이 이야기한다.

> 시간이 이빨을 들이대지만 헛수고일 뿐인 것들을 창조해내는 것, 형식과 내용에서 작은 불멸성을 추구하는 것, 이보다 못한 일을 하는 것은 나의 자존심이 허락하지 않는다. 아포리즘과 경구, 이 분야에서는 내가 독일인들 가운데 최고의 대가인데, 이것들은 영원성의 형식이다. 나의 야심은 사람들이 책 한 권에 걸쳐 말하는 것, 혹은 책 한 권으로도

말하지 못하는 것을 단 열 문장으로 말하는 것이다.

《우상의 황혼》, '어느 반시대적 인간의 편력', 51절

서구 정신사를 요약한 앞의 여섯 문단으로 된 글이야말로 아마도 니체 스스로는 "사람들이 책 한 권에 걸쳐 말하는 것, 혹은 책 한 권으로도 말하지 못하는 것을 단 열 문장으로 말하는 것"에 정확히 대응하는 글일 것이다.

도덕이라는 우상 깨부수기

이렇게 논리적 이성이라는 우상을 깨뜨리고, 다시 참된 세계라는 우상을 깨뜨린 니체는 이제 도덕이라는 우상을 깨부수러 달려든다. 니체의 주장은 "도덕적 사실은 존재하지 않는다"라는 명제로 요약된다. "내가 철학자들에게 선악의 저편에 서고, 도덕 판단이라는 환상을 뒤로 넘겨버려야 한다고 요구한다는 것을 사람들은 알고 있다. 이 요구는 나에 의해 최초로 정식화된 통찰, 도덕적 사실이란 것은 결코 존재하지 않는다는 통찰에서 비롯된다."《우상의 황혼》, '인류를 '개선하는 자들'', 1절 그렇다면 도덕 혹은 도덕 판단이란 무엇인가? 니체는 다음과 같이 말한다. "도덕 판단은 존재하지도 않는 실재성을 믿는다는 점에서 종교적 판단과 공통된다. 도덕은 단지 특정 현상들에 대한 해석이고, 좀 더 정확하게 말하자면 그릇된 해석에 불과하다."《우상의 황혼》, '인류를 '개선하는 자들'', 1절

이 말은 무슨 뜻인가? 우리가 아주 익숙한 인간적 관점에 서지 않고 자연 세계를 보듯 인간 세계를 보면 이 세계가 어떤 모습으로 나타날

것인가. 자연 세계에서는 동물이 식물을 뜯어먹고, 작은 짐승을 큰 짐승이 잡아먹는다. 물이 없으면 말라죽고 못 먹으면 굶어죽는다. 그렇게 먹고 먹히고 태어나고 죽는 그 현상은 어떤 도덕적 의미도 품고 있지 않다. 이제 그렇게 도덕과 무관한 눈으로 인류의 삶을 본다면 어떻게 될까. 태어나고 살고 고통 받고 괴로워하고 병들고 죽는 그 모든 삶의 파노라마가 그 자체로 자연적 과정으로 이해될 수 있다. 누군가에게 고통을 주고, 누군가를 죽이고, 누군가를 약탈하는 범죄적 행위조차도 자연의 눈으로 보면 자기 생명을 확장하거나 연장하기 위한 지극히 당연한 행위, 마치 사자가 어린양을 잡아먹는 것과 똑같은 행위로 이해될 수 있다. 그런 관점에 서면 도덕이라는 것은 인간이 인간적 관점에서 만들어낸 것, 다시 말해 사태를 도덕적으로 해석한 결과일 뿐, 그 자체로 도덕인 것은 아니게 된다. 우리는 도덕규범 안에서 살아가고 있지만, 냉정하게 말하면 그 도덕규범은 인간이 나중에 만들어낸 것일 뿐, 처음부터 존재하는 것이 아닌 것이다. 이것이 니체의 통찰이다.

그렇다면 도덕 판단이라는 것은 애초에 아무 쓸모없는 것이란 말인가. 니체는 그렇지 않다고 말한다. 그것은 증후학으로서 중요한 기능을 한다는 것이다. "그러나 도덕 판단은 증후학으로서는 대단히 가치 있다. 그것은 적어도 자기에 대해 충분히 알지 못해서 스스로를 '이해하지' 못하고 있는 여러 문화나 내면세계의 가장 귀중한 실상을 알려준다. 도덕은 단지 기호 언어일 뿐이며 증후학일 뿐이다."《우상의 황혼》, '인류를 '개선하는 자들'', 1절 도덕 판단은 왜 어떤 문화권에서는 어떤 것을 도덕적인 것으로, 다른 어떤 것은 비도덕적인 것으로 이해하는지 그 근거를, 그 내적 이유를 드러내 보여주는 일종의 증후 구실을 한다는 이야기다. 도덕 판단은 감춰진 진실을 가리키기 때문에 기호 언어이고, 증상을 통해 질병을 진단하게 해주기 때문에 증후학인 것이다. 요컨대, 도덕 판단을 통해 시대의 질병을 적발해낼 수 있다는 것이 니체의 통찰이다. 그런 통찰을 보여주는 것으로 니체는 '인간을 개선시키는 도덕'의 사례를 거론한다.

> 어느 시대든 사람들은 인간을 '개선시키기'를 원했다. 무엇보다도 이것이 바로 도덕이 의미하는 바다. …… 어떤 짐승의 길들임을 그 짐승의 '개선'이라고 부르는 것은 우리의 귀에는 거의 농담처럼 들린다. 동물원에서 무슨 일이 일어나고 있는지 아는 사람은 그곳에서 야수들이 '개선되고 있다'는 것에 의심을 품는다. 그 야수들은 유약해지고 덜 위험스러워지며, 침울한 공포감과 고통과 상처와 배고픔으로 병든 야수가 되어버린다. 《우상의 황혼》, '인류를 '개선하는 자들'', 2절

이어 니체는 동물원에 갇힌 야수를 인간의 영역으로 옮긴다.

> 성직자가 '개선시켜' 길들인 인간의 경우에도 사정은 다르지 않다. 실제로 교회가 동물원이었던 중세 초기에 사람들은 어디서나 '금발의 야수'의 가장 그럴 듯한 표본을 찾아 사냥을 했으며, 예를 들어 고귀한 게르만인을 '개선시켰다.' 그런데 그렇게 '개선되고', 수도원으로 유혹되었던 게르만인의 나중 모습은 어떠했던가? 인간의 캐리커처이자 실패작과도 같았다. 게르만인은 '죄인'이 되어버렸고, 우리에 갇혔다. 사람들은 게르만인을 완전히 끔찍한 개념들 사이에 가두어버렸다. 그러자 그는 거기서 병들고 움츠린 모습으로 자기 자신에게도 악의를 품은 채 누워 있었다. 삶을 향한 충동에 대한 증오에 가득 차고, 여전히 힘있고 행복한 모든 것에 대한 의심에 가득 찬 채, 짧게 말해서 그는 '기

독교인'이 되어버렸던 것이다. …… 교회는 인간을 망쳐버렸고 약화시켰다. 하지만 교회는 인간을 '개선시켰다'고 주장했다.

《우상의 황혼》, '인류를 '개선하는 자들'', 2절

이렇게 니체는 도덕 바깥의 자연 판단을 기독교 도덕에 도입해 그 도덕이 얼마나 우스꽝스러운지를 매우 재미있는 이야기로 들려준다. 니체의 주장은 기독교가 금발의 야수를 도덕의 우리에 가두고 길들여 그 야수성을 죽여버렸다는 것이다. 인간의 생명력은 그 야수성에 있는데, 야수성을 잃어버림으로써 생명력도 같이 잃어버린 것이다. 인간은 영원히 병들어 누운 존재가 되었다. 이 문단을 쓰면서 니체는 자기 자신이야말로 기독교 도덕에 의해 우리에 갇혔고, 야수성이 거세된 병든 존재가 되었다고 느꼈을 것이다.

아름다움과 추함

니체는 이 책에서 아름다움과 추함이라는 미학적 판단도 하나의 우상으로 제시한다. 아름다움과 추함은 삶과 동떨어진 문제가 아니다. 인간의 삶과 무관하게 아름다움이라는 것, 추함이라는 것이 따로 있는 것이 아니다. 도덕과 마찬가지로 아름다움이라는 것이 실제로 있는 것이 아니다. 자연의 어떤 현상도 그 자체로는 아름답지도 추하지도 않다. 그냥 그 자체로 있을 뿐이다. 인간의 마음이 개입되고 난 뒤에야 아름다움과 추함이라는 판단이 생겨나는 것이다. 인간의 삶이 어떤 것은 아름답다고 느끼고, 어떤 것은 추하다고 느끼게 하는 근거인 것이다. 니체는 여기서 아름다움과 추함을 가르는 가장 근본적인 기준을 제시한다.

생리적으로 고찰해보면 추한 모든 것은 인간을 약화시키고 슬프게 한다. 그것은 인간에게 쇠퇴, 위험, 무력을 상기시킨다. 이러면서 인간은 실제로 힘을 상실한다. 추한 것의 효력은 동력계를 가지고 측정해볼 수 있다. 대체로 인간이 풀 죽고 우울해질 때, 그는 '추한 것'이 근접해 있다는 사실을 눈치 챈다. 힘에 대한 그의 느낌, 그의 권력의지, 그의 용기, 그의 긍지, 이런 것이 추한 것과 함께 사라지며, 아름다움과 함께 상승한다. 어느 경우이든 우리는 한 가지 결론을 내린다. 이 결론의 전제들은 우리의 본능 안에 엄청나게 쌓여 있다. 추함은 퇴화에 대한 암시이자 징후로 이해된다. 아주 어렴풋하게라도 퇴화를 상기시키는 것은 우리 안에서 '추하다'는 판단을 불러일으킨다.

〈우상의 황혼〉, '어느 반시대적 인간의 편력', 20절

그러므로 도덕이 증후학이듯이, 아름다움과 추함에 관한 판단도 증후학의 영역이다. 아름다움과 추함을 가르는 기준은 힘, 다시 말해 생명력, 그리고 그 생명력을 고양시키려는 권력의지인 것이다. 우리의 권력의지를 자극하는 것은 아름다운 것이며 권력의지를 지치게 하는 것은 추한 것이다. 이런 통찰을 근거로 삼아 니체는 아름다움과 추함이라는 미학의 영역도 권력의지의 한 발현 영역으로 포섭한다. 미추의 문제는 권력의지의 문제, 힘과 생명력의 문제인 것이다. 그리하여 예술의 독자성은 근원적으로 사라지게 된다.

그렇다면 '예술을 위한 예술'이라는 예술의 독립 선언은 어떻게 이해해야 하는가. 예술은 도덕이나 삶 같은 다른 어떤 것에도 종속되지 않고 오직 자기 자신에게만 복무하는 자기 충족적 영역인가. 니체는 예술을 위한 예술을 다음과 같이 논파한다.

예술이 죄다 하고 있는 일이 무엇이란 말인가? 예술은 칭찬하지 않는단 말인가? 예술은 찬미하지 않는단 말인가? 예술은 골라내지 않는단 말인가? 예술은 두드러지게 하지 않는단 말인가? 사실 예술은 이 모든 일을 하면서 특정한 가치 평가들을 강화하거나 약화시키거나 하는 것인데, 이것이 단순히 부수적인 일에 불과하단 말인가? …… 그(예술가)의 가장 심층척인 본능은 예술을 향하고 있는가? 오히려 예술의 의미인 삶을 향하고 있지는 않은가? '삶이 소망할 만한 것들'로 향하고 있지는 않은가? 《우상의 황혼》, '어느 반시대적 인간의 편력', 24절

이런 질문을 나열한 뒤에 니체는 다음과 같이 명쾌하게 답한다. "예술은 삶의 위대한 자극제다. 그런데도 예술이 목적이 없다거나 목표가 없다고 할 수 있는 것인가? 예술을 위한 예술이라고 이해될 수 있는 것인가?"《우상의 황혼》, '어느 반시대적 인간의 편력', 24절 니체는 '예술을 위한 예술'이라는 구호가 예술의 본질적 기능을 파악하지 못한 피상적 인식의 소산임을 밝혀낸다. 예술이란 결국에 삶의 문제이다. 다시 말해 삶을 고양시키는 것을 찬미하고 삶을 약화시키는 것에 반대한다. 그러므로 예술을 위한 예술은 존재할 수 없다는 결론에 도달하게 되는 것이다.

비극 작가는 무엇을 원하는가

니체는 여기서 그치지 않고 남아 있는 한 가지 물음으로 곧바로 향한다. 예술은 삶의 수없이 많은 추한 것, 끔찍한 것, 의문스러운 것도 마찬가지로 등장시키는데, 그렇다면 예술은 삶 때문에 괴로워하는 것이 아닌가? 니체는 이 질문을 비극 예술의 경우에 적용한다. "'비극

예술가는 자신의 무엇을 전달하는 것인가?' 그는 다름 아닌 끔찍하고 의심스러운 것에 대면해 두려움 없는 상태를 보여주고 있는 것이 아닐까?" 이 질문을 던져놓고 니체는 단호하게 답한다.

> 이런 상태(두려움 없는 상태)를 알고 있는 자는 이 상태에 최고의 경의를 표한다. 그가 예술가라면, 그가 전달의 천재라면, 그는 그 상태를 전달할 수 있고, 전달하지 않으면 안 된다. 한 강력한 적수 앞에서, 커다란 재난과 공포를 불러일으키는 문제 앞에서 느끼는 용기와 자유, 이런 승리의 상태가 바로 비극적 예술가가 선택하는 상태이며, 그가 찬미하는 상태다. 비극 앞에서 우리 영혼 내부의 전사가 자신의 사티로스의 제의를 거행한다. 고통에 익숙한 자, 고통을 찾는 자, 영웅적인 인간은 비극과 더불어 자신의 존재를 찬양한다. 오직 그에게만 비극 시인은 그런 가장 달콤한 잔혹의 술을 권한다. **(우상의 황혼), '어느 반시대적 인간의 편력', 24절**

이렇게 니체는 미적 판단, 예술 판단을 자신의 비극 철학으로 수렴시킨다. 예술이 추한 것, 끔찍한 것, 괴로운 것, 무시무시한 것, 다시 말해 겉보기에 삶의 기운을 꺾고, 생명력을 죽이는 것처럼 보이는 것들을 묘사할 때조차, 아니 오히려 그런 것들을 묘사할 때에야 진정으로 생명력을 자극하는 참된 예술이 될 수 있는 것이다. 그 살아 있는 사례가 그리스 비극이다. 니체에게 비극이란 그렇게 재난과 공포를 불러오는 문제 앞에서 꺾이지 않고 용기와 자유를 느끼며 잔혹한 의지로 삶의 환희를 이끌어내는 것, 생명력의 충만 때문에 고통을 찾고 고통을 이겨내는 것, 삶의 고난에 맞서 영웅적으로 투쟁하고 승리하는 것을 가리키는 말인 것이다.

이렇게 아름다움과 추함이라는 미학의 문제를 권력의지의 문제, 힘의 문제로 환원시키듯이, 니체는 각각의 '시대'도 힘이라는 잣대를 가지고 측정할 수 있다고 말한다. 그렇게 힘을 기준으로 삼으면 르네상스 시대는 위대한 시대로, 19세기 현대는 소심하고 약한 시대로 드러난다.

> 각 시대는 그 시대의 적극적인 힘들에 의거해 측정될 수 있다. 이럴 때 르네상스라는 그토록 풍요롭고 그토록 숙명적인 시대는 위대했던 최후의 시대로 드러난다. 반면에 우리 현대는 자기를 소심하게 염려하고 이웃을 사랑하는 시대, 노동과 겸손과 공정성과 과학성이라는 덕을 지닌 시대, 끌어모으고 절약하고 기계처럼 사는 허약한 시대로 드러난다. 우리의 덕은 약함에 의해 제약되고, 약함에 의해 요청된다.
> 《우상의 황혼》, '어느 반시대적 인간의 편력', 37절

이렇게 한 시대는 힘의 성격을 통해 해석될 수 있다. 적극적인 힘이 많은가, 부정적인 힘이 많은가에 따라 시대의 건강성이 달라지는 것이다. 그런데 니체는 여기서 그 시대가 강한 시대인가 아닌가를 '거리의 파토스'를 통해서 측정할 수 있다고 말한다. "인간과 인간 사이의 간격, 계층과 계층 사이의 간격, …… 자기 자신이고자 하는 의지, 자신을 두드러지게 하고자 하는 의지, 내가 거리의 파토스라고 부르는 것은 모두 강한 시대의 특징이다."《우상의 황혼》, '어느 반시대적 인간의 편력', 37절 그러면서 니체는 자기 시대에는 양극단 사이의 간격이 점점 줄어들고 있고 극단 자체가 희미해져 결국은 유사하게 되고 만다고 탄식한다.

"병자는 사회의 기생충"

그렇게 거리의 파토스가 무너진 상황을 극명하게 보여주는 것이 평등권 이론이다. 니체는 평등이 "본질적으로 쇠퇴에 속한다"고 말한다. 왜냐하면 평등이야말로 거리의 파토스의 감퇴를 보여주는 것이며 격차의 해소이고 위계와 서열의 붕괴를 나타내는 표지이기 때문이다. 니체의 관점에서 보면 평등화야말로 인류의 하강이고 부패이고 퇴락이다. 사회주의자는 그런 하강과 부패와 퇴락을 촉진하는 자들이다. 니체는 그 점을 다음과 같이 명확하게 밝힌다.

> "내가 천민이면 너 역시 천민이어야 한다." 이 논리에 의거해 사람들은 혁명을 일으킨다. (그러나) 자신에 대한 불평은 어떤 경우에든 쓸모가 없다. 이것은 약하기 때문에 생긴다. 자신의 열악한 처지를 다른 사람 탓으로 돌리든, 자기 자신 탓으로 돌리든 본질적인 차이가 없다. 첫 번째의 경우는 사회주의자이고, 두 번째의 경우는 기독교인이다. 두 경우의 공통적인 것, 즉 무가치한 것은 자기가 고통을 겪고 있다는 사실을 누군가의 책임으로 돌려야 한다는 것이다. …… 고통 받는 자는 어디서든 자신의 조그만 복수심을 식혀주는 위안들을 찾아낸다. 그가 기독교인이라면, 다시 한 번 말하지만, 그는 그 원인을 자기 내부에서 찾는다. …… 그런데 기독교인이 '세상'을 유죄라고 판결하고 비방하고 더럽힌다면, 그것은 사회를 유죄 판결하고 비방하고 더럽히는 사회주의 노동자의 본능과 같은 본능에서 행해지는 것이다.
>
> 《우상의 황혼》, '어느 반시대적 인간의 편력', 34절

니체는 기독교인과 사회주의자에게 공통되는 본능이 바로 복수심

이라고 말한다. 그들은 복수심으로 차이 나는 것들, 다시 말해 자신들보다 위에 있는 것들을 흔들어 아래로 떨어뜨리고 세상을 평등하게 만든다. 니체는 이 평등해지는 경향을 거부한다. 그러나 여기서 니체와 반대로 볼 수는 없을까. 삶의 조건이 평등해지면 오히려 개인들 사이의 진정한 차이가 드러날 수도 있지 않을까? 니체는 차이를 오직 위계의 차이, 서열의 차이로만 생각하는데, 그 차이를 평등한 지평 위에서의 차이로 이해할 수는 없을까? 20세기 후반에 니체를 부활시킨 '차이의 철학'은 니체의 이 종적인 위계의 차이를 횡적인 평등한 차이로 바꾸려는 노력 속에서 태어났다고 할 수도 있다. 민주주의 혹은 평등주의 안에서 다름을, 차이를, 다시 말해 삶의 획일성이 아니라 다채로움을 산출하려는 노력이었던 것이다. 그러나 다시 한 번 분명히 밝혀 두자면, 니체 철학의 원석 안에는 1그램의 평등주의도, 일말의 민주주의도 들어 있지 않다. 니체의 글들은 인간의 상승과 고양과 초월을 방해하고 위에 있는 자들을 끌어내리는 낮은 차원의 인간들에 대한 증오심을 감추지 않는다. 그는 병약한 자를 사회의 기생충이라고 규정하는 최악의 말도 삼가지 않는다.

병자는 사회의 기생충이다. 계속 살아간다는 것은 어떤 경우에는 꼴사나운 일이다. 삶의 의미와 살 권리가 상실되어버린 뒤에도 의사들과 의사들의 처방에 비겁하게 의존하여 계속 근근이 살아가는 것은 사회에서는 심한 경멸을 받아 마땅하다. 의사들은 그들 나름대로 그런 경멸을 전달하는 자여야만 한다. 처방전이 아니라 매일매일 새로운 구역질을 한 움큼씩 자기들의 환자에게 전달해야 한다.

〈우상의 황혼〉, '어느 반시대적 인간의 편력', 36절 니체는 이어지는 절에서 자기가 생각하는 '자유 개념'을 명료히 밝히면서, 자유주의자들의 자유 개념을 정면으로 공박한다. 니체는 자유주의 제도보다 더 철저하게 자유를 손상시키는 것은 없다고 주장한다. "그것은 권력의지의 토대를 허물어버린다. 그것은 도덕 원리로까지 높여진, '봉우리와 골짜기 평준화' 작업이다. 매번 그것과 더불어 무리 짐승이 개가를 올린다. 자유주의, 이것은 솔직히 말하면 '무리 짐승으로 되돌리는 것'을 말한다."《우상의 황혼》, '어느 반시대적 인간의 편력', 38절 그렇다면 자유주의의 사이비 자유가 아닌 진정한 자유는 무엇인가. 니체는 이 질문에 대한 답을 통해 자신의 철학의 심층적 믿음을 다시 한 번 명백하게 드러낸다.

> 그렇다면 자유란 무엇인가? 자기 책임에 대한 의지를 지니고 있다는 것, 우리를 분리시키는 거리를 지키는 것, 노고와 난관과 궁핍에 냉담해지고 심지어는 삶 자체에 대해서조차 냉담해지는 것, 자신의 문제를 위해 자기를 포함한 다른 사람들을 언제라도 희생시킬 수 있다는 것. 자유는 남성적 본능, 싸움과 승리로부터 기쁨을 느끼는 본능이 다른 본능들, 이를테면 행복을 추구하는 본능을 지배하는 것을 의미한다.
>
> 《우상의 황혼》, '어느 반시대적 인간의 편력', 37절

니체가 여기서 말하는 자유는 고대 그리스 스파르타 남성 전사들이 품었던 삶의 관념과 거의 다르지 않다. 수십만 페르시아제국 군대를 맞아 300명의 스파르타 전사들이 테르모필라이Thermopylae 협로에서 마지막까지 처절하게 혈투를 벌이다 모두 전사했을 때 그 싸움의 과정에서 이들이 느꼈을 법한 감정을 니체는 자신이 믿는 자유의 개념으로 내놓고 있는 것이다. 이 무정하고도 무자비한 자유 개념은 비극 작

품을 보면서 그 고통 앞에서 오히려 투지와 용기를 얻는 모습과 다르지 않다. 이 글을 쓰고 있을 때 니체의 파토스의 수위는 위험스러울 정도로 높아져 있었다. 그는 한 발 더 나아가 이제 아주 잔인한 말을 또 서슴없이 내뱉는다.

> 자유로워진 인간은, 그리고 자유로워진 정신은 더 말할 것도 없이 소상인과 기독교인과 암소와 여자들과 영국인들과 다른 민주주의자들이 꿈꾸는 경멸스러운 복지를 짓밟아버린다. 자유로운 인간은 전사다.
>
> 《우상의 황혼》, '어느 반시대적 인간의 편력', 38절

니체가 머릿속에 그리는 자유로운 인간은 자유롭게 삶을 음미하고 즐기는 단순하고 소박한 자유인이 아니다. 니체가 생각하는 자유로운 인간은 잔인한 전사다. 그는 복지에 반대한다. 천민과 약자를 계속 살려두는 일이기 때문이다. 이 호전성과 잔인성이 니체 철학을 구성하는 주요한 정조임을 부정할 수 없다. 이렇게 사악한 말을 내뱉은 니체는 바로 이어서 다음과 같이 선포한다. "개인이든 대중이든 자유는 무엇으로 측정되는가? 극복되어야 할 저항에 의해서, 위에 머무르기 위해서 치르는 노력에 의해서, 최고로 자유로운 인간 유형은 최고의 저항이 끊임없이 극복되는 곳에서 발견될 수 있을 것이다."《우상의 황혼》, '어느 반시대적 인간의 편력', 38절

가장 자유로운 인간 카이사르

잊지 말아야 할 것은 이렇게 가장 자유로운 인간은 그 안에 악독함

을 간직하고 있다는 사실이다. 니체는 다시 말한다. "폭정에서 다섯 걸음쯤 떨어지고, 복종이라는 위험의 문턱이 가까이 있는 곳에서 (최고로 자유로운 인간은 발견될 수 있을 것이다.) 여기서 '폭정'을 자기 자신에 대한 권위와 훈육의 극대화를 요구하는 무자비하고도 끔찍한 본능으로 이해하는 것은 심리학적으로 옳고 정치적으로도 옳다."《우상의 황혼》, '어느 반시대적 인간의 편력', 38절 그러면서 니체는 "강력함과 그지없이 강한 종류의 인간을 위한 위대한 온실이었던 로마나 베네치아 식의 귀족 공동체 국가는 내가 이해하는 의미와 같은 의미로 자유를 이해하고 있었다"라고 단언한다. 그렇다면 그런 식의 자유를 체현한, 폭정에서 다섯 걸음쯤 떨어져 있었던 실존 인물이 있었던가. 니체는 로마 공화정을 몰락시키고 제정의 토대를 닦은 율리우스 카이사르가 "가장 훌륭한 전형"이라고 주저 없이 말한다. 그러니까 니체 자신이 생각하는 자유 개념에 가장 잘 어울리는 인간은 율리우스 카이사르인 셈이다. 그리하여 이 말기에 이르러 니체는 자기 사유의 모델로 삼았던 그리스에서 관심을 확연히 로마 쪽으로 돌려, 카이사르라는 인물을 새로이 포착한다. 니체는《우상의 황혼》뒷부분에서 다음과 같이 밝힌다.

> 나는 그리스인들에게서 그것(로마인들로부터 받은 인상)과 유사한 강력한 인상을 전혀 받지 않는다. 직설적으로 솔직히 말하자면 그들은 우리에게 로마인들과 같은 의미를 지닐 수 없다. 그리스인들로부터는 배울 것이 없다. 《우상의 황혼》, '나는 고대인들에게 무엇을 빚지고 있는가', 2절

하이데거는 니체 연구서에서 이 구절을 인용한 뒤 "이 시기의 니체는 권력의지의 형이상학이 제휴할 수 있는 것은 로마의 정신과 마키아벨리의《군주론》뿐이라는 사실을 명확히 인식하고 있었다."[9]라고

니체가 자유 개념에 가장 잘 어울리는 인간으로 본 율리우스 카이사르

주장한다. 또 같은 곳에서 하이데거는 니체의 사유가 본질적으로 그리스인들을 통해 규정되었다는 오늘날 널리 유포되어 있는 견해는 선입관일 뿐이라고 지적한다. 분명한 것은 말년의 니체가 그리스에 대한 언급을 줄이는 만큼, 로마에 대한 관심을 키워갔다는 사실이다. 그 단적인 사례가 바로 여기에 등장하는 율리우스 카이사르다. 어쨌든 여기서 니체의 관심은 카이사르라는 인간을 구성하는 성분이다. 그는 잔인성과 규율로 무장한 자이다. 니체는 자기 자신을 잔인하게 규율하고 그런 만큼 타인에 대해서도 무자비한 카이사르와 같은 인간을 강한 인간의 전형으로 제시하고 그를 삶의 모델로 삼는 것이다. 강해진다는 것, 강력해진다는 것, 그것이야말로 니체가 이 시기에도 여전히 주문처럼 외는 자기 자신에 대한 처방이었다. 20세기 프랑스 작가 알베르 카뮈가 《작가 수첩》에 인용함으로써 한 번 더 유명해지게 된

문장을 니체는 이 책 《우상의 황혼》에 써놓았다.

> 나를 죽이지 못한 것은 나를 더 강하게 만든다.
>
> 《우상의 황혼》, '잠언과 화살', 8절

니체는 이 명제를 '삶의 사관학교에서' 배웠다고 털어놓는다. 니체는 평생 병약한 신체로 고통 받았고, 독일인들의 침묵과 외면으로 고통받았다. 바그너의 기억은 계속 그의 영혼을 압박했다. 이 모든 것들에 짓눌리지 않고 그 고통들을 모두 받아들여 소화시킬 때 그 자신이 더욱 강해질 것이라고 니체는 생각했다. 독을 소화시키면 약이 된다는 믿음, 그것이 마지막 순간까지 계속된 니체의 투지였다. 그런가 하면 《우상의 황혼》 서문에서 니체는 자신이 좌우명으로 삼고 있는 말을 소개한다. "상처에 의해 정신이 성장하고 새 힘이 솟는다." 상처에 지지 않는다는 것이 전제된 격언이라면 이 문장도 앞의 잠언과 같은 말이라고 할 수 있다. 나를 죽이지 않는다면 상처는 내 힘을 키우고 나를 강하게 만든다.

15

Friedrich Nietzsche

이 사람을
보라

"나를 이해했는가?
십자가에 못 박힌 자에게 대항하는 디오니소스."

Nietzsche,
Friedrich Wilhelm

"니힐리즘이란 무엇인가? 그것은 최고의 가치들이 자신의 가치를 상실한다는 것이다.
목표는 더는 존재하지 않는다. 왜라는 물음에 대한 답이 존재하지 않는 것이다."
《권력의지》, 제1권 유럽의 니힐리즘, 제1장, 2절

"예수라는 성스러운 아나키스트는 천한 자, 배척당한 자, 죄지은 자,
유대교 안의 찬달라(하층민)를 선동하여 지배 질서에 저항하도록 했다.
오늘날에도 시베리아 유형 신세가 될 만한 말들을 사용해서 말이다.
그는 일종의 정치범이었다."
《안티크리스트》, 27절

안티크리스트 혹은 모든 가치의 전도

니체는《우상의 황혼》서문을 끝내면서 "토리노, 1888년 9월 30일.《모든 가치의 전도》의 제1권이 완성된 날. 프리드리히 니체"라고 서명했다. 여기서 '《모든 가치의 전도》의 제1권'이 가리키는 것은 무엇인가.《우상의 황혼》의 서문에 쓴 글이니《우상의 황혼》을 지칭하는 것이 아닐까? 정확한 의미를 알려면 전후 맥락을 살펴봐야 한다. 니체는 한 달 뒤 쓴 자서전에서 그 상황을 비교적 상세히 써놓았다.

이 작품《우상의 황혼》을 끝낸 후 하루도 허비하지 않고 나는 '가치의 전도'라는 거대한 과제에 즉시 덤벼들었다. 매 순간 내 불멸을 확신하고 이것이 운명이라 확신하며 한 획 한 획 동판에 새겨나가면서 나는 비할 바 없는 우월한 긍지를 느꼈다. 서문은 9월 3일에 쓰였다. 이것을 쓴 다음에 아침에 밖으로 나가보니 오버엥가딘은 이제껏 내게 보여주었던 날들보다 더 아름다운 날을 보여주었다. 청명하고, 색채가 작열하며, 얼음과 남방 사이에 있는 온갖 대립과 그 사이의 것들을 모두 포함하고 있는 날이었다. 홍수 때문에 실스마리아에 머무르다 9월 20일이 되어서야 나는 그곳을 떠났다. …… 나는 21일 오후에 토리노에 도착했다. 이곳은 내게 입증된 곳이고, 이때부터 나는 거기 살았다. 그해 봄에 묵었던 집을 다시 숙소로 정했다. 그곳은 카를로 알베르토 거리 6번지 3층인데, 거기서는 비토리오 에마누엘레가 태어난 거대한 키리냐노 궁이 마주보였으며, 카를로 알베르토 광장과 그 너머의 구릉을 볼 수 있었다. 주저하거나 한순간도 주의를 딴 데로 돌리지 않고서 나는 다시 작업에 착수했다. 이 작품의 4분의 1을 아직 쓰지 못하고 있었다. 9월 30일 대승리의 날.《가치의 전도》가 완성되었다. 포 강을 따라 나도 7일째의 신의 무위를 즐겼다. 내가 9월 내내 그 출판 원고를 교정하면서 휴양을 취했던《우상의 황혼》의 서문도 이날 다시 작성했다.

《이 사람을 보라》, '우상의 황혼', 3절

이 자서전의 설명을 따라가면, 니체는《우상의 황혼》을 완성하자마자 '(모든) 가치의 전도' 집필에 뛰어들었다. 그리고 9월 20일 알프스 산지 오버엥가딘의 실스마리아를 떠나 21일 오후 봄에 묵었던 토리노의 하숙집에 도착해 바로 '가치의 전도' 나머지를 쓰는 일에 달려들었다. 9일 뒤인 9월 30일에 '가치의 전도'를 완성했고, 니체는 이날《우상의 황혼》의 서문을 썼다. 그러므로《우상의 황혼》서문에 등장하는 '《모든 가치의 전도》 제1권'은《우상의 황혼》을 가리키는 것이 아니라, 다른 책을 가리킨다. 니체가 자서전을 쓸 때 '가치의 전도'라고 부른 이 책은 최종적으로는《안티크리스트》라는 이름을 얻게 된 책이다. '가치의 전도'와《안티크리스트》의 관계를 이렇게 자세히 따지는 것은 니체가 몇 년에 걸쳐 준비했던 거대한 기획이《안티크리스트》에 와서 종결됐기 때문이다.《안티크리스트》를 쓰던 무렵 '가치의 전도'라고 불린 이 계획이 바로《권력의지》구상이다.

권력의지에서 안티크리스트로

1884년에 먼저 '영원회귀'라는 이름으로 네 권으로 된 대작 집필 계획을 세웠던 니체는 1885년 이름을 '권력의지'로 바꾸었다. 그는 1888년 가을까지 4년 동안 이 작업에 매달렸고, 그 사이에 무려 25개에 이르는 《권력의지》 계획안을 남겼다. 책을 계획하고 목차를 짜는 것은 외로운 니체의 취미 생활이었다. 니체는 계획이 진척되지 않거나 새로운 아이디어가 떠오를 때마다 구상을 바꾸었으나, 《권력의지》라는 제목, 그리고 4권으로 쓴다는 계획은 거의 마지막 시점까지 유지했다. 그 계획안 가운데 1887년 3월 17일에 작성한 목차 초안은 '제1권 유럽의 니힐리즘, 제2권 최고 가치의 비판, 제3권 새로운 가치 정립의 원리, 제4권 훈련과 육성'으로 돼 있다. 니체는 이 목차 초안을 당시 파라과이에 살던 여동생에게 보낸 편지에서도 밝혔다. 이 초안이 뒷날 《권력의지》라는 제목으로 유고 더미를 편집할 때 기준으로 쓰였다. 편집을 주도한 여동생과 페터 가스트가 이 목차를 근거로 삼았기 때문이었다. 그러나 니체는 그 뒤로도 여러 차례 목차 초안을 새로 썼다.

니체는 이 《권력의지》 집필 계획을 자신의 메모와 편지에서 여러 차례 밝혔고, 정식으로 출간한 책에서도 두 번 언급했다. 먼저 1887년에 펴낸 《도덕의 계보》에서 "'유럽 허무주의의 역사에 관하여'……. 이것에 대해서는 내가 준비 중인 《권력의지, 모든 가치의 전도를 위한 시도》라는 책을 볼 것을 권한다."제3 논문, 27절라고 말하고, 이어 1년 뒤 《바그너의 경우》에서 "음악가가 이제는 배우가 되고, 그의 기술은 점점 더 속이는 재능으로 전개됩니다. 이것에 대해서는 나의 주저 안의 '예술생리학'이라는 제목의 장에서 더 자세히 보여줄 기회가 있을 겁

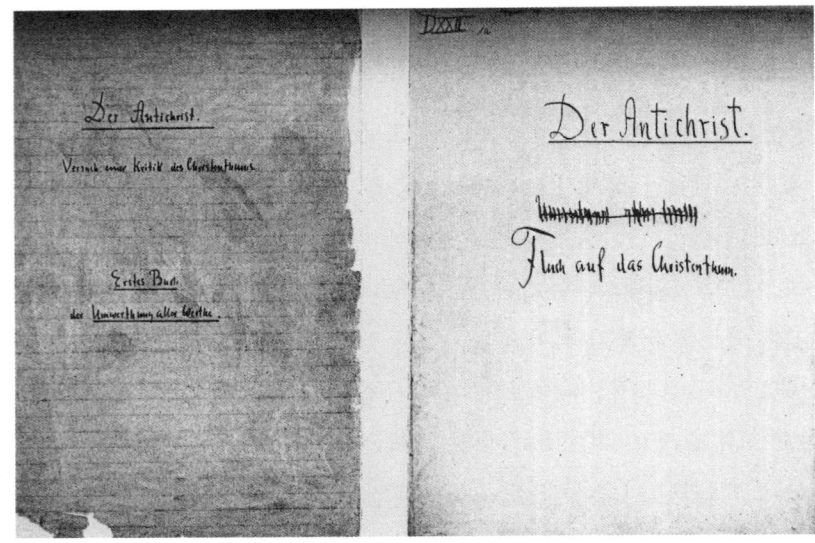

니체가 쓴 《안티크리스트》 제목안들

니다"라고 자신 있게 이야기한다. 이때까지만 해도 니체는 《권력의지》라는 자신의 '주저'를 계획대로 완성할 수 있을 것이라고 자신했던 듯하다. 그는 1888년 여름까지 이 방대한 계획에 매달린다. '권력의지'라는 제목의 목차가 마지막으로 등장하는 것은 1888년 8월 26일의 계획안이다. 그러고 나서 어찌된 일인지 니체는 갑자기 '권력의지'라는 제목을 버리고 '모든 가치의 전도'를 제목으로 삼은 완전히 다른 계획안을 세운다. '권력의지'보다 내용이 훨씬 더 간결해졌지만, 전체를 네 부분으로 구성한다는 구상은 그대로인 안이었다.

이제 니체는 '모든 가치의 전도'라는 새 제목으로 바뀐 필생의 저작을 완성하는 데 몰두한다. 그리고 '모든 가치의 전도' 첫째 권으로 내놓은 것이 바로 《안티크리스트》였다. 니체가 지은 《안티크리스트》 제목안은 두 개가 남아 있다. 첫 번째로 쓴 것은 '안티크리스트, 기독교 비판의 시도, 모든 가치의 전도 제1권'이고, 나중에 쓴 것은 '안티크리스트, 모든 가치의 전도'였다. 이 제목안을 보면 니체는 처음에는 《안티크리스트》를 '모든 가치의 전도'에 대한 첫째 권으로 생각했다가, 뒤에는 '모든 가치의 전도'를 《안티크리스트》의 부제로 삼았음을 알 수 있다. '모든 가치의 전도'가 결국 《안티크리스트》로 귀결된 것이다. 이런 사실은 그 무렵 니체가 보낸 편지에서도 확인된다. 니체는 친구 파울 도이센에게 보낸 편지에서 "안티크리스트라는 주제목을 가진 내 가치의 전도가 완성되었다" 1888년 11월 26일라고 밝힌다. 《안티크리스트》가 곧 '가치의 전도'인 셈이다. 그런데 니체는 그 뒤에 다시 두 번째 제목안에서 '모든 가치의 전도'라는 제목을 줄로 그어 삭제해버리고 대신 '기독교에 대한 저주'라는 부제를 새로 넣었다. 그리하여 '모든 가치의 전도'라는 애초의 제목은 완전히 사라지고 《안티크리스트, 기독교에 대한 저주》라는 지금의 제목만 남게 됐다.

사태를 다시 정리해보면, 1884년 처음에 '영원회귀'라는 제목으로 구상하기 시작한 네 권으로 된 대작은 1885년에 '권력의지'라는 이름으로 바뀌고, 1888년 가을에 다시 '모든 가치의 전도'라는 제목으로 바뀐 뒤, 《안티크리스트》 속으로 들어갔다가 마침내 사라져버린 것이다. 그렇다면 니체는 결국 자신이 5년 동안 매달린 과업을 완수하는 데 실패하고 만 것인가. 분명한 것은 그 몇 년 동안 자신에 세운 거대한 계획, 체계가 잡힌 철학적 대작을 완성한다는 계획에 짓눌려 있었다는 사실이다. 그런 압박감을 니체는 자신의 저작에서 얼핏 드러내기도 했다. '가치의 전도'를 완성한 날 썼다고 밝힌 《우상의 황혼》 서문에서 니체는 이렇게 말한다. "모든 가치의 전도. 얼마나 암담하고 얼마나 끔찍한지 그것을 내세우는 사람에게 그림자를 드리우는 의문 부호."

니체는 체계를 좋아하는 철학자는 아니었다. 그런데도 그는 이 필생의 대작만큼은 우아하고 우람한 건축물 같은 체계로 제시하고 싶어 했다. 그런 노력이 결실을 거두지 못하자 그는 '권력의지' 대신 좀 더 공략하기 쉬운 '모든 가치의 전도'를 제목으로 내세웠다가 이마저도 여의치 않자 《안티크리스트》를 거대한 계획의 결말로 삼았다. 니체의 사유는 애초에 체계와는 맞지 않는 것이었을까. 그는 《우상의 황혼》에서 체계에 대해 다음과 같이 말했다. "나는 모든 체계주의자를 불신하며 피한다. 체계를 세우려는 의지는 성실성(정직성)이 결여돼 있다."《우상의 황혼》, '잠언과 화살', 26절 니체의 말대로 체계 세우기는 위험성을 안고 있다. 자신의 사상을 틀에 짜맞춰 제시하려면 생략과 과장과 얼버무림을 피하기 어렵다. 그런 점에서 체계주의자들에게 정직성이 결여돼 있다는 니체의 진단은 타당한 면이 있다. 그러나 이 진술은 니체가 체계를 거의 포기한 단계에서 나온 것이다. 니체는 자기 사상의 체계를 세워보려 했지만 뜻대로 되지 않자 결국 이와 같은 결론에 이르렀던 것인지도 모른다. 만약 니체가 체계를 세워 자기 사상을 건축물로 완성하는 데 성공했다면, 그의 철학은 훨씬 더 이해하기 쉽고 모순도 적었을 것이다. 그러나 지금처럼 풍요롭게 사유를 자극하는 사상의 숲을 이루지는 못했을 것이다.

어쨌든 니체로서는 여기저기 기회만 있으면 이야기했던 대작을 끝내 온전한 모습으로 제시하지 못하고 만 셈이었다. 그런 자신이 부끄러웠을까. 니체가 《인간적인 너무나 인간적인》에서 제시한 견해로는 그랬을 가능성이 있다. 그는 말한다. "공개적으로 거대한 목표들을 세웠으나 시간이 지날수록 그 목표를 달성하기에는 자신이 너무 약하다는 사실을 깨달은 사람은 대개 그 목표를 다시 공개적으로 철회하기에도 너무 약하다. 따라서 그는 어쩔 수 없이 위선자가 된다."《인간적인 너무나 인간적인》, 제1권, 540절 이 진술이 니체에게도 적용된다면 니체가 도이센에게 "가치의 전도가 완성되었다"라고 말한 것은 일종의 자기기만이었을 수도 있다.

그렇다면 니체의 과제는 완전히 실패로 끝나고 만 것인가? 하나의 완결된 체계로 세우겠다는 애초의 구상을 실현하지 못했다는 점에서는 실패라고 할 수도 있지만, 그가 대작을 구상하는 과정에서 생산한 무수한 사유들이 다른 저작의 자료가 됐다는 점에서 실패라고 단정할 수는 없다. 1885년부터 그가 기록했던 메모들에 담긴 사상들은 결국 《선악의 저편》, 《즐거운 학문》 제5부, 새로 쓴 재판 서문들, 《도덕의 계보》, 《우상의 황혼》 그리고 마지막으로 《안티크리스트》 안에서 거의 다 다루어진다. 그러므로 니체가 《안티크리스트》를 쓰고 난 뒤 "내 가치의 전도가 완성되었다"라고 한 것을 근거 없는 빈말이라고만 할 수는 없다. 니체는 1888년 말에 자신의 과업이 완전하지는 않아도 어느 정도는 완수되었다고 느꼈을 것이다.

유럽의 허무주의

니체가 '권력의지' 그리고 마지막에 '모든 가치의 전도'라는 구상 아래 1885년~1888년 사이에 쓴 수많은 메모들은 대체로 세 부류로 나누어볼 수 있다. 첫째는 그 사이에 쓴 책의 원고의 예비적 초고이거나 그와 유사한 글들, 둘째는 니체가 결국 수용할 수 없어 포기한 사유 실험의 잔해들, 그리고 셋째가 공식 저작에 넣으려고 했으나 실리지 못한 채 남은 글들이 그것이다. 니체가 죽고 난 뒤 여동생이 주도하고 제자 페터 가스트가 편집해 1901년 처음 《권력의지 – 연구와 단편들》이 출간됐다. 이어 1906년 원고를 대폭 보강해 모두 1,067개의 절로 이루어진 《권력의지》가 등장했다. 이렇게 '완성된' 《권력의지》는 앞에서 말한 대로 세 가지 성격의 메모들이 뒤섞인 글 묶음이었다. 훗날, 그러니까 1967년부터 1978년 사이에 나온 콜리-몬티나리판 니체 전집에서 《권력의지》로 묶인 유고들은 모두 해체돼 연도순으로 다시 배열됐다.

《권력의지》에 편집된 단편들은 세 가지 종류로 돼 있기 때문에 수용하거나 배척하는 데서 주의를 기울여야 한다. 이 단편들은 공식적으로 출간된 니체의 다른 저작들과 연관 지어 그 맥락 안에서 읽으면 니체의 사유를 이해하는 데 유익한 참조점이 될 수 있다. 《권력의지》에 포함된 단편들 중에서 제1부에 묶인 글들의 중심은 '유럽의 허무주의'라는 제목으로 '렌처 하이데 1887년 6월 10일'이라고 표기된 원고의 글들이다. 니체는 니힐리즘을 여러 저작에서 다루기는 했지만 니힐리즘 자체만을 주제로 삼아 깊이 파헤친 텍스트는 따로 없기 때문에, 그런 점에서 《권력의지》 제1부에 묶인 '유럽의 허무주의'는 신중히 검토할 가치가 있다고 할 수 있다. 이 텍스트에서 니체는 니힐리즘의 도래를 불길한 어조로 예고하고 있다.

> 나는 이 책에서 다가올 2세기의 역사에 대해 말하고자 한다. 나는 필연적으로 닥쳐올 수밖에 없는 니힐리즘의 도래에 대해서 말하고 있는 것이다.
> 《권력의지》, '머리말', 2절

> 니힐리즘이 문 앞에 서 있다. 모든 방문객 중에서 가장 섬뜩한 이것은 어디에서 비롯되었는가?
> 《권력의지》, '제1권 유럽의 니힐리즘', 1계획

니체는 니힐리즘이 이렇게 섬뜩하게 닥쳐와 우리 앞에 서 있다고 말하다. 그렇다면 니체가 그렇게 불안한 표정으로 알리는 니힐리즘이란 무엇인가? 니체는 똑같은 질문을 던지고 거기에 답한다.

> 니힐리즘이란 무엇인가? 그것은 최고의 가치들이 자신의 가치를 상실한다는 것이다. 목표는 더는 존재하지 않는다. 왜라는 물음에 대한 답이 존재하지 않는 것이다. 《권력의지》, '제1권 유럽의 니힐리즘', 제1장, 2절

니힐리즘이란 간단히 말해, 우리 삶에 의미를 주었던 최고의 가치들이 실종된 상태, 그리하여 '내가 왜 살아야 하는가?'라는 질문에 답을 찾을 수 없는 상태를 말한다. 니체가 말하는 이 니힐리즘 문제를 사유의 질료로 삼아 숙고한 사람이 하이데거다. 하이데거는 니체 연구서에서 '니힐리즘'이라는 말이 유행하게 된 역사적 계기를 러시아에서 찾고 있다. "니힐리즘이라는 말은 러시아의 문호 투르게네프Ivan Sergeyevich Turgenev, 1818~1883에 의해서 널리 유행하게 되었다. 니힐nihil이란 라틴어는 무無를 의미하는바, 투르게네프는 니힐리즘이란 말을 감각적으로 지각될 수 있는 존재자, 즉 직접적으로 경험될 수 있는 존재자만이 존재하며 그 이외의 것은 존재하지 않는다고 주장하는 견해를 가리키는 말로 사용했다."[1]

말하자면, 우리 손에 잡히는 것, 우리가 지각을 통해 확인할 수 있는 것만이 존재하고 그럴 수 없는 것은 존재하지 않는다는 주장인데, 그것이 니힐리즘인 것은 전통과 권위와 규범에 기초한 무형의 가치들이 무의미하다는 뜻을 품고 있기 때문이다. 그러나 하이데거는 니체의 니힐리즘이 투르게네프의 니힐리즘을 뛰어넘는 더 깊은 의미를 지니고 있다고 말한다. 니체는 "신은 죽었다"라는 짤막한 말로 니힐리즘

의 본질을 집약적으로 드러냈는데, 그때의 니힐리즘이란 "초감성적인 것의 지배력이 쇠퇴하고 소멸함으로써 존재자 전체가 자신의 가치와 의미를 상실해가는 저 역사적인 과정"을 말한다.[2] 쉽게 풀어쓰면, 이 세계를 지배하던 초감성적인 것, 다시 말해 신이라는 절대자가 물러나고 소멸함으로써 이 세계의 존재 의미를 찾을 수 없게 되는 것, 그리하여 우리 삶의 근본 목적이 사라져버리는 것, 그것이 니힐리즘이라는 것이다.

더 중요한 것은 니체가 니힐리즘을 두 종류로 나누어 대립시키고 있다는 사실이다. 불완전한 니힐리즘 대 극단적 니힐리즘이 그 대립이다. 하이데거는 니체의 두 니힐리즘의 대립을 다음과 같이 설명한다.

> 이 (불완전한) 니힐리즘은 이제까지의 최고 가치들을 부인하지만, 그것은 단지 이전 가치들의 변종, 즉 기독교의 변종인 '세계를 행복하게 만들겠다는 설들'과 '사회주의'……를 통해서 그것들을 대치할 뿐이다. 이를 통해서 이제까지의 가치들은 단호한 폐지가 연기된다. 니힐리즘은 불완전하게 머문다. 완전하게 되기 위해서 니힐리즘은 극단을 통과해야 한다. 극단적 니힐리즘은 어떤 영원한 진리 자체도 존재하지 않고 진리는 그때그때마다 거듭해서 새롭게 쟁취되고 정립되어야 한다는 사실을 인식한다. 이를 통해 극단적인 니힐리즘은 이제까지의 니힐리즘을 단순하게 서서히 붕괴시키면서 그것의 붕괴를 바라보는 것이 아니다. 그것은 적극적으로 개입하여 전복시키는 능동적 니힐리즘으로 전개되는 것이다. 이제까지의 가치들의 전복을 통해 가치의 새로운 정립을 위한 공간이 창출되는 것이다.[3]

신이라는 절대자가 죽어버림으로써 절대자가 떠받치던 가치들이 그 근거를 잃어버렸는데도, 그 절대자가 보장하던 가치의 세속화된 형태, 곧 평등, 박애, 구원 같은 것에 기대고 있는 상태가 말하자면 불완전한 니힐리즘이다. 그 니힐리즘은 사실은 의미 있는 것은 아무것도 없다는 진실을 애써 외면하는 자기기만적인 태도다. 그 자기기만을 완전히 걷어내고 사태 자체를 있는 그대로 직시할 때 우리가 맞게 되는 것이 극단적 니힐리즘이다.

저세상의 구원도 이 세상의 희망도 없다는 사실을 절실히 깨닫는 사람은 그 완전한 부정에서 오히려 새로운 가치를 찾아내 정립할 가능성을 확보할 수 있다. 마치 전 시대의 루소가 자연 상태의 인간이 사회 상태로 옮겨온 뒤 온갖 불행과 고통을 겪게 됐다고 진단할 때 품었던 급진적 해결책과 유사한 논리 구조인 것이다. 루소의 견해를 따르면, 우리는 우리가 자연 상태로 돌아갈 수 없다는 사실을 절망적으로 인식하기 때문에 역으로 사회 상태를 근본적으로 변혁함으로써 탈출구를 마련하지 않을 수 없다. 니체의 사유 구조도 루소와 다르지 않다. 신이 우리를 이끌어주던 행복한 시절로 돌아갈 수도 없고 그렇다고 의미도 가치도 없는, 신을 잃어버린 삶을 계속 살 수도 없기 때문에 어떤 능동적 결단을 통해 새로운 가치를 정립하지 않으면 안 된다는 것이 니체가 니힐리즘을 통해서 이야기하려는 바다.

"인류의 역사를 두 조각으로 쪼갤 것"

니체의 이런 근본 관점은 다른 저작에서도 일관되게 반복된다. '권력의지' 또는 '모든 가치의 전도'라는 거대 계획의 현실적 귀결인 《안티크리스트》에서 기독교에 대한 '저주'를 극도의 격렬성을 띠면서 쏟아낼 때, 그가 전제하고 있는 것이 그런 근본 관점이다. 니체가《안티크리스트》를 '모든 가치의 전도'라고 부른 것이 마냥 과장만은 아닌 것이 이 책의 기독교 비판이 결과적으로는 '모든 가치의 전도'를 뜻하기 때문이다. 니체에게는 기독교가 현대 세계의 모든 가치, 다시 말해 현대의 도덕과 철학, 그리고 민주주의·사회주의·공산주의·아나키즘 같은 현대의 주요 정치 이념의 직접적 뿌리다. 따라서 기독교를 뒤엎는 것이 결국엔 '모든 가치의 전도'가 되는 것이다.

앞에서 살펴본 대로 니체는 1888년 9월 3일《우상의 황혼》을 끝내자마자《안티크리스트》작업에 뛰어들어 알프스의 실스마리아에서 이탈리아의 토리노로 거처를 옮기는 중에도 중단하지 않고 마치 운명에 쫓기듯 서둘러 써 9월 30일에 이 작품의 초고를 완성했다. 그러나 니체는 정신이 온전할 때 이 책의 출간을 보지 못했다. 1895년에야 초판이 나왔다.

이렇게《안티크리스트》를 써가는 중에 니체는 이 작품이 내뿜는 격렬한 기운에 스스로 도취된 듯하다. 그는 친구 도이센에게 편지를 써 자신이 쓰고 있는 책이 이해되자마자 다음과 같은 일이 일어날 것이라고 장담했다. "그것은 인류의 역사를 두 조각으로 쪼갤 것이네. …… 자유로운 사람은 더는 자유롭지 않게 될 것이네. 가장 중요한 것이 내리는 가치 결정 때문에, 겁 많고 연약한 인격에게는 관용의 영토가 축소되지. 기독교도가 된다는 것은 …… 그때부터 추잡한 일이 될 것이네. 인류가 지금까지 알고 있던 가장 철저한 전복이 이미 내 안에서 그 길을 내고 있네." 1888년 9월 14일

이 편지에 얼핏 드러나는 대로《안티크리스트》는 광적인 파토스가 흘러넘치는 책이다. 기독교를 논박하는 차가운 논리는 격렬한 문체를 타고 질주한다. 서문이 보여주는 오만은 본문에서 펼쳐질 풍경에 대

한 단적인 예고다. 니체는 에두르지 않고 말한다. "이 책은 극소수의 독자들을 위한 책이다. 그 독자들은 아직 태어나지 않았을지도 모른다. …… 나의 날은 내일 이후다. 어떤 사람은 죽은 뒤에 태어난다."《안티크리스트》, '서문' 이어 니체는 아무나 자신의 철학을 이해할 수는 없으며 자기를 이해하려면 조건이 필요하다고 말한다. 독자를 선별하는 것이다. "누구든지 나를 이해하려면 조건이 필요하다. …… 먼저 내 진지함과 내 열정을 견뎌내기 위해서도 지적인 문제에 냉혹할 만큼 솔직해져야 한다. …… 오늘날 아무도 감히 제기하지 못하는 문제들을 더 좋아하는 강함, 금지된 것을 할 수 있는 용기, 미궁에 도달하도록 예정된 운명, …… 자신에 대한 존경, 자신에 대한 사랑, 자신에 대한 무제약적 자유……. 좋다! 그런 사람들만이 내 독자이고 내 올바른 독자이며, 예정된 내 독자이다. 나머지야 무슨 상관인가?"《안티크리스트》, '서문'

서문에 흐르는 이 오만하고 냉담한 열정을 본문이 이어받는다. 니체는 《선악의 저편》, 《도덕의 계보》에서 비교적 차분하게 다루었던 선과 악의 문제를 냉정하고도 명쾌하게 다시 정리한다. 선과 악은 도덕과 관련된 문제가 아니라 힘과 관련된 문제다. 행복도 마찬가지다.

> 선이란 무엇인가? 힘의 느낌, 권력의지, 힘 자체를 인간 안에서 강화시키는 모든 것. 악이란 무엇인가? 허약함에서 비롯하는 모든 것. 행복이란 무엇인가? 힘이 증가한다는 느낌, 저항이 극복되었다는 느낌. 만족이 아니고 더 강한 힘을, 평온이 아니고 싸움을, 덕이 아니고 유능함(르네상스식의 덕, 비르투virtu, 남성적 힘과 역량-옮긴이). 다시 말해 도덕이라는 부식제가 없는 덕을 추구할 것. 《안티크리스트》, 2절

이어 니체는 망설임도 없이 허약한 자들의 멸절을 주장한다. "약질

과 병골은 멸망해야 한다. 그것이 우리의 인류애의 제일 원리다. 그리고 우리는 약질들이 멸망하도록 거들어야 한다."《안티크리스트》, 2절 왜 약질과 병골을 멸망시켜야 하는가. 그들이 우리의 힘을 빼앗고 우리를 아래로 끌어내리기 때문이다. 더 정확히 말하면 약한 자들에 대한 연민이 문제다. 니체는 단적으로 말한다. "어떠한 악덕보다 더 해로운 것은 무엇인가? 병골과 약질들에 대한 적극적인 동정, 즉 기독교다."《안티크리스트》, 2절 니체가 기독교를 저주하는 이유가 여기서 분명해진다. 기독교는 약자에 대한 동정의 종교이기 때문이다. 이 동정이 우리의 힘을 빼앗고 우리를 부식시키는 도덕의 본질이다. 니체는 이렇게 처음부터 기독교에 선전 포고를 한다.

니체는 병골과 약질에 정반대되는 인간형을 길러야 한다고 말한다. 그런 인간형, "더욱 가치 있고 더욱 삶에 적합하며 더욱 확실한 미래를 가진" 예외적인 자는 일찍이 존재한 바 있었다. 그러나 인류는 그런 인간이 나타나는 것을 원하지 않았다고 니체는 말한다. "오히려 그런 존재는 그지없는 두려움의 대상이었고 지금까지도 두려움의 대상이다. 그래서 두려움 때문에 정반대 유형을 원했고 그 유형을 양육했으며, 결국 그 유형이 하나의 유형으로서 완성되었다."《안티크리스트》, 3절 그렇게 완성된 유형이 "길들여진 동물, 무리 짐승, 병든 동물 같은 인간" 즉 "기독교인"이라고 니체는 단언한다. 나아가 니체는 기독교인들이 바로 그 두려움을 불러일으키는 강한 인간형을 멸망시킨 장본인이라고 말한다.

우리는 기독교를 미화하거나 치장해주어서는 안 된다. 기독교는 이러한 드높은 인간형에 반대하여 결사적인 싸움을 벌여왔으며, 이러한 인간형의 근본 충동을 깡그리 추방해버렸고, 그런 충동을 증류하여 악과 악인을 만들어내고, 강한 인간을 비난받을 유형으로, '버림받은 자'로 취급했던 것이다.

《안티크리스트》, 5절

반대로 기독교는 무력하고 비천하고 허약한 모든 것들의 편을 들었으며, 강한 삶의 정반대 편에서 자신의 이상을 내세웠다. 기독교는 인간의 지성마저 일종의 범죄적인 것, 다시 말해 우리를 유혹하고 잘못 이끄는 것으로 느끼도록 가르침으로써 가장 강한 지성적 본성을 지닌 인간들까지도 부패시켰다고 니체는 말한다. 그 대표적인 경우가 기독교인으로 살다가 요절한 파스칼이다. "그중에서도 가장 통탄할 만한 예는 파스칼을 타락시킨 일이다. 파스칼은 자신의 이성이 기독교 때문에 타락했을 뿐인데도 원죄 때문에 타락했다고 믿었던 것이다!"《안티크리스트》, 5절 니체가 파스칼의 사례를 가슴 아프게 인용하는 것은 의미심장하다. 니체 안에는 니체가 비난하고 부정해 마지않는 약질과 병골이 들어 있다. 그 약질과 병골들을 동정하는 기독교 정신이 니체 안에 틀어박혀 떠나지 않는다. 니체는 기독교가 심어놓은 허약함이 자신에게 내려진 저주라고 생각했음이 틀림없다. 그래서 그는 파스칼의 사례를 들어 자기 내부의 허약한 정신과 격한 싸움을 벌인다. 그를 비난하고 괴롭히던 '무시무시한 목소리'가 바로 기독교 정신이었고, 그것이 니체가 말한 자기 안의 괴물이었다. 니체 안에 파스칼이 들어 있었다. 니체는 기독교라는 괴물을 죽이지 않으면 그의 삶이 승리할 수 없다는 절박함으로 이런 가혹한 책을 쓴 것이다.

파스칼을 타락시킨 기독교

　니체는 파스칼의 타락 바로 그것이 데카당스라고 말한다. "하나의 동물이, 하나의 종이, 한 개체가 자신의 본능을 상실하고 자신에게 해로운 것을 선택하여 그것을 선호할 때 나는 그것을 타락했다라고 부른다."《안티크리스트》, 6절 그러면서 니체는 이 타락이라는 데카당스의 반대되는 것으로 힘을 향한 본능 곧 권력의지를 제시한다. 권력의지는 다른 것이 아니라 타락의 반대이며 데카당스의 반대다.

　"나는 삶 자체가 바로 성장과 존속과 힘의 축적과 힘을 향한 본능이라고 생각한다. 그리고 권력의지가 결여된 곳에는 쇠퇴가 존재한다고 생각한다. 내가 주장하는 것은 이러한 의지가 인류의 모든 최고 가치들 가운데 결여돼 있다는 것이며, 쇠퇴의 가치들이, 니힐리즘의 가치들이 가장 성스러운 이름으로 판을 치고 있다는 것이다."《안티크리스트》, 6절 여기서 쇠퇴의 가치들, 니힐리즘의 가치들이 가리키는 것이 기독교 도덕과 거기서 파생한 가치들임은 말할 것도 없다. 니체는 이 쇠퇴와 허무의 가치들 맞은편에 권력의지를 세운다. 권력의지야말로 기독교의 허무주의적 가치들을 뚫고 나아가게 해주는 능동적인 가치다.

　이어 니체는 기독교를 데카당스이자 니힐리즘으로 만드는 주범으로 다시 한 번 '연민'을 지목하고 가차 없이 이 휴머니즘적 가치를 탄핵한다.

　　기독교는 연민의 종교라고 일컬어지고 있다. 연민은 생명감의 원기를 북돋아주는 고무적 정서와는 대립되는 것이다. 그것은 억압적인 작용을 한다. 사람은 연민을 느낄 때 힘을 잃는다. 괴로움을 겪느라고 이미 삶이 받은 힘의 손실은 연민 때문에 더더욱 커지고 늘어난다.

《안티크리스트》, 7절

왜 니체는 연민에 반대하는가. 연민이라는 감정이 사람을 슬픔에 빠뜨리고 괴로움에 빠뜨리고 힘을 빼앗기 때문이다. 연민에 대한 이 발언을 니체의 자기 고백으로 읽는 것이 좋을 것이다. 그는 연민이 밀려올 때마다 얼마나 힘들어했던 것일까. 정신 붕괴의 마지막 순간에도 그는 이 연민의 습격을 받는다. 연민은 단순히 힘을 빼앗기만 하는 것이 아니다. 니체는 연민을 인류 개선의 장애물이라고 말한다. 연민은 개인 심리 차원을 넘어 인류 진화 차원의 문제가 된다.

> 대체로 연민은 도태의 법칙인 진화의 법칙을 방해한다. 그것은 몰락에 이르러 있는 것을 보존하고, 삶의 상속권을 박탈당한 것과 삶에서 유죄 판결이 내려진 것을 변호한다. 그리고 연민은 아주 많은 종류의 실패자들을 삶 속에 엄청나게 많이 살려둠으로써 삶 자체에 암울하고 의심스러운 모습을 부여한다. 《안티크리스트》, 7절

니체가 보기에 사정이 이러한데도, 사람들은 연민을 미덕으로 세웠고, 더 나아가 그것을 으뜸가는 미덕, 모든 미덕의 바탕과 근원으로 만들어놓았다. "삶의 부정을 기치로 내건 니힐리즘 철학의 관점"이 연민을 최고 도덕으로 올려놓았다. 연민은 삶의 부정이며 그 자체로 니힐리즘이다. 니체는 이제 연민을 "실천적 니힐리즘"이라고 규정한다. "다시 말해 그와 같은 억압적이고 전염성이 강한 본능은 삶의 가치를 보존하고 드높이려고 애쓰는 본능들을 꺾어놓는 것이다. …… 우리의 병든 현대성 가운데서 그 어느 것도 기독교의 연민 이상으로 병든 것이 없다."《안티크리스트》,7절 그리하여 니체는 이 절의 결론으로 우리가 연민을 수술하는 의사가 되어야 한다고 주장한다. "여기서 의사가 되고, 여기서 냉혹해지고, 여기서 칼을 휘두르는 것, 그것이 바로 우리가 해야

할 일이고 그것이 바로 우리의 인류애인 것이다." 《안티크리스트》, 7절

연민이라는 정신의 종양

　니체의 상상력 안에서 연민은 심장 속에 혹은 심장 옆에 자라난 커다란 종양 같은 것으로 나타난다. 그 종양이 부풀어 오를 때마다 우리는 고통을 느끼고 슬픔을 느끼고 한없이 무기력해진다. 니체는 자기 안의 연민이라는 종양을 제거하고 싶어 한다. 그러면 생명력이 방해받지 않고 솟구칠 수 있을 것이다. 그러나 마지막 순간까지도 그것이 불가능했기 때문에 그는 연민을 증오하고, 또 연민을 지고의 가치로 정립해 사람들의 머릿속에 심어준 기독교를 증오한다. 말하자면 니체는 체화된 기독교인이었다. 그는 머리로는, 이성으로는 기독교의 도그마에서 어렵지 않게 벗어났지만, 몸과 혼에 깊숙이 뿌리를 뻗은 기독교의 정신, 특히 연민의 정신에서는 벗어나지 못했다. 가장 가까운 곳에서 언제까지 사라지지 않고 들러붙는 것만이 증오의 대상이 되는 법이다. 끈질기게 달라붙기 때문에 끈질기게 증오하는 것이다. 떨어져서 멀리 가버린다면 그것은 증오의 대상에서 벗어나 무관심의 대상이 된다. 니체는 자기를 끝없이 괴롭히는데도 떨쳐버릴 수 없었기 때문에 기독교 도덕과 연민을 마지막까지 증오했고, 박멸해야 할 적으로 생각했다. 그리고 그의 내면에서 기독교와 기독교 도덕은 인류사적 차원의 범죄로 나타났다. 기독교에 대한 니체의 싸움은 그 자신을 넘어 인류를 대신해 벌이는 싸움이 됐다.

　《안티크리스트》에서 흥미로운 것은 니체가 실존 인물 예수에 대해서는 호의적인 데 반해, 예수의 가르침을 종교로 세운 바울로에 대해

서는 한없이 적대적이라는 사실이다. 그는 실존했던 인물 나사렛 예수를 일종의 정치범이라고 규정한다. "예수라는 성스러운 아나키스트는 천한 자, 배척당한 자, 죄지은 자, 유대교 안의 찬달라('하층민)를 선동하여 지배 질서에 저항하도록 했다. 오늘날에도 시베리아 유형 신세가 될 단한 말들을 사용해서 말이다. 그는 일종의 정치범이었다. …… 그가 결국 십자가형을 당했던 것은 바로 그 때문이었다. 십자가 위에 붙여 놓은 명패('유대인의 왕 예수'-인용자)가 그 증거다. 그는 자신의 죄과 때문에 죽었다"《안티크리스트》, 27절 이 마지막 문장에 이어 "그가 다른 사람들의 죄과를 대신해서 죽었다는 주장은 아무리 누누이 주장된다 할지라도 전혀 근거가 없는 것이다"라고 덧붙임으로써 니체는 예수를 기독교의 오래된 교리에서 빼내 인간으로 제시한다. 역사적 존재로서 예수에 대한 니체의 논평에는 비난이나 공격의 뉘앙스가 없다. 그는 십자가에서 죽은 동정심 많은 한 인간을 친근하게 느끼고 또 한편으로는 동일시한다. 다른 곳에서 그는 예수와 예수의 죽음에 대해 이렇게 말한다.

기독교인은 사실 단 한 사람뿐이었다. 그리고 그는 십자가에서 죽었다. '복음'도 십자가 위에서 죽었다. 바로 그 순간 이후 '복음'이라고 불리어 온 것은 그가 살았던 삶의 성격과는 이미 반대의 것이었다. '나쁜 소식', 즉 화음禍音이었던 것이다. 하나의 '신앙', 말하자면 그리스도를 통해 구원받는다는 신앙 속에서 기독교의 특징을 찾는다면 그것은 터무니없이 잘못된 일이 아닐 수 없다. 기독교적 실천, 십자가 위에서 죽는 자가 살았던 것과 같은 삶만이 기독교적인 것일 뿐이다. 오늘날에도 그러한 삶은 가능하다. 어떤 특정한 사람들에게는 필요하기까지 하다. 진정한 원시 기독교는 어느 시대에나 가능한 것이다. 《안티크리스트》, 39절 이렇게 예수의 삶에 대해 공감하는 태도인 데 반해, 니체는 바울로에 대해서는 시종 공격적이고 적대적이고 부정적이다. 바울로는 '나쁜 소식'을 가져온 사람이었다.

> '기쁜 소식'을 뒤쫓아 곧바로 가장 나쁜 소식이 왔다. 바울로의 소식이 그것이다. 바울로를 통해 '기쁜 소식의 전달자'와는 정반대 유형이 구현되고 있었다. 그는 증오와, 증오의 환상과, 냉혹한 증오의 논리를 만들어내는 데서 천재였다. 이 나쁜 소식의 전달자가 증오에 희생시키지 않은 것이 하나라도 있었던가! 가장 먼저 구원자가 희생당했다. 그는 자신의 십자가에 구원자를 못박아버렸다. 예수의 삶과 모범과 가르침과 죽음과 복음 자체의 의미와 권능을 못 박아버렸다. …… 바울로는 존재 전체의 중심을 존재의 저 너머로 깡그리 옮겨 놓아버렸다. '부활한' 예수에 관한 거짓말 속에. 《안티크리스트》, 42절

예수 대 바울로

니체는 바울로가 예수의 삶과 가르침을 왜곡해 저세상의 구원의 문제로 바꾸어놓았다고 비판하는 것이다. 니체는 예수의 운동이 일종의 불교적 평화 운동이었다고 주장한다. "십자가 위의 죽음과 함께 무엇이 끝장이 났는지 우리는 안다. 일종의 불교적 평화 운동, 다시 말해, 현실적인, 반드시 약속된 것만은 아닌 지상의 행복을 향한 새롭고도 완전한 최초의 출발, 그것이 끝장났다."《안티크리스트》, 42절 물론 니체가 불교를 전적으로 긍정하는 것은 아니다. 단지 바울로가 만든 기독교에 비하면 훨씬 더 낫다고 보는 것이다. "기독교와 불교. 그 두 가지가 다

허무주의 종교, 다시 말해 데카당스 종교이긴 하지만, 서로 뚜렷하게 구별되는 점을 가지고 있다. …… 불교는 기독교보다 100배는 더 현실주의적인 종교다."《안티크리스트》, 20절 니체는 예수가 지상의 행복을 지향한 새로운 운동을 펼쳤다고 본다. 그런데 바울로가 그 운동을 뒤엎어 지상의 삶의 부정과 천상의 구원에 대한 약속으로 위조한 것이다. 니체는 바울로가 그렇게 한 이유를 따진다. 사제 본능이 그렇게 했다는 것이다. 사제 본능이라는 것은 죄, 회개, 구원이라는 관념을 수단으로 삼아 권력이라는 목적을 추구하는 본능이다. 바울로가 바로 그런 사람이었다는 것이다.

> 바울로는 목적을 원했고, 그에 따라 수단을 원했다. 그 자신은 믿지 않았던 것을 그의 가르침을 받은 천치들은 믿었다. 그가 필요로 했던 것은 힘이었다. 바울로와 함께 사제족은 또다시 권력을 추구했다. 그는 대중을 폭압할 수 있고 가축으로 만들 수 있는 개념과 가르침과 상징만을 이용했다. 나중에 마호메트Mahomet, ?570~632가 기독교에서 빌린 단 한 가지가 무엇이었던가? 바울로가 사제적 독재를 확립하고 사람들을 가축으로 만들기 위해 생각해냈던 수단, 즉 불멸에 대한 믿음, 그것이었다. 다시 말해 심판의 교리였다. 《안티크리스트》, 42절

바울로가 구원도 심판도 믿지 않았으며 자신이 믿지 않은 것들을 수단으로 삼아 사제 권력이라는 목적을 추구했다는 지적은 니체다운 통찰 혹은 니체다운 비판이다. 니체는 바울로가 만들어낸 그 기독교에는 성스러운 것이 없다고 단언한다. "기독교에는 성스러운 목적들이 없다는 것이 내가 기독교적 수단에 반대하는 이유다. 거기엔 나쁜 목적들뿐이다. 삶에 해를 끼치고 삶을 비방하고 부정하려는 것, 육신

을 경멸하려는 것, 인간을 죄 개념으로 더럽히고 자기 모독하게 하려는 것뿐이다."《안티크리스트》, 56절

니체 자신이 기독교의 바로 이런 삶 부정, 육신 경멸, 죄의식, 자기 모독으로 고통 받았음을 기억할 필요가 있다. 그렇게 기독교의 가르침으로 짓밟혔다고 느꼈기 때문에 그만큼의 강도로 반발하고 거부하는 것이다. 그러나 니체와 정반대로 느끼는 사람도 있을 수 있다. 기독교의 가르침과 기독교 신앙이야말로 힘을 키워주고 자기를 긍정하게 해주고 삶에 활력을 주고 영혼을 고양시킨다고 생각할 수 있는 것이다. 니체는 다르게 겪었고 다르게 느꼈다. 그는 그 체험과 느낌으로 기독교를 공격했다. 그리고 니체의 주장이 그만큼 널리 퍼진 것은 기독교를 해방이 아닌 억압으로, 삶의 고양이 아닌 삶의 전락으로 느끼는 사람들이 많았다는 것을 뜻한다.

니체의 비판, 마르크스의 비판

니체의 기독교 비판이 정치적 의미를 띠는 것은 그것이 민주주의 비판으로 이어지기 때문이다. 니체는 초기 기독교 시대인 로마 제국 시대를 설명하면서 기독교의 승리를 민주주의의 승리로 묘사한다.

> 기독교를 가능케 했던 것은 일반적인 생각처럼 고대 자체, 귀족적인 고대 자체의 부패가 아니다. …… 전 로마 제국의 병적이고 부패한 찬달라 계층이 기독교인으로 바뀌었던 시기는 바로 그 반대 유형인 귀족 계층이 가장 아름답고 가장 성숙한 형태로 존재하던 시대였다. 그런데 다수가 지배자가 되었다. 기독교 본능의 민주주의가 승리한 것이다. ……

나는 다시 바울로의 그 귀중한 말을 상기시켜 둔다. "하느님께서는 이 세상의 약한 자들을, 이 세상의 어리석은 자들을, 이 세상의 보잘것없는 자들과 멸시받는 자들을 택하셨습니다." 그것이 바로 공식이었다. 이 표정에 의해 데카당스가 승리했다. …… 그리하여 한결 고결했던 성향이 그로 인해 멸망했다. 기독교는 이제까지 인류 최대의 불행이었다.

《안티크리스트》, 51절

니체는 이제 인류 최대의 불행인 기독교의 도덕이 만들어낸 현대 이념을 공격한다. 그는 대놓고 사회주의를 지목해 증오한다고 고백한다. "오늘날 천민 중에서 내가 누구를 가장 미워하는가? 노동자의 본능과 기쁨과 자신의 보잘것없는 상태에 대해 느끼는 만족감을 뒤집어놓고, 그에게 시기심을 심어주고 그에게 원한을 가르쳐주는 찬달라적 사도들인 사회주의자 천민이다."《안티크리스트》, 57절 니체는 여기서 단지 사회주의에만 반대하는 것이 아니다. 평등이라는 근대의 보편 이념 자체를 거부한다. 사회주의 이념은 평등 이념을 보편적으로 실현하려고 등장한 이념이기 때문에 니체의 공격을 받는 것이다. 니체는 불평등한 권리가 결코 부당한 것이 아니라고 강조한다. 오히려 동등하지 않은 사람들이 동등한 권리를 주장하는 것이야말로 부당하다. 그래서 니체는 악에 대한 정의를 다시 내놓는다. "악이란 무엇인가? 나는 이미 그 문제에 대해서는 대답을 했다. 약함에서, 시기심에서, 원한에서 나오는 모든 것이라고."《안티크리스트》, 57절 니체는 아나키즘과 기독교가 바로 그런 악이며, 그 둘은 근원이 같다고 말한다. "기도교인과 아나키스트, 그들은 둘 다 데타당들이며 둘 다 해체시키고 오염시키고 쇠약하게 하는 것밖에 하지 못한다. 둘 다 흡혈귀이며, 둘 다 똑바로 서 있거나 웅장하게 치솟아 있거나, 지속적이고 삶에 미래를 약속하는 것이면 그 어느 것이나 아주 격렬하게 증오하는 본능이다. 기독교는 로마 제국의 흡혈귀였다."《안티크리스트》, 58절

이 대목에서 니체는 기독교가 로마 제국이라는 건강한 육체에 기생해 피를 빨아먹었다는 상상력에 흠뻑 빠져들어 다음 절에도 또 흡혈귀를 불러들인다. "그것들(로마 제국이 이룩한 것들)은 교활하고 음흉하고, 보이지 않는 빈혈증의 흡혈귀들에게 유린당했다! 정복당한 것이 아니었다. 피를 다 빨렸을 뿐이다!"《안티크리스트》, 59절 그렇게 격렬한 감정을 토해내면서 니체는 시선을 아우구스티누스Aurelius Augustinus, 354~430 같은 교부들에게 돌린 뒤 이렇게 말한다. "이건 비밀 이야기지만 그들은 사람도 아니다."《안티크리스트》, 59절 그리고 《안티크리스트》 마지막에 이르러 니체는 이제 기독교에 대한 최후의 판결문을 읽는다. 전례를 찾아보기 어려운 혹독한 규탄이다.

> 이것으로 나는 심리를 마치고 판결을 내린다. 기독교는 유죄다. 나는 지금까지 기독교 교회를 탄핵했던 그 어떤 고발자보다 혹독하게 탄핵한다. 내가 보기에 기독교 교회는 부패 중 최고의 부패다. 그리고 그것은 생각할 수 있는 것 중에서 가장 궁극적인 부패 의지를 품어왔다. 기독교 교회는 어느 것 하나 타락의 손길을 대지 않고 그냥 둔 것이 없다. 그리고 모든 가치를 무가치로, 모든 진리를 거짓말로, 모든 성실을 비열한 영혼으로 만들어왔다. …… 기독교 교회로서는 어떠한 불행이 됐든 그 불행을 없애는 것은 그지없이 불편한 일이었다. 교회는 불행을 양식으로 삼아 살아왔고 스스로를 영구화하기 위해 불행을 만들어냈다.
>
> 《안티크리스트》, 62절

니체의 이런 기독교 탄핵에 육박하는 다른 비판이 있을까. 니체가

여기서 사용한 언어들의 강도로 보면, 가장 비타협적인 유물론자 카를 마르크스가 젊은 시절 〈헤겔 법철학 비판 서문〉에서 한 기독교 비판보다 훨씬 더 강도가 높다. 마르크스는 다음과 같이 쓴다.

> 반종교적 비판의 토대는 다음과 같다. 인간이 종교를 만들지 종교가 인간을 만들지 않는다. …… 인간 본질이 참된 현실성을 전혀 얻지 못하기 때문에, 종교는 인간 본질의 환상적 현실화다. 그러므로 종교에 대한 투쟁은 간접적으로 저 세계, 즉 종교를 자신의 정신적 향로로 삼는 세계에 대한 투쟁이다. 종교적 비참함은 현실적인 불행의 표현이자 현실적 불행에 대한 항의다. 종교는 곤궁한 피조물의 탄식이며 무정한 세계의 심정이고 또한 정신 없는 상태의 정신이다. 종교는 인민의 아편이다.[4]

마르크스의 종교 비판은 더 온건하고 비유적이다. 그러나 마르크스도 니체와 마찬가지로 종교와 정치의 연관성에 주목한다. 마르크스는 종교 비판을 출발점 삼아 정치 비판으로 나아간다. 현실을 비판하고 전복하지 않는 한 종교의 토대는 그대로 남는다고 생각하기 때문이다.

> 그러므로 진리의 피안이 사라진 뒤에 차안의 진리를 확립하는 것은 역사의 과제다. 인간의 자기 소외의 신성한 형태가 폭로된 다음, 신성하지 않은 형태들 속에 있는 자기 소외를 폭로하는 것은 무엇보다도 역사에 봉사하는 철학의 과제다. 그런 까닭에 천상에 대한 비판은 지상에 대한 비판으로, 종교에 대한 비판은 법에 대한 비판으로, 신학에 대한 비판은 정치에 대한 비판으로 전환된다.[5]

마르크스가 종교에서 현실과 정치로 나아가는 것과 반대로 니체는 현실에서 종교로 거슬러 올라간다. 마르크스는 종교를 없애려면 현실을 바꿔야 한다고 생각하고, 니체는 현실을 바꾸려면 종교를 없애야 한다고 생각한다. 물론 마르크스와 니체의 이념은 정반대다. 마르크스는 사회주의 혁명을 생각하며, 니체는 그 혁명을 찬달라들의 반란으로 규정해 단호하게 부정한다. 니체가 혁명을 생각한다면 그것은 귀족의 지배를 가져오는 혁명이다. 그리하여 니체는 이 탄핵문에서 혁명의 근원으로서 기독교를 다시 공격한다.

'신 앞에서의 영혼의 평등'이라는 그 허위, 그 모든 저열한 자들의 원한을 위한 그 구실, 결국 혁명으로, 현대적 이념으로, 사회 질서 전체의 쇠퇴 원리로 되고 만 그 폭발성 개념, 그것이 기독교의 다이너마이트다. 기독교의 '인도주의적' 축복이다. 인간성으로부터 자기모순을, 자기 모독 기술을, 그리고 온갖 수단을 가리지 않고 거짓을 향한 의지를, 선하고 솔직한 모든 본능에 대한 반감을, 경멸을 길러내는 것! 그것이 기독교의 축복이라는 것이다!

〈안티크리스트〉, 62절

이어 최후의 결정적인 기독교 비방 문장이 등장한다. 기독교를 철천지원수로 삼지 않고서는 쓸 수 없는 말이다.

벽이 있는 곳이면 나는 어디든 기독교에 대한 이 영원한 탄핵을 적어놓겠다. 나는 눈먼 자도 볼 수 있는 글자로 쓸 수 있다. 나는 기독교를 단 하나의 거대한 저주, 단 하나의 거대한 본질적 타락, 단 하나의 거대한 복수 본능이라고 부른다. …… 나는 기독교를 단 하나의 영원한 인간의 오점이라고 부른다.

〈안티크리스트〉, 62절

이렇게 기독교를 박멸해야 할 것으로 규탄하고 난 뒤 마지막 문단에서 니체는 이제 이 책을 끝내는 그 순간에 대해 다음과 같이 말한다. "그런데 우리는 그 숙명적인 불행이 시작된 재수 없는 날을 기점으로 삼아, 즉 기독교가 시작된 첫날을 기점으로 삼아 시간을 계산하고 있다! 왜 기독교 최후의 날로부터 계산하지 않는 것인가? 오늘부터, 모든 가치의 전도가 이루어진 오늘부터 따져서 말이다!"《안티크리스트》, 62절 니체는 이렇게 이 책《안티크리스트》가 기독교를 종결시키고, 모든 가치의 전도를 이루어낸 책이라고 말하면서 자신을 명백히 예수와 동격으로, 일종의 신적인 존재로 제시하는 것이다. 그가 친구들에게 보낸 편지에서 밝힌 대로 역사를 둘로 나눈다고 느꼈음이 틀림없다. 니체의 언어와 정신은 이렇게 저 무한의 창공을 향해 광적인 속도로 비상한다.

《이 사람을 보라》, 푸른 불꽃과 광기의 그림자

니체가 이해에 처음 철학자로서 명성을 얻기 시작했다고는 해도 그 명성의 햇살은 그를 둘러싼 고독의 한기를 풀어주기에는 턱없이 미약했다. 1888년 10월 15일 니체는 자신의 마흔네 번째 생일을 토리노 하숙집 3층 방에서 홀로 자축하며 자서전을 쓰기 시작했다. 이 자서전은 20일 뒤인 11월 4일 초고가 완성됐다. 자서전의 제목 '이 사람을 보라'(라틴어로 '에케 호모Ecce homo')는 본디 기독교《신약 성서》에서 로마 총독 본디오 빌라도(폰티우스 필라투스Pantius Pilatus)가 가시관을 쓴 예수를 가리키며 한 말이다. 요한복음 19장 5절 예수의 고난에 니체 자신을 빗대는 것이 분명하다.

이 자선전의 장 제목들, 즉 '나는 왜 이렇게 현명한가', '나는 왜 이렇게 영리한가', '나는 왜 이렇게 좋은 책을 쓰는가', '나는 왜 하나의 운명인가'를 보면 자기 찬양의 분위기가 도를 넘는다. 그러나 니체가 이런 제목들을 순간의 변덕으로 정한 것이 아님을 이 책이 완성되는 과정에서 확인할 수 있다. 니체는 11월 4일 완성한 초고를 라이프치히에 있는 나우만 출판사로 넘겼다. 그러나 추가하고 되돌려받고 다시 추가하기를 반복한 끝에 원고를 다시 작성해 12월 8일에 출판사로 우송했다. 이튿날 페터 가스트에게 보낸 편지에서 니체는 다음과 같이 말했다. "나는 나의 양심을 편히 쉬게 하려고 첫 글자에서 마지막 글자까지 황금 저울에 다시 한 번 재어본 다음에 어제 C. G. 나우만 출판사에 《이 사람을 보라》를 다시 보냈네." 1888년 12월 9일 그러고도 니체의 교정 작업은 멈추지 않아 12월 중순부터 30일까지 중요한 변경 내용과 추가분을 거듭 출판사로 보냈다. 그리고 쓰러지기 직전인 1889년 1월 2일 마지막으로 원고를 수정했다. 지나칠 정도로 꼼꼼하게 세부까지 들여다보고 보충과 교정을 되풀이했던 것이다. 따라서 그가 즉흥적인 생각으로 글의 내용이나 장 제목을 정했다고 볼 수는 없다.

세차게 타오르는 정신의 푸른 불꽃과 함께 그 불꽃이 만들어내는 광기의 그림자가 함께 어른거리는 이 철학적 자서전은 그 문체의 현란함과 아름다움으로 하여 독일 산문의 최고봉이라는 평가를 받는다. 니체는 왜 정신 붕괴를 두어 달 앞두고 이 자서전을 쓴 것일까. 이 책을 쓰고 난 뒤 《니체 대 바그너》와 시집 《디오니소스 찬가》를 완성했지만, 두 책은 모두 이전에 쓴 것들을 새롭게 다듬어 묶은 일종의 편집본이다. 따라서 이 자서전이 사실상 니체의 마지막 저작이다. 그러므로 니체가 왜 정신 붕괴를 앞두고 최후의 시간에 자서전을 쓴 것인지 묻는 것은 필요한 일이다.

　니체는 《이 사람을 보라》를 쓰던 중 페터 가스트에게 보낸 편지에서 그 물음에 답변이 될 만한 이야기를 했다. "나는 내가 예언자나 괴물, 즉 도덕의 가치를 전도시키는 괴물로서 독자에게 알려지는 것을 원치 않네." 1888년 10월 30일 두 달 뒤 카를 푹스에게 보낸 편지에서도 니체는 자신이 왜 자서전을 썼는지 언급한다. "내가 누구인가라는 질문에 대한 대답을 나는 곧 인쇄할 《이 사람을 보라》에 완전히 정리해 담았네." 1888년 12월 27일 니체는 《이 사람을 보라》 서문에서도 유사한 이야기를 한다. "내가 조만간 인류에게 역사상 가장 어려운 요구를 해야만 한다는 생각이 들기에 내가 누구인지 밝혀두는 것이 반드시 필요할 것 같다. …… 내 말을 들으시오! 나는 이러이러한 사람이기 때문이오. 무엇보다도 나를 혼동하지 마시오!" 《이 사람을 보라》, '서문', 1절 니체는 자신이 독자들에게 괴물로 오해받지 않기를 바라면서 이 책을 썼던 것이다.

　그러나 니체의 바람이 제대로 이루어졌는지는 의문이다. 니체는 자기 자신이 왜곡 없이 제대로 이해되기를 바랐지만, 이 기이한 자서전을 읽고 오히려 니체를 괴물이나 기인으로 받아들일 독자가 그렇지 않을 독자보다 더 많을 것이 틀림없기 때문이다. 실상을 좀 더 따져 들어가면 니체 자신이 《이 사람을 보라》를 통해서 도덕과 가치를 뒤집어엎은 섬뜩한 괴물로 인식되기를 소망한 것이 아닐까 하는 의심이 인다. 이 책의 내용과 서술 방식이 그만큼 통상의 자서전 기준을 넘어서기 때문이다. 만약 그도 아니라면 최소한 니체 안에서 두 가지 상반된 욕망이 투쟁하고 있었다고 보아야 할 것이다. 자기 자신이 괴물이 아닌 존재로 이해되기를 바라는 마음과 섬뜩하고 무시무시한 괴물 같은 존재로 이해되기를 바라는 두 소망 말이다.

　어쨌든 이 책이 니체의 소망을 거슬렀는지 아니면 니체의 소망을 충실히 따랐는지 하는 문제와는 상관없이 이 책을 쓸 때의 파국적 분위기를 어떻게 이해할 것이냐 하는 또 다른 물음이 남는다. 니체는 최후를 알리는 마지막 저작으로 여기고 이 책을 쓴 것일까. 그 물음에 대한 간접적 답변을 주는 것이 1888년 12월에 페터 가스트에게 보낸 의미심장한 편지다. 거기서 니체는 이렇게 말한다. "내가 왜《이 사람을 보라》로 시작하는 내 삶의 비극적 파국을 서둘러야 하는지 그 이유를 지금 나는 알 수가 없네." 1888년 12월 16일 이 편지는 니체가 자신의 파국과 종말을 예감하고 있었다는 사실을 알려준다. 그렇다면《이 사람을 보라》는 그 파국을 준비하는 작품, 자신의 전 생애를 정리하는 작품인 셈이다. 따라서《이 사람을 보라》를 쓰기 전에 니체는 자신의 철학이 완결됐다고 느꼈으리라고 짐작해도 좋다. 비록 5년 전부터 준비했던《권력의지》가《안티크리스트》로 축소되기는 했지만, 그 책과 함께 다른 여러 권의 책들에서 자신의 철학을 밝혔으니, 이제 자서전으로 자신의 고난에 찬 삶을 봉인해도 좋으리라. 그런 생각을 하던 터였는데, 요즘 갑자기 기분이 고양되고 유쾌한 상태가 지속되고 있어서 이 정도라면 파국을 서두를 필요가 있을까 하고 느낀다는 것이 가스트에게 보낸 편지 내용이다. 어쨌거나 니체는 파국을 늦추지 못했고 이 편지를 쓰고 난 뒤 3주가 채 안 돼 자기 망각의 동굴로 들어가버린다.

폴란드 귀족이라는 날조

이 자서전은 니체의 다른 유고 작품들 중에서 가장 늦은 1908년에야 빛을 보았다. 이 책으로 니체의 평판이 훼손될까 걱정한 것이 가장 큰 이유였다. 그만큼《이 사람을 보라》에는 자서전의 통념을 벗어난 내용이 많이 담겼다. 이를테면 니체가 자신을 폴란드 정통 귀족이라고 주장한 대목이 그렇다. "그런데 여기서 나는 혈통 문제를 언급하려 한다. 나는 나쁜 피는 한 방울도 섞이지 않고 독일 피는 거의 섞여 있지 않은 폴란드 정통 귀족이다."《이 사람을 보라》, '나는 왜 이렇게 현명한가', 3절 니체는 앞서 그해 봄 게오르그 브라네스에게 보낸 편지에서도 자신을 폴란드 귀족의 후예라고 소개했다. "나의 선조들은 폴란드 귀족(니츠키 Niëzky)이었습니다. 세 명의 독일인 '어머니들'을 거쳤는데도 그 (귀족) 유형은 잘 보존된 것으로 보입니다." 1888년 4월 10일

순수한 독일 중부 평민 계급의 후예였던 니체는 왜 이렇게 귀족 혈통에 집착했던 것일까. 니체가 1885년에 쓴 유고의 한 구절을 상기해보자. "오직 타고난 귀족, 피를 이어받은 귀족만 있을 뿐이다. …… 정신으로만 귀족이 되는 것이 아니라, 먼저 정신을 귀족으로 만드는 무언가가 틀림없이 있다. 그렇다면 무엇이 필요할까? 혈통이다."《권력의지》, 942절

이 문장을 수용한다면, 니체가 그토록 강조하는 정신의 귀족은 혈통적 귀족이어야 한다. 니체는 혈통을 믿었고, 유전을 믿었음이 틀림없다. 따라서 자신이 정신의 귀족이려면, 먼저 혈통의 귀족이어야 했다. 자기 자신의 내면과 투쟁을 벌이고 자신의 천성을 뒤바꾸는 내적 전쟁을 벌이면서 니체는 자신의 과거를, 자신의 혈통을 지어냈던 것이다. 무수한 결함과 약점으로 가득 찬, 귀족적이지 못하고, 고귀하지 못하고, 다시 말해 강하지 못한 자신의 천성을 완전히 바꾸어버린다는 상상 속에서 마침내 자신이 폴란드 귀족이라고 믿게 된 것이다. 어린 시절 고모들이 니체 집안이 폴란드에서 도망 온 귀족의 후손이라고 이야기하는 걸 들었으므로 완전한 날조라고 보기는 어렵지만, 어쨌든 니체는 근거가 부실한 이야기를 어떻게든 믿으려고 했고, 그래

서 믿었다. 이 광기야말로 니체의 자기 극복을 향한 집요한 노력의 한 모습이다. 그는 자기 자신을 완전히 바꾸어내고 싶어했다. 다시 말해 자신의 나쁜 피를 모두 뽑아내고 깨끗하고 고귀한 피로 새로 채우고 싶어 했다. 그렇게 그는 제2의 천성을 기름으로써 제1의 천성을 이겨낼 수 있기를 바랐다. 이것이 바로 자기 극복이고 위를 향해서 자기 자신이 되는 것이리라.

자신을 폴란드 귀족 혈통이라고 주장한 니체는 이어지는 문장에서 바로 어머니와 여동생을 비방하는 문장을 쓴다. "나와 가장 철저하게 대립하는, 생각할 수 없을 정도로 상스러운 본능을 찾아보게 되면, 언제나 나는 내 어머니와 여동생을 발견한다. 이런 천민들과 내가 친족이라고 믿는 것은 나의 신성함에 대한 하나의 불경이리라."《이 사람을 보라》, '나는 왜 이렇게 현명한가', 3절 여기서 주목할 단어가 '신성함Göttlichkeit'이라는 단어다. 니체는 자기 자신에게 어떤 신격神格을 부여하고 있는 것이다. 인간의 차원을 넘어선 어떤 존재를 니체는 꿈꾸었던 것일까. 그가 생각한 초인이 어쩌면 이와 같은 모습일지도 모른다.

카이사르와 알렉산드로스의 아들

같은 절에서 니체는 다음과 같은 의미심장한 생각을 발설한다. "위대한 개인들은 가장 오래된 사람들이다. 내가 알고 있지는 못하지만 율리우스 카이사르가 내 아버지일 수도 있다. 아니면 알렉산드로스, 이 육화된 디오니소스가……."《이 사람을 보라》, '나는 왜 이렇게 현명한가', 3절 여기서 알 수 있는 것이 니체가 자기 안에 카이사르와 알렉산드로스의 피가 흐르기를 바라는 마음이다. 이들이야말로 아마도 니체가 생각한 정신의 귀족, 혹은 혈통 귀족의 가장 탁월한 사례 가운데 일부일 것이다. 그러니까 니체는 '정신의 귀족'이라는 범주로 어떤 품위 있는 학자나 격조 높은 작가나 덕망 있는 종교 지도자를 생각한 것이 아니라, 현실에서 권력을 행사하는 강자, 다시 말해 권력의 정점에 선 위대한 정치 지도자·군사 지도자를 염두에 두었던 것이다.

니체에게는 카이사르가 어떤 인간인지 정확히 형상화해 보여주는 작품을 쓰는 것만으로도 위대한 인간에 속한다. 니체는 자서전에서 셰익스피어가 그런 사람이었다고 말한다. "내가 셰익스피어를 최고로 표현해줄 만한 정식을 찾을 때면, 언제나 나는 '그는 카이사르 유형을 구상해냈다'라는 정식만을 발견한다."《이 사람을 보라》, '나는 왜 이렇게 영리한가', 4절 그런데 니체 연구자 네하마스는 니체가 사유의 모델로 삼은 사람들이 대부분 실존했던 현실의 인간들이 아니라 문학 작품 속의 인물들이었다고 주장한다. 그는 그 사례로 니체가 율리우스 카이사르를 칭송했을 때에도 "역사적인 인물을 염두에 두고 있었다고 생각하면 안 된다"고 강조하면서, 셰익스피어에 대한 니체의 발언을 인용한 뒤 니체가 말한 카이사르는 "실제 인물이 아니라 극중 인물이었던 셈"이라고 단정한다.[6] 말하자면 니체가 본받고자 한 위대한 카이사르는 문학적으로 형상화된, 다시 말해 문학 작품 속의 주인공이었을 뿐이라는 말이다. 냉혹하고 무자비한 본능으로 무장한 인물들은 문학 작품 안에 있을 때만 매혹적인 존재이며 현실의 세계에서는 그렇지 않다는 이야기다. 그러나 이런 생각이야말로 니체의 가장 핵심적인 주장에 정면으로 배치된다. 니체는 문학 작품 속의 어떤 가공의 인물을 우상 숭배한 것이 아니라, 역사를 창조한 실존 인물들을 삶의 모델로 제시한 것이다. 그렇지 않다면 앞의 셰익스피어에 대한 평가 문장에 바로 이어지는 다음 문장이 무슨 뜻인지 이해할 수 없게 된다.

그런 유형(카이사르 유형)은 사람들이 추측할 수 있는 것이 아니다. 그런 유형이거나 아니면 그런 유형이 아니거나 할 뿐이다. 위대한 시인은 오로지 자기 자신의 실재성만을 퍼내어 이용한다. 그가 나중에 자기의 작품을 더는 견뎌내지 못할 지경에 이르도록 말이다.

《이 사람을 보라》, '나는 왜 이렇게 영리한가', 4절

니체는 지금 단순히 문학 작품 속의 인물을 보고 위대하다고 감탄하거나, 그런 인물을 구상해냈다는 표면적 사실에 감동하는 것이 아니다. 카이사르와 같은 역사 속의 탁월한 인물을 문학으로 구현하려면, 단순한 추측이나 필력이나 재주로는 안 되고 작가의 내면에 이미 카이사르와 같은 유형의 존재가 있어야만 한다. 셰익스피어가 뛰어나게 카이사르를 형상화했다면 그것은 바로 셰익스피어가 내적으로 카이사르와 같은 뛰어난 사람이었다는 것을 뜻한다. 니체가 셰익스피어를 위대한 시인으로 보는 것은 그 안에 카이사르가 살고 있었기 때문인 것이다. 니체는 문학 작품 속의 허구적 인물을 보고 있는 것이 아니라 위대한 문학적 창조를 할 수 있는 인물, 더 결정적으로는 위대한 문학적 창조의 모델이 될 수 있는 인물을 보고 있는 것이다.

예언자 혹은 종교 창시자

《이 사람을 보라》는 니체가 미지의 독자들에게 자신을 알리기 위해서 쓴 책이다. 그러다 보니 니체는 모든 영감을 불어넣어 창조한 《차라투스트라는 이렇게 말했다》를 읽고 이해해주는 사람이 없다는 사실을 안타까워하면서 이 자서전에서 틈만 나면 《차라투스트라는 이렇게

말했다》에 대해 이야기한다. 이 자서전은 차라투스트라 선전장이라고 해도 될 책이다. 다음과 같은 구절은 대표적이다. "내 작품 중에서《차라투스트라는 이렇게 말했다》는 독보적이다. 이 책으로 나는 인류에게 지금까지 주어진 그 어떤 선물보다 큰 선물을 주었다. 수천 년 동안 퍼져 나갈 목소리를 지닌 이 책은 존재하는 것 중에서 최고의 책이며, 진정 높은 공기의 책이다."《이 사람을 보라》, '서문', 4절 그러면서 다소 난데없이 "거기서는 어떤 '선지자'도, 종교의 창시자라고 불리는 병과 권력의지의 섬뜩한 자웅 동체도 말하지 않는다"라고 털어놓는다. 니체의 차라투스트라는 선지자도, 종교 창시자도 아니라는 얘기다. 조금 더 뒤에서는 이런 말도 한다. "여기서는 광신자가 말하지 않는다. 여기서는 '설교되지' 않는다. 여기서는 믿음이 요구되지 않는다."《이 사람을 보라》, '서문', 4절 그러고는《차라투스트라는 이렇게 말했다》의 한 구절을 다시 들려준다.

> 나의 제자들이여 나는 홀로 가겠다! 너희도 각각 홀로 길을 떠나라! 내가 바라는 것은 바로 그것이다. 나를 떠나라. 그리고 차라투스트라에게 맞서라!
>
> 《이 사람을 보라》, '서문', 4절

여기서 니체가 거듭 강조하는 것은 차라투스라가, 다시 말해 니체 자신은 결코 제자들을 유혹해 끌고 다니는 종교 창시자가 아니라는 것이다. 그러나 이런 주장을 있는 그대로 받아들이기에는 니체의 모순된 발언과 행위가 너무 많다. 차라투스트라라는 인물의 이미지 자체가 예언자나 종교 창시자의 모습이 아니면 무엇인가. 니체에게는 스스로 예언자나 종교 창시자가 되고자 하는 강렬한 소망이 있었음이 틀림없다. 그렇지 않다면 아무도 묻지 않는데 스스로 자기가 종교 창시자가 될 뜻이 없다고 부인하지는 않을 것이다.

그러므로 두 얼굴의 니체가 있다. 표면에서는 어떠한 추종자도 거부하는 단독자 니체가 있고, 뒷면에는 무수한 추종자를 거느리는 예언자 혹은 종교 창시자 니체가 있다. 그 두 모습이 다 차라투스트라의 모습에 반영돼 있다고 할 수 있다. 그 가운데 어떤 것이 더 진실에 가까울까. 배면의 종교 지도자가 니체의 무의식적 소망에 더 가깝지 않을까. 앞에서 니체가 인용한 《차라투스트라는 이렇게 말했다》의 인용문 뒤에서 차라투스트라는 이런 말도 한다. "너희는 나를 숭배한다." 《이 사람을 보라》, '서문', 4절 그러나 이 문장을 쓰던 시절 니체는 현실에서 페터 가스트 말고는 그를 따르는 제자다운 제자를 단 한 명도 거느리지 못한 고독한 방랑자였다. 그런데도 니체는 상상 속에서 스승이 물리치는데도 무수한 추종자들이 숭배하며 따르는 장면을 그려낸 것이다.

공격성과 복수심

니체의 저작 전체에 걸쳐 나타나는 일관된 특징 가운데 하나는 호전성인데, 이 책에서 니체는 자신의 그런 호전성을 드러내놓고 자랑한다. "나를 특징짓는 또 하나의 것은 싸움이다. 나는 기질상 호전적이다. 공격은 내 본능의 일부다." 《이 사람을 보라》, '나는 왜 이렇게 현명한가', 7절 스스로 고백한 대로 니체는 호전적이고 공격적인 전사에 가까운 사람이다. 일상생활의 조용하고 다감하고 부드러운 니체는 분명히 식물을 연상시키지만 그의 내면은 동물이며, 더 정확히 말하면 잔인함을 즐기는 공격적인 야수다.

여기서 유의할 것이 니체가 공격성 또는 호전성과 복수심 또는 원한 감정(르상티망)을 구분한다는 사실이다. 니체는 공격성은 강함에서, 복수심은 약함에서 나온다고 말한다. "복수심과 원한이 필연적으로 약함에 속하듯이 공격적 파토스는 필연적으로 강함에 속한다. 예를 들면 여자에게는 복수욕이 있다. 이것은 여자가 약해서 그런 것이다."《이 사람을 보라》, '나는 왜 이렇게 현명한가', 7절 문제는 공격성과 복수욕을 니체가 말하듯이 강함과 약함의 발로로 명쾌하게 나눌 수 있느냐는 것이다. 어떤 것이 약함의 발로이고 어떤 것이 강함의 발로인지 구별하려면 섬세한 눈이 필요하고 해석의 능력이 필요하다. 그러고도 실제로는 구별하기 힘들 때가 많다. 니체 자신의 경우에도 공격성과 복수욕이 구분되지 않는 넓은 지대가 있다는 사실을 무시할 수 없다. 바그너가 죽고 5년이 지난 뒤에《바그너의 경우》를 쓴 것은 공격성의 소산인가, 복수심 또는 원한 감정의 소산인가. 니체가 저주를 퍼부은 그 많은 대상들에게 니체는 공격을 한 것인가, 원한에 사무쳐 복수의 칼을 휘두른 것인가. 니체의 용어를 그대로 받아들인다고 하더라도 그 모든 행위를 공격성의 결과로만 볼 수는 없다. 니체 안에는 니체로서도 어쩔 수 없는 복수심과 원한 감정이 부글부글 끓고 있었다. 따라서 니체가 다음과 같이 말할 때 그 말을 다 믿어서는 안 된다.

> 내 삶에서는 어떤 투쟁의 특징도 증명될 수 없으며, 나는 영웅적인 본성과는 반대된다. 《이 사람을 보라》, '나는 왜 이렇게 영리한가', 9절

니체는 자신이 투쟁을 모르는 사람이라고 말한다. 그 말뜻은 이 구절 바로 앞에 쓰여 있다. "내 모든 능력이 갑자기 성숙하여 궁극적인 완성 형태로 하루아침에 튀어나왔을 정도로 …… 내가 한 번이라도 열

심히 노력했던 기억은 없다"《이 사람을 보라》, '나는 왜 이렇게 영리한가', 9절 그렇다면 《권력의지》라는 작품을 구상하고 완성하기 위해 5년 동안 끊임없이 생각하고 메모하고 실험하고, 그러고도 결국엔 애초의 구상 자체로 완성하지 못하고 만 것은 무엇인가.

그 바로 밑에서 니체는 이런 말도 한다. "나는 어떤 소망도 가져본 적이 없다. 44년간을 살아온 뒤에 자기 자신이 결코 명예와 여자와 돈 때문에 애쓴 적이 없었다고 말할 수 있는 사람이다!"《이 사람을 보라》, '나는 왜 이렇게 영리한가', 9절 이거야말로 니체를 잘 모르는 사람도 웃을 일이다. 이 절의 글들은 거의 우스꽝스러운 자기 희롱에 가까운 글들이다. 니체가 단지 '지금' 그렇게 생각하고 있을 뿐이라고 여기면 된다. 그 주장 그대로 삶을 관통하는 원칙이나 명제로 받아들여서는 안 된다. 그런데 들뢰즈는 바로 이 구절을 인용해 니체가 투쟁을 거부한 사람이었다고 진지하게 주장한다.

> 투쟁은 결코 힘들의 적극적인 표현이 아니고 긍정하는 권력의지의 표명도 아니다. 마찬가지로 그 결과는 주인이나 강자의 승리를 표현하지 않는다. 그와 반대로 투쟁은 강자들을 이기는 수단이다. …… 니체는 자신이 투쟁하기에는 너무 예의 바르다고 말한다. 그는 또 '투쟁을 배제한' 권력의지에 관해 말하고 있다.[7]

들뢰즈처럼 투쟁을 복수심이나 원한 감정과 연결하기는 쉽지만, 투쟁은 공격성이나 호전성과도 얼마든지 계열을 이룰 수 있다. 투쟁 없이 강자가 될 수 없으며, 자기 자신을 극복할 때에도 투쟁은 가장 근원적인 동력이자 방법이 된다. 투쟁 없는 승리를 상정하는 것은 물이 없는 얼음을 상정하는 것처럼 무모하다. 어쨌든 이렇게 영웅이기를 거부한 니체는 마지막 장 '나는 왜 하나의 운명인가'에 와 자신의 영웅적 위대성을 만방에 과시한다. 자신의 상상 속에서 기독교를 끝장내버렸고 세계사를 둘로 나누어버린 니체는 자신감에 넘쳐 외친다.

> 나는 내 운명을 안다. 언젠가 내 이름은 어떤 끔찍한 것에 대한 회상과 접독할 것이다. 지상에 한 번도 나타난 적이 없었던 위기에 대한, 가장 심원한 양심의 충돌과 결합할 것이다. 지금까지 믿어져 왔고 요구되어 왔으며 신성시되어 왔던 모든 것에 대한 거역을 불러일으키는 결단에 관한 회상과 접목할 것이다. 《이 사람을 보라》, '나는 왜 하나의 운명인가', 1절

이어 니체는 그의 모든 저작을 통틀어 가장 강도가 높은 문장을 쓴다. "나는 인간이 아니다. 나는 다이너마이트다."《이 사람을 보라》, '나는 왜 하나의 운명인가', 1절 그러고 나서 니체의 환상은 한 번 더 펼쳐진다. "이 모든 점에 의해 나는 필연적으로 숙명적인 사람이기도 하다. 진리가 수천 년 동안의 거짓과 싸움을 시작할 때 대격동, 지진의 경련, 지금까지 어느 누구도 꿈꿔보지 못한 산과 계곡의 자리바꿈이 일어날 것이기 때문이다. …… 일찍이 지상에 한 번도 일어난 적 없던 전대미문의 전쟁이 벌어질 것이다. 나와 함께 비로소 위대한 정치가 펼쳐지게 된다."《이 사람을 보라》, '나는 왜 하나의 운명인가', 1절 여기서 니체가 말하는 '전대미문의 전쟁'은 무엇을 뜻하는가. 니체 사후에 유럽을 뒤흔든 두 차례의 세계대전을 말하는 것인가. 이 구절이 든 마지막 장을 끝내고 열흘이 지난 뒤 그는 메타 폰 잘리스에게 다음과 같은 편지를 썼다. "9월 3일부터 11월 4일까지 쓴 것들을 곰곰이 생각해보니, 곧 작은 지진이 일어날 것 같은 두려움이 밀려옵니다. …… 2년 전 내가 니스에 있을 때, 때맞춰 그곳에 지진이 일어났습니다. 정말로 어제 기상대는 미진을

보고하였습니다."1888년 11월 14일

끔찍한 미증유의 인간

니체는 이제 마지막에 이르러 자기 자신에 대해 결정적인 선언을 한다. 자신이 '끔찍한 미증유의 인간', '최초의 비도덕주의자', '파괴자 중의 파괴자'라고 선포하는 것이다.

> 나는 비할 바 없이 끔찍한 미증유의 인간이다. 그렇다고 이것이 내가 비할 바 없이 좋은 일을 하는 인간이 되는 것을 불가능하게 하지는 않는다. 나는 파괴할 때의 즐거움을 내 파괴력에 상당하는 정도만큼 알고 있다. 이런 두 가지 면에서 나는 부정하는 행위를 긍정의 말에서 분리시킬 줄 모르는 내 디오니소스적 본성에 복종한다. 나는 최초의 비도덕주의자이다. 그래서 나는 파괴자 중의 파괴자인 것이다.
> 《이 사람을 보라》, '나는 왜 하나의 운명인가', 2절

니체는 비도덕주의자라는 말을 "내 자신에 대한 표지이자 휘장으로 선택했다"고 단언한다. "나를 전 인류와 구분하는 이 말을 내가 가지고 있다는 데에 나는 긍지를 느낀다. 어느 누구도 기독교 도덕을 자기 밑에 있는 것으로 깨닫지 않았다. 그러기 위해서는 높이와 멀리 바라보는 시선과 이제껏 전혀 들어보지 못했던 심리적인 깊이와 심연성이 필요하다."《이 사람을 보라》, '나는 왜 하나의 운명인가', 6절 니체는 이제 자신을 인류 전체와 대립하는 유일한 예외적 존재로 제시한다. 기독교 도덕이 삶에 대한 범죄라는 비밀스러운 진실을 알아차린 사람은 니체가 유일하

다. "나를 이해했는가? 나를 구별 짓고 나를 나머지 인류 전체에 대한 예외로 만드는 것은 바로 내가 기독교적 도덕을 알아차렸다는 점이다. …… 기독교에 대한 맹목은 범죄 중의 범죄다. 삶에 대한 범죄인 것이다."《이 사람을 보라》, '나는 왜 하나의 운명인가', 7절

다음 절에서 니체는 인류를 둘로 나눈다. "기독교 도덕이 무엇인지 알아차리는 것은 그 어떤 것과도 견줄 수 없는 하나의 사건이자 진정한 하나의 대참사다. 기독교 도덕을 해명하는 자는 하나의 불가항력이자 하나의 운명이다. 그는 인류의 역사를 둘로 나눈다. 그의 존재 이전과 그의 존재 이후로……."《이 사람을 보라》, '나는 왜 하나의 운명인가', 8절 이 모든 선언을 끝낸 뒤 마지막 줄에서 니체는 하나의 대립적 테제를 내놓는다.

> 나를 이해했는가? 십자가에 못 박힌 자에 대항하는 디오니소스.
>
> 《이 사람을 보라》, '왜 나는 하나의 운명인가', 9절

니체는 자신을 디오니소스라고 부르면서 십자가에 못 박힌 자 곧 그리스도로 표상되는 기독교에 대항하는 존재로 자신을 자리매김한다. 이 두 존재, 곧 디오니소스와 그리스도의 대결이 니체 철학에서 최종적으로 무엇을 의미하는지는 이미 한 번 언급한 바 있는 니체의 유고 메모를 다시 살펴볼 필요가 있다. 니체는 이 마지막 해에 쓴 단편 메모에서 그리스도와 디오니소스를 다음과 같이 선명하게 대비시킨다.

> 두 가지 전형, 곧 디오니소스 대 십자가에 못 박힌 자. …… 비극적 인간은 가장 가혹한 고뇌도 여전히 긍정한다. 그는 그렇게 할 정도로

충분히 강하고 풍만하여 신격화되어 있기 때문이다. …… 십자가에 달린 신은 삶의 저주이며 스스로를 이 삶에서 구제하고자 하는 표시이다. 갈기갈기 찢긴 디오니소스는 삶에 대한 약속이다. 그것은 영원히 되살아날 것이고 영원히 파괴로부터 돌아올 것이다. 《권력의지》, 1052절

삶에 대한 기독교의 저주에 맞서 삶에 대한 영원한 긍정, 가장 가혹하고 가장 끔찍한 고통과 시련과 두려움조차도 끌어안고, 끝내 그것들을 이겨낸 뒤 "삶이여, 한 번 더!"를 외치는 한없이 적극적인 긍정, 그것이 디오니소스 신이 니체에게 가르쳐준 것이고, 그 신이 바로 니체의 사유가 가장 높은 지점에 이르렀을 때 만난 신이다. 그러니까 디오니소스 신은 비극의 신이고 비극적 정신이다. 니체는 그 비극적 정신의 강함과 위대함을 보았다. 디오니소스 신의 무한히 끈질긴 생명력과 창조성을 보았다. 그러나 그 삶의 비밀을 간파한 순간 니체는 삶을 잃어버릴 위기에 처한다.

니체의 내면은 거대한 미궁(라비린토스)이었다. 자기 내부의 미궁에 숨어 사는 괴물(미노타우로스)을 찾아가 죽이는 것이 니체의 일생에 걸친 투쟁이었다. 니체 안에는 미궁과 괴물만 있었던 것이 아니라, 괴물을 잡는 테세우스도, 테세우스에게 실 꾸러미라는 지혜를 주는 아리아드네도, 그리고 생명의 원천인 디오니소스도 있었다. 니체 안의 전사 테세우스는 아리아드네의 지혜를 빌려 미궁 속으로 들어간 뒤 미노타우로스와 일대 결전을 벌인다. 마침내 그의 날카로운 인식의 칼이 미노타우로스의 심장을 뚫으면 거기서 분출하는 피가 온몸을 적시고, 이로써 그는 무적의 생명력을 얻게 될 것이다. 바그너 오페라 〈니벨룽의 반지〉의 영웅 지크프리트가 용을 죽이고 그 피로 몸을 적시듯이. 자기가 죽인 괴물의 생명력으로 충만해진 테세우스, 다시 말해,

변신한 테세우스가 바로 디오니소스다. 니체의 텍스트는 이 인격들이 짜 가는 드라마이며, 이 드라마는 니체가 세운 극장에서 상연된다. 그러나 이 드라마에서 주인공 니체는 영원히 살지 못한다. 그는 디오니소스 생명의 비밀을 발견했다고 믿었지만 그 생명을 자기 것으로 만들어내지는 못한다. 미궁 속 괴물이 반격을 가한 것이다.

16

Friedrich Nietzsche

정신 붕괴

"나는 원합니다, 광기에 빠지기를 원합니다!"

Nietzsche, Friedrich Wilhelm

"이것을 쓰고 있는 이 순간 우편배달부가
내게 디오니소스의 머리를 배달한다."
《이 사람을 보라》, '나는 왜 이렇게 현명한가', 3절

"거의 모든 곳에서 새로운 사상에 길을 열어주면서,
존중되던 습관과 미신의 속박을 부수는 것은 광기다. …… 어떤 윤리의 질곡을 부수면서
새로운 법을 부여하려는 저항하기 어려운 유혹에 사로잡혔던
저 탁월한 모든 인간들에게는 '그들이 실제로 미치지 않았을 경우에는'
자신을 미치게 하거나 미친 것처럼 보이게 하는 것 외에는 다른 방도가 없었다."
《아침놀》, 제1부, 14절

1889년 1월 3일* 아침 니체는 토리노의 하숙집을 나왔다. 카를로 알베르토 광장에 들어섰을 때 맞은편 마차 대기소에서 난폭한 마부가 자신의 말에게 사정없이 채찍질을 하는 것을 보았다. 그 순간 마지막까지 억눌렀던 동정심이 터져 나와 그의 온몸을 뚫고 지나갔다. 니체는 날카로운 비명을 지르며 광장을 가로질러 달려가 말 목을 감쌌다. 정신을 잃은 니체는 말 목을 껴안은 채 땅바닥에 쓰러졌다. 사람들이 몰려들었다. 니체의 하숙집 주인도 광장으로 내려왔다가 니체를 발견하고는 서둘러 집으로 옮겼다. 의식을 되찾았을 때 니체는 이전의 니체가 아니었다.

채찍질 당하는 말을 감싸다

광기의 흐린 안개 속으로 한 걸음씩 들어갔던 니체는 마지막 순간에 정신 착란의 낭떠러지 아래로 굴러 떨어졌다. 니체의 정신을 무너

---

* 니체 전기 작가 쿠르트 파울 얀츠는 니체가 광장에서 쓰러진 날이 1월 3일이 아니라 1월 7일이라고 주장한다. 얀츠는 프란츠 오버베크가 페터 가스트에게 보낸 편지를 그 근거로 제시한다.[1] 그러나 다대수 니체 전기들은 1월 3일 쓰러진 것으로 기록한다.

니체가 쓰러진 카를로 알베르토 광장

뜨린 최후의 사건이 왜 하필이면 채찍질 당하는 말이었을까? 니체는 자신을 말이라고 느꼈던 것일까? 아니면, 자신을 채찍질 당하는 자라고 느꼈던 것일까? 먼저 떠올려볼 수 있는 것은 니체가 이 무렵 비슷한 이야기가 실린 책을 읽지 않았을까 하는 추측이다. 니체가 매 맞는 말을 껴안는 것과 유사한 장면이 도스토옙스키Fyodor Mikhailovich Dostoevsky, 1821~1881의 소설 《죄와 벌》에 나온다. 소설에서 주인공 라스콜리니코프는 술 취한 농부들이 말을 채찍질로 죽이는 꿈을 꾼다. 그는 동정심을 느껴 죽은 동물의 목을 끌어안고 입을 맞춘다. 그러나 니체는 정말 《죄와 벌》을 읽었을까? 니체가 도스토옙스키를 안 것은 1887년이었다. 1887년 2월 23일 오버베크에게 보낸 편지에서 니체는 최근에 도스토옙스키를 알게 됐다고 썼다. 니체가 《백치》나 《지하생활자의 수기》를 읽은 것은 거의 확실하다. 하지만 그가 《죄와 벌》을 읽었다는 증거는 없다.² 다만 1888년 5월에 쓴 편지에서 눈에 띄는 구절을 쓴다. "나는 어제 디드로를 읽으며 감상적 도덕에 관한 관념에 대해 생각했다. 겨울 풍경, 가장 잔인한 냉소주의의 표현인 늙은 마부, 겨울보다 더 흑독한 주변, 그의 말에게 쏟아지는 물, 말, 불쌍하게 죽은 동물, 둘러보며, 감사한다, 자주 감사한다."³ 니체는 《죄와 벌》을 읽고 난 뒤 이 구절을 쓴 것일까. 알 수 없다.

매 맞는 말을 향해 달려들어 동정심을 분출한 니체의 행위는 젊은 날의 어떤 기억을 되풀이한 것이었을 가능성이 있다. 바젤 대학 교수가 된 니체는 부임 첫 해(1869년)에 '플라톤 이전 철학자들'에 관한 문헌을 강의했다. 강의를 위해 자료를 준비하던 중 니체는 고대 그리스 철학자 크세노파네스Xenophaes, ?B.C. 560?~470?가 직접 목격한 선배 철학자 피타고라스의 어떤 행위에 관한 기록을 자신의 공책에 옮겨 적었다. 크세노파네스는 다음과 같이 기록한 것으로 전해진다.

길을 가다가 개 한 마리가 얻어맞는 것을 보자 그는 동정심에 사로잡혀 말했다. "채찍을 치우라. 그대가 괴롭히는 것은 내 친구의 혼이다. (그 개가) 짖는 소리에 나는 그 혼을 분명히 알아보았다."⁴

니체는 이 일화를 옮겨 적었다는 사실을 까마득히 잊고 있다가 20년 뒤 어느 날 아침 말이 채찍질 당하는 것을 보며 무의식중에 그 기억에 따라 행동한 것은 아닐까. 피타고라스는 니체의 영원 회귀를 연상시키는 영혼의 윤회설을 믿은 사람이었다. 니체가 스스로 개라고 생각했다는 기록은 없지만 자기 자신을 말의 위치에 놓은 적은 있다. 1882년 5월 니체는 루 살로메, 파울 레와 함께 스위스 루체른의 사진관에서 모형 마차를 세워놓고 사진을 찍었다. 그때 니체는 그 자신과 파울 레를 두 마리 말처럼 마차 앞에 서게 했고, 마차에 앉은 루 살로메에게는 채찍을 쥐어주었다. 자신이 설정한 그 기묘한 장면에서 니체는 루 살로메라는 마부가 끄는 마차의 말이 되었다. 그런데 나중에 루가 니체를 배신하고 떠남으로써 니체는 자신의 마부에게 끔찍하게 채찍질을 당한 꼴이 되고 말았다. 니체가 입은 심리적 내상은 깊었다. 그때 새겨진 트라우마가 이날 카를로 알베르토 광장에서 느닷없이 불거져 나온 것이라고 추측해보는 것도 불가능한 일은 아니다.

어쩌면 더 원초적인 기억이 이 사건의 바닥에 깔려 있을 수도 있다. 채찍질은 니체가 수없이 동일시했던 예수 그리스도와도 연관된다. 이스라엘 사람들에게 잡혀 로마 총독에게 넘겨진 예수는 로마 병사들에게 채찍질을 당한 뒤 십자가에 못 박힌다. 나중에 니체는 광장에서 의식을 잃고 다시 깨어난 뒤 '십자가에 못 박힌 자'라고 서명한 편지들을 사람들에게 보낸다. 그렇다면 이날 카를로 알베르토 광장에서 정신의 착란 상태에 빠진 니체는 매 맞는 개에게 동정심을 느꼈던 피타고라스처럼 채찍질 당하는 말한테 견딜 수 없는 동정심을 느꼈고, 그 말과 자신을 동일시했으며, 나아가 그 말의 고통 속에서 예수 그리스도의 수난을 보았던 것이라고 추정해볼 수도 있을 것이다. 니체는 그토록 오랫동안 극복하기 위해 싸웠던 자기 안의 동정심을 끝내 이겨내지 못하고 마지막 순간 거기에 휩쓸려버렸던 것이다.

광기의 전압이 올라가다

니체는 광장에서 쓰러짐과 동시에 의식을 통제하는 힘을 잃어버렸다. 그러나 그 파국은 난데없는 것이었다기보다는 오랫동안 준비되고 축적된 광기가 최후에 임계점을 넘어 폭발한 것이었다고 보아야 할 것이다. 카를로 알베르토 광장의 그 사건이 일어나기 1년 전부터 니체 내부 광기의 전압은 눈에 띄게 높아졌다. 자기에 대한 과대평가와 과대망상은 《차라투스트라는 이렇게 말했다》 집필 시기에도 간간이 나타났지만, 그래도 그때는 모든 것이 자기 통제력의 손아귀 안에 있었다. 1888년에 들어와 그 손아귀가 느슨해지는 게 분명해졌다. 그해 2월 12일에 자이틀리츠에게 쓴 편지에서 니체가 자신을 "지난 천년과 앞으로 올 천년 사이에 존재하는 결정적이고 운명적인 사건"이라고 자평한 것은 광기의 진행에 속도가 붙기 시작했음을 보여주는 작은 표지 가운데 일부다. 9월 14일에 파울 도이센에게 보낸 편지에서는 자신의 책이 "인류의 역사를 둘로 나눌 것"이라고 공언한다.

그리고 실스마리아에서 토리노의 하숙집으로 돌아온 뒤로 광증의 수은주는 분명히 한 번 더 올라간다. 그해 여름 이후로 니체는 최후의 저작들을 쓰고 그 사이사이 전례 없이 많은 편지들을 쓴다. 말들이 내 압을 견디지 못하고 터져 나온다. 니체의 언어는 벌겋게 흥분한 모습으로 종이 위를 내달린다. 《안티크리스트》를 완성한 뒤 10월에 니체는 오버베크에게 편지해 '인류의 역사를 둘로 쪼갤까 봐 두려운 마음'을 털어놓는다.

> 지금은 나의 위대한 수확의 시기네. 나는 이제껏 누구도 가져보지 못한 큰 문제들을 안고 있지만, 그래도 내게는 모든 것이 아주 쉽고, 시도하는 것들마다 모두 성공하네. …… 나이 든 포병이 된 지금, 이번에는 내가 가진 무거운 포들을 꺼내고 있네. 이것으로 인류의 역사를 쏘아 둘로 쪼개버리지나 않을까 두렵네.　　　　　1888년 10월 18일

《이 사람을 보라》를 완성한 뒤 출판업자 콘스탄틴 게오르크 나우만에게 보낸 편지에서는 자신의 책의 성공이 가져올 결과를 다음과 같이 묘사한다. "차라투스트라 한 권만으로도 백만장자가 될 수 있습니다. 이 책은 유사 이래 가장 획기적인 책입니다."1888년 11월 25일 니체의 흥분은 주위 사람들이 그에게 특별한 호의와 친절을 보인다는 진술로도 나타난다. 광적인 희열 혹은 행복감의 폭발이라고 해야 할 심리 상태에서 니체는 그가 토리노에서 마주치는 사람들이 보여주는 예외적인 태도를 페터 가스트에게 보내는 편지에 정성스럽게 묘사한다. "나는 바로 거울을 들여다보았네. 내가 그렇게 좋아 보인 적은 없었다네. 그 누구보다도 혈색이 좋고 영양 상태가 좋으며 실제 나이보다 열 살이나 젊어 보였다네. …… 나는 훌륭한 재단사의 옷을 즐겨 입으며, 모든 곳에서 신분 높은 외국인으로 환대받는 것에 가치를 두고 있네. …… 나는 음식점에서 의심할 여지 없이 이 세상에서 가장 훌륭한 요리를 대접받네. 사실은 나는 오늘까지 맛있게 먹는다는 것이 무엇을 말하는지 알지 못하고 있었던 것이네. …… 여기에서는 하루하루가 한결같이 끝없는 완전함과 풍요로운 태양 속에서 밝아오네. …… 최고급 찻집의 한 잔의 커피, 내가 아직 한 번도 맛본 적이 없는 최상의 품질……."1888년 10월 30일 11월에 오버베크에게 보낸 다른 편지에서도 그는 행복감을 주체할 수 없다는 듯 의기양양하게 털어놓는다. "이곳 토리노 사람들은 나를 극히 신분이 높은 사람으로 대해준다네. 내가 들어설 때 문 열어주는 방식이 따로 있는데, 다른 어느 곳에서도 본 적이 없는 방식이라네."1888년 11월 13일

니체는 자신이 신분 높은 사람으로 대접받는다고 느낀다. 망상 속에서 그가 집착하는 것이 바로 이 '높은 신분'과 그 신분에 어울리는 '정중한 대우'임을 편지들은 속속들이 보여준다. 12월 말에도 니체는

비슷한 내용의 편지를 메타 폰 잘리스에게 쓴다. "이곳 토리노의 가장 특이한 점은 내가 이곳의 모든 계층의 사람들에게 발휘하는 완벽한 매력입니다. 토리노에서 나는 눈빛만으로도 마치 귀족과도 같은 대우를 받습니다. 사람들은 문을 열어주고 음식을 차려내는 행동을 극도로 정중한 태도로 합니다. 내가 큰 상점에 들어가면 모든 사람들의 표정이 금세 바뀝니다." 1888년 12월 29일 높은 신분에 대한 니체의 집착은 광기의 밀도가 높아질수록 커진다.

다른 편지들, 특히 12월에 들어서 쓴 편지들에서 니체의 조광증적 흥분 상태는 위험한 수위를 넘실거린다. 그는 12월 초에 독일 황제 빌헬름 2세 Wilhelm II, 1859~1941에게 보내는 편지 초안을 쓴다. "독일 황제인 폐하께 표할 수 있는 최고의 경의를 표합니다. 이 경의는 제가 갖고 있는 독일적인 모든 것에 대한 반감을 극복하게 만들 정도의 것입니다. 폐하께 제 작품의 첫 견본을 증정하는 바입니다. 이 작품은 모든 가치의 전도를 선포하는 책입니다." 니체는 이날 독일제국 총리 오토 폰 비스마르크에게 보내는 편지 초안도 썼다. 황제나 총리 같은 정치적 거물들을 상대로 하여 환상 속에서 말을 거는 일은 시간이 갈수록 점점 더 빈번해지고, 또 발언의 강도도 커진다.

이어 니체는 페터 가스트에게 편지를 써 《차라투스트라는 이렇게 말했다》 제4부를 거둬들이고 싶다는 소망을 밝힌다. "심각한 문제가 생겼네. 친구여, 나는 《차라투스트라는 이렇게 말했다》 제4부를 모두 회수하고 싶네. …… 그 책은 20~30년에 걸친 세계사적 위기가 끝난 뒤에 출간하는 것이 가장 적절할 것이네." 1888년 12월 9일 니체는 거대한 전쟁이 연달아 일어날 것으로 예견하고 있었던 것일까. 실제로 이 글을 쓰던 때로부터 25년 후인 1914년에 제1차 세계대전이 터졌다. 또 제1차 세계대전이 끝나고 21년이 지난 뒤 다시 제2차 세계대전이 일어났다. 제1차 세계대전이 일어나기 전에 벌써 유럽은 니체의 언어로 뒤덮였다.

제1차 세계대전 중 독일은 《차라투스트라는 이렇게 말했다》를 15만 부나 인쇄해 전선으로 향하는 병사들에게 나누어주었다. 니체의 《차라투스트라는 이렇게 말했다》는 전장으로 향하던 '전사들'의 호전적 열정과 공격적 의지를 부추겼다. 2차 세계대전을 일으킨 아돌프 히틀러는 전쟁이 막바지로 치닫던 1943년 7월 이탈리아 파시즘 지도자 베니토 무솔리니Benito Amilcare Andrea Mussolini, 1883~1945를 위기에서 구출한 뒤 '권력의지'의 철학을 곱씹어보기를 기대하며 니체 전집을 선물로 주었다.[5] 히틀러는 제1차 세계대전의 포연 속에서 자란 전쟁의 자식이었고 20세기 벽두에 번져나간 니체 언어의 자식이었다.* 니체는 자신의 철학과 언어가 20세기의 참혹한 전쟁들과 그토록 끈끈하게 뒤엉키리라는 것을 정말로 알고 있었던 것일까. 니체의 전쟁 예견은 단순한 환상이거나 자기 안에서 급속히 커가던 망상증의 발로였을지도 모른다.

페터 가스트에게 편지를 쓰고 난 뒤 니체는 음악 비평가 카를 푹스에게 보낸 편지에서 다시금 자신의 능력에 대한 과대평가를 내보인다. "저는 지난 9월 초부터 오늘까지 한 번도 겪어본 적이 없는 나날을 보냈습니다. 지금껏 누구도 해내지 못했던 과업들이 마치 장난을 치는 것만큼이나 쉬우며 악천후와 같던 내 건강은 날마다 억누를 수 없는 활기와 기쁨으로 넘치고 있습니다." 1888년 12월 11일 이 편지에서 니체는 자신을 신의 지위를 대체하는 사람으로 여기는 망상적 증상을 드러낸다. "세계는 다음 몇 해 안에 뒤바뀔 것입니다. 늙은 신이 퇴위

---

* 니체와 나치즘의 관계에 대한 보충적 논의는 이 장 끝의 '보충 6- 니체와 나치즘 또는 부드러운 니체와 거친 니체'를 보라.

하였으므로 내가 세계를 다스릴 것이기 때문입니다." 1888년 12월 11일

오랜 친구들과 절교하다

니체는 1888년 가을 이후 경조증 상태에서 조광증에 가까운 상태로 이행했다. 짧은 우울증의 시기를 견디고 나면 무한한 자신감으로 폭발할 것 같은 열광적인 조증 상태가 이어졌다. 그 주기는 점점 짧아졌다. 이 시기에 니체의 광증은 오랜 친구들과 절교하는 것으로도 나타났다. 니체는 이미 1년 전에 친구 로데와 절교한 바 있었다. 자신이 좋아하던 프랑스의 비평가 이폴리트 텐에 대해 로데가 불손한 말을 하자 니체는 1887년 5월 23일 편지를 보내 절교를 선언했다. 니체는 친구들이 자신의 존재와 철학에 마땅히 보여야 할 존경심을 보이지 않는다고 생각했다. 그들은 평범함의 가면 뒤에 숨은 신성한 존재를 알아봤어야 했다. 1888년 가을 니체는 지휘자 한스 폰 뷜로와 관계를 끊었다. 이유는 편지에 답장을 보내지 않았다는 것이었다. "존경하는 선생님, 당신은 나의 편지에 답을 하지 않았습니다. 약속드리는 바이지만 나는 당신을 다시는 성가시게 하지 않을 것입니다. 당신은 이 시대의 최고의 정신이 당신에게 희망을 피력했다는 것을 이해할 것입니다. 프리드리히 니체." 1888년 10월 9일 이어 말비다 폰 마이젠부크 차례였다. 1872년 바이로이트 축제 극장 기공식에서 만난 뒤 어려울 때마다 니체의 편이 되어주었던 그 노부인이 니체의 《바그너의 경우》를 넌지시 비판하자 니체는 즉각 반박하는 편지를 보냈다. "이 문제들에 대해 나한테 대항하는 것을 수용할 수 없습니다. 데카당스 문제라면 내가 바로 지상에 현존하는 최고심 법정입니다." 1888년 10월 18일 이어 이틀 뒤

다시 편지를 보내 절교를 선언했다. "점차로 나는 나의 거의 모든 인간관계를 정리했습니다. 사람들이 나를 진정한 나로 대하지 않는 것을 참을 수 없었기 때문입니다. 이제 당신 차례입니다."1888년 10월 20일 말비다는 스스로 '이상주의자'라고 불렀는데, 니체는 이 편지에서 말비다가 이상주의자이기 때문에 초인이라는 존재를 전혀 이해하지 못하며, 특히 잔인함이 무엇인지 모른다고 단언한다. "나에게 거슬리지 않는 인물 유형은 예전의 이상적인 우상과는 정반대의 유형인데, 그것은 예수 유형보다는 체사레 보르자 유형과 100배나 더 비슷합니다."1888년 10월 20일 여기서 니체는 초인이 잔인성을 본질적 속성으로 한 정치적 지배자에 가까움을 드러낸다. 니체의 정신 안에 세상에 대한 동정심 때문에 십자가에 못 박혀 죽은 예수와 무자비하고 잔인한 권력 의지의 화신인 보르자가 함께 뒤엉켜 있음을 이 시기의 편지와 행적을 통해 충분히 짐작할 수 있다.

이어 니체는 여동생과도 가족이라는 끈으로 묶이는 것이 싫어 의절의 편지를 쓴다. 11월에 쓴 이 편지는 초안만 남아 있는데 실제로 보냈는지는 알 수 없다. "수천 년 동안 지속된 문제를 해결할 사람과 가장 가까운 친척이라는 운명이 무엇을 뜻하는지에 대해 너는 아무런 의식도 없구나."1888년 11월 중순 광기의 심연에 발을 반쯤 담그고 난 상태에서야 니체는 자신과 가냘픈 끈으로 연결돼 있던 인간관계를 끊을 수 있었다. 그 가느다란 끈을 끊어내는 데도 그에게는 광기의 힘이 필요했다.

《이 사람을 보라》 안의 광기

니체의 광증은 이 시기에 쓴 저작 안으로도 침투했다. 여름날 태양처럼 작열하는 문체로 쓰인 《이 사람을 보라》는 다른 차원에서 보면 광기의 자력이 사유에 주름을 만드는 책이기도 하다. 이 자서전 곳곳에서 광증은 그림자처럼 출몰하여 합리적 정신을 위협한다. 가장 명확한 사례는 율리우스 카이사르, 아니면 알렉산드로스나 디오니소스가 자신의 아버지일 수도 있으리라는 이야기를 하다가 문득 다음과 같이 말하는 대목이다.

> 이것을 쓰고 있는 이 순간 우편배달부가 내게 디오니소스의 머리를 배달한다.
> 《이 사람을 보라》, '나는 왜 이렇게 현명한가', 3절

니체가 이 대목을 쓰고 있을 때 진짜로 우편배달부가 편지나 소포를 배달하러 왔을지도 모른다. 그러나 나름의 엄격한 형식을 지닌 자서전에서 느닷없이 글 쓰는 현재의 상황을 끼워 넣고 더구나 우편배달부가 '디오니소스의 머리'를 배달한다고 말하는 것을 정상이라고 하기는 어렵다. 니체는 가까스로 현실 감각을 유지하고 있다가 순간적으로 그 감각을 잃어버린 것처럼 보인다. 이 문장은 광기가 합리성을 침범하는 그 극적인 전환점을 보여주는 것이다. 동시에 이 문장은 매우 시적인 문장이기도 해서 사태를 차분하게 설명하는 산문이 아니라 주관적 느낌을 표출하는 한 편의 시 안에 배치되었다면 울림이 큰 구절로 읽혔을 법도 하다. 광기와 시적 영감은 어느 지점에서는 구분하기가 어렵다는 것을 니체의 이 난데없는 문장은 증언한다.

진지한 지식인 독자들에게 외면당한 니체는 철학 세계를 알지 못하

는 평범한 사람들의 환대에서 자신의 특별한 가치를 발견하기도 한다. 이미 편지에서 여러 번 쓰게 되는 이 발견을 니체는 자서전에 정성스럽게 써놓는다. "그리고 고백하거니와 내 이름을 들어보지도, 철학이라는 말도 들어보지 못한 나의 비독자들이 나를 더욱 기쁘게 한다. 하지만 내가 어디를 가든, 예를 들어 이곳 토리노에서처럼 내 눈길이 닿으면 모든 얼굴이 명랑해지고 즐거워한다. 지금껏 나를 가장 기분 좋게 했던 일은 늙은 노점상 여인네들이 자신들이 가진 것 중에서 가장 달콤한 포도를 내게 전부 찾아주지 못해서 안절부절못했던 일이다. 이 정도가 되려면 철학자가 아니면 안 된다."《이 사람을 보라》, '나는 왜 이렇게 좋은 책을 쓰는가', 2절 그리고 다시 니체의 도를 넘는 자화자찬이 이어지는데, 거기서 조광증의 한 징후를 찾아내기는 어렵지 않다.

> 나는 탁월한 반당나귀다. 그래서 나는 세계사적 괴물이다. 그리스 말로는, 아니 비단 그리스 말로만이 아니다. 나는 안티크리스트다.
> 《이 사람을 보라》, '나는 왜 이렇게 좋을 책을 쓰는가', 2절

이어지는 절에서 니체의 과도한 자기 찬양은 이제 거의 하나의 양식, 일종의 니체 스타일을 구성한다.

> 내 작품에 익숙해지면 사람들은 도대체 다른 책들을 더는 견뎌낼 수 없게 된다. 철학책들이 가장 심하다. 고상하고도 미묘한 내 세계로 진입하는 것은 비할 바 없는 영예이고 그러려면 결코 독일인이어서는 안 된다. …… 나는 어떤 새도 이르러보지 못한 높은 데서 왔고, 어떤 발도 길을 잃어보지 못한 심연을 알고 있기 때문이다. 사람들은 내게 내 책 중 어느 하나를 잡으면 손에서 놓을 수가 없다고, 내가 밤의 휴식마저

설치지 한다고 말했다. 내 책보다 더 긍지에 차 있으면서 동시에 더 세련된 종류의 책은 전혀 존재하지 않는다. …… 내 책들은 가장 부드러운 손가락에 의해, 그리고 가장 용감한 주먹에 의해 정복되어야 한다. 영혼의 온갖 허약함은 관여하지 못하며, 온갖 소화 불량증마저도 영원히 배제된다. …… 마찬가지로 모든 페미니즘도 남자들이 주장하는 페미니즘을 포함해, 내게로 통하는 문을 닫아버린다. 그것은 대담무쌍한 인식의 미궁 속으로 들어가는 것을 허락하지 않는다.

《이 사람을 보라》, '나는 왜 이렇게 현명한가', 3절

니체는 균형 감각의 위태로운 흔들림, 합리성을 위협하는 의식의 과속 질주 속에서도 자신의 사유를 '대담무쌍한 인식의 미궁'이라고 묘사한다. 그 미궁에 들어가 담대한 모험을 하는 것은 일종의 특권일 것이다.

그러나 이런 모든 과도한 표현에도 불구하고 니체가 이 자서전을 광기 속에서 정신없이 휘갈겨 썼다고 생각하면 안 된다. 니체의 정신은 위태로웠지만 여전히 그는 사유의 사태를 통제할 수 있는 힘을 지니고 있었다. 니체가 다음과 같이 쓸 때, 자신의 작품이 어떻게 읽힐지 알고 있었다고 추측해볼 수 있다.

내 모든 친구들의 면전에서 나는 말한다. 그들은 내 작품 중 어느 것도 공부해볼 만한 가치가 있다고는 여기지 않는다. 그들이 그 책들에 무엇이 들어 있는지조차 알지 못한다는 것을 나는 아주 미소한 징후로 알아낸다. 내《차라투스트라》에 대해서조차 그러하다. 내 친구들 중에 도대체 누가 이 책에서, 허용될 수 없고 다행히도 전혀 중요하지 않은 오만 이상의 것을 보았단 말인가?

《이 사람을 보라》, '바그너의 경우', 4절

니체는 자신의 책에 오만이, 그것도 허용될 수 없을 정도의 오만이 들어 있다는 것을 잘 알고 있다. 니체는 그 오만이 본질과는 아무런 상관이 없는, '전혀 중요하지 않은' 것이라고 언명한다. 니체에게 자기 책의 오만에 대한 명료한 자각 증상이 있음을 여기서 확실히 알 수 있다. 조광증을 향해 나아가고 있던 중에도 니체는 자신의 증상을 스스로 느끼고 있었으며, 그 자각 덕에 사유가 심하게 흔들리는 중에도 전복되지 않고 앞으로 나아갈 수 있었던 것이다.

스트린드베리와 니체의 광기 어린 편지들

그러나 그 균형은 얼마 가지 못했다. 니체의 자기의식의 배는 또 다른 광기 어린 인간과 조우함으로써 자기도 모르는 사이에 난파의 소용돌이로 미끄러져 들어간다. 스웨덴 극작가 아우구스트 스트린드베리Johan August Strindberg, 1849-1912가 그 광기의 파트너였다. 니체는 그해 가을부터 스트린드베리와 편지 왕래를 시작했다. 정신의 삶이 마지막에 이르러서야 자신과 지적으로 대등할 뿐만 아니라 정서적으로도 깊이 호응할 수 있는 인간을 알게 된 것이다. 스트린드베리는 최후에 찾아온 니체 숭배자이기도 했다. 덴마크에 머물고 있던 그는 1888년 11월 말에 니체에게 다음과 같은 찬사의 편지를 썼다. "존경하는 선생님, 의심할 바 없이 당신은 인류가 소유할 가장 심오한 책을 인류에게 선사했습니다. 그리고 그것이 중요한 것은, 당신은 그 숭고한 말들을 비천한 자들의 얼굴에 뱉어낼 용기를, 그리고 아마도 욕망을 지녔다는 것입니다. 당신에게 감사드립니다. …… 나는 친구들에게 쓰는 모든 편지 끝을 다음과 같이 맺습니다. "니체를 읽게! 그것이 나의 '카르타

니체의 광기의 파트너 아우구스트 스트린드베리

고는 멸망해야 한다'라네!'라고요."⁶

 카르타고와 로마가 지중해 패권을 놓고 다투던 시기에 로마의 정치가 마르쿠스 포르키우스 카토Marcus Porcius Cato Censorius, B.C.234~B.C.149는 원로원에서 연설할 때마다 "카르타고는 멸망해야 한다Carthago est Delenda."라는 말로 연설을 끝냈다. 스트린드베리는 카토의 그 일화를 끌어들여 자신이 얼마나 열심히 니체를 전파하고 있는지 알려주고 있는 것이다. 그는 아마도 덴마크의 브라네스를 통해 니체라는 존재를 알게 되었을 것이다. 스트린드베리가 이렇게 니체를 선전한 것은 이제 막 싹이 돋아나는 니체의 명성에 쉬지 않고 물을 주는 행위였을 것이다.

 같은 편지에서 스트린드베리는 자신이 얼마나 니체의 '귀족주의' 철학의 충직한 제자인지 거듭 진지하게 말한다. "어쨌든 당신이 알려지고 이해되는 순간, 당신의 위대함은 추락할 것입니다. 유순한 하층민들이 자신들 중 한 사람인 것처럼 당신을 이미 하대하기 시작하고 있습니다. 당신이 은둔 생활을 지속하고, 우리 1만 명의 우월한 자들이 당신의 신전을 비밀스런 순례로 방문하여, 거기에서 진심으로 지식의 즐거움을 길어올리도록 허락하는 것이 더 낫습니다. 우리가 비밀의 교의를 감시해서 그것을 완전하고 순수하게 보존하도록, 당신의 경건한 제자들의 손을 빌리지 않고는 그것이 조금도 새나가지 않도록 해주십시오. 그 경건한 제자들 중의 한 사람, 아우구스트 스트린드베리."[7] 니체가 이 편지를 받고 얼마나 기쁨을 느꼈을지 쉽게 짐작할 수 있다. 스트린드베리와 편지를 교환하게 된 니체는 자신을 경배하는 스트린드베리에게 비밀스런 속마음을 털어놓기도 하고 또 막 완성된 자서전의 프랑스어 번역을 제안하기도 한다.

당신의 편지가 어제 제게 도착했을 때(제 인생에서 제게 도착한 첫 편지였습니다), 저는 《이 사람을 보라》 원고의 마지막 교정을 방금 끝낸 후였습니다. 제 인생에는 어떤 우연도 더는 존재하지 않으므로, 이것도 물론 우연이 아닙니다. 왜 하필 당신은 그 순간에 도착하도록 편지를 쓴 것일까요! 사실 《이 사람을 보라》는 독일어, 프랑스어, 영어로 동시에 출판돼야 합니다. 어제 저는 원고를 인쇄소로 보냈습니다. 교정쇄가 나오는 대로 번역자들의 손에 넘겨져야 할 것입니다. 이 번역자들은 누구일까요? 당신에게 솔직하게 말하자면, 《아버지》의 멋진 프랑스어가 당신의 작품이었다는 것을 저는 몰랐습니다. …… 당신이 몸소 프랑스어로 번역해주신다면, 의미가 가득한 우연의 이 기적에 저는 너무나 행복할 것입니다. 왜냐하면 우리들 사이의 얘기지만, 《이 사람을 보라》의 번역에는 최고의 시인이 필요하기 때문입니다. 표현에서, 감정의 세련에서, 그 책은 단순한 '번역자들' 저 너머로 1,000마일이나 떨어져 있는 책입니다. …… 그리고 거기에서는 미증유의 것들이 말해지고, 때로는 아주 순진하게 세계적 지도자의 말이 다루어지므로, 발행 부수로는 《나나》(에밀 졸라Émile Zola, 1840-1902의 소설)를 넘어설 것입니다. 다른 한편으로, 이 책은 파괴적일 정도로 반독일적입니다. 프랑스 문화 편들기는 시종일관 유지됩니다(나는 독일 철학자들 전부를 '무의식적 위조지폐범들'로 다뤘습니다). …… 독일인들의 난폭함(몰수)으로부터 저를 보호하기 위해, 저는 출판 전에 최초로 인쇄된 책 몇 권을 선전포고의 편지와 함께 비스마르크 공과 젊은 국왕에게 보낼 것입니다. …… 이것은 일급의 사안입니다. 왜냐하면 나는 인류의 역사를 둘로 쪼갤 만큼 강력하기 때문입니다.

1888년 12월 7일

이 편지에 니체의 모든 과대망상이 들어 있다. 스트린드베리는 이 편지를 받고 니체가 비용을 부담한다는 조건으로 번역을 원칙적으로 승낙했다. 그러나 이 역제안에 니체는 회답을 하지 않은 것 같다. 대신에 자신의 책 《도덕의 계보》를 보냈고, 스트린드베리도 답례로 《스위스 단편집》을 보냈다. 니체는 짤막하게 답했다.

친애하는 선생님, 당신의 단편에는 간단하게 답하겠습니다. 그 단편은 총성처럼 울렸습니다. 나는 로마에 제공諸公의 회의를 소집했습니다. 나는 거기에서 젊은 황제를 총살하고 싶습니다. 그럼 안녕히! 사실 우리는 다시 만날 겁니다. 유일한 조건. 이혼합시다……. 니체 카이사르.

1888년 12월 31일

망상 속의 '니체 카이사르'

이 답장은 니체 정신의 돌연한 비약 혹은 추락을 보여준다. 니체는 젊은 황제, 그러니까 독일의 빌헬름 2세를 총살하고 싶다고 말하고, 이혼하자고 말한다. 더 의미심장한 것은 이 편지의 서명을 '니체 카이사르'라고 한 것이다. 니체는 정신 붕괴의 거의 마지막 순간에 자신을 '카이사르', 즉 로마 제국의 건설자 율리우스 카이사르 혹은 로마의 황제와 동일시하고 있다. 니체는 황제가 되고 싶었던 것일까?

어쨌든 이 편지를 받고 당황한 것은 스트린드베리였다. 그 자신 광기의 세계를 적잖이 기웃거렸지만 이 느닷없는 답장에 어떻게 응답해야 할지 알 수 없었다. '카이사르'라니! 이건 익살인가 진심인가. 불안을 느낀 스트린드베리는 스스로 광기를 연기하면서 희랍어와 라틴어로 편지를 쓰고 마지막에 라틴어로 '지고하고 지선한 신(데우스 옵티무스 막시무스Deus optimus maximus)'라고 서명했다. "친애하는 박사님! 나는 원합니다, 광기에 빠지기를 원합니다! 극심한 혼란 없이는 당신의 편지를 읽을 수 없습니다. 그래서 정말로 당신께 감사드립니다. '리키니우스여, 너의 삶은 시들어버리는 것이 더 낫다. 폭풍우를 두려워하여 저 바다로 뛰쳐나가지도 못하고, 위험한 해변들을 품에 안지도 못한다면.' 그동안 우리의 광기를 즐깁시다! 건승하시길! 스트린드베리(지고하고 지선한 신)."[8] 미치기를 원한다고 외치는 이 편지가 내면에서 광기를 갈구하던 니체에게 직접적인 영향을 주었을 가능성이 있다. 스트린드베리의 편지에 니체는 다시 곧바로 극도로 짧은 답장을 보냈다. 날짜가 없는, 1월 초에 보낸 이 편지는 어떤 일관성과 광증을 동시에 보여준다. "스트린드베리 씨! 에? …… '이혼합시다'는 더는 아닙니까?"

그러니까, 니체는 앞 편지에서 말했던 '유일한 조건'으로서 '이혼합시다'를 이 광기의 상태에서 다시 상기시키고 있는 것이다. 그 연속성은 그러나 이미 파편 같은 것이다. 정신의 파산 상태를 보여주는 이 편지에서 니체는 자신을 '십자가에 못 박힌 자 Der Gekreuzigte'라고 서명했다. 마침내 니체는 자신을 예수 그리스도와 일치시키는 상태에 도달한 것이다. 그토록 오랫동안 벗어나려고 안간힘 쓰면서 싸웠던 예수 그리스도의 세계 속으로 다시 들어가 버린 것일까.

니체가 스트린드베리에게 마지막 편지를 보내기 열흘쯤 전부터, 다시 말해 1888년 12월 25일 이후부터 니체의 정신이 전체적으로 급격한 변환을 겪는다는 것을 이 시기에 보낸 편지들이 모두 확인해준다. 크리스마스에 오버베크에게 보낸 편지에서 니체는 분명하게 그런 정신의 변혼, 즉 조광증의 침범을 확실하게 보여준다. "나는 프리치와의 사업을 빨리 처리해야 하네. 왜냐하면 두 달 뒤에는 나는 지구 상에서 가장 유명한 사람이 되어 있을 테니까."1888년 12월 25일 다시 사흘 뒤에 니체는 명백한 조광증 증상으로 깊이 물든 편지를 오버베크에게 보낸다. "나는 지금 반독일 동맹을 결성하기 위하여 유럽의 여러 왕실에 제안서를 쓰고 있네. 나는 독일 제국에 쇠로 된 속옷을 입혀서 절망적인 싸움을 벌이도록 만들고 싶네. 젊은 황제와 그 추종자들을 모두 내 손 안에 넣을 때까지 나는 쉬지 않을 것이네."1888년 12월 28일 이어 12월 마지막 날 페터 가스트에게 보낸 편지에서 니체는 이제 로마를 제압한 율리으스 카이사르의 이미지 속으로 걸어들어가는 자신을 보여준다. 니체는 루비콘 강을 건너고 있다.

아, 친구여! 이 얼마나 절묘한 우연의 일치인가. 그대가 보낸 엽서가 도착했을 때 내가 무엇을 하고 있었는지 아는가? 그것은 저 유명한 루비콘이었네. 조만간 내 주소가 퀴리날레 궁전이 될 거라고 생각하게나.

1888년 12월 31일

    루비콘은 니체의 환상 속에서 로마로 진군하는 카이사르가 건넌 강이자, 현실에서는 니체의 정신이 광기의 저편으로 건너가는 다리였다. 조광증의 마지막 단계에서 니체는 자신이 루비콘을 건너면 퀴리날레 궁전의 주인이 될 거라고 믿는다. 퀴리날레 궁전은 이탈리아 로마 언덕에 있는 왕궁이므로, 니체가 이탈리아의 왕, 그리고 더 나아가 로마 제국의 지배자가 된다는 이야기다. 스트린드베리에게 보낸 마지막 편지에 '니체 카이사르'라고 서명한 것과 내적인 일관성을 보여주는 편지인 셈이다.

    이 마지막 시기에 니체는 인도의 시바 신처럼 춤을 춘다. 하숙집 여주인이 '교수님'이 방에서 노래 부르는 소리가 들리자 열쇠구멍으로 방안으로 들여다본다. 그러고는 교수님이 '발가벗고 춤추는 것'을 본다.[9] 이 상황은 무엇을 뜻하는가? 니체는 자신의 저서에서 틈만 나면 춤추는 삶, 경쾌한 정신을 찬양했다. 차라투스트라는 무거움에 짓눌리는 자가 아니라 가볍게 춤추는 자이다. "어떻게 가장 무거운 운명을, 숙명적인 과제를 짊어지고 있는 정신인 그가, 그럼에도 불구하고 가장 가볍고도 가장 피안적일 수 있는가 …… 차라투스트라는 춤추는 자다." 《이 사람을 보라》, '차라투스트라는 이렇게 말했다', 6절 그러나 니체는 실제의 삶에서 한 번도 마음 놓고 춤추고 노래한 적이 없었다. 그는 너무 진지했고 심각했다. 그는 삶을 유희로서 받아들이고 살아가기에는 지나치게 정신이 무거운 사람이었다. 춤추는 발걸음을 이야기하지만 오직 광기 속에서만 춤출 수 있었고, 기쁨과 웃음을 이야기하지만 그의 삶에는 슬픔과 눈물이 너무나 많았다.

그리고 며칠 뒤 니체는 카를로 알베르토 광장에 쓰러진다. 이 시기에 정신이 차례로 붕괴되어 가는 극한 상황에서 쓴 글들을 어떻게 보아야 할까. 이 시기의 편지들은 니체의 정신이 현실 원칙과 자기 의식으로 억눌렀던 내적인 세계가 드러난 것이자 그 세계에 대한 무의식적 증언임이 분명하다. 니체의 내면에서 꿈틀거렸던 소망과 욕망, 니체가 사유의 혈관을 대고 있었던 심연, 마음의 저 밑바닥에 잠복해 있던 어두운 힘을 이 시기의 편지들은 보여준다. 무의식적 욕망의 심층에서 니체는 카이사르였고, 황제였고, 세계의 지배자였던 것이다. 그리고 이어 니체는 자신을 예수 그리스도이자 디오니소스로 드러낸다.

아리아드네=코지마 바그너

하숙집 방으로 옮겨진 뒤 다시 깨어난 니체는 완전히 다른 사람이 되어 있었다. 처음에는 노래를 부르고 고함을 지르고 피아노를 마구 쳐댔다. 경찰을 부르겠다고 주인이 협박을 하자 그제야 조용해졌다. 그러고는 유럽 여러 나라 궁전과 지인들에게 십자가에 못 박힌 자 또는 디오니소스라고 서명한 편지를 쓰기 시작한다. 그는 이탈리아 왕 움베르토 1세Umberto I, 1844~1900를 "나의 사랑하는 아들 움베르토"라고 부르는 편지1889년 1월 4일를 썼고, 같은 날 로마 바티칸의 국무장관 마리아니 추기경에게도 편지를 보냈다. 페터 가스트에게 보낸 편지에서는 "세상이 환해졌고 만물이 즐거워하고 있네. 십자가에 못 박힌 자."1889년 1월 4일라고 썼다. 브라네스, 말비다, 빌로, 슈퍼텔러, 로데, 그리고 그 밖의 많은 지인들에게 편지를 보냈다. 메타 폰 잘리스에게 보낸 편지에서 니체는 자신을 신이라고 선언했다.

> 세계는 변했다. 신이 지상에 있기 때문이다. 모든 하늘이 환희에 넘치는 것이 보이지 않느냐? 나는 방금 내 왕국의 영지를 차지하고, 교황을 하옥시키고, 빌헬름, 비스마르크, 그리고 슈토커를 총살에 처하였다. 십자가에 못 박힌 자. 1889년 1월 3일

'디오니소스' 니체는 이 극한의 상황에서 코지마 바그너에게 1월 3일 세 통의 편지를 잇달아 썼다. 그 중 두 번째 편지 내용은 다음과 같다.

> "내가 인간이라는 것은 편견입니다. 그렇지만 나는 자주 인간들 사이에서 살았고, 인간이 체험할 수 있는 모든 것을 알고 있습니다. 가장 천박한 것에서 가장 높은 것에 이르기까지. 나는 인도인들 사이에서는 붓다Buddha, B.C.563~B.C.483였고, 그리스에서는 디오니소스였습니다. 알렉사드로스와 카이사르는 나의 재생입니다. 셰익스피어와 베이컨Francis Bocon, 1561~1626 경 같은 시인들도 마찬가지입니다. 끝으로 나는 볼테르와 나폴레옹이고, 어쩌면 리하르트 바그너이기도 합니다. 그러나 이번에 나는 지구를 축제의 날로 만들게 될 승리의 디오니소스로 올 것입니다. 내가 시간이 많아서 그런 것은 아닙니다. 하늘은 내가 존재하는 것을 기뻐합니다. 나는 또한 십자가에 매달렸습니다." 1889년 1월 3일

니체는 자신 안에 서양 역사의 위대한 인물들이 모두 들어 있으며, 자신이 그 사람들의 후예이자 재생이라는 것을 광기의 정신 상태에서 고백하고 있는 셈이다. 더 중요한 것은 이 편지를 쓰면서 니체가 코지마를 향해 "나의 사랑하는 공주 아리아드네에게"라고 썼다는 사실이다. 이 문장이야말로 니체가 오랫동안 감추어두었던 속마음을 표출한다. 니체의 아리아드네는 코지마였던 것이다. 이 편지가 알려지기 전

까지 아리아드네가 누구를 암시하는지 아는 사람은 아무도 없었다. 니체는 《이 사람을 보라》에서 《차라투스트라는 이렇게 말했다》의 '밤의 노래'를 회상하면서 다음과 같이 말한다. "그렇게 어떤 신이, 디오니소스가 괴로워한다. …… 아리아드네가 무엇인지 나 말고 누가 알겠는가!"《이 사람을 보라》, '차라투스트라는 이렇게 말했다', 8절

니체는 쓰러지기 직전에 자신의 시집 《디오니소스 송가》의 교정을 완료했다. 1884년부터 쓴 시들을 묶은 이 시집에는 '아리아드네의 탄식'이라는 시가 있다. 거기서 아리아드네는 이렇게 노래한다. "오, 돌아오라. / 내 미지의 신이여! 내 고통이여! / 내 최후의 행복이여!"《디오니소스 송가》, '아리아드네의 탄식' 디오니소스를 애타게 부르는 아리아드네. 이 아리아드네의 탄식은 니체의 마음을 정반대로 뒤집어놓은 것, 즉 니체의 탄식이다. 아리아드네가 디오니소스를 부르는 것이 아니라, 디오니소스가 아리아드네를 부르는 것이다. 그 아리아드네가 코지마 바그너를 가리켰다는 것을 정신 붕괴 직후에 쓴 이 편지가 보여준 것이다. 니체는 부르크하르트에게 보낸 편지에서도 "나머지는 코지마 부인에게…… 아리아드네에게……"1889년 1월 5일라고 씀으로써 코지마가 곧 아리아드네임을 암시한다. 그러니까 니체의 영원한 연인은 코지마 바그너였던 것이다.

그렇다면 왜 니체는 코지마를 아리아드네라고 불렀을까? 니체가 자주 찾아갔던 스위스 트립셴의 바그너 부부 집에서 바그너의 친구들은 코지마를 자주 아리아드네라고 불렀다. 코지마는 바그너와 만나기 전에 지휘자 한스 폰 뷜로의 아내였는데, 바그너와 사랑에 빠져 결국 뷜로를 버리고 바그너의 아내가 되었던 것이다. 이 때문에 친구들이 뷜로를 테세우스로, 바그너는 디오니소스로, 그리고 코지마는 테세우스를 떠나 디오니소스와 결합한 아리아드네로 지칭했던 것이다.[10] 여

기서 니체는 어떤 사랑의 도식을 무의식에 새겼고, 그 사랑의 삼각관계를 바그너 – 코지마 – 니체로 옮겼던 것이리라. 그리하여 코지마 – 아리아드네가 바그너 – 테세우스를 버리고 니체 – 디오니소스와 결합하기를 열망했던 것이리라.

니체는 바그너와 절교한 뒤 말비다 폰 마이젠부크에게 쓴 편지에서 그런 심중을 털어놓은 바 있다. "바그너 부인(코지마)과 얼마나 이야기를 하고 싶은지……. 내가 더는 누릴 수 없게 된 기쁨 중에 하나가 그녀와의 대화였습니다!" 1877년 7월 1일 오랫동안 마음속에 품고 그리워하던 코지마는 정신 붕괴 후의 니체에게 마침내 디오니소스의 아내로 나타난다. 예나의 오토 빈스방거Otto Ludwig Binswanger, 1852~1929 박사의 정신 병원에 수용되었을 때 니체는 다음과 같이 말한다. "나를 여기 데려온 것은 내 아내 코지마다."[11] 이제 사태가 좀 더 분명해진다. 니체가 자신을 디오니소스라고 칭했을 때, 그것은 재생과 부활의 신이 보여주는 영원한 생명력이라는 일반적인 의미뿐만 아니라 코지마 – 아리아드네의 남편이라는 구체적인 의미를 함께 포함하는 것이다.

난파한 의식의 표류

니체가 쓰러지고 난 뒤 부르크하르트가 니체에게서 '디오니소스'라고 서명된 첫 번째 편지를 받은 것은 1월 5일이었고, 6일에는 '니체'라고 서명한 장문의 편지, 코지마 – 아리아드네의 비밀을 암시하는 편지를 받았다. 이 편지는 니체가 생전에 마지막으로 쓴 편지일 것이다.

친애하는 교수님, 결국 나는 신보다는 바젤의 교수로 더 살고 싶었습니다만, 신의 일인 세계 창조를 소홀히 할 정도로 나의 개인적 이기주의를 그렇게 심하게 밀고 나갈 수는 없었습니다. 아시겠지만, 사람은 어디에서 어떻게 살든지 희생할 줄 알아야 합니다. 하지만 나는 나 자신에게 카리냐노 궁(거기서 나는 비토리오 에마누엘레 2세로 태어났습니다)의 맞은편에 있는 작은 학생 방을 허락했습니다. …… 당신의 니체.

1889년 1월 5일

니체는 이 편지에서 '추신'을 덧붙였다.

나는 학생용 외투를 입고 산책하며 여기저기에서 만나는 사람마다 어깨를 두드리며 말합니다. '우리는 행복합니까? 나는 신입니다. 이 캐리커처를 내가 만들었지요…….' 내일은 내 아들 움베르토와 매력적인 마르게리타가 올 겁니다. …… 나는 가야파Caiphas를 사슬에 묶었습니다. ㄴ 자신도 작년에 독일 의사들에 의해 완강한 힘으로 십자가에 묶였습니다. 빌헬름, 비스마르크, 그리고 모든 반유대주의자들은 제거되었습니다.

1889년 1월 5일

부르크하르트는 이 편지를 읽자마자 니체의 친구 오버베크를 찾아갔다. 항해 중 난파한 의식이 파편을 붙들고 표류하는 듯한 편지를 보여주며 니체를 도와주어야 할 것 같다고 말했다. 오버베크는 즉시 토리노로 편지를 써 니체에게 바젤로 돌아오라고 말했다. 이튿날 오버베크는 니체로부터 온 편지를 받았다. "나는 방금 모든 반유대주의자들을 사살해버렸다네. 디오니소스." 1889년 1월 4일 오버베크는 바젤의 정신과 의사를 찾아가 두 장의 편지를 보여주었다. 의사는 니체를 병원으로 옮겨야 한다고 충고했다.

오버베크는 그날 바로 토리노로 떠나, 8일 오후에 니체의 하숙집에 도착했다. 니체는 노래를 부르고 피아노를 치면서 소동을 부리다가 집주인이 경찰을 부르려 하자 막 조용해진 참이었다. 오버베크가 방문을 열고 들어섰을 때 니체는 소파 구석에 웅크리고 앉아 《니체 대 바그너》 교정쇄를 들여다보고 있었다. 오버베크는 그 순간의 니체에 대해 다음과 같이 썼다. "그는 나에게 달려와 격하게 나를 포옹하고는 그다음에는 경련하면서 긴 의자에 파묻혀버렸다. 피아노 앞에 앉아서 큰 소리로 노래를 부르고 미친 짓을 하며 우스꽝스럽게 춤추고 뛰놀다가 다시금 형용할 수 없는 음산한 어조로 죽은 신의 후계자로서 자신에 대하여 숭고하고도 놀라울 정도의 투시력으로써 감히 형용할 수 없는 소름끼치는 것을 말하였다."[12] "그 누구와도 비교할 수 없는 표현의 대가가 제정신이 아니었다. 저속한 표현을 쓰면서 기쁨을 표현하고, 괴이한 춤을 추고 괴이한 몸짓을 했다."[13]

광기에 점령당한 뒤 니체가 보여준 가장 놀라운 변화는 금욕주의의 증발이었다. 정신 퇴행을 일으킨 지 몇 시간이 지나지 않아 니체는 먹을 것과 여자들을 구해달라며 계속 울부짖었다. 성욕에 대해 그토록 부자연스러워하고, 음식을 철저히 가려서 먹던 니체에게 무슨 일이 일어난 것일까. 병원의 의사들은 니체에게서 아무 때나 울부짖고 끝없이 먹어대고 계속 여자를 구해달라고 소리 지르는 조광증의 특징이 관찰된다고 적었다.[14] 광기가 니체의 품위, 격조, 신중함을 모조리 앗아가버린 것이다.

니체는 광기를 연기한 것이 아니었을까

이튿날 오버베크는 간병인의 도움으로 니체를 기차역까지 데려갔다. 기차에 오르지 않으려는 니체를 가까스로 설득해 예나로 향했다. 니체는 10일에 바젤에 도착해 정신 병원으로 옮겨졌다. 의사는 다음과 같이 기록했다. "병에 대한 의식이 없고, 이상할 정도로 유쾌하고 의기양양함. 일주일 동안 컨디션이 나쁘고 때때로 심한 두통을 느꼈다고 진술함. 여러 차례 발작이 있었는데, 이때마다 환자는 매우 유쾌하고 의기양양함을 느꼈으며 노상에서 아무나 포옹하고 키스하며 담벽을 기어오르는 것을 가장 즐겼다고 진술함."[15] 의사는 니체의 증상을 '진행성 마비'라고 진단했다.

14일에 니체의 어머니 프란치스카가 나움부르크에서 바젤로 왔다. 니체는 어머니를 알아보았고 가족 문제에 대해 정상적인 대화를 나누었다. 그러다가 갑자기 "내게서 토리노의 군주를 보라"고 고함을 질렀다.[16] 프란치스카는 니체를 나움부르크의 집으로 데려가겠다고 고집했다. 의사는 니체의 상태로 보아 감시와 감금이 필요한데, 집에서는 이런 조치들을 할 수 없다며 반대했다. 결국 두 사람은 집에서 가까운 병원으로 옮기기로 절충했고, 오버베크는 편지를 써 예나 대학병원의 원장인 오토 빈스방거의 허락을 받았다.

1월 17일 니체는 바젤을 떠나 18일에 예나의 정신 병원에 수용되었다. 니체가 예나에 입원할 당시 상황은 1월 19일에 작성된 의사의 일지로 알 수 있다. "환자는 자기 방으로 돌아가며 여러 차례 인사를 했다. 거만한 걸음걸이로 천장을 쳐다보며 방으로 들어가면서 이런 '훌륭한 환대'에 감사한다는 말을 했다. …… 거창한 표현을 사용하면서 이탈리아어나 프랑스어로 큰 제스처를 곁들여 쉴 새 없이 떠든다. 가끔 위대한 명곡에 대해 이야기하며 한두 소절 흥얼거린다. ……말할 적에는 항상 인상을 찌푸린다. 한밤중에도 그의 밑도 끝도 없는 엉뚱한 수다가 거의 끊어지지 않고 지속된다. 식욕이 대단히 왕성하다."[17] 이 보고서로 볼 때 니체는 자신이 왕이라는 망상에 빠져 있었음이 분명하다. 니체는 자신을 '카이저(독일 황제)'라고 부르기도 하고 수간호사를 비스마르크라고 생각하기도 했다. 3월 10일의 의사 일지는 이렇게 기록한다. "의사들의 이름을 하나도 틀리지 않게 기억하고 자신을 컴벌랜드 공작 혹은 황제라고 주장한다."[18]

1889년에 니체는 거의 이런 상태였다. 가끔은 정상적이었고 종종 의미 없는 말을 했으며 때로는 폭력적이었다. 1890년 1월 페터 가스트가 예나를 방문했다. 니체는 가스트를 곧장 알아보고는 껴안고 키스하며 제자가 찾아온 것을 무척 기뻐했다. 가스트는 니체와 오랫동안 산책을 하면서 그를 주의 깊게 관찰했다. 그는 니체의 정신 착란이 친한 친구들에게 그가 보여주던 익살스런 몸짓의 과장으로 이루어져 있음을 발견했다. "끔찍하게도, 니체가 미친 척하면서 이렇게 생이 마감되는 것을 즐기고 있는 것처럼 보였다."[19]

이런 생각은 가스트만 한 것이 아니었다. 가장 가까운 친구 오버베크도 1890년 2월에 니체를 방문하고 똑같은 느낌을 받았다. "나는 그가 광기를 흉내 내고 있다는 …… 등골이 오싹한 의심을 떨칠 수 없었다. 니체의 자기 은폐, 그의 정신적 가면을 겪어본 나의 경험에 기대어서만 이 인상을 설명할 수 있다."[20] 1890년 2월 1일 가스트가 도넛 여섯 개를 들고 찾아왔을 때 니체는 즉흥곡을 치려고 피아노 앞에 앉아 다음과 같이 말했다. "하나라도 음이 틀리면 안 돼! 트리스탄 같은 감수성이 엉기는 음조 …… 베토벤 같은 오묘함과 그 위로 떠오르는 환희의 노래. 그리고 다시 몽상과 꿈."[21] 니체는 그때까지는 음악을 통해 소통할 수 있었다.

가스트와 오버베크의 증언대로 니체는 혹시 광기를 연기한 것은 아니었을까? 니체가 미치지 않았다는 것이 아니라, 스스로 광기 속으로 들어간 것일지도 모른다는 뜻이다. 로널드 헤이먼은 니체의 광기에 의지가 개입돼 있다면 그의 삶은 훨씬 더 위대하다고 말한다. "그가 생리적 원인 때문에 쇠약해진 것이 아니라면, 그의 일관된 삶의 행적은 더욱더 위대하다. 니체가 가짜 광인 행세를 했거나, 모든 가치를 재평가하지 못했다는 굴욕감에서 벗어나기 위해 그런 정도로까지 행동했을 수는 없다 하더라도, 쇠약해진 이유에는 선택의 요소가, 광기에는 연극적인 요소가 있기 때문이다."[22] 니체는 일찍이 광기에 긍정적인 의미를 부여했다.

> 거의 모든 곳에서 새로운 사상에 길을 열어주면서, 존중되던 습관과 미신의 속박을 부수는 것은 광기다. …… 천재에게는 한 알의 소금 대신에 광기를 일으키는 약간의 약초가 주어진다고 오늘날에도 여전히 거듭해서 이야기되지만, 이전의 모든 인간들은 광기가 존재하는 곳에는 약간의 천재성과 지혜, 즉 사람들이 서로 속삭이는 것처럼, '신적인' 것이 존재한다는 사상을 훨씬 더 쉽게 받아들였다. …… 한 걸음 더 나아가보자. 어떤 윤리의 질곡을 부수면서 새로운 법을 부여하려는 저항하기 어려운 유혹에 사로잡혔던 저 탁월한 모든 인간들에게는 '그들이 실제로 미치지 않았을 경우에는' 자신을 미치게 하거나 미친 것처럼 보이게 하는 것 외에는 다른 방도가 없었다. 《아침놀》, 제1부, 14절

프란치스카의 유일한 소망은 아들을 퇴원시켜 자신이 직접 돌보는 것이었다. 예나 대학병원은 결국 1890년 3월 24일 퇴원을 결정했고,

니체는 5월 13일까지 머문 뒤 어머니와 함께 나움부르크의 바인가르텐 18번지 집으로 돌아왔다. 1891년과 92년 사이 니체는 갈수록 무감각해졌고 프란치스카는 마침내 아들이 회복되리라는 희망을 포기했다. 때로는 가벼운 농담을 해서 어머니의 기대를 살려놓기도 했지만 상태가 악화되면 계속 고함을 지르고 노래를 불러댔다.

  1894년 부활절 때 에르빈 로데가 여동생 엘리자벳의 초청을 받아 나움부르크를 방문했다. 로데는 니체의 육체가 약해졌음을 알았다. 그해 10월 니체를 찾아간 가스트는 니체가 자신을 알아보지 못했다고 오버베크에게 편지했다. 50번째 생일인 1894년 10월 15일 니체를 방문한 파울 도이센은 니체가 상황을 전혀 이해하지 못하고 있다는 안타까운 기록을 남겼다. 이듬해 1895년 9월 니체를 마지막으로 찾아간 오버베크는 로데에게 다음과 같이 편지했다. "5년 반 전에 나는 그와 함께 한 시간 남짓 예나 거리를 산책했지. 그때 그는 자신에 대해 말할 수 있었고, 내가 누군지도 꽤 잘 알고 있었네. 그러나 이번에는 방 안에 몸을 반쯤 구부리고 있는 그의 모습만을 보았네. 그는 마치 치명적인 상처를 입은 채 평온하게 있기만을 바라는 한 마리 야생 동물 같았네. 내가 거기 있는 동안 그는 말 그대로 단 한마디도 하지 않았네. 그의 생기 없는 눈에만 나타나 있는 깊은 불쾌감을 제외하면, 그는 고통 받고 있다거나 아픔을 겪는 것처럼 보이지 않았네. 게다가 내가 방에 들어갈 때마다 그는 항상 졸음을 참고 있는 듯이 보였네. 몇 주 동안 그는 극도로 흥분해서 결국엔 으르렁거리며 고함을 지르는 날과 완전히 풀죽은 날 사이를 왔다 갔다 했다네. 내가 그를 본 날은 후자였네."[23]

  정신 붕괴 이후 니체의 상태에 관한 주위 사람들의 증언을 모아보면, 니체 안에 감추어져 있던 '금발의 야수'가 이성의 통제력이 지키던 철창을 무너뜨리고 뛰쳐나와 숙주의 육신이 지쳐 쓰러질 때까지 날뛰었다는 것을 알 수 있다. 니체가 철학적으로 파고들어 관찰했던 금발의 야수는 니체 안에 본능처럼 잠복한 채 탈옥할 기회만 엿보고 있었던 것이다.

니체의 파국과 작품의 유행

정신 착란으로 인한 니체 삶의 파국은 그의 작품이 전설을 얻는 데 즉각 이바지했다. 니체의 정신 붕괴는 사람들의 상상력을 자극했다. 출판업자 나우만은 이런 상황이 니체 책 판매에 큰 도움이 될 것이라는 걸 바로 알아챘다. 1890년 그는 니체의 작품들을 새롭게 간행했고, 저자가 정신 퇴행의 어둠 속에서 세상사에 무관심해져 있는 동안 그의 책들은 날개 돋친 듯 팔려나가기 시작했다.

이 시기에 니체의 작품을 보존하고 유고를 정리해야 할 책임을 느낀 사람은 가장 가까운 친구 오버베크, 니체의 충직한 제자 페터 가스트였다. 니체의 미출간 자료들의 일부는 그가 쓰러졌던 토리노의 하숙집에 있었고, 몇몇 자료는 제노바에, 또 다른 일부는 실스마리아에 있었다. 오버베크와 가스트는 니체의 유고가 여동생 엘리자베트의 수중에 들어가면 분명히 왜곡될 것이라고 생각했다. 그들은 니체가 여동생의 지독한 반유대주의를 혐오했다는 사실을 잘 알고 있었다. 1892년 가스트는 니체의 어머니 프란치스카의 동의를 얻어 이미 출판된 저작들의 전집 준비를 시작했다. 그러다가 1893년 9월 가스트는 오버베크에게 '푀르스터 부인'이 돌아왔다는 소식을 알렸다. 엘리자베트는 남편 푀르스터가 1889년 6월 파라과이에서 자살하자 1890년 말에 독일로 잠시 돌아왔다가 다시 1892년 8월 파라과이의 이주지 신게르마니아로 돌아갔고 1893년 아주 귀국했다. 가스트와 오버베크의 우려대로 엘리자베트는 가스트를 편집자 자리에서 내쫓았고, 1895년에는 오빠의 모든 작품의 권리를 손에 넣었다. 엘리자베트는 이보다 먼저 1894년 2월 바인가르텐 18번지 집에 니체 문서 보관소를 설립해, 살아 있는 니체를 모시는 숭배 의식의 여사제로 변모했다. 1896년 여름 그녀는 나움부르크의 니체 문서 보관소를 괴테 이래 독일 문화의 성지가 된 바이마르로 옮겼다. 니체 숭배자였던 스위스의 부유한 여인이 빌려준 '빌라 질버블리크'가 새 문서 보관소가 되었다.

1897년 4월 20일 프란치스카 니체가 일흔한 살로 세상을 떠났다. 죽음을 앞두고 프란치스카는 자신의 죽음보다 자기가 죽고 난 뒤 아들에게 벌어질 일로 불안해했다. 프란치스카의 죽음 뒤 엘리자베트는 니체를 바이마르의 '빌라 질버블리크' 문서 보관소로 옮겨 위층에 머물게 했다. 이제야말로 진짜로 엘리자베트는 살아 있기는 하지만 반쯤 저세상의 존재가 된 인물을 지키는 여사제 노릇을 했다. 수많은 사람들이 니체의 숨결을 느끼기 위해 빌라 질버블리크를 방문한 뒤, 신비감에 도취된 듯 매우 자극적인 기록을 남겼다.

가브리엘레 로이터Gabriele Reuter, 1859~1941는 다음과 같이 기록했다. "나는 그의 눈빛이 뿜어내는 힘 아래 떨면서 서 있었다. 그의 눈빛은 깊이를 헤아릴 수 없는 고통에서 튀어나온 것처럼 보였다. …… 이처럼 위대하고 불행한 영혼이 여전히 저 유폐된 육체 속에 살고 있다는 사실을 누군들 알 수 있겠는가."[24] 루돌프 슈타이너Rudolf Steiner, 1861~1925는 더욱 비현실적인 언어로 니체를 착색했다. "우리가 아래층에서 세상을 위해 그의 수고들을 분주히 정리하고 있는 동안, 그가 우리에게 무관심한 채 에피쿠로스의 신처럼 엄숙하고 경건한 자태로 베란다 위

니체가 죽을 때까지 머문 바이마르의 빌라 질버블리크

에 왕처럼 앉아 있다는 것은 경이로운 느낌이었다. 그는 하얗고, 주름 잡힌 헐거운 옷을 입고 기대어 서서, 무성한 눈썹 아래에 있는, 사이가 넓고 움푹 팬 두 눈으로 브라만 같은 시선을 던지고 있었다. 고귀한 모습의 얼굴은 수수께끼 같았고, 질문을 던지고 있는 듯했으며, 머리는 사자와 같이 위엄 있는 태도를 취하고 있었다."[25]

1899년 가스트는 엘리자베트와 화해했다. 그는 니체 철학 전도라는 대의를 옹호하면서 문서 보관소에서 그녀와 함께 새로운 판본을 만드는 공동 작업을 했다. 죽음을 앞둔 니체를 아우구스트 호르네퍼가 마지막으로 방문했다. 그는 비교적 객관적인 기록을 남겼다. "건강할 때의 그의 모습은 찾아볼 수가 없었다. 우리가 본 것은 뇌연화증 마지막 단계에 있는 환자였다. 그럼에도 불구하고 우리가 그와 함께 머물렀던 몇 분의 시간은 내 삶의 가장 소중한 기억이 될 것이다.

…… 눈이 풀리고, 몸은 늘어지고, 사지를 비틀면서 아무런 힘도 없이 어린아이처럼 누워 있었지만, 인간 니체로부터 발산되는 마성의 기운은 여전했으며, 그의 모습에서는 당당함이 느껴지기도 했는데, 이러한 분위기를 나는 다른 인간에게서는 느껴본 적이 없다."[26]

1900년 8월 25일 눈을 감다

니체는 쉰여섯 번째 생일을 6주 앞둔 1900년 8월 25일 영원히 눈을 감았다. 그는 죽기 전 2년 동안 아무것도 알지 못했고 아무것도 느끼지 못했으며 아무 생각도 하지 못했다. 니체는 그 자신이 태어났던, 아버지의 목사관이 있던 뢰켄 마을의 묘지에 아버지와 함께 묻혔다. 페터 가스트는 니체의 가장 헌신적인 숭배자로서 장례식 추도사를 읽었다. "당신의 재에 평화가 깃들기를! 당신의 이름은 누대에 걸쳐 신성할지니!"[27] 이것은 스승에 대한 끔찍한 오해인가. 니체는 《이 사람을 보라》에서 "어느 날 내가 신성하다고 불릴까 봐 매우 두렵다"라고 썼는데, 이것마저 예견했던 것인가. 그러나 니체는 다른 곳에서 자신의 신성함을 당연한 것인 양 드러냈고, 마지막 시기에는, 비록 반쯤 광기에 휩쓸린 상태이기는 했지만, 자신을 신적인 존재로 묘사하기도 했다. 그러므로 가스트의 추도사를 스승에 대한 배신이라고만 할 수는 없을 것이다.

어쨌든 니체가 죽고 몇 년이 지나지 않아 니체의 명성이 온 유럽을 뒤덮기 시작한다. 아니 좀 더 정확히 말하면, 그의 정신 붕괴 사실이 알려지면서부터 그의 명성은 솟아오르기 시작해, 정신에 이어 육체가 죽기까지 10여 년 동안 전설적인 별이 되었다. 니체의 책은 삶(생,

뢰켄 교회 정원의 니체 기념 조각상

Leben)이라는 말을 유행시켜 삶 그 자체에 신비하고 유혹적인 의미를 입혔다. 니체의 개념에 자극을 받아서 1890년대부터 생철학이 유행하기 시작했다. 삶과 젊음이 찬양의 대상이 되었고, 니체의 이름은 일종의 식별표가 되었다. "자신이 젊고 생명력이 있다고 느끼거나 자신이 고상하다고 느끼거나 도덕적인 의무를 철저하게 받아들이지 않는 사람들은 니체주의자라고 느낄 수 있었다. 니체주의는 너무나 유행한 나머지 1890년대에 벌써 니체주의에 대한 패러디와 풍자와 헐뜯는 책이 나온다. …… 많은 니체주의자들도 술과 여자와 노래를 즐기면 벌써 디오니소스 곁으로 거의 다가간 것이라고 생각했다."[28]

니체의 사상은 서로 충돌하는 생각으로 너무나 넓게 퍼져 있기 때문에, 누구라도 니체에게서 자신의 사상을 끄집어낼 수 있다. 극좌에서 극우까지 니체의 사상은 드넓게 추종자를 만들어냈다. 그러나 이 모든 유행을 옳다고 할 수는 없다. 니체는 특히 제1차 세계대전 이후 독일 나치즘 발흥에 중요한 철학적 초석으로 활용되었다. 하지만 나치즘의 핵심적인 정치적 강령을 니체의 철학이 이질감이나 어색함 없이 지지하려면 그 철학 안에서 많은 것을 생략하거나 무시해야 한다. 그런 이유로 나치 철학자 에른스트 크리크Ernst Krieck, 1882~1947는 끝내 다음과 같이 말할 수밖에 없었다. "니체는 사회주의와 민족주의와 인종주의의 반대자다. 만일 그렇지만 않았다면, 그는 훌륭한 나치주의자가 될 수 있었을 것이다."[29] 그의 말대로, 니체가 나치의 핵심 교의를 부정한 사람이기는 했지만, 나치즘의 호전주의와 무자비함과 권력의지를 철학적으로 보증하고 강화한 것은 틀림없는 사실이다. 니체 안의 사악함이 가장 극단적으로 활용된 경우가 나치즘이었다고 할 수 있다. 그래서 제2차 세계대전 중에 《서양철학사》를 집필한 영국의 철학자 버트런드 러셀Bertrand Arthur William Russell, 1872~1970은 그 책에서 '나치 독일의 철학자' 니체를 부정적인 색조로 물들이고 있다. "내가 알지 못하는 일을 하게 되리라. 그리하여 이 땅에 공포를 불러오리라."[30] 그는 반쯤 미쳐가는 리어왕이 외친 이 말이야말로 '간략하게 요약한 니체 철학'이라고 썼다.

20세기를 흔든 니체 사상

니체의 사상은 20세기의 수많은 철학과 사상과 학문에 영향을 끼쳤는데, 특히 정신분석학과 분석심리학이라는 학문이 탄생하고 번창하는 데서 매우 긍정적인 기여를 했다.* 니체의 철학은 말하자면 20세기 새로운 심리학의 거대한 원석 광산이라고 할 수 있다. 심리학자들은 니체의 저서에서 무수한 사유의 광맥을 찾아낼 수 있다. 정신분석학의 창시자 지크문트 프로이트는 자서전적 저술인 《나의 이력서》에서 철학자 니체가 "정신분석학이 어렵게 이룩한 결과와 놀랍게도 자주 일치하는 추측과 통찰을 제기했기" 때문에 그의 철학을 "오랫동안 피했다"고 고백했는데, 그 말은 진심이었을 것이다.[31] 그러나 프로이트가 아무리 니체의 철학을 피하려고 노력했다 해도, 니체의 영향을 짙게 받은 당대의 문화와 그 문화를 호흡하던 지식인들의 무수한 발언과 주장까지 물리칠 수는 없었을 것이다. 프로이트는 니체의 보이지 않는 자장 안에 있었다.

프로이트가 이렇게 니체를 의도적으로 외면하려 했다면, 분석심리학을 창시한 카를 융 Carl Gustav Jung, 1875~1962은 니체를 20대 초반에 알게 돼 그의 저작들, 특히 《차라투스트라는 이렇게 말했다》를 반복해서 읽음으로써 그 안에서 중요한 통찰을 끄집어냈다. 일례로, 융 심리학의 가장 중요한 개념 가운데 하나인 '그림자'는 우리의 자아가 의식에서 배제해 무의식 속으로 밀어 넣어버린, 외면하고 싶은 자아의 어두운 짝을 가리키는데,[32] 이 말은 니체의 《차라투스트라는 이렇게 말했다》에서 빌려온 것이 분명하다. 《차라투스트라는 이렇게 말했다》 제4부에서 니체는 '그림자'의 방문을 받는다. "거기 서라! 차라투스트라여! 기다려라! 오, 차라투르스라여, 나야, 나. 그대의 그림자야!" 차라투스트라는 놀라서 묻는다. "그대는 누구인가? …… 어찌하여 그대는 나의 그림자를 자처하고 있는 것이지? 내 마음에 들지 않는다." 그러자 그림자가 다시 답한다. "용서하라. 내가 그대의 그림자인 것을. 내가 그대 마음에 들지 않아도 좋다." 그러면서 그림자는 자신이 어떤

---

* 니체가 20세기 심리학에 끼친 영향에 관한 보충적 논의는 이 장 끝의 '보충 5-니체와 심층심리학'을 보라.

존재인지 말한다. "그대와 함께 온갖 금지된 것, 더없이 고약한 것, 더 없이 먼 것에 침투하려 했고, 내게 어떤 미덕이 있다면, 그것은 금지된 것들을 내가 조금도 두려워하지 않았다는 것이다." 이어 그림자는 결정적인 말을 한다. "진리는 따로 없다. 모든 것이 허용된다."《차라투스트라는 이렇게 말했다》, 제4부, '그림자'

이것이 융 심리학에서 말하는 그림자, 곧 '무의식에 억압된, 자아의 어두운 측면'에 대한 묘사, 더 나아가 무의식 자체에 대한 묘사가 아니고 무엇이겠는가. 융은 만년에 쓴 자서전에서 처음엔 니체를 닮게 될지도 모른다는 두려움 때문에 니체에게 저항했지만 결국 호기심에 끌려 니체의 책을 읽기로 결심했다고 밝혔다. "맨 먼저 수중에 들어온 책이 《반시대적 고찰》이었다. 나는 무척 열광하여 그다음 곧바로 《차라투스트라는 이렇게 말했다》를 읽었다. 이 책은 괴테의 《파우스트》와 마찬가지로 나에게는 아주 강렬한 체험이었다. 차라투스트라는 니체의 파우스트였다. 이제 나의 제2의 인격은 차라투스트라였다. 물론 이것은 두더지의 흙 두둑을 몽블랑 산에 비교하는 격이긴 하지만 말이다."[33]

정신분석학이나 분석심리학뿐만이 아니다. 20세기 인문·사회과학 영역에서 니체 철학의 영향을 받지 않은 곳은 거의 없다. 그리고 학문과 사상이 삶의 규정을 받는 만큼이나 역으로 학문과 사상이 우리의 삶을 규정한다는 점을 염두에 두면, 니체의 철학을 명시적으로 거부하는 사람조차 니체 철학의 숨결이 스며들지 않은 공기를 마시고 사는 것은 불가능에 가깝다. 어떤 관점에서 보면 우리는 아직도 니체의 시대 안에서 살고 있다. 그리고 그 시대는 조만간 끝날 것 같지도 않다. 그렇다면 우리 시대를 만든 주인공 가운데 한 사람인 니체의 정신을 느끼고 맛보고 만져보는 것은 필요하고도 뜻깊은 일일 것이다. 그의 삶만큼이나 그의 사상은 한편으로는 지나치게 뜨겁고 다른 한편으로는 지나치게 차갑다. 그렇다고 해도 우리의 정신이 화상을 입거나 동상에 걸릴 위험을 무릅쓰고 그의 사상의 미궁을 끝까지 탐험해보는 것은 다른 데서는 얻을 수 없는 아득한 공포와 흥분의 즐거움을 만끽하는 일임을 부정할 수 없다.

| 보충 5 |

니체와
심층심리학

1. 심층심리학자 니체

　니체는 최소한 19세기 이전까지 존재했던 심리학자 가운데 가장 위대한 심리학자라고 할 수 있다. 루이 코르망Louis Corman, 1910~1995은 이렇게 단언한다. "니체는 지금까지 존재했던 가장 위대한 심리학자들 가운데 한 사람이며 어쩌면 바로 가장 위대한 심리학자일 것이다."[34] 사실상 심층심리학은 니체에게서 본격화한다고 해도 틀리지 않다. 니체 스스로 자신을 최초의 심리학자로 생각하기도 했다. "이런 때에 최초의 심리학자라는 것은 하나의 저주일 수도 있다."《이 사람을 보라》, '왜 나는 하나의 운명인가', 6절 심지어 니체는 자기 책 안에서 말하고 있는 사람은 "필적할 사람이 없는 심리학자"라고 단언하기도 한다. 20세기에 지크문트 프로이트가 등장하고 나서야 니체의 탐사를 넘어서는 무의식의 광범위한 이론화가 가능해졌다. 그러나 프로이트 당대에도 니체는 그 인식의 심원함과 섬뜩함으로 프로이트 정신분석학을 위협하는 통찰력을 발휘했다. 니체는 충동 혹은 본능과 연관된 무의식을 발견한 "영혼의 고고학자이자 고생물학자"였다.[35]
　니체의 사상에서 엄청난 문학적 영감을 받았던 토마스 만은 니체가 의지의 심리학자이자 모든 근대 심리학의 아버지인 쇼펜하우어와 심층심리학자인 프로이트 사이에 자리 잡고 있다고 보면서, 심리학자 니체의 소질과 역량에 대해 다음과 같이 말했다. "니체는 심리학자가 될 천부적 소질을 가지고 있었다. 심리학은 그의 원초적인 열정이다. 인식과 심리학, 이것은 그에게는 사실상 동일한 열정이다. 또한 삶을 인식보다 훨씬 상위에다 두는 니체가 그토록 완전하고도 구원받을 수 없을 정도로 심리학에 빠져들었다는 것은 바로 이 위대하고 고통당하는 인간의 전반적인 내면적 모순 상황의 징표다. 지성이 의지를 만들어내는 것이 아니라 그 반대이며, 또한 우선적이고 지배적인 것은 지성이 아니라 지성이 순전히 봉사하는 관계에 있는 의지라는 쇼펜하우어적인 판단에만 의거해서도 니체는 심리학자인 것이다. 의지에 봉사하는 도구로서의 지성, 그것은 모든 심리학의 거점이며, 혐의 씌우기 심리학과 폭로 심리학의 거점이기도 하다."[36]

니체는 심리학적 탐사를 가장 본격적으로 전개한 《선악의 저편》에서 다음과 같이 말한다. "지금까지 모든 심리학은 도덕적 편견들과 두려움에 제지당하여 감히 깊은 곳을 탐구하지 못했다." "도덕적 편견들의 힘은 언뜻 보기에 가장 냉정하고 선입견 없어 보이는 가장 정신적인 세계에까지 깊이 침투하였다. 그리고 자명한 이치지만, 정신을 손상시키고 방해하고 눈멀게 하고 왜곡해왔다. 진정한 생리–심리학은 탐구자 마음속의 무의식적 저항과 투쟁해야 한다. 생리심리학의 적은 도덕적 편견이다. '선한' 충동과 '악한' 충동이 서로 의존해있다는 학설은 여전히 원기 왕성한 양심에게 걱정과 혐오를 유발해왔다. 하물며, 모든 선한 충동들은 사악한 충동들로부터 연유한다는 학설은 더욱 비도덕적인 것으로 배척되어 왔다."《선악의 저편》 제1장, 23절

"선한 충동은 악한 충동과 연결돼 있다"는 니체의 통찰은 뒷날 프로이트의 본능 이론으로 이어져 더욱 풍성한 열매를 맺는다. "인간 본능은 두 종

류뿐이다. 즉 보존과 통합을 추구하는 본능과 파괴와 죽음을 추구하는 본능이 그것이다. …… 이 두 본능의 대립은 어쩌면 …… 인력과 척력의 양극성과도 근본적 연관성을 가질지 모른다. 그러나 여기에 윤리적인 선악 판단을 서둘러 도입해선 안 된다. 이 두 본능은 똑같이 필수 불가결한 것이다. 생명현상은 양자의 협력이나 상호 반발에서 생겨나기 때문이다. 어느 한쪽 본능만 따로 분리된 상태에서는 거의 작용할 수 없다."[37]

2. 니체와 프로이트

프로이트는 일찍이 니체 사상에 주목했으면서도 '무의식'의 영역을 자신이 창안했다는 학문적 자존심 때문에 니체의 영향을 부정하고 의도적으로 니체를 멀리했다. 그러나 프로이트의 생애를 찬찬히 따라가다 보면 그가 니체의 영향을 직간접적으로 깊이 받았고, 말년으로 갈수록 니체에 대해 더 솔직하고 긍정적으로 평가하게 된다는 것을 알 수 있다. 프로이트는 1934년 3월 11일에 니체에 관한 책을 저술하려고 자신과 상의했던 독일의 소설가 아르놀트 츠바이크Arnold Zweig, 1887~1968에게 보내는 편지에서 니체는 "이 시대 가운데 우리에게 가장 가까이 있는 사람이며 영향력이 여전히 살아 있는 사람"이라고 썼으며 "니체는 최초의 정신분석학자 가운데 한 사람이었다"고 말했다.[38]

프로이트는 당대의 보통 지식인들보다 훨씬 먼저 니체의 이름을 알았던 것 같다. 니체의 정신이 온전했을 때 이미 니체에 관해 들었던 것이 분명하다. 프로이트와 가까운 친구였던 요제프 파네트는 프로이트와 함께 빈 대학에서 브렌타노Franz Brentano, 1838~1917의 철학 강의를 많이 들었는데, 그가 열광적인 니체 독자였다. 파네트는 1883년 12월 말에서 1884년 3월까지 니체가 머물고 있던 프랑스 남부 니스에서 몇 차례 니체와 대화를 나누었고 이 만남과 대화에 대해 여러 번 프로이트에게 편지로 알렸다.[39] 또 정신분석학이 태동하고 탄생하던 시기에 프로이트의 가장 절친한 친구였던 빌헬름 플리스Wilhelm Fliess, 1858~1928도 《꿈의 해석》이 나온 1900년에 프로이트가 이미 니체를 잘 알고 있었다고 보고하고 있다.[40]

니체와 프로이트의 또 다른 연결 고리는 일찍이 니체의 연인이었던 루 안드레아스 살로메였다. 생의 후년에 프로이트 밑에서 정신분석학을 배운 살로메는 니체의 사상을 프로이트에게 전달하는 역할을 했다. 프로이트의 영국인 제자 어니스트 존스Ernest Jones, 1879~1958는 《프로이트 생애》에서 프로이트가 니체와 자신을 연결하는 유일한 고리로 루 안드레아스 살로메를 언급했다고 기록했다.[41]

또 프로이트의 집에서 열렸던 수요심리학회는 니체 철학과 정신분석학의 교호 장소였다. 초기 정신 분석 운동의 요람이었던 수요심리학회, 그리고 이 학회에 이어 결성된 빈정신분석협회에 니체라는 이름은 언제나 함께 있었다. 빈정신분석협회에서 1908년 4월과 10월 니체를 주제로 삼았을 때 프로이트는 이 모임을 몸소 주재하였고 프로이트의 제자들은 이 독일 철학자의 중요성을 강조했다.[42] 이 모임에서 니체에 관한 발제문이 발표되고 이어 토론이 시작됐을 때 프로이트가 한 발언을 어니스트 존스는 스승에 대한 전기에 옮겨놓았다. "나는 니체의 작품을 알지 못한다. 나는 그의 작품을 결코 연구할 수가 없었다. 그것은 니체의 직관적 발견들과 정신분석학적 연구들의 유사함 때문이고 그의 풍부한 견해들 때문이었다. 이 풍부함 때문에 나는 그의 책을 반 쪽 이상 읽을 수가 없었다. 내가 때때로 그의 작품을 읽으려 했던 시도들이 작품의 지나친 흥미 때문에 오히려 좌절되었다. 많은 사람들이 강조했던 유사성에도 불구하고 나는 니체의 견해들이 나의 업적에 어떠한 영향을 끼치지 않았다고 확신할 수 있다."[43] 이 발언은 프로이트가 자신의 저작 《정신분석운동》에서 직접 고백한 것과 거의 다르지 않다.

그러나 프로이트가 한편으로는 이렇게 니체를 의식적으로 회피하기만 한 것이 아니고, 틈나는 대로 니체를 참조했음을 보여주는 기록들도 있다. 그는 1904년에 출간된 《일상생활의 정신병리학》에서, "나의 기억은 '내가 그것을 했다'고 말한다. 내가 그러한 것을 했을 리 없다고 내 자부심은 말하며 냉정해진다. 결국 기억이 양보한다."《선악의 저편》, 68절라는 니체의 말을 인용하면서 이렇게 쓴다. "우리 중 어느 누구도 니체가 자신의 잠언집 《선악의 저편》에서 보여준 바와 같이 적나라하게 그 현상(불쾌감에 대한 방어 차원에서 이루어지는 망각)과 그것의 심리적 기초를 제시한 적이 없다."[44]

또 꿈에 관한 니체의 견해에 관해 이야기하면서 프로이트는 이렇게 표명한다. "꿈을 꾼다는 것은 꿈꾼 사람의 아득한 과거 상황으로 돌아가는 일종의 퇴행이고, 어린 시절과 어린 시절을 지배했던 충동과 당시 사용했던 표현 방식의 재생이다. 이러한 개인적인 유년기의 배후에서 계통 발생적인 유년기, 즉 인류의 발전에 대한 인식 가능성이 열린다. 실제로 개인의 발전은 우연한 생활 환경에 의해 영향 받고 축약된 인류 발전의 반복이다. 꿈에서 '직접 도달할 수 없는 태곳적 인간 본성의 부분이 작용한다'는 프리드리히 니체의 말이 얼마나 정곡을 찌르는지 가늠할 수 있다."[45]

나아가 프로이트는 1916년 정신분석 학술지 《이마고》에 쓴 글에서 "죄의식에 의한 범죄자들"에 대해 말하면서 이렇게 주목한다. "그 후 한 친구가 '죄의식에 의한 범죄자'는 니체도 동시에 알고 있었다고 나의 주의를 환기시켰다. 죄의식이 미리 존재하고 있다는 것과 이 의식을 이성화하려는 목적 속에서 어떤 행위를 이용하는 것은 《차라투스트라는 이렇게 말했다》의 '창백한 얼굴의 범죄자' 편에 나타나 있다."[46]

프로이트의 가장 중요한 발견 가운데 하나인 '이드(그것, 독일어 Es)'에도 니체의 영향이 스며들어 있다. 그는 무의식을 지칭하기 위해, 니체가 우리 본성 속에 있는 비인격적인 모든 것을 지칭하기 위해 습관적으로 사용했던 '그것(Es, 이드)'이라는 용어를 차용했음을 인정한 것이다.[47] 프로이트는 '그것(이드)'이 정신분석의 용어가 되는 순간을 《새로운 정신분석 강의》에서 다음과 같이 이야기한다. "어떤 무엇이 그 순간 활동하고 있음이 분명한데도 우리가 그것에 대해 아는 것이 아무것도 없을 때 우리는 그것을 '무의식적'이라고 지칭합니다. …… 니체의 언어 사용을 빌려와서, 또 그로데크 게오르크의 자극에 힘입어 우리는 이제부터 그것을 이드Es라고 부르기로 하겠습니다. 이런 비인칭적 용어는 정신 영역의 주요 특징인 자아에 대한 이질성을 표현하기에 특별히 적합한 것처럼 보입니다."[48] "이드는 어떠한 가치도 어떠한 선악도, 어떠한 도덕도 알지 못합니다."[49] 이렇게 도덕에 대한 니체의 은유적 서술은 프로이트에 의해 학문적 개념과 이론으로 재구성된다.[50]

그런가 하면 프로이트가 니체의 가장 중요한 용어 가운데 하나인 초인을 차용한 사례도 있다. 프로이트는 말년에 쓴 《집단심리학과 자아분석》에서 사회 구성원과 지도자의 동일시 문제를 파고들면서 초인이라는 말을 쓴다. "처음부터 두 종류의 심리, 즉 집단을 이루는 개개인의 심리와, 아버지나 우두머리나 지도자의 심리가 존재한다. …… 원시적 군집의 아버지는 자유롭고 강력하고 독립적인 지적 활동을 지녔다. 그의 의지는 타인의 의지로 보강될 필요가 없었다. …… 그는 인류 역사가 시작될 때부터 초인이었다. 니체는 초인이 미래에만 나타날 것으로 기대했지만 사실은 먼 옛날에도 존재했던 것이다."[51] 이 구절은 프로이트가 니체의 초인 개념을 매우 잘 알고 있었음을 알려준다. 이렇게 프로이트는 겉으로는 니체의 영향을 부정하고 거의 노골적으로 니체를 외면했지만, 정신분석 이론이 태동하던 초기부터 지속적으로 니체의 영향에 노출되어 있었고, 말년에 이르기까지 니체의 개념과 용어를 빌려와 자신의 이론을 표현했다.

3. 니체와 융

자신의 독창성이 훼손될까봐 의도적으로 니체를 멀리했다고 말하는 프로이트와 달리 융은 니체를 자신의 작업에 가장 본질적인 영향을 끼친 사람으로 인정한다. 아버지가 프로테스탄트 목사였던 융은 또한 니체가 목사의 아들이었다는 것을 잘 알고 있었으며 이 사실을 후일 차라투스트라 세미나에서 계속해서 말했다. 나아가 융이 받아들였는지는 확인되고 있지 않지만 니체가 죽은 후 엘리자베트는 니체의 장례식 초청 명단에 융을 포함시켰다.[52]

루 살로메와의 만남도 융이 니체 사상에 더 다가가는 계기가 되었던 것 같다. 융은 바이마르에서 열린 제3차 국제정신분석학 대회1911나 뮌헨에서 열린 제4차 국제정신분석학 대회1913에서 살로메를 만나 니체의 사례를 토론했으며, 1912년 1월 2일 프로이트에게 살로메와 니체의 관계를 강조하는 내용을 담은 편지를 보내 프로이트가 살로메를 정신분석학 연구 모임의 일원으로 받아들이는 계기를 제공하기도 했다.[53] 또 이 시기에 쓴 책《리비도의 변환과 상징》1911~1912에서 융은 니체를 스물두 번 넘게 인용하며 리비도와 퇴행의 문제를 논했다.[54] 1913년 프로이트와 결별한 이후, 그리고 제1차 세계대전 기간 동안 그는 니체의 저서, 특히《즐거운 학문》,《선악의 저편》,《도덕의 계보》등을 읽어나갔다.

융에게 가장 큰 영향을 끼친 니체의 책은 역시《차라투스트라는 이렇게 말했다》다. 융은 스물세 살이던 대학 시절1898에 처음으로《차라투스트라는 이렇게 말했다》를 인상적으로 읽었고, 1914~1915년 겨울에는 이 책에 주석을 달아가며 주의 깊게 다시 공부하면서 '자기' 개념에 관심을 품게 되었다. 융이 자신의 분석심리학의 핵심 개념으로 받아들인 '자기 실현'의 개념은 바로 니체의 이런 심리학적 작업을 받아들여 재해석한 것이었다.[55]

융이 본격적으로《차라투스트라는 이렇게 말했다》를 하나의 심리학 연구의 보고로 간주하고 이를 학문적 대상으로 다루기 시작한 것은 쉰아홉 살이 되던 1934년 취리히 심리학 클럽에서였다. 그는 1934년에서 1939년까지 매주 수요일 아침에 '니체의 차라투스트라에 대한 심리학적 분석'이라는 제목으로 《차라투스트라는 이렇게 말했다》 세미나를 영어로 진행했다. 이 세미나는 융이 영국, 미국, 인도에 강연여행을 갈 때를 제외하곤 6년간 모두 74명의 분석가와 분석 훈련을 받는 사람들이 참여하는 가운데 진행됐다. 융은 《차라투스트라는 이렇게 말했다》가 괴테의 《파우스트》와 마찬가지로 무의식의 내용을 풍부히 다루고 있는 심리학의 보고라고 생각했고, 이를 현대 영혼의 허무주의적 위기를 다루는 집단 드라마이며, 동시에 개인적 심리 드라마라고 생각했다.[56]

니체의 독특한 이미지가 밴 용어 가운데 융의 분석심리학 핵심 개념으로 들어온 것이 '그림자'다. 니체는 《인간적인 너무나 인간적인》 제2권의 제2장 '방랑자와 그의 그림자'와 《차라투스트라는 이렇게 말했다》 제4부의 한 장을 '그림자'에 관한 글로 할애하면서 그림자에 많은 관심을 기울였다. 융의 설명을 빌리면 "자기 자신과의 만남은 우선 자신의 그림자와의 만남을 뜻한다."[57] 융은 이 그림자를 "열등한 인격 부분"이라고 말한다.[58] 즉 그림자는 인간의 본성 안에 있는 집착, 방탕, 탐욕, 질투심, 이기심 등과 같은 자기 안의 또 다른 부정적 원형상을 말한다는 것이다.[59] 융은 자신의 그림자를 억압하거나 제거하지 않고 고통 속에서 이를 자기 안에 온전히 받아들일 때, 우리는 그림자를 남김 없이 의식화해 투명해진 인간, 즉 깨어 있는 영혼과 자각적 의식의 상태로 새롭게 태어난 인간이 될 수 있다고 말한다. 니체의 초인이란 자신의 그림자를 통하여 그림자 없는 정오의 투명성 아래 전인적 완성을 이룬 인간, 언제 어디서나 항상 깨어 있는 어린아이 같은 인간을 가리킨다는 것이다.[60]

이렇게 융은 니체 철학에서 분석심리학의 몸통이 될 중요한 통찰을 받아들였으나 니체의 핵심 사상인 '권력의지'만큼은 받아들일 수 없는 원리라고 단호하게 거부했다.[61] 이 점에서 융은 아들러Alfred Adler, 1870~1937와 갈린다. 융과 함께 프로이트 밑에서 정신분석학의 황태자 자리를 놓고 다투었던 알프레트 아들러는 권력 의지를 삶의 근본 원리로 해석했다. 개인심리학의 창시자가 된 아들러는 열등감이라는 용어를 만들어낸 사람으로도 유명하다. 아들러는 니체의 영향에 대해 다음과 같이 단언했다. "무엇인가를 우리에게 남겨준 중요한 모든 철학자들 가운데 니체는 우리의 사유 방식과 가장 가깝다."[62]

그러나 아들러는 니체의 사상을 오해했다는 평가가 있다. 니체가 말한 권력의지는 강자의 권력 의지인데, 아들러는 약자들의 권력의지를 자기의 고유한 이론(열등감, 콤플렉스)의 토대로 삼도록 이끌었다는 것이다. 아들러에게서 힘을 향한 열망은 삶의 충만함으로부터 결코 나오지 않으며 열등과 무능의 깊은 감정에 대한 신경증적인 보상인 것이다. 그래서 이러한 신경증적 구조는 주체가 원숙하게 될 때 사라진다는 것이 아들러의 주장이다. 따라서 바로 이 점에서 아들러가 진정한 니체의 후예라고 말할 수 없다고들 한다.[63]

| 보충 6 |

니체와 나치 혹은
부드러운 니체와 거친 니체

니체 연구자 스턴Joseph Peter Stern, 1920~1991은 1977년 펴낸 니체 연구서에서 지난 30년 사이 니체에 대한 평가가 극에서 극으로 치달은 것을 두고 다음과 같이 말한다. "'광기의 천재, 사악한 게르만인, 악마의 정신' 등은 25년도 훨씬 전 내가 처음 니체에 관해서 저술했을 때 존경할 만한 어느 비평가가 니체를 묘사했던 말이다. 그러나 이제 니체에 대해 그와 같이 격노한 언급을 유발했던 분위기도 가라앉았다. 그러나 오늘날에 와서는 그의 저작들이 정반대의 위험……에 처해 있다. 니체와 20세기 전체주의적 정치학과의 관계는 부정되거나 무시되고 있다."[64] 스턴의 주장은 니체 철학의 정치적 위치 이동을 잘 보여준다. 제2차 세계대전 직후 나치 집권에 대한 기억이 생생하던 때, 최소한 영·미권에서 니체는 나치와 거의 동일시되었다. 나치는 니체 철학을 자신들의 이념의 원조로 불러들였고, 그에 대한 반동으로 니체 철학은 많은 사람들에게 혐오를 불러일으켰다. 오늘날 니체는 특히 포스트모더니즘 바람을 타고, 프랑스 철학자들의 재해석의 옷을 입고 다시 등장해 정치적으로 위험하지 않은 온건하고 비정치적인 철학자로 통용되고 있다. 그러나 스턴이 걱정하는 대로, 니체가 20세기 전체주의적 정치학과

16 정신 붕괴 **805**

무관한 것으로 유통되는 것은 또 다른 편향일 것이다.

에른스트 벨러Ernst Behler, 1928-1997는 니체의 탈정치화에 결정적으로 기여한 사람으로 영어권의 니체 해석에 막대한 영향을 끼친 월터 카우프만의 저서를 든다. "카우프만은 권력의지 사상이 정치적·사회적 영역 바깥에서 이해되어야 한다고 주장했다. 이처럼 그는 정치적·사회적 측면을 괄호로 묶어버림으로써 권력의지를 개인적·실존적 자기 극복과 자기 초월의 탈정치적 원리로 서술했다. 즉 니체는 정치적 사상가가 아니었으며, 그의 저술에서 정치철학을 찾아내려 해서는 안 되었다. 키르케고르Søren Aabye Kierkegaard, 1813-1855처럼 니체는 개별자에게 관심을 두었으며, 그의 진정한 강점은 개인적 성장과 자기 훈육의 영역에 있었다."[65]

카우프만은 정치적 니체를 절묘하게 해부한 뒤 위험한 부위를 떼어내고 방부 처리해 온건한 니체의 이미지를 만들어냈던 것이다. 그것은 제2차 세계대전 중에 유행하던 '부드러운' 니체주의자와 '거친' 니체주의자 가운데 '거친' 니체주의자들이 주목한 니체를 지워버린 것이었다고 할 수 있다. "현재의 논쟁의 관점에서 보면 '부드러운' 니체주의자들은 니체의 진술을 은유적으로 이해하고 권력의지를 자기 극복으로 해석하는 사람들이다. 그리고 '거친' 니체주의자들은 히틀러와 니체의 연관성을 찾으려 하거나 니체와 유대인이라는 주제를 새롭게 제기하는 사람들이다."[66]

이렇게 니체의 사상에서 거친 부분을 분리한 뒤 부드러운 니체만을 니체의 전모로 제시하면 "그의 도덕 사상에서 그처럼 독창적이었던, 혹은 악명 높았던 것을 파악할 수 없게 된다. 이제 '권력의지'는 반드시 주인과 노예의 관계의 형식을 취할 필요가 없게 된다."[67] 그렇게 부드러운 니체만을 남기는 방부 처리 작업은 결국 파시즘·나치즘과 니체의 관련성을 부정하게 되는데 "그 운동들(이탈리아·프랑스의 파시즘과 독일의 나치즘)의 지적 상부구조 역시 니체의 사상 없이는 생각할 수 없다는 점을 부인한다면, 이는 터무늬없는 일"이다.⁶⁸ 스턴은 더 나아가 권력의지에 대한 니체의 견해는 "그 견해가 미묘하건 조잡하건, 또한 구체적이건 추상적이건 간에 그것은 여전히 정복의 이론인 동시에 진용을 정비한 지배의 이론"이라고 단언한다. 카우프만이 그의 니체 해설서에서 말한 "자기 자신을 초월하여 자기 자신을 완성하고자 하는 노력"으로 묘사될 수 없다는 것이다.⁶⁹

이렇게 이해된 권력의지의 철학자 니체의 '격렬한 영웅주의'는 나치의 영웅주의로 이어진다고 스턴은 지적한다. "우리가 국가사회주의(나치)의 문헌을 읽어보면 다음과 같은 사실을 쉽게 알게 된다. 먼저 국가사회주의 수사학은 희생의 필요성을 이용한다. 그리고 투쟁의 가혹하면서도 자기를 정당화하는 본질을 이용하며, 앞에 놓여 있는 길의 재앙을 이용한다."⁷⁰ 이어 스턴은 니체의 사상이 히틀러가 말기에 보인 광기 어린 파괴적 결정들에 영향을 끼쳤다고 주장한다. "히틀러의 경력을 살펴볼 때, 그 정점은 그의 위대한 승리의 기간이 아니라, 그가 자신의 불완전한 자아를, 정복의 장치가 아니라 파괴의 장치 아래서 국가 및 세계와 동일시하는 데 성공한 저 격렬함의 마지막 기간에 있었다. …… 모든 제한이 훼손되고 '모든 것이 다 허용되는' 무법의 상황에서 …… 절대적 가치로 승인된 관념은 영웅적 패배의 매력을 지니고서 끔찍한 남용으로 나아간다."⁷¹

카우프만의 니체 해석에 대한 스턴의 비판적 재해석, 그리고 니체 사상과 나치즘의 연관성에 대한 스턴의 지적은 전면적 진실은 아닐지라도 경청할 만한 주장이다. 특히 부드러운 니체가 거친 니체를 뒤덮고 지워버리는 상황에서 스턴의 주장은 새겨들을 필요가 있다. 니체 철학은 스턴의 주장만으로 전체가 드러나는 것은 아니지만, 카우프만 식의 자기 훈련과 자기 극복의 비정치적인 개인주의 철학도 반쪽짜리 니체 철학임은 부인할 수 없다. 니체 철학의 앞면과 뒷면, 겉면과 내면을 모두 묘사하려면 부드러운 니체뿐만 아니라 거친 니체도 필요하다. 자기 극복의 권력의지와 함께 정복과 지배의 권력의지도 니체 철학 안에 있음을 인정해야 한다. 니체의 사상이 20세기 실존주의 철학에 영향을 준 것만큼이나 아니 그 이상으로 도덕적으로 위험하기 그지없는 나치 이념에까지 영향을 주었음을 인정해야 한다. 니체는 결코 극악한 인종주의자가 아니었고 반유대주의자, 독일민족주의자는 더더욱 아니었다. 그렇기 때문에 니체의 철학과 히틀러의 생각을 그대로 등치관계로 놓을 수는 없다. 그렇지만 파시즘과 나치즘이 니체 철학 안에서 자신들의 든든한 이념적 '대타자'를 발견했다는 것은 사실이다. 니체 철학이 인정하고 허락하고 격려했기 때문에 그들의 생각은 마음껏 극단을 향해 나아갈 수 있었다. 아니, 그 이전에 니체 철학 안에서 나치즘의 뿌리가 자라났다고 할 수도 있다. 니체 철학 없었다면 20세기 나치즘은 발생하지 않았을 수도 있으며, 최소한 그토록 흉측하고 기괴한 도덕적 괴물로 일그러지지는 않았을 것이다. 니체 철학을 실존주의 문학으로 전개한 반나치 지식인 알베르 카뮈는 그 점을 다음과 같이 자기만의 어법으로 이야기한다.

"우선 니체와 로젠베르크Alfred Rosenberg, 1893~1946(나치 철학자·정치가)를 혼동할 수 없다는 사실을 인정하자. 우리는 니체의 변호인이 되어야 한다. …… 그러나 니체에게까지 이어져 오고 있고 니체를 움직이는 그 반항 운동 자체에 내재하는 법칙과 논리는 어쩌면 사람들이 그의 철학에 뒤집어 씌웠던 그 피비린내 나는 범죄적 왜곡을 설명해줄 수 있을지도 모른다. 과연 니체의 저술 가운데 결정적 살인의 의미로 이용될 법한 내용이 전혀 없다고 할 수 있을까? 만약 살인자들이 글의 정신을 도외시한 채 오직 문자 그대로의 글 자체만 주목하고 심지어 글 속에 여전히 살아남아 있는 정신적인 것마저 부정할 경우, 그들은 니체에게서 그들의 구실을 발견할 수 있지 않았을까? 그건 그렇다고 말할 수밖에 없다. 니체 사상이 방법적 측면을 간과한다면 바로 그 순간부터 그의 반항 논리는 한계를 모르게 되는 것이다. …… 불행히도 니체는 '목적이 위대한 것일 때에는 인류는 어떤 다른 척도를 사용하게 되며 가장 무시무시한 수단을 사용한다고 해도 범죄를 범죄로 여기지 않게 된다'라고 썼다. …… 그는 정신이 온전하던 때에 다음과 같이 외쳤지만 소용없는 일이었다. '온갖 부도덕한 행위들을 말로 하기는 쉽다. 그러나 사람들에게 그러한 행위들을 견딜 만한 힘이 있을까? 가령 나는 내가 약속한 것을 지키지 않는다든가 살인을 한다거나 하는 일은 견딜 수 없으리라. 나는 닳든 적든 그걸 괴로워하겠지만 결국 그것 때문에 죽고 말 것이다. 그게 내 운명이리라.'"[72]

니체 철학이 그토록 위험한 결과를 만들어냈지만, 그렇다고 해서 그 위험한 사유의 뿌리를 모두 쳐내버리고, 남은 것을 니체 철학이라고 이야기하는 것은 정직하지도 못할 뿐만 아니라 니체 철학의 본질적 힘을 무력화시키는 일이기도 하다. 니체 철학의 본령은 안전한 지대를 넘어 정치적으로 도덕적으로 위태로운 그 극단의 지대에 있기 때문이다. 그 위태로움과 위험함을 감수하고 그 극단을 통과하고 난 뒤에야, 그 극단의 지대에서 살아남은 뒤에야 우리는 니체 철학을 제대로 체험했다고 할 수 있을 것이다. 니체는 위험하지만 매력적인 철학자다. 위험한 니체를 지워버리면 매력적인 니체도 죽어버린다.

니체 연보

1844년
10월 15일 루터파 목사인 카를 루트비히 니체(1813~1849)와 이웃 고장 목사의 딸 프란치스카 욀러(1826~1897) 사이의 세 자녀 중 첫째로, 독일 프로이센의 작센안할트 지방 뤼첸 근처의 작은 마을 뢰켄에서 태어났다. 2년 뒤인 1846년에 여동생 엘리자베트가 태어나고, 1848년에는 남동생 루트비히 요제프가 태어난다.

1849년
7월 30일 아버지 니체 목사가 뇌연화증으로 투병 끝에 사망한다. 어린 니체는 아버지의 죽음에 큰 슬픔을 느낀다.

1850년
1월 9일 남동생 루트비히 요제프가 두 번째 생일을 앞두고 죽는다. 니체는 동생이 죽기 전날 동생의 죽음을 미리 보는 예지몽을 꾼다. 4월 초 뢰켄에 새 목사가 부임하자 니체의 가족(할머니, 결혼하지 않은 두 고모, 어머니, 니체, 엘리자베트)은 나움부르크로 이사한다. 할머니의 뜻에 따라 소년 시민 학교에 입학한다. 하지만 학교에 적응하지 못하고 이듬해 2월 그만둔다.

1851년
칸디다텐 베버라는 사립 예비 학교에 들어가 종교·라틴어·그리스어 교육을 받는다. 어머니에게서 피아노를 선물로 받는다.

1854년

가을 돔 김나지움에 입학한다. 구스타프 크루크, 빌헬름 핀더와 교제한다.

1858년

여름에 슐포르타 입학 시험을 준비하면서 첫 자서전을 쓰기 시작한다. 이후 10년 동안 8편의 자서전을 쓴다. 10월 나움부르크에서 가까운 살레탈에 있는 고전어 교육 명문 기숙 학교 슐포르타에 입학한다. 고전 그리스어와 라틴어, 독일 문학에서 비상한 재능을 보인다. 시를 쓰고 작곡을 한다. 몇 년 동안 학급에서 일등을 놓치지 않는다. 평생 친구가 될 파울 도이센, 카를 게르스도르프와 사귄다.

1860년

핀더, 크루크와 함께 문학·음악 소모임 '게르마니아'를 결성한다. 회칙에는 다음과 같은 규정이 있었다. "회원 각자는 자유롭게 작곡을 하거나 시 또는 논문을 쓸 수 있다. 1년에 최소 여섯 편의 작품을 완성해야 하며, 그 중 최소한 두 편은 연재의 시대 상황과 관련이 있어야 한다."

1861년

열광적인 바그너 숭배자 크루크가 바그너 음악을 처음 소개한다. 이 첫 만남에서 니체는 불쾌하고 낯선 느낌을 받는다. 부활절에 도이센과 함께 견진 성사를 받는다. 그러나 그 뒤로 기독교에 대한 신앙심을 천천히 잃는다. 독일 낭만주의 시인 횔덜린을 자신이 가장 좋아하는 시인으로 여기게 되고 그에 대한 글을 쓴다. 이어 바이런, 나폴레옹에게 열광한다.

1862년

자주 두통으로 괴로움을 겪는다. 또 울증과 조증이 교대로 나타나는 만성 정신 장애를 겪기 시작한다. 니체는 자신의 기분이 급격히 변화하는 것에 적잖이 놀란다. 〈운명과 역사〉라는 글을 쓴다.

1863년

소풍을 갔을 때 쾨젠 역에 있는 술집에서 맥주 네 잔을 마시고 취한 상태로 학교에 돌아온다.

이 일로 학급의 대표 자리를 잃고 후배를 감독할 수 있는 권리를 박탈당한다.

1864년
〈메가라의 테오그니스에 대하여〉를 라틴어로 써 졸업 논문으로 낸다. 기원전 6세기 그리스 메가라의 시인 테오그니스를 연구한 이 논문은 문헌학 분야에서 그가 이루어낸 최초의 독창적인 연구가 된다. 8월 대학 입학 자격시험을 치른다. 9월 5일 수학에서 낙제했지만, 그리스어와 라틴어의 탁월한 실력을 인정받아 졸업장을 받는다. 10월 본대학에 입학해 신학과 고전문헌학을 함께 전공한다. 독일 대학생 조직 '프랑코니아'에 가입한다(이듬해 탈퇴한다). 고전문헌학자 프리드리히 리츨의 수업을 듣는다.

1865년
2월 문헌학을 전공으로 삼기로 결정한다. 뜻하지 않게 쾰른의 창녀촌을 방문한다. 10월 존경하는 리츨 교수를 따라 라이프치히 대학으로 옮긴다. 우연히 고서점에서 쇼펜하우어의 《의지와 표상으로서의 세계》를 발견해 탐독하고 그의 염세주의 세계관에 매혹된다. 12월에는 리츨이 결성하고 직접 지도한 라이프치히 문헌학회에 창립회원으로 참여한다. 술과 담배를 끊는다.

1866년
에르빈 로데와 본격적으로 사귀기 시작한다. 1월 18일 라이프치히 문헌학회에서 '테오그니스의 마지막 교정본'을 주제로 삼은 첫 연구 발표로 리츨 교수의 칭찬을 받는다. 문헌학자가 될 것을 결심한다.

1867년
〈디오게네스 라에르티오스의 출생에 대하여〉가 라이프치히대학의 문헌학 논문 현상 공모에 당선된다. 또 전해에 쓴 테오그니스에 대한 논문을 〈테오그니스 단편집의 역사〉라는 제목으로 1867년 《라인문헌학지》에 발표한다. 10월 1년의 의무 병역을 이행하기 위해 베를린의 근위부대에 들어가려 하지만 실패하고, 가족이 있는 나움부르크의 기마 야전 포병 부대에 들어간다. 군대의 엄격한 규칙과 육체적 훈련이 기질과 맞지는 않지만 고된 군대 생활을 묵묵히 견딘다. 승마와 대포 쏘는 법을 배운다.

1868년

3월 말을 타다가 떨어져 가슴뼈를 크게 다쳐 병가를 얻고, 결국 병역 의무를 병가 중에 마친다. 부상에서 회복되는 동안 문헌학 연구를 열심히 하고, 10월 라이프치히대학에 돌아와 마지막 학기를 시작한다. 10월 28일 연주회장에서 바그너의 〈트리스탄과 이졸데〉, 〈뉘른베르크의 마이스터징거〉의 전주곡을 들은 후에 바그너 음악에 처음으로 격렬하게 감응한다. 바그너 음악을 향한 마음이 활짝 열린다. 11월 8일 동양학자 브로크하우스의 집에서 바그너를 처음 만난다. 여기서 두 사람은 쇼펜하우어와 오페라의 미래에 대해 이야기한다. 트립셴으로 오라는 바그너의 초대를 받는다.

1869년

2월 12일 박사 학위도 없고 교수 자격도 없는 상태에서 리츨 교수의 천거로 스위스 바젤 대학의 고전문헌학 원외교수로 위촉받는다. 3월 시험도 없이 서둘러 박사 학위를 받는다. 4월 프로이센 국적을 포기한다. 4월 17일 바젤에 도착한다. 5월 17일 트립셴을 방문해 바그너와 코지마를 만난다. 이때부터 바그너가 1872년 봄 바이로이트로 이사할 때까지 3년 동안 무려 23번이나 트립셴을 찾는다. 5월 28일 '호메로스와 고전문헌학'이라는 주제로 교수 취임 강연을 한다. 바젤의 사교계로부터 초대를 받는다. 스물여섯 살 위의 야코프 부르크하르트 교수와 알게 된다.

1870년

1월 18일 그리스 음악극에 대해 강연하고 2월 1일 '소크라테스와 비극'을 강연한다. 4월 초 교회사 교수로 바젤 대학에 부임한 프란츠 오버베크와 만나 친구가 되고, 5년 동안 같은 집에서 하숙한다. 4월에 정교수로 승진한다. 7월에 논문 〈디오니소스적 세계관〉을 쓴다. 프로이센·프랑스 전쟁이 나자 전투병이나 의무병으로 참전하기 위해 휴직을 신청한다. 대학의 허락이 떨어지자 8월 9일 위생병으로 전쟁에 참가한다. 전쟁터에서 부상병을 나르던 중에 이질과 디프테리아에 걸린다. 10월 21일 바젤로 돌아온다.

1871년

1월 구스타프 타이히뮐러 교수 후임으로 철학과 교수직으로 옮기려고 시도하지만 실패한다. 2

월부터 4월 초까지 《비극의 탄생》 초고를 쓴다.

1872년
1월 첫 저작 《비극의 탄생》을 출간한다. 바그너는 이 책에 열광하지만 학자들은 문헌학적 엄격성을 어그러뜨렸다며 혹평한다. 1월부터 '우리 교육기관의 미래에 대하여'라는 제목의 연속 공개 강연을 5회에 걸쳐 한다. 4월 25일 트립셴을 마지막으로 방문해 바그너 집안의 바이로이트 이사를 돕는다. 5월 22일 바그너의 생일에 열린 바이로이트 축제 극장 기공식에 친구 게르스도르프, 로데와 함께 참가한다. 거기서 말비다 폰 마이젠부크를 알게 된다. 6월 젊은 고전문헌학자 울리히 폰 빌라모비츠묄렌도르프가 〈미래의 문헌학! 프라드리히 니체의 '비극의 탄생'에 대한 반박〉이란 제목으로 《비극의 탄생》을 탄핵한다. 니체는 하루아침에 고전문헌학자로서 명성을 잃는다. 이후 니체는 자주 병이 난다.

1873년
3월 로데가 《비극의 탄생》을 옹호하는 글을 발표한다. 논문 〈그리스 비극시대의 철학〉을 쓴다. 4월 《반시대적 고찰》 제1부를 쓰기 시작한다. 여름학기에 23세의 젊은 철학자 파울 레가 니체의 강의를 청강한다. 9월 22일 《반시대적 고찰》 제1부를 출간한다. 10월 바그너협회의 축제극장 설립 자금 모금을 위해 《독일인에게 보내는 경고》를 쓴다. 《반시대적 고찰》 제2부를 쓰기 시작한다. 크리스마스와 새해를 나움부르크에서 보낸다.

1874년
1월 《반시대적 고찰》 제2부가 출간된다. 3월 《반시대적 고찰》 제3부를 쓰기 시작한다. 8월 바이로이트의 바그너를 방문한다. 거기서 브람스를 칭찬하는 바람에 바그너가 크게 화를 낸다. 두 사람 사이 심리적 거리가 커진다. 10월 《반시대적 고찰》 제3부가 출간된다.

1875년
4월 프란츠 오버베크가 결혼해 하숙집을 떠난다. 10월 젊은 음악가 페터 가스트가 니체의 숭배자로서 바젤 대학에 와 니체의 강의를 듣는다.

1876년

2월 파울 레— 친교가 시작된다. 4월 마틸데 트람페다흐에게 갑작스럽게 구혼했다가 거절당한다. 7월 《반시대적 고찰》 제4부('바이로이트의 리하르트 바그너')가 출간된다. 7월 23일 바이로이트의 첫 축제에 참가한다. 바그너가 너무 바빠 자신에 대해 관심을 보이지 않자 실망한다. 4부작 〈니벨룽의 반지〉 리허설을 보다가 보헤미아의 휴양지 클링엔부른으로 떠난다. 10일 뒤 바이로이트로 돌아와 〈니벨룽의 반지〉를 보고 도중에 바젤로 돌아간다. 이것으로 바그너와의 관계가 사실상 끝난다. 건강이 점점 더 나빠져 강의를 계속할 수 없을 상황이 되자 1년 동안 휴직을 신청한다. 10월부터 이듬해 5월까지 파울 레와 함께 이탈리아로 여행을 떠나 소렌토에 있는 말비다 폰 마이젠부크 별장에 머문다. 여기서 《인간적인 너무나 인간적인》 제1권에 수록될 글들을 쓴다.

1877년

9월 바젤로 돌아온다. 대학 강의를 다시 시작한다. 《인간적인 너무나 인간적인》 제1권 집필을 계속한다.

1878년

1월 바그너가 보낸 오페라 〈파르지팔〉 대본이 도착한다. 바그너를 익명으로 비판하는 내용이 들어 있는 《인간적인 너무나 인간적인》 제1권이 5월에 출간된다. 바그너는 이 책을 받아보고 경악을 금치 못한다.

1879년

건강이 악화돼 3월 19일 강의를 중단하고 제네바로 휴양을 떠난다. 바젤 대학에 사직서를 제출한다. 6월 14일 대학은 사직서를 수리하고 매년 3,000 프랑의 연금을 지급하기로 결정한다. 방랑 생활이 시작된다. 여름에 장크트모리츠에 머무르며, 《여러 가지 의견과 잠언들》(나중에 《인간적인 너무나 인간적인》 제2권으로 묶임)을 출간한다. 이 여름 동안 《방랑자와 그의 그림자》(나중에 《인간적인 너무나 인간적인》 제2권에 묶임)에 들어갈 글들을 계속 써 이듬해 초에 출간한다. 9월에 나움부르크에 돌아와 이듬해 2월까지 머문다. 이 한 해 동안 니체의 건강은 최악의 상태를 통과한다.

1880년

1월에 《아침놀》에 들어갈 글들을 써나가고, 도덕문제에 대한 독서를 집중적으로 한다. 최악의 건강상태에서 가스트와 함께 3월에 베네치아로 가 6월까지 머무른다. 가스트와 헤어져 7~8월 마리엔바트에서 요양한 뒤 9월에 나움부르크의 집으로 돌아간다. 11월에 처음으로 이탈리아 항구도시 제노바로 가 이듬해 4월까지 보낸다.

1881년

1월에 《아침놀》을 완성하여 7월 1일에 출간한다. 7월 초에 오버엥가딘의 실스마리아를 발견하고 처음으로 그곳에 머무른다. 8월 6일 실바플라나 호수를 산책하던 중에 '영원 회귀' 사상을 체험한다. 열광 뒤에 오는 허탈감을 겪는다. 10월에 실스마리아를 떠나 제노바로 간다. 거기서 《즐거운 학문》에 들어갈 원고를 써나간다. 11월 27일 비제의 오페라 〈카르멘〉을 보고 감격한다.

1882년

1월에 《즐거운 학문》 제1~3부 원고를 페터 가스트에게 보낸다. 《인간적인 너무나 인간적인》 이후 가스트는 니체의 악필을 대신해 원고를 정서하는 일을 한다. 3월에 파울 레가 방문한다. 3월 말에 레는 루 살로메에 관해 이야기하며 니체에게 로마로 와 달라는 편지를 보낸다. 제노바에서 니체는 범선으로 시칠리아 섬의 메시나로 간다. 4월 말에 로마로 가서 살로메를 처음 만난다. 살로메에게 청혼하지만 거절당한다. 4월 말 로마를 떠나 5월 초에 소도시 오르타의 몬테사크로 산을 살로메와 함께 산책한다. 이어 스위스 루체른에서 살로메에게 다시 청혼하지만 살로메는 두 번째 청혼도 거절한다. 니체와 레와 살로메는 3인 공동생활을 하기로 한다. 8월에 니체는 살로메와 타우텐부르크에서 지낸다. 이어 10월에 니체와 레와 살로메는 라이프치히에서 공동생활을 실험한다. 11월 초 레와 살로메가 떠나고 니체는 버림받았음을 뒤늦게 깨닫는다. 11월 중순 제노바로 가 괴롭고 쓰라린 시간을 보낸다.

1883년

2월 라팔로 만에서 차라투스트라의 영감을 얻는다. 《차라투스트라는 이렇게 말했다》 제1부를 단숨에 써 내려간다. 2월 13일 바그너가 죽는다. 7월에 실스마리아에서 《차라투스트라는 이렇게 말했다》 제2부를 쓴다. 8월에 《차라투스트라는 이렇게 말했다》 제1부가 출간된다. 12월에 프랑스 남부 니스에서 첫 겨울을 보낸다. 이해부터 1888년까지 여름은 실스마리아에서 겨울은 니스에서 보낸다.

1884년

1월 니스에서 《차라투스트라는 이렇게 말했다》 제3부를 완성한다. 4월에 《차라투스트라는 이렇게 말했다》 제2부, 제3부가 함께 출간된다. 4~5월 베네치아에 머무른다. 봄부터 《차라투스트라는 이렇게 말했다》를 넘어서는 대작을 구상한다. 니체가 구상한 대작은 처음에는 '영원회귀' 그 다음에는 '권력의지'라는 이름을 얻는다(그러나 이 대작은 무수한 단상을 원고로 남긴 채 끝내 완성되지 못한다). 7월부터 9월까지 실스마리아에 머문다. 《차라투스트라》 제4부를 집필한다. 이해 8월 젊은 바그너주의자 하인리히 폰 슈타인의 방문을 받는다. 슈타인이 1887년 이른 나이에 죽기까지 한동안 니체와 교제한다.

1885년

2월 니스에서 《차라투스트라는 이렇게 말했다》 제4부를 완성한다. 40부를 자비로 인쇄해 출간한다. 5월 22일 여동생 엘리자베트가 반유대주의 운동가 베른하르트 푀르스터와 결혼하지만 니체는 그 결혼식에 참석하지 않는다. 동생 부부는 이듬해 식민지를 건설하려 파라과이로 이주한다. 6월부터 9월까지 실스마리아에서 보내고 11월 11일 니스로 간다.

1886년

봄 니스에서 《선악의 저편》을 완성한다. 이 책을 출판할 출판사를 찾지 못해 7월에 자비로 출판한다. 스위스 베른에서 발행되는 신문 《분트》의 9월 16~17일치에 그 신문의 편집자 J. V. 비트만이 《선악의 저편》 리뷰를 쓴다. "니체의 위험한 책"이라는 제목을 단 리뷰에서 비트만은 니체의 책이 다이너마이트를 포함하고 있다고 말한다. 가을에 《즐거운 학문》 제5부를 탈고한다. 또 《비극의 탄생》, 《인간적인 너무나 인간적인》, 《아침놀》, 《즐거운 학문》에 새 서문을 붙여 재판을 낸다.

1887년

2월 도스토옙스키의 《지하생활자의 수기》를 프랑스어판으로 처음 읽는다. 5월에 로데와 절교한다. 6월 실스마리아에서 《도덕의 계보》를 집필하고 11월에 출간한다. 11월 26일 덴마크의 비평가 게오르그 브라네스와 첫 서신 교환을 한다.

1888년
카를 슈피텔러가 《분트》 1월 1일치에 니체의 저술에 대한 포괄적인 평문을 발표한다. 4월 5일 처음으로 이탈리아 토리노에 머문다. 4월 브라네스가 코펜하겐에서 '독일 철학자 프리드리히 니체에 관하여'라는 제목으로 강연을 한다. 카를로 알베르토 광장 옆 하숙집에 머무는 동안 《바그너의 경우》를 완성해 9월에 출간한다. 6월에 토리노를 떠나 실스마리아에 도착해 마지막으로 이곳에서 여름을 보낸다. 9월 3일 《우상의 황혼》을 완성한다. '권력의지' 작업을 계속하다가 '모든 가치의 전도'로 이름을 바꾼다. 이 작업은 최종적으로 《안티크리스트》로 귀결한다. 9월 21일 토리노의 하숙집으로 돌아가 10일 뒤 《안티크리스트》를 완성한다. 10월 15일 44세 생일을 자축하며 자서전 《이 사람을 보라》를 쓰기 시작한다. 11월 4일 자서전을 마무리한다. 11월 말 브라네스의 소개로 아우구스트 스트린드베리와 서신 교환을 시작한다. 12월 《니체 대 바그너》, 《디오니소스 송가》를 정리한다. 12월 말에 보낸 편지에서 정신 착란 징후가 뚜렷이 나타난다.

1889년
1월 3일 카를로 알베르토 광장에서 쓰러진 뒤 심각한 정신이상 증상을 보인다. 자신을 '디오니소스', '십자가에 못 박힌 자'라고 서명한 광기의 편지들을 쓴다. 1월 9일 오버베크는 니체를 바젤로 데리고 와 정신 병원에 입원시킨다. 1월 17일 니체의 어머니 프란치스카는 아들을 예나대학 정신 병원으로 옮긴다. 니체는 거기서 1년 동안 머문다.

1890년
5월 13일 프란치스카는 아들을 퇴원시켜 나움부르크의 집으로 옮긴다.

1892년
페터 가스트가 니체 전집 편찬에 들어가 그해 가을에 《차라투스트라는 이렇게 말했다》 전 4부를 처음으로 한 권으로 출간한다.

1893년

9월 여동생 엘리자베트가 사업 실패로 파라과이에서 돌아온다.

1894년

엘리자베트는 페터 가스트의 전집 편찬 작업을 중단시키고, 2월 나움부르크의 집에 니체 전집 편찬을 담당할 니체 문서보관소를 설립한다. 엘리자베트는 이듬해 오빠의 모든 작품에 대한 전권을 손에 넣는다.

1896년

8월 스위스의 니체 숭배자가 빌려준 바이마르의 빌라 질버블리크로 니체 문서 보관소를 옮긴다.

1897년

4월 20일 어머니 프란치스카가 71일 세로 사망한다. 여동생은 병든 니체를 바이마르의 빌라 질버블리크로 옮긴다.

1899년

가스트는 엘리자베트와 화해한다. 그는 니체 철학 전도라는 대의를 옹호하면서 문서 보관소에서 엘리자베트와 함께 새로운 판본을 만드는 공동 작업을 한다.

1900년

8월 25일 정오경에 숨을 거둔다. 사흘 뒤 아버지의 목사관이 있던 고향 뢰켄의 아버지와 어머니 무덤 곁에 묻힌다. 페터 가스트는 니체의 가장 헌신적인 숭배자로서 장례식 추도사를 읽는다. "당신의 재에 평화가 깃들기를! 당신의 이름은 누대에 걸쳐 신성할지니!" 니체가 죽고 몇 년이 지나지 않아 그의 이름이 온 유럽으로 퍼져 나간다.

참고 문헌

니체 저작과 편지

I. 니체 저작

1. 니체 전집 1~21, 니체 전집편집위원회 감수, 책세상, 2001~2005.

《니체 전집 1 언어의 기원에 관하여·이러한 맥락에 관한 추정·플라톤의 대화 연구 입문·플라톤 이전의 철학자들·아리스토텔레스 수사학 I·유고 (1864년 가을~1868년 봄)》, 김기선 옮김.

《니체 전집 2 비극의 탄생·반시대적 고찰》, 이진우 옮김.

《니체 전집 3 유고 (1870년~1873)》, 이진우 옮김.

《니체 전집 4 유고 (1869년 가을~1872년 가을)》, 최상욱 옮김.

《니체 전집 5 유고 (1872년 여름~1874년 말)》, 이상엽 옮김.

《니체 전집 6 바이로이트의 리하르트 바그너 유고 (1875년 초~1876년 봄)》, 최문규 옮김.

《니체 전집 7 인간적인 너무나 인간적인 I》, 김미기 옮김.

《니체 전집 8 인간적인 너무나 인간적인 II》, 김미기 옮김.

《니체 전집 9 유고 (1876년-1877/78 겨울) 유고 (1878년 봄~1879년 11월)》, 강용수 옮김.

《니체 전집 10 아침놀》, 박찬국 옮김.

《니체 전집 11 유고 (1880년 초-1881년 봄)》, 최성환 옮김.

《니체 전집 12 즐거운 학문·메시나에서의 전원시·유고(1881년 봄~1882 년 여름)》, 안성찬 옮김.

《니체 전집 13 차라투스트라는 이렇게 말했다》, 정동호 옮김.
《니체 전집 14 선악의 저편·도덕의 계보》, 김정현 옮김.
《니체 전집 15 바그너의 경우·우상의 황혼·안티크리스트·이 사람을 보라·디오니소스 송가·니체 대 바그너》, 백승영 옮김.
《니체 전집 16 유고 (1882.7월~1883/1884겨울)》, 박찬국 옮김.
《니체 전집 17 유고 (1884년 초~가을)》, 정동호 옮김.
《니체 전집 18 유고 (1884년 가을~1885년 가을)》, 김정현 옮김.
《니체 전집 19 유고 (1885년 7월~1887년 가을)》, 이진우 옮김.
《니체 전집 20 유고 (1887년 가을~1888년 3월)》, 백승영 옮김.
《니체 전집 21 유고 (1888년 초~1889년 1월 초)》, 백승영 옮김.

2. 니체 전집 1~10, 청하, 1982~1988.
《니체 전집 1 비극의 탄생/바그너의 경우/니체 대 바그너》, 김대경 옮김.
《니체 전집 2 반시대적 고찰》, 임수길 옮김.
《니체 전집 3 인간적인 너무나 인간적인》, 한기찬 옮김.
《니체 전집 4 서광》, 이필렬·임수길 옮김.
《니체 전집 5 즐거운 지식》, 권영숙 옮김.
《니체 전집 6 짜라투스트라는 이렇게 말했다》, 최승자 옮김.
《니체 전집 7 선악을 넘어서》, 김훈 옮김.
《니체 전집 8 도덕의 계보/이 사람을 보라》, 김태현 옮김.
《니체 전집 9 우상의 황혼/반그리스도》, 송무 옮김.
《니체 전집 10 권력에의 의지》, 강수남 옮김.

3. 번역 단행본
  1)《비극의 탄생》, 박찬국 옮김, 아카넷, 2007.
  2)《차라투스트라는 이렇게 말했다》, 장희창 옮김, 민음사, 2004.

4. 영어판 니체 저작

1) 《BASIC WRITINGS OF NIETZSCHE》, trans. Walter Kaufmann, New York, Modern Library, 2000.
   〈The Birth of Tragedy〉
   〈Byond Good and Evil〉
   〈On the Genealogy of Morals〉
   〈The Case of Wagner〉
   〈Ecce Homo〉
2) 《Untimely Meditations》, trans. R. J. Hollingdale, Cambridge, Cambridge University Press, 1997.
3) 《Human, All Too Human》, trans. R. J. Hollingdale, Cambridge, Cambridge University Press, 1996.
4) 《Daybreak》, trans. R. J. Hollingdale, Cambridge, Cambridge University Press, 1997.
5) 《The Gay Science》, trans. Walter Kaufmann, New York, Vintage Press, 1974.
6) 《Thus Spoke Zaratustra》, trans. Walter Kaufmann, New York, Modern Library, 1995.
7) 《Twilight of the Idols and The Anti-Christ》, trans. R. J. Hollingdale, London, Penguin Books, 1990.
8) 《THE WILL TO POWER》, trans. Walter Kaufmann and R. J. Hollingdale, New York, Vintage Books, 1968.

5. 독일어판 니체 전집

《Fridrich Nietzsche: Sämtliche Werke, Kritische Studienausgabe (KSA) in 15 Bänden》, herausgegeben Giorgio Colli und Mazzio Montinari, München, Walter de Gruyter dtv, 1999.

II. 니체 편지

1. 영어판

   1) 《SELECTED LETTERS OF FRIEDRICH NIETZSCHE》, trans. Christopher Middleton, Indianapolis, Indana, Hackett Publishing Company, 1996.
   2) 《Friedrich Nietzsche UNPUBLISHED LETTERS》, trans. Kurt F. Leidecker, New York, Philosophical Library, 1959.

2. 독일어판

   《Friedrich Nietzsche: Sämtliche Briefe, Kritische Studienausgabe in 8 Bänden》, herausgegeben Giorgio Colli und Mazzio Montinari, München, Walter de Gruyter dtv, 1986.

2차 참고문헌

I. 국내 저서

고병권, 《니체, 천 개의 눈, 천 개의 길》, 소명출판, 2001.
고병권, 《니체의 위험한 책 차라투스트라는 이렇게 말했다》, 그린비, 2003.
김덕영, 《프로이트, 영혼의 해방을 위하여》, 인물과사상사, 2009.
김상봉, 《그리스 비극에 대한 편지》, 한길사, 2003.
김용석, 《서사철학》, 휴머니스트, 2009.
김정현, 《니체, 생명과 치유의 철학》, 책세상, 2006.
김정현, 《니체의 몸철학》, 지성의샘, 1995.
김진석, 《니체는 왜 민주주의에 반대했는가》, 개마고원, 2009.
박찬국, 《인간의 행복에 대한 철학적 성찰》, 집문당, 2010.

박찬국, 《해체와 창조의 철학자, 니체》, 동녘, 2001.

박홍규, 《반민주적인 너무나 반민주적인》, 필맥, 2008.

백승영, 《니체, 디오니소스적 긍정의 철학》, 책세상, 2005.

백승영, 《니체》, 한길사, 2011.

백종현 외, 〈근대 민주주의와 그것의 인간 이해에 대한 니체 사상과의 비판적 대결〉(박찬국), 《사회철학대계 5》, 민음사, 1998.

이부영, 《그림자-우리 마음 속의 어두운 반려자》, 한길사, 1999.

이정우, 《신족과 거인족의 투쟁》, 한길사, 2008.

이진우, 《니체, 실험적 사유와 극단의 사상》, 책세상, 2009.

이진우, 《니체의 차라투스트라를 찾아서》, 책세상, 2010.

이창재, 《니체와 프로이트-계보학과 정신분석학》, 철학과현실사, 2000.

장은주, 〈계보학적 사회비판을 넘어서〉, 《니체가 뒤흔든 철학 100년》, 민음사, 2000.

정동호 외, 《오늘 왜 우리는 니체를 읽는가》, 책세상, 2006.

정동호 외, 〈니체의 삶과 사상〉(정동호), 《오늘 우리는 왜 니체를 읽는가》, 책세상, 2006.

정동호 외, 〈니체와 현대 심층심리학의 탄생〉(김정현), 《오늘 우리는 왜 니체를 읽는가》, 책세상, 2006.

정문길, 《에피고넨의 시대》, 문학과지성사, 1987.

진은영, 《니체, 영원회귀와 차이의 철학》, 그린비, 2007.

차하순·정동호, 《부르크하르트와 니이체》, 서강대출판부, 1986.

II. 번역 단행본

구도, 야스오, 《니체의 철학과 사상》, 김문두 옮김, 문조사, 1994.

네하마스, 알렉산더, 《니체, 문학으로서의 삶》, 김종갑 옮김, 책세상, 1994.

다윈, 찰스, 《인간의 유래 1》, 김관선 옮김, 한길사, 2006.

다케다 세이지, 《니체 다시 읽기》, 윤성진 옮김, 서광사, 2001.

데리다, 자크, 《에쁘롱-니체의 문체들》, 김다은·황순희 옮김, 동문선 1998.

들뢰즈, 질, 《들뢰즈가 만든 철학사》, 박정태 엮고 옮김, 이학사, 2007.

들뢰즈, 질, 《들뢰즈의 니체》, 박찬국 옮김, 철학과현실사, 2007.

들뢰즈, 질, 《니체와 철학》, 이경신 옮김, 민음사, 2001.

들뢰즈, 질, 《차이와 반복》, 김상환 옮김, 민음사, 2004.

러셀, 버트런드, 《서양철학사》, 서상복 옮김, 을유문화사, 2009.

로제, 자크, 《니체 신드롬》, 이혜은 옮김, 이글리오, 2000.

로티, 리처드, 《우연성·아이러니·연대성》, 김동식·이유선 옮김, 민음사, 1996.

뢰비트, 카를, 《헤겔에서 니체로》, 강학철 옮김, 민음사, 2006.

루카치, 죄르지, 《이성의 파괴 1》, 변상출 옮김, 백의, 1996.

링컨, 브루스, 《신화 이론화하기》, 김윤성·최화선·홍윤희 옮김, 이학사, 2009.

마르크스, 카를, 《헤겔 법철학 비판》, 강유원 옮김, 이론과실천, 2011.

마키아벨리, 니콜로, 《군주론》, 강정인·김경희 옮김, 까치, 2008.

만, 토마스, 《쇼펜하우어·니체·프로이트》, 원당희 옮김, 세창미디어, 2009.

만, 토마스, 〈우리의 경험에 비추어본 니체 철학〉, 《니체 이해의 새로운 지평》, 성진기 외, 철학과현실사, 2000.

매기, 브라이언, 《트리스탄 코드》, 김병화 옮김, 심산, 2005.

벨러, 에른스트, 《데리다-니체, 니체-데리다》, 박민수 옮김, 책세상, 2003.

볼파르트, 귄터, 《놀이하는 아이 예술의 신 니체》, 정해창 옮김, 담론사, 1997.

부르크하르트, 야코프, 《이탈리아 르네상스의 문화》, 안인희 옮김, 푸른숲, 1999.

셰익스피어, 윌리엄, 《리어 왕》, 김태원 옮김, 펭귄클래식코리아, 2010.

솔로몬, 로버트·히긴스, 캐슬린, 《한 권으로 읽는 니체》, 고병권 옮김, 푸른숲, 2001.

쇼펜하우어, 아르투어, 《의지와 표상으로서의 세계》, 곽복록 옮김, 을유문화사, 2005.

스피노자, 바뤼흐, 《에티카》, 강영계 옮김, 서광사, 2007.

스턴, 조지프 피터, 《니체》, 임규정 옮김, 지성의샘, 1993.

스트라우스, 레오, 《마키아벨리》, 함규진 옮김, 구운몽, 2006.

아리스토텔레스, 《니코마코스 윤리학》, 이창우·김재홍·강상진 옮김, 이제이북스, 2006.

앵어, 윌리엄 엮음, 《뉴턴에서 조지 오웰까지》, 박상익 옮김, 푸른역사, 2004.

야스퍼스, 카를, 《니체/생애》, 강영계 옮김, 까치, 1984.

에커만, 요한 페터, 《괴테와의 대화》, 곽복록 옮김, 동서문화사, 2007.

에커만, 요한 페터, 《괴테와의 대화 1》, 장희창 옮김, 민음사, 2008.

에커만, 요한 페터, 《괴테와의 대화 2》, 장희창 옮김, 민음사, 2008.

융, 카를 구스타프, 《카를 구스타프 융 자서전 기억, 꿈, 사상》, 조성기 옮김, 김영사, 2007.

융, 카를 구스타프, 〈정신의 본질에 관한 이론적 고찰〉, 《원형과 무의식》, 솔, 2002.

융, 카를 구스타프, 〈집단적 무의식의 원형에 관하여〉, 《원형과 무의식》, 솔, 2002.

자프란스키, 뤼디거, 《니체, 그의 생애와 사상의 전기》, 오윤희 옮김, 문예출판사, 2003.

주판치치, 알렌카, 《정오의 그림자-니체와 라캉》, 조창호 옮김, 도서출판 b, 2005.

지멜, 게오르크, 《근대세계관의 역사-칸트·괴테·니체》, 김덕영 옮김, 길, 2007.

추다이크, 페터, 《니체》, 임영은 옮김, 생각의나무, 2009.

카, E. H., 《반역아 미하일 바쿠닌》, 박순식 옮김, 종로서적, 1989.

카뮈, 알베르, 《반항하는 인간》, 김화영 옮김, 책세상, 2003.

카잔차키스, 니코스, 《영혼의 자서전 2》, 안정효 옮김, 열린책들, 2008.

칸트, 이마누엘, 《순수 이성 비판 1》, 백종현 옮김, 아카넷, 2006.

커쇼, 이언, 《히틀러 2- 몰락 1936~1945》, 이희재 옮김, 교양인, 2010.

코르망, 루이, 《깊이의 심리학자 니체》, 김웅권 옮김, 어문학사, 1996.

클로소프스키, 피에르, 《니체와 악순환-영원회귀의 체험에 대하여》, 조성천 옮김, 그린비, 2009.

파이퍼, 루돌프, 《인문정신의 역사》, 정기문 옮김, 길, 2011.

파스칼, 블레즈, 《팡세》, 이환 옮김, 민음사, 2003.

파자크, 프레데리크, 〈환자 임상일지 발췌〉, 《거대한 고독-토리노 하늘 아래의 두 고아 니체와 파베세》, 이재룡 옮김, 현대문학, 2003.

페터스, 하인츠 프레더릭, 《나의 누이여 나의 신부여-루 살로메의 생애》, 김성겸 옮김, 청년사, 1978.

프레포지에, 장, 《아나키즘의 역사》, 이소희·이지선·김지은 옮김, 이룸, 2003.

프렌젤, 이보, 《니체》, 강대석 옮김, 한길사, 1997.

프로이트, 지그문트, 《프로이트 전집 14 쾌락원칙을 넘어서》, 박찬부 옮김, 열린책들,

1997.

프로이트, 지그문트, 《프로이트 전집 20 나의 이력서》, 한승완 옮김, 열린책들, 1997.

프로이트, 지그문트, 〈문명 속의 불만〉, 《프로이트 전집 15 문명 속의 불만》, 김석희 옮김, 열린책들, 1997.

프로이트, 지그문트, 〈왜 전쟁인가〉, 《프로이트 전집 15 문명 속의 불만》, 김석희 옮김, 열린책들, 1997.

프로이트, 지그문트, 〈집단심리학과 자아분석〉, 《프로이트 전집 15 문명속의 불만》, 김석희 옮김, 열린책들, 1997.

프로이트, 지그문트, 《새로운 정신분석 강의》, 임홍빈 홍혜경 옮김, 열린책들, 1996.

프로이트, 지그문트, 《프로이트 전집 5 꿈의 해석》, 김인순 옮김, 열린책들, 1997.

프로이트, 지그문트, 《프로이트 전집 7 일상생활의 정신병리학》, 이한우 옮김, 열린책들, 1997.

플라톤, 《에우티프론, 소크라테스의 변론, 크리톤, 파이돈》, 박종현 역주, 서광사, 2003.

하우블, 롤프, 《시기심》, 이미옥 옮김, 에코리브르, 2002.

하이데거, 마르틴, 《니체와 니힐리즘》, 박찬국 옮김, 지성의 샘, 1996.

하이데거, 마르틴, 《숲길》, 신상희 옮김, 나남, 2008.

헤겔, 게오르크 빌헬름 프리드리히, 《법철학》, 임석진 옮김, 한길사, 2008.

헤이먼, 로널드, 《니체》, 박갑현 옮김, 궁리, 2003.

헤시오도스, 《신들의 계보》, 천병희 옮김, 도서출판 숲, 2009.

호메로스, 《일리아스》, 천병희 옮김, 도서출판 숲, 2007.

홀링데일, 레지날드, 《니체, 그의 삶과 철학》, 김기복·이원진 옮김, 이제이북스, 2004.

홉스, 트머스, 《리바이어던》, 진석용 옮김, 나남, 2008.

《소크라테스 이전 철학자들의 단편 선집》, 김인곤 외 옮김, 아카넷, 2005.

III. 기타

Walter Kaufmann, 《Nietzsche-Philosopher, Psychologist, Antichrist》, prinston, 1974

주

서문

1. 데리다, 자크, 《에쁘롱-니체의 문체들》, 김다은·황순희 옮김, 동문선, 1998, 112쪽.
2. 데리다, 앞의 책, 1998, 119쪽.
3. 야스퍼스, 카를, 《니체/생애》, 강영계 옮김, 까치, 1984, 25쪽.
4. 야스퍼스, 앞의 책, 1984, 25쪽.
5. 칸트, 이마누엘, 《순수 이성 비판1》, 백종현 옮김, 아카넷, 2006, 474쪽.
6. 주판치치, 알렌카, 《정오의 그림자-니체와 라캉》, 조창호 옮김, 도서출판 b, 2005, 109~127쪽.

1장

1. 홀링데일, 레지날드, 《니체, 그의 삶과 철학》, 김기복·이원진 옮김, 이제이북스, 2004, 17쪽.
2. 프렌첼, 이보, 《니체》, 강대석 옮김, 한길사, 1997, 13~14쪽.
3. 홀링데일, 앞의 책, 20쪽.
4. 홀링데일, 앞의 책, 21~22쪽.
5. 클로소프스키, 피에르, 《니체와 악순환》, 조성천 옮김, 그린비, 2009, 222~223쪽.
6. 로제, 자크, 《니체 신드롬》, 이혜은 옮김, 이글리오, 2000, 74쪽.
7. 이진우, 《니체의 차라투스트라를 찾아서》, 책세상, 2010, 83쪽.
8. 프렌첼, 앞의 책, 19~21쪽.

9. 차하순·정동호,《부르크하르트와 니이체》, 서강대출판부, 1986, 91쪽.
10. 차하순·정동호, 앞의 책, 92쪽.
11. 홀링데일, 앞의 책, 34쪽.
12. 홀링데일, 앞의 책, 33쪽.
13. 자프란스키, 뤼디거,《니체, 그의 생애와 사상의 전기》, 오윤희 옮김, 문예출판사, 2003, 32쪽.
14. 홀링데일, 앞의 책, 36쪽.
15. 홀링데일, 앞의 책, 41쪽.
16. 홀링데일, 앞의 책, 45쪽.
17. 홀링데일, 앞의 책, 45쪽.
18. 자프란스키, 앞의 책, 48~49쪽.
19. 홀링데일, 앞의 책, 57쪽.
20. 자프란스키, 앞의 책, 49쪽
21. 자프란스키, 앞의 책, 46~47쪽
22. 홀링데일, 앞의 책, 406쪽.
23. 자프란스키, 앞의 책, 47쪽.
24. 홀링데일, 앞의 책, 43쪽.
25. 자프란스키, 앞의 책, 47쪽.
26. 자프란스키, 앞의 책, 48쪽.
27. 자프란스키, 앞의 책, 48쪽.
28. 자프란스키, 앞의 책, 48쪽.
29. 로제, 앞의 책, 28쪽.
30. 홀링데일, 앞의 책, 44쪽.
31. 홀링데일, 앞의 책, 46~47쪽.
32. 홀링데일, 앞의 책, 42쪽.
33. 홀링데일, 앞의 책 53쪽, 자프란스키, 앞의 책, 17~19쪽.
34. 만, 토마스,《쇼펜하우어·니체·프로이트》, 원당희 옮김, 세창미디어, 2009, 92쪽.
35. 홀링데일, 앞의 책, 53쪽.

36. 로제, 앞의 책, 272~274쪽.

37. 로제, 앞의 책, 특히 11~12쪽.

38. 프렌첼, 앞의 책, 35쪽.

39. 프렌첼, 앞의 책, 40~42쪽.

40. 홀링데일, 앞의 책, 108~109쪽.

41. 홀링데일, 앞의 책, 109~110쪽.

42. 프렌첼, 앞의 책, 49쪽.

43. 홀링데일, 앞의 책, 65~66쪽.

44. 홀링데일, 앞의 책, 59쪽.

45. 프렌첼, 앞의 책, 37쪽.

46. 프렌첼, 앞의 책, 38쪽.

47. 루카치, 죄르지, 《이성의 파괴 1》, 변상출 옮김, 백의, 1996, 234쪽.

48. 프렌첼, 앞의 책, 42쪽.

49. 프렌첼, 앞의 책, 54쪽.

50. 쇼펜하우어, 아르투어, 《의지와 표상으로서의 세계》, 곽복록 옮김, 을유문화사, 2005, 324~325쪽.

51 쇼펜하우어, 앞의 책, 329쪽.

52. 프렌첼, 앞의 책, 32쪽.

53. 자프란스키, 앞의 책, 77쪽.

54. 자프란스키, 앞의 책, 78쪽.

2장

1. 홀링데일, 레지날드, 《니체, 그의 삶과 철학》, 김기복·이원진 옮김, 이제이북스, 2004, 78쪽.

2. 로제, 자크, 《니체 신드롬》, 이혜은 옮김, 이끌리오, 2000, 36쪽.

3. 홀링데일, 앞의 책, 79쪽.

4. 홀링데일, 앞의 책, 90쪽.

5. 카, E. H.,《반역아 미하일 바쿠닌》, 박순식 옮김, 종로서적, 1989, 138쪽.

6. 카, 앞의 책, 138쪽.

7. 매기, 브라이언,《트리스탄 코드》, 김병화 옮김, 심산, 2005, 80쪽.

8. 매기, 앞의 책, 80쪽.

9. 매기, 앞의 책, 81쪽.

10. 매기, 앞의 책, 81쪽.

11. 매기, 앞의 책, 82쪽.

12. 매기, 앞의 책, 283~284쪽.

13 매기, 앞의 책, 224쪽.

14. 매기, 앞의 책, 224~226쪽.

15. 매기, 앞의 책, 228쪽.

16. 매기, 앞의 책, 230쪽.

17. 매기, 앞의 책, 293쪽.

18. 매기, 앞의 책, 293~294쪽.

19. 매기, 앞의 책, 294쪽.

20. 매기, 앞의 책, 294~295쪽.

21. 자프란스키, 뤼디거,《니체, 그의 생애와 사상의 전기》, 오윤희 옮김, 문예출판사, 2003, 85~86쪽.

22. 홀링데일, 앞의 책, 84쪽.

23. 루카치, 죄르지,《이성의 파괴 1》, 변상출 옮김, 백의, 1996, 367쪽.

24. 자프란스키, 앞의 책, 102~103쪽.

3장

1. 프리드리히 니체,《비극의 탄생》, 박찬국 옮김, 아카넷, 2007, 역자 해제, 295~296쪽.

2. 차하순·정동호,《부르크하르트와 니이체》, 서강대출판부, 1986, 98쪽.

3. 매기, 브라이언, 《트리스탄 코드》, 김병화 옮김, 심산, 2005, 470쪽.
4. 니체, 앞의 책, 48~50쪽, 옮긴이 주.
5. 니체, 앞의 책, 49쪽.
6. 쇼펜하우어, 아르투어, 《의지와 표상으로서의 세계》, 곽복록 옮김, 을유문화사, 1994, 430쪽.
7. 니체, 앞의 책, 옮긴이 주, 57쪽.
8. 김상봉, 《그리스 비극에 대한 편지》, 한길사, 2003, 237쪽.
9. 김상봉, 앞의 책, 244쪽.
10. 다케다 세이지, 《니체 다시 읽기》, 윤성진 옮김, 서광사, 2001, 55쪽.
11. 쇼펜하우어, 앞의 책, 493~494쪽.
12. 파이퍼, 루돌프, 《인문정신의 역사》, 정기문 옮김, 길, 2011, 257~258쪽.
13. 파이퍼, 앞의 책, 258쪽.
14. 파이퍼, 앞의 책, 260쪽.
15. 파이퍼, 앞의 책, 261쪽.
16. 파이퍼, 앞의 책, 261쪽.
17. 파이퍼, 앞의 책, 261쪽.
18. 호메로스, 《일리아스》, 천병희 옮김, 도서출판 숲, 2007, 607쪽, 22권 396~407행.
19. 홀링데일, 《니체, 그의 삶과 철학》, 118~119쪽.
20. 헤시오도스, 〈일과 날〉, 《신들의 계보》, 도서출판 숲, 2009 101쪽.
21. 자프란스키, 뤼디거, 《니체, 생애와 사상의 전기》, 오윤희 옮김, 문예출판사, 2003, 106쪽.
22. 자프란스키, 앞의 책, 227쪽.
23. 자프란스키, 앞의 책, 255쪽.
24. 자프란스키, 앞의 책, 255쪽.

4장

1. 차하순·정동호,《부르크하르트와 니이체》, 서강대출판부, 1986, 97쪽.
2. 프렌첼, 이보,《니체》, 강대석 옮김, 한길사, 1997, 64쪽.
3. 프렌첼, 앞의 책, 80쪽.
4. 홀링데일, 레지날드,《니체, 그의 삶과 철학》, 김기복·이원진 옮김, 이제이북스, 2004, 128쪽.
5. 프렌첼, 앞의 책, 81쪽.
6. 자프란스키, 뤼디거,《니체, 그의 생애와 사상의 전기》, 오윤희 옮김, 문예출판사, 2003, 126쪽.
7. 자프란스키, 앞의 책, 126~127쪽.
8. 자프란스키, 앞의 책, 210쪽.
9. 홀링데일 앞의 책, 144쪽.
10. 정문길,《에피고넨의 시대》, 문학과 지성사, 1987, 18~35쪽.
11. 정문길, 앞의 책, 43~44쪽.
12. 정문길, 앞의 책, 18~35쪽.
13. 뢰비트, 카를,《헤겔에서 니체로》, 강학철 옮김, 민음사, 2006, 242쪽.
14. 자프란스키, 앞의 책, 194쪽.
15. 자프란스키, 앞의 책, 194~196쪽.
16. 프레포지에, 장,《아나키즘의 역사》, 이소희·이지선·김지은 옮김, 이룸, 2003, 150~151쪽.
17. 정문길, 앞의 책, 132쪽.
18. 프레포지에, 앞의 책, 159쪽.
19. 자프란스키, 앞의 책, 75쪽.
20. 프로이트, 지그문트,〈심리적 인격의 해부〉,《새로운 정신분석 강의》, 임홍빈 홍혜경 옮김, 열린책들, 1996, 94~95쪽.
21. 다윈, 찰스,《인간의 유래 1》, 김관선 옮김, 한길사, 2006, 248쪽, 김용석《서사철학》, 휴머니스트, 2009, 237쪽.

22. 홀링데일, 앞의 책, 147쪽.

23. 프렌첼, 앞의 책, 113쪽.

24. 프렌첼, 앞의 책, 116쪽.

25. 프렌첼, 앞의 책, 117쪽.

5장

1. 프렌첼, 이보, 《니체》, 강대석 옮김, 한길사, 1997, 128~129쪽.
2. 홀링데일, 레지날드, 《니체, 그의 삶과 철학》, 김기복·이원진 옮김, 이제이북스, 2004, 177쪽.
3. 자프란스키, 《니체-그의 생애와 사상의 전기》, 오윤희 옮김, 문예출판사, 2003, 304쪽.
4. 김덕영, 《프로이트, 영혼의 해방을 위하여》, 인물과사상사, 2009, 218~219쪽.
5. 자프란스키, 앞의 책, 282쪽.
6. 자프란스키, 앞의 책, 286쪽.
7. 루카치, 죄르지, 《이성의 파괴 1》, 변상출 옮김, 백의, 1996, 376쪽.
8. 스트라우스, 레오, 《마키아벨리》, 함규진 옮김, 구운몽, 2006, 11쪽.
9. 스트라우스, 앞의 책, 12쪽.

6장

1. 로제, 자크, 《니체 신드롬》, 이혜은 옮김, 이글리오, 2000, 53쪽.
2. 로제, 앞의 책, 79쪽.
3. 홀링데일, 레지날드, 《니체, 그의 삶과 철학》, 김기복·이원진 옮김, 이제이북스, 2004, 150쪽.
4. 홀링데일, 앞의 책, 199쪽.
5. 홀링데일, 앞의 책, 200쪽.

6. 로제, 앞의 책, 115쪽.

7. 로제, 앞의 책, 90쪽.

8. 로제, 앞의 책, 100쪽.

9. 야스퍼스, 카를, 《니체/생애》, 강영계 옮김, 까치, 1984, 135쪽.

10. 프렌첼, 이보, 《니체》, 강대석 옮김, 한길사, 1997, 132~133쪽.

11. 야스퍼스, 앞의 책, 151쪽.

12. 자프란스키, 뤼디거, 《니체, 그의 생애와 사상의 전기》, 오윤희 옮김, 문예출판사, 2003, 335쪽.

13. 칸트, 이마누엘, 《순수이성비판 1》, 백종현 옮김, 아카넷, 2006, 168쪽.

14. 지멜, 게오르크, 《근대 세계관의 역사 – 칸트·괴테·니체》, 길, 2007, 108쪽.

15. 지멜, 앞의 책, 108쪽.

16. 홉스, 토머스, 《리바이어던》, 진석용 옮김, 나남, 2008, 138쪽.

17. 커쇼, 이언, 《히틀러 II – 몰락 1936~1945》, 이희재 옮김, 교양인, 2010, 955~957쪽.

18. 하우블, 롤프, 《시기심》, 이미옥 옮김, 에코리브르, 2002, 134쪽.

7장

1. 앵어, 윌리엄 엮음, 〈고독한 방랑자 루소〉, 《뉴턴에서 조지 오웰까지》, 박상익 옮김, 푸른역사, 2004, 230쪽.

2. 다케다 세이지, 《니체 다시 읽기》, 윤성진 옮김, 서광사, 2001, 123쪽.

3. 하이데거, 마르틴, 〈"신은 죽었다"는 니체의 말〉, 《숲길》, 신상희 옮김, 나남, 2008, 321~322쪽.

4. 파스칼, 블레즈, 《팡세》, 이환 옮김, 민음사, 2003, 52쪽.

5. 박찬국, 《해체와 창조의 철학자, 니체》, 동녘, 2001, 24쪽.

6. 백승영, 《니체, 디오니소스적 긍정의 철학》, 책세상, 2006, 326쪽.

7. 스피노자, 바뤼흐, 〈제5부 지성의 능력 또는 인간의 자유에 대하여〉, 《에티카》, 강영계 옮김, 서광사, 2007.

8. 홀링데일, 레지날드, 《니체, 그의 삶과 철학》, 김기복·이원진 옮김, 이제이북스, 2004, 229쪽.

8장

1. 페터스, 하인츠 프레더릭, 《나의 누이여 나의 신부여-루 살로메의 생애》, 김성겸 옮김, 청년사, 1978, 80쪽.
2. 페터스, 앞의 책, 64쪽.
3. 자프란스키, 뤼디거, 《니체, 그의 생애와 사상의 전기》, 오윤희 옮김, 문예출판사, 2003, 371쪽.
4. 로제, 자크, 《니체 신드롬》, 이혜은 옮김, 이끌리오, 2000, 125쪽.
5. 헤이먼, 로널드, 《니체》, 박갑현 옮김, 궁리, 100쪽.
6. 프렌젤, 이보, 《니체》, 강대석 옮김, 한길사, 1997, 156~157쪽.
7. 페터스, 앞의 책, 32쪽.
8. 페터스, 앞의 책, 42쪽.
9. 페터스, 앞의 책, 52쪽.
10. 페터스, 앞의 책, 52쪽.
11. 페터스, 앞의 책, 53쪽.
12. 페터스, 앞의 책, 53쪽.
13. 페터스, 앞의 책, 54쪽.
14. 자프란스키, 앞의 책, 383쪽.
15. 이진우, 《니체의 차라투스트라를 찾아서》, 책세상, 2010, 114쪽.
16. 페터스, 앞의 책, 90쪽.
17. 자프란스키, 앞의 책, 386쪽.
18. 자프란스키, 앞의 책, 386~387쪽, 페터스, 앞의 책, 111쪽.
19. 자프란스키, 앞의 책, 387쪽.
20. 로제, 앞의 책, 131~132쪽.
21. 페터스, 앞의 책, 128쪽.

22. 로제, 앞의 책, 134~135쪽.
23. 페터스, 앞의 책, 284~285쪽.
24. 페터스, 앞의 책, 131쪽.
25. 페터스, 앞의 책, 130쪽.

9장

1. 프렌첼, 이보, 《니체》, 강대석 옮김, 한길사, 1997, 166쪽.
2. 프렌첼, 앞의 책, 165쪽.
3. 정동호 외, 《오늘 왜 우리는 니체를 읽는가》, 책세상, 2006, 머리말, 19쪽.
4. 김정현, 《니체, 생명과 치유의 철학》, 책세상, 2006, 40쪽, 각주.
5. 이진우, 《니체, 실험적 사유와 극단의 사상》, 책세상, 2009, 125쪽, 각주.
6. 지멜, 게오르크, 《근대 세계관의 역사 - 칸트 · 괴테 · 니체》, 김덕영 옮김, 길, 2007, 150쪽.
7. 프렌첼, 앞의 책, 165쪽에서 재인용.
8. 니체, 프리드리히, 《니체 전집 13 차라투스트라는 이렇게 말했다》, 옮긴이, 해설 548쪽.
9. 레지날드 홀링데일, 《니체, 그의 삶과 철학》, 김기복 · 이원진 옮김, 이제이북스, 2004, 244쪽.
10. 로널드 헤이먼, 《니체》, 박갑현 옮김, 궁리, 2003, 12쪽.
11. 질 들뢰즈, 《니체와 철학》, 이경신 옮김, 민음사, 2007, 263쪽.
12. 네하마스, 알렉산더, 《니체, 문학으로서의 삶》, 김종갑 옮김, 책세상, 1994, 318쪽.
13. 하이데거, 마르틴, 《니체와 니힐리즘》, 박찬국 옮김, 지성의샘, 1996, 162쪽.
14. 박찬국, 《해체와 창조의 철학자, 니체》, 동녘, 2001, 223~228쪽, 아리스토텔레스, 〈제4권 제3장 포부가 큰 것〉, 《니코마코스 윤리학》, 이창우 · 김재홍 · 강상진 옮김, 이제이북스, 2006, 136~144쪽.
15. 에커만, 요한 페터, 《괴테와의 대화》, 곽복록 옮김, 동서문화사, 2007, 177쪽, 요한 페터 에커만, 《괴테와의 대화 1》, 장희창 옮김, 민음사, 2008, 245쪽.
16. 에커만, 앞의 책, 495~496쪽.

17. 에커만, 요한 페터, 《괴테와의 대화 2》, 장희창 옮김, 민음사, 228~229쪽.
18. 에커만, 앞의 책, 232~233쪽.
19. 들뢰즈, 질, 《들뢰즈의 니체》, 박찬국 옮김, 철학과현실사, 2007, 10쪽.
20. 들뢰즈, 앞의 책 10쪽.
21. 야스퍼스, 카를, 《니체/생애》, 강영계 옮김, 까치, 1984, 2판의 머리말, 3쪽.
22. 야스퍼스, 앞의 책, 2판의 머리말 4쪽.
23. 들뢰즈, 〈12. 유목적 사유(1973)〉, 《들뢰즈가 만든 철학사》, 박정태 엮고 옮김, 이학사, 2007, 269쪽.
24. 들뢰즈, 앞의 책, 269~270쪽.
25. 마키아벨리, 니콜로, 《군주론》, 강정인·김경희 옮김, 까치 2008, 167쪽.
26. 자프란스키, 뤼디거, 《니체, 그의 생애와 사상의 전기》, 오윤희 옮김, 문예출판사, 2003, 409쪽.

10장

1. 야스퍼스, 카를, 《니체/생애》, 강영계 옮김, 까치, 1984, 111쪽.
2. 자프란스키, 뤼디거, 《니체, 그의 생애와 사상의 전기》, 오윤희 옮김, 문예출판사, 2003, 426쪽.
3. 하이데거, 마르틴, 《니체와 니힐리즘》, 박찬국 옮김, 지성의샘, 1996, 171쪽.
4. 홀링데일, 레지날드, 《니체, 그의 삶과 철학》, 김기복·이원진 옮김, 이제이북스, 2004, 405쪽.
5. 들뢰즈, 질, 《니체와 철학》, 이경신 옮김, 민음사, 1998, 318쪽 각주.
6. 하이데거, 앞의 책, 26쪽.
7. 하이데거, 앞의 책, 28쪽.
8. 하이데거, 앞의 책, 65쪽.
9. 하이데거, 앞의 책, 287쪽.
10 하이데거, 앞의 책, 103쪽.
11. 하이데거, 앞의 책, 147쪽.

12. 하이데거, 앞의 책, 164쪽.
13. 하이데거, 앞의 책, 163쪽.
14. 하이데거, 앞의 책, 135쪽.
15. 들뢰즈, 앞의 책, 154쪽.
16. 들뢰즈, 앞의 책, 154쪽.
17. 야스퍼스, 앞의 책, 25쪽.
18. 야스퍼스, 앞의 책, 25쪽.
19. 들뢰즈, 〈10.권력의지와 영원회귀에 대한 결론〉, 《들뢰즈가 만든 철학사》, 박정태 엮고 옮김, 이학사, 2007, 225쪽.
20. 들뢰즈, 《들뢰즈의 니체》, 박찬국 옮김, 철학과현실사, 2007, 39쪽.
21. 들뢰즈, 앞의 책, 42쪽.
22. 들뢰즈, 앞의 책, 44쪽.
23. 정동호, 〈니체의 삶과 사상〉(정동호), 《오늘 왜 우리는 니체를 읽는가》, 책세상, 2006, 115쪽.
24. 이진우, 《니체, 실험적 사유와 극단의 사상》, 책세상, 2009, 156쪽.
25. 솔로몬, 로버트·히긴스, 캐슬린, 《한 권으로 읽는 니체》, 고병권 옮김, 푸른숲, 2001, 279쪽, 역주.
26. 고병권, 《니체의 위험한 책 차라투스트라는 이렇게 말했다》, 그린비, 2003, 365쪽.
27. 백승영, 《니체, 디오니소스적 긍정의 철학》, 책세상, 2005, 331쪽.
28. 백승영, 앞의 책, 335쪽.
29. 백승영, 앞의 책, 335쪽.
30. 볼파르트, 귄터, 《놀이하는 아이 예술의 신 니체》, 정해창 옮김, 담론사, 1997, 57~58쪽.
31. 정동호 외, 앞의 책, 113~115쪽.
32. 고병권, 《니체, 천 개의 눈, 천 개의 길》, 소명출판, 2001, 165쪽.
33. 고병권, 앞의 책, 173쪽.
34. 이진우, 앞의 책, 157쪽.
35. 진은영, 《니체, 영원회귀와 차이의 철학》, 그린비, 2007, 133쪽.
36. 차하순·정동호, 《부르크하르트와 니이체》, 서강대출판부, 1986, 144쪽.

37. 솔로몬·히긴스, 앞의 책, 280쪽.

38. 이정우, 《신족과 거인족의 투쟁》, 한길사, 2008, 193쪽.

39. 이정우, 앞의 책, 193쪽.

40. 이정우, 앞의 책, 193쪽.

41. Walter Kaufmann, 《Nietzsche-Philosopher, Psychologist, Antichrist》, prinston, 1974, 178~179쪽. 차하순·정동호, 《부르크하르트와 니이체》, 서강대출판부, 1986, 125쪽.

11장

1. 로제, 자크, 《니체 신드롬》, 이혜은 옮김, 이끌리오, 2000, 144쪽.

2. 로제, 앞의 책, 144~145쪽.

3. 들뢰즈, 질, 《니체와 철학》, 이경신 옮김, 민음사, 2001, 287쪽.

4. 홀링데일, 레지날드, 《니체, 그의 삶과 철학》, 김기복·이원진 옮김, 이제이북스, 2004, 263쪽. 니체, 프리드리히, 《권력의지》, 1066절 참조.

5. 다케다 세이지, 《니체 다시 읽기》, 윤성진 옮김, 서광사, 2001, 172~173쪽 주석, 네하마스, 알렉산더, 《니체 문학으로서의 삶》, 김종갑 옮김, 책세상, 1994, 208~209쪽.

6. 들뢰즈, 《들뢰즈의 니체》, 박찬국 옮김, 철학과현실사, 2007, 57쪽.

7. 들뢰즈, 《차이와 반복》, 김상환 옮김, 민음사, 2004, 260쪽.

8. 들뢰즈, 앞의 책 623~624쪽.

9. 들뢰즈, 《들뢰즈의 니체》, 59쪽.

10. 들뢰즈, 앞의 책, 59쪽.

11. 들뢰즈, 앞의 책, 60쪽.

12. 들뢰즈, 앞의 책, 60쪽.

13. 들뢰즈, 앞의 책 63쪽.

14. 들뢰즈, 앞의 책, 61쪽.

15. 들뢰즈, 앞의 책 61~63쪽.

16. 네하마스, 앞의 책, 219~220쪽.

17. 카잔차키스, 니코스, 〈파리-위대한 순교자 니체〉, 《영혼의 자서전 2》, 안정효 옮김, 열린책들, 2008, 446~447쪽.

18. 로제, 앞의 책 227쪽.

19. 백승영, 《니체, 디오니소스적 긍정의 철학》, 책세상, 2006, 215쪽.

20. 백승영, 앞의 책, 368쪽.

21. 백승영, 앞의 책, 369쪽.

22. 백승영, 앞의 책, 373쪽.

23. 고병권, 《니체의 위험한 책 차라투스트라는 이렇게 말했다》, 그린비, 2003, 279쪽.

24. 고병권, 앞의 책, 2003, 280쪽.

25. 이정우, 《신족과 거인족의 투쟁》, 한길사, 2008, 176~178쪽.

26. 이정우, 앞의 책, 176~178쪽.

27. 이정우, 앞의 책, 189쪽.

28. 이정우, 앞의 책, 193쪽.

29. 이정우, 앞의 책, 187쪽.

30. 이정우, 앞의 책, 199~200쪽.

31. 지멜, 게오르크, 《근대 세계관의 역사 - 칸트·괴테·니체》, 김덕영 옮김, 길, 2007, 104쪽.

32. 지멜, 앞의 책, 106쪽.

33. 지멜, 앞의 책, 107쪽.

34. 백승영, 앞의 책, 109쪽.

35. 박찬국, 《인간의 행복에 대한 철학적 성찰》, 집문당, 2010, 135쪽.

36. 박찬국, 앞의 책, 135쪽.

37. 박찬국, 앞의 책, 136쪽.

12장

1. 야스퍼스, 카를, 《니체/생애》, 강영계 옮김, 까치, 1984, 109쪽.

2. 홀링데일, 레지날드, 《니체, 그의 삶과 철학》, 김기복·이원진 옮김, 이제이북스, 2004, 272쪽.

3. 야스퍼스, 앞의 책, 93쪽.

4. 스피노자, 바뤼흐, 《에티카》, 강영계 옮김, 서광사, 2007, 163쪽.

5. 프로이트, 지그문트, 〈자아와 이드〉편 참조, 《프로이트 전집 14 쾌락원칙을 넘어서》, 박찬부 옮김, 열린책들, 1997.

6. 홀링데일, 앞의 책, 278~279쪽.

7. 헤겔, 게오르크 빌헬름 프리드리히, 《법철학》, 임석진 옮김, 한길사, 2008, 50~51쪽.

8. 백승영, 《니체》, 한길사, 2011, 216쪽.

9. 김정현, 《니체, 생명과 치유의 철학》, 책세상, 2006, 102쪽.

10. 고병권, 《니체, 천 개의 눈, 천 개의 길》, 소명출판, 2001, 74쪽. 고병권, 《니체의 위험한 책, 차라투스트라는 이렇게 말했다》, 그린비, 2003, 118쪽.

11. 백종현 외, 〈근대 민주주의와 그것의 인간이해에 대한 니체 사상과의 비판적 대결〉(박찬국), 《사회철학대계 5》, 민음사, 1998, 173쪽.

12. 쿠도우 야수오, 《니체의 철학과 사상》, 김문두 옮김, 문조사, 1994, 44쪽.

13. 박홍규, 《반민주적인 너무나 반민주적인》, 필맥, 2008, 307쪽.

14. 박홍규, 앞의 책, 308쪽.

15. 박찬국, 앞의 책, 174쪽.

16. 박홍규, 앞의 책, 44쪽.

17. 김진석, 《니체는 왜 민주주의에 반대했는가》, 개마고원, 2009, 5쪽.

18. 김진석, 앞의 책, 6~8쪽.

19. 김진석, 앞의 책, 29쪽.

20. 김진석, 앞의 책, 30쪽.

21. 김진석, 앞의 책, 259쪽.

22. 이진우, 《니체, 실험적 사유와 극단의 사상》, 책세상, 2009, 122쪽.

23. 박찬국, 앞의 책, 179쪽.

24. 박찬국, 앞의 책, 183쪽.

25. 지멜, 게오르크, 《근대 세계관의 역사 - 칸트·괴테·니체》, 길, 2007, 149쪽.

26. 지멜, 앞의 책, 149쪽.
27. 카뮈, 알베르, 《반항하는 인간》, 김화영 옮김, 책세상, 2003, 125쪽.
28. 박찬국, 앞의 책, 193쪽.
29. 박찬국, 앞의 책, 194쪽.
30. 박찬국, 앞의 책, 196쪽.
31. 박찬국, 앞의 책, 196쪽.
32. 박찬국, 앞의 책, 197쪽.
33. 김진석, 앞의 책, 292쪽.
34. 백승영, 앞의 책, 195쪽.
35. 백승영, 앞의 책, 195쪽.

13장

1. 니체, 프리드리히, 《도덕의 계보》 영어판, 월터 카우프만의 해설에서 재인용.
2. 들뢰즈, 질, 《니체와 철학》, 이경신 옮김, 민음사, 2001, 110쪽.
3. 링컨, 브루스, 《신화 이론화하기》, 김윤성·최화선·홍윤희 옮김, 이학사, 2009, 182쪽.
4. 프로이트, 지그문트, 〈문명 속의 불만〉, 《프로이트 전집 15 문명 속의 불만》, 김석희 옮김, 열린책들, 1997, 299~301쪽.
5. 프로이트, 앞의 책, 314쪽.
6. 자프란스키, 뤼디거, 《니체, 그의 생애와 사상의 전기》, 오윤희 옮김, 문예출판사, 2003, 456쪽.
7. 프렌젤, 이보, 《니체》, 강대석 옮김, 한길사, 1997, 177~179쪽.
8. 차하순·경동호, 《부르크하르트와 니이체》, 서강대출판부, 1986, 56쪽.
9. 부르크하르트, 야코프, 《이탈리아 르네상스의 문화》, 안인희 옮김, 푸른숲, 1999, 23쪽, 차하순·경동호, 앞의 책, 56쪽.
10. 솔로몬, 로버트·히긴스, 캐슬린, 《한 권으로 읽는 니체》, 고병권 옮김, 푸른숲, 2001, 56~57쪽.

11. 솔로몬·히긴스, 앞의 책, 58쪽.
12. 솔로몬·히긴스, 앞의 책, 269쪽.
13. 백승영, 《니체》, 한길사, 2011, 166쪽.
14. 이진우, 《니체, 실험적 사유와 극단의 사상》, 책세상, 2007, 320쪽.
15. 백승영, 앞의 책, 173쪽.
16. 로티, 리처드, 《우연성·아이러니·연대성》, 김동식·이유선 옮김, 민음사, 1996, 201~202쪽.
17. 백승영, 《니체, 디오니소스적 긍정의 철학》, 책세상, 2006, 496쪽.
18. 장은주, 〈계보학적 사회비판을 넘어서〉, 《니체가 뒤흔든 철학 100년》, 민음사, 2000, 467쪽.
19. 백승영, 앞의 책, 496쪽.
20. 백승영, 앞의 책, 496쪽.
21. 백승영, 《니체》, 한길사, 2011, 174쪽.
22. 백승영, 앞의 책, 174쪽.
23. 고병권, 《니체, 천개의 눈, 천개의 길》, 소명출판, 2001, 109쪽.
24. 고병권, 앞의 책, 112쪽.
25. 김정현, 《니체의 몸철학》, 지성의샘, 1995, 191쪽.
26. 이진우, 앞의 책, 42쪽.
27. 이진우, 앞의 책, 283쪽.

14장

1. 이진우, 《니체의 차라투스트라를 찾아서》, 책세상, 2010, 251쪽.
2. 홀링데일, 레지날드, 《니체, 그의 삶과 철학》, 김기복·안진원 옮김 이제이북스, 2004, 307쪽.
3. 차하순·정동호, 《부르크하르트와 니체》, 서강대출판부, 1986, 87쪽.
4. 홀링데일, 앞의 책, 306쪽.
5. 야스퍼스, 카를, 《니체/생애》, 강영계 옮김, 까치, 1984, 66쪽.
6. 홀링데일, 앞의 책, 314쪽.

7. 들뢰즈, 질, 《들뢰즈의 니체》, 박찬국 옮김, 철학과현실사, 2007, 23쪽.
8. 플라톤, 〈파이돈〉, 《에우티프론, 소크라테스의 변론, 크리톤, 파이돈》, 박종현 역주, 서광사, 2003, 460쪽.
9. 하이데거, 마르틴, 《니체와 니힐리즘》, 박찬국 옮김, 지성의 샘, 1996, 335쪽.

15장

1. 하이데거, 마르틴, 《니체와 니힐리즘》, 박찬국 옮김, 지성의샘, 1996, 23쪽.
2. 하이데거, 앞의 책, 25쪽.
3. 하이데거, 앞의 책, 168쪽.
4. 마르크스, 카를, 〈헤겔 법철학 비판 서문〉, 《헤겔 법철학 비판》, 강유원 옮김, 이론과실천, 2011, 7~8쪽.
5. 마르크스, 앞의 책, 9쪽.
6. 네하마스, 알렉산더, 《니체, 문학으로서의 삶》, 김종갑 옮김, 책세상, 1994, 325쪽.
7. 들뢰즈, 질, 《니체와 철학》, 이경신 옮김, 민음사, 2001, 154쪽.

16장

1. 차하순·정동호, 《부르크하르트와 니이체》, 서강대출판부, 1986, 104쪽.
2. 추다이크, 페터, 《니체》, 임영은 옮김, 생각의나무, 2009, 319쪽.
3. 추다이크, 앞의 책, 319쪽.
4. 니체, 프리드리히, 〈플라톤 이전 철학자들〉, 《니체전집 1 언어의 기원에 관하여 외》, 341쪽, 김인곤 외 옮김, 〈단편 : 피타고라스〉, 《소크라테스 이전 철학자들의 단편 선집》, 아카넷, 2005, 178~179쪽.
5. 커쇼, 이언, 《히틀러 Ⅱ-몰락 1936~1945》, 이희재 옮김, 교양인, 2010, 732쪽.
6. 클로소프스키, 피에르, 《니체와 악순환-영원회귀의 체험에 대하여》, 조성천 옮김, 그린

비, 2009, 287~288쪽.
7. 클로소프스키, 앞의 책, 288쪽.
8. 클로소프스키, 앞의 책, 294~295쪽.
9. 자프란스키, 뤼디거, 《니체-그의 생애와 사상의 전기》, 오윤희 옮김, 문예출판사, 2003, 465쪽.
10. 들뢰즈, 질, 《들뢰즈의 니체》, 박찬국 옮김, 철학과현실사, 2007, 12쪽.
11. 클로소프스키, 앞의 책, 313쪽.
12. 야스퍼스, 카를, 《니체/생애》, 강영계 옮김, 까치, 1984, 131쪽.
13. 자프란스키, 앞의 책, 555쪽.
14. 로제, 자크, 《니체 신드롬》, 이혜은 옮김, 이글리오, 2000, 231쪽.
15. 프렌젤, 이보, 《니체》, 강대석 옮김, 한길사, 1997, 203~204쪽.
16. 홀링데일, 레지날드, 《니체, 그의 삶과 철학》, 김기복·이원진 옮김, 이제이북스, 2004, 374쪽.
17. 파자크, 프레데리크, 〈환자 임상일지 발췌〉, 《거대한 고독-토리노 하늘 아래의 두 고아 니체와 파베세》, 이재룡 옮김, 현대문학, 2003, 220쪽.
18. 파자크, 앞의 책, 221쪽.
19. 홀링데일, 앞의 책, 381쪽.
20. 헤이먼, 로널드, 《니체》, 박갑현 옮김, 궁리, 2003, 98쪽.
21. 헤이먼, 앞의 책, 98~99쪽.
22. 헤이먼, 앞의 책, 101쪽.
23. 홀링데일, 앞의 책, 384~385쪽.
24. 홀링데일, 앞의 책, 394쪽.
25. 홀링데일, 앞의 책, 394쪽.
26. 자프란스키, 앞의 책, 555쪽.
27. 홀링데일, 앞의 책, 395쪽.
28. 자프란스키, 앞의 책, 484~485쪽.
29. 자프란스키, 앞의 책, 510쪽.
30. 러셀, 버트런드, 《서양철학사》, 서상복 옮김, 을유문화사, 2009, 970쪽. 셰익스피어,

윌리엄, 《리어 왕》, 김태원 옮김, 펭귄클래식코리아, 2010, 187쪽.
31. 프로이트, 지그문트, 〈나의 이력서〉, 《프로이트 전집 20 나의 이력서》, 한승완 옮김, 열린책들, 1997, 76쪽.
32. 이부영, 《그림자 – 우리 마음 속의 어두운 반려자》, 한길사, 1999, 40~42쪽.
33. 융, 카를 구스타프, 《카를 구스타프 융 자서전 기억, 꿈, 사상》, 조성기 옮김, 김영사, 2007, 199쪽.
34. 코르망, 루이, 《깊이의 심리학자 니체》, 김웅권 옮김, 어문학사, 1996, 1쪽.
35. 김정현, 《니체의 몸철학》, 지성의샘, 1995, 174쪽.
36. 성진기 외, 〈우리의 경험에 비추어 본 니체 철학〉(토마스 만), 《니체 이해의 새로운 지평》, 철학과현실사, 2000, 116쪽.
37. 프로이트, 〈왜 전쟁인가〉 《프로이트 전집 15 문명 속의 불만》, 김석희 옮김, 열린책들, 1997, 358~359쪽.
38. 정동호 외, 〈니체와 현대 심층심리학의 탄생〉(김정현), 《오늘 우리는 왜 니체를 읽는가》, 책세상, 2006, 323쪽.
39. 김정현, 앞의 책, 324쪽.
40. 김정현, 앞의 책, 325쪽.
41. 김정현, 앞의 책, 325쪽.
42. 코르망, 앞의 책, 196쪽.
43. 코르망, 앞의 책, 196~197쪽.
44. 프로이트, 《일상생활의 정신병리학》, 이한우 옮김, 열린책들, 1997, 208~209쪽.
45. 프로이트, 《프로이트 전집 5 꿈의 해석》, 김인순 옮김, 열린책들, 1997, 680~681쪽.
46. 코르망, 앞의 책, 195쪽.
47. 코르망, 앞의 책, 194쪽.
48. 프로이트, 《프로이트 전집 5 새로운 정신분석 강의》, 홍혜경 옮김, 열린책들, 1996, 102~105쪽.
49. 프로이트, 앞의 책 108쪽.
50. 이창재, 《니체와 프로이트 – 계보학과 정신분석학》, 철학과현실사, 2000, 310쪽.
51. 프로이트, 〈집단심리학과 자아분석〉, 《프로이트 전집 15 문명속의 불만》, 김석희 옮김,

열린책들, 1997, 144쪽.

52. 김정현, 앞의 책, 333쪽.

53. 김정현, 앞의 책, 334쪽.

54. 김정현, 앞의 책, 337쪽.

55. 김정현, 앞의 책, 318쪽.

56. 김정현, 《니체, 생명과 치유의 철학》, 책세상, 2006, 255~257쪽.

57. 융, 〈집단적 무의식의 원형에 관하여〉, 《원형과 무의식》, 솔, 2002, 128쪽.

58. 융, 〈정신의 본질에 관한 이론적 고찰〉, 《원형과 무의식》, 솔, 2002, 72쪽.

59. 김정현, 앞의 책, 270쪽.

60. 김정현, 앞의 책, 272쪽.

61. 정동호 외, 《오늘 우리는 왜 니체를 읽는가》, 책세상, 2006, 342쪽.

62. 코르망, 앞의 책, 196쪽.

63. 코르망, 앞의 책, 106쪽.

64. 스턴, 조지프 피터, 《니체》, 임규정 옮김, 지성의샘, 1993, 30쪽.

65. 벨러, 에른스트, 《데리다 - 니체, 니체 - 데리다》, 박민수 옮김, 책세상, 2003, 161~162쪽.

66. 벨러, 앞의 책, 163쪽.

67. 스턴, 앞의 책, 119쪽.

68. 스턴, 앞의 책, 119쪽.

69. 스턴, 앞의 책, 123쪽.

70. 스턴, 앞의 책, 161쪽.

71. 스턴, 앞의 책, 161쪽.

72. 카뮈, 알베르, 《반항하는 인간》, 김화영 옮김, 책세상, 2003, 135~138쪽.

항목 찾아보기

ㄱ

개별화 원리 69
객관주의 647, 650-657
거리(격차)의 파토스 364
게르마니아 47, 788, 811
〈결박당한 프로메테우스〉 135
경험 20
고리(원환) 283
고전문헌학 59, 66, 71, 74, 84-85, 87-89, 93-94, 96, 121, 155-158, 162, 167, 811, 813
고통 18, 21, 22, 30, 41-43, 67, 69, 82, 83, 112, 127, 128, 135-137, 147, 159, 160, 170, 191, 203, 207, 212, 226, 234, 237, 239, 240, 242, 245, 246-249, 257, 258, 260, 283, 286, 287, 288, 296, 301, 307, 308, 334, 341, 342, 344-358, 367, 370, 371, 383, 388, 389, 390, 425, 470, 476, 487, 488, 502~507, 517~519, 577-579, 627, 700, 702, 705, 708, 721, 728, 752, 760, 788
〈고향 없이〉 58
공동선 571
관점주의 212-213, 638-657
광기 17, 55, 127, 164, 279, 334, 341, 413, 578, 637, 667, 737-738, 742, 757, 760-761, 763, 766-767, 769-771, 774-776, 778, 782-785, 790, 805, 807, 817
광인 12, 291-295, 366, 785
괴물 31, 114, 337, 397, 478, 481, 570, 611, 665, 684, 725, 739-740, 752-753, 768, 808
《괴테와의 대화》 381, 824-825, 836
교양 속물 172, 175, 200, 409, 412
〈교육자로서의 쇼펜하우어〉 33, 100, 169, 171-172, 182-186, 189-191
《구약 성서》 359, 371, 412, 557-558
국가주의 54
《군주론》 378, 407, 706, 824, 836
《권력의지》 8, 54, 70, 99, 110, 112, 305, 331-332, 353, 360, 373, 376, 385, 410,

415, 417, 420, 424-426, 429, 431, 435-437, 442, 446, 448-450, 452-453, 455-456, 490, 503-504, 508-509, 527-528, 539, 542-543, 562, 589, 607, 623, 626, 628, 634, 644-645, 650, 666-667, 680-681, 698, 712-719, 723, 740, 748, 752, 764, 803-804, 806, 816-817, 838

귀족주의 73-74, 148, 150, 376, 398, 423, 570, 575, 582-586, 590, 592, 662, 771

〈그리스 국가〉 142-145

그리스 비극 121, 124-125, 129-130, 133-134, 137-139, 156, 218, 377, 700, 822, 830

금발의 야수 12, 13, 344, 610-615, 622-623, 625, 637, 696-697, 786-787

금욕주의 193, 429, 626-627, 630-635, 782

기독교 49-52, 59-60, 84, 172-173, 177, 186, 268, 359, 371, 538, 549, 552-558, 560, 562, 564-567, 574, 588-589, 599-600, 609, 628, 630-631, 642, 655, 671, 675, 690-691, 697, 714-715, 720-722, 724-729, 731-738, 749-751, 811

《꿈의 해석》 799, 826, 845

ㄴ

나르시시즘 45

《나와 니체의 관계》 663

나우만 출판사 530, 668, 738

나움부르크 42, 44, 46-47, 59, 76-77, 88, 94, 153, 166, 243-244, 783, 786, 791, 810, 812, 814-815, 818

〈나의 삶〉 40, 45

《나의 생애》 102

《나의 이력서》 793, 825, 844

나치즘 12, 270, 764, 792, 806-808

낙타 391-394

〈내 눈을 감기세요〉 349-350

내면세계 27, 31, 224, 618, 623, 634, 695

내면화 618, 620, 624

내적인 초월 51

〈노동과 나날〉 141

노예 73, 127, 139, 144-148, 213, 225, 308, 331, 346, 400, 402, 404, 406, 442, 446, 538-539, 549, 554-555, 559, 563, 572-576, 582, 588, 590, 592, 598, 603-605, 607-608, 611, 625, 628, 630, 806

노예의 도덕 538, 572-576, 598, 630

〈높은 산에서〉 526, 532

〈뉘른베르크의 마이스터징거〉 79-80, 812

〈니벨룽의 반지〉 79, 99, 105, 107, 134, 165, 190-192, 200, 202, 682, 753, 814

니체 극장 26, 27, 365, 403

《니체 대 바그너》 215, 667, 681, 739, 782, 817, 820-821

니체 문서 보관소 38, 788, 818

《니체 전집》 8, 58, 140, 143-145, 150, 161-

162, 283-284, 377, 440, 448, 499, 500, 718, 764, 818, 820-822, 835
《니코마코스 윤리학》 379, 824, 836

ㄷ

〈다비트 슈트라우스, 고백자와 저술가〉 169, 174, 669, 848
다이너마이트 18-19, 536-538, 736, 749, 817
데카당(부패한 자) 669-671, 682-684, 687
〈도덕 외적 의미에서의 진리와 거짓에 관하여〉 160
《도덕의 계보》 222, 225, 344, 384, 429, 528, 581, 595, 597-600, 602-604, 606, 608, 611-613, 615-619, 622, 625, 629, 632-634, 638, 681, 713, 717, 723, 773, 802, 817, 820-821, 841
독 19, 20, 373, 374, 401, 411, 412, 568, 569, 628
독수리 58, 144, 246, 596, 365, 464-465, 475, 482
《독일 철학과 종교의 역사에 대하여》 369
독일7 551
〈독일인에게 드리는 경고〉 167, 814
동일한 것의 영원회귀 276-277, 282, 285, 452, 474, 476, 480-482, 490-493, 495, 498-499, 501, 504-505, 508-513, 515-518

드레스덴 82, 100-102, 105
들개 394-396
디오니소스 21, 31, 122, 125-12, 130-131, 137, 158-159, 184, 218, 503-506, 519, 597-598, 637, 743, 751-753, 767, 777-781, 791, 817
《디오니소스 송가》 779, 817, 820
〈디오니소스적 세계관〉 116, 122, 813

ㄹ

라이프치히 대학 66, 71, 74, 78, 812
〈라이프치히에서 보낸 2년에 대한 회고〉 72
《라인문헌학지》 75, 812
〈라인의 황금〉 106, 200
뢰켄 38, 41-42, 790, 810, 819
르네상스 15, 54, 113-115, 231, 609, 638, 675, 701, 723, 824, 841
《리바이어던》 261-262, 826, 833
《리비도의 변환과 상징》 802

ㅁ

망치 14, 390, 572, 578, 586, 681-682, 687
〈메가라의 테오그니스에 대하여〉 58, 811
모랄리스트 209, 670
〈모방-화가와 건축가의 기술에서 그리스 작품들의 모방에 대한 생각〉 138

무리 짐승 73, 557, 559-562, 564, 592, 704, 724
〈문명 속의 불만〉 619, 825-826, 841, 845
미궁(라비린토스) 31, 570, 752
미노타우로스 31, 570, 673, 752, 753
미덕 23, 40, 52, 210, 213, 224, 400, 496, 496, 571, 727, 794
〈미래의 문헌학! 프리드리히 니체의 '비극의 탄생'에 대한 반박〉 158, 813
미래의 철학자 571
미학 106
민주주의 19, 73, 139, 148-150, 186, 188, 226-228, 410-412, 414-415, 423, 538, 549, 557-564, 566-568, 575, 577, 585-593, 614, 686-687, 703, 722, 732-733, 823, 840

ㅂ

《바그너의 경우》 215, 580, 663, 667-674, 676-678, 680-681, 713, 747, 765, 817
바이로이트 축제 극장 164, 191, 200-201, 765, 813
〈바이로이트의 리하르트 바그너〉 109, 111, 169, 175-176, 182, 187, 191-192, 199, 203, 680
바젤 대학 58, 86-87, 93-95, 114-116, 154-156, 159, 204, 207, 237-238, 241, 243, 376, 537, 759, 813-815

반동물 617-618, 622-623
《반뒤링론》 629
《반시대적 고찰》 28, 33, 47, 100, 111, 148-149, 151, 169-172, 174-177, 181-186, 189, 193, 202, 208, 393, 409, 529, 669, 794, 814, 820-821
반유대주의 60, 268, 529, 549-553, 787, 816
〈발퀴레〉 79, 200
《방랑자와 그 그림자》 208, 219-221, 240
《백치》 79, 200
뱀 127, 365, 464-465, 473-478, 482
변증법 684-687
병자 243, 245-246, 560, 627-630, 672-673, 687, 702-703
복종 111, 112, 224, 255, 268~270, 400, 426~429, 437, 466, 467, 519, 544, 576
〈분위기들에 대하여〉 56
《분트》 18, 535, 662-663, 817
브뤼메르 18일 383, 654
《비극의 탄생》 86, 115, 117, 121-122, 124-125, 128-134, 136-139, 146, 148-149, 153-154, 156-157, 164, 169, 208, 218, 377, 393, 399, 424, 529, 642, 813-814, 817, 821, 830
빌라 질버블리크 788-789, 818

ㅅ

〈사람들의 유아기에 대하여〉 49

사물 자체 15, 68, 216-27, 252, 301, 639, 656, 691-692

사자 13, 329, 375, 391-394, 446, 467-468, 612, 666, 695, 789

사회주의 19, 188, 226-230, 410, 538, 549, 557-561, 564, 577, 589, 629, 702, 720, 722, 733, 736, 792

〈30년간의 에세이〉 106

〈삶에 대한 역사의 공과〉 149, 169, 177, 181

〈삶의 찬가〉 327

상대주의 639-641, 646-647

《새로운 정신분석 강의》 801, 826, 832, 845

생의 공간 434

생의 유지 434

《서양철학사》 792, 824, 844

선 23, 158, 225~227, 375, 389~401, 414, 420, 421, 423, 424, 538, 539, 560, 571, 573, 574, 575, 577, 579, 580, 600~605, 723

《선악의 저편》 18, 225, 287, 455, 521, 523, 526, 528-530, 532-540, 543-545, 547-550, 554-561, 536, 566-567, 569-572, 574-575, 577-580, 598-599, 610, 644, 663, 717, 723, 797, 800, 802, 817, 820

선택적 영원회귀 493, 495-497

성직자 599-600, 608-609, 626, 630, 634-635, 675, 696

《소유란 무엇인가》 101

《소크라테스 회상록》 218

수요심리학회 799

《순수 이성 비판》 15, 251-252, 825, 827

슐포르타 44, 46-47, 49, 52, 54, 58-59, 72, 74, 79, 84-85, 158, 810

《스위스 단편집》 773

스토아주의 193, 541, 542

〈승리의 찬가〉 190

승화 24-25, 140, 225, 395, 519

《시기심》 142, 270, 733, 826, 833

《시학》 127

신 22, 18, 21, 45, 49~51, 58, 62, 125, 128, 130, 135, 178~181, 266, 267, 280, 287, 291~259, 315, 353, 366, 367, 369~373, 379, 386, 387, 557, 587, 597, 599, 608, 616, 625, 640, 642, 643, 689, 690, 719~721, 782

《신곡》 240

〈신들의 황혼〉 99, 191, 200, 682

신성함 60, 146, 278, 370, 742, 790

《신약 성서》 359, 371, 557-558, 738

실바플라나 호수 276, 357, 815

실스마리아 68, 238-239, 275-277, 282, 285-286, 289, 299, 314, 344, 346, 358,

390, 419-420, 455, 464, 477, 489, 508, 525-527, 529, 598, 634-635, 661, 668, 681, 711-712, 722, 761, 787, 815-817
실존적 영원회귀 282, 284, 289
심층심리학 619, 793, 796, 823, 845
십자가에 못 박힌 자 503, 751-752, 760, 775, 777-778, 817
〈쓰지 않은 다섯 권의 책에 대한 다섯 개의 머리말〉 140, 142

ㅇ

아나키즘 82, 101-102, 178, 560, 722, 733
아름다움 43, 121, 157, 299, 300, 588, 644, 689, 697, 698, 701, 738
아리아드네 31, 752, 777-780,
《아침놀》 195, 208, 222, 235, 244-247, 249-250, 252-272, 275, 280-281, 285-287, 361, 393, 424-425, 459, 529, 589, 785, 815, 817, 820
아포리즘 220, 223, 225, 227-228, 232-233, 242, 254, 256, 259-261, 263, 266, 267, 270-272, 287-292, 294-299, 301, 303-304, 306, 308-309, 314, 331, 362, 368, 458, 516, 518, 533, 535, 564, 579-580, 638, 643, 645, 693
아폴론 21, 122-124, 130
악 23, 168, 225~232, 389, 394~401, 420, 421, 423, 446, 539, 546, 560, 573, 574, 577, 579, 600~605, 723, 733, 797
악마 17, 58, 64, 149, 215, 287-291, 336, 365, 371, 387-389, 401-402, 434, 501, 805
악의 교사 230-232
〈안티고네〉 25
《안티크리스트》 528, 667-668, 711-717, 721-726, 725-726, 728, 730-731, 733-734, 736-737, 740, 761, 768, 817, 820
알렉산드로스 654, 742-743, 767
야만인 102-103, 227, 613, 615
양심의 가책 256, 350, 556, 616-619, 621-625, 676
어린양 606-607, 695
〈언어의 기원에 대하여〉 58, 138, 820, 843
에너지 보존 법칙 455-456, 490-492, 498, 506
〈에우포리온〉 55
《에티카》 300, 543, 824, 834, 840
《에프롱》 9
엘리트주의 376, 398, 585
《여러 가지 의견과 잠언》 208, 233, 234, 815
여성 해방 563-564, 568
《열역학》 455
열정의 지배 20
염세주의 68-70, 106, 115, 138-139, 314, 537, 615, 812

영웅주의 16. 21-23, 218, 303, 582, 807
영원회귀 8. 75, 239, 276-278, 282-291, 297, 299-302, 309, 314, 348, 357-358, 360-361, 364-366, 390, 394, 439, 441, 452, 455, 461, 463-466, 470-478, 480-483, 486, 487, 489-519, 638, 713, 715, 759, 815-816, 823, 825, 837-838, 843
《예수의 생애》 51, 172-173
예술을 위한 예술 698-699
《옛 신앙과 새 신앙》 172
오페라 84, 105, 107, 111, 121, 164-165, 200, 204, 677-678, 753, 812, 815
《우상의 황혼》 58, 528, 659, 667-668, 681-682, 684-685, 688, 690-694, 696-706, 708, 711-712, 715-717, 722, 817, 820-821
우주적 영원회귀 282, 284, 289
〈운명과 역사〉 49-51, 811
운명애 297-300, 512, 518-519
원한 감정(르상티망) 413, 443, 747-748
유대인 263, 267-268, 314, 549-551, 553-555, 557, 583, 608-609, 676-677, 686-687, 729, 806
《유일자와 그의 소유》 177-178, 180
윤회설 759
《의지와 표상으로서의 세계》 66, 83, 106, 128, 136, 812, 824, 829, 830
의지의 세계 68, 510
《이 사람을 보라》 37, 60, 75, 93, 129, 172, 182, 192, 199, 210, 216-217, 241, 259, 276, 278, 327, 357-358, 376-378, 399, 506, 518, 597, 599, 633, 663-665, 667-669, 671, 674-676, 679-680, 682, 709, 712, 737-741, 744-745, 748-751, 762, 767-769, 772, 779, 790, 817, 820-821
이데아 113, 585, 689-690
이드 224, 546, 800-801, 840
《이마고》 800
《이탈리아 르네상스의 문화》 54, 115, 638, 824, 841
《인간의 유래》 823, 832
《인간적인 너무나 인간적인 1》 211-212, 214, 216-218, 222-225, 229, 231, 233, 242
《인간적인 너무나 인간적인 2》 208, 219-221, 234, 240
〈일리아스〉 140, 826, 831
《일상생활의 정신병리학》 800, 826, 845

자그레우스 127-128, 504
자기 보존충동(코나투스) 300, 543-544
자아 이상 109, 184-185, 192
자연 선택 186
자유 의지 299, 392
자유정신 23, 207, 210-213, 218, 221, 233, 287, 301, 334, 336-337, 392-394, 559,

692-693

적자생존 186

정신 붕괴 525, 531, 727, 738-739, 755, 774, 779-780, 786-787, 790

《정신분석운동》 799

정신분석학 10, 24, 224, 546, 621, 654, 792-794, 796, 799, 802, 804, 823, 845

정오 283, 447, 482, 693, 803, 819, 825, 827

제노바 204, 238-239, 244-245, 271, 286-287, 314, 316, 318, 339, 345, 358, 787, 815-816

조광증 65, 248, 763, 765, 768, 770, 775-776, 782

조울증 65, 247

《종의 기원》 186

《죄와 벌》 758-759

주인의 도덕 572-576, 598

《즐거운 학문》 9, 75, 208, 255, 273, 285-288, 290, 292, 295-304, 306-309, 314, 332-334, 361-363, 366, 368, 393, 399, 406, 425, 431, 437-438, 457, 501, 518, 529, 543-544, 564-565, 567-568, 579-580, 585, 588, 687, 717, 802, 815, 817, 820

《지하생활자의 수기》 758, 817

《집단심리학과 자아분석》 801, 826, 845

ㅊ

찬달라(하층민) 729, 732, 736

참된 세계 456, 690-694

천민 60, 73, 188, 411-412, 586, 603, 605, 684-685, 702, 705, 733, 742

체험 20

초인(위버멘슈) 8, 17, 53, 70, 75, 108, 112, 189, 193, 230, 256, 266-267, 295, 310, 347, 355, 360-361, 366, 369, 372-379, 381, 384-391, 393-395, 398-403, 405, 408-411, 414-415, 419, 434, 458, 482, 548, 586, 588, 590-591, 634, 644, 742, 786, 801, 803

초자아 224-225, 546, 621

최후의 인간 266, 408-411, 587-588

추함 375, 697, 698

ㅋ

〈카르멘〉 677-678, 815

카를로 알베르토 광장 661, 712, 757-758, 760-761, 777, 817

켄타우로스 114

쾌락 24, 176, 180, 224, 409, 412, 446, 487-489, 618

ㅌ

타란툴라(독거미) 412-414

테세우스 31, 752-753, 779-780

〈테오그니스 단편집의 역사〉 75, 812

트라고디아 127

〈트리스탄과 이졸데〉 79, 679, 812

트립셴 93, 96-97, 99, 163-164, 166, 199, 779, 812-813

《특히 파라과이를 고려한 상부 라플라타 지역의 독일 식민지》 551

ㅍ

〈파르지팔〉 204, 207, 376-378, 678, 815

파리 코뮌 146

파시즘 764, 806, 808

《파우스트》 433, 794, 803

《광세》 294, 825, 834

페르소나 289, 403

페미니즘 769

평등주의 188, 411, 414-415, 559, 587, 703

폭군 346, 404, 406, 413, 542, 687

표상의 세계 68

프랑스혁명 54, 558, 609

프랑코니아 65-66, 811

프로메테우스 124, 135, 144, 296

프로이센·프랑스 전쟁 78, 116-117, 121-122, 153, 174, 549, 813

《프로이트 생애》 799

프리치 529, 530, 775

ㅎ

허무주의(니힐리즘) 19, 293-294, 374, 518, 601, 632, 713, 717-718, 726, 731

〈헤겔 법철학 비판 서문〉 735, 843

형이상학 121, 293, 436, 438-439, 459, 641, 706

〈호메로스의 경쟁〉 140

휴머니즘 137, 179-180, 564

힘에의 의지 8, 448-450, 452-458, 509-510, 513-514

인명 찾아보기

ㄱ

가블러, 게오르크 안드레아스 173
가스트, 페터 115, 207, 215, 239, 240, 243, 244, 248, 281, 290, 301, 317, 419, 455, 477, 485-486, 528, 530, 600, 635, 678, 682, 713, 717, 738-740, 746, 757, 762-764, 775, 777, 784-785, 787-790, 814-815, 818-819
가야파 781
가이어, 루드비히 677
게르스도르프, 카를 47, 98, 164, 166, 170, 419, 486, 811, 813
고병권 450-452, 454-455, 511-512, 582-583, 646-647, 822, 824, 837-842
괴셸, 카를 프리드리히 173
괴테, 요한 볼프강 폰 5, 28, 46, 99, 138, 248, 344, 351, 359, 379, 381-384, 433, 483-484, 519, 623, 788, 794, 803, 824-825, 833, 835-836, 839-840
길로트, 헨드리크 322, 324, 349

김상봉 131, 822, 830
김정현 361, 582, 648, 820, 823, 835, 840, 842, 844-845
김진석 586, 587, 591, 823, 840-841

ㄴ

나폴레옹 1세 52-55, 184, 321, 379, 381-385, 428, 567-568, 610, 654, 675, 778, 811
나폴레옹 3세 53, 116
네하마스, 알렉산더 378, 501, 743, 823, 836, 838-839, 843
뉴턴, 아이작 457-458, 824, 834
니체, 엘리자베트 39, 60, 63, 205, 238, 268, 328, 333, 335, 342-343, 348, 351, 486, 488, 551-553, 583, 786-789, 802, 816, 818
니체, 요제프 39, 41-42, 810
니체, 칼 루트비히 38-39, 810
니체, 프리드리히 아우구스트 루트비히 38

ㄷ

다윈, 찰스 186, 188, 654, 823, 832

단테 알리기에리 54, 240, 359

단토, 아서 586-587, 645, 646

데리다, 자크 9-11, 13, 824, 827, 846

도스토옙스키, 표도르 미하일로비치 758, 817

도이센, 파울 47, 49, 51, 59, 64-65, 634-636, 668, 715, 717, 722, 761, 786, 811

뒤링, 오이겐 629

들뢰즈, 질 13, 370, 393-394, 405, 436, 442-447, 493-499, 510, 512, 514-515, 607, 668, 748, 824, 835-839, 841-843

디드로, 드니 278

ㄹ

라로슈푸코, 프랑수아 드 209

라베, 헤트비히 75-76

라브뤼에르, 장 드 209

라에르티오스, 디오게네스 74-75, 812

라이데커, 커트 8

라파엘로 산치오 136

러셀, 버트런드 792, 824, 844

레, 파울 168, 204, 221-222, 243, 268, 275-276, 313-316, 318, 320-321, 327-331, 336, 338-340, 342-343, 345-346, 348-350, 357, 364, 488, 759, 814-816

로데, 에르빈 70-71, 76, 79-80, 88, 99, 114, 153-155, 158, 164, 166, 170, 205, 484, 530-532, 534-535, 577, 636, 765, 777, 786, 812-814, 817

로이터, 가브리엘레 788

로제, 자크 65, 317-318, 824, 827-829, 833-835, 838-839, 844

로젠베르크, 알프레트 806

로젠크란츠, 요한 카를 프리드리히 173

로티, 리처드 13, 643-645, 824, 842

뢰비트, 카를 177, 824, 832

루소, 장자크 228, 251-252, 278-280, 721, 834

루카치, 죄르지 116, 228, 824, 829-830, 833

루터, 마르틴 38, 483-484, 675

루트비히 2세 96

리스트, 프란츠 96

리츨, 프리드리히 빌헬름 59, 66, 70-72, 74, 79-80, 85, 87, 94, 156-157, 811-813

릴케, 라이너 마리아 349

ㅁ

마르크스, 카를 629, 732, 735-736, 824, 843

마이어, 로베르트 455-456, 490, 492, 498

마이젠부크, 말비다 폰 165, 171, 204-205, 207, 258, 260, 314, 327, 335, 343, 484, 535-536, 674, 765, 780, 813-814

마키아벨리, 니콜로 231-232, 378, 407, 706, 796, 824, 83, 836

마호메트 731

만, 토마스 64, 106, 824, 828, 844

매기, 브라이언 104, 112, 423, 824, 829-830

몬티나리, 마조 8

몽테뉴, 미셸 드 209

무솔리니, 베니토 764

미들턴, 크리스토퍼 8

미라보, 오노레 606

미켈란젤로, 부오나로티 54

ㅂ

바그너, 리하르트 78, 93, 98, 109, 111, 114, 124, 169, 175-176, 182, 187, 191-193, 199, 202-203, 207, 359, 393, 680, 778, 814, 820

바그너, 코지마 31, 96-97, 102, 140, 164-165, 215, 777-780, 813

바우어, 부루노 173

바울로 553, 609, 728, 730-731, 733

바이런, 조지 고든 52-54, 78, 184, 811

바쿠닌, 미하일 알렉산드로비치 82, 100-105, 113, 825, 829

박찬국 519, 583, 588, 590-591, 820-821, 823-824, 826, 830, 834, 836-843

박홍규 583-584, 586, 823, 840

백승영 452-455, 457, 509-511, 518, 582, 592, 641, 644, 646, 820, 823, 834, 837, 839-842

베이컨, 프랜시스 778

벨러, 에른스트 806, 824, 846

보네, 쥘 329

보르자, 체사레 376, 378, 766

보임러, 알프레트 363, 366

볼테르 210, 228, 260, 778

볼파르트, 귄터 453, 824, 837

부르크하르트, 야코프 95, 114-115, 535, 638, 779-781, 813, 823-824, 827, 830-831, 838, 841-843

붓다 778

뷜로, 한스 폰 96, 765, 777, 779

브라네스, 게오르그 37, 583, 662-663, 666, 674, 676, 681, 741, 771, 777, 817

브람스, 요하네스 190, 814

브렌타노, 프란츠 798

비스마르크, 오토 폰 116, 182, 227, 551, 763, 773, 778, 781, 784

비제, 조르주 677, 678-679, 815

비토리오 에마누엘레 2세 661, 712, 781

비트만, 요제프 빅토르 18-19, 535, 537, 663, 817

빈스방거, 오토 780, 783

빌라도, 본디오 738

빌라모비츠묄렌도르프, 울리히 폰 158, 813

빌헬름 2세 774

빙켈만, 요한 137-139

ㅅ

살로메, 루 206, 287, 311, 313-316, 318, 320-324, 326-329, 332-335, 337-338, 342, 344-345, 348-349, 351, 357, 364, 403, 463, 488, 489, 551, 759-760, 799, 802, 815-816, 825, 834

셰익스피어, 윌리엄 359, 743-744, 778, 824, 844

셰플러, 루트비히 폰 95, 237

셸링, 프리드리히 122

소포클레스 25, 94, 129

솔로몬, 로버트 639, 824, 837-838, 841

쇼팽, 프레더리크 47, 244

쇼펜하우어 아르투어 33, 35, 66-71, 73-74, 76, 78-79, 81, 83-84, 88-89, 97-100, 105-108, 113, 115, 121, 128-129, 136-137, 153, 155, 169, 171-172, 181-186, 189-191, 209-211, 213, 216-219, 226, 234, 258, 298-299, 314, 376, 425-426, 437, 441, 455, 492, 544, 568, 666, 797, 812, 824, 828-831

슈마이츠너, 에른스트 249, 529-530

슈만, 로베르트 47

슈미트, 카스파르 178

슈타이너, 루돌프 788

슈타인, 하인리히 폰 484, 525-527, 816

슈트라우스, 다비트 51, 169, 172-175, 177, 409, 669

슈티르너, 막스 177-181

슈피텔러, 카를 663-664, 777, 817

슐레히트 603

스턴, 조지프 피터 805, 807, 824, 833

스트라우스, 레오 231, 232, 824, 833

스트린드베리, 아우구스트 770-776, 817

스피노자, 바뤼흐 299-301, 451, 543-544, 824, 834, 840

실러, 프리드리히 46, 53

ㅇ

아들러, 알프레트 804

아리스토텔레스 127, 379-381, 820, 824, 836

아우구스티누스, 아우렐리우스 734

아이스킬로스 99, 129, 134-135

안드레아스, 프리드리히 카를 348-349

알키비아데스 548

야스퍼스, 카를 11-12, 14, 247-248, 404-405, 443-444, 668, 823-824, 827, 833, 836-

837, 839-840, 842-843
얀, 오토 59, 66, 156-158
에우리피데스 130, 133
에커만, 요한 페터 381, 824-825, 836
에피쿠로스 218-220, 454, 788
엥겔스, 프리드리히 629
예수 41, 51, 172-173, 218, 359-361, 371, 467, 553, 609, 728-731, 737-738, 760, 766, 775, 777
오버베크, 프란츠 114-115, 178, 205, 215, 244, 249, 286, 299, 316-317, 329, 341, 344-345, 351, 463, 483-484, 493, 526-527, 531, 534, 553, 757-758, 761-762, 775, 781-788, 813-814, 817
윌러, 다비트 38
윌러, 프란치스카 38, 810
움베르토 1세 777, 781
융, 카를 구스타프 318, 793-794, 802-804, 825, 844-845
이정우 456, 512-515, 517, 823, 838-839
이진우 361, 450-451, 455, 587-588, 642-643, 649, 820, 823, 827, 835, 837-838, 840-842

ㅈ

자술리치, 베라 321
자프란스키, 뤼디거 116-117, 178, 317,
825, 828-836, 841, 843-844
잘리스, 메타 폰 598, 668, 750, 763, 777
정동호 454, 820, 823, 827, 830-831, 835, 837-838, 841-843, 845
제르, 파울 350
조로아스터 360
존스, 어니스트 799
주판치치, 알렌카 24-25, 825, 827
지멜, 게오르크 253, 361, 492-493, 515-516, 588-589, 825, 833, 835, 839-840

ㅊ

츠바이크, 아르놀트 798

ㅋ

카우프만, 월터 8, 12, 13, 109, 458, 586, 612, 806-807, 841
카이사르, 율리우스 548, 654, 705-707, 742-744, 767, 774-778
카잔차키스, 니코스 501-503, 825, 839
카토, 마르쿠스 포르키우스 771
칸트, 이마누엘 15-16, 68, 216, 251-253, 496, 516-517, 639, 656, 691-692, 825, 827, 833, 835, 839-840
칼라일, 토머스 378
코레조 136

코르망, 루이 796, 825, 844-846

코페르니쿠스, 니콜라우스 655

콜럼버스, 크리스토퍼 15, 271

콜리, 조르조 8

크루크, 구스타프 43, 47, 98, 810, 811

크리크, 에른스트 792

크산티페 218

크세노파네스 759

키르케고르, 쇠렌 오뷔에 806

킹켈, 고트프리트 326-327

ㅌ

타키투스, 도르넬리우스 554

테오그니스 58, 72-73, 75, 811-812, 848, 851

투르게네프 이반 세르게예비치 719

트람페다흐, 마틸데 205, 320, 814

ㅍ

파스칼, 블레즈 209, 294, 556, 652, 725-726, 825, 834

파이퍼, 에른스트 329, 825, 831

페리클레스 564, 613

포이어바흐, 루트비히 102, 106, 179

푀르스터, 베른하르트 550-552, 787, 816

푸코, 미셸 13

푹스, 카를 665, 679, 739, 764

프로이트, 지그문트 184, 224, 318, 546, 619-621, 654, 793, 796-802, 804, 822-826, 828, 832, 840-841, 844-845, 852

프루동, 조제프 101-102

프리드리히 2세 548

프리드리히 빌헬름 4세 38

플라톤 58, 94, 113-114, 121, 210, 251-252, 293, 436, 585, 587, 687-688, 690-691, 759, 820, 826, 842-843

플리스, 빌헬름 799

피타고라스 99, 759, 760, 843

핀더, 빌헬름 43-44, 47, 75, 810-811

ㅎ

하우블, 롤프 270, 826, 833

하이네, 하인리히 101, 369-370

하이데거 293, 378-379, 434-436, 438-439, 443, 644, 706-707, 718-720, 826, 834, 836-837, 842-843

헤겔, 게오르크 102, 115, 122, 173, 177, 442, 580-581, 735, 824, 826, 832, 840, 843

헤르더, 요한 고트프리트 폰 138

헤르베크, 게오르크 105, 107

헤시오도스 141, 826, 831

헤이먼, 로널드 318, 785, 826, 834-835,

844

호메로스 94, 113-114, 140, 143, 317, 344, 564, 611-612, 813, 826, 831

홀링데일, 레지날드 8, 64, 99, 109, 304, 435, 491, 668, 826-836, 838, 840, 842, 844

홉스, 토머스 178, 261-262, 442, 826, 833

휠덜린, 프리드리히 52-54, 184, 811

훔멜, 요한 네포무크 381-382

히긴스, 캐슬린 639, 824, 837-838, 841

히틀러, 아돌프 12, 275, 552, 764, 806-808, 825-833, 843